Brigitte Reimann
Alles schmeckt nach Abschied

Brigitte Reimann

Alles schmeckt nach Abschied

Tagebücher 1964–1970

WA 1173324 1

Aufbau-Verlag

Herausgegeben von Angela Drescher

11733241

ISBN 3-351-02836-9

1. Auflage 1998
© Aufbau-Verlag GmbH, Berlin 1998
Einbandgestaltung Torsten Lemme
Typographie Peter Birmele
Druck und Binden Graphischer Großbetrieb Pößneck
Ein Mohndruckbetrieb
Printed in Germany

1964

Kein Talent für Silvesterfeiern. Mit Jon in der »Freund-schaft«, unter lustigen und lauten Leuten, wir tranken Sekt und tanzten, und ich war die ganze Zeit traurig: ich hatte ein böses Gewissen wegen Daniel, der allein zuhaus geblieben war. Nach 12 Uhr rief ich ihn an, er war auf der Umgehungs-straße gewesen, hatte das Feuerwerk gesehen und Glocken-geläut gehört, ganz allein. [...]
Gestern abend fuhr er ab, er wird zwei Monate in Petzow arbeiten. Nun warte ich auf seinen Anruf, habe Heimweh nach ihm und keine Lust zu schreiben.

Hoy, 11. 1.

Gestern 2. Sitzung der Jugendkommission, die immer leb-hafter, kritischer wird. Unser erster Beschluß (über Berufs-bilder) liegt dem PB vor; hier – in der Berufslenkung – wird sich einiges ändern. Wir sind also keine Schwatzbude, nur Horst Schumann, mit seinem schlichten Verstand, quatscht. Wenn man diesen 1. Sekretär der FDJ hört, versteht man alle Schwierigkeiten in der Arbeit des Verbandes. Als Gäste Dr. Korn und Dr. Otterberg, die über Kontakte mit west-deutschen Studenten-Verbänden berichteten. O. ist Histo-riker, so sehr, daß er mit der ganzen Unbefangenheit des Wissenschaftlers über Erscheinungen des Dogmatismus sprach, darüber, daß – im Gegensatz zu anderen Ländern – in unserer Parteiführung nichts verändert wurde seit dem 20. Parteitag – er verletzte eine Menge großer Tabus.
Todmüde. [...] Und dabei möchte ich seitenlang nur von einem großen Erlebnis erzählen: ich war bei Daniel.
Von Berlin ließ ich mich nach Petzow fahren. [...] Als ich in sein Zimmer trat, unangemeldet, sah er mich an und sagte: »Ich habe darauf gewartet.« Wir waren sehr aufgeregt

und – einfach glücklich. Er sagte erstaunt: »Als du rein-
kamst, sah ich, daß du ganz schwarze Augen hast.« Ich hatte
ihm eine Mappe voller Geschenke mitgebracht, es ist so
schön, Daniel etwas zu schenken.

Wir aßen im Heim zu Abend; Maurer ist da, der sympathi-
sche Bereska, [...] natürlich Oehme (der inzwichen rehabili-
tiert worden ist – er saß 10 Jahre in Bautzen), »Protoplasma«
Mickel, der scheußliche Gedichte schreibt. [...]

Übrigens war der Wagen unterwegs kaputt gegangen, und
alle redeten mir zu, in Petzow zu bleiben, und ich hätte es
nur zu gern getan – wegen Daniel. Eine seltsame Beziehung.
Wir küssen uns wie Geschwister [...].

Ach, es war wunderbar, ihn endlich wieder zu sehen. Er
brachte mich noch zu Bett, und er sagte, es sei eine Katastrophe, und ich weiß schon, was er gemeint hat. Es ist eine
Katastrophe. Dann hörte ich den Wagen abfahren und war
sehr traurig. Es war so schrecklich kalt draußen, und die
Autobahn war spiegelglatt. Aber er ist gut heimgekommen –
heute früh um ½5.

Hoy, 12. 1. 64

Heute hat der Daniel Geburtstag. Ich habe ihn ganz früh angerufen [...]. Nachts um 12 sind ihm die roten Nelken gebracht worden, die ich schicken ließ. Er hat sich so gefreut ...

Jon kam, um mich abzuholen [...]. Wir hatten uns gestern
schon gestritten, jetzt brach der Streit wieder los, aber böse
und gereizt. [...] Den ganzen Tag war ich verzweifelt: er
züchtet, bewußt oder unbewußt, das niederdrückende Gefühl in mir, ich sei ein oberflächlicher Denker; er meint, man
dürfe nicht schreiben, wenn man nicht ein Problem zuende
gedacht und eine Lösung gefunden habe. Aber wie kann
denn einer *die Lösung* finden? Einer allein? Warum soll ich
nicht meine Meinung sagen, ohne Anspruch auf letzte
Gültigkeit zu erheben? Lieber schweigen? Er zieht es vor,
gar nichts zu sagen, ehe er es riskiert, etwas Falsches zu sagen. Es ist ja wahr, ich bin wirklich zu schnell, zu spontan
mit meinen Ansichten, zu freudig in meinen Entdeckungen,
ich habe keinen ordnenden Verstand ...

Lieber Gott, es ist schrecklich, daß dieses Gefühl immer mehr in mir wächst, es mangele mir an Intelligenz, Logik. Den ganzen Tag saß ich vor einem leeren Blatt Papier. Bei Zusammenkünften wage ich kaum noch den Mund aufzutun. Bin ich dumm, oberflächlich oder nur ungeschult [...].

Hoy, 16. 1.

Ich hatte ein paar widerwärtige Tage mit Kopfschmerzen, Depressionen, Fremdheit bei Jon. Er kam getreulich, um nach mir zu sehen, aber das Band war gerissen. Ich lag den ganzen Tag auf der Couch, schlief, starrte an die Decke, schlief wieder, betäubt von Tabletten. Vorgestern abend saß Jon bei mir, wir schwiegen, aber – seltsam – rückten uns ohne Bewegung immer näher, bis zum Kuß. Ein paar Minuten rasenden Begehrens, dann erhob er sich. »Wenn man nicht mehr miteinander sprechen kann, kann man auch nicht miteinander schlafen.« Furchtbarer Augenblick. Aber gestern, plötzlich, sprachen wir wieder, gerieten in Streit über ein Marx-Wort, auf einmal war es wieder wie sonst: wilder Zank, später eine wilde Umarmung. Umarmung ist aber nie als Versöhnung zu verstehen, es gibt nichts zu versöhnen, wenn man um eine Sache streitet. Ich sei klug, sagt er, aber ich müsse lernen, Denkresultate anderer nicht einfach zu übernehmen, [...] sondern unabhängig und durch eigenen Denkprozeß zu diesem Resultat zu kommen. [...]
Fast eine Seite geschrieben. Endlich!

Petzow, 23. 1. 64

Für zwei Tage in Petzow – zwischen zwei Gesprächen. Ein Abend bei Henselmann, der meine Beziehung zu Jon zergliederte: Ohne daß ich mich irgendwie geäußert hatte, sagte er, J. [...] rede mir ein, ich sei unwissend oder dumm, um mich an sich zu binden [...]. Ich schwieg zu allem, weil ein Wort schon Verrat an Jon hätte werden können. Er darf auch nicht wissen von der körperlichen Fessel.
Vormittags Buerschaper und Lewerenz im Pressecafé! Sie

redeten mir meine Ängste aus. L. las das Manus, es fehlte ihm an »originellen Details«. Er hat recht. Es ist von des Gedankens Blässe angekränkelt, ich beginne zu philosophieren. Dumm, dumm, dumm! Ich werde alles wegwerfen und ganz neu beginnen. […]

Nachmittags Gespräch in der Akademie, Kurella, Herzfelde, Hermlin (letzterer sehr liebenswürdig, gar nicht arrogant). Natürlich war ich sehr befangen, erst nach zwei Stunden taute ich auf. […] Zum Schluß hatte ich einen Lacherfolg, als ich fragte, was denn nun eigentlich sozialistischer Realismus sei.

Die zwei Tage mit Daniel tun mir gut. Ich fühle mich immer noch verletzt, unsicher. Er ist gut und sanft, wir sprachen viele Stunden.

Hoy, 26. 1.

Zwei Tage schreckliche Herzattacken, düstere Gedanken an den Tod (man glaubt zu sterben); um mich zu belustigen, formulierte ich mein Testament […]

Wie soll ich nur dieses verdammte Buch anfangen? Ich muß mit Jon sprechen, einfach sprechen. Aber wir sagen nichts. Wozu auch? Man hält Monologe und hört Monologen zu. Es bröckelt, es bröckelt.

Hoy, 10. 2.

Nun ist die D-Schwester schon seit einer Woche mit ihrem Susannchen bei mir, und wir hatten eine schöne Zeit. Zum Arbeiten bin ich natürlich nicht mehr gekommen, wir waren den ganzen Tag mit Baby beschäftigt oder haben geschwatzt. D. ist ein so liebes und natürliches Mädchen, und sie hat nun auch meine Beziehung zu Jon verstanden (Mutti hatte ihr eingeschärft, ja nicht nett zu diesem Menschen zu sein). […] Gestern haben wir einen richtigen Familien-Sonntag veranstaltet, mit ausschweifenden Mahlzeiten, Kaffeetrinken und müßigem Geschwätz zu dritt, und schließlich rauchte Jon eine Zigarre und trank einen Kognac dazu, und wir fanden es ein bißchen komisch und sehr gemütlich, so faul zusammenzusitzen. Dieses Gefühl, eine Familie zu sein, war mir ganz verlorengegangen.

Heute, zu unserem Hochzeitstag, schickte mir Daniel Blumen, es kam auch ein Brief, und ich war sehr traurig. »In Verehrung und Neigung ...« [...] Er ist gefangen in seinem Zauberberg, und mir graut schon vor der Zeit, die ich in Petzow sein werde. [...] Übrigens war ich bei jenem Gespräch vor allem geschockt durch die Nachricht, daß D. in all den Wochen drei Seiten geschrieben hat. [...] Vielleicht schreibe ich später Reißer, aber sie werden wenigstens gelesen.

Ein bißchen mehr Sicherheit für mich ... Seit meiner Schulzeit habe ich allein kämpfen müssen, mich erhalten, einen anderen erhalten müssen. Manchmal bin ich mürbe, sehne mich nach einem Leben ohne so gewichtiges Risiko. Jon würde wenigstens versuchen, mir ein bißchen Sicherheit zu geben. Er wird Redakteur bei einer Betriebszeitung, und heute sagte er, wenn er dann ein gutsituierter Mann mit 450 DM Monatsgehalt ist, wird er seinen Stresemann anziehen, nach Burg fahren und bei Vater um meine Hand anhalten. Denn – es bröckelt nichts, alles ist besser und schöner als zuvor. Und vorgestern habe ich eine große Entdeckung gemacht, unter Tränen: als er mich umarmte, war seine Lust süßer und beglückender für mich als meine eigene Lust.

Morgen fährt die Dorli schon wieder weg, und ich bin bekümmert. Morgens beim Aufwachen nicht mehr das Spätzchen krähen zu hören ... Es war wieder eine Freude, abends ins Bett zu gehen, als ich das Schwesterchen drüben wußte und unser Kind, mit dessen provisorischem Bett wir große Abenteuer hatten. Den Korb, den Jon für sie gebaut hatte, demolierte sie schon am ersten Abend, und wir mußten auf dem Teppich ein Lager aufschlagen, von dem sie immerzu unter die Couch kullert. Sie ist so lebendig und neugierig, lernt sitzen und sich herumwälzen, und sobald man sie aus den Augen läßt, robbt sie still und listig durchs Zimmer. Und natürlich ist sie wunderhübsch, und ich möchte sie immer abküssen. Jetzt schläft sie, die Ärmchen zur Seite geworfen, mit ihrem süßen, unschuldigen Gesicht, und ich schleiche manchmal hinüber und sehe sie an, sehe meine Versäumnisse. Mein mieses provisorisches Leben – eine kaputte Ehe, kein Kind, ein lebensuntüchtiger Mann, ein armer geexter Geliebter, mittelmäßige Bücher …

Heute habe ich die Dorli erstmal eingekleidet, sie ist so hübsch und anmutig, daß es eine Freude ist, ihr Kleider und Schuhe anzupassen. Sie sagt immer, sie trage seit Jahren fast nur die Sachen von mir, sie selbst hätte sich nie welche kaufen können. Ich habe überhaupt kein Verhältnis zu Geld, zu teuren Dingen und schenke begeistert, während ich Lebensmittel hamstere und hüte – sicherlich ein verquerer Ausdruck meiner Existenzangst; ich habe zuviel gehungert. Außerdem sieht D. in allen Kleidern viel hübscher aus als ich. Jon tröstet mich (aber ich brauche gar keinen Trost): ich sei so ein Typ, der Ochsen führen müßte, breitschultrig und barfüßig. Jedenfalls ist mir eine Nietenhose lieber als alle eleganten Röcke der Welt.

[…]

Hoy, 15. 2.

Nun ist die D-Schwester seit ein paar Tagen weg, und zuerst war es ganz traurig und einsam ohne sie und Baby. […] Inzwischen schrieb sie einen begeisterten Brief, tausend Dankeschön und Grüße an Jon und ein rührender Satz: sie liebe ihn dafür, daß er ihre Schwester glücklich macht.

[…] Am Tag nach der Abreise fand ich in meinem Hamsterkästchen eine große Schachtel Pralinen, auf der stand: »Vielen, vielen Dank. Susanne.«

Schrecklich unzufrieden mit der Arbeit. Ich komme nicht voran. Habe ich das falsche Thema gewählt?

Hoy, 2. März 64

Ein paar Tage war ich krank, bin es noch, Fieber, Übelkeit, Husten. Schlimmer: die Seele ist lädiert. Wann fing es an? Letzten Sonnabend, glaube ich. Telefongespräch mit Daniel: er sagte, er werde den ganzen Sommer über wegbleiben, Flucht – er verriet nicht, wohin. Auf einmal wußte ich alles. Wir haben öfter daran gedacht, geplant, darüber gesprochen, jetzt wurde es ernst. Ich setzte mich an den Schreibtisch und

trank eine Flasche Wodka aus. […] Alles war scheußlich und
ein bißchen theatralisch. Mir war, als wollte ich mir selbst eine
Hand abhacken. Am nächsten Tag großer Katzenjammer.
(Später hörte ich, daß Daniel am selben Abend, auch sofort
nach dem Gespräch, zum erstenmal seit Jahren wieder getrunken hatte – 14 Kognac, aber ihm half es sowenig wie mir).
[…]
… Montag fuhr ich mit Jon nach Berlin; nachmittags und
abends bei Henselmann, der ein Treffen mit Maetzig – auf
dessen Bitte – arrangiert hatte. M. möchte, daß ich einen
Film für ihn schreibe, irgendwas Charmantes, Intimes …
Übrigens war ich an diesem Nachmittag zum erstenmal
ernstlich zornig auf H. (mein Zug hatte Verspätung, H.
murrte: »einen Mann wie Profesor M. läßt man nicht warten.« – kurz, plötzlich konventionell, professionelles Gehabe, aber nachher war er wieder lieb und witzig wie sonst).
Eine interessante Begegnung. Man darf nicht an M.s miserable Filme denken. Warum macht er solche Massenshow?
Vielleicht würde ihm ein zartes Nichts besser gelingen. Ich
war überrascht: ein sehr charmanter, gescheiter Mann mit
dem gewissen skeptischen jüdischen Witz. Ich merkte dann,
daß ich ihm gefiel. Er will mit mir nach Weimar fahren, zum
Seebach-Stift, will mir die alten Schauspielerinnen zeigen
[…]. Der Leiter des Stifts kannte noch eine alte Dame, die
im Goethischen Ensemble gespielt hat, und man darf, sagt
M., doch um Gotteswillen nicht zugeben, daß man Frau X
in ihrer Glanzrolle als Gretchen 1860 nicht gesehen hat. Er
ist bezaubert von dieser Welt; vor diesem Fond soll seine
Liebesgeschichte moderner junger Leute spielen. Na, ich
weiß nicht – kein Thema für mich, ich liebe die Aggression.
    (Hingerissen von Granins »Dem Gewitter entgegen«.
Vergesse darüber meinen Kummer und bin verrückt vor Ehrgeiz, ein so aufregendes Buch zu schreiben.)

                                        Hoy, 3. 3.

Jedenfalls ein interessanter Abend. Entdeckung: diese beiden
(ich denke an Michels und K. Wolfs Zorn auf Maetzig)
machten sich lustig, erbitterten sich über die Alten, die den

Jungen im Weg stehen. Es war ein beklemmendes Schauspiel,
ihre Belustigung und Mut war echt. Die »anderen« haben die
Entwicklung in der Architektur, im Film aufgehalten. Aber
was haben sie getan? Stalinallee und Schweigender Stern. Ich
staunte mit offenem Mund. Wenn man dahinterschauen
könnte, hinter die Kulissen dieses absurden Theaters ...
Übrigens zerstreute H[enselmann] meine Bedenken wegen der Akademie. Ich hatte gefürchtet, ich habe mich doof
benommen, fürchtete es vor allem wegen Stefan Hermlin,
den ich bewundere. Dachte wochenlang über Hermlins
Worte nach, ich hätte nur Lebensfragen, keine künstlerischen
Fragen gestellt. Aber muß ich nicht erst lernen, zu *leben*? H.
sprach mit Hermlin. Der sagte, der Nachmittag habe ihm
sehr gut gefallen, an mir »sei was dran«. Er erklärte auch das
mit den künstlerischen Fragen. Ich kann jetzt nicht darüber
schreiben (es steht sehr schön in H.s Brief) [...].

Hoy, 4. 3.

Gestern kam Ralph Wiener, er hatte hier einen Vortrag.
Stahl mir einen Nachmittag [...] zeigte mir Fotos von Strip-
tease-Shows aus Wien. Ekelhaft. Ein dressierter Elefant
zieht ein junges Mädchen aus, er hat einen Blick wie die
Männer im Lokal.
[...] Der liebe Herr Wiener, Fischer und Schneider be-
völkerten mein Zimmer. [...] Blödes Geschwätz über Kafka,
den sie nicht gelesen, Cremer, von dem sie keine Plastik gesehen, und Havemann (der neue Popanz der Partei), von
dem sie nichts gehört haben. Provinzintrigen, Ärger mit den
Schwulen, Vertragsgeschichten, die ich kriminell finde (aber
nehmen, nehmen!) – ein Panoptikum, und nicht mal ein
amüsantes. Schneider hat wenigstens von Zeit zu Zeit noch
so etwas wie guten Willen, aber er kann halt nichts und pro-
duziert auf Teufel-komm-raus: innerhalb von anderthalb
Jahren einen Landwirtschaftsroman, zwei Theaterstücke,
einen Erzählungsband, und nun hat er schon wieder einen
halben Kriminalroman. Schrecklich. Der Umgang mit Un-
begabten treibt mich zur Verzweiflung, ich leide physisch
und habe Mordgedanken. Sie sind so tödlich provinziell.

[...] Das Zimmer kam mir verpestet vor [...], ich haßte alle Männer, und nachts, als Jon kam, fiel ich über ihn her, zerbiß seine Schultern, kratzte und ohrfeigte ihn, und er konnte nicht mit mir schlafen, weil er sich fürchtete, und auf einmal mußte ich ein bißchen weinen und hatte ihn sehr lieb.

Am Dienstag also, in Berlin, holte mich Daniel im Hotel »Newa« ab. Wir trafen noch Schreyer mit seiner blonden Freundin, schwatzten eine Weile – in wilder Unruhe, weil wir wußten, weshalb Daniel gekommen war – und gingen dann zur »Möwe«, wo eine DSV-Tagung war. [...]

Wir sprachen über unsere Scheidung. Das kann man so trocken und sachlich hinschreiben ... Wir haben scheußlich gelitten. Wir lieben uns ja, trotz allem und allem. Daniel kann den Klatsch nicht mehr ertragen und das abfällige Gerede über sich [...]. Im Herbst kommt er heim, dann werden wir die Scheidung einreichen.

Ich war so traurig, ich will den Jon ja nicht heiraten, und auf einmal hatte ich die quälende Vorstellung von einer einsamen, bitteren alten Frau. Kein Kind zu versorgen, keinen Mann, für den man schafft. Nur für mich ... Alte Träume vom Junggesellendasein und Ungebundenheit erfüllen sich und verlieren schon ihren Reiz. Aber das ist nun wieder meine Sache, damit fertig zu werden. Wir saßen Hand in Hand, ich weinte ein bißchen, nachher versuchte ich zu lachen und sagte, wir werden später, wenn ich alt und abgeklärt bin, uns wieder zusammentun. Wir umarmten uns zum Abschied.

Während der Sitzung sprach ich kein Wort, fühlte mich, als übte ich schon für die Rolle der strengen einsamen Frau. Auf der Heimfahrt war ich stumm und feindselig gegen Jon – als genügte es nicht, daß schon die ganze Umwelt ihm allein die Schuld an unserem Ehe-Unglück zuschiebt. Am nächsten Tag blieb ich im Bett, schloß mich ein, stellte die Klingel ab, ich wollte nichts hören und sehen [...].

Donnerstag Kulturkonferenz in Cottbus. Das übliche. Hinterher mit Dieter in Siegers Atelier, endlich wieder laute und leidenschaftliche Streitereien, diese glückliche Atmosphäre: Verständnis, schöpferische Leute, ringsum Bilder, ein schöner Akt, die Ungezwungenheit, die man nur bei Malern findet (die meisten Schriftsteller sind so seriös und haben

Besitzer-Komplexe) – ich atmete auf. Dieter fuhr mich nach
Hause [...]. Ich hatte früher immer gedacht, er käme eigentlich nur den Daniel besuchen [...]. Aber nun ist Daniel seit
mehr als zwei Monaten weg, und pünktlich jeden Mittwoch
kommt Dieter – also auch zu mir, und er wird mir immer
sympathischer. Bei ihm habe ich nie das Gefühl, gegen eine
Wand zu sprechen – nicht mit einem einzigen Wort. Er ist
aufrichtig, ohne verletzend zu werden, und in einer schwer
zu präzisierenden Weise treu, auch als Genosse, meine ich.
Er quatscht nicht, bei ihm ist ja ja und nein nein – und von
wievielen Menschen kann man das schon sagen? [...]
    Freitag Kulturkonferenz in Pumpe. Ich saß halt meine
Zeit ab – übrigens schon mit Fieber und dergleichen. Kontroverse zwischen Dieter und unseren Funktionären, für die
mir kein Schimpfwort einfällt, das stark genug wäre. Er kritisierte einige von ihnen, und sie revanchierten sich mit dem
Vorwurf, er leugne die Kraft und Weisheit der Partei (denn
natürlich *sind sie die Partei*), leugne also auch die friedliche
Koexistenz und den Weltfrieden. Es war zum Speien.
    [...]

Hoy, 12. 3.

Morgens ist es sehr kalt, mit Reif auf dem Rasen; tagsüber
Sonnenschein und Frühlingswärme.
    Dienstag, am 10., kamen Blumen von Daniel, ein Brief-
chen mit Grüßen »... von Ufer zu Ufer von D., Deinem
Freund«. Abends hatten wir telefoniert, ich war wieder sehr
traurig. Ich rief nur an, weil ich mich so allein fühlte und
auch körperlich elend. Ich übergebe mich jeden Tag, manchmal liege ich eine Stunde auf der Couch herum. Ich arbeite
halt, vielleicht kommt es daher, rege mich auf beim Schreiben (Franziskas erste Liebe und das weiße keuchende Tier
im Gartenweg – mir fiel ein, wie es damals gewesen war, als
ich mit J. dort entlang ging, und wir sahen es, fürchterlicher
Augenblick, wir waren noch ganz unschuldig).
    Nachmittags kam Erwin Strittmatter mit Eva, ich freute
mich sehr über ihren Besuch. Str. hat uns zweimal gerettet
(und wie ich von anderen hörte, nicht nur uns). Wir haben

auch, trotz unterschiedlichster Schreibweise, dieselben Ansichten, Beweggründe: Bücher zu schreiben, wie wir selbst
sie gerne lesen, nicht für die happy few, sondern für einen
großen Kreis. Sie ermutigten mich, auch durch ihre einhel-
lige Ablehnung der Bieler und Mickel. Es ist wie mit des
Kaisers neuen Kleidern [...]
Sie sagten, ich müsse nun bald raus aus meiner Provinz
(das trifft mein Gefühl), auf die Dauer kann man sich nicht
der Enge erwehren, gewisser starrer Ansichten, dogmatischer
Funktionäre, man wird unsicher, kann sich schließlich außerhalb des begrenzten Kreises nicht mehr bewegen und läßt
sich beeindrucken von den Genies, die Verständlichkeit als
primitiv abtun. Mal wieder die Welt von oben sehen ...
Sie reden mir auch zu, ich solle nicht aufs Literaturinstitut
gehen und mich mit Theorie vollstopfen lassen. Außerdem
habe Max Walter Schulz egoistische Gründe: er hat, sagt Eva,
einen Reimann-Komplex, er liebe mich und erzähle überall,
daß ich die Lea in seinem Roman sei.

Hoy, 17. 3.

Neulich bei Langer, SED-Kreisleitung, bat um eine Wohnung. Ich haßte ihn für all sein Gott-Gehabe, seinen moralin-
sauren Triumph, weil wir uns scheiden lassen – und haßte
mich, weil ich aus Berechnung schwieg, als er über Dieter
herfiel, Dieter den Parteifreund, der gesagt hat, Cremer habe
recht und die Partei unrecht. Die Partei ist unfehlbar. Die
Ideologische Kommission ist tief bekümmert über Dieters
Sündenfall [...]. Dann tat L. sich gewichtig mit allerlei ver-
traulichem Material (nur gegen Unterschrift), er blätterte in
seinen Akten so, daß wir [...] nicht hineinsehen konnten; es
handelte sich um Reden, die auf dem 5. Plenum gehalten
wurden. Hier bot sich mir die Gelegenheit für einen ersten
Nierenschlag, ich sagte lässig: »Ach so ... Nun, ich war ja
zum 5. Plenum eingeladen.« (Daß ich nicht hingefahren bin,
sagte ich nicht). L. stutzte, ich setzte, immer freundlicher,
hinzu: »Ich werde zu jedem Plenum eingeladen.« Seine Gott-
ähnlichkeit ließ dann merklich nach.
Als wir uns verabschiedeten, [...] wollte L. meinen Schein

haben, und jetzt landete ich den zweiten Haken unter die Gürtellinie und sagte: »Nicht nötig. Ich habe einen Z-K-Ausweis.« Er ging seelisch zu Boden. Himmel, wie war mir wohl! Jon, der sonst diesen Ausweis-Mißbrauch nicht leiden mag, schrie vor Lachen.

Mittwoch werde ich mit Dieter beraten. Wir machen eine Tagung des Künstler-Aktivs. Gemeinsam mit Jon werden wir diese Holzköpfe an die Wand reden.

Arbeit an »Franziska«; unter scheußlichen Umständen: ich muß jeden Tag brechen, bin lächerlich hinfällig. Versuche das Rauchen einzuschränken.

Heute morgen lag eine dünne Schneeschicht, dabei ist die Sonne schon ganz heiß, und ich werde braun. Die letzten zwei Tage sonnten wir uns an Jons Fenster, er schlug mich in Decken ein – er nennt das »einen Davoswickel« machen.

Hoy, 21. 3.

Ein trauriger, vorwurfsvoller Brief von Mutti: Daniel hat Dich auf Händen getragen. Sie will Jon, diesen Ellenbogenmenschen, gar nicht erst sehen, sie hält ihn für brutal. Wie sollte sie auch ahnen können, wie er lieben gelernt hat, wie zart er ist, daß jetzt er mich »auf Händen trägt«, derselbe Jon, der jahrelang – vielleicht doch nur aus Eifersucht – Daniel scharf bekrittelt hat, weil der mich verwöhnte. Bei ihm, Jon, würde das anders sein … Und jetzt läuft der tagelang alle Läden ab, um einen Stoff für mich zu bekommen, […] deckt den Tisch mit Blumen und bunten Deckchen, wenn ich zum Essen komme, hält immer irgendeine Überraschung bereit – einen Salat, den ich mag, ein Mixgetränk – […] und erträgt meine Launen mit engelhafter Ausdauer. Und dabei gibt er niemals sich selbst auf, er hat nichts von seiner eigensinnigen, schwierigen Persönlichkeit eingebüßt. Es gibt Augenblicke, die mich überwältigen und wehrlos machen: wenn er plötzlich, bei Tisch oder unterwegs, mich entdeckt, küßt und sagt: »Guten Tag, Liebste.« Nach drei Jahre erzittern wir vor Verlangen, wenn wir uns einen Kuß geben, als sei es der erste.

Hoy, 27. 3. 64

Gestern am späten Abend – ich war schon im Bett – kam
Daniel. (Nachmittags Künstler-Aktiv, geplatzt, weil niemand erschien; […] dann noch eine Stunde bei J. gesessen,
der einen Malaria-Anfall hatte, gelbbraun aussah und abwechselnd fieberte und vor Kälte zitterte).

Eben war ich in D.s Zimmer, er saß ohne Licht und hörte
Musik, er sagte:»Ich trauere um meine Ehe« – mit kläglicher
Ironie, und jetzt ist mir doch zum Weinen, nachdem es den
ganzen Tag ohne Tränen abgegangen war. Ach, all die schlauen
Ablenkungsmanöver der letzten Wochen … Gestern sprachen wir bis zum frühen Morgen über unsere Angelegenheiten. […] Ich ertappte mich dabei, daß ich meinen ganzen
Charme aufbot, ihn zu bezaubern versuchte – wozu? Warum?
Einmal ergriff er meine Hand und küßte sie und sagte:»Du
bist eine reizende Frau.« Alles ist ein bißchen wie zu Beginn
einer Liebe – und ganz anders, weil sie das Ende schon ein-
schließt. Wir sind so liebenswürdig und rücksichtsvoll, aus
dem Mittagessen haben wir heute ein festliches Dinner gemacht – wie oft haben wir sonst, zwischen Arbeit und Arbeit,
das Essen hastig an der Küchenbar runtergeschlungen.

Arbeiten konnte ich nicht, obwohl ich mich mühte. […]

Hoy, 29. 3.

Heute ist Ostersonntag. Unmöglich zu arbeiten, ich bin wie
gelähmt, liege die ganze Zeit herum und verschlinge Bücher.
Reizende Ostern: mit Regen, grauem Himmel, Traurigkeit.
Und bei jeder Handreichung, im Gespräch, bei Tisch derselbe Gedanke: das ist nun das letztemal, daß er als mein
Mann in dieser Wohnung sich bewegt. Er wird noch einmal
kommen, wenn ich eine Wohnung für ihn gefunden habe,
und dann ist er nur noch Gast. Manchmal bereue ich meine
Verfehlungen, meine Unduldsamkeit und wünsche, wir
könnten wieder von vorn anfangen – dann freue ich mich auf
wiedergewonnene Freiheit und Unabhängigkeit – bald wünsche ich den Daniel weit weg, bald in meine nächste Nähe.

Gestern war ich eine halbe Stunde bei Jon; er war mürrisch, schweigsam, von Eifersucht geplagt und immer noch
gelbbraun von Malaria. Ich betrachtete ihn wie ein zweifleri-
scher Pferdehändler: Lohnt sich der Tausch? Was gebe ich
auf, was bekomme ich dafür? […] Auf seinem Schreibtisch
stand, eingerahmt, die Karikatur von mir, die neulich im
»Eulenspiegel« war […]

Eben kam Daniel zu mir, er hat mein Manuskript gelesen
und sagte:»Phantastisch.« Er war ganz aufgeregt, bezaubert
von Franziskas Pubertätsgeschichte, fand auch alles ein wenig unheimlich, beinahe morbid – genehmigt aber unter der
Voraussetzung, daß mein Mädchen in eine andere, gesün-
dere Welt kommt, und das wird sie ja wohl auch. Keine Glätten mehr – er rühmte die Sprache, und das will was heißen,
und jetzt bin ich stolz und sehr ermutigt. Es war wieder wie
früher (und gewiß ist es das, was uns auch in Zukunft bleiben wird): hitziges Gespräch unter Kollegen. Verständnis
und das Gefühl, mitteilen zu können.[…]

Vergaß, glaube ich, von den Amerikanern zu berichten,
die neulich bei mir waren: Journalisten von der »New York
Herald Tribune«. Einer sah aus wie Gershwin. Sie stellten
ulkige Fragen, wollten auch etwas über die Einmischung der
Partei in unsere Literaturgespräche hören, und ich mußte,
guter Patriot, einiges verteidigen, was mir gegen den Strich
geht. Begriff, warum wir über manche Dinge nur unter
Freunden sprechen. Vor Fremden sind sie zu blamabel.

Vorige Woche Kongreß im Verband Bildender Künstler.
Cremer trat auf. Man erzählt, die jungen Leute, seine Partei-
gänger, hätten in den Wandelgängen gemobt. Das ND brachte
idiotische Berichte. An einer Stelle – Cremer sagte, alles sei
schön, was dem Reichtum des Menschengeistes entspringe –
setzte der Bericht in Klammern hinzu:»Auch die Atombombe?« Ein Klein-Moritz-Argument. Auch die Schriftsteller weichen bedenklich vom Bitterfelder Weg ab. Information aus dem Politbüro: Sie weigern sich, Huldigungsartikel
zur Bitterfelder Konferenz zu schreiben. Anweisung an die
Redakteure, sie wenigstens zu Interviews zu bewegen.

Wurde aufgefordert, ein »Bekenntnis zum soz. Real.« zu
schreiben. Weigere mich. Habe bis heute nicht begriffen,

was das ist. [...] Interessanter Artikel von Fühmann, aggressiv, aufrichtig, sehr klug, traf genau mein Gefühl. Die Interpretation durch die Westsender war allzu leichtfertig, sie schaden uns nur, wenn sie zu unterstützen scheinen, vielleicht absichtlich, vielleicht aus Unkenntnis der Dinge. Sie sind in letzter Zeit bemerkenswert schlecht informiert [...].

Hoy, 3. 4.

Eigentlich wollte der Daniel gestern schon wieder im Heim sein, aber ich habe ihn beschwätzt (und es war nicht schwer), und er bleibt noch einen Tag. [...] Wir sind beide ganz verzweifelt. Ich bereue tausendmal – nicht all die Stunden mit Jon, aber den Beginn, diese Schwäche, nicht rechtzeitig geflohen zu sein (und Flucht wäre hier Mut gewesen). Jetzt ist es zu spät. Wie soll ich ihm heute abend begegnen? Ich habe ihn während dieser paar Tage hundertmal verraten.

Vorgestern haben wir eine große Autofahrt gemacht – eine dieser Fahrten, die wir uns während unserer Ehe zehnmal vorgenommen hatten, um im letzten Moment zu verzichten, wegen der Arbeit, wegen einer Laune (von mir), wegen meines Geliebten ... Wir fuhren nach Dresden – übrigens bei miserablem Wetter, es war kalt und regnerisch –, aßen am Altmarkt und gondelten dann quer durch die Lausitz, über bergige Straßen, durch Wälder – die Tannen haben schon einen gelblichgrünen Schimmer – und durch die kleinen alten Städte mit ihren romantischen Marktplätzen, mit Brunnenfiguren, Backsteinkirchen und schiefen Häuschen. Zuerst denkt man, sie sehen sich alle zum Verwechseln ähnlich, aber auf den Märkten entdeckt man ihr Gesicht, ihre Farbe und Vielfalt. Am Hutberg fuhren wir durch die nassen tiefhängenden Wolken wie in einem Mittelgebirge. Auf den Dorfteichen war noch Eis. Daniel sagte, man könne mit niemandem so gut spazierenfahren wie mit mir – und es war auch wie früher, sogar das Zigarettenanzünden.

Im Café »Wochenpost« in Neustadt tranken wir Kaffee – auch so ein Unternehmen, zu dem mich Daniel nie hatte überreden können. Ich war von einer Sanftheit und Seriosität, die sich nur durch den drohenden Verlust erklären läßt. Auf einmal erschien mir wieder alles das lebenswichtig, was mich sonst ungeduldig gemacht hat, vor dem ich ausgerückt bin in das unruhige Leben mit Jon. Und jetzt – aber wahrlich nur jetzt – möchte ich mit Daniel ausrücken in irgendeine andere Stadt. Dort kann ich dann nach Jon heulen ... [...]

Wir haben nicht gearbeitet, nur viel gelesen, sensationelle Dinge gekocht [...]. Meyer war da, der Dichter (der vom Kongreß berichtete: zu Anfang aggressive Stimmung, dann wurden die jungen Rebellen müde geredet) [...] dies alles stundenlang, Streit und Probleme[?], während wir auf Kohlen saßen, nach Friede und Alleinsein verlangten und ich fast zerplatzte vor Nervosität und Herzschmerzen.

Es sind nicht nur die fünf Jahre. Es ist meine bessere Seele, die sich in Daniel wiederfindet. Das habe ich verspielt.

Ein Brief von Henselmann, lieb wie immer. »Wenn Du Kummer hast, komm in meine Arme.« Ich muß ihn unbedingt wiedersehen. Gestern abend rief Maetzig an, er will partout einen Film machen. Nächste Woche kommt er zu mir.

Gestern früh tauchte plötzlich mein alter Lewerenz auf, schnüffelte in meinem Manus und war entzückt. »Eine Mischung zwischen Colette und Rubens.« Nachher war er ein bißchen betrunken und auf mecklenburgische Art vergnügt.

Hoy, 6. 4.

Als Daniel wegfuhr, weinte ich. Wir klammerten uns aneinander. Wozu das alles, wozu, um Gotteswillen?

Ich sah noch durch die Tür, wie unten der Wagen wendete und die Straße hinabfuhr, und in der nächsten Minute setzte ich mich an den Schreibtisch. Manche Leute reisen, um etwas zu vergessen, und wahrscheinlich ist das Schreiben auch so eine Art Reise in eine fremde und zugleich vertraute – selbstgeschaffene – Welt. Ich schrieb anderthalb Zeilen bis zum Abend, und das ist für mich eine ganz hübsche Leistung.

Die ersten Tage war ich scheußlich zu Jon. [...] Zudem war ich krank, hatte eine Kiefervereiterung und litt wilde Schmerzen. Gestern wurde der Kiefer aufgeschnitten, ich wurde bei-

nahe ohnmächtig – eine barbarische Prozedur. Ich fuhr zu
Jon rüber, der mich wie eine Mutter pflegte, kalte Umschläge
auflegte und ein bißchen zauberte: ich war halbverrückt vor
Schmerz, und er hielt meinen Kopf auf seinem Knie und
streichelte mir Nacken und Rücken, sanft und unermüdlich,
und ich schlief ein. Vielleicht eine Sorte von Hypnose.

Heute wagte er mich zum erstenmal wieder zu küssen.

Hoy, 13. 4.

Am 7. war Sitzung der Jugendkommission, aber ich konnte
wegen meines Kiefers nicht fahren. Abends lief ich eine
Stunde in der Stadt herum und kam völlig erfroren nach
Hause – und fünf Minuten später kam der Daniel, der im
ZK von meiner Krankheit erfahren hatte. Er brachte mir
einen Korb Apfelsinen. [...] Er war »aus Freundschaft« gekommen. Ach, unsere traurige Art von Freundschaft ...

Und doch war ich glücklich, ihn zu sehen. Er ist wie Heimat, wie ein ruhiger Wald, in den man flieht, manchmal muß
ich an das Bild denken, das bei den Großeltern hing: ganz
lichte Bäume, die sich auf eine weite glänzende Wiese öffnen;
ich habe es als kleines Kind so oft gesehen, daß ich später
dachte, ich sei in dieser Landschaft wirklich spazierengegan-
gen.

Mit Jon habe ich noch nicht wieder geschlafen seit damals, vor Ostern. Mein gebrechlicher Leib hat sich in eine
neue Krankheit geflüchtet – vermutlich eine Abwehrmaß-
nahme gegen seelische Belastung. [...] Gestern weinte ich
eine Stunde lang, während Jon ratlos neben mir saß. Abscheulich. Ich muß mich endlich wieder zusammennehmen,
beherrschen, endlich wieder arbeiten. Tausend Briefe, Termine, Konferenzen – und die angefangene Szene liegt
herum, und ich hatte doch gerade soviel Spaß daran: Franziska und Django rennen durch die Straßen, sie sind wahnsinnig vor Ehrgeiz, sie nehmen eine strahlende Zukunft vor-
weg. Ich sah mich wieder mit Saalfeld durch die nächtlichen
Straßen jagen, wir waren völlig verrückt. S. ist wirklich
Kernphysiker geworden; ich hörte, daß seine Frau ein Kind

ohne Augen geboren hat. (Er arbeitet in einer Forschungsstätte in Westdeutschland, und das Ganze klingt wie eine
Moralstory, wenn man es aufschreibt).
Donnerstag und Freitag in Berlin zur Vorstandssitzung.
[...] Das beste an der ganzen Sitzung waren – wie immer –
ein paar Gespräche in den Pausen: mit den Strittmatters, mit
Noll, mit Christa Wolf. Oh, nichts Bedeutsames, man redet
eben so ein bißchen, klatscht, man macht sich über irgend-
jemanden lustig. Wer spricht schon über seine Arbeit? Und
wozu auch? [...]

Hoy, 15. 4.

Ein paar Tage gelegen, Schmerzen; heute früh Besuch von
Journalisten (Wochenpost), Brettschneider und Labahn, der
früher beim FORUM war. Sie wollen eine Architektur-
Untersuchung machen. Gott mit ihnen! Und immer wieder
die Politik, und Cremer, und tausend Dinge, die in der
Öffentlichkeit nicht ausgesprochen werden. (Gestern erzählte Dieter, daß bei den Malern nun auch das Schweigen
eingezogen ist). L. entschlüpfte die Bemerkung, Dr. Wessels
Artikel über Havemann erinnere an den »Stürmer«.
Wir werden noch immer miserabel informiert. FORUM
tut Havemann als einen »dummen Lügner« ab; der West-
funk bringt seine Vorlesungen, die viele kluge, neue Gedanken enthalten; die SU soll ihm einen Forschungsauftrag angeboten haben. Die Radiogespräche zwischen Kant–Schulz
und Richter–Grass kann man auch nur [im] Westsender
hören; Cremers Rede wurde in Auszügen vorgelesen. Die
Schriftsteller beklagten sich über mangelnde Information,
darauf Gotsche: »Es steht doch alles im ND.« Hier protestierte sogar Koch.
Jakob Weber, der noch irgendwo in den zwanziger Jahren
lebt, sprach von seiner Erschütterung über den Fall Cremer
und fragt, wo denn die Arbeiterschriftsteller (!) seien, die
ihn zurechtweisen könnten. Er stellte C. auf eine Stufe mit
Harich und Heym. (Bewegung unter den Jungen, kein lauter
Widerspruch.) Max Walter wenigstens sprach ein paar Worte
über die alten Künstler, die zwanzig Jahre lang geschwiegen

haben und jetzt »ihre Seele retten wollen«. Kant verteidigte sich gescheit und amüsant gegen Angriffe der »Welt«, die ihn (sie zitierten dafür Kantorowicz' Tagebuch) als Spitzel bezeichnet hatten. Nicht einmal zu den ärgerlichen Stipendien-Angelegenheiten wurde gesprochen. Jährlich werden 900 000 DM für Verträge, Unterstützungen etc. ausgeworfen. Es gibt keinen Gegenwert, der diese Summe rechtfertigte. Auf uns, die wir wirklich arbeiten und Bücher rausbringen, ist kein Pfennig dieser horrenden Summe gefallen.

Unsere »Großen« (oder solche, die selbst sich dazu zählen) machen keine Ausnahme: Tschesno-Hell hat 10 000 DM für die »Entwicklung eines Dramas« bekommen. Was sein Liebknecht-Film, dieser miserable Monstre-Schinken, ihm schon eingebracht hat, wurde verschwiegen. [...]

Aber wen wundert dieses beharrliche Schweigen? Wer im Vorstand etwas sagen will, muß aufstehen, an ein rotüberzogenes Katheder treten und ins Mikrofon sprechen, während draußen ein Tonband läuft und jedes Wort festhält. Das ist ein wichtigster unter vielen Gründen, und ich habe Koch und Lewin solange zugesetzt, sie würden nie ein offenes Gespräch, gar einen Streit unter den Schriftstellern zustandebringen, solange dieses verdammte Tonband mithört, bis sie wenigstens bereit waren, es sich zu überlegen und eine andere Form der »Aussprache« zu suchen.

Zum erstenmal seit Jahren sprach ich auch ein bißchen mit Max Walter, dem »Joe« von Sakrow. Er hat sich nicht verändert, dachte ich – und dabei ist er füllig geworden und womöglich nicht gelassener, noch sicherer als damals. Aber diese braunen Augen, die einem hinter die Stirn zu blicken scheinen, diese dreieckigen Brauen ... Wir sahen uns die ganze Zeit fest in die Augen, ich fühlte, daß ich über und über errötete, seine Hände waren in Bewegung – ich bin sicher, daß wir an dasselbe dachten, während wir über das Literatur-Institut redeten, redeten ... Daß ich ihn mir verscherzt, verspielt habe – ich Dummkopf, unreifes Gör, das ich damals war! Ich dachte auf einmal, daß ich imstande wäre, ihn wieder zu lieben, ihn mir zu nehmen – sofort, ohne Bedenken. Ich gestehe eine heftige innere Bewegung. Nachts träumte ich von ihm.

Hoy, 18. 4.

Was waren das gestern wieder für unpassende Geständnisse!
An zwei unglücklichen Lieben habe ich doch gerade genug.
Noch ein Gespräch mit Gotsche, den ich um eine Aufenthaltsgenehmigung für Lutz bat. Wenig Aussichten, man darf
keinen »Präzedenzfall« schaffen. G. nannte den »Bienkopp«
parteischädlich. Wie liest er bloß Bücher? Er bewies es mir
auch des langen und breiten und fing bei der Bodenreform an.
Er bewies auch, daß die meisten Republikflüchtigen krimi-
nelle Elemente gewesen seien. Guter Gott! Wir haben eben
nie was falsch gemacht. Und zwischendurch legte er mir die
Hand aufs Knie, auf die Schulter, immer mit väterlichem Gesicht. […] Was bleibt mir übrig, als meinerseits ein töchter-
liches Gesicht zu machen? Ich mag ihn sonst ganz gut leiden,
weil er aufrichtig ist, wie mir scheint. Man kann auch mit ihm
streiten, ohne daß er den Staatsrats-Sekretär hervorkehrt.
     Ich fuhr dann mit Lewin zum Kunsthandel, entdeckte
einen wunderschönen Barockschrank und kaufte besinnungslos und bezahlte mit einem nicht gedeckten Scheck. Es
gab auch noch einen Barock-Schreibtisch, und eigentlich hin-
derte mich nur Willis entsetztes Hausvater-Gesicht ihn auch
gleich zu kaufen (das besorgte ich einen Tag später telefonisch). Nun habe ich also mein »eisernes« Konto geschröpft.
Nun, egal. Ich habe eh für niemand mehr zu sorgen.
     Am Sonnabend kam dann Prof. Maetzig, sehr früh, sehr
gut gelaunt, sehr entschlossen, mich für einen Film zu gewinnen. Dies und das, Havemann und Akademie, endlich
seine Idee: »Ein Jüngling liebt ein Mädchen …« und das
ganze Heine-Gedicht, das ja wirklich eine komplexe Romanfabel birgt, spielte er mit Streichholz-Schauspielern vor. Er
bot seinen ganzen Charme auf; ich war behutsam, gewisse
kleine Anzeichen deuten auf wilden Egoismus. Er bat mich
(wie vor ihm schon Schreyer) den letzten Film »Preludio 11«,
nicht anzusehen, er findet selbst – ich mußte mich gar nicht
erst überwinden, ehrlich zu sein, was manchmal gleichbedeu-
tend mit brutal ist –, daß seine letzten Filme schlecht sind,
daß er in einer künstlerischen Krise steckt (meine Zweifel:
wirklich nur eine *Krise*? […])

Mittags fuhren wir nach Bautzen zum Essen. Unterwegs stiegen wir aus und gingen im Wald spazieren, dann am Knappensee entlang. Es war der erste warme Frühlingstag (inzwischen ist es sommerlich heiß geworden), die Luft war weich und die Landschaft wehte und duftete wie ein Gedicht von Mörike. Er nahm meine Hand. In Bautzen sollte ich mir Blumen aussuchen und nahm eine Christrose, sie blüht noch. Der Ober im »Ratskeller« brachte sich bald um.

Und dann fuhren wir nach meinem Kommando – alles einfach ins Blaue hinein, denn ich kannte die Wege genau so wenig. Wir waren die ganze Zeit sehr vergnügt, und er machte mir nach Kräften den Hof. Ein paarmal liefen wir im Wald herum, an irgendwelchen Kiesgruben, und scheuchten Hasen auf, und die Sonne schien. In irgendeinem dieser kleinen sächsischen Städtchen, mit ihren altmodischen Märkten tranken wir Kaffee, und dann fuhren wir weiter. Irgendwann gab es mal Regenschauer. Einmal, als wir uns über den Autoatlas beugten, faßte er mir ins Haar und drehte meinen Kopf ein wenig zu sich. Ich bin ja sonst ziemlich blöd, aber ich merkte doch, daß es ihn die ganze Zeit nach einer schicklichen Gelegenheit verlangte, mich zu küssen. Ich finde das immer wahnsinnig peinlich, wenn ältere Männer sich bemühen – ich bin nicht gekränkt, sondern fürchte sie zu kränken, mit einem Lächeln oder einem Blick auf ihre welkenden Hände. […]

Er war ganz närrisch vor Freude, als ich vorsichtig äußerte, man könne ja seiner Film-Idee mal näher treten (meine guten Vorsätze! Mein liebes schönes Buch!), er sagte, er habe das Gefühl, wir könnten zusammen einen bezaubernden Film machen. Na … Übrigens habe ich mich wirklich noch nicht entschlossen. […] Er dankte mir tausendmal für den schönen Tag – und er war wirklich schön, friedlich und erholsam, und es ist dumm, wenn mir jetzt lauter bespottenswerte Dinge einfallen.

[…]

Hoy, 30. 4.

Am 24. und 25. II. Bitterfelder Konferenz. Die Bezirksdelegation fuhr schon Donnerstag; mich nahm Frau Apel in ihrem Dienstwagen mit. Sie ist unsere neue Ratsvorsitzende, eine kluge, empfindsame Frau, Musikwissenschaftlerin (sie promoviert – und das neben ihrer aufreibenden Funktion) – und eine richtige Frau, mit Eitelkeit und Koketterie und allen erlaubten Mitteln. Ich mag sie sehr, die Kulturarbeit im Bezirk hat sich schon merklich verbessert.

Wir schliefen in einem Lehrlingswohnheim, wo uns morgens um 6 schmetternde Musik aus einem unerbittlichen Lautsprecher weckte. Scheußliches Wetter, eine scheußliche Gegend, grau und schmutzig, die Luft stank wie Kloake. Auf der Konferenz war alles vertreten, was gut und teuer ist. Hauptreferate von Bentzien und Ulbricht. Ein paar kluge und witzige Reden: Neutsch, Sakowski, Strittmatter, Wolf – die Schriftsteller waren wieder groß im Rennen. […] Kuba war ärgerlich wie immer, der ewige Linksradikale, der – immer mal wieder – vorm Sumpf des Revisionismus warnte. Ein paar Leute wurden runtergeklatscht. Alles in allem – eine gute Sitzung, und was da von der Bühne kam, war diesmal so interessant wie die Wandelganggespräche, und das will schon was heißen.

Ich war meist mit Lewin und Caspar zusammen, ein paarmal mit Nachbar, der erstaunlich liebenswürdig und heiter war – und natürlich der schönste Mann im Saal. Übrigens interessierte sich jedermann zu heftig für unsere Scheidung, ich antwortete mit Schnoddrigkeiten und kam mir vor, als spuckte ich mir selbst ins Gesicht. Aber soll ich denen was vorheulen? Das mache ich mit mir selbst ab […]. Die mich kennen und deshalb zu kennen glauben, denken, ich rettete mich mal wieder mit heiler Haut aus einer bösen Geschichte […].

Abends wurden wir in eine Kulturveranstaltung getrieben und sahen ein plattes Laienspiel, »Wolfener Geschichte«.

Auf dem Rückweg fuhr K[…] mit, Chef der Ideologischen Kommission, ein ziemlich hübscher, ziemlich junger Mann. Er ist sehr munter, riß immerzu Witze, zuweilen sogar gute, ich saß neben ihm im Fond, und er war sehr angeregt. Ach ja, privat sind sie reizend … Nie möchte ich ihn auf einer Sitzung erleben. Was bleibt da wohl von Charme und Toleranz? Sie wollen die Maler zwingen, eine Entschließung gegen den »Parteifeind« Cremer zu unterschreiben.

Dieter tobt. Noch weigern sich die Maler, aber wahrscheinlich werden sie doch mürbe diskutiert.

Jon wartete im Klub auf mich, obgleich es schon auf Mitternacht ging. Ich umarmte ihn, fühlte mich zuhaus und angekommen. [...]

Wir haben jeden Tag miteinander geschlafen, mittags, abends, wie es sich traf. Ich darf mir nicht vorstellen, wie er im Zimmer herumlief, in einer hautengen Niethose, mit nacktem Oberkörper ... Und dennoch: als ich gestern allein in die Stadt fuhr, zu meiner Schneiderin, fühlte ich mich auf einmal schrecklich verlassen. Ich saß im Bus, ich kam mir so ausgeliefert vor, so allein. Jon erschrak, als ich es ihm sagte: er würde mich überall hin begleiten, ich brauchte nur ein Wort zu sagen. Ach, ich bin gar nicht so stark, wie andere glauben. Ich habe zuviel Angst, vor zuvielen Nichtigkeiten. Manchmal bin ich stolz auf das, was ich »selbständig« nenne: daß ich allein Sicherungen eindrehe, allein einkaufe, irgendetwas repariere – die tausend Dinge tue, die mir früher abgenommen wurden. Manchmal freut mich auch meine Freiheit, aber diese Freiheit hat einen bitteren Beigeschmack. Der Tag ist sehr lang ohne einen anderen Menschen nebenan [...].

Hoy, 3. Mai 64

Das ist die erste Zeile, die ich an meinem neuen Schreibtisch schreibe. Gestern wurden mir die Möbel aus Berlin gebracht. Ich konnte mich nicht satt sehen, und auch Jon war entzückt – ich habe gefürchtet, er würde mich tadeln (nicht wegen meiner Verschwendung, – die versteht er) und mich für versnobt erklären. Aber er sah ja wohl, daß ich sie aus Freude an ihrer Schönheit gekauft hatte. Ich habe einen Tag Großreinemachen eingelegt und Möbel gerückt und war die ganze Zeit glücklich. Meine Schreibmaschinenarbeiten mache ich künftig in Daniels Zimmer – auf dieses köstliche Holz stellt man keine Maschine.

Am 1. Mai haben wir uns den Festumzug von Jons Fenster aus angesehen. Nachher fiel uns ein, daß es einfach eine Provokation war: das sündige Paar Aug in Aug mit der Parteiprominenz – denn die Tribüne befindet sich direkt gegenüber

Jons Fenster, am Rande des scheußlichen Aufmarschplatzes.
Von hoch oben, aus dem 7. Stock, sah der Umzug ganz heiter
und feierlich und bunt aus: die Bergmannsuniformen, die
FDJ-Hemden, Sport-Jerseys, Volkstrachten, die Schalmeien-
Kapelle und Fanfarenzüge (die ich noch immer nicht hören
mag) – [...] und ich staunte, wie viele Leute schon in unserer
Stadt wohnen. Von unten, zu ebener Erde, sieht die Welt sich
freilich anders an: Dieter, der auf der Tribüne gestanden hatte,
kam nachher zu uns rauf, um einen Kaffee zu trinken, und erzählte, mit wie mürrischen Mienen die Leute vorbeigelatscht
seien. Und dann schwärmten die beiden Veteranen Jon und
Dieter von den Maifeiern der ersten Nachkriegsjahre, und ich
merkte wieder, was diese wenigen Jahre Altersunterschied
zwischen uns bedeuten – eine halbe Welt, tausend Abenteuer
und gewichtige Erlebnisse, die sie mir voraus haben.

Ach ja, und die Zirkusleute waren auch dabei, mit herrlichen Pferden, mit Kamelen und zwei komischen kleinen
Elefanten, die sich drängelten, und nachher rasten die
Kunstreiter in gestrecktem Galopp über den Platz, und wir
sahen die Pferde ganz schwarz, mit den wirbelnden Hufen
gegen den Himmel, und wir waren sehr aufgeregt.

[...]
An diesem Abend sprachen wir zum ersten Mal – vorsichtig – von unserer Zukunft. Nun beginnt wohl auch Jon zu
glauben, daß es eine Dauer geben kann, und er scheint entschlossen, einiges in seinem Leben zu ändern. Er sagt, er habe
drei Jahre lang sich wie auf einem Seil bewegt, in einer Beziehung, die von einem Tag auf den anderen Abbruch bereithielt.

[...] Am Morgen drückte er mir einen Beutel in die Hand:
»Probier mal an.« Es war ein Bikini, den ich mir lange gewünscht und nie bekommen hatte. Er paßte wie angegossen,
und ich erbebte bei dem Gedanken, wie sicher Jon meinen
Körper kennt.

Hoy, 8. 5.

[...]
Nachmittags bin ich zu Jon gegangen. Wir haben uns so
nacheinander gesehnt, er hatte eine Flasche Wein gekauft, das
Zimmer glänzte, er zog mich aus, ganz langsam und unter

Küssen, und dann waren wir so aufgeregt, daß wir nicht miteinander schlafen konnten, und wir lagen stundenlang zusammen und streichelten und küßten uns und wanderten in unentdeckte Länder (wann *kennt* man den Körper seines Geliebten?).

Als ich nach Hause kam (nicht spät – gegen ½9), hörte ich, daß Daniel zwanzig Minuten vorher abgefahren war. Er hatte sich nur eine halbe Stunde aufgehalten. Ich zeigte den Schömanns eine gelassene Miene, aber im Inneren war ich ganz kaputt, – traurig, gekränkt, zornig, zornig auf mich und auf Daniel. Auf dem Tisch fand ich dann einen Zettel: er fühle sich einem Nervenzusammenbruch nahe, er müsse schnell fort, schlafen, sei von seiner Arbeit gehetzt. Er hatte auch notiert, was er an Wäsche, Handtüchern, Besteck mitgenommen habe – für sein Asyl bei Berlin.

Es war schon wie ein Auszug, und ich ahnte etwas von dem, was uns erwartet, wenn alles entschieden und abgeschlossen ist, irgendwann im Herbst. Vielleicht saß ich auch deshalb heute so taub und zweiflerisch vor meinem Manuskript – als habe alles seinen Sinn eingebüßt.

Hoy, 14. 5.

Halb verrückt vor Nervosität. Versuche mein Kapitel zu schaffen, das Caspar zu Pfingsten haben wollte, und ausgerechnet heute (der letzte Tag, den ich habe) klingelt andauernd das Telefon, kommen Leute, Eilbriefe, Bücherpakete [...]. Gestern den ganzen Tag in Cottbus, zu einer höchst überflüssigen Beratung der Künstlerverbände. Die Maler waren nicht erschienen, und das war das Gescheiteste, was sie tun konnten. Es wurde leeres Stroh gedroschen. Daß wir die einzig richtige Kulturpolitik im soz. Lager machen, wußten wir schon vorher aus tausend Referaten. [...] Das Beste war noch die Busfahrt mit Jon, wo wir dicht zusammengepreßt standen in diesem stickigen, überfüllten Bus, und uns berührten und fast vergingen vor Verlangen, und in Cottbus spielten wir an jeder Straßenecke zufälliges Wiedersehen und küßten uns. [...]

Hoy, 21. 5.

Seit zwei Tagen zurück vom Deutschlandtreffen. Liege nur
herum und lese Krimis, die ich mir bei Henselmann geholt
habe (wir waren dort nur eine knappe Stunde; H. mußte auf
die Zinnen seines Hauses. [...] Übrigens stellte ich beim Betrachten des Lehrer-Hauses fest, daß H. eine organische
Verbindung zwischen Hochhaus und Kuppelbau nicht geschafft hat – die beiden Körper stehen beziehungslos nebeneinander, jeder für sich reizvoll – wenn auch nicht wahnsinnig originell –, aber eben keine harmonische Einheit. Aber
das kann man ihm wohl nicht sagen, er ist ohnehin einer
Kritik kaum zugänglich, erst recht nicht schon jetzt während des Bauprozesses.)

Am Freitag kam Daniel. [...] In dieser Woche hatte meine
Beziehung zu Jon ein wenig gelitten [...] Jon meinte, er
müsse sich mal wieder ein bißchen aus dem Weg räumen, er
sei sich selbst zuwider.

Freitag abend hatte ich tatsächlich mein Kapitel geschafft,
[...]. Ich war nicht mehr ganz von dieser Welt – nichts gegessen, kaum geschlafen, aber glücklich erleichtert. Auch
Daniel machte den Eindruck eines Somnambulen. Er wohnt
seit einer Woche in einem Campingwagen, unmittelbar neben Nolls Wochenendhaus. [...]

Am Nachmittag war Seltsames und Aufregendes passiert.
Ich stand vom Schreibtisch auf, und Daniel kam zu mir herüber und küßte mich, zuerst so brüderlich wie all die Monate
vorher, und auf einmal fingen wir an zu zittern, und er gab
mir einen Kuß wie früher. Wir waren dann sehr verlegen, und
ich ging schnell an meine Arbeit.
       [...]

Hoy, 22. 5.

Endlich wieder ein sonniger Tag. [...] Dieter kommt jeden
Tag, trinkt eine Tasse Kaffee, holt sich einen Krimi und ist
kreuzunglücklich, soweit es sein Phlegma erlaubt, weil ihm
seine Frau für eine Weile davongelaufen ist. Er kann eine leere
Wohnung nicht ertragen und weiß zuhaus nichts mit sich anzufangen. So beklagen wir gemeinsam unser Junggesellen-

dasein, obgleich es mir gefällt – ich bin schon soweit, daß mich ein anderer Mensch in der Wohnung stört.

Gestern war Frau Dr. Leder von der »Freien Welt« da (sie wollen eine große Reportage über Hoy machen) und der charmante Flierl, der wie Kaiser Titus aussieht und wunderschön lachen kann […]. Er fliegt nun doch aus der »Architektur« raus, obschon die Leute, deren inkrimierte Artikel er abgedruckt hat, wieder auf guten Posten gelandet sind. […] In Hoy wird sich nun doch – nach langem Hin und Her in der Bauakademie – allerhand verändern: wir bekommen wieder einen Aufbaustab und einen Chefarchitekten, und es gibt eine neue, vernünftige Konzeption für den weiteren Aufbau der Stadt. Ich grinste blöd vor Stolz: das alles habe ich mit meinem Artikel in Gang gesetzt.

Wie ich mir so den Flierl betrachtete, dachte ich wieder, wie albern und überflüssig es ist, einem Mann nachzuheulen, es gibt soviele liebenswerte Männer und brisante Gelegenheiten. Wenn ich in Berlin wohnte, würde ich mir den Flierl einfach angeln, wirklich […] (übrigens ist er auch Junggeselle und zehn Jahre älter als ich); er sieht aus wie einer, mit dem man viel Spaß haben und fremde Städte erobern und sich ganz beschützt fühlen kann; und – das hört sich freilich nicht schön an – ein verlaßlicher Instinkt sagt mir, daß er die Anlage dazu hat, sich von einer Frau beherrschen zu lassen, bestimmt kann man ihm in aller Liebe auf der Nase herumtanzen.

Also, Daniel. Mit dem Naseherumtanzen ist es vorbei, er emanzipiert sich. Das ist alles noch schrecklich verkrampft. Sonderbar, er ist immer noch der einzige, den ich länger als ein paar Stunden in meiner Nähe ertragen kann […]. Nur dem Daniel verzeihe ich die Unfähigkeit, Geld zu machen, und ich gebe ihm gern. Ich werde immer geiziger, je mehr ich verdiene, eine komische Sorte von Geiz: ich schenke der D-Schwester ein Kleid für 400 Mark, aber ich bin sauer, wenn mir jemand eine Schachtel Zigaretten wegraucht. Vielleicht hängt das zusammen mit meinem Unvermögen zu rechnen, mit Geld gescheit umzugehen. Neulich machte Jon, ohne daß ich es merkte, ein Experiment mit mir: Wir wechselten Geld, und ich gab ihm zwanzig Mark zurück, weil ich außerstande war, mit abstrakten Zahlen zu manipulieren und nur die konkreten bunten Scheine sah – eben Scheine und nicht ihren Wert.

[...] Eine unterbewußte Existenzangst, da es in unserem Beruf keine Sicherheit gibt und wir ewig unter der Bedrohung durch Krankheit und Krise und geistiges Versagen leben.

Nun habe ich lange genug drumherum geredet. Ich habe mit Daniel geschlafen. Mit meinem eigenen Mann, lieber Himmel – und es kam mir wie Verführung und Ehebruch vor. An jenem Beichtabend brachte er mich zu Bett, auf einmal sagt er: Ich möchte mit dir schafen. Ich hatte es die ganze Zeit erwartet. [...] Daniel sagte, ich sei so schön wie am ersten Tag, und ich führte ihm meinen Körper vor wie einem Liebhaber. Trotzdem war es kein Zurück, kein Versuch, Vergangenheit heraufzuholen und wieder zu beleben. »Mit Zärtlichkeit gekommen, mit Zärtlichkeit gegangen«, sagte Daniel.

2 Stunden später
Höppke vom ND ist da, eben waren wir essen, jetzt liest er im Manus, aus dem er einen Vorabdruck bringen will. [...]

Hoy, 23. 5.

Gestern mußte ich mich dem H. widmen, der ziemlich lange blieb. Wir tranken auch ein paar Wodka, und ich kam in provozierend lauter Stimmung bei Jon an. Buerschaper war bei ihm. Ich lud sie zu mir ein, und eine Zeitlang waren wir sehr laut und aufgekratzt, aber dann war es nach Mitternacht, und als ich fast umfiel vor Müdigkeit (ich gehe sonst pünktlich um 10 Uhr ins Bett) fing der unselige B. mit meiner Hörspielbearbeitung an [...]. Jon war wieder grämlich gewesen, er scheint krank zu sein, war heiß von Fieber; vielleicht fielen wir ihm auch auf die Nerven, weil wir die ganze Zeit enthusiasmiert Jazz hörten und mit der unerträglichen Ausdauer von Fanatikern die Vorzüge der einzelnen Jazzmen erläuterten: B. war für die Modernen, ich für die Oldtimer, aber schließlich fanden wir alles großartig und heulten bald, als wir den West End Blues von Armstrong hörten.

Hoy, 25. 5.
Krank, Fieber, irgendeine blöde Erkältung. [...]
Noch schnell vom Deutschlandtreffen. Morgens auf der
Tribüne, der Vorbeimarsch dauerte fünf Stunden. Eine Riesen-
show, die ich etwas fatal und unzeitgemäß fand. Saß bei
Nahke und Dr. Bittighöfer, der zuerst wacker sein Papierfähnchen schwenkte, sich dann aber genierte, weil N. und ich
keinen Enthusiasmus aufbringen konnten. Fanfaren, Wälder
von Fahnen, hurraschreiende Jugendliche – nun, ich bin zu
nüchtern, mein Herz schlug nicht höher. Ein Sprecher begleitete jeden Auftritt mit unsäglichen Versen (vermutlich von
Zimmering) und viele Hochrufe für unsere Partei mit Walter
Ulbricht an der Spitze. [...] B. [...] ist ein gescheiter und
wahrscheinlich auch guter Mensch. Er habilitiert jetzt mit einer Arbeit über Sexualethik (und ist eben geschieden). Er hat
mich ins Operncafé eingeladen. Vielleicht gehe ich mit, er gefällt mir ganz gut, obgleich ich eine gewisse Biederkeit arg-
wöhne (das Papierfähnchen!) Er war gleich bei der ersten Tagung der Jugendkommission so nett zu mir. Er geleitete mich
dann [...] ganz zärtlich zum Wagen, und natürlich war Daniel
begeistert von ihm. Ein Mann zum Heiraten ... Ich dachte an
meinen schlampigen, unmöglichen Freund Jon – ich werde
nie vernünftig.
Nachmittags Buchbasar in der Karl-Marx-Allee. Es war
ungeheuerlich. Ich konnte keine Minute aufstehen, konnte
nicht einmal einem Leser ins Gesicht sehen, mit keinem ein
Wort wechseln. Ich schrieb die ganze Zeit Autogramme, halb
erstickt von der Masse. Nach zwei Stunden hatte ich eine
Blase am Daumen. Meinen Kollegen ging es nicht besser, und
sicher kann man das als gutes Zeichen nehmen, obgleich es
mir nicht der Sinn eines Basars zu sein scheint, daß die Autoren zerquetscht werden. Wahnsinniger Trubel in der Allee,
Musik, ein Strom von schönen jungen Leuten, Blumenräder,
eine Beatle-Gruppe (warum morgens diese scheußliche
Marschmusik? Ich hätte eine Jazzband verpflichtet)
Abends, todmüde, mit Caspar im Presseclub. [...] Er jam-
merte die ganze Zeit über unsere Scheidung und versuchte
uns zum Ausharren zu bewegen. Schließlich zwang er den
geduldigen Daniel, mit ihm zusammen eine Erklärung zu

unterschreiben, daß »wir alle Brigitte lieben«. Übrigens geht ihm unsere Geschichte wirklich ans Herz, und er war sanft und rührend.

Bis drei Uhr nachts Diskussion an der Friedrichstraße. Das große Ost-West-Gespräch war ausgebrochen, und das war unbestreitbar das Beste am ganzen Deutschlandtreffen. Am nächsten Tag konnte man Unter den Linden kaum noch durchkommen, alles war verstopft von Gruppen debattierender Leute. Unser Partner, nachts, war ganz geschickt (offenbar vorher geschult); schließlich erledigte ihn aber ein Maurer mit der Frage nach seiner Arbeit. Er konnte weder darüber noch über den Beruf seines Vaters Auskunft geben. Oberfaul.

Der Gaismaier, den wir kennengelernt hatten (vom Münchner Fernsehen) war eine Errungenschaft, ein kluger, gebildeter Junge, der auch schreibt. Wir saßen nachmittags noch im Klub zusammen, nachdem das Gespräch über Nationalkultur ziemlich daneben gegangen war, weil sich die westdeutschen Gäste untereinander wegen Wirtschaftsfragen in die Haare geraten waren. (Übrigens waren sie beeindruckt von unserem liebenswürdigen jungen Minister Bentzien. Wagner quatschte. Zwischenrufe vom Rang: »Und was macht ihr mit den Negern?«) Ich saß mit im Präsidium und war stumm wie ein Fisch.

Dr. G. hat mir heute die »Ermordung des Marat« von Weiss und ein Heft der »Akzente« geschickt.

Morgen, wenn es mir besser geht, muß ich noch einiges über den Krach in der Ideologischen Kommission aufzeichnen, der wahrscheinlich nicht ohne Folgen bleiben wird.

Hoy, 30. 5.

[...]

Den ganzen Dienstag war Caspar da, um mit mir über das Buch zu sprechen. Ab Mittag saßen wir im Lokal, [...] und wir gerieten uns wieder in die Haare. Er hat mir einen Vertrag angeboten – das, sagt er, sei das größte Kompliment, das er mir über mein Buch machen könne; ich lehnte aber ab. Ich war wütend, als ich sah, wie drei (!) Lektoren an dem Kapitel herumgearbeitet und Sätze eingebaut hatten, die gegen jedes Sprachgefühl verstießen. Andere Sätze waren so verstümmelt, daß sie Klang und Farbe verloren hatten; ich tobte. [...]

Nachts kam Daniel und litt unter meiner Laune. Wir verstanden wieder, warum wir einander im Weg sind, und daß man mit mir nicht leben kann.

Mittwoch fuhren wir nach Burg. Gotsche hatte die Aufenthaltsgenehmigung für Lutz erteilt. Unterwegs waren wir wieder ganz zärtlich; ich bin doch am liebsten mit Daniel zusammen. Wir rasteten auf »unserem« Parkplatz, kurz vor Schönefeld. Immer dieses verfluchte »wie früher« ...

In der Neuendorfer Straße kam uns die ganze Familie lärmend und schreiend entgegengerannt, Vati und Mutti und Dorli, reizender denn je mit dunkel getöntem Haar, der lange Uwe, das Spätzchen, das die ersten Schritte macht, schwankend und vor Aufregung kreischend, und Lutz' Sohn Oliver, ein bildschönes Kind mit riesigen grauen Augen. Ich zitterte vor Furcht und konnte kaum atmen: Lutz erwartete uns oben. Als wir in den Flur traten, kam er aus der Küche: er ist schwerer geworden, die Nase schärfer, das Kinn ist ausgeprägter. Daniel hatte mir im Wagen gesagt, er sei begierig zu sehen, wie wir uns begrüßten (die kalte Schriftsteller-Neugier). Im Flur war es halbdunkel. Ich sagte töricht: »Ist das der Lutz?« Wir haben uns all die Jahre nicht geschrieben; ich wußte, daß er mich verabscheut, er nahm mich für einen Gegner. Auf einmal – ich weiß nicht, wer sich zuerst rührte – gingen wir schnell aufeinander zu und umarmten uns und drückten uns fest aneinander. Ich glaube, er war den Tränen so nahe wie ich.

Abends feierten wir Vatis Geburtstag. Ulis Mädchen war auch da; sie wird Ärztin, ich mag sie sehr. Sie wird einen guten Einfluß auf unseren Halbstarken haben. Später, als ich in meinem dunklen Zimmer saß und heulte, kam sie zu mir und redete mir so lieb und verständig zu, daß ich sie ins Herz schloß. Es ging nämlich ziemlich bös zu an diesem Abend. Natürlich gab es eine politische Debatte; unsere Fraktion bestand aus Daniel, Uwe, Sigrid und mir, und wir stritten gegen Lutz und Uli [...]. Lutz wurde ausfallend, er sagte, man sollte alle diese Leute »von da oben« umlegen und die Parteischulen schließen, dann sei das Land noch zu retten. Mutti lief verzweifelt von einem zum anderen und versuchte zu beschwichtigen [...]. Kurz, es war schauderhaft, und als Daniel mich noch anfuhr, ich solle den Mund halten (obgleich er selbst viel radikaler sich gebärdete als ich), da verlor ich den Kopf und lief einfach fort.

Hoy, 31. 5.

Von Jon habe ich noch nichts wieder gesehen und gehört. Dieser Sonntag war dreimal so lang wie irgendein anderer Tag. Ich wusch und plättete und las einen ganzen Zola-Roman aus, und die Zeit wollte nicht vergehen. Ich habe alle Schrecken des Lebens, das eine geschiedene Frau führen muß, vorweggenommen. Jetzt endlich ist es sechs Uhr, in zwei, drei Stunden kann ich zu Bett gehen und mich in Schlaf lesen. Die Sonne scheint immer noch, sicherlich kann man schon baden, ich sehe von unserem Fenster aus die Autos und Motorräder der Leute, die von ihren Ausflügen zurückkommen. Werde ich den ganzen Sommer so verbringen müssen, allein, am Schreibtisch, und zusehen, wie die Schatten auf der Giebelwand gegenüber wachsen?

Ach, es war doch wunderschön zuhause, in diesem Lärm und Gelächter, in dem Gewühl von jungen Leuten und Kindern. Morgens, auf ihren Betten, spielten Dorli und Uwe mit der Hingabe von Siebenjährigen das Märchen von den sieben Geißlein, Uwe war abwechselnd Wolf und Geiß, und wir anderen saßen rundherum auf dem Boden und stöhnten vor Lachen. Es war eine herrliche Vorstellung, Uwe ist der geborene Komödiant. Überall herrschte eine unglaubliche Unordnung, es war ein Heerlager in den drei Zimmern, und das alles gefiel mir und gab mir das Gefühl von Familie, das ich hier nie habe, ohne Kinder in einer pedantisch ordentlichen, makellos sauberen Wohnung. Bald werde ich laut mit mir selbst reden, schon jetzt führe ich – noch im Stillen – endlose Gespräche mit allen möglichen Leuten. [...]

Die beiden folgenden Tage in B. waren schöner, Lutz sprach jetzt sachlicher, und wir hörten sachlicher zu. Wir sind schlecht informiert, oft hatten wir keine Argumente, weil uns Lutz mit Tatsachen kam, die wir nicht gekannt hatten. Er hat mich eingeladen, ein halbes Jahr bei ihm in Hamburg zu leben und mich gründlich umzuschauen. Er grüßte mich mit geballter Faust, als er vom Baden kam, und einen Augenblick war ich wieder Madame Gusseli-Gussela wie früher. Einmal umarmte er mich und sagte mit zärtlichem Spott: »Meine sozialistische Schwester ...« Am letzten Tag bat er mich, ihm mein Buch zu schicken (seine Freunde drüben besitzen es alle), wir sollten uns auch wieder schreiben. Ich bin glücklich darüber.

An einem Nachmittag war ich bei Schreyer. Wir tranken Whisky und verschwatzten ein paar Stunden. Wolfgang ist jetzt allein, seine Frau wohnt in Ahrenshoop. [...] Aus unserer Sommerreise wird wohl nichts werden, d. h. wir verschieben sie auf den Mai 65. [...]

Auf der Rückfahrt bejammerte ich meine verlorenen Ferien, und Dorli und Uwe boten mir an, im Juli mit ihnen auf eine Segelbootfahrt im Schweriner See zu gehen. Wir wollen ein ganz ungebundenes Leben ohne jeden Komfort führen. Ich habe Lust – dies fehlt mir in der Liste meiner Erlebnisse. Hinterher verständigten wir uns mit drei Worten darüber, daß die Einladung auch für Jon gilt; die beiden haben ihn schon akzeptiert und stillschweigend einbezogen; sie wollten nur in Daniels Gegenwart nichts sagen.

In meiner Abwesenheit ist der Flierl hier gewesen. Schade.

Die Rückreise mit Daniel war schrecklich traurig. [...] Ich glaube, ich liebe ihn noch. Nein, ich bin sicher. [...] Morgen werde ich wieder richtig arbeiten – das einzige Mittel gegen diese ewigen Quälereien und Selbstvorwürfe.

Hoy, 2. 6.

Eben hat Jon angerufen. [...] Jetzt kann ich ja gestehen, daß ich halbverrückt war vor Sehnsucht, daß ich abends in der Stadt herumgelaufen bin, in der Hoffnung, ihn zu treffen (ich wäre ihm einfach um den Hals gefallen), und daß ich jetzt bebe vor Aufregung. Aber, bei Gott, ich wäre nicht zu ihm gegangen. Ich wußte, daß er kommen wird. Er soll mir noch aus der Hand fressen, der Verfluchte.

Nachmittags

Er war hier. Wir waren zurückhaltend wie immer bei solchen
Gelegenheiten. [...] Ich glaube, er mißtraut mir, er denkt,
ich treibe amouröse Nebendinge und sei im Begriff, meinen
Liebhaber zu wechseln. Kein Kommentar.

Jetzt warte ich auf Nahke, der im FORUM »etwas ganz
Verrücktes« starten will. [...] Es soll ja irgendwo in Berlin
einen Menschen geben, der Nahke versteht und dolmet-
schen kann. Er ist der gerissenste Journalist der DDR und
von einer so phantastischen Intelligenz, daß er gewissermaßen immer in Modellen redet.

Ich habe immer noch nicht von der idiotischen Kommission berichtet. Übrigens läßt sich diese Szene auch nicht wie-
dergeben, die kann man nur auf Tonband genießen. (Als ich
zum Schluß sagte, es wäre gut gewesen, ein Tonband laufen
zu lassen, fielen sie empört über mich her: ob das heißen soll,
daß ich sie verdächtige, irgendwo ein Mikrofon versteckt zu
haben? [...] In dieser Tonart verlief die ganze Aussprache).

Ich saß mit Dieter zusammen. Richter hielt das Referat,
in dem es ganz massive Angriffe gegen uns beide gab. Darüber haben wir bloß gegrinst, aber dann ging es gegen Cremer los. R. »zitierte« aus seiner Rede, halbe Sätze, aus dem
Zusammenhang gerissen, entstellt und in der niederträch-
tigsten Weise interpretiert [...]. Wir hatten uns vorgenommen, diesmal die Schnauze zu halten; D. ist ja ohnehin als
Parteigegner und Cremer-Grüppler diffamiert. Zum Glück
hatte ich die originale Cremer-Rede einen Tag zuvor, bei
Henselmann, in der Hand gehabt.

R. hatte kaum das letzte Wort gesagt, da schossen wir los.
Wir hatten uns flüsternd verständigt und warfen uns dann die
Bälle zu (wir standen ja allein gegen ein Zimmer voller »Ge-
sellschaftswissenschaftler« – so nennen sie sich nämlich, ohne
zu erröten, und geben unbekümmert das unmarxistischste
Gefasel von sich). Und dann begann ein Gemetzel, und dem
L[...] half kein Lügen und kein priesterliches Unfehlbar-
keitsgehabe, er mußte vollständig zitieren, und nun hörte
sich das alles schon anders an. Gerade deshalb brüllten sie
nun den Dieter an, er sei Genosse und müsse ein klares, un-
mißverständliches Bekenntnis gegen C. abgeben. Ich sagte,

die Zeit der Bekenntnisse sei vorbei – außer im Kombinat – und sie hätten den 20. Parteitag nicht zur Kenntnis genommen. Na, du lieber Himmel ... [...] Völlig absurd war schließlich der Vorwurf, ich sagte ihnen ja nicht, woran ich arbeite. Gegenvorwurf: Sie haben nicht mal über mein fertiges Buch gesprochen. Außerdem – das von uns beiden – sei es unerträglich, wenn einem in den Produktionsprozeß reingeredet werde. (Beispiele für Gängelei haben wir genug). Jetzt warf sich der Werkdirektor, den ich erst bei dieser Gelegenheit kennenlernte, ein dickes Buchhaltergesicht mit kleinen scharfen Augen, in den Kampf und natürlich mit der »Arroganz der Künstler«. Wir sprächen also den Werktätigen das Recht ab, über unsere Bücher und Bilder mitzureden. Referat über das steigende Bildungsniveau unserer Menschen. Wir waren dem Wahnsinn nahe. Es war zwecklos, ihnen zu erklären – sie wollen uns mißverstehen, die ganze Sitzung war bestimmt durch diese widerliche Atmosphäre: böswillige Unterstellungen, politische Verdächtigungen.

Schließlich nahmen wir keine Rücksichten mehr (und wirklich: was können die uns schon tun?), und ich sagte, wir hätten es satt, uns von Leuten über Kultur belehren zu lassen, die selbst keine Kultur haben. In jedem Fach herrscht heute Wissenschaftlichkeit, ein Funktionär wage es nicht mehr, einem qualifizierten Ingenieur in sein Fachproblem reinzureden – nur auf dem Gebiet Kunst fühle sich noch jedermann bemüßigt, fröhlich und ahnungslos zu quatschen. Und so weiter, und so weiter. – [...] Und nach dem Aufstand entblödeten die Leute sich nicht, mit uns beiden plump vertrauliche Witze zu reißen, als sie hörten, daß Dieter mich nach Hause fährt, Zweideutigkeiten zu sagen, für die man ihnen eins in die Fresse geben müßte. Dieter blieb kalt und phlegmatisch. Zu Hause erzählte er mir, daß L[...], Chef der Ideol. Kommission, in seiner Freizeit Kissenplatten stickt, mit Stadtwappen und Spruchbändern.

Sie hassen uns, weil wir schon zuviel von ihnen wissen, weil [wir] sie »privat« gesehen haben, bei ihren Saufereien, weil wir von Weibergeschichten, Korruption und Betrug wissen und weil wir uns ihrer Diktatur von Hohlköpfen nicht unterwerfen. (Nur ein Beispiel: 12 Paare – aus dem Kreis die-

ser zweifelhaften Werksprominenz – haben an einem Abend
6000 DM vertrunken und verfressen, natürlich auf Kosten
des Kombinates. Ein bißchen Ferien vom Ich).

Hoy, 3. 6.

Eben war Frau Dr. Leder da; heute beginnt die Untersuchung
unserer Stadt durch die »Freie Welt«. Jeden Tag haben wir ein
oder zwei Termine für Interviews und dergleichen. Und ich
war so naiv zu glauben, jetzt kämen ein paar Wochen gründlicher Ruhe für meine Arbeit ...

Gestern waren Nahke und Wogatzki da. Sie haben die
Nase voll vom FORUM, aber man hat sie nicht weggelas-
sen. Nahke, der unaufhörlich Kaffee trank und eine Zigarette an der anderen anzündete, [...] wollte alle Ideologen
stürzen, weil sie immer noch an den Problemen vorbei-
reden. [...]

N. will nun einen Haufen meiner Manuskripte – einfach
so nebeneinander – abdrucken. Aber wir stellten dann fest,
als wir durchzählten, daß gar nicht viele neue Arbeiten da
sind; wir kamen kaum auf ein halbes Dutzend, und das ist ja
nun keine erdrückende Literaturflut. Man geniert sich schon,
daß man ein Buch nach dem anderen schreibt – »das ist eine
Dekadenzerscheinung«, sagte N. trocken. Lieber Himmel,
und Zola hat jedes Jahr einen großen Roman geschrieben! N.
nahm ein Manuskript mit. Eine Flasche Schnaps haben wir
auch getrunken – und so vergeht ein Tag nach dem anderen.

Hoy, 8. 6.

Gestern hatten wir, Jon und ich, einen wunderschönen Sonntag. Mittags lagen wir am offenen Fenster auf dem Fußboden, die Sonne brannte. Wir waren naß von Schweiß. Auf
einmal umarmten wir uns, verführt durch die Hitze, durch
eine Berührung. Niemals, bevor ich Jon kannte, hatte ich
diese animalische Lust verspürt, an einem nackten dampfen-
den Körper, an nassen Händen, an Bissen, an irgendetwas,
das den Schmerzen verwandt ist ... Es gibt kein Wort für die-

ses schwarze Licht, das strahlende Dunkel. [...] Und es wird immer noch schöner, tiefer – eine Kette von Entdeckungen.

Nachmittags gingen wir in eine Ausstellung und in den Tierpark, wo es schon Zebras, ein Lama, einen müden Silberlöwen, scheußliche kleine Affen und eine Menge Kunst von Jürgen v. Woisky gibt, und dann aßen wir Eis, und dann mußte Jon zur Nachtschicht. Wir waren ganz durchglüht von Sonne und Liebe – und heute folgt die Strafe für alle Fleischeslust und Sünde: ich bekam einen Brief von Daniel, der mich bis zu Tränen aufregte. Eigentlich war es ein Arbeitsbericht, aber dann kam doch wieder »der Konkurrenzkampf auf Leben und Tod«, und ich war Unterdrückerin und Zerstörerin, schuld an Arbeitsunlust und Fehlschlägen, und alle die berühmten Freunde sprechen von seiner großen Kunst und raten zu einer neuen Frau und zur Übersiedlung nach Berlin. [...]

Hoy, 9. 6.

Heute nacht kam Daniel – Antwort auf meinen Brief. In den nächsten Tagen werde ich den Antrag auf Scheidung einreichen. Ich kann jetzt nicht davon schreiben. Ich fühle jetzt überhaupt nichts mehr, als ob an einer bestimmten Grenze der Schmerz ausgeschaltet wird. Daniel küßte mir ein über das andere Mal die Hand und sagte, ich sei eine phantastische Person. Wahrscheinlich habe ich eine gute Haltung gezeigt. Als er um Mitternacht ging, hätte ich ihm beinahe nachgeschrien, aber wozu das noch? Keine goldene Brücke mehr. [...]

Jon war sehr zart. Ich darf bei ihm weinen, soviel ich will. Anderen mag ich nichts zeigen.

Heute nachmittag haben wir uns ein Motorrad gekauft – eine Panonia, grün wie die alte Panonia von damals. Als wir über die Umgehungsstraße knatterten, war es auch wie früher, Jon umfaßte mein Knie, und ich küßte seinen Rücken, und alles war Anfang – vielleicht wegen dieser letzten Nacht, die mir endgültig das Gefühl von Freiheit gab.

[...]

Hoy, 10. 6.

Heute abend habe ich doch die Reportage für die »Freie Welt«
begonnen, obgleich ich dachte, ich würde vorläufig nicht
mehr schreiben, nicht mehr mich konzentrieren können. Ich
glaube, ich schrieb noch nicht, daß wir die ganze letzte Woche
unterwegs waren, alle möglichen Funktionäre und Stadtväter
interviewten. Es lebe Kafka. Ich glaube wieder an den großen
Unbekannten und an den schwarzen Mann, denn siehe, es
gibt keine Verantwortlichen, niemand ist es gewesen, niemand weiß, wie es weitergehen soll (oder: jeder weiß etwas
anderes); der schöne Lehmann erzählte – mit Autorität – das
Gegenteil von dem, was der beschränkte Bürgermeister Pin-
kau – mit Autorität – erzählte. [...] Die L. gefällt mir sehr,
eine schöne, charmante, kluge Frau, ungeheuer lebhaft und
sehr engagiert. Sie ist nicht mehr ganz jung (vielleicht 40,
schwer zu schätzen), aber sie gehört zu dem Typ Frauen, die
immer interessanter werden.

Das Material brauche ich ohnehin für mein Buch. Arme
Franziska!

Gestern abend mit Jon zu einem Abend mit indischen
Tänzerinnen. Lieber Gott, welch Wunder an Schönheit! Wir
waren ergriffen, ganz atemlos, als entdeckten wir eben erst,
was für ein kostbarer und sinnreicher Apparat die menschliche Hand ist. Die Finger und Handflächen waren rot gefärbt und bewegten sich wie Kolibris und Granatapfelblüten
und alles, was zierlich, fremd und wunderbar ist. Die Tänzerinnen tanzten mit dem ganzen Körper, mit den Augen,
dem Kopf, den unvergleichlichen Armen, aber das war alles
ohne Hitze, ohne die brutale Hingabe, die leidenschaftliche
Ausgelassenheit wie damals bei den Afrikanerinnen. Nur
einmal gab es einen Tanz, bei dem uns, wie wir uns nachher
gestanden, der Schweiß ausbrach: als läse man ein paar Zeilen in der Legende über die indische Liebeskunst, gerade nur
so, wie man einen Blick durch einen Vorhang wirft, hinter
dem sich eine Liebesszene von langsamer äußerster Lust be-
gibt [...] Es war kaum zu ertragen.

Am nächsten Morgen – heute – fuhr ich mit Siggi nach
Dresden, um mich abzulenken. Ich Dummkopf! Ich er-

reichte das gerade Gegenteil. Ich erkannte ja alles wieder, jenen Wald, über den wir uns gefreut hatten, den Hügel, auf
dem die Reifen so merkwürdig zwitscherten, jede Straßenecke in dem kleinen Städtchen [...] – und dann »unser«
Dresden! Es war eine Qual. Die ganze Zeit mußte ich daran
denken, daß sich dies – mit Daniel – nicht wiederholen wird,
daß wir uns mit einem Blick über unsere Gefühle angesichts
der herrlichen Stadt verständigen konnten. Wie verwandt
waren wir doch, trotz aller zermürbender Gegensätze ...
Mein Körper empfindet nicht das mindeste Verlangen nach
ihm, aber mein Herz sehnt sich [...]. S. trieb mich zur Verzweiflung mit seinem Geschwätz. Er hat nur drei oder vier
Themen: Geld, Autos und kleine Mädchen. Das erscheint
ihm das Erstrebenswerteste, und von diesen drei Dingen besitzt er nur das Auto – einen »Trabant«. Ihm gilt nur der
äußere Schein etwas. Der Spießer par excellence. Ich möchte
ihm immer wieder zugute halten, daß er für mich freund-
schaftliche Gefühle hegt, aber dann denke ich wieder, daß er
in mir einen Machtfaktor wittert, jemanden, dessen Beziehungen er nützen kann. Er belehrte mich darüber, wie
man Leute behandeln muß: man könnte sie mal brauchen.
Außerdem habe ich ihn im Verdacht, daß er für die Stasi
arbeitet; er stellte so seltsame Fragen, forschte mich über
meine politischen Ansichten aus [...]. Mich reizt auch seine
Manier, [...] in der herablassenden Art eines Parvenues die
Kellner und Verkäufer zu behandeln. Genug davon.

Am späten Abend ging ich in Jons Wohnung. Er hatte gesagt, für einen Werktätigen sei die Spätschicht nur erträglich,
wenn zuhaus eine Frau wartet. Das Bett war schon zurechtgemacht und aufgeschlagen, und ich legte mich hin und
machte das Licht aus. [...] Eine Stunde später [...] war er da.
[...] Er lief im Schlafanzug im Zimmer herum, kochte Kaffee, bewunderte meine Wäsche und küßte mich, und wir kamen uns verheiratet vor, wie ganz junge Eheleute, die noch
in einem Zimmer hausen. Ich blieb bei ihm, und wir liebten
uns satt aneinander – ach nein, nicht satt ... Wir schliefen
schließlich vor Erschöpfung ein. Manchmal wachte ich ein
bißchen auf und fühlte, daß er mich im Arm, an seiner
Schulter hielt, und mir war so wohl wie einem Tier in seiner

Höhle. Niemand ahnt, wie überströmend zärtlich er sein kann, wie gut und sanft, von einer mütterlichen Sanftheit – und wie wild in der Umarmung, wie heiß und darauf bedacht, mir Lust zu bereiten.

Henselmann sagte zu Daniel, er verstehe, warum Jon mich so fesselt: er habe einen »Ludergeruch« an sich.

Hoy, 15. 6.

Eine Woche lang brüllende Hitze – bis 35° im Schatten. Ich schrieb den Artikel über Hoy für die Freie Welt, stand um 4 oder 5 Uhr auf, tippte in Daniels Zimmer (das jetzt keine schmerzliche Erinnerung mehr ist, seit ich drin arbeite) und war gegen 10 schweißüberströmt. Die Luft war wie eine glühende Wand, man fühlte sie körperlich als einen bleischweren Druck. In der Nacht wurde es auch nicht kühler, morgens um 6 waren schon über 20°. Trotzdem fühlte ich mich sehr wohl, ich liebe die Hitze, sie macht mich nicht schlaff.

Hoy, 17. 6.

Gestern unterbrochen: [...] Erika Alex, die junge Malerin, die einen Auftrag hat, mein Porträt zu malen. Bis zum Nachmittag haben wir uns nur unterhalten, sie hat kühle Augen und beobachtet mit Passion. Sie hat gerade erst ihr Diplom gemacht; ihr Mann, Plastiker, ist geext worden, weil er einen Artikel gegen Sindermann geschrieben hat. Sie gefällt mir: eine moderne junge Frau; wir haben auch verwandte Neigungen für gewisse mißliebige Maler. Heute haben wir den ganzen Tag gearbeitet – ich sage »wir«: dabei habe ich nur gesessen und stillgehalten, und E. hat skizziert.

Meinen »F. W.«-Artikel habe ich zum Termin geschafft, er ist viel schärfer als alle vorhergehenden, allmählich sehe ich die Probleme komplex. Neben der Orgie an Bürokratismus ist die Unfähigkeit unserer Funktionäre schuld, die vor zehn Jahren sicher tüchtige Leute waren und heute nicht mehr mitkommen. [...] J. war mit meiner Arbeit einverstanden,

obgleich er sie mehr aggressiv als geschickt findet. Ein guter
Polemiker wird wohl nicht mehr aus mir.

Heute mittag kam ein Brief von Daniel [...]. Er hat auch
ein Mädchen kennengelernt [...], sie ist Bibliothekarin. (Die
Tendenz unserer Schriftsteller, vor ihren intellektuellen oder
gar schöpferischen Weibern zu flüchten.) Seit ich von dem
Mädchen wußte, hatte ich mich wie befreit gefühlt, als sei
nun die Verantwortung, so lieb und so drückend sie war, in
andere Hände übergegangen. Trotzdem gestehe ich einen
scharfen Stich von Eifersucht – sie sind zusammen in »unserem« Wagen gefahren [...]. Übrigens hatte Daniel bei der
Gelegenheit einen Verkehrsunfall; ein Motorrad raste ihm
mit voller Fahrt in die Seite, der Wagen ist ziemlich rampo-
niert. [...] Manchmal frage ich mich, ob ich wünschte, er
wäre tot [...] und mir nicht mehr im Wege. Ich habe zuviel
Schmerz seinetwegen. Wir müssen schnell, schnell Schluß
machen, die letzte Bindung zerreißen. Nächste Woche gehe
ich aufs Gericht. Ich war wieder so erschüttert, daß ich einen
Schnaps trinken mußte, [...] und schließlich ist es ganz heil-
sam, daß die E. hier ist – ich wäre sonst sternhagelvoll.

Sonnabend und Sonntag war ich mit Jon zum Baden. Wir
fuhren mit dem Motorrad aufs Geratewohl los, entdeckten
auch ein paar Seen und ein Waldbad, lagen in der Sonne,
schwammen ein bißchen [...]. Wir waren ganz glücklich und
zufrieden und schrecklich heiß nacheinander [...].

Hoy, 18. 6.

Jon kam gleich nach der Schicht zu uns [...]. Die arme
E[rika] hat er in die Zange genommen; wir zeigten ihm die
Skizzen, und er fand richtig heraus, daß sie mich noch nicht
zu fassen gekriegt hatte. Sie spürte es selbst und war sehr
niedergeschlagen. [...]

Später kam auch der Dieter dazu. [...] Er erzählte von der
SED-Bezirksdelegierten-Konferenz; Hans Schneider hat in
seiner Rede über ideologische Probleme bei den Schriftstellern den K[...] als intellektuellen Provokateur denunziert.
[...] Ich weiß, daß K. ihm immer unheimlich war wegen seines kritischen Verstandes, und das alte Mittel – politische

Verleumdung – zieht immer noch. Wir sagten uns, zwischen
Lachen und Wut, daß uns ein aufregender Sommer bevor-
steht. Es gehen auch Gerüchte um, daß ich »Ärger mit Berlin« hätte. Ich weiß noch nichts. Aber den Schneider werde
ich schlachten.
[...]

Hoy, 22. 6.

Gestern von den Arbeiterfestspielen zurückgekommen.
[...] Abends gingen wir in die »Mutter Johanna von den
Engeln«. Ich zitterte die ganze Zeit vor Entsetzen und Mitleid, und bei dem Wahnsinnsanfall der Mutter Johanna
schrie ich auf und wollte weglaufen, ich dachte, ich könnte
es nicht ertragen. Der Priester sah aus wie der Heilige Franz
von Assisi auf manchen alten Bildern. Jon hielt mich fest,
obgleich er es ein bißchen ulkig findet, daß ich mich durch
einen Film so bewegen lasse; er sagt, wenn er allein im Kino
sei, bliebe er ganz kalt und sehe die Technik hinter den Bildern. Aber nachts sagte er auf einmal: »Ich liebe dich, weil
man dich im Kino festhalten muß.«
    Heute morgen hatte ich auf einmal – vielleicht nur minu-
tenlang, ich weiß nicht mehr – das sichere Gefühl, daß er
mein Mann ist. Ich sagte sogar in Gedanken »mein Mann«
und gebrauchte den Ausdruck und Besitztitel, den ich sonst
verabscheue. Merkwürdig, daß ich das jetzt schreiben kann:
vor ein paar Minuten habe ich meine Schränke durchwühlt
und nach einem Rest Schnaps gesucht. Es gab da eine gewisse Musik, und ich sprach – ganz allein für mich – mit
Daniel, der weit weg ist, und eine Weile war alles schwarz
und elend. Ich sehe sein Gesicht und sage »Daniel, mein Lieber«, und es ist doch alles verloren und zerschmettert.
Manchmal fürchte ich, daß ich das alles noch gar [nicht] bis
zum bitteren Ende gedacht habe – und was geschieht mir,
wenn das Ende da ist, amtlich, mit Siegeln und Stempel? Er
verschwindet aus meinem Leben, nach fünf Jahren – und
wie haben wir auf dieses Leben gebaut und mit Ewigkeiten
gerechnet ...
    Heute rief Henselmann an, um mir ein paar ermutigende
Worte zu sagen. Morgen muß ich endlich wieder arbeiten.

Hoy, 24. 6.

Es geht noch nicht recht voran.

Von den Festspielen haben wir so gut wie nichts zu sehen gekriegt, aber unsere Reise war sehr vergnügt. Lewin holte mich ab, er hatte noch eine junge Frau vom Verband dabei, mit der ich mich sehr rasch befreundete (auf der Rückfahrt hatten wir stundenlang ganz vertrauliche Weiberchen-Gespräche, und ich merkte, daß mir ab und an doch eine Freundin fehlt). […] L. war ordentlich ausgelassen, […] eigentlich entlarvt er sich als ein Typ, den ich hasse: […] er möchte reglementieren und leidet unter der Arbeit mit Schriftstellern, die alle mehr oder weniger »individualistisch« sind und sich nicht wie Automaten einstellen lassen. […] Ich halte ihn auch für dogmatisch, obgleich er selbst behauptet, bei uns gebe es keine dogmatischen Erscheinungen, und wenn jemand jemals etwas zugestoßen ist, war er selbst schuld.

Im Klub kam das Gespräch auf die berüchtigten Brustbeutel, in denen eine Zeitlang das Parteidokument getragen wurde. Besonders die Frauen haben allerlei üble Erfahrungen, weil sie versucht hatten, sich zu weigern (ein Brustbeutel im Dekolleté kann sogar eine treue Genossin stören). Zuwiderhandelnde bekamen Parteistrafen und dergleichen. Einzig Lewin, der es schon immer besser gewußt hat, schwatzt von Sektierertum und Dogmatismus: er habe das niemals mitgemacht (was wahrscheinlich eine glatte Lüge ist), und erledigte die Anklagen der anderen mit dem Argument, es stünde darüber nichts im Parteistatut, und also seien sie nicht verpflichtet gewesen.

[…] Ich griff mir an den Kopf: Stalin war gar nicht so arg, die Liquidierten haben sich selbst erschossen, bei uns war immer alles in Ordnung, wir wissen von nichts, und die Partei, die Partei, die hat immer recht. Das ist 1984, das ist ein Gespenstertanz. Und da erwartet dieser Mensch, daß ich in die Partei eintrete. Soll ich auch jedes Jahr meine Überzeugungen wechseln, Wunschdenken lernen und in den Genuß einer doppelten Moral kommen? L. sagte, ich sei politisch reif und gehöre dazu, und »man erwarte jetzt von B. R.« … Aber ich will nicht und will nicht und habe es ihm laut und deutlich genug gesagt. Diese Leute sind doch schizophren.

Vor ein paar Tagen sagte Ulbricht, daß wir nie daran gedacht
hätten, einen separaten Friedensvertrag abzuschließen und
Westdeutschland den Imperialisten in den Rachen zu werfen.
Aber wir erinnerten uns genau – Jon ist ein wandelndes Ar-
chiv – daß vor ungefähr zwei Jahren an jedem Haus ein
Transparent den Vertrag forderte, und ich sollte auch eine
Stellungnahme dazu schreiben. Sowas kann man doch nicht
auf Parteibeschluß vergessen!

Hoy, 30. 6.

Ich weiß nicht mehr, warum ich neulich aufhörte zu schreiben, vielleicht nur, weil ich so giftig war. [...]
     Ich hatte eine Lesung in Greiz, in dem Kunstseidenwerk,
wo ich eine sehr nette, tüchtige junge Werkleiterin kennenlernte. Sie hat mich zum 8. März eingeladen. Anschließend
Buchbasar in Greiz, wir waren mit Max Walter [Schulz] und
Neutsch zusammen (Neutsch in übelster Laune, weil er sich
über Kochs und W. U.s dumme Kritik totärgert – sie
schreien Balla, um über Horrath nicht sprechen zu müssen).
Abends zu dritt Lesung vor einem überfüllten Saal des
Papierwerkes; wir saßen auf der Bühne, es war scheußlich.
Nachts noch Diskussion im Klub; N. geriet mit dem Werk-
leiter aneinander, ein widerlicher Patron von der Sorte, die
man in Büchern über den Personenkult findet; seine Lieb-
lingslektüre: »Fern von Moskau«. Ich hoffte die ganze Zeit,
N. würde ihm eins in die Fresse geben. In einem Dorf sahen
wir ein miserables Stück von Preißler, »Hoffnung für die
Liebe«. Stundenlang Produktionsberatung auf der Bühne.
[...] Wir waren mit Pollatschek da, dem unbeliebten Kritiker. Nachts Rückfahrt durch eine liebliche Landschaft.
Plötzlich sagte P. etwas über seine Frau, was mich sehr ergriff. Nachher hörte ich, daß sie seit zwei Jahren tot ist. Er
muß sie wahnsinnig lieben. Sie waren zusammen in der Emigration.
     Frau Dr. Leder war wieder hier. Mein Artikel über die
Stadt ist angenommen, aber nun hat der Chef Manschetten,
weil er glaubt, wir könnten uns eine so scharfe Kritik nicht
leisten. Wir saßen einen ganzen Nachmittag zusammen und

schütteten einander das Herz aus. […] Ich will nichts davon
schreiben, sie bat um Verschwiegenheit, aber ihre Geschichte
[…] ermutigte mich ebenfalls zu Geständnissen, und ich
konnte endlich einmal sprechen. Wir sind einander sehr ähnlich, sie verstand, was ich sonst niemandem anzuvertrauen
wagte.

Hoy, 30. 6.

Heute habe ich beim Gericht angerufen; in den nächsten
Tagen gehe ich hin und reiche die Scheidung ein. Die Schei-
dungsrichterin ist jene prinzipienfeste Person, vor der ich
damals als Zeugin bei Jons Scheidung erscheinen mußte und
die mich aufs grausamste demütigte. Himmel, was steht uns
bevor!

Ich schreibe wieder an meinem Buch, abscheuliche Szenen,
die mich selbst entsetzen. Das habe ich erlebt, so habe ich
einmal gelebt – es ist nicht zu fassen! Am Sonnabend jagte
mir Jon einen bösen Schreck ein. Abends tobte stundenlang
ein Gewitter, ich wartete auf Jon, und als er endlich, nachts,
kam, sah ich gleich, daß er sternhagelvoll war. Er war klatsch-
naß, weil er mit dem Motorrad durch den Gewitterregen gefahren war, und hielt das Beutelchen mit Erdbeeren fest, wegen dessen er bei einem Kumpel gewesen war, der an diesem
Tag Geburtstag hatte. Mir wird jetzt noch schlecht, wenn ich
mir vorstelle, was diesem Irren mit seinem Motorrad hätte
passieren können; am nächsten Morgen stellte sich nämlich
heraus, daß er einfach besinnungslos gewesen war, er wußte
überhaupt nichts mehr und war erstaunt, sich bei mir zu finden. Er hatte genau das idiotisch fröhliche und schuldbe-
wußte Grinsen wie Günter-Wolfgang, und ich war nur deshalb so entsetzt, weil ich am Nachmittag eine ähnliche Szene
geschrieben hatte und mir meine Erinnerung, Buch und
Wirklichkeit, durcheinander gingen.

Jon warf sich auf meine Couch und schlief sofort ein, und
so deckte ich ihn in Gottesnamen zu und schlief in Daniels
Zimmer. Morgens war er zerknirscht und in peinlicher Verlegenheit. Übrigens hat er seit Monaten keinen Schluck getrunken, und ich beruhigte mich schnell wieder.

Hoy, 4. 7.

Heute wieder ein Brief von Daniel, er schreit nach dem
Ende [...].

Vielleicht heirate ich dann doch den Jon. Neulich hatten
wir eine ziemlich scharfe Auseinandersetzung über seine Zukunft – ich kann es nicht lassen, ehrgeizig zu sein für meine
Männer. Mag er doch tun oder lassen, was ihm gefällt. Jedenfalls ist er gut und sanft zu mir [...]. Was wünsche ich mir
mehr? Freilich bin ich skeptisch geworden und rechne mit
einer Ehe »auf Zeit« [...]. Ich weiß nur, daß wir uns jetzt,
heute und morgen, mit Leib und Seele ergeben sind, und was
später sein wird, liegt in Gottes Hand. Wie, wenn mir jemand
damals, in Daniels und meinem ersten Jahr gesagt hätte, daß
mir irgendwann einmal so ein häßlicher, arroganter Bursche
begegnen wird, an den ich mein Herz hänge? Absurd.

Gestern abend rief Kurt Turba an. Wir fahren Montag mittag nach Sibirien. Ich war überrumpelt. Eine halbe Stunde
Bedenkzeit – aber Ausreden gab's nicht, nach der Reise soll
ich drüber schreiben. Eine FDJ-Delegation (»die Hälfte mit
Halbglatze«, sagte T.), geleitet von Schumann; Route: Moskau–Nowosibirsk, Irkutsk, Bratsk, Moskau. Zum Glück
fährt der Turba mit, sonst hätte ich mich um keinen Preis be-
reden lassen; bei ihm fühle ich mich gut aufgehoben.

Jon trug es mit geübter Haltung, er ist an Überraschungen
gewöhnt und weiß, daß man mit mir keine Pläne schmieden
kann. Manchmal macht es mich zornig, daß ich kaum ein
Privatleben habe, mir selbst nicht gehöre und nur Pflichtauf-
gaben habe [...]. Natürlich sind wir – Vernunft und Staats-
bürgerbewußtsein hin und her – ziemlich betrübt, daß aus
unserer Ferienwoche auf dem Schweriner See nichts wird.
[...] Donnerstag wollten wir abfahren, mit dem Motorrad;
Jon hatte mir einen ulkigen weißen Helm besorgt, Marke
»Babette zieht in den Krieg«. Und die Krebse, und die
Schnecken-Menües, die D[orli] uns vorsetzen wollte – da-
hin, dahin.

Teuflische Angst vorm Fliegen; ich habe auf alle Fälle
mein Testament gemacht. Ein Mensch des 20. Jahrhunderts
... na. [...]

Berlin, 7. 7.

Gestern früh wurde ich abgeholt. In der Nacht zuvor war
Jon noch einmal bei mir gewesen. Wir haben den ganzen
Sonntag zusammen verbracht. Wir aßen bei ihm Mittagbrot,
er hatte den Tisch so hübsch gedeckt und eine sensationelle
Soße erfunden, und auf einmal fing ich an zu weinen – aber
wohl doch vor lauter Glück. Nachmittags trieben wir uns
auf dem Rummelplatz herum, der unter seinen Fenstern
lärmt, hörten tausendmal denselben Schlager aus der »Westside-Story«, drängten und stießen uns mit den anderen und
amüsierten uns vor der Bude der »Original Cumberland
Schau«, aber dann wagten wir uns doch [nicht] hinein, weil
der Ausschreier so obszöne Gesten hatte, und ich bekam
Angst, wir würden etwas ganz Niederdrückendes sehen, alt-
gewordene Artisten mit jämmerlichen Kunststücken oder
zotige Clownereien. Ganz vorn, an der Straße, hatte sich ein
Fotograph mit einem ausgestopften Löwen aufgemalt, und
eigentlich war das alles wie »früher«, auf den lauten, bunten,
reißerischen Jahrmärkten meiner Kindheit.

Zwischendurch gingen wir in die Milchbar und auf einen
Kaffee ins Tanzcafé [...]. Manchmal hörte ich nicht mehr,
was Jon sagte: ich starrte auf seinen Mund, seine rote üppige
Unterlippe, und starb vor Verlangen. Und dann, abends bei
mir, hatte er seine schönste seidene Haut angezogen, und
ich sah ihn im Halbdunkel und fühlte jetzt, ohne die Augen
schließen zu müssen, die dicken blonden Haare auf seinen
Schenkeln. [...] Und dann geschah etwas Großes, Neues,
Unvergeßliches, er sagte: »Du weißt, daß ich dich nicht in
deiner Freiheit und Selbständigkeit einschränken will – aber
wo immer du bist, denk daran, daß das alles mir und nur mir
gehört.« Und er küßte mich überall, von den Augen bis zu
den Zehen, meine Brust und am Bauchnabel, über den er
lacht, weil er wie ein Halbmond aussieht.

Gott, das war erst vorgestern nacht! Heute abend werde
ich in Moskau sein, zwei Tage später in Sibirien, tausende
Kilometer weit von ihm.

Zuerst war ich bei Turba. Er gab mir eine Menge guter
Ratschläge für unsere Reise, und ich solle mich immer nur an

ihn halten, die anderen reagierten auf Schriftsteller halb mit Strammstehen, halb mit Mißtrauen. Wenn ich Fragen hätte oder über irgendetwas aufbrüllen oder mich mal ausweinen möchte, solle ich es bei ihm tun. Ich solle auch bei Empfängen neben ihm sitzen, er kennt die Tricks, mit denen man halbwegs nüchtern aus einer Wodka-Party davonkommt. Nahke und er haben mich für die Reise und die Reportage ausgesucht, weil ich so eine »Wärme« beim Schreiben habe [...].

Das Programm für unsere Reise ist monströs – wie soll man das in zehn Tagen bewältigen? Ein Tag am Baikalsee ist auch eingeplant. [...]

Jetzt muß ich eine Weile aufhören zu schreiben, mir ist gottsjämmerlich elend, wahrscheinlich meldet sich die Angst, und mir ist ganz übel.

Beredelkino bei Moskau, 8. 7.

Gestern Verabschiedung auf dem Flugplatz Schönefeld; großer Bahnhof. Ein Spalier von FDJlern, die uns zuklatschten, junge Pioniere mit Nelkensträußen, Ansprache von Rau und Schumann. Wir flogen mit einer TU 104 (Höhe zwischen 9000 und 10000 m, Stundengeschwindigkeit 900 km) Ich saß am Fenster, zum Glück neben Kurt T., an den ich mich klammern konnte. Er fand alles »hervorragend« und versicherte es immer. Ich überwand dann aber, aus literarischer Disziplin, meine Angst und blickte unverwandt aus dem Fenster – wie sich das Flugzeug hob und die Häuser und Felder und Straßen immer kleiner wurden. Wir waren dann bald über den Wolken. Manchmal sah man unter einem kleinen Riß die Erde, aber die meiste Zeit schwammen wir über Weiß, aus dem sich grelle Hügel erhoben wie Eisberge. Es glich den Bildern von einer Polarlandschaft, und der Himmel war von einem dunklen, violettgrauen Blau, das es über der Erde nicht gibt. Das Flugzeug schien sich gar nicht zu bewegen, und ich sah immer erstaunt die scheinbar ganz still in der Luft stehende Tragfläche. Ein paarmal dreht sich das Flugzeug, und dann drehte sich die ganze Himmelskuppel. [...]

Einmal fragte T.: »Wo sind wir jetzt?« Ich wußte es nicht.
Wir waren über Polen, er sah es an den winzigen zerstückel-
ten Feldern (in P. sind die Genossenschaften aufgelöst worden). Ich muß also meine Beobachtungsgabe schulen und in
Zusammenhängen denken. Abends bei Tisch, als T. fragte,
was das Kostbarste auf der Tafel sei, wußte ich es wieder
nicht (nach unseren Begriffen war es der Kaviar). Es war das
Brot – Brot, das mit Gold aufgewogen wird. T. sagte, er habe
nie zuvor auf einem russischen Tisch so wenig Brot gesehen
(katastrophale Mißernte im letzten Jahr, wegen der schlechten Witterung, aber auch wegen der mangelhaften Arbeits-
organisation – und im Grunde noch immer eine Auswirkung
der Stalinzeit. St. hat die Bauern so hoch besteuert, daß
Arbeitslust und also auch Erträge immer mehr zurückgin-
gen).

Auf einmal sah ich, daß T. ganz gelbe Augen hat – von
diesem Gelb, das es eigentlich nur in der Literatur gibt, und
dann spricht man von Bernsteinaugen, unter denen sich kein
Mensch was vorstellen kann.

Empfang auf dem Flugplatz Tscherednowo, der 1. Sekretär des ZK des Komsomol, S. P. Pawlow, war auch da. Er ist
ein ziemlich junger Mann, blond, mit dunklen Brauen, und
ein Bilderbuch-Russen-Gesicht; er scheint sehr liebenswürdig und witzig zu sein und er lacht viel. Wir wurden hierher
gefahren (auf der Straße nach Minsk, durch riesige Wälder,
kleine Vororte mit Holzhütten und Schriftsteller-Datschen),
auf die Datsche des Komsomol, die ziemlich modern und
komfortabel ist. Abends große Hochzeitstafel, die üblichen
Toaste, viel Wodka, ungeheuer viel Essen. Ich saß wieder bei
Kurt, und da es nur einen Dolmetscher gab, unterhielten wir
uns die meiste Zeit. Ich glaube, Jon hat recht: T. ist ein Ge-
schöpfemacher (unbeschadet dessen, daß er mich offensichtlich gern mag, ist er überzeugt, das Höchstmögliche an
Leistung aus mir herausholen zu können). Pawlow saß zu
meiner Linken, und wir versuchten uns zu verständigen,
mußten uns aber auf Trinksprüche und Lächeln beschränken.
Er hat meine Bücher gelesen, und er dankte mit einer galanten Geste, indem er eine rote Nelke aus dem Tischstrauß
zog und mir überreichte.

Peredelkino, abends.

Kann mich nur auf Stichworte beschränken. [...] Muß Hals über Kopf einen Bericht für Forum schreiben. Gestern abend keine Arbeit, viel Wodka, Billard, Gespräche. Heute morgen Empfang im ZK des Komsomol, interessanter Vortrag von Pawlow. Sehr sachliche Atmosphäre, kein Geschwätz. Nachmittags bei den Tamanskern, Kaserne besichtigt. In einem Schlafsaal ein aufgeschlagenes Bett, unter einem Bild: das Bett eines gefallenen Soldaten, Held der SU, kein anderer darf darin schlafen. Er wird auch beim Appell immer aufgerufen, mit dem Zusatz: »Heldenhaft gefallen.«

Besuch am Schießplatz, riesige moderne Anlage. Wir mußten alle schießen. Zuerst mit einer Maschinenpistole, die mir Todesangst einjagte (ich ließ den Hahn nicht los und feuerte, ohne zu zielen, eine halbe Kompanie über den Haufen), dann mit einer Makarow-Pistole. Als ich schoß, wunderte ich mich über den Aufruhr hinter mir, der Zentralrat ging in Deckung, und ein halbes Dutzend Offiziere sprang mir bei; ich hatte vergessen, daß die Waffe nicht gesichert war, und fröhlich in der Gegend rumgefuhrwerkt.

Jetzt sitze ich also allein hier, es ist Abend. Die anderen haben ein Meeting. [...] Heute nacht um 2 Uhr fliegen wir nach Zelenograd.

[...]

Zelinograd, 9. 7.

Heute morgen in Z. angekommen, einer Stadt im Neuland, in Kasachstan. Nachts um 2 flogen wir von Moskau ab, und durch irgendeine merkwürdige Zeitverschiebung ging uns die Nacht verloren, und wir waren nach vier Flugstunden um 9 auf dem Flugplatz v. Z. Kurt hatte seine Uhr noch nach deutscher Zeit, und nun verstehe ich gar nichts mehr. Wir müssen wenigstens 5 Stunden voraus sein. Um 5 Uhr früh überflogen wir die Grenze zwischen Europa und Asien – ich kann es noch nicht ganz begreifen, daß ich jetzt in einem anderen Erdteil bin. Ein unglaubliches Völkergemisch, man sieht viele mongolische Gesichter. Und die Steppe – nein, das war nicht vorstellbar, auch nach all den Büchern nicht. Nur Himmel und tellerflache Ebene, die irgendwo aufeinanderstoßen – kein Hügel, kein Wald, ein paar junge Bäume, Gras, irgendeine Zwischenfrucht. Die alte Stadt besteht aus Hütten, im letzten Stadium des Verfalls, ärger als der schlechteste Ziegenstall, die neue aus nüchternen Ziegelbauten und einige Häuser in Großplattenbauweise.

Natürlich wurden wir wieder mit einem ausschweifenden Essen empfangen – und es gab eine Kostbarkeit: Erdbeeren vom Neuland, winzige, süße Dingerchen, ähnlich unseren Walderdbeeren. Die anderen wohnen in der Stadt, fünf sind auf einer Datsche, in einem hübschen und komfortablen Haus, untergebracht: Schumann, Kurt, die Eva Hempel, unser Dolmetscher (ein liebenswürdiger Student mit langen Mandelaugen) und ich. Nach einer schlaflosen Nacht und all den Strapazen wieder baden – es war herrlich, und man vergißt die Jurten-Romantik.

[...]

Zelinograd, 10. 7.

Im Auto, das über eine unmögliche Straße tobt. Wolken von Staub, wahnsinnige Hitze. Das Land ist knochentrocken, es gibt wenig Wasser. Heute morgen mit Billy auf Extratour durch die alte und die neue Stadt, wo wir tolle Bilder machten: erdgedeckte Hütten vor Kränen und Neubauten. Eine Straße war blockiert von Lastwagen, auf denen abenteuerlich gestrandete Studenten ins Neuland fuhren, Mediziner und Ingenieure, die draußen Speicher bauen. Phantastische Gesichter, Tadschiken, Kasachen, Moskauer; auf einem Lastwagen schrubbten ein paar schwärzlich braune Jungs ihre Gitarren. Wir waren zum erstenmal richtig fröhlich und glücklich und hatten das Gefühl zu arbeiten, während in den letzten Tagen zuviel geschwatzt wurde. Außerdem macht es Spaß, mit Billy unterwegs zu sein, der auf seinem Gebiet ein Künstler ist, mit den Augen eines Künstlers, den raschen Einfällen und einer gewissen Naivität: er staunt. Wir hatten sofort Kontakt miteinander.

Wir sind jetzt im Forschungsinstitut, und ich schreibe heimlich, während wir wieder Zahlen über uns ergehen lassen. Gestern Besuch eines Kolchos; wir waren hundemüde, weil wir in der Nacht zuvor, im Flugzeug, kaum geschlafen

hatten, und mir fiel bald der Kopf ab. Trafen auf der Steppe
einen Studententrupp, Physiker aus Moskau, »die künftigen
Sterne unserer Wissenschaft«, wie einer sagte. Sie bauen in
den Semesterferien Wohnhäuser für den Sowchos. Wir
saßen am Lagerfeuer, Schumann erzählte vom Deutschlandtreffen, ich von der deutschen Literatur. Gebildete, aufge-
schlossene, ungeheuer interessierte junge Leute. Mir fiel
auch auf, wie freundlich und fürsorglich die Komsomolzen
sind, die uns begleiteten. Sie achten auf unsere Gesundheit
und gute Laune, sind hilfsbereit und von einer Herzlichkeit,
die man nicht immer für Gäste bereithält. Ich hatte einen
Herzanfall und war im Nu von einer Fürsorge umgeben, die
mich rührte und mir beinahe peinlich war. [...] Auf der
Heimfahrt in unsere Datsche schlief ich auf dem Sitz ein.
Kurt legte seine Hand unter meinen Kopf und streichelte
ganz sanft meinen Hals, und ich berührte nur mit einem
Finger sein Handgelenk, und es war sehr aufregend. Ich
weiß nicht, was da geschieht – mir ist zumute wie dem
Mädchen in der Tschechow-Geschichte, dem der Junge
beim Schlittenfahren zuflüstert: Ich liebe dich, und das
Mädchen weiß nicht, ob es vielleicht nur der Wind war, und
fährt immer wieder und wartet auf die drei Worte.

Vorgestern im Flugzeug saß ich neben Kurt, und er gab
mir zum Schlafen seine Schulter. [...] Dies irgendwo über
dem äußersten Europa oder schon über Asien, und das
Flugzeug dröhnte und bewegte sich wie eine Luftschaukel,
und alles war zwischen Traum und Wirklichkeit. Ich hatte
keine Furcht mehr beim Fliegen und fühlte mich ganz geborgen. [...] und seitdem begegnen wir uns mit einer merkwürdig gespannten Zärtlichkeit, mit halben Worten und
Blicken, die alles bedeuten können.

Ich habe das Gefühl, ich müßte mich dafür entschuldigen,
daß ich hier in Kasachstan, angesichts der neuen großen Erlebnisse, diese Privatgeschichte aufschreibe. Ich habe aber
für alles, was wir sehen und hören, ein Buch voller Notizen
und gründlicher Aufzeichnungen.

Koktschetau, 11. 7. 64

Um die 3. Kolchose bin ich herumgekommen, weil es mir
heute sehr schlecht ging; Horst Schumann, der – ungeachtet
seiner Beschränktheit – ein ganz netter und lustiger Mann
ist, war sehr besorgt und schickte mich gleich nach der Ankunft in K. in das Erholungsheim, wohin die anderen später
am Abend auch kommen werden. Hier darf man nicht sagen, daß man sich schlecht fühlt – ich bekam sofort eine
Ärztin (obgleich mir nichts anderes fehlte als Schlaf), die
mich gewissenhaft untersuchte auf Schwangerschaft, Herz-
fehler und dergleichen.

Gestern Besuch in dem Wissenschaftlichen Institut, wo die
Akademiemitglieder unter primitivsten Verhältnissen leben,
die kein deutscher Gelehrter akzeptieren würde. Und die
Steppe, die dort in Getreideland umgewandelt wird […]. Wer
das nicht gesehen hat, macht sich keine Vorstellung von den
endlosen Weiten, dem Gras, das nach Wermut duftet, und von
den Feldern, von denen eins die dreifache Größe einer unser
Genossenschaften hat. Der Kolchos, für den das Institut
Saatgut liefert, hat 46 000 Hektar, und das ist nach hiesigen
Begriffen nicht einmal viel. Hier verlieren alle unsere Maßstäbe ihre Gültigkeit. »Ganz in der Nähe« – das sind Hunderte von Kilometern, ein ungepflasterter Weg, knochentrocken (der Steppe fehlt es an Wasser, und immer weht ein
scharfer Wind, der die Krume wegträgt), riesige Staubwolken
von dem Auto vor uns, und grünes Getreide, ein Meer von
Getreide, kein Hügel, kein Baum, und am Horizont tauchen
in der Hitze Trugbilder von Seen auf. Langsam lernt man die
Lieder verstehen, die große Gelassenheit der Menschen, unsere Begriffe von Zeit und Raum verschwimmen. Ich bin jetzt
der Jugendkommission sehr dankbar, daß ich das alles erleben
darf. Deutschland ist weit weg – 5 000 Kilometer, sogar Jon ist
weit entrückt. Wenn ich einmal einen schrecklichen Schmerz
hätte, würde ich hierher fahren. Vom Parteisekretär des Kolchos, der mich zum Abschied umarmte und küßte, wurde ich
eingeladen – nicht aus Höflichkeit, das betonte er.

Hier bei K. (ich sage schon »bei« – dabei sind wir einige
Hundert Kilometer vorhin gefahren), sah ich zum erstenmal

Berge, die schroff, schwärzlich und düster aus der Ebene auf-
steigen. Morgens trockene Hitze, plötzlich ein Wolkenbruch, der Regen wie eine graue Mauer. Das ist alles so heftig
und unvermittelt, ohne die sanften Übergänge wie bei uns.

Im Institut gab es wieder ein Riesenmahl, dann fuhren
wir auf die Felder und besichtigten neuentwickelte Pflüge,
die den Bedingungen der Steppe angepaßt sind. Ich fuhr ein
Stück mit einer Sämaschine mit, die gleichzeitig pflügt, drillt
und das Unkraut vernichtet – ein gewaltiger Panzer mit einem ganzen Arsenal von Scharen und dergleichen.

Dann Fahrt zum Kolchos. Billy hing mit dem halben Leib
zum Fenster raus und fotografierte. In der Kolchose, deren
Vorsitzender Kasache ist, gab es einen fürstlichen Empfang.
Vor dem Kulturpalast hatte sich das ganze Dorf versammelt,
Greise und winzige Kinder und Leute von einem Dutzend
verschiedener Nationalitäten, Ukrainer, Kasachen, Russen,
Wolgadeutsche, und auf einem bestickten Handtuch brachte
man uns einen riesigen Brotlaib und Salz, und wir aßen davon. Wir saßen auf der Bühne, bekamen rote Halstücher von
schlitzäugigen kleinen Pionieren, und es herrschte ein Jubel,
eine Herzlichkeit, […] daß einem das Herz weit wurde.

Hinterher wieder ein großes Essen (die meisten in der
Delegation leiden an Magenbeschwerden und Verdauungs-
störungen), es wurde viel getrunken, ein Trinkspruch nach
dem anderen, und obgleich Kurt mir hin und wieder ein
Glas Selters zuschummelte, hatte ich einen Schwips. Dann
wurde gesungen, auf einmal fingen ein paar Russen an zu
tanzen, Höllenlärm und Fröhlichkeit, irgendjemand hatte
auch ein Akkordeon, und es war wie bei einer russischen
Hochzeit, die man im Film sieht.

Zwischendurch hatte ich wieder ein »politisches Gespräch« mit Kurt. Er zeigte mir nämlich am ersten Tag seinen
Arbeitsplan, in dem dick unterstrichen steht: »Jeden Tag ein
politisches Gespräch mit Brigitte.« Das sieht nun so aus, daß
er mir – wie alle Männer, die ich kennenlerne – […] meine
Minderwertigkeitskomplexe austreiben will, mich für einen
hoffnungslosen Fall erklärt und dennoch unermüdlich um
meine Seele ringt. Er ist sehr klug und ein großer Taktiker,
und ich beginne wirklich einiges zu lernen. Er machte mir

Vorwürfe, daß ich nicht öfter bei der Jugendkommission anrufe – fünfmal in der Woche, sagte er, und ich lasse dich sofort mit dem Wagen holen und wir können sprechen –, und daß ich von meinem Ausweis nicht genug Gebrauch mache: ich solle viel entschiedener auftreten [...] und diese große Gelegenheit benutzen [...], Übersicht zu bekommen und auch in der Partei energisch aufzutreten. [...]

Heute morgen waren wir alle halbtot, den meisten war übel – wir hatten Furcht vor dem Flug mit der alten Maschine, die uns ins Landesinnere bringen sollte. Es war eine IL 12, die man nur für uns gechartert hatte, eine schwarzplastige alte Büchse, aber dann war es gar nicht schlimm, die Maschine lag ganz ruhig, und der Pilot setzte dann bei der Landung in der Steppe so sanft auf, daß wir nichts spürten. Allmählich macht mir das Fliegen sogar Spaß, ich schaue unbesorgt aus dem Fenster und kann schon lachen, wenn das Flugzeug in ein Luftloch fällt. [...]

Eben brachte mir Nikara [Abajewa]– Sekretär beim Komsomol, eine junge Kasachin – einen Strauß winziger weißer Steppennelken. Die Mädchen sind alle so lieb und aufmerksam und immer fröhlich, unermüdlich gesund und zäh; sie sitzen umarmt im Flugzeug oder im Auto und singen mit hohen durchdringenden Stimmen ihre alten Lieder. Ich wohne heute mit Nadja [Kudrjawzewa], unserer Dolmetscherin, in einem Zimmer. Das ist ein ganz modernes Mädchen, eine Großstädterin, sehr skeptisch, aber auch sehr empfindsam, und heute nachmittag verschwatzten wir ein paar Stunden und fanden, wie sehr alle Probleme in der Kunst, der Erziehung, der Moral sich [in] unseren Ländern gleichen. Die gleichen Sorgen der jungen Leute, die gleichen Ressentiments aus der Zeit des Personenkults, die verstohlenen Blicke auf die Kultur des Westens, auf die Mode und die Literatur. L[?] ist wieder ein anderer Typ, prinzipienfest, gradlinig mit einem Plan fürs Leben – er erinnert mich an Rainer Kunze vor 56. Bis jetzt ist ihm nichts schief gegangen. [...]

Man scheint hier eine Periode durchzumachen, die wir gerade hinter uns haben. Wir lernen vom Westen, wo es für uns vorteilhaft ist. (Andererseits ist man hier in Bezug auf Literatur aus dem Ausland großherziger als bei uns). Mir wird noch schwach, wenn ich an die neuen Häuser in Zelinograd denke: häßliche starre Kasernen. Dagegen ist Hoyerswerda ein Paradies. Wir sind auch in der industriellen Bauweise viel weiter. Ich erkundigte mich beim Vorsitzenden des Regionskomitees (die Region Neuland umfaßt ein Gebiet von 600 000 Quadratkilometer), aber er verstand mich nicht. Offenbar kommt im Projektierungsbüro dieser Region niemand auf den Gedanken, sich mit den Büros anderer Staaten auszutauschen und Erfahrungen zu nutzen.

Ich unterhalte mich mit Kurt viel über die Arbeitsproduktivität, die sehr niedrig zu sein scheint. Wir erfahren zwar immer von Enthusiasmus und Heldentaten, aber, um es hart zu sagen: man sieht wenige Leute arbeiten. In Z. sitzen sie auf der Straße, unterhalten sich, machen »Pause«, und aus den Berichten der Komsomolzen in den Kolchosen hatten wir den Eindruck, daß eine wissenschaftlich fundierte Arbeit durch Kampagnen erzeugt wird.

Omsk, 12. 7.

Aufenthalt, der Flugplatz ist wegen Gewitter gesperrt. Sind mit unserer Nähmaschine unterwegs nach Nowosibirsk. Gestern wieder lange Nacht, enthusiastische Reden, hundert Trinksprüche. Ich zog mich um Mitternacht zurück, sonst wäre ich ruiniert gewesen. [...]

Nowosibirsk, 13. 7.

[...] Sascha hat ausgerechnet, daß wir schon [...] 20 000 km zurückgelegt haben. Ich sitze jetzt öfter bei Sascha, wir sprechen englisch und können uns gut verständigen. Er ist ein sehr kluger, gut aussehender, im besten Sinne moderner Junge (Sekretär im ZK des Komsomol, Abt. Internationale Verbindungen). Ihm gefällt der ganze Rummel nicht, er verzieht das Gesicht, wenn sich jemand zu einem neuen Trinkspruch erhebt. Wir werden in den nächsten Tagen ein längeres Gespräch haben, um zu erfahren, was man aus den offiziellen Proklamationen nicht erfährt. Sascha ist mehr auf der Pawlow-Linie: sachlich, skeptisch.

Nowosibirsk ist eine ganz moderne Stadt mit guten Auto-
straßen, breiten Boulevards und neuen Häusern im Kirow-
Viertel. Die Altstadt hat die elenden Hütten wie in Neuland-
kray. 1 Million Einwohner. Wir fuhren über die 2 km lange
Brücke über den Ob. Die Leute sind modern angezogen, wir
sahen elegante und hübsche Mädchen. Hier scheint man
auch selbstbewußter zu sein: sie wissen, daß sie Weltgeschichte machen. Die Leute in Kasachstan waren irgendwie
verklemmter – sie sind nicht zum Denken erzogen worden,
sagt Kurt, viele der »alten« Funktionäre sitzen noch auf ihren
Posten, eine von Stalin erzogene Generation.

Wir fuhren gleich in die »Stadt der Wissenschaften« hinaus.
Sie liegt im Wald, überall sind Institute, moderne Wohnblocks, das Hotel ist eine Erholung. Wahnsinnige Hitze; jetzt,
am frühen Morgen, haben wir schon 30°. Gestern Abend wieder großes Essen, aber nicht so ausschweifende Toasts.

[...]

Irkutsk, 14. 7.

Vor ein paar Stunden angekommen, in einem Heim außerhalb von I. untergebracht. Sehr komfortabel, jeder hat ein
Appartement mit 2 Zimmern und Bad. Ausgiebig geduscht,
jetzt bin ich wieder halbwegs munter. [...] Die letzten zwei
Tage saß ich nur bei Billy und Sascha, wir sprachen englisch
und russisch durcheinander. Das ist wirklich ein bezaubern-
der Junge, irgendwas in der Art des »neuen Menschen«, von
dem wir so oft sprechen.

Heute morgen mit B. Extratour durch Nowosibirsk, keine
große Foto-Beute. Das »Akademiestädtchen«, wie sie hier
sagen (es gibt auch den Spitznamen »Lawrentjewka«) ist
nicht zu überbieten. Der Flugplatz ist phantastisch modern,
weiträumig und in Pastellfarben gestrichen, und was mich
immer wieder verblüfft: durch die Säle bewegen sich Bauern,
ganz einfache Leute, für die Fliegen so selbstverständlich ist
wie für unsere Leute das Eisenbahnfahren. In einem Stahl-
sessel saß eine junge Frau, die ihr Baby trockenlegte, und B.
war begeistert von dem kleinen Popo. Er fällt hier von einem
Entzücken ins andere; gestern abend ein Meeting in N. War

er außer sich über die vielen hübschen Mädchen und tobte pausenlos knipsend durch den Saal, mit seinem raffinierten Objektiv, das so im Winkel gebaut ist, daß der Fotographierte nichts ahnt.

Kurt sprach zu den jungen Arbeitern und Wissenschaftlern im Klub »[?]«. Er war vorher verrückt vor Aufregung, aber dann war seine Rede ausgezeichnet [...]. Er ist hundertmal besser als der routinierte Sch., und der spürte es auch und ließ es sich nicht nehmen, nochmal die Platte abzuspielen, die wir bei jedem Meeting [...] zu hören bekommen.

Heute mittag großer Bahnhof. Die TU wartete auf uns, weil wir mit dem Essen noch nicht fertig waren – hier ist eben alles möglich. Küsse, Umarmungen, Lieder, Geschenke; ein Student trug mir Grüße an die deutschen Studenten auf. Der Offizier Jura, der Kurt und mich in einem Militärauto begleitet hatte, küßte mich mit georgischer Leidenschaft auf den Mund, und alle ringsum jubelten Beifall. [...] Heute abend ging mir zum ersten Mal auf, was es eigentlich bedeutet, zu so einer Delegation zu gehören; und was wir den Komsomolzen bedeuten, und ich habe ein Gefühl von Beschämung, als hätte ich das nicht verdient – und womit auch? Höchstens mit den Gefühlen, die wir selbst ihnen entgegenbringen.

Nach 2 Flugstunden sind wir wieder in eine ganz andere Landschaft versetzt worden. Wir fuhren über bergige Straßen, durch riesige Birken- und Fichtenwälder, vorbei an Seen und Sümpfen. Die Wiesen sind von Margeriten bedeckt. Das Haus hier steht an einem großen stillen See zwischen Wäldern. Die Uhr wieder eine Stunde vorgestellt (jetzt 6 Stunden vor Berlin).

Sibirien, sagte man uns heute, heißt in der wörtlichen Übersetzung »schlafendes Land«. Was fiel einem schon ein, wenn man »Sibirien« hörte? Kälte, Verbannung, Ödnis, Sträflinge, Tolstoi. Und dann kommt man nach »Lawrentjewka«, in die Sibirische Akademie der Wissenschaften ... Ich glaube, das war unser schönster, größter Tag in diesem erstaunlichen Land, der absolute Höhepunkt – mehr ist nicht denkbar.

Morgen Empfang im Institut für Geophysik, durch Akademiemitglied Trofimuk. (Von der ersten Minute an haben wir Sputnik am Himmel das Tempo der Wissenschaftler-Stadt empfunden: alles funktionierte, es wurde knapp gesprochen, man war pünktlich, die Toasts waren kurz, freundschaftlich, aber ohne die orientalische Buntheit wie in Kasachstan). Hier betrachtet man uns als arbeitende Leute, die etwas wissen wollen, nicht viel Zeit haben und binnen kurzem so viel wie möglich erfahren sollen. Hier fanden wir auch, was wir in der Steppe noch vermißt haben: ein starkes Selbstbewußtsein, Exaktheit, gründliches Denken, das Wissen dann, daß sie hier in Sibirien Weltgeschichte machen, oder, wie einer es ausdrückt, den 3. Teil des »Russischen Wunders« zu schreiben. Die Gesichter der jungen Gelehrten, die in dem Raum saßen: starke, kluge, kühle Gesichter. Das Durchschnittsalter aller wissenschaft. Mitarbeiter: 35 Jahre. Die Grundbedingungen für jeden, der hier arbeitet: exaktes wissenschaftliches Denken, Parteilichkeit, praktisches Forschen zum Nutzen der Volkswirtschaft. Ein halbes Dutzend dieser jungen Leute berichtete von seinem Arbeitsgebiet. Eines interessierte Kurt und mich besonders (noch in der Nacht fischen wir uns einen Kybernetiker, der an der Sache beteiligt ist, und horchten ihn gründlich aus): mathematische Soziologie, Umfragen und Auswertung – mit Elektrorechenmaschinen – zum Problem der Berufsbildung, Soziologie des Städtebaus etc. Übrigens war der Berichterstatter, Mathematiker, ein wunderschöner Mann, schwarzlockig und mit schwarzen Samtaugen wie ein persischer Märchenprinz. Dann: Shuralzow – sehr schmale tiefliegende Augen, indianisches Gesicht – Komsomolsekretär und Physiker, der mit 19 Jahren seine erste wissenschaft. Arbeit veröffentlichte; ein 31jähriger Dekan der physikalischen Fakultät; Migirenko vom Institut für Hydrodynamik, Parteisekretär, der uns abends als einer »unserer größten Gelehrten« vorgestellt wurde; Akademiemitglied Ljapunow, der die Schule für junge Mathematiker leitet (er trug Stiefel unter einer unmodernen Hose und zog seinen grauen krausen Bart durch die Finger). Er spricht ausgezeichnet deutsch und unterrichtet über diese neue Schule, die Prof. Lawrentjew gegründet hatte: Aus den Schulen von ganz Sibirien wurden – durch Olympiaden – begabte Mathematiker ausgewählt (wohlgemerkt: die Aufgaben sind so gestellt, daß sie keine speziellen Kenntnisse,

sondern selbständiges Denken erfordern) und in einer Spezi-
alschule und später am Institut ausgebildet […]. Was mich am
tiefsten beeindruckte […]: die schlichte, anständige, zugleich
kühle und leidenschaftliche Art dieser jungen Gelehrten; sie
sind bar jeder Arroganz, Besserwisserei und, nach allem was
wir hörten, der Ruhmsucht – hier werden keine glänzenden
Namen gemacht – und der Sucht nach einem hohen Lebensstandard. Sie sind wirklich »Diener ihres Volkes«. […] Es war
ein Blick in das kommunistische Zeitalter.

»Lawrentjewka« ist ganz jung, sechs oder sieben Jahre.
Als die Gelehrten nach Nowo. kamen, lebten sie zunächst
unter schrecklichen Umständen, in ungeheizten Häusern
und ohne jeden Komfort, den sie von Moskau oder Leningrad gewohnt waren. Heute haben sie diese Stadt mit schönen neuen Häusern, Cafés, Läden und Kinos, deren kühne
Konstruktionen sich in jeder westlichen Architekturzeit-
schrift sehen lassen können, und mit mehr als 20 großzügig
gebauten Instituten. Niemals habe ich das Wort vom »Russischen Wunder« besser verstanden. Wenn all die Boden-
schätze gehoben werden, die die Forscher vom Geophysikal.
Institut ausgemacht haben, wird die SU das reichste Land
der Erde sein. Wir sahen all die Gesteine, die Edelsteine, eine
Schachtel mit Gold und eine mit einer Handvoll Diamanten.

Besuch im Institut für Kernphysik. Der Leiter, korrespond.
Mitglied der Akademie Budker, führte uns. Es war wahnsinnig aufregend, wir bildeten uns ein, hier sei der Film »9 Tage
eines Jahres« gedreht worden. Zuerst – wir saßen am ungeheuer großen, kreisrunden, schwarzen, spiegelnden Tisch, an
dem sonst der Rat der jungen Gelehrten tagt, sprach B. über
die Zukunft der Atomforschung: wie nah wir der Zeit sind, da
uns Erdöl und Kohle lächerlich erscheinen werden, und daß
wir alle noch erleben werden, wie die Energie des Wasserstoffs
nutzbar gemacht werden wird. […]

Irkutsk, 15. 7.

Wieder ein paar Minuten gestohlen, während die anderen an
der Angara spazieren gehen. Fischer am Kai; anstrengender
Tag hinter uns. Besuch des Wasserkraftwerkes und eines

Aluminiumkombinates. Versuchte die Technologie zu begreifen. Fühle mich erschlagen durch Zahlen, Tonnen, Ausmaße. Hier ist alles maßlos »gewaltig«. Der 1. Sekretär des
Gebietskomitees empfing uns und sprach wie der Premier
eines großen Staates, und in der Tat ist sein Gebiet zweimal
größer als ganz Deutschland. [...] wahrscheinlich ist er einer
dieser neuen Wirtschaftsmanager. Der Reichtum dieses Landes ist wirklich unermeßlich.

Jetzt werden wir noch ins Kino geschleppt. Warum, ist
unerfindlich, es gehört eben zum Programm.

Zwischen Irkutsk und Bratsk, 16. 7.

Sitzen in der IL 14 (diese alten Maschinen sind die ruhigsten
und zuverlässigsten), und eben wurde in 1 000 m Höhe der
2. Pilot mit der Arthur-Becker-Medaille ausgezeichnet. Kurt
sitzt neben mir und schläft, manchmal blinzelt er, und ich
sehe seine hinreißenden Augen. Er hat ganz lange dunkle
Wimpern. Sein Gesicht sieht jetzt zehn Jahre jünger aus als
sonst. Ich streite wild gegen ihn, gegen ein völlig überflüssi-
ges und verwirrendes Gefühl. Manchmal, wenn ich ihn vor
mir hergehen sehe, denke ich voller Bosheit: Häßlich, dicker
alter Mann ... Ich freue mich, daß ich dünn und geschmeidig
bin, als gäbe mir das einen Vorteil vor ihm. Aber er ist so
phantastisch klug, so ruhig und gut, daß meine Aufsässigkeit
immer wieder in schwärmerische Bewunderung umschlägt.
Bei ihm fühle ich mich ganz jung, unerfahren und beschützt.

Gestern abend, nach dem aufreibenden Tag, hatte ich einen
scheußlichen Anfall. Kurt sagte mir, daß er sich meinetwegen
mit ein paar Delegierten zerstritten hat, die mich nicht parteilich genug finden; ich sei so zurückhaltend, isoliere mich
von den anderen und singe die Arbeiterlieder nicht mit und
sage keine Trinksprüche etc. Ich habe ohnehin kein Selbstvertrauen, ich war ganz zerschmettert und begann zu weinen
und fiel einfach um. Na, es war abscheulich. Kurt brachte
mich in mein Zimmer und rieb mir das Gesicht und die Füße
mit kaltem Wasser ab, und er setzte sich zu mir und hielt mich
fest, während ich weinte und weinte. Es war so schlimm, weil

ich wieder einmal dachte, ich gehöre eigentlich nicht dazu –
und ich habe auch solche Angst vor meinem Bericht: daß er
nicht klug wird, nicht so »knallhart«, wie Kurt ihn erwartet,
und daß ich überhaupt ein Versager bin. Kurt redete mir gut
zu, und Nadja war auch bei mir. Sie ist ein liebes Mädchen. Sie
sagte mir Gedichte von Pasternak auf, um mir eine Freude zu
machen, und später kam auch Billy, der mir erzählte, was es
für einen Streit gegeben hat. Er sagte, Kurt sei schrecklich
wütend geworden und habe die anderen zusammengeschrien,
sie hatten kein Recht, an mir herumzunörgeln, ich sei einer
der 12 Schriftsteller, die bei uns zählen. Billy ist genauso empfindlich wie ich […]. Er ist ein guter Junge und ein richtiger
Künstler, und ich bin immer wieder gerührt über sein Entzücken bei Anblicken von etwas Schönem (und er entdeckt
so viele Schönheiten, er hat ein scharfes Auge für Gesichter,
Landschaften und Szenen). Gestern waren wir doch vom
Kino ausgerückt und in Irkutsk fotografieren gegangen. Ich
glaube, er sieht viel mehr als ich – diese Kleinigkeiten, in denen sich etwas Starkes, Bezeichnendes ausdrückt. […]

Wir hatten nur vier Stunden Schlaf, dann mußten wir zum
Flugplatz. Zwei harte Tage stehen uns bevor. Heute abend
bleiben uns nur 3 Stunden in einem Liegewagen, dann geht
das Programm weiter. Kein Wunder, daß ich mal die Nerven
verliere. Ich bin so mit Eindrücken überschüttet worden,
daß ich zuweilen etwas wie Abstumpfung empfinde, als sei
das Maß voll, die Aufnahmefähigkeit erschöpft. Ich kann
kaum noch staunen. Einen Augenblick der Bewegtheit hatte
ich gestern nur, als die Aluminiumarbeiter in Tscherechow
uns einen Barren von dem ersten in Sibirien geschmolzenen
Aluminium überreichten. Dahinter steht eine ungeheure
Arbeitsleistung, denn hier, wo jetzt das Aluminiumwerk
und die Stadt ist, war vor 6 oder sieben Jahren noch Taiga,
von keinem Menschenfuß berührt, die jungen Leute hausten in Zelten und bauten bei 40° Grad Kälte. Heute wird
Sibirien ein Drittel der Weltproduktion an Aluminium lie-
fern. (»Raketen«, flüsterte Kurt mir zu).

Wir fliegen über den Wolken. Nachts regnete es. Hier oben
scheint die Sonne. Ich muß noch von Nowosibirsk erzählen.
Nach dem Besuch im Institut für Kernphysik (Budker sprach

zum Abschied über die deutschen Physiker, die emigriert sind), aßen wir in einem Haus, das ganz allein an einem Hang stand, zwischen Wiesen und Wald, und wo sonst nur die Prominenz, von Akademiemitglied aufwärts, verkehrt.

Kurzer Besuch im Institut für Hydrophysik, wo uns eine Wasserkanone [?] vorgeführt wurde, von einem jungen Gelehrten, der eine Verletzung am Ohr hatte (offenbar ein Unfall bei einem Versuch) und sehr schüchtern und ziemlich zerstreut war. Die Kanone beschoß mit einem scharfen Wasserstrahl eine hintereinander gestaffelte Reihe von Ziegeln, die völlig zertrümmert wurden. Man wird diese Kanone (übrigens ist das nicht der Fachausdruck, das Ding sieht nur so aus) später im Bergbau, beim Straßenbau durch Felsen und beim Abriß einsetzen können. In diesem Institut arbeitet auch Migirenko, der mich am meisten beeindruckt hat.
[...]

Irgendwo in der Nähe von Tschelesnogorsk, 17. 7.

[...] Eine Landschaft wie im russischen Märchenbuch, und Berge mit Wäldern und Wäldern. Gestern nacht sang Alexej Martschuk – im Zug zur Gitarre – der berühmte Martschuk, auf den es ein im ganzen Land bekanntes Lied gibt. Wir hörten es schon in Peredelkino – »Martschuk spielt Gitarre«, und nun hörten wir ihn also selbst, im Gang eines Zuges tief in Sibirien, und er sang mit einer Messingstimme, die für Jazz geschaffen ist, kubanische und spanische Lieder, »Bandiera Rossa« und viele sibirische Lieder, die in den letzten Jahren auf den Großbaustellen gedichtet worden sind und in sehr schönen Texten die heiße Romantik der Sucher, der Geologen und jungen Bauleute besingen. Und was für ein Mann ist dieser Martschuk! Gestern nachmittag habe ich ihn interviewt, es war ein Abenteuer.
[...]

Nachmittags.
Kommen nach Tsch. zurück. Besichtigung des Eisenerzbergbaus. Das Erz wird im Tagebau gefördert, es liegt 2–3 Meter unter der Erdoberfläche. [...] Wir waren die erste ausländische Delegation in dieser ganz neuen Stadt. Wir sind als

»Bestarbeiter« ausgezeichnet worden (in Neuland haben wir auch einen Orden bekommen: Medaille für die Erschließung des Neulands). Wir [sind] mit Begeisterung empfangen und gefüttert worden, als hätten wir wunder was für Heldentaten vollbracht. Auf der Baustelle trank ich zum erstenmal Kwaß, den ich nur aus der Literatur kannte.

Der Zug hält mal wieder mitten in der Taiga. Wir haben eine Stunde geschlafen. Wir [...] saßen noch ein paar Stunden in unserem Mädchen-Abteil, Martschuk in der Mitte mit seiner Gitarre, und wir sangen, und er spielte für uns seine russischen Romanzen und die schönen Neulandlieder und Cowboylieder und »The battle of Jericho«. Seine Stimme ist bald schmelzend zart und dunkel, bald aggressiv und hart. Er wäre ein phantastischer Gospelsänger. Seine weißen Zähne blitzen unter dem schwarzen Schnurrbart, er schließt die Augen oder sieht sich um mit seinem funkelnden Asiatenblick – und alle Herzen fliegen ihm zu. Wir hatten im Nu das Abteil voller Leute, die sich auf den Betten zusammendrängten, schließlich saßen wir zu zehn oder zwölf in der engen Kabine. Ich konnte keinen Blick von seinem Gesicht wenden. Nadja und ich haben uns Hals über Kopf in den legendären Martschuk verliebt. Ich weiß nicht, ob er schön ist, aber er ist hinreißend. 29 Jahre, sein Haar ist kurzgeschnitten, schwarz, schon mit weißen Fäden untermischt. Wir hörten ihm zu wie dem Rattenfänger, Deutsche und Russen, und ich war so heiter, so glücklich über die Begegnung mit einem wunderbaren Menschen. Einer aus der Delegation (einer der wenigen, die ernst zu nehmen sind) sagte, er freue sich, mich zum erstenmal lustig zu sehen.

Eine ganze Anzahl von der Delegation mag ich nicht leiden. Sie sind beschränkt und ordinär und verlieren jede Würde, wenn sie trinken. Sie machen aus jedem Fest einen deutschen Bierabend, reißen Zoten und singen dumme Lieder. Und sowas ist im Zentralrat!

[...]

Irkutsk, 18. 7.

Wir fahren auf der »Rakete« die Angara entlang. Ein breiter, sehr kalter Strom zwischen bewaldeten Ufern.

Gestern abend saßen wir noch eine Stunde auf dem klei-

nen Flugplatz mitten in der Taiga und warteten auf unsere
Leute – Kurt, Horst und Tommy –, die nach Ust-Ilim geflo-
gen waren, wo ein neuer Bau beginnt. Es war der roman-
tischste Abend, an den ich mich erinnern kann. Der Himmel
war noch rot, abends um elf Uhr, und der Mond stand am
Himmel, über der schwarzen Tragfläche einer kleinen Maschine. Wir saßen auf Baumstämmen und sangen, und Martschuk, der Unvergleichliche, spielte Gitarre. Sonst war es
ganz still, manchmal bellte irgendwo ein Hund, und einmal
startete ein Flugzeug, es rollte über das Steppengras, und wir
sahen, wie sich die roten Lichter in den Himmel hoben.

Endlich kamen die anderen –, das Flugzeug wartete, der
Zug in Tsch. hatte auch gewartet, hier kommt es auf Pünkt-
lichkeit nicht an –, und ich fiel Kurt um den Hals, ich war so
glücklich, so begeistert, so weit weg von meiner anderen
Welt ohne Lieder und Weite. Der Abschied von Martschuk –
na, es war schon schlimm. Nadja verging fast, sie hat sich
ernstlich verliebt – auch ich wurde von ihm geküßt. […]
Dem armen Kurt platzte im Flugzeug bald der Kopf, weil
wir gleich über ihn herfielen und schwärmten und jammer-
ten, er lächelte nachsichtig, aber ich glaube, er ärgerte sich
auch ein bißchen, weil ich so hingerissen war, und das sei
ihm gegönnt. Wir hatten dann, als alle schliefen, noch ein
merkwürdiges Gespräch, mit dem Decknamen »Franziska«,
und er sagte Franziska alles, was er mir nicht gesagt hat.
Aber ich mag hier nichts wiederholen und zerreden. […]

Bratsk war ein großes Abenteuer. Den ganzen Vormittag
verbrachten wir im Wasserkraftwerk, dem größten der Welt.
Unvorstellbar, was hier geleistet wurde, bei 55° Kälte,
schrecklicher Mückenplage, von Leuten, die freiwillig hierher gekommen waren, in Zelten hausten, in der Nachbar-
schaft von Bären und Wölfen, und, wie Martschuk sagte,
»die brüllenden Wasser der Angara übertönten Menschen-
stimmen und Maschinenlärm«. Sie laufen Amerika den Rang
ab, das früher von sich behaupten konnte, es habe von diesem und jenem das Größte, Höchste, Beste – Gott weiß
was. Übrigens behauptet hier jede Stadt von sich, sie habe
die meisten Geburten, und wirklich wimmelt es von Kindern. Über das Kraftwerk werde ich in der Reportage

schreiben. Und ich dachte, nach Nowosibirsk habe uns Sibirien keine Wunder mehr zu bieten!

Kurt sitzt neben mir und schläft. Er ist in den letzten Tagen völlig erschöpft – jetzt, da ich richtig aufwache, durchhalte und vor Begeisterung fast zerspringe. Wir haben die Rollen vertauscht – wenn man davon absieht, daß er immer noch der Klügere, Skeptischere und Überlegenere ist, der meinen Enthusiasmus in vernünftige Bahnen zu lenken versucht.

Wir liefen auch oben auf der Staumauer herum, wo 80 m über dem Wasser der Angara eine Eisenbahnlinie gebaut wird. Es gibt noch eine zweite Stufe in der Staumauer, auf der eine Autostraße verlaufen wird. Auf dieser Stufe werden schon die Kräne demontiert (gegen die unsere Kräne im Kombinat Spielzeug sind), sie werden nach Ust-Ilim transportiert, wo das nächste Kraftwerk entsteht. Dort ist noch alles im Aufbruch, die Leute jagen und fischen, sie wollen nicht wieder fort, trotz der harten Lebensbedingungen, erzählte Kurt, denn dort sind sie »freie Menschen«. [...]

Irkutsk, 18. 7.

»Zuhaus«. Die anderen sind noch in einem Lager von polytechnischen Studenten und spielen Volleyball. [...] Auf dem Spielfeld sah man unsere »Jugend«delegation ihre Bäuche herumschleppen, es war ein scheußlicher und komischer Anblick, und Nadja und ich standen unter den Birken und lachten und lachten. [...]

Zurück zu Nowosibirsk, damit ich wieder so etwas wie chronologische Folge habe und mich bei der Reportage ein wenig daran halten kann.

Nach dem Besuch im Institut für Hydrodynamik saßen wir in dem Wissenschaftler-Haus, und dann fuhren wir ans »Obsche Meer«, ein Stausee, und badeten. Viele schöne Mädchen und Jungen, schwarzbraun gebrannt. Auf einmal kam ein kleiner Kutter, der für uns gechartert worden war, und wir balancierten auf lebensgefährlichen Stegen an Bord und fuhren halbnackt und singend über das Obsche Meer. Wir kamen gerade rechtzeitig wieder an Land, um uns in unsere Kleider zu werfen und zum Meeting im Jugendklub zu

rasen. Vor dem Palast sprach mich – in tadellosem Deutsch –
ein Student an, […] er habe die »Geschwister« gelesen und
war ganz außer sich, weil er mich kennenlernte.

[…]

Auf dem Rückflug nach Moskau, 19. 7.

TU 104. 5000 Kilometer von Irkutsk bis Moskau. Zwischen-
landung in Omsk haben wir schon hinter uns. […] ein
bißchen bedrückt wegen der Reportage – K. erwartet zuviel.
Er sagt aber, ich sei [ein] großartiger Mensch – ich werde jeden Tag besser. In der Tat habe ich mich endlich gefangen,
die nervösen Anfälle sind weg, und jetzt, da alle anderen sich
ausgelaugt fühlen, werde ich munter und könnte noch ein
paar Wochen so hart weiterarbeiten wie bisher. Leider habe
ich mich auch an die Fresserei gewöhnt und bin ewig hung-
rig. Auch Billy ist unermüdlich, fröhlich und verhungert.

Also: Karaki. Wir unterhielten uns eine Weile, er kennt
unsere ganze moderne Literatur. Da es hierzulande nicht
sehr förmlich zugeht, nahmen wir ihn mit zum Abendessen.
Abendessen – also sechs Stunden am Tisch, viel Wodka, zwischendurch Tanz und immer wieder Lieder. Gespräche mit
Shurawljow über Soziologie. […] Niemand, der – als Deutscher meine ich – ahnungslos in unsere Runde gekommen
wäre, hätte gemerkt, daß wir mit namhaften Physikern zu
Tisch saßen. Sie sind so schlicht, so fröhlich, ohne Ambitio-
nen. Migirenko ist berühmt für seinen Gesang. Er sang uns
mit einer großen, prachtvollen Stimme ukrainische Romanzen, und brachte den charmantesten Toast auf die Frauen
aus.

Peredelkino, 20. 7.

Wieder auf der Datscha des Komsomol. Pawlow empfing uns
am neuen Flughafen. Sie machen jetzt ernst mit der Architektur: Halle aus Glas und Stahl, viel Plaste, geometrische
Sessel und Tische, Pastellfarben. Vor dem Flughafen ein
großes Hotel im Rohbau.

[…]

Nowosibirsk ist schon erschlagen von Bratsk. Merkwürdig, und ich dachte doch, danach käme nichts mehr von Belang. Aber die Begegnung in B. mit zwei wunderbaren Menschen war eben doch ein neuer Höhepunkt. Billy und ich
machten uns wieder selbständig und fuhren zu Boris Gainu-
lin. B. dehnt sich über 80 km aus, und man macht eine richtige Reise, wenn man bei einem Freund eine Tasse Tee trinken will. G. wohnt in einem kleinen blauen Doppelhaus,
seine Frau kam uns entgegen, eine kleine zierliche Person mit
riesigen Augen. Er erwartete uns in der Diele, er saß in seinem Rollstuhl. Im Vorraum ein großer Eisschrank, im Zimmer, das sparsam möbliert ist, Fernsehapparat und ein Tran-
sistorradio. Es fiel mir schwer, ihn zu interviewen – ein Mann
im Rollstuhl, der nie seine gelähmten Füße gebrauchen wird
und zum Helden gemacht wird, kümmerlicher Ersatz. Er
wehrte auch gleich ab, als ich ihm sagte, er gelte heute noch
als Brigadier: in Wahrheit kann er dem veränderten Arbeits-
prozeß nicht mehr folgen und hilft nur bei organisatorischen
Fragen. Er ist in der Taiga geboren, lief 36 km zur Schule, an
einem Fluß entlang, auf dessen Ufern die Spuren von Bären
waren, jagte Zobel und Hermeline, [?] und ging dann nach
Bratsk. Seine Brigade sprengte Felsen. Bei der Arbeit stürzte
er ab und hatte eine Rückgratverletzung. Seine Frau, Krankenschwester, pflegte ihn, sie heirateten später.
    Er ist ein starker und fröhlicher Mensch, dem es immer
dann besser geht, wenn er jemanden um sich hat. Er ist 29.
Ich wollte versuchen, ihn heldenhaft zu finden, sein Los
nicht so beklagenswert wie das anderer Krüppel, aber es war
doch zu arg; ihn so zu sehen, einen bärenhaften Mann in
dem Rollstühlchen, und ich merkte wohl, daß er selbst sich
von dem Leben abgedrängt fühlt, allen Legenden zum
Trotz. Er lernt. Einmal, als er erzählte (er lachte viel), daß er
ein ewiger Student bleiben werde, weinte seine Frau – nicht
aufdringlich, sie hatte Tränen in den Augen –, und er drehte
sich zu ihr um und sagte: »Warum lächelst du mir zu?«
    Vielleicht empfinde ich das alles so bitter, weil ich selbst
ein bißchen gehandicapt bin. Ich habe hier zwar alle anstrengenden Klettertouren und Werksbesichtigungen mitgemacht, aber es war mir doch peinlich, die Hilfe anderer in

Anspruch nehmen zu müssen. Übrigens helfen sie ganz unauffällig, Sascha war mir immer zur Seite, wenn es irgendwo
zu balancieren oder zu steigen galt. [...]

Aber das zweite [Interview] war dann großartig. Wir nahmen Martschuk auseinander.

Was für ein Mann! Er war auf dem Flugplatz, als die Delegation eintraf, und er fiel mir sofort auf – so eine Mischung
zwischen Günter Grass und Nasser, wenigstens äußerlich
[...]. Es war eine Strapaze, aus dem Mann etwas herauszu-
bringen. Er ist sehr bescheiden und sogar schüchtern und
läuft vor allen Journalisten weg. Das ist kein Getue: ich sah,
wie er zu Anfang unseres Gesprächs seine Finger knetete,
errötete und nicht wußte, wohin mit seinen Augen. Er wollte
auch partout nichts über sich selbst erzählen, nichts über sein
Leben und seine Lieder, er dichtete selbst und singt wunderschön – aber er wollte nur von Bratsk sprechen, und da ging
er dann auch aus sich hinaus und erzählte eine Fülle von traurigen und lustigen Begebenheiten, von seiner Pamirexpedi-
tion, den Sorgen um ihre Stadt und von ihrem Enthusiasmus,
mit dem sie hierher gekommen sind, und von einer gewagten
Brückenkonstruktion, die sie gegen den scharfen Protest des
Moskauer Projektierungsbüros gebaut haben, auf eigenes
Risiko. Der letzte Brief aus Moskau, mit dem stichhaltigen
Beweis, daß die Brücke beim nächsten Eisgang brechen wird,
kam nach dem Eisgang, und die Brücke stand. [...]

Diese Leute, die hier arbeiten, wollen nicht zurück nach
Moskau, in den Westen mit seinem Komfort. Immer wieder
hörte ich, wie sie selbstbewußt sagten: »Wir bauen den
Kommunismus auf, nicht die in Moskau.« Sie fühlen sich
frei, Bürokratismus kann es sich nicht bequem machen. Sie
sind weit weg von den Sessel-Instanzen und allen möglichen
alten Funktionären. (Kurt freilich nörgelt: zuviel Enthusiasmus, zu wenig exakt wissenschaftliches Denken.)

Ich verstehe jetzt, warum Martschuk im ganzen Land bekannt ist. [...] Er ist gut, klug, bescheiden, mutig, sein Ruhm
ist ihm nicht zu Kopf gestiegen, und ich denke an die Zeit, da
Menschen wie er die Erde bevölkern werden. Er erzählte
auch so poetisch und anschaulich, daß ich oft nur mit-
zuschreiben brauchte. Jetzt schreibt er keine Lieder mehr, er

arbeitet an seiner Dissertation. Er sagte: »Jeder Mensch hat in jeder Periode seines Lebens ein Hauptziel. Ich möchte lieber ein guter Ingenieur als ein mittelmäßiger Dichter sein.«

Nachts stieg er mit uns [in] den Schlafwagenzug, der uns nach Shelesnogorsk brachte, und wir standen noch lange im Gang, sahen die Lichterflut vom Wasserkraftwerk und hörten Martschuks Liedern zu. Dies und der Abend in der Taiga: das waren meine besten Stunden hier, da fühlte ich mich aufgenommen und an die Brust dieses erstaunlichen Landes gebettet [...].

Vorgestern – nach unserer Fahrt mit der Rakete – am Baikalsee, der uns unfreundlich empfing, die Ufer schwammen im Nebel, wir sahen nur undeutlich die schroffen Felsen und wilden Berge, die ihn umschließen. Das Wasser ist eiskalt, aber die Russen sprangen doch rein und kamen krebsrot wieder raus. Besuch im Baikal-Institut, wo wir Seelöwen und riesige Störe sahen. Dann fuhren wir auf Geröllwegen auf einen Berg, und die wachen Wolgas arbeiten sich tapfer über Straßen, die steil nach oben liefen und wo eigentlich kein Wagen hätte raufkommen können. Dann stiegen wir aus und kletterten noch ein Stück – und plötzlich standen wir über den bewaldeten Hängen, auf Felsen und hatten einen wundervollen Blick auf die Mündung der Angara in den See, und ganz in der Ferne sah man schneebedeckte Berge und eine Halbinsel und ein paar Flößer, und man konnte sich nicht sattsehen. Auf einmal stand ein Tischchen auf dem Felsen – diese Russen bereiten einem immer wieder Überraschungen –, ein paar Flaschen Sekt und eine Schale mit Pralinen, und wir tranken auf den Baikal. Alle waren in übermütigster Laune und wie berauscht, und dann fingen die Russen an zu tanzen, irgendjemand hatte ein Akkordeon mit.

Wir warfen Kopekenstücke ins Wasser, weil es hier den Aberglauben gibt wie beim Travesischen Brunnen in Rom: man wird wiederkommen. Und wie sehr wünschte ich mir, zurückzukommen und dieses Land, das wir ja nur im Flug durcheilt hatten, richtig kennenzulernen.

Morgen kommt wieder alles auf mich zu: die tausend Briefe, die Reportage, meine Scheidung, der Ärger mit [...] diesen Genossen, die nichts begriffen haben – aber schließ-

lich auch Jon. Gestern abend fiel mir sein Gesicht ein, und
ich zitterte vor Glück und Erwartung. [...]

                                                  Abends
Der letzte Abend in diesem wunderbaren Land. Heute nachmittag stiefelten wir stundenlang durch das GUM [...]. Das
ist ja ein orientalischer Markt, dieses monströse Warenhaus
schaffte uns mehr als die Reise durch die Steppe. Ich hatte
mir noch Geld von der Bank geholt und habe nicht einmal
alles untergebracht. Für Jon und Kurt kaufte ich einen
amerikanischen Füller (Billy hat sich amerikanische Schallplatten geholt), und für mich einen sehr schönen hand-
gewebten kurganischen Teppich. Es gibt bezaubernde Teppiche aus China, Indonesien, Armenien und Turkmenien,
und man möchte sich totkaufen, aber sie sind sehr teuer, wenigstens 300 Rubel, und das ist hier ein Haufen Geld.
[...]
Moskau ist wirklich aufregend lebendig. Diese Menschenmassen in allen Straßen, dieser Autoverkehr, die vielen
neuen und modernen Häuser, Restaurants und Cafés. Aber
es gibt viel mehr miese Typen als in Neuland, und mir
scheint es auch, als hätte ich in Sibirien mehr schöne
Mädchen gesehen. Aber vielleicht habe ich dort nur schärfer
gesehen. Wenigstens einmal das berühmte Eis gegessen. Die
Uhr wieder 5 Stunden zurückgestellt.

                          Auf dem Flug nach Berlin, 21. 7.

[...] Ich hatte einen herrlichen Geburtstagsanfang. Davon
schreibe ich aber erst zuhaus. Jetzt bin ich ganz aufgeregt,
weil ich hoffe, daß Jon am Flugplatz ist. Wir sind über den
Wolken, ich finde Fliegen jetzt schön und aufregend.

                                    Hoyerswerda, 24. 7.

Eben ist der Heinz Nahke weg; er war gekommen, um
meine erste Arbeit fürs Forum abzuholen. Drei Stunden
großes Palaver über Jon und Turba und das Politbüro, und

nun sind wir ziemlich besoffen. Jedenfalls war N. aber mit meinem Martschuk zufrieden, mir ist ein Stein vom Herzen.

Drei Tage geschuftet, morgens um 4 aufgestanden und mich mit Vitaminen vollgepumpt. Wenn Jon mich nicht zum Essen geschleppt hätte, wäre ich verhungert. Aber ich habe den Termin gehalten und so etwas wie Selbstvertrauen gewonnen.

Hoy, 26. 7.

Heute nacht war Jon hier, er kam irgendwann gegen 2 Uhr. Seit ich zurück bin, herrschte eine eigentümliche Spannung zwischen uns, er fühlte sich überflüssig, von meinen Erlebnissen ausgeschlossen [...]. Gestern früh sagte er, er wehre sich verzweifelt dagegen, daß unsere Geschichte lau wird, irgendwas in der Art wie tausend andere. Er erwartete, ich würde nachts zu ihm kommen, wenn seine Spätschicht zu Ende ist, und weil er darauf rechnete, und weil ich selbst sah, daß etwas nicht stimmte, daß ich etwas nicht tat, was ich früher getan hätte gegen alle Schwierigkeiten (aber wirklich, ich konnte vor Müdigkeit nicht mehr geradeaus sehen) – eben deshalb konnte und konnte ich mich abends nicht entschließen, lag auf meinem Bett herum, rauchte, schlief, träumte scheußliches Zeug, bis er um Mitternacht anrief, wahnsinnig beleidigt. Dann ging ich endlich zu Bett, mit schalem Triumph (wofür eigentlich will ich mich immer rächen?) Es war Vollmond.

Dann kam er, ich empfing ihn zwischen Wachen und Träumen. Wir schliefen zusammen auf meinem lächerlich schmalen Bett. Heute morgen sprachen wir über meine Arbeit (ich habe Ärger mit der »Freien Welt«, die meinen Artikel zusammengestrichen, entstellt und »entschärft« hat, damit »man mir nichts verübeln kann«) und über das Experiment von Lawrentjew, hinter dem Jon die Gefahr einer neuen Klasse heraufdämmern sieht, und erst jetzt war es wie früher. Heute nachmittag fahren wir zum Baden – den Tag gönne ich mir noch – und morgen beginne ich mein Reisetagebuch zu schreiben. Ich habe mich mit Nahke auf diese private Form geeinigt, wir können dann – unter dem Mantel

der Naivität – den gewissen Leuten allerhand Kuckuckseier
ins bürokratische Nest legen. Morgen sehe ich noch einmal
Widerwärtigkeiten auf mich zukommen; ich werde den Artikel zurückziehen, unter dieses Machwerk setze ich nicht
meinen Namen. Warum haben sie bloß solche Angst? Wenn
es mir um eine Sache geht, ist es mir doch gleichgültig, ob
mir jemand »etwas übelnimmt«, – nein: es kommt sogar darauf an, sonst habe ich nur die Luft bewegt.

Gestern zwanzig Briefe geschrieben. Andauernd Anrufe
von Zeitungen, vom Funk, [...] Besuch der FDJ (alle wollen
Sibirien ausbeuten, resp. mich) und ein Telefongespräch mit
Turba. Er wird nächstens zu mir kommen; ich freue mich, es
war schon beruhigend, seine Stimme zu hören. Und große
Wäsche, und Haushalt – der Staub lag fingerdick – und
Treppewischen und hundert Wege. Jetzt wenigstens eine
Woche an einem See liegen und die Augen schließen dürfen
und Gott einen guten Mann sein lassen ...

Von Daniel fand ich einen Strauß gelber Nelken, eine
Ikone und einen Brief, in dem er erzählte, daß er (woher
diese schöne, rührende Idee, die mich nur traurig macht?)
am Tag meiner Abreise am Flughafen war, mich nicht fand
und einer TU nachsah, in der ich nicht saß. Jon brachte mir
ein paar englische Bücher und die bezauberndsten Dessous,
sich für seine Einfallslosigkeit entschuldigend. Der U-Bruder hat gestern angerufen, von Leipzig (ich werde nicht einmal bei seiner Verlobung sein können), wir gratulierten uns
gegenseitig [...]. Schwesterchen rief auch an, sie wollte mich
besuchen kommen, mit Uwe, und auch dies also läßt sich
nicht machen. Dito Lewerenz und Prof. Maetzig. Das ist ein
Leben! Wenn dann wenigstens der Reisebericht gut würde –
aber noch bin ich in panischer Angst [...].

Zurück nochmal nach Peredelkino. Es wurde wirklich ein
langer Abend (genau: bis morgens um 4), aber ich vergaß
Müdigkeit und war höchst lebendig und hielt bis zum Schluß
mit, als nur noch unsere russischen Gastgeber gerade standen. Nach 2 Stunden Schlaf mußten wir wieder raus, frühstücken und zum Flugplatz fahren, und alle krochen wie die
toten Fliegen herum. [...] Über Berlin fing die Maschine an
zu tanzen. Kurt würgte, verbat sich wütend jede Mitleidsbe-

zeugung, und da mir ein wenig bange wurde, schaute ich aus dem Fenster, sah die Tragflächen sich wiegen und hatte ein glückliches und – ich wage es so zu sagen – stolzes Gefühl: du fliegst, du siehst diese silbernen Flügel, es ist eine Lust zu leben. Wir waren nicht mehr hoch, ich konnte die Zeltlager an den Berliner Seen erkennen, und die Maschine taumelte aufwärts und abwärts, und wenn man sich erstmal entschlossen hat, das lustig zu finden, macht es wirklich Spaß. Ich sah zu, wie das Fahrgestell sich heruntersenkte, und plötzlich bemerkte ich, wie ein Teil der Tragfläche herabklappte, dicht am Rumpf, und mir fielen alle Geschichten von Flugzeugkatastrophen ein. Ich kann nicht sagen, daß ich Angst hatte, aber ich war ganz sicher, daß es nun mit uns vorbei, daß die Tragfläche gebrochen sei, betete still ein Vaterunser und beobachtete weiter den vertrackten Flügel, schon um Kurt nichts sagen zu müssen: Soll er in Ruhe sterben. Jetzt muß ich darüber lachen, aber wahrscheinlich war es doch schlimm, und sicher hätte ich gebarmt und geheult, wenn ich nicht zwei Wochen lang so schöne und großartige Dinge erlebt hätte – so, daß ich meinte, viel Besseres sei nicht mehr zu erwarten, und jedenfalls habe sich das Leben gelohnt. Aber siehe, die Maschine setzte endlich auf, und nun ließ ich mir erklären, daß dies ein selbstverständlicher technischer Vorgang gewesen sei, eine Bremsvorrichtung, ohne die die TU mit ihren 900 Stundenkilometern überhaupt nicht landen könnte.

Auf dem Flugplatz wurden wir von einer Militärkapelle und Massen von Pionieren und FDJlern begrüßt – und von einer irren Hitze, und wir mußten noch eine Kundgebung über uns ergehen lassen, […] und plötzlich sah ich, inmitten der Feierlichkeit, einen kurzgeschorenen Jungen, magerer als in meiner Erinnerung, und warf mich mit einem Schrei in seine Arme. Ich vergaß wirklich eine Minute lang die Umgebung und die tausend Zuschauer, und wir küßten uns stürmisch, ich verlor Blumen und Gepäck und alles war genauso, wie ich es vorweggenommen hatte in Gedanken an meinen häßlichen Liebsten.

Endlich durften wir uns davonmachen, Nahke steckte mich ins Auto, wir fuhren nach Berlin, kämpften zwei Stunden um mein Gepäck, zankten uns mit einem stupiden jun-

gen Polizisten, der nette Kurt Bürger gab mir einen ZK-
Wagen, wir holten vom Flugplatz meinen Teppich (ohne Zoll
bezahlen zu müssen, vielleicht wegen meines Ausweises)
[...] – kurz, ich fühlte mich zuhause, im trauten Deutschland mit all seinen Papieren, Pässen, Kontrollen, Leuten, die
»ihre Anweisung haben«, legte mich über Jons Brust und
schlief bis Hoyerswerda, wo mich in meinem Hause stun-
denlanger Klatsch darüber empfing, warum ich nicht, während ich in Sibirien war, die Treppen meiner Etage gescheuert
habe, und 7000 Kilometer sind kein Argument [...] – na, es
war zum Kotzen. Und ich hatte immer noch Geburtstag,
2 Stunden länger als sonst.

Meine richtige Geburtstagsfeier aber war in Peredelkino,
und sie war so schön wie nie je hier zuhause, und jedenfalls
habe ich nie zuvor soviel Leute um mich gehabt, soviele
Glückwünsche und Küsse und Blumen und Geschenke empfangen. Der Abend begann mit einer Schaschlik-Orgie unten am See. Ein Georgier, Sekretär des ZK, briet die Stücke
von Schaffleisch am langen Spieß über Holzkohle. Feuer, in
das er Wein schüttete, und es schmeckte phantastisch, jeder
fraß seinen Spieß leer, und dazu gab es Gurken, frisch vom
Beet, und Weißwein und geröstete Tomaten, und dann führte
uns Pawlow zum Abendessen. Wir aßen weiter. Lieber Himmel, ich bin rundlich geworden; was ich dort an einem Tag
verschlungen habe, ernährt mich hier eine Woche lang. Sie
hatten Sänger und Sängerinnen eingeladen, es gab Musik und
Toasts und viel Wodka [...]. Und dann, ein paar Minuten vor
12 stand Sergej Pawlow auf und sagte, daß einer unter uns
sei, dem jetzt das Herz klopfte – und dies war nun ich. Er
hielt eine schöne, charmante Rede auf die neugierige, lebens-
gierige, begabte Brigitta, und als es 12 schlug, gab er mir Blumen und Geschenke und eine Elfenbeinschnitzerei – den
Rentierschlitten von Eskimos darstellend –, und sagte: »Und
nun küssen.« Und das taten wir dann auch. Ich zwickte mich
die ganze Zeit in den Arm vor Verlegenheit und war froh, als
ich endlich aufstehen und reihum anstoßen konnte [...].

Später wurde in der Veranda getwistet, und eine kleine
Band machte scharfe Musik, und Pawlow, der unverwüstlich
Fröhliche, war immer dabei (am Morgen, bei der Schlußaus-

sprache, hatte er sich als kühler, entschiedener, sehr sachlicher Politiker gezeigt). [...] Jedenfalls waren wir mächtig ausgelassen – bis um 4, als unsere Männer umfielen [...] (wir kamen mit einem ganzen Lazarett in Berlin an).

Als wir uns auf dem Flugplatz Wnukowo verabschiedeten, war uns doch zum Heulen zumute [...]. Ich möchte zurück, irgendwann, bald, und nach Bratsk und Ust-Ilim und zu Martschuk, und ich werde es tun, das ist sicher. Merkwürdig, wie nah diese Ferne gerückt ist, mir scheint auch, als sei es nicht viel weiter als bis Berlin (und ist es auch, wenn man die bloße Fahrzeit rechnet. 6 Stunden Flugzeit von Irkutsk nach Moskau – und wenn ich mit dem Zug von Hoy nach Burg fahre, brauche ich fast genauso lange.

[...]

Hoy, 1. 8.

[...] Meine Hosen passen mir nicht mehr, die Röcke sitzen wie eine zweite Haut – ich habe nicht nur mein Herz, sondern auch meine Taille in Sibirien verloren. Na, das ist bald runter, wenn ich in diesem Tempo weiterarbeite.

Wir haben uns vorgenommen, jeden Tag zwei Stunden für uns zu reservieren. Merkwürdig, solange ich ein Auto hatte, gab es kaum jemals eine Privatfahrt an einen See oder so, und jetzt, wo wir bloß ein Motorrad haben, sind wir so oft und gern unterwegs. Natürlich liegt das nicht am Fahrzeug – mit Jon ist das Leben abenteuerlicher, unseriöser, unbequemer und – einfach lebendiger. Wir umarmen uns jeden Tag, Jon ist verrückt vor Verlangen, er stellt seine Uhr vor, um eher kommen zu können [...].

Werde immer noch überschüttet mit Anrufen, Briefen, Verleger-Wünschen. Besucher setze ich nach einer Viertelstunde raus (das habe ich früher nicht fertiggebracht). Daniel [...] macht mir Vorwürfe, weil ich immer noch nicht die Zeit genommen habe, die Scheidung einzureichen. (»... und ich habe ja immer heimlichen Grusel vor dem Funktionieren Deines Schreibgehirns gehabt, das sich im Grunde überhaupt nicht um das Leben nebenbei kümmert.«) Nun gut, also nächste Woche.

Nahke rief mich an: ich solle nur ja so schreiben, wie mir

ums Herz ist. Der Martschuk habe schon Aufsehen gemacht, bevor er erschienen sei. Selbst mein strenger Kurt, der so eingenommen war gegen einen privaten Bericht, ist bekehrt; er sagt sogar, ich hätte in dieser Art den ganzen Aufsatz anfangen sollen: »... ich habe mein Herzen einem Mann M. geschenkt.«

Die ersten Tage war ich schrecklich unsicher beim Schreiben, fürchtete, es sei alles Mist – schließlich las es Jon, ich zitterte vor seinem Urteil. Er sagte: »Das ist gut, das möchte man weiterlesen – es ist frisch und ursprünglich –«[...].

Auch Lewerenz hat mir zugeredet: eine Reise durch mich selbst, das sei interessant, das wird gelesen, er hat diese Erfahrung mit zwei Reportagen gemacht – von Jacobs und den Kirschs –, der Reisebericht wie früher sei nicht gefragt. (Mußt mal Tucholsky nachlesen, den Pyrenäenbericht). L. war gestern da, den ganzen Vormittag, er kam mit einem Rosenstrauß und setzte mir mächtig zu wegen der »Franziska«, die unbedingt er rausbringen will. Er fuhr Theorien auf über Generationswechsel im Verlag – die besten Zeiten des »Aufbau« seien vorüber, die seines Verlages kämen erst, ich müsse helfen, ihnen Etikett und Gesicht zu geben. Er provozierte meinen Wagemut, und dann tranken wir Rum und aßen, was sich im Kühlschrank vorfand, und waren sehr vergnügt. Ich bin aber doch noch nicht entschlossen – außerdem muß erst das Buch fertig sein, ich weiß nicht, wie nach dieser Reise, die Fenster in die Welt geöffnet hat, mein Verhältnis zu Franziska sein wird.

[...]Ich schwatze und schwatze, weil ich so müde bin und mich nicht mehr an meine Arbeit wage. Seite 8 – oh weh, und bis Mittwoch habe ich N. 20 Seiten versprochen. Heute ist Sonnabend. Eben kam ein zärtlicher Brief von der D-Schwester und ein Tonband, das sie und Buerschaper für mich mit allen Armstrong-Aufnahmen bespielt haben. Ich werde es jetzt abhören und lecke mir schon die Lippen. Ein Schnaps dazu wäre auch nicht verkehrt.

Berlin, 7. 8.

Bin in der Redaktion vom Forum. Manuskript abgeliefert,
20 Seiten. Bis gestern noch gearbeitet. Aber morgen früh
geht es weiter, 2. Fortsetzung. Es war eine furchtbare Schinderei. Der Martschuk ist schon erschienen. Daniel schickte
ein Glückwunschtelegramm für »rasante Reaktion und gute
Arbeit«. Jetzt fahre ich zu Billi, Kontakte ansehen. […]
    Ich hatte nicht mal mehr Zeit für Jon. […] Er ist wütend,
weil ich mich so hetzen lasse. Gestern abend haben wir uns
verzankt – wegen Maetzig, der nächsten Sonnabend zu mir
kommt – J. ist eifersüchtig, und ich verstehe nicht, warum.
Meine Taille habe ich wieder. Jeden Tag eine Büchse Presto
und 2 Schachteln Karo, es ist Wahnsinn, aber es muß ja wohl
sein.

Hoy, 9. 8.

Heute Kapitel »Zelinograd« begonnen, komme aber nicht
recht voran. […]
    Den ganzen Tag bei Billi, allein in seiner heiteren, un-
ordentlichen Wohnung (er selbst schwirrte irgendwo in Berlin herum), ich hatte Kaffee und Wodka und Armstrong-
Platten, aber den Artikel brachte ich doch nicht zuwege,
weil ich auf Daniel wartete. Er kam mittags. Wir hatten ein
paar Stunden für uns, konnten alles besprechen, Scheidung,
Auto, Sibirien […] … nur einmal, als wir vorm Plattenspieler auf der Erde hockten, küßte er mich auf die Schulter und
sagte: »Wär schön gewesen …« (Das ist unsere Formel aus
»Fiesta«, und sie trifft ziemlich genau unseren Gefühlszu-
stand.) Es war scheußlich traurig, und wir hatten uns lieb,
und alles ging durcheinander. […]
    Ich nehme nun doch das Auto, dem Daniel ist es sehr
recht. Ich gab ihm gleich einen Scheck, er braucht dringend
Geld. Ende August werden wir gemeinsam die Wohnung
ausräumen. Ich habe schon Angst, das kostet viel Tränen.
    Um 4 kam Kurt angerast, ganz »ordentlich junger Sozia-
list«, und diesmal fiel er mir damit auf die Nerven. Dieser
ewige Gesang vom exakten Arbeiten wird auf die Dauer

langweilig. Im Grunde verstehe ich ihn nicht, und ich mag auch nicht darüber nachdenken – jetzt nicht mehr. Keine Komplikationen. Er will sich für Daniels Wohnung in Wildau einsetzen [...]. Ich nütze hier also ein Privileg ... Na, in diesem Fall habe ich keine Gewissensbisse, weil die Gesetze schuld sind, dieses merkwürdige Verfahren, zwei Leute um jeden Preis zusammensperren zu wollen.

Wir brachten Daniel noch nach Ziegenhals, und ich besah mir seinen Wohnwagen, der winzig und auf den ersten Blick ganz romantisch ist. Aber wochenlang darin hausen ... Er kann nicht mal aufrecht stehen; ich würde wahrscheinlich nach 3 Tagen alles kurz und klein schlagen. Wir küßten uns zum Abschied, ich habe die ganze Zeit Haltung bewahrt, aber dann, im Auto, war mir hundeelend, ich hätte immerzu heulen können. Ich ließ mich gleich zu Jon fahren, ich mußte ihn umarmen [...]. Ich hatte ihn die Zeit während ich arbeitete, gemieden; Zärtlichkeiten machen mich ungeduldig, weil ich nur an die verfluchte Schreiberei dachte.

Jetzt bin ich wieder einigermaßen »da«, aber am Freitag im Auto war mir, als wäre mein Leben auseinandergebrochen, ich war ganz gleichgültig, ich dachte daran, wie es wäre, wenn mein Fahrer gegen einen Baum rasen würde, und irgendwie erleichterte mich diese Vorstellung. Aber jetzt fange ich wieder an zu leben und will keineswegs an einem Baum enden. Es wird schon weitergehen und schön sein und wert, daß man sieht, hört, schmeckt, erlebt.

Hoy, 23. 8. 64

Mittwoch wieder 20 Seiten abgeliefert, nach zehn Tagen angespannter Arbeit. Dann einen Tag Großreinemachen – die Wohnung sah doll aus. Abends fiel ich bald um. Am nächsten Tag, mittags (Jon war gerade bei mir [...]) stand Daniel vor der Tür. Er hatte den Wagen aus der Werkstatt geholt, nach 2 Monaten Reparaturzeit. Unser kleiner Bulle sieht jetzt ganz fremd aus – anthrazit-grau. Im Sept. bekomme ich ihn; Jon macht schon seine Pkw-Fahrerlaubnis. Mit mir wird es ja noch dauern, ich hatte nicht mal die Zeit zum Arzt zu gehen.

J. ging dann gleich, er war eifersüchtig und niedergeschlagen, vielleicht weil ich mich so sichtbar über Daniels Besuch freute. […] Wir fuhren zusammen nach Dresden, unserer geliebten Stadt, Traurigkeit, ja … aber eben auch dieses Gefühl von unzerstörbarer Verbundenheit, trotz mißglückter Ehe. Es war wieder sehr schön, miteinander herumzulaufen, einkaufen zu gehen, wir freuten uns über die neuen Straßen, die modernen Läden, über den herrlichen Zwinger … alles wie früher und doch unter einem neuen Licht. Zuhause schwatzten wir noch bis tief in die Nacht: über unsere Arbeit, unsere Liebsten – wir schütteten einander das Herz aus und bewegten uns in einem Bezirk, der niemandem außer uns beiden gehört – auch diesen »Neuen« nicht, mit denen wir in Zukunft unser Leben teilen werden. Sie standen auf eine merkwürdige Weise außerhalb, sie »gehörten nicht dazu«, obgleich sie zu uns gehören. […]

D. wird nun bald ins Schriftstellerheim gehen, er erträgt seinen »Quasimodo-Karren« nicht mehr. Aussicht auf Wohnung in W. hat er nicht, und das macht mir ein schlechtes Gewissen […].

Freitag war ich auch nochmal beim Scheidungsrichter, mit dem ich Dienstag schon eine Auseinandersetzung hatte: ein arroganter Bengel, der natürlich unsere Scheidungsgründe nicht akzeptiert, schon gar nicht unsere Fairness. Ich war hochmütig und eiskalt. (Caspar rief am selben Tag an, ich war noch ganz zerschmettert; er sagte, ich hätte dem Laffen ins Gesicht springen sollen. Übrigens rief er nur an, um sich nach meinem Befinden zu erkundigen – der einzige, der mich bedauert bei dieser ganzen bösen Geschichte – und zu fragen, ob ich zur Messe nach Leipzig komme, er wolle mit mir bummeln gehen.) […]

Gestern, Sonnabend, waren wir bis nachmittags unterwegs, um alle unsere Besorgungen zu erledigen, die mit der HaushaltsAuflösung zusammenhängen. Wir waren mürbe. Eine traurige Arbeit. Dann fuhr Daniel zurück. Ach, es ist schon schlimm. Ich ging mit J. in einen englischen Krimi, aber das nützte auch nichts. Heute früh begann ich wieder zu arbeiten.

Hoy, 8. 9.

Sitze am Tagebuch IV. Die letzte Fortsetzung habe ich kürzer gemacht, ich war übel dran, bin auch krank geschrieben
worden [...]. Zwei, drei Tage ging's mir ganz gut, als ich die
Wohnung umstülpte, Möbel rückte und dergleichen Sport
trieb. Nun ist alles neu, auch Teppiche und Vorhänge, »Daniels Zimmer« ist jetzt wirklich mein Zimmer geworden (in
dem zu arbeiten mir mehr Spaß macht als drüben, wo es
mächtig vornehm aussieht mit Barock und meinem kurganischen Teppich und so) [...].

So räume ich also meine Ehe langsam aus ... Die Scheidungsklage bin ich auch losgeworden (eigentlich ist es keine
»Klage«, ich müßte ja wider mich selbst klagen), und am Telefon klingt Daniels Stimme schon ganz anders – es ist nicht
mehr die Zauberstimme wie früher. [...]

Neulich abends habe ich meinen Ehering abgesetzt, eine
Wahl für immer. Das war nach einem Gespräch mit Jon...
bei uns ist jetzt dauernd Hochspannung, ihm geht es auch
schlecht, er ist krank geschrieben [...]. Ich bekam einen argen Schreck aber wir machten Witze über das Ende meiner
dritten Ehe durch frühzeitige Witwenschaft. An diesem
Abend sagte Jon, daß ihn eben diese meine egoistische
Rücksichtslosigkeit, die ihn erbittert, desto fester an mich
bindet – ich sei die einzig mögliche Liebe für ihn. [...]

Hoy, 12. 9.

Gestern zur Messe, am Buchstand vom »Aufbau«. Den
ganzen Tag mit einem reizend liebenswürdigen C[aspar] zusammen. Nachmittags kam der U-Bruder und diese Schwägerin [...]; wir verschwatzten fröhlich ein paar Stunden. [...]
Muß unbedingt mal wieder meine ganze Familie sehen –
wenn wir bloß schon den Antrittsbesuch von Jon hinter uns
hätten!

Wettete um Nationalpreis, fürchte, daß es »Katzengold«
und »Terra incognita« erwischt. Arme deutsche Literatur!
Dabei gibt es so interessante Sachen in den »Neuen Texten«,

intelligent und aufrichtig. Aber die Hurra-Schreier machen immer das Rennen.

Beim Stand vom »Neuen Leben« versammelte sich die alte Truppe: Lewerenz, Püschel, Gruner … Wir tranken Wodka und gedachten der fernen Zeiten, als ich, ein vor Angst zitterndes kleines Mädchen, zum erstenmal ins Lektorat stolperte. Ich lernte auch den neuen Verlagschef Frankenberg kennen; er war schüchtern, errötete, und das fand ich sehr nett. Keine Zeit für Messebummel, wir schwatzten vor Schaufenstern mit Bananenstauden …

Daniels Tagebuch in den »Texten« ist sehr schön. […]

Als ich nachts heimkam, lag ein Zettel auf dem Tisch: »Guten Abend, Hühnchen …« Im Kühlschrank lagen Mohrenköpfe. […]

Hoy, 20. 9.

Vor ein paar Tagen war Daniel hier, er kam spätabends, weil er gehört hatte, daß ich krank bin. Und ich war so unfreundlich … […] Ich glaube, es war verspätete, unsinnige Eifersucht, weil er mir erzählte, er sei mit B. für einen Tag in Karlovy Vary gewesen. Dumm und albern, jetzt noch versäumten Möglichkeiten nachzutrauern.

[…]

Hoy, 23. 9.

Heute nacht war ich endlich wieder bei Jon (immer noch, wenn ich über die Straße gehe, das Gefühl, etwas Verbotenes zu tun …). […] Ich schlief schon, als er kam. Aufzuwachen und ihn am Bett sitzen zu sehen, so glücklich überrascht … Ach, wenn unsere Ehe so wäre: immer wieder Besuch bei dem anderen, immer wieder aufregend neu. Und wie herrlich, nach all den Nächten, da man allein ist, schwer von Müdigkeit, an seiner Schulter einzuschlafen, seiner warmen, glatten, runden Schulter. Und morgens brachte er mir das Frühstück ans Bett, und dann küßten wir uns wieder, und dann schwatzten wir noch lange, während es draußen schon laut und hell war. Er hat jetzt das Thema für seine Diplomarbeit: Soziologie und Städtebau. Wenn er nur durchhält.

Heute habe ich gar nicht arbeiten können. Eigentlich war dieser Ausflug in die Liebe ein Verstoß gegen die Arbeitsdisziplin, ich bin weit zurück, nächste Woche muß ich wieder abliefern. Ach, egal. Solche Stunden sind ja doch das Beste an meinem Leben.

Hoy, 26. 9.

[…]

Am Freitag packt Daniel seine Sachen und zieht aus. Mir ist zumute, als sollte ich zu einer Beerdigung gehen.

[…]

Hoy, 4. 10.

Morgen, Montag, ist unser erster Termin. Ich warte auf Daniel, wir wollen heute seine Sachen packen. Seit gestern tobt mein Magen – die pure Angst und Nervosität.

Gestern rief Maetzig an, er will mich wieder besuchen, ein bißchen zerstreuen. Ich habe über all dem Trubel vergessen, von seinem letzten Besuch, vor vier Wochen, zu schreiben; er schlief auch hier. Es waren zwei gute und schöne Tage, ohne Mißklang, einen Zärtlichkeitsversuch wehrte ich freundlich ab, und M. ist ein nobler Mann. Keine Hähnchen-Reaktion. Die halbe Nacht durch las er mir die Filmerzählung nach Bielers neuem Buch vor, »Das Kaninchen bin ich«. Eine schöne, kluge Geschichte, ganz anders als der überflüssige Bonifaz, und ein Mädchen Maria, das es in unserer neuen Literatur noch nicht gegeben hat.

Letzten Montag mit Jon bei den »California Jubilee Singers«. Wir waren ganz glücklich: die Halle war besetzt, alle Leute elegant angezogen, viele hübsche Mädchen – auf einmal kam man sich wirklich wie in einer Stadt vor. Die Vier sangen Spirituals – alle die herrlichen alten Lieder, freilich sehr überhöht, mehr Konzertsaal als Kirche. Sogar mein gelassener Jon kam in Feuer […]. Vier prachtvolle Neger, von gelblich bis schokoladenbraun, und Stimmen wie Erzengel. Das war einer unserer first-class-Abende.

Hoy, 8. Okt.

Der erste Termin ist glimpflich abgelaufen. Übrigens habe ich wieder vorher mehr Angst gehabt als bei der Sache selbst. Morgens machte ich den Familienclown, um Daniel aufzuheitern, und den ganzen Tag zeigte ich eine gefaßte und sogar fröhliche Miene – abends fiel ich dann beinahe um vor Erschöpfung. Jon fuhr mich noch ein Stück in der Stadt herum; wir haben jetzt den Wagen, J. hat sich schnell daran gewöhnt, und ich fühle mich schon ziemlich sicher bei ihm.

Gestern, bei köstlichstem sonnigen Herbstwetter, fuhren wir nach Bautzen, streiften in den alten Straßen herum, besahen Schaufenster (alles Vergnügungen, zu denen ich mich früher nicht verstanden habe), und ich hatte sogar J. zu Ehren ein neues Kleid angezogen, das wie eine zweite Haut ist – schrecklich eng und unbequem, man muß kleine graziöse Schrittchen machen –, und tief ausgeschnitten, weil Jon meinen Rücken so liebt. […] Wir haben soviel Freude aneinander, manchmal wurde mir ganz bange: nach einem Tag so voller Glück muß doch etwas schiefgehen. Warum wagt man nicht unbeschwert glücklich zu sein? Immer noch diese Furcht vor dem »Bezahlen« … […]

Hoy, 12. 10.

[…]
Der 1. Termin war nur kurz, wir haben unsere Gründe dargelegt, schließlich fragte mich die Richterin (dieselbe, bei der ich damals, während Jons Scheidung, antreten mußte), ob ich andere Partner gehabt habe. Ja, einen, sagte ich, und sie: »Ich weiß, wir sind uns ja schon einmal hier begegnet.« Und ich sagte strahlend: »Es ist immer noch derselbe.« Sie mußte lachen, ich glaube, das hat sie überzeugt. Sie war überhaupt sehr nett und gefiel mir gut – ganz anders als damals, wo ich freilich auch wie eine Angeklagte dastand. Nur weil sie Schriftsteller vor sich hatte, war sie – das gestand sie uns nachher – schrecklich aufgeregt beim Formulieren und Diktieren des Protokolls. Die Schöffen, eine ältere rundliche Frau und ein Mann ohne Gesicht, sahen uns nur die ganze Zeit mitleidig an und stellten keine Fragen. Auf dem

Korridor (ich erkannte alles wieder: die verstaubten Grünpflanzen und die Tasse ohne Henkel, die als Aschenbecher dient) waren wir viel gesprächiger: Daniel sagte, er habe sich immer ein wenig vor mir gefürchtet, weil ich so »gefräßig« sei, so unmäßig, und er habe immer vermißt, daß ich einmal Schutz und Anlehnung bei ihm gesucht hätte. Ich bin eben durch all die harten Jahre vorher zu selbständig geworden, um Sicherheit bei einem Mann zu suchen – eher habe ich Sicherheit zu geben versucht.

Hoy, 13. 10.

Gestern wieder unterbrochen: Anruf aus Moskau, ich soll bis zum 20. Oktober einen Artikel für die »Sowjetfrau« schreiben. Das hat mir noch gefehlt – bis jetzt habe ich nicht mal mein Forum-Pensum geschafft. Aber der bezaubernden und energischen Liebenswürdigkeit einer Russin kann man ja nicht widerstehen.

Heute früh hatten wir den 2. Termin, die Frau Kubitz war wieder diskret und liebenswürdig, und wir hoffen, daß alles gut ausgeht – gut … na ja. Nachmittags wird das Urteil verkündet.

Hoy, 14. 10.

Wir sind geschieden. Das Urteil ist mit Delikatesse formuliert, ohne Peinlichkeiten. Auf einmal, auf dem Gerichtskorridor, mußte ich doch weinen, und während der Verlesung habe ich mir die Lippen kaputtgebissen. Jetzt, da es wirklich und endgültig ist, tut es verflucht weh. Und wir konnten uns nicht mal richtig verabschieden […]. Und wir haben uns so geliebt, lieber Jon, und uns so gequält …

Mir ist sterbenselend. Den ganzen Tag geschuftet, um noch den Forum-Artikel zu schaffen. Morgen muß ich mit der Arbeit für die »Sowjetfrau« beginnen – und ich wünschte doch nichts sehnlicher, als im Bett bleiben zu können, auszuruhen, Schlaftabletten zu nehmen. Zum Überfluß habe ich Grippe, Fieber, Husten.

Gestern, als Daniel fort war, war es schlimm. Ich rief Jon

an, draußen im Schacht, damit er nach der Spätschicht
kommt. Ich hatte Sehnsucht nach ihm – sie war verflogen,
als er dann kam, ja in eine Art gereizten Widerwillens verkehrt. Auf einmal erschreckte mich der Gedanke, frei zu
sein für ihn – frei, ja, aber für mich allein! –, mich an ihn zu
binden, ihm Rechte zu geben. Ich war abscheulich, und er
verstand gar nichts mehr. Er hat drei Jahre gewartet, und
jetzt zögere ich, fürchte mich geradezu vor Stempeln und
Standesamt – und heute kam ein Brief von Mutti: sie lädt
uns herzlich ein, sie will nun doch meinen »Wunderjon«
kennenlernen, vielleicht wird sie ihn auch liebhaben, und
Vati freut sich. […]

Abends kamen westdeutsche Journalisten, von der »Constanze«. Zuerst wollte ich sie nicht empfangen, weil die
Revue-Leute damals sich so schäbig benommen haben, aber
dann war ich doch ganz froh, Gesellschaft zu haben. Ich
hatte gerade angefangen zu trinken. Sie untersuchen die
Lage der Frauen in der DDR. […] drei interessante Leute,
sehr intelligent (und sehr gut aussehend), der Gescheiteste
und Aggressivste unter ihnen soff am meisten. Wie schwer
ist es, sich zu verständigen! Sogar dieselben Wörter haben
verschiedene Bedeutungen gewonnen.

Meine ersten Gäste in der neuen Wohnung. Jetzt sind
meine Zimmer so eingerichtet, wie ich es mir immer er-
träumt habe. Ich habe irrsinnig viel Geld ausgegeben (mein
letztes Geld – und mit ungedeckten Schecks bezahlt) für
Teppiche, Möbel, Bilder (einen van Gogh und einen wunderschönen Heiligen Georg) und tagelang geschrubbt und
geräumt. Nun ist alles modern, schön, geschmackvoll, sogar
kostbar – und ich sitze allein in meiner Traumwohnung und
bin unglücklich. Es ist zum Totlachen.

Hoy, 21. 10.

Schließlich ist es doch wieder gut geworden. Zwei, drei Tage
Kälte – Jon respektierte meine Laune. Dann kam er eines
Morgens, wir küßten uns, verschlossen die Tür, draußen
schien die Sonne, den dicken sibirischen Teppich machen
wir zu unserem Hochzeitsbett … »die herrliche körperliche

Liebe, die schweißbedeckt immer wieder zu sich selbst zurückkehrt«, las ich bei Aragon.

Am 7. November wollen wir heiraten – eigentlich bloß, weil einen Tag darauf die große Lesungsreise durch die Republik beginnt, auf der mich Jon begleiten wird. Offen gesagt: schon während wir darüber sprachen, wurde mir schon wieder unbehaglich zumute, wir haben uns aber versprochen, daß jeder sein Territorium behalten wird, [...] ein Höchstmaß an vernünftiger Freiheit für jeden.

Am Sonntag war es noch einmal schlimm. J. hatte tagsüber draußen in Welzow geschuftet, er wollte ein bißchen schlafen. Daniel hatte ich immer zugedeckt, umsorgt – zu Jon kann ich nicht auf diese Art zärtlich sein [...]. Warum tut mir Jon nie leid? Vielleicht, weil er all die Jahre seine Stärke hervorgekehrt, sich jedes Mitgefühl verbeten hat; vielleicht weil ich ihn – den ersten Mann – als ebenbürtig empfinde; ich weine manchmal, bin oft verzweifelt und niedergeschlagen, aber ich weiß doch immer, daß ich allein fertig werden muß, was auch immer geschicht. Bei J. ist es genauso – mit dem Unterschied höchstens, daß er nicht mal, wie ich, Theater macht [...]. Wir wissen zuviel voneinander – und dabei ist jeder für den anderen terra incognita. [...] J. sagt, wir seien ein Liebespaar wie geschaffen für eine Tragödie.

[...]

                                          Hoy, 22. 10.

Gestern nachmittag gingen wir zornig auseinander. Nachts kam er wieder, wir redeten und redeten, sein Gesicht war ein Schatten, auf einmal – ich hatte ihn die ganze Zeit unverwandt angesehen – bekam ich einen tödlichen Schrecken: sein Gesicht verwandelt sich immer mehr, nahm andere, anders vertraute Züge an ... ich drehte seinen Kopf zum Licht: eine Minute länger, und Daniel hätte vor mir gesessen. Entsetzlicher Augenblick. Ich verstehe nichts mehr. Er blieb bei mir, wir hatten sowieso nur noch drei Stunden, bis er zur Arbeit mußte [...]. Morgens, als er im Dunkel wegging, glaubte ich, es sei alles wieder in seiner Ordnung. Aber wie kann denn etwas in Ordnung sein, wenn ich plötzlich Daniel sehe an seiner Stelle? [...]

Hoy., 24. 10. 64

Jetzt bin ich in Shelesnogorsk, und das ist eine so fröhliche
Erinnerung (Martschuk war ja bei uns), und beim Schreiben
ist mir auch ganz fröhlich zumute, aber sobald ich meiner
Maschine den Rücken kehre, fällt mir wieder alles andere ein
[...].
   Gestern sagte ich [Jon], daß ich ihn nun doch nicht heiraten will. Wir haben soviele Jahre aufeinander gewartet, jetzt
kommt es auch nicht mehr darauf an. Ich weiß nicht, ob er
gekränkt war, er sagte aber, er habe drei Jahre lang einer verheirateten Frau angehangen, er könne die nächsten drei oder
zehn Jahre auch einer geschiedenen Frau anhängen. Bitter sei
nur, daß ich meiner panischen Angst vor einer Ehe nicht auf
den Grund gehe ... Aber ich tue es ja, ich mag ihm die
Gründe nur nicht sagen. Er ahnt es wohl, er fürchtet, daß sich
die Lüge in unsere Liebe einschleichen werde. Sie ist schon
da: ich beobachte ihn schärfer als vorher; Schwächen, die man
einem Geliebten nachsieht, werden am Ehemann unerträglich, weil man mitverantwortlich ist. Den Geliebten kann man
gewissermaßen immer drei Schritte hinter sich hergehen lassen, wenn man sich für ihn schämt. [...] Manchmal, wenn er
lacht – und ich finde jetzt, daß [er] zu laut lacht – starre ich
ihn kalt an, bis ihm der Mund zuklappt. Er ist ein paar Tage
nicht zur Arbeit gegangen; ich ärgere mich über diese Diszi-
plinlosigkeit, obgleich ich weiß, daß er bis über die Ohren in
Arbeit steckt: ein Buch, ein Referat für die Bauakademie ...
Moralische Schlamperei – früher habe ich mich kaum darüber
aufgehalten. Seine Art – oder Unart – mit Geld, auch mit meinem Geld umzugehen ... [...] Er bringt nichts vor sich, obgleich er fleißig ist [...]. Freilich, [...] ich dürfte nicht soviel
fordern, an diesen unmäßigen, harten Forderungen, an meiner Ungeduld ist schließlich auch die Daniel-Ehe gescheitert.
Aber warum sollte ich nicht von meinem Mann soviel verlangen wie von mir selbst, zum Teufel? Ach, sie versagen alle,
wenn man sie prüft [...] ... Die Männer sind müde.
   Vorgestern war Wagner hier, der neue Chefarchitekt der
Stadt. Es hat also doch genützt, daß wir Geschrei erhoben haben. Er ist Henselmann-Schüler, hat auch mit ihm am »Haus

des Lehrers« gearbeitet, hat aber kritische Distanz zu ihm,
nachdem er, wie ich, anfangs heftig für ihn geschwärmt hat.
Er will hier so eine Schlägertruppe sammeln, zu der ich auch
gehören soll, um durchzusetzen, was bisher nicht möglich
war. Er ist Mitte dreißig, schön stark, mit kurzgeschorenem
blonden Haar. Er scheint sehr energisch zu sein, vielleicht mit
Hang zur Despotie. Das gefällt mir. »Die Leute schocken.«
»Alles geht über meinen Tisch.« »Nicht Provinz, nicht klein-
klein.« Er rennt herum und sucht die Verantwortlichen – vergebens. Ich mußte lachen: genau so erging es mir damals.
Aber der setzt sich durch, er hat feste Pläne und breite Schultern und genau die nötige Dosis Arroganz, um mit unserem
Dorfbürgermeister und den Funktionären fertig zu werden.

Wir hatten gleich eine Antenne füreinander. Er hat in Berlin den »Klub junger Künstler« mit gegründet, ist mit Kahlau
und Gerlach befreundet, hat oft genug eins auf den Hut gekriegt, ist Genosse, »politischer Architekt«. Den Typ brauche ich für mein Buch [...]. Natürlich haben wir auch ge-
klatscht: über Henselmann und Iris Dolin und eine Menge
Kollegen – in diesem Ton toleranter Bosheit, in dem Klatsch
überhaupt nur zu ertragen ist. Übrigens hat er Gesten und
Ausdrücke, die auf Henselmann hinweisen – ich amüsierte
mich im stillen. Er hat mir auch das Bild von H. deutlicher
gemacht, diese verklemmte Genialität, die maßlose Eitelkeit
und Rechthaberei, die ignoriert, daß dieser Typ des Architekten, der Kunst macht ohne Ökonomie und Mathematik,
passé ist – auch das ist wichtig für den Reger im Buch.

Übrigens haben wir eine Menge Wodka getrunken, und
schließlich sprach er ein bißchen krauses Zeug, aber wirklich nur ein bißchen. Wenn ich mehr ausdauerndes Interesse
für einen Menschen hätte, würde ich den zu meinem Kum-
pan machen. Später kam Jon, er schien ein wenig säuerlich
und zeigte sich nicht von seiner besten Seite (schon wieder
nörgele ich an ihm herum!). Nein, er war schon in Ordnung, aber er hat nicht diese Anknüpfungspunkte, Erinnerungen, die gleich eine Sorte Gemeinsamkeit schaffen, deshalb fand er nicht mit gleicher Leichtigkeit in den Ton, den
wir anschlugen. Ich merkte auch, daß ich weniger lachte als
vorher, als er noch nicht da war. Ich bin in seiner Gegenwart

immer ein bißchen gehemmt. Übrigens bilde ich mir das wahrscheinlich nur ein. Wagner zeichnete uns den Plan für das Zentrum auf, das nun doch eher gebaut werden soll.

Wir hockten bis nachts um 1 Uhr, eine unerhörte Schlamperei, und am nächsten Tag konnte ich nicht richtig arbeiten. Montag abend kommt er wieder.

Die Annemarie Auer hat mir einen bezaubernden Brief geschrieben [...]. Sie hat ein Stück der Sibirienreportage gelesen und fand sie »schlechthin vorzüglich«: das beste Stück Text, das ihr in den letzten Jahren unter die Finger gekommen sei. Na, ich dachte, mich rührt der Schlag – die strenge, kritische Annemarie! Und dann schrieb sie, die sonst so unbarmherzig meine Ich-Sätze gerügt hat, daß ich ein gutes, herzliches, großzügiges Menschenkind sei – und ich lief den ganzen Tag mit erhobener Nase herum, ordentlich stolz auf meine Tugenden. Natürlich habe ich Jon den Brief gezeigt, damit er sieht, was er für eine Prachtfrau hat, und er war dann auch gehörig beeindruckt, obgleich er über meine Manöver lachen mußte. Der blöde Mensch – und sowas liebt man nun ...

Noch ein Grund, anzugeben: W. bewunderte meine Wohnung – nicht aus Höflichkeit, er ist kein höflicher Mensch. Er hat auch Innenarchitektur studiert. Ich finde meine Wohnung ja auch wunderschön – und: ich möchte am liebsten schon wieder umräumen, und dabei sind noch nicht mal alle Rechnungen bezahlt. Ich bin finanziell ganz hübsch in der Klemme, aber das macht nichts.

Neulich war Neutsch in Pumpe, aber wir konnten nur noch eine halbe Stunde im Café sitzen, weil er gleich seine nächste Lesung absolvieren mußte. Ein imposanter Mann und ein prinzipienfester Kommunist. Aber den Dogmatismus möchte er doch lieber ganz allein bekämpfen – da haben die Bielers und andere Nichtgenossen nichts zu suchen [...].

Hoy., 27. 10.

Ich kann ihm ja doch nicht widerstehen ... Auf einmal bin ich wieder heftig in Liebe gefallen, obgleich die Nacht zum Sonntag, als er bei mir schlief, anders war als sonst, beinahe

böse, zerstörerisch, mit einer Sucht, Schmerzen zuzufügen
… aber er empfindet doch sonst so natürlich, er ist weit weg
vom Perversischen. Abends waren wir im Kino gewesen.
»Auf Freiersfüßen« mit dem charmanten Pierre Etaix, und
wir haben uns so amüsiert, daß wir noch den ganzen Weg
über lachen mußten – und wir waren doch schweigsam und
finster hingegangen. Im Auto vor der Haustür küßten wir
uns, und da waren wir schon verloren. Aber der Sonntag nach
dieser heißen, dunklen Nacht war sanft und gut, ich spielte
Dame, und wir besuchten eine Ausstellung, spazierten durch
den Tiergarten […] und waren heiter und glücklich.

Gestern abend kam W. wieder und brachte Wodka mit.
J. mußte zur Schicht – und W. und ich hockten bis morgens
um 4 zusammen, tranken, hörten Musik. W. ist genauso ein
hemmungsloser Schwätzer wie ich, und wir redeten unaufhörlich, ich weiß jetzt tausend Geschichten über seine Arbeit am »Haus des Lehrers«. Das ist alles wichtig und interessant für mich, und ich bleibe immer auf Beobachterposten,
weil ich noch nüchtern bin, wenn er schon die geistige Ba-
lance verliert. Er machte mir Avancen, aber ich lachte ihn
aus. Die Männer sind einfallslos. Aber das ist ein zäher Bursche […].

Hoy., 31. 10.

Drei Tage in Berlin, Freitag kamen wir ganz erschöpft nach
Hause, tief in der Nacht – und so war der Sonnabend als Arbeitstag ziemlich verloren. Mittwoch nachmittag im Klub
[…]. Später kam Lewerenz, der immer noch um den Roman
bangt, wir fingen an zu trinken (Jon natürlich nicht, er
mußte ja den Wagen fahren, der Arme), und L. begleitete uns
noch in die »Newa«. J. hatte ein Zimmer für uns besorgt, ein
ganzes Appartement, und ich Provinzgans konnte nicht begreifen, warum die Dame am Empfang sich nicht für meinen
Ausweis interessierte, ließ mir, angesichts der Doppelbetten
im Schlafzimmer, alles noch dreimal erklären und zitterte vor
der Sittenpolizei. Ich weiß nicht, wie der J. das fertiggebracht
hat im immerhin nicht ganz vorurteilslosen Berlin – jedenfalls wohnten wir zum erstenmal zusammen im Hotel, und

das war aufregend genug. »Unsere Hochzeitsreise«, sagte er,
und so war es uns auch zumute, erst recht am Frühstücks-
tisch, unterm Blick der Kellner ... [...]. Und am nächsten
Tag kamen wir zu spät zur Akademietagung, weil wir Bett
und Umarmung nicht aufgeben konnten. [...] Manchmal
beim Fahren legt er mir die Hand in den Schoß; er sagt, er
habe früher Frauen nicht angefaßt, aber bei mir nur sei es anders – »nicht nur, weil du eine schöne Haut hast, sondern
wegen des Echos: Sie antwortet mir.«

Gewinn des ersten Abends: J., der zuerst strikt gegen
einen Verlagswechsel war, ist jetzt einverstanden; er findet,
L. sei ein kluger und sympathischer Mensch.

Die Plenartagung war im Haus des Lehrers, im Kuppelsaal von Henselmannschem Geschmack: Weiß und gold und
rote Sessel, es sieht teuer aus und ist es auch, aber er hat Anmut, eine schwebende Leichtigkeit, und das ganze Gebäude
mit seinem gläsernen Foyer, und freitragenden Treppen, mit
Weltraumsesseln, aus denen man den Alexanderplatz betrachtet, wirkt tatsächlich weltstädtisch. Die Sessel im Im-
bißraum sind mit künstlichem Krokodilleder bezogen (auch
eine Idee von H.), und das ist so unglaublich, schon jenseits
von Kitsch und Kunst, daß man sich, halb ironisch, halb entzückt, darüber freut. Das Referat war langatmig und nicht
sehr fesselnd, die meisten Diskussionsbeiträge gingen ziel-
sicher am Kern vorbei: am sozialen Inhalt des Städtebaus, an
der Aufgabe des Architekten als Psychologen, Ökonomen,
Politiker. Bemerkenswert ein junger Mann im Forumstil,
sachlich und präzise, ohne den devoten Respekt vor Präsident und Minister; er zeigte Bilder aus Schweden, industrielle Bauweise in Perfektion, überaus saubere Arbeit. Eleganz
und schöne klare Linie. 27-geschossige Hochhäuser, mit As-
best- oder Metallplatten verkleidet ... und das war nun doch
geeignet, unserer Selbstzufriedenheit einen Stoß zu versetzen. Jons Rede (Soziologie und Städtebau) habe ich nicht
gehört, weil ich bei meiner Malerin war – ich wäre ohnehin
rausgerannt vor Angst.

Ein paar interessante Gesichter, auffallend wenige Frauen
– die wenigen aber jung und gutaussehend. Ein Mann, offenbar der Bruder von Flierl, hatte es mir angetan: ein bißchen

Russe, ein bißchen de Kowa, faltiges junges Gesicht, tief in Schläfen und Stirn angesetztes Haar. Iris Dullin, Henselmanns Protegé, habe ich endlich kennengelernt, eine aschblonde junge Frau mit dünnen Fingern; sie baut in Neubrandenburg. Wagner sagt, sie sei ehrgeizig, ohne Skrupel und »kalt wie Hundeschnauze«. Vielleicht stimmt es – und wenn … Anders kann sich eine Frau doch nicht durchsetzen in einer Männerwelt, gegen eine skrupellose und kalte Konkurrenz. Auf mich wirkte sie eher still und bescheiden, aber das will auch nichts besagen. Sie wäre mir sogar interessanter, wenn sie Wagners Bild entspräche; sie erinnert mich an meine Franziska, schließlich an mich selbst. […] Ich will die D. in Neubr[andenburg] besuchen, mehr von ihr erfahren – sicher ist, daß sie Ehrgeiz hat, mit Leidenschaft entwirft und baut, daß sie klug ist. Mag sein, sie hat Prof. H. auch bloß benutzt, um an ihr großes Projekt ranzukommen – dann hat er es nicht besser verdient.

Am zweiten Abend waren wir bei Henselmann; Nähter war auch da, jener schweigsame Riese – er ist jetzt Chefarchitekt von Berlin – und der liebenswürdig schwäbelnde, stille und noble Prof. Rettig von Dresden. Unverständlich, daß er mit H. befreundet sein soll – jedenfalls erschien es mir unverständlich an diesem Abend, an dem sich H. von seiner wüstesten Seite zeigte: kaum aussprechen ließ, eitel brillierte, log … Er hatte eine scharfe Auseinandersetzung mit Jon, wegen Neutschens Buch, das er saumäßig findet. Wir verteidigten N. […]. Er gab für die beiden anderen den Inhalt wieder, […] böswillig verzerrt, aber immerhin so witzig, mit soviel komödiantischer Verve, daß ich laut lachen mußte. Jons Einspruch tat er mit Hochmut ab […] Aber Jon gab nicht nach, obgleich ich heftig seine Hand drückte; ich weiß, daß man mit H. nicht streiten kann, der launisch heute dies, morgen das Gegenteil behauptet – ich genieße die Show, die er dabei abzieht, und da er in seiner Art vollkommen ist, beobachte ich ihn wie eine literarische Figur. Ich sehe jetzt ganz scharf seine Fehler, aber das nimmt mir nicht das Vergnügen an ihm. Außerdem balanciert er immer auf der Grenze zwischen Lüge und Wahrheit, vermischt beide und weiß sie dann selbst nicht mehr zu trennen – so daß man ebensogut von ihm behaupten könnte: »er lügt immer«, wie: »er sagt immer seine Wahrheit«.

[...] Ich möchte mal solch eine Szene schreiben können – vielleicht versuche ich es im Roman: zwischen Reger und Benjamin. Vollends skurril wird die Szene, wenn H. emphatisch dröhnt, die »Alten« müßten weg …

Leipzig, 9. 11.

Wir wohnen im »International«. Heute hatte ich zwei Veranstaltungen – heftig besucht – und bin todmüde. Ich warte auf Jon [...]. Nachmittags war er im Mehring-Institut und sprach mit dem Prorektor über seine Diplomarbeit. Es wird hart werden [...] – neben seiner Arbeit, aber er will es wagen – meinetwegen, sagt er.

Morgen habe ich wieder zwei Lesungen.

Gestern waren wir in Freiberg, und das war nun ein wunderschöner Tag. Wir fuhren schon früh ab; um 10 war die Matinee im Klub der Intelligenz. F. ist eine reizende alte Kleinstadt, mit einem wunderschönen Marktplatz, einem Schloß, das Napoleon zum Getreidespeicher umgebaut hat, vielen altmodischen Parkanlagen – und den liebenswürdigsten Leuten. Der Klub war überfüllt, und alle waren sehr nett zu mir und fanden die Franziska-Geschichte ausgezeichnet. Nachmittags trafen wir uns nochmal zu einer Kaffeestunde und unterhielten uns über Bücher und Sibirien. Ein alter Lehrer ließ sich für seine Tochter ein Autogramm geben; als er das Datum sah, – 8. 11. – erinnerte er sich, daß er an diesem Tag vor 26 Jahren aus dem Zuchthaus entlassen worden ist. Der alte Mann gefiel mir – und gerade er wurde von einem jungen Dozenten scharf angegriffen (er sprach über die Heuchelei, zu der junge Leute in den Schulen erzogen werden). Die Jungen sind so unerbittlich … Sie können nicht mehr die Ursache für gelegentliches Versagen begreifen. [...] Nach dem Mittagessen waren wir im Freiberger Dom, er ist fromm und schön mit seiner bunten Deckenmalerei, seinen alten holzgeschnitzten Aposteln und törichten Jungfrauen [...]. Die Führung machte eine alte Frau, die zuerst penetrant wirkte, weil sie mit leiernder Stimme auswendig

gelerntes Zeug runterbetete. Mehrmals unterbrochen und
unplanmäßig nach diesem und jenem Detail befragt, zeigte
sich aber, daß sie wohl bewandert war, daß sie ihren Dom
wirklich liebt – und da veränderte sich auch ihre Stimme,
wurde eifrig und freundlich, und nun gefiel sie uns sehr.
  Und abends waren wir wieder in der Kirche, im St. Jacobi.
Ein »Halleluja-Gottesdienst« war angekündigt, mit Jazz in
der Kirche, und es waren dann auch Schiff und Empore überfüllt, die jungen Leute, zumal Studenten, strömten herbei –
und dann war's ein großer Reinfall, denn der Jazz war kein
solcher, der Chor sang fromme Schlager – nein, nicht fromm,
trotz des kirchlichen Textes […].

Potsdam, 13. 11.

Nun haben wir schon fast unsere Woche herum. Bis jetzt
war es überall sehr erfreulich, eine Menge Leute zu den Veranstaltungen, […] und es gab viele Blumen, die ich aber wieder verschenkte an Frauen, die mir besonders gut gefielen.
  Damals in Leipzig wurde ich unterbrochen […].
  Dieser Gottesdienst … Wir waren ganz entrüstet, als wir
die Kirche verließen. Mittelalter und Halbstarke, das verträgt sich nicht. Bibeltexte wurden in der Lutherischen und
in einer neuen Übersetzung vorgelesen, und Luther siegte
mit vielen Pferdelängen. Kurz, es war ein Debakel, nur geeignet, jedes religiöse Gefühl abzutöten, und sicher hinder-
ten nur Tradition und angeborene Ehrfurcht vor der Kirche
die Studenten zu pfeifen. Die Gebete für unsere Brüder in
den Neubauvierteln waren nun vollends grotesk. Das Beste
war noch der Gitarrespieler, ein kleiner Beatle, der wie ein
Engel mit abgesägten Hörnern aussah […].
  Mittwoch früh fuhren wir nach Burg – aufgeregt, weil es
Jons Antrittsbesuch bei den Eltern war. Vati und Mutti empfingen uns in großer Robe, und wahrscheinlich wären wir
steif und befangen gewesen, wenn Mutti nicht aus einem Erstaunen ins andere gefallen wäre, weil J. dem Uli so ähnlich
sieht. So hatten wir denn einen gemütlichen Familiennach-
mittag, und die Prüfung (denn sie prüften ihn genau, das
merkte ich wohl) fiel zu Jons Gunsten aus. Mutti sagte, er ge-

fiele ihr wider Willen sehr gut [...], und ich strich seine Tugenden ordentlich heraus, seine Häuslichkeit, seine Geduld mit mir, seine Nähkünste [...], und schließlich legten sie mich ihm ans Herz, ein bißchen seufzend, aber einverstanden.

Das Spätzchen haben sie nun an D. abgeben müssen. Wie allein Eltern sind – mir taten sie auf einmal sehr leid, und es fiel mir schwer aufs Herz, daß ich solange nicht zuhaus gewesen bin. Da haben sie vier Kinder großgezogen, zwanzig Jahre lang das Haus voller Trubel und Lärm gehabt, und jetzt ist einer in Hamburg, einer in Hoy, einer in Leipzig, der letzte in Rostock; jeder hat eine eigene Familie, Bekannte, seinen eigenen Lebenskreis, der den der Eltern nicht mehr tangiert, und die Armen kommen Abend für Abend in eine leere und stille Wohnung. Das nennt sich nun »Lebensabend« ... Ein Glück nur, daß die beiden eine so gute Ehe führen, sich verstehen, Freunde haben, ihre Arbeit [...]. Wir wollten zum erstenmal, allein, Weihnachten feiern, einen kleinen Baum schmücken ... aber das bringe ich nun nicht übers Herz, meine Eltern über Heiligabend so ganz allein zu lassen. Und sonst war so ein großartiger Krach, ein Lachen und Toben durch alle Zimmer, und die Geschwister waren versammelt, und ich habe mich das Jahr über auf das Familientreffen gefreut.

Hoy., 20. 11.

[...] heute habe ich das ärm Dier, ärgere mich über die tausend Rechnungen, [...] über die Standesämter, die wir abklappern, um endlich heiraten zu können. Es war eine Odyssee, die vielen Urkunden zusammenzubringen, wir haben uns halbtot geärgert über die unausrottbar preußischen Beamten, ihre Stempel, ihre Pedanterie, und über das Ehegesetz, das seit 1954 auf Eis liegt ... ich muß also doch, trotz Bescheinigung vom Ministerium, Jons Namen annehmen, was ihn, um des Prinzips willen, genauso kränkt wie mich, weil es gegen die Gleichberechtigung verstößt. Die Auftritte, die wir mit moralischen Standesamtsdamen hatten ... Sie können alle nicht begreifen, warum eine ehrbare Frau nicht, wie dies schon ihre Urgroßmütter getan haben, den

Namen ihres Mannes annimmt. Nun wollen wir in Pumpe heiraten, nachdem wir uns mit Hoyerswerda gezankt haben und Bautzen überlastet ist. Auf der Rückfahrt von Bautzen spähten wir nach allen Dorfbürgermeistereien aus, fanden sie aber alle nicht hübsch und romantisch genug.

Glücklich über drei liebevolle, freundliche Briefe von Annemarie A., Christa Wolf und Walter Victor.

Hoy., 21. 11.

Strittmatter hat einen Herzinfarkt, nur seine Frau darf ihn besuchen; er ist nach einer Sitzung zusammengebrochen, schreibt Christa, er hat die letzten Monate nur noch Briefe beantwortet ... [...] Ich sollte der Eva schreiben – man sollte freundlich zueinander sein, Anteilnahme, wenn man sie empfindet, den anderen auch zeigen.

Ich lese ein aufregendes Buch, Vaillands »Seltsames Spiel« – aufregend in seinem Geist, seinem Scharfsinn. V. muß ein phantastischer Liebhaber sein, er weiß soviel, schrecklich viel über die Liebe, über die Frauen. Jon ist hingerissen, auch da, wo ich mich wild empöre. Wie immer, wenn ich auf einen ernst zu nehmenden Widersacher stoße. Ein Gesang auf die körperliche Liebe, und: Liebe ist, was zwischen zwei Menschen geschieht, die sich lieben. Und: Stendhal widmet 300 Seiten der Eroberung, eine Zeile dem Gelingen. V. veröffentlicht Tagebuchaufzeichnungen über seine Liebe zu B., die mich rasend machen: als habe er über mich geschrieben. Ich bin B., wenn ich lese.

Abends

Übrigens ist er wahnsinnig eitel, verliebt in sich, exhibitionistisch – ein Mann, den man liebt, wenn man Gefahr liebt, für Zerstörung Selbstzerstörung riskiert. Nachmittags saßen J. und ich im Café und stritten über V. Was wir bei allen unseren Büchern vermissen: Gedanken, geistige Unabhängigkeit. Unsere Literaturdiskussionen strotzen vor den abscheulichsten, schlimmsten Mißverständnissen. Die Autoren denken nichts *zuende*. Ich möchte lernen unabhängig zu sein, und mich auszudrücken, den verdammten inneren Zensor, den

man uns so geschickt eingebaut hat (Rücksichten um der
SACHE willen) auszurotten.

In der Woche, bevor wir reisten, war Gotsche hier (Delegation der Regierung, mit W[alter] U[lbricht] »an der
Spitze«, im Kombinat, das ganze auf Kollektivität gequält,
da Nikitas Spuren schrecken). Ich freute mich über G.s Besuch, seine Herzlichkeit; ich mag ihn, weil man ihm widersprechen kann, er kehrt nicht die Autorität heraus, aber er
umwirbt mich, trotz seiner 60 Jahre, allzu stürmisch, als daß
ich es länger als eine Viertelstunde im Zimmer, allein mit
ihm, aushalten kann [...]. Ich bin zu alt und zu jung für solche Szenen mit alternden Staatsmännern, die mir auf die
Brust starren, während sie über meine Arbeit sprechen, und
das Knie tätscheln, während sie politische Zusammenhänge
erläutern. [...] nichts ist unangenehmer, als alte Männer
zurückweisen zu müssen. Ich erröte für sie und habe gleichzeitig Mitleid, weil sie sich ihrer Würde begeben – Väter auf
Abwegen.

Hoy., 22. 11.

[...] Neue Entdeckung: es macht uns Spaß, den Abendbrot-
tisch zeremoniös zu decken, mit hübschem Geschirr und
Tuch und Blumen. Heute bin ich bei J. zum Mittagessen eingeladen [...]. Wenn man das auch während er Ehe behalten
könnte: den anderen als lieben Gast empfangen, [...] nicht
hastig in der Küche eine hastig zubereitete Mahlzeit runter-
schlingen. Wir werden uns den Luxus leisten, zwei getrennte
Wohnungen zu haben.

Hoy., 24. 11.

Gestern waren wir in Schwarze Pumpe und haben uns beim
Standesamt – in einer Baracke an der Werkstraße – angemel-
det. Die Frau war sehr nett und nicht so aufreizend
preußisch wie die pinseligen Weiber hier in Hoy, aber meinen Namen kann sie mir doch nicht verschaffen [...]

Sitze über der Sibirien-Bearbeitung. Langweilig, und eine
Fleißaufgabe.

Billi war auch neulich hier. Das war mal ein schöner
Abend – die jungen Leute sind doch erfreulicher als die Alten, jedenfalls wenn sie so weit weg sind von Zynismus und
Skepsis und sexueller Verklemmung wie Billi. Er küßt mich
auch beim Abschied, aber eben so, wie wir in Rußland geküßt
haben, aus Freundlichkeit und Freude. Wir lagen den ganzen
Abend auf dem Teppich und besahen uns Bilder; er hat einen
charmanten Bildband – Berlin, am Alex – zusammengestellt,
mit Fotos, bei denen man heulen könnte vor Rührung, vor
Entzücken und Mitleiden und vor Freude über die Schönheit
eines Gesichts, die Zartheit einer Bewegung, mit der ein älterer Mann die Hand seiner Frau ergreift, den Ausdruck eines
jungen Blumenverkäufers, der einen Nelkenstrauß hält, als
warte er auf seine Liebste. Billi war ganz glücklich, er sah jetzt
seine Bilder noch einmal, anders, gleichsam durch meine Augen ... er ist halt doch ein Dichter, mit der feinsten Empfind-
lichkeit, mit einer Herzenseinfalt [...]. Ich war stolz, weil er
meine Wohnung so bewunderte – er besah sich gründlich jedes Möbel, besah sich auch das Badezimmer und sagte: »Du
bist ein gutes Mädchen, bei dir ist alles so sauber.« Ein gutes
Mädchen – das war schöner als irgendein Kompliment [...]
Er will nächstes Jahr für vier Monate nach Sibirien fahren,
mit seinem Wagen, und würde mich gern mitnehmen. Wir
würden wunderbare Abenteuer erleben in dem Land, an das
ich mit einer tiefen Sehnsucht denke. Aber vier Monate ohne
Jon – ich würde ja umkommen.

Hoy., 27. 11.

Heute, an Jons Geburtstag, heiraten wir. Auf einmal bin ich
wahnsinnig aufgeregt, nachdem wir die Wochen vorher diese
Zeremonie mit Witz bedacht hatten, ja ich glaube eine gewisse
Leichtfertigkeit bei mir zu entdecken, die mir im Inneren zuwider war. Aber nun: doch wieder die – vorsichtige – Hoffnung auf Dauer. Und siehe, auch Jon ist aufgeregt, rast in der
Stadt herum nach den bunten barbarischen Ringen, die ich
mir wünschte (letzte Auflehnung gegen die übliche EHE),
[...] wir feiern ganz allein, niemand weiß, daß wir heiraten.
Wäre es nicht mit Jon – vielleicht würde es mich trübe stim-

men. Aber so: wir haben den ganzen Nachmittag, die ganze
Nacht für uns allein, haben uns, merkwürdige Überreste von
Aberglauben, in Enthaltsamkeit geübt. [...]

Hoy., 30. 11.

Heute hat es zum erstenmal geschneit, aber der Schnee ist
gleich wieder weggeschmolzen.

Nun sind wir schon den dritten Tag verheiratet. Jon hat
sich ruiniert für unsere Hochzeit: im Wagen waren Orchideen befestigt, in seinem Zimmer standen Orchideen neben
meinem Bild, abends holte er noch einmal Orchideen ...
Und natürlich tranken wir Sekt, und dann schleppte Jon ge-
bratene Hähnchen herbei, die wir mit den Fingern auseinan-
derrissen – kurz, es war wie bei Kapitalistens, und Jon sagte:
»Weißt du, wir haben es doch sehr gut.« Aber es waren ja
zwei Ausnahme-Tage – diese Tage, die wir uns immer gewünscht, auf die wir uns seit langem gefreut hatten, die nur
der Liebe gehörten und hundert Umarmungen und Küssen,
ohne Angst vor Terminen [...]. Wir hatten unser Hochzeitsbett in seinem Zimmer – hier, bei mir, hätte ja doch andauernd das Telefon gestört; und in einem Hochhaus fühlt man
sich mehr allein, anonymer unter sovielen Leuten, die man
kaum dem Namen nach kennt. Jon hat [...] ein Fach in seinem Schrank ausgeräumt, für mein Krämchen, und im Badezimmer ein Brett für meine Tinkturen angenagelt [...]

Wir wurden in Schwarze Pumpe getraut. Es war doch ein
bißchen merkwürdig, ohne Freunde und Verwandte, aber
dann war es desto schöner – wir sind jetzt in einem Stadium,
wo es uns nicht nach anderen verlangt, wir haben kaum noch
Beziehungen zu anderen [...] Die Standesbeamtin – alte
Jungfer oder seit langem Witwe – war sehr gerührt und feierlich, und obgleich es uns vor der Zeremonie gegraust hatte,
versöhnte uns ihre Anteilnahme, ihre umständliche Herzlichkeit, ihr mütterlich-wehmütiges Gehabe mit Gedichten,
Ansprache und Musik (»bestimmt Mendelssohn-Bartholdy«,
flüsterte mir Jon vorher zu – und das war's dann auch, und
wir mußten höchst unfeierlich grinsen). Nun, wirklich, sie
war richtig lieb und besorgt, und schließlich war es doch so

ein Moment der Ergriffenheit – trotz allen ironischen Abstands –, als wir uns gegenseitig die Ringe überstreiften.

Aber eigentlich ist mir bis jetzt nicht wirklich bewußt, daß wir verheiratet sind – vielleicht, weil wir vorher schon zusammengelebt haben, oder weil niemand davon weiß und niemand gratuliert, oder weil nach den wunderschönen zwei Tagen die Arbeit weiterging wie bisher ... und wir genieren uns immer noch, wenn Jon frühmorgens meine Wohnung verläßt, als lebten wir noch in Sünde.

[...]

Hoy., 8. 12.

Wir waren drei Tage in Berlin. Autorenkonferenz beim Neuen Leben, ein Abend mit dem charmant besoffenen Caspar und Günter Schubert, der unser Lektor sein soll (ich habe C. gebeichtet, daß ich mit dem Roman zu Lewerenz gehen will, aber er [...] will mich nicht loslassen) [...].

Wir wohnten im Gästehaus des Zentralrats, in demselben Zimmer, das ich damals hatte, als wir nach Sibirien aufbrachen. Es ist sehr ulkig, in Ehebetten zu liegen – und noch dazu legitim.

Sonnabend trieben wir uns in Berlin rum, und nachher waren wir ganz zerrüttet von dem Verkehr und den Menschenmassen. Wir armen Provinzler! Viel zu kaufen gab es aber auch in der Metropole nicht, aber zum Nikolaus-Tag schenkte mir Hans solche Kindheitsschleckereien: glasierte Äpfel und Magdeburger Naute. Im Moskba zu sitzen war sehr schön, das ist ein gelungenes Haus mit graziösen Wandmalereien von Bert Heller.

Jon kann ja auch eifersüchtig sein ... Wir waren bei Gysi, und natürlich merkte J., wie G. auf mich reagiert. Ich bin ja ein bißchen doof, aber sogar mir fiel auf, daß die Art, wie G. mir ein Haar von der Schulter nahm, geradezu ein unsittlicher Antrag war. Jetzt rief er an, er wolle mit mir eine Lesung in seinem Wohnviertel machen. Ich sagte es Jon (ich dachte mir wirklich nichts dabei), und er sagte: »Ich werde ihm einen Zahn einschlagen müssen.« Dies ganz ernsthaft und entschlossen, und er war dann den ganzen Tag grimmig. Ich habe abgesagt [...].

Hoyerswerda, 15. 12.

Eine Menge Abenteuer: Vier Tage unterwegs, mit Jon natürlich. Am Freitag fuhren wir nach Berlin, mieteten uns – obgleich wir kaum noch Geld haben – ein komfortables Appartement in der »Newa«, und am späten Nachmittag ging ich mit Dr. Eckert über die Grenze. […] E. ist ein charmanter junger Mann, ganz clever und mit »Westerfahrung«. […] Passierschein, Kontrolle, Katakomben, menschenleere Hallen, strahlendes Licht, Intershop mit amerikanisch aufgemachten DDR-Delikatessen für devisenstarke Kunden, Vopos mit Maschinenpistole – ach, es war schrecklich. Und über dem Kontrolltisch hing ein rotes Transparent, das unseren Verständigungswillen anpries (»Beweis: 2. Passierschein-Abkommen«).

Bahnhof Zoo, Licht, Glaskästen, wüste Ganoventypen (und schwarzgefärbte Strichjungen, wie sie auch an der Friedrichstraße herumlungern); ohne E. wäre ich verloren gewesen. Außerdem war ich halbtot vor Angst wegen der Lesung. Morgens, eine Viertelstunde vor Abfahrt, hatte ich eine Karte von Lutz bekommen: ich solle bei Hans-Jürgen anrufen, unserem Schulfreund und Blutsbruder. Ich erreichte ihn in seiner »Auto-Service GmbH« – er hat es zum Chef, zu einem dicken Auto und einer florierenden Werkstatt mit 40 000 DM Schulden gebracht, zu einem weiten Gewissen und rechtschaffenen Zynismus. Aber er ist noch der Charmeur […], kaufte mir die »Lolita« und raste in lebensgefährlichem Tempo durch die Straßen, schnitt Kurven und riß den Wagen haarscharf an fremden Stoßstangen vorbei – er wollte sich ein bißchen zeigen, und das Jagen machte ihm Spaß. Ich hatte schon mit meinem Leben abgeschlossen.

Der Kudamm ist einfach ein Wahnsinn. Man sieht die Häuserwände nicht mehr, sie sind von oben bis unten mit grellen Lichtreklamen bedeckt, eine Orgie von buntem Licht, eine Bar neben der anderen, Nachtklubs, Striptease, Paris und New Orleans und Drugstores, und auf der Fahrbahn ein unübersehbarer Strom von Autos, dollen Schiffen, rollenden Diwans, Heckflossen wie Tragflächen – ich war völlig zerrüttet. Wie kann man da bloß leben, sich über den Damm wagen, als Mensch existieren zwischen Lichtschreien und flach-

schnäuzigen gefräßigen Stahltieren? Ich zitterte vor Aufregung, war den Tränen nahe – nun ja, Provinz. [...]

Wir rasten zum Flugplatz Tempelhof (ich sah zum erstenmal das Luftbrückendenkmal – nicht als Denkmal zu identi-
fizieren, aber attraktiv), eben war Lutz' Maschine von Hamburg gekommen. Alle Türen öffneten sich von selbst (ich
glaube, die Stäbchen heißen Fotolinsen – nein, ach ich weiß
nicht mehr), aber ich zeigte meine Verblüffung nicht und
war froh zu sehen, wie kindlich begeistert der kleine Oliver
immer wieder durch die automatischen Türen spazierte –
immerhin ein Westkind. Ich mußte Gelassenheit und Welt-
dame tragen, nachdem H.-J. mir das Kompliment gemacht
hatte, ich sei so elegant, daß niemand mir die Ostdeutsche
ansähe. (Aber auf dem Bahnhof, als E. und ich ein paar
Schachteln »Roth Händle« kauften, hatte ich doch das fatale
Gefühl, sie merkten mir den Fremdling und östlichen Kunden an, aber das lag wahrscheinlich an [...] dem schlechten
Gewissen, weil wir uns gleich auf Westzigaretten warfen.)

Und dann, in der Halle, zwischen Swiss-Air und Pan ame-
rican tauchte auf einmal mein Lutz-Bruder auf [...] In diesem Augenblick war ich glücklich und sogar ruhig trotz des
drohenden Abends. Oliver war noch selig erschüttert von
seinem Flug: Lutz hatte ihm Burg gezeigt ...

Wir tranken noch einen Ermutigungskognac bei H.-J. (ein
kleiner Triumph: seine hohe Miete für eine Wohnung, die
nicht komfortabler ist als meine), dann holten wir seinen
Bruder Manfred ab – ich weiß noch, wie ich mit ihm durch
Burgs Straßen getigert bin, er war groß und weise und älter
als ich, und er war mir immer ein bißchen unheimlich, weil er
mit meiner Bank-Nachbarin Hilde geschlafen hatte (Gott,
wir waren in der 11. Klasse und bestaunten Hilde, gleichzeitig
angezogen und abgestoßen: sie war nicht mehr Jungfrau ...)
M. ist Abteilungsleiter bei Siemens, fährt einen Mercedes
(und wie wichtig ist hier die Automarke ... obgleich Lutz
sagte, die meisten Autos, die ich sähe, seien nicht abgezahlt),
er ist toleranter als sein Bruder, der mich partout bekehren
und abwerben wollte: ich sei doch ein intelligentes Mädchen –
wie könne ich mich nur diesem System verschreiben?

Siegmundshof ist eine Studentenstadt und eine architektonische Augenweide. Wege und Mauer, die Initiatoren der Lesungsreihe, empfingen uns; [...] es gab viel Whisky [...]: ich hatte den Eindruck, daß es – für unsere Begriffe – ziemlich linke Leute sind. Velten, freier Journalist (Weltmann mit Kinnbart und Sherlock Holmes-Pfeife) war auch dabei; ich beantwortete aber sehr zurückhaltend seine Fragen, weil ich vorher erfahren hatte, daß er für den RIAS arbeitet und geschickt alle Auskünfte verkauft.

Nachher im Saal sah ich eine ganze Anzahl Journalisten, auch Soldat und Schonauer, die erbitterte Artikel gegen uns schreiben (E. stellte sie mir vor).

Hoy., 16. 12.

[...] Gestern abend habe ich mich mit Jon schrecklich verzankt: noch einmal wegen des Abends im Staatsrat; er hatte vor der Tür auf mich gewartet, und ich war mit Rodenberg zum Funk gefahren, weil ich dachte, er sei noch dort (allerdings war die vereinbarte Zeit weit überschritten, aber daran trug ich nicht Schuld). Als wir uns endlich trafen, war er wahnsinnig wütend (ich glaube, er hat sich dort vor dem Portal zum erstenmal als »der Mann von B. R.« gefühlt), und wir sprachen auf der ganzen Heimfahrt kein einziges Wort miteinander.

Gestern also versuchte ich es ihm zu erklären, es gab Zank. Schließlich schrie ich, er solle sich nicht wieder blicken lassen. Er sagte ganz kalt, er werde nicht wiederkommen, und ich schlug die Tür hinter ihm zu, heulte vor Wut und nahm ein paar Schlaftabletten.

Heute mittag rief er an: ich solle zu ihm zum Essen kommen. Aber wie immer: gerade diese Nachgiebigkeit trieb mich noch mehr zur Abwehr, und ich ging zwar zu ihm, blieb aber stumm wie ein Fisch. Ich sah wohl, wie es ihn traf, als ich sofort nach dem Essen aufstand und meinen Mantel anzog. Er begleitete mich nach Hause, einmal sagte er: »Da haben wir uns mal wieder höllisch festgefahren, wir Eheleute.« Ich schwieg, es war wie verhext, ich konnte und konnte kein versöhnliches Wort sagen, obgleich ich litt – es war eine kleinliche und dumme Rache, die mich selbst trifft.

Vor der Haustür sagte er: »Jetzt habe ich die Mohrenköpfe für dich vergessen.« Ich gab ihm die Hand und ließ ihn stehen [...]. Wofür rächte ich mich denn? Und nun sitze ich hier, arbeite, nur um mich abzulenken, und belaure das Telefon. Aber noch einmal wird er an diesem Tag nicht nachgeben, [...] und am Ende werde ich wieder trinken wie gestern abend (aber da war es wegen Lutz und der »Tränen halber« und wegen der verfluchten Grenze).

Hoy., 18. 12.

Gott sei Dank, wir sind wieder gut miteinander. Gestern mittag kam er (na, und ich hatte eine scheußliche Nacht hinter mir), und wie hätte ich ihm widerstehen können [...]. Und heute ist er in Berlin, [...] und ich bin unruhig, [...] sehe sein Gesicht, das so schön ist in der Lust – oh, endlich ist er imstande, krampfhafte Kühle und Beherrschung aufzugeben und hinzusterben für ein paar Sekunden, die mir so kostbar oder kostbarer sind als meine eigene Lust.

Also, Westberlin ... Ich las aus dem neuen Buch, aber eine richtige Diskussion kam nicht zustande, weil die Leute zuviel Zeit damit verbrachten, sich totzuwundern, daß wir so »liberal« sind, daß wir so »frei« schreiben dürfen. Zuerst hatte ich schreckliche Angst, der Saal war gestopft voll, die Studenten saßen auf Fensterbrettern, standen, die Stühle waren so dicht an meinen Tisch herangerückt, daß ich mich kaum in meine Ecke zwängen konnte, und es gab ein halbes Dutzend Mikrophone, und die Fotografen waren aufdringlich, fidelten mir mit ihren Kameras unter der Nase herum »bitte, lächeln«, und die Journaille machte mich unsicher (sie mögen uns nicht, und ihre Artikel werde ich besser gar nicht erst lesen). Leider erfuhr ich zu spät, daß die Dame mir gegenüber Feli Eick war, deren Aufsätze in der BZ mich immer sehr gefesselt haben (sie ist auf widerliche Art »abgeschossen« worden); ich hätte mich gern mit ihr unterhalten, sie wohnt jetzt in Westberlin, wir haben einen gemeinsamen Bekannten: Georg Piltz. Schonauer versuchte, mich in eine Debatte über Rückblenden zu verwickeln, die ich ziemlich überflüssig fand.

Es gab ein paar ausgesprochen idiotische Fragen nach
Franziskas Entwicklung: bleibt sie zweiflerisch oder wird sie
linientreu? u. dgl. Merkwürdige Vorstellung über »Partei-
leben« und »politische Menschen«. Aber trotzdem: daß man
überhaupt schon miteinander sprechen kann, daß man sich
trifft, einander zuhört ... Jedenfalls brauchte ich E.s Unterstützung nicht und schlug mich allein. Formal.-Diskussio-
nen gab es nicht wie bei dem armen Brezan, der jetzt noch
geschockt ist und sich hat verwirren lassen, so sehr, daß er
jetzt bei jeder Gelegenheit verkündet, man müsse unsere
Gegenwart mit anderen formalen Mitteln ausdrücken
(während ich nachdrücklich und überzeugt für die Alten
plädierte und – ein bißchen aus Widerspruchsgeist – behauptete, die höchste Form sei der Roman wie vor hundert
Jahren, die gelassen hinfließende Erzählung).

Provokatorische Fragen und hahnebüchene Dummheiten
wurden von den Studenten niedergezischt, wir brauchten
uns gar nicht erst zu bemühen. Wütendes Zischen und Lachen, als einer, ein Wohlmeinender, aufstand und sagte, man
solle Frau Reimann doch nicht mit politischen Fragen zu-
setzen, damit sie sich nicht exponiere, man wisse ja, daß jene
gewissen Damen und Herren im Saal sitzen, denen sie morgen Rechenschaft ablegen müsse.

Als Dr. Eckert vorgestellt wurde, rief einer sofort (natürlich englisch – übrigens, warum sage ich »natürlich«? Albern.): »Er bewacht sie.« Und in der Tat, ich stieß auf Un-
glauben, als ich sagte, ich spräche hier nicht anders als bei
uns drüben.

Manfred war überrascht von meiner Art zu schreiben –
sie denken, wir sind geistig verkrüppelt und haben irgendwelche schaurigen Erinnerungen an rote Traktätchen. Lutz
hatte sich unter den Studenten umgehört: sie sind enttäuscht, weil sie nicht provoziert wurden; ich habe ihnen
»den Wind aus den Segeln genommen«. (Sie freuen sich
händereibend schon auf Kuba – und die Show mit unserem
Hymnenbrüller möchte ich bei Gott nicht miterleben).

Wir saßen noch bis ein Uhr nachts in der Bibliothek zusammen, tranken Whisky, der Raum war verqualmt, ein
Bierkasten stand auf der Erde – und hier flogen die Fetzen.

Ein paar Republikflüchtige waren auch dabei – die armen
Hunde, sie sitzen immer zwischen zwei Stühlen, hassen uns
und sind dennoch infiziert, auf eine merkwürdige Art mit
dem verlassenen Land verflochten. Es gab immer Punkte,
wo wir nicht weiterkamen, wo Behauptung gegen Behauptung stand, und selbst mein cleverer E. kam ins Schwimmen.
Es gibt halt einige Dinge, die man guten Gewissens nicht
verteidigen kann.

Nachts um 2 waren wir wieder zuhause. Mein armer Jon
lag angezogen auf seinem Bett, und ich schlief sofort an seiner Schulter ein.

Und der nächste Morgen war wieder ein großes Verwöh-
nen: mit Bad und Frühstück am Bett und Zärtlichkeit und
Blumen. Es gibt nichts Schöneres, als mit Jon zu reisen (und
verdammt, seit wir verheiratet, fragt kein Mensch mehr nach
unserem Ausweis!).

Hoy., 21. 12.

Manchmal wird die Liebe zu ihm so qualvoll, zu einer wüsten
Glut, die durch keine Umarmung zu ersticken ist. Ganz in
ihm aufgehen (kannibalische Wünsche hinter einem Biß).
Gestern abend bemerkte ich, wie aufgeregt er war, wir haben
uns nicht berührt: er sah meinen nackten Rücken im Spiegel
des verspielten Großmutter-Schränkchens. Er sagte, manchmal hasse er mich dafür, daß er ein Gefühl von Kälte gegenüber jeder anderen Frau habe, kein geringstes Verlangen emp-
fände: er sei sicher, daß er bei jeder anderen impotent sei.
Ach, früher hat man eine Frau, die einen Mann in solche Ab-
hängigkeit brachte, verbrannt. Und fühle ich nicht dasselbe?
Woher sonst diese Furcht (früher – jetzt macht es mich
glücklich), daß wir einander hörig seien? […]

1965

Jon hat einen scheußlichen Job, im Tagebau als Bandwärter, mit »rollender Woche«, und er ist immerzu griesgrämig, weil er da draußen verblödet: acht Stunden lang starrt er auf ein Band, das mit Sand beladen an ihm vorüberrollt. Lesen darf er nicht, schlafen darf er nicht, er wird schlecht bezahlt – aber er hat eine »Perspektive«, sagt sein Werkleiter. Und ich sitze einsam hier herum und komme mir wie eine Witwe vor. Er hat jetzt Spätschicht, heute ist Sonntag, ohnehin ein unerträglicher Tag in Hoy. Gestern dasselbe: allein bis in die Nacht, Lärm bei den Nachbarn – alle schalten zu derselben Zeit den Fernsehapparat ein –, […] ich war wie gelähmt, konnte mich zu nichts aufraffen. Abgearbeitet durch die Hetzerei mit dem Sibirienbuch, das am 7. in der Druckerei sein muß: und natürlich konnte ich vor Terminangst keinen Gedanken fassen und schrieb idiotisches Zeug.

Nachts, nach der Schicht, kam Jon. Ich war in einem so widerwärtigen Zustand, daß ich nicht mit ihm schlafen konnte […] und das ist mir weiß Gott in seinen Armen noch nicht geschehen. […] später sagte Jon, das sei eine der Nächte gewesen, in denen ein Mann graue Haare bekommt. […]

Heute habe ich endlich mal wieder halbwegs gute Laune; die meisten Briefe sind geschafft, die Sonne scheint (wochenlang halbtotes Wetter, Regen, wolkiger Himmel), und gestern habe ich mit Jon geschlafen. Tagelang war ich eine Giftnatter, mißhandelte ihn, war kalt und weidete mich an seinem Erschrecken, seiner hilflosen Demut: er glaubte sich nicht mehr geliebt. Und manchmal wußte ich selbst nicht mehr, ob ich noch Liebe für ihn empfand – aber an allem ist nur das

Buch schuld. Ich will doch wieder alles wegwerfen und von neuem beginnen. Aber wie? Und zu welchem Ende soll ich das führen? Ich möchte ein böses Buch schreiben, ein trauriges Buch; und alles soll schlimm ausgehen. Aber wem dient das? Nur mir – ich reagiere meinen Pessimismus ab. [...]

Donnerstag Lektoren-Invasion: wir haben das Sibirienbuch noch einmal durchgearbeitet. Es gefällt mir nicht mehr. Wahrscheinlich gehe ich mit der »Franziska« doch zu Lewerenz, wir verstehen uns, und Jon hat ihn genehmigt, ist sogar außerordentlich angetan von ihm und von dem Verlagsleiter Frankenberg, den er für einen »noblen Menschen« erklärt. [...]

Hoy, 15. 1. 65

Heute bin ich seit langem zum erstenmal wieder glücklich. Nach ein paar abscheulichen Szenen (die zu zwei Dritteln aus verbissenem Schweigen bestanden) fielen wir uns stumm und zitternd in die Arme. Ich sei ein egoistisches Tier – aber leider liebe er mich gerade deshalb. Das mag hingehen; wirklich erschreckt hat mich sein bitterer Vorwurf, ich machte ihm keinen Mut, nähme ihm sein Selbstvertrauen, wenn er sich ein anderes Leben aufbauen wolle. Wir sprachen von Scheidung und heulten fast. Und gestern abend blieb ich bei ihm, und wir feierten wieder Hochzeit [...].

Hoy, 20. 1.

Gestern fing ich das Buch an, nur ein paar Zeilen, aber jetzt ist alles wie verwandelt, ich bewege mich in Franziskas Welt [...]. Erhitzt von Phantasien, und dazwischen die kühlen Überlegungen, wie es zu machen sei, ich habe die Form noch nicht, beginne schon zum drittenmal. Ungeheure Aufregung, ich kenne das alles, und es ist ganz neu, das ist die Stimmung, in der man Gläser an die Wand schmeißt.

Ich lese Stendhal, ein Reise-Tagebuch. Was für ein Schriftsteller! Auf jeder Seite möchte ich Kreuzchen und rote Striche machen [...].

Hoy. 22. 1.

Am Sonntag ist Hans Marchwitza gestorben; gestern war seine Beisetzung. Ich bin nicht nach Potsdam gefahren – Friedhöfe im Januar … (Wenn mir recht ist, fanden alle Begräbnisse, an denen ich teilnahm, im Januar statt, bei dem scheußlichsten Wetter.) Ein bißchen schlechtes Gewissen: ich habe den »Hannes« gern gemocht, mir fielen unsere allnachmittäglichen Gespräche im Schriftstellerheim ein und seine biederen Neckereien mit dem »Teufelchen«. Er war ein guter Mensch.

Hoy, 16. 2.

[…]
   Ein paar Nachrichten (für später, Gedächtnisstütze):
   Kossygin war bei Mao Tse Tung, der China Konflikt scheint beigelegt zu werden, und wir sind gespannt auf die Manöver unserer Zeitungen, die solange die abscheulichsten China-Geschichten kolportiert haben.
   Bieler ist die Druckgenehmigung für sein »Kaninchen« wieder entzogen worden und der zuständige Mifkult-Mann, wie Schreyer schreibt, mußte Selbstkritik üben. Vor einiger Zeit hatte ich B. einen Brief geschrieben wegen seines Buches, das mir sehr gut gefällt.
   Heym reist dickköpfig mit seinem »Tag X« herum (es soll im Westen erscheinen, on dit) und wird vom Verband in einem Ideologie-Schwatzplan wegen kleinbürgerlicher Tendenzen beschimpft. Wir tun alles, uns lächerlich zu machen.
   […]

25. 2.

Ich arbeite und arbeite, so, daß ich abends tot umfalle und nicht einmal mehr imstande bin, ein paar Zeilen ins Tagebuch zu schreiben.
   Gott sei Dank, ich habe den Faden und erzähle, und heute nachmittag war es, als schriebe ich nach Diktat, so liefen mir die Geschichten und Erinnerungen zu. Wundervoll, nach solch einem Tag schlafen zu gehen – er war doch gelebt.

Nachts schneit es, tags scheint die Sonne, die Stadt ist weiß, keine Spur von Frühling, trotz blauen Himmels.

Manchmal ist im Hintergrund die Angst, daß die Geschichte schlecht ist, überflüssig, niemanden interessiert außer mir – aber das vergesse ich dann meist über der Lust am Erzählen. Ob ich freilich je über dieses erste und vielleicht noch ein zweites Kapitel hinauskomme … Ich sehe keinen Menschen, außer Jon, mag auch keinen sehen. Ich führe das regelmäßigste Leben, Arbeit bis zur Erschöpfung, dann Bücher, keinen Schund mehr, keine »Unterhaltung«, es ist mir leid um die Zeit, ich kann auch keinen Geschmack mehr daran finden. Gestern las ich, nach langer Zeit, wieder in der Bibel, die fünf Bücher Mose, ich las mich fest, obgleich ich nur, nach Manns »Gesetz«, einiges hatte nachschlagen wollen.

[…]

Morgen ist Verbandstagung in Cottbus, aber ich fahre nicht hin, aus Abscheu vor den stumpfen Gesichtern, vor der satten Zufriedenheit dieser Nichtskönner […]. Ich kann gar nicht sagen, wie mich dieser Bezirk ankotzt, seine Parteileitung und vor allem die ideologische Kommission, in der sich alle Anti-Denker versammeln.

Zwei Tage hat es mich gekostet, nachzuforschen, warum der Dokumentarfilm »Das Leben Adolf Hitlers« aus dem Programm gezogen worden ist (in Berlin und in den anderen Bezirken läuft er). Überall, bis zur Bezirksleitung hinauf, das Herumgerede: Unklarheiten, unsere Menschen verstehen das nicht, – und keiner war verantwortlich, keiner empört oder auch nur nachdenklich über die selbstherrlichen Anweisungen der Bezirksleitung, ihre Unverschämtheit, anzunehmen, daß nur sie die »Unklarheit« durchschauen und unsere Menschen, die dumme breite Masse, davor bewahren müssen. Scheißkerle. Ich platze vor Wut. Nun habe ich es wieder mit der ganzen Partei-Hautevolle verdorben, aber das ist mir schnuppe. Stünde nicht die Autorität der Jugendkommission hinter mir, hätten sie mich wahrscheinlich nicht einmal dieser gewundenen Auskünfte gewürdigt.

[…]

Hoy, 28. 2.

Gestern haben wir unseren Hochzeitstag gefeiert. Wir fuhren nach Dresden, bei wildem Schneesturm, krochen gemächlich über die Landstraße, durch die verschneiten Wälder und freuten uns über Freiheit und Müßiggang. In D. saßen wir fast die ganze Zeit im »Szeged«, bei einem großen Festmahl, Mokka und Eis, und schwatzten stundenlang [...].

Wie schön, aus Wind und Kälte heimzukehren in Jons Wohnung, einen langen Abend und eine Nacht zu haben ... Als ich aus dem Bad kam, lag er schon auf dem Bett und streckte mir ein Glas Wein entgegen: »Ich heiße Sie willkommen in meinem Bett, Schönste,« ach, und soviel Zeit, uns zu lieben, heiß und langsam [...]

Hoy, 4. [3].

Heute nacht kam Jon ganz verfroren heim und zu mir; er hatte die Schichtzeit über bei Schneesturm an den Bandstraßen geschippt. Soviel Schnee hat es seit zwanzig Jahren nicht mehr gegeben, wir sind eingeschneit, die Busverbindung zwischen Cottbus und Hoy Dresden ist abgerissen, auf der Straße nach D. liegen 3 Meter hohe Schneewehen. Die Leute von der Spätschicht, die mit dem Zug von Pumpe kamen, waren erst 2 Uhr morgens zu Hause.

Kurt Maetzig hat angerufen, er wird nun doch das »Kaninchen« drehen. Er will wieder einmal kommen[...], er sagte, er unterhielte sich im stillen oft mit mir. [...]

Hoy, 10. [3].

Vor ein paar Tagen bekam ich einen Brief von Prof. Kurella, eine als inoffiziell bezeichnete Nachricht: ich sei von der Sektion Dichtkunst dem Präsidium der Akademie für den Heinrich-Mann-Preis vorgeschlagen worden. Zuerst war ich wahnsinnig aufgeregt, dann sagte ich, daß ja gar nichts entschieden ist, daß ich mich besser gar nicht erst freue (ich weiß von Strittmatter, wie solche Entscheidungen gefällt werden) – ach, ich wäre so begierig darauf: unser repräsentativster Literaturpreis … Aber am Ende werde ich doch bloß wieder enttäuscht, und meist vergesse ich jetzt wirklich die aufregende Nachricht, jedenfalls immer, wenn ich arbeite.

Ich stehe jeden Tag früher auf, es wird ja auch immer früher hell, um sechs ahnt man schon die Sonne. Tagsüber ist es mild, aber der Schnee im Häuserschacht liegt noch meterhoch aufgeschaufelt, und nachts fällt das Thermometer auf minus 13 Grad.

Die Arbeit ist ungeheuer anstrengend, mittags falle ich vor Erschöpfung bald um. Gestern fiel mir ein neuer »Faden« ein und ein Titel der Art: »Monolog mit einem Geliebten«. Gott weiß, wie oft sich Faden und Titel noch ändern werden. […] Wir sind beide ziemlich durchgedreht, manchmal albern bis zur Verblödung, manchmal müde und schlechtgelaunt – vielleicht müssen wir auch mal wieder in einen anderen Kreis, unter neue erregende Leute (nach einer Woche hat man genug von ihnen, hat aber auch gespeichert. Leider ist uns Petzow versperrt, weil Daniel dort noch wohnt. […]).

Wieder ein lieber Brief von Annemarie Auer, meiner mütterlichen und giftigen Freundin. Sie freut sich, noch Freundschaft unter der jüngeren Generation zu haben – ihre Generation fühlt sich wohl schon ein bißchen beiseitegeschoben. Sie schreibt auch, daß immer mehr ein Konkurrenzkampf spürbar werde, vor allem im Verband, der die Arbeit doch verdrießlich mache.

Hoy, 15. 3.

Freitag in Berlin (und dort war ich auch bei Annemarie, wir umarmten uns vor Freude, ich stellte ihr Jon vor). Aussprache über unsere West-Lesungen. Aus den gewundenen Erklärungen von Dr. Eckert konnte man heraushören, daß der Verband (oder wer immer ihm diktiert), diese Veranstaltungen nicht fortzusetzen wünscht. Einmütiger Protest der Schriftsteller, die das Ganze denn doch als Erfolg für uns buchten. […] Scherner war dabei und berichtete begeistert von Kubas Auftreten, das wir skandalös fanden (ich glaube, niemand kann dieses proletkultische Überbleibsel ausstehen).

Lernte Günter de Bruyn kennen, der mir einen vorzüg-

lichen Eindruck machte, ein stiller, blonder, ziemlich häßlicher Mensch, sehr schüchtern. Wir hatten ein friedliches
Gespräch und schnell Sympathie füreinander. Er wäre einer,
den ich mir zum Freund erwählen würde. [...] Kant saß
auch an unserem Tisch, er ist wieder gesund (er hatte im
Winter einen Autounfall), er ist wirklich ein glänzender
Kopf. Die »Aula« ist ein großer Männerspaß.

Abends mit C[aspar] im Presseclub, er kam ins Erzählen,
die interessantesten Geschichten aus seiner Kriegsgefangen-
schaft in Italien, Arizona und England. Zu denken, daß dieser [...] Mensch mit den ungeschickten Händen (er scheint
zu keiner praktischen Arbeit tauglich), einmal als Baum-
wollpflücker, Kraftfahrer und Heizer gearbeitet hat ...

Übrigens hat uns Berlin wieder schrecklich mitgenommen. Eine menschenfresserische Stadt. [...] Diese Hetzerei
geht einem auf die Nerven, diese Betriebsamkeit, der
Klatsch, all die undurchsichtigen Intrigen, von denen unsere
Freunde berichten.

[...]

Hoy, 24. 3.

Seit einer Woche komme ich nicht mehr an meine Arbeit, wir
sind andauernd unterwegs: Jugendkommission (über Berufsausbildung), Jugendstunden, Sibirien-Diskussion in Cottbus,
DSV, übermorgen wieder Berlin, am Tag drauf mit der
Jugendkommission nach Demmin (Freizeit-Untersuchung),
und ich werde immer nervöser, zumal sich die Akademie
nicht meldet, und so schnuppe ist es mir ja doch nicht, obgleich ich jetzt mehr wütend als deprimiert bin.

Mittwoch beim DSV, endlich mal eine interessante Vorstandssitzung, heftige Kritik am Verband, an der Kulturabteilung (und [...] Scherner saß daneben und ist es natürlich wieder nicht gewesen [...]), und eine Kraftprobe: es ging um von
der Grüns Offenen Brief, gegen den eine Antwort des DSV
gerichtet werden sollte – nur kannten wir ihn nicht, und Koch
(ich saß ihm gegenüber und konnte genau das Geplänkel der
Sekretäre beobachten) wollte ihn nicht vorlesen lassen. [...]
der Fall ist auch für uns peinlich (verweigerte Einreise), und
nun machten sich die Schriftsteller stark, forderten Vorlesen,

schließlich mußte K. klein beigeben. Eigentlich ist das alles lächerlich, aber es war doch so etwas wie ein kleiner Sieg, und wir sind ja so bescheiden geworden.

Im Klub trafen wir auch Daniel, er fährt jetzt nach München. Am 30. zieht er nach Rostock. […] Es ist doch merkwürdig, seinem verflossenen Ehemann, noch dazu in Gegenwart des jetzigen, zu begegnen – und er war halt mal meine große Liebe. Montag traf ihn Jon wieder und fuhr ihn nach Friedrichsfelde, und Daniel richtete ihm Grüße »an Ihre Frau« aus. Das berührte mich eigentümlich, ich weiß nicht warum, es stimmte mich sogar ein bißchen traurig – nun, das ist ein zu starkes Wort. Nun, egal. Bezeichnend: Ich hatte eine Bananenschale als Triumphfahne am Fenster gehißt – und Daniel, der Ordentliche, ohne Sinn für solche hübschen Symbole, nahm sie ab, faltete sie sorgfältig zusammen und warf sie fort, ehe Jon meine Bananenfahne retten konnte. […]

Abends, nach der Sitzung, bummelten Jon und ich noch Unter den Linden, wir trafen Frankenberg und Lewerenz und gingen auf ein paar Wodka ins Praha. L. sagte, der Verlag werde mich, wenn ich das Buch abgeliefert habe, nach Paris schicken, auf Reportage. Aber ich spreche nicht französisch. Hin und her, ich sagte: Nicht so schlimm, ich kann ja Latein. Lewerenz fiel fast unter den Tisch, das, sagte er, habe die Fahrt besiegelt – und jemanden mit unschuldigem Latein könne man nach Paris schicken.

Und eine erfreuliche Botschaft: Das Sibirienbuch war schon auf der Messe ausverkauft, der Verlag hat nicht genug Papier, um alle Bestellungen annehmen zu können. Das hört man gern.

[…]

Hoy, 2. 4.

Nun habe ich also den Heinrich-Mann-Preis bekommen. Bin ich glücklich? Ich weiß nicht. Es war wie mit dem ersten Buch: wenn ich es in der Hand hielte, dachte ich, würde ich rasend glücklich sein. Und dann, da es erreicht war, verlor alles an Glanz. Vielleicht habe ich zuviel vorweggenommen. Ich bin stolz, ja, und fühle auch so etwas wie Ermutigung – aber das hält nicht an, wenn ich wieder an der Arbeit

bin. […] das alles ist gefärbt von einer Art Tristesse – […]
mein Selbstbewußtsein ist überhaupt nicht gestärkt, ich bin
mit Schüchternheit geschlagen wie zuvor – aus irgendeinem
Grund hatte ich erwartet, daß dieser hohe Preis, den ich so
gierig erstrebt hatte, mir helfen würde, sicherer aufzutreten.

Außerdem hat mir dieser Monat Aufregung, seit Kurellas
Brief kam, die letzten Nerven geklaut. Die Bestätigung – ich
hatte schon aufgegeben […] – bekam ich erst am Freitag
abend, zwei Tage vor der Verleihung, und von da an begann
ich mich vor der Feier zu fürchten und wäre am liebsten
noch Sonntagmorgen ausgerückt. Geheul, Streit mit Jon,
dem die Strudelei zum Halse raushing.

Wir waren die ganze Woche vorher unterwegs gewesen.
Das meiste habe ich vergessen. Donnerstag in Cottbus, Sibirien-Diskussion. Billi war auch da, charmant und fröhlich
wie immer, und natürlich wieder mit einem neuen Mädchen.
Von den anderen abgekehrt, hatten wir ein ernsthaftes Gespräch […]. Er erzählte Einzelheiten über seine Beziehung
zu jener kleinen Kellnerin – ich spüre eine Geschichte, einen
Romanstoff und finde es schamlos, daran zu denken, während er mir sein Herz ausschüttet.

Mit dem Mädchen, das er nach C. mitbrachte, hat er auf
der Rückfahrt im Auto geschlafen. Das gestand er mir lachend, als wir uns in Demmin wiedertrafen, wo wir mit der
Jugendkommission zur Freizeit-Untersuchung waren. Das
war Sonnabend. Wir waren morgens um 6 von Berlin abgefahren, […] dann Sitzung in der Kreisleitung, wo sich herausstellte, daß natürlich alles fabelhaft geht, die Jugend positiv
ist (manchmal stellt sie allerdings unbequeme Fragen, aber
zum Glück haben wir ja auf alles eine Antwort). Nachmittags
in der Schule Vorführung eines Filmes – »Denk bloß nicht,
ich heule«–, der nicht freigegeben worden ist. Turba und Bur-
ger kannten ihn schon, waren entrüstet, alles lief auf Todesurteil hinaus. Übrigens hat der Film wirklich seine Macken, aber
es gab so bewegende Szenen, so gut beobachtete Details, eine
zarte Liebesgeschichte (sogar das obligate Nacktbaden haben
sie mit Delikatesse absolviert), daß ich hinterher zu Kurt
sagte, ich müsse ihm leider, Kommissionsmitglieder oder
nicht, in den Rücken fallen. (Übrigens traf ich bei der Ge-

legenheit Wischnewski wieder und Frank Vogel; wir haben
uns 56, als er aus Moskau kam und mit Walter »Joe«, meiner
großen Liebe, arbeitete, in Sakrow kennengelernt.)

Anfangs herrschte Progromstimmung ... Ich wütete, der
kluge Wessel saß neben mir und beruhigte mich, ich denke
jetzt, er baute – trotz Disziplin und Jugendkommission auf
die Empörung der jungen Leute (W., ein skeptischer und
ironischer Mensch, ist immer noch terra incognita für mich
[...]; ich fürchtete mich ein wenig vor seinem Scharfsinn,
aber seine Stellung zu der Havemann-Geschichte hat mich
verwirrt, sie schien mir bedenklich kurzsichtig. [...]). Zuerst
sprachen nur die Funktionäre, [...] der übliche Quatsch: so
ist unsere Jugend nicht, der Held ist nicht typisch, wo bleibt
die Partei? Es gab Stürmer-Formulierungen, am liebsten
hätte ich Stuhlbeine rausgedreht. Der Film schien schon gestorben, als endlich, eingeschüchtert aber unüberhörbar, die
Jungs sich zu Wort meldeten, die trotz allem die Geschichte
als ihre Geschichte empfanden. Sie drängten schließlich die
Funktionäre in die Defensive. Es gab keine dramatische
Szene, trotzdem empfand ich diese Diskussion in der Aula
als ungeheuer dramatisch. Kurt schaltete um, schließlich
Kompromiß: ändern, dies und das – jedenfalls nicht das ver-
nichtende Urteil wie geplant. Irgendwann werde ich versuchen, diesen Nachmittag in einem Buch zu beschreiben.

Abends las ich im Jugendclub, dann fuhr mich der schöne
Horst nach Hause, mit 130 über die schlechten Landstraßen,
die Bäume flogen vorbei, ich liebe solche rasenden Nachtfahr-
ten. Leider ist der Horst nicht sehr gescheit, [...] aber er ist
wirklich ein schöner Bursche, halt so ein Mann zum Anschauen. Nachts um 2 war ich im Hotel, Jon lag im Bett und
las. Wir sind so gern in Hotels, in diesen anonymen Betten, in
Zimmern, die nach einem Tag gleichzeitig Fremde und ein Zuhause für leise, ein wenig verlegene Liebe sind.

Hoy, 10. 4.

[...] inzwischen ist das erste Kapitel fertig, ich schreibe noch
einmal ab, lasse mich überraschen. Immer wieder Gratulan-
ten, am meisten freue [ich] mich über die Briefe von Christa

Wolf und Eva Strittmatter (Erwin ist immer noch krank;
Diagnose: Bienkopp) und von meinem positiven Helden,
dem unvergeßlichen Erwin Garbe, über den ich noch einmal
schreiben möchte, gründlicher als in den »Geschwistern«.
Und Henselmann, »in nicht wankender Treue« ...

Freitags war der »Cocktail« bei Aufbaus, eine ziemlich
sinnlose Zusammenkunft, man setzte sich an ein Buffett, aß,
trank zuviel, schwatzte mit dem und jenen, Gloger war da,
Nachbar, Kurella, Renn (er ist schwerhörig, hielt mich für
eine Ausländerin – Mißverständnisse wegen meines fließen-
den Deutsch), nachher sprach ich lange Zeit mit Hugo Hup-
pert, der charmant war [...]. H. hat die Handschriften des
jungen Marx entziffert, also Gerede über Entfremdung, dann
über Automatisation – und dann redeten K. und H. schon
allerhand Anfechtbares, weit weg von allen praktischen Erfahrungen, Jon korrigierte, und gleich wirkten sie gekränkt:
die Theorie hat zu stimmen, verdammt. Und Gysi machte
mir wieder den Hof, viel zu auffällig; dabei ist er ein kluger
Mann, ein paar Minuten lang verstanden wir uns ausgezeichnet, er wollte etwas über mein Buch wissen, ich stotterte so
Zeugs zusammen, aus dem kein Mensch schlau geworden
wäre, aber er, wie mit einem sechsten Sinn, fing die Andeutungen auf, ergänzte und spann von sich aus den Faden weiter, genau so, wie ich es gemeint hatte. Und eine Bemerkung,
die mich berührte: er habe seiner Tochter den Unterschied
zwischen Christas und meinem Buch erläutert und – obzwar
dies unpädagogisch sei – gesagt: »Die Reimann weiß wenigstens, wie ein Mann riecht.« Jons Gesicht ... [...]. (Und ich
denke daran, wie Jon riecht [...].)

Hoy, 21. 4. 65

[...] Über Ostern waren wir in Burg, vorher war Uli ein paar
Tage hier. [...] Vati ist wieder halbwegs gesund – nicht mehr
so zerrüttet wie damals im Dezember, und Mutti ist von un-
besiegbarer Heiterkeit wie immer. Und sie sieht noch so
jung aus ... Die meiste Zeit buhlten wir um die Gunst von
Spätzchen, die sich aber ungnädig zeigte.

Ich möchte mal über meine Geschwister schreiben. Merk-

würdig, sie sind auf einmal erwachsen, haben ihren eigenen
Lebenskreis, ihre Liebe, ihre Arbeit, eigene Ansichten ... Ein
Disput mit dem verrückten kleinen Bruder (der gar nicht
mehr verrückt ist) über Mut und Freiheit. Mehr als Rebellion
imponiert ihm das Ausharren auf einem Platz, fertig werden
mit Alltagsproblemen, Geduld, der stille, zähe, ganz unauffällige Kampf um – was weiß ich: eine Schraube, irgendeine
Verbesserung, nicht weltbewegend, aber wichtig jetzt und
hier.

Hoy, 26. 4.

Vorhin habe ich mit de Bruyn telefoniert; wir sind für morgen
verabredet. Er war so aufgeregt, daß er stammelte (ich übrigens auch), und er sagte, ich solle ja vorsichtig fahren, und er
freue sich wahnsinnig auf mich. Ja, ich freue mich auch ...
Das große Abenteuer, einen Menschen kennenzulernen –
und ein Glücksfall, den wir der Akademie verdanken. Wir
sind beide so schüchtern, daß wir wahrscheinlich nie miteinander zu sprechen gewagt hätten, wäre uns nicht die heitere
Aufregung zu Hilfe gekommen, der Sekt, der Trubel ringsum.
Wir haben schon in der Pause vor der Verleihung ein paar
Worte gewechselt, aber ich starb ja beinahe vor Angst – und
hinterher, als ich all die Glückwünsche entgegengenommen
hatte und den Plenarsaal verließ, wartete er an der Treppe und
nahm meinen Arm, und dann saßen wir still und eingeschüchtert in einer Ecke, während ringsum die Empfangs-
feierlichkeit tobte, und er sagte, er habe mich damals bei der
DSV-Sitzung die ganze Zeit angestarrt und er sei meinetwegen hergekommen, und auf einmal, ganz überstürzt, machten
wir uns Geständnisse: Sympathie auf den ersten Blick, Freude
über diese Begegnung ... Wir tranken in der halben Stunde
schrecklich viel Sekt und redeten und redeten, als müßten wir
wunder was nachholen – und dabei ist er mindestens so langsam wie ich, ich meine: in der Annäherung an einen neuen
Menschen. Mit Gleichgültigen schnell ins Gespräch kommen, das ist keine Kunst, [...] aber mit so einem, bei dem man
das Gefühl hat, auf »derselben Welle zu senden« ...
   [...]

Hoy, 29. 4.

Eben hat Jon angerufen, um zu sagen, daß er mich liebe. Bin ich nicht eine glückliche Frau? Vorher war ich nicht so glücklich gewesen – es ist noch früh am Morgen (ein grauer Morgen, es regnet und regnet seit Wochen, ich weiß gar nicht mehr, wie blauer Himmel aussieht), ich saß herum und wußte nicht, wie ich das 2. Kapitel anfangen soll. Jetzt weiß ich es – ich werde erzählen, als erzählte ich Jon; auf einmal fühle ich mich wieder sicherer, aufgehoben, weil 500 Meter entfernt ein Mensch sitzt, der mich liebt, den ich liebe, zu dem ich gehen kann, wenn ich traurig bin. Vielleicht aber bleiben für ihn zu oft die Stunden der Traurigkeit, des Krankseins? Meine besten Stunden, wenn ich mutig und ausgeruht bin, brauche ich für die Arbeit. [...]

Abends
Wenn nicht bald wieder die Sonne scheint, bringe ich mich um. Als Jon heute mittag kam, war er auch [...] bedrückt und müde. [...] Wir müssen ausruhen. Zufällig haben wir einen Ferienplatz vom Verband bekommen, idiotisch teuer, aber Ostsee, drei Wochen Ahrenshoop. Meine ersten ausführlichen Ferien seit der Schulzeit – unvorstellbar, wie man drei Wochen mit Nichtstun überstehen soll.

Mittag war Hamburger hier und ein dicker, heiterer, apoplektischer Professor aus Düsseldorf. Gespräch, natürlich, über Architektur und Jane Jakobs Buch.

Hoy, 30. 4. 65

Draußen Trommeln und Fanfaren, man übt Feststimmung. [...] Man ist wehrlos ausgeliefert dieser Stadt und ihrem sozialistischen Lärm. Ich mache Gegenlärm mit Armstrong und Mulligan – die waren damals wenigstens verboten.

Berlin: im Club also de Bruyn. War ich aufgeregt? Ich weiß nicht mehr genau [...]. Warum bin ich so gereizt, wenn ich Zuneigung oder sogar Verliebtheit wittere? Dabei sprachen wir eine Stunde lang ganz vertraut, obgleich noch schüchtern, er lispelnd vor Befangenheit, ich wahrscheinlich auch verlegen, errötend über die »schöne Frau«, über die

Geständnisse. Ich bin schon versucht, »der arme de Bruyn«
zu sagen. Genug. Jon habe ich nichts erzählt, nicht eine
Silbe – ich weiß schon, wie er mich ansehen würde (dieser
Blick, wenn ich unfair bin; er hat ein starkes Solidaritäts-
empfinden für andere Männer, auch für seine Rivalen).
Wenn er mir nun die Neigung ausgetrieben hätte – durch
sein bloßes Da-sein – mich schnell und heftig zu verlieben,
zu schwärmen und genauso schnell zu vergessen?

   In der Erinnerung sieht alles anders aus. Deshalb konnte
ich auch nicht über das Gespräch mit Ulbricht schreiben. Es
fällt mir so schwer, nachträglich zu werten. Hinterher korri-
giere ich herum und weiß schließlich nicht mehr, was wahr
ist, was zurechtgemacht. [...]

   Aber es war wohl doch schön, wie de Bruyn mir die Hand
drückte, als er gehen mußte – dann kamen nämlich die jungen Germanisten, mit denen ich um 5 verabredet war (ich
hatte absichtlich – aus Furcht oder Klugheit? – mein Rendezvous im voraus auf eine Stunde festgesetzt). Zwei Mädchen
und ein Junge, FDJ-Sekretär, [...] die Sorte von jungen Leuten, die wir uns als Leser wünschen, kritisch und empfindsam, und als sie sich nach drei Stunden Gespräch bedankten,
war es an mir zu danken. [...] Später kam Jon dazu, und ich
war stolz zu sehen, wie sie ihn bewunderten (im Grunde be-
stätige ich mich selbst, wenn mein kluger Mann bestätigt
wird).

   [...]

                                           Hoy, 3. 5.

Eben bei S[...]s. Es wird immer deprimierender, nur Klagen,
Anklagen, Verwünschungen. Sie hassen sich wie die Sünde,
aber einer gönnt dem anderen die Vorteile einer Scheidung
nicht. Und [...] diese resolute und patente Frau, hat sich in
eine jammernde und schimpfende Hysterica verwandelt, sie
geht nicht mehr arbeiten (»soll er doch für mich sorgen«)
und pflegt ihre eingebildeten Krankheiten, die sich zu wirk-
lichen Krankheiten auswachsen. Schreckliche Veränderung.
Sie sind keiner Vernunft zugänglich und triezen sich bis aufs
Blut. Die Kinder sind Zeugen der ewigen wüsten Streitereien.
Vielleicht empfinde ich es auch deshalb so bitter, weil ich so

glücklich bin [...]. Schon daß ich jetzt Sonntage mit [Jon] verbummeln kann, ohne das Gefühl, etwas zu versäumen (vielmehr: ich gewinne), daß ich gewisse Ängste verliere ... Gestern sind wir in der Umgebung herumgefahren, manche Flecken kennen wir noch [von] früher, von unseren heimlichen sündigen Motorradfahrten, wenn wir unseren Ehen für ein paar Stunden entflohen: dieser und jener Weg, wo er anhielt und mich küßte, das Waldstückchen, wo wir nachts miteinander geschlafen haben ... Wir waren in Muskau und sind im Park spazieren gegangen. Endlich wieder blühende Sträucher sehen, die Knospen und hellgrünen Blätter an der Kastanie, Vögel singen hören ... Wenn man in dieser Stadt lebt, wird die Natur wieder zum Abenteuer, und jedes Gänseblümchen, der Anemonenbusch wird zur Sensation. Kalter Wind, aber die Sonne schien, der Himmel war rein und hellblau, und die Wiesen leuchteten, und ich genoß Sonne und Wind und das gelöste Gesicht von Jon und seine Hand. Das Schloß der Fürsten Pückler sieht wie ein englischer Landsitz aus und ein bißchen wie die Schlösser, die wir als Kinder malten, rot und weiß, mit zwei runden Türmen [...].

Auf der Rückfahrt besahen wir uns ein paar Tagebauaufschlüsse (Jon hat dort als Raupenfahrer gearbeitet) und die künftige Baustelle des Kraftwerks Boxberg: Kiefernwald, Bündel gefällter Bäume, zwei oder drei Baracken. Auf den Waldwegen konnten wir nur Schritt fahren, der Sand ist zerpflügt von Kettenfahrzeugen, die metertiefen Löcher stehen voll Regenwasser. Ein paar verschlafene sorbische Dörfer, nicht mal ein Hund auf der Straße. Hühner, eine reizende kleine Holzkirche. Eine todeinsame Landschaft im Wald, und in ein paar Jahren wird es dort aussehen wie bei uns in Pumpe, Wohnblocks, Industriebauten, Asphaltstraßen, Fremde in den Dörfern. Schließlich verirrten wir uns, blieben im Sand stecken, der Wagen quälte sich gewaltig (er kam mir vor wie ein geplagtes Tier, das über seine Kraft arbeiten muß) [...]. Zur Not hätten wir dort übernachtet (keine Menschenseele weit und breit, wir dachten schon, wir hätten uns in ein fremdes wildes Land verlaufen), wir hatten eine Decke und Schokolade.

Ich habe Franziskas Abenteuer-Landschaft aufgenommen.

Hoy, 9. 5.

Wenn man die Zeitungen der letzten Woche liest, kann man wie Liebermann sagen: Man kann gar nicht so viel essen, wie man kotzen möchte. Unter dem Aspekt der »historischen Wahrheit« wird die Wirklichkeit umgebogen. Jedenfalls liege ich mit meinem ersten Kapitel gründlich schief.

Gestern abend Militärparade im Fernsehen, Stechschritt, die treffsichersten Geschütze und die größten Panzer der Welt und die Soldaten mit Kinderchen auf dem Arm, und jubelnde Leute – vergessen, daß Waffen zum Töten da sind. Verdammte Preußen. Wir saßen beklommen, tief erschrocken vor dieser Schaustellung von »aufdringlichem Militarismus«, wie Klaus Mann schreibt. (Sein Buch »Wendepunkt« hat mich erschüttert, auch seine Darstellung von Geschehnissen, die uns ganz anders dargestellt worden sind.)

Ulbricht bekam die Ehrenspange – mit Lorbeer und Brillanten – zum Vaterländischen Verdienstorden, denn »er hat mehr geleistet als alle anderen«. Überhaupt wieder ein Regen von Orden. »Banner der Arbeit« für Hermlin und Langhoff (und damals bei der Märzberatung? Vergessen, vergessen.)

Ich bin so bitter, manchmal voller Haß – und ohnmächtig. Das alles quält mich so, daß ich zuweilen wünsche, ich könnte wieder selig zurückkehren in den Schoß des alleinigen Glaubens, die religiöse Sicherheit der Partei empfinden […] Fort, fort auf eine einsame Insel, fliehen wie Gauguin, aber wo gibt es schon Inseln ohne Truppen, ohne Parteien, ohne Touristen? Lächerliche Wünsche, feige. […]

Lust zum Buch, aber tausend Abhaltungen. Seit Tagen Briefe geschrieben, auf die klugen und guten Briefe von Henselmann, Annemarie, Schreyer, dem Journalisten Brzoska aus Düsseldorf, an Lutz, der mir Bücher geschickt hat, »Exodus« und Kolakowskis »Mensch ohne Alternative« (Konterbande).

Die schönsten Stunden, die allein noch schönen, […] bei Jon. Gestern nacht war ich bei ihm – es ist immer wie beim erstenmal, auch noch die Scham, als schliche ich zu meinem heimlichen Geliebten. Er brachte eine Flasche Sekt an unser Bett, wie damals bei der Hochzeit. […]

Gegen zehn eine Feier auf dem Friedhof, gleich hinter
dem Rummelplatz und von Jons Fenster gut zu sehen. Das
ergriff mich mehr als alle Reden, Rührseligkeiten, Paraden
und dergleichen: auf dem Friedhof liegen gefallene sowjetische Soldaten. Zu dieser Stunde, bei dem zähen Regen, waren nur ein paar Offizielle gekommen, die Fahnen klatsch-
ten naß an die Masten, die Bergmannskapelle spielte, traurig
langgezogen, die »Internationale« – und die Toten waren
tot, verwest in einer fremden Erde, und niemand fragt nach
ihnen. Niemand war freiwillig, aus dankbarem Herzen, gekommen, um die toten Befreier zu ehren. – Und ich: am
Fenster, noch warm vom Bett, plötzlich mit schlechtem Gewissen, Herzklopfen, plötzlich, eine halbe Minute lang, von
Traurigkeit erfüllt und von Todesgedanken, ich notierte mir
fast im selben Augenblick diese Szene für mein Buch und
nahm, was mich dort aufrichtig bewegte, ins produktive Gedächtnis auf, immer bei der Arbeit – bin ich überhaupt noch
fähig, unvermittelt zu erleben [...]? Unmoralischer Beruf.

Abends hörten wir über SFB Havemanns Antwort auf
den denunziatorischen Artikel im Forum (die Gegenüber-
stellung seiner Schriften von 1952 und 64). Ich habe mich
damals bei Wessel beschwert, weil ich den Artikel unfair,
dumm und schädlich empfand (wir haben nicht ein so kurzes Gedächtnis, daß wir solcherlei Gegenüberstellungen
nicht beliebig fortsetzen könnten: Kapitalistenknecht Tito –
Freund Tito, verbrecherische Gomulkaclique – Bruder Gomulka und seine Kampfgefährten ...)

W. zeigte sich verständnislos. Das Forum hat H.s Aufsatz
nicht veröffentlicht, trotz wiederholten Anwürfen im Stürmerjargon: der arrogante H., »der dümmste Lügner«, antwortete nicht auf Forums Fragen und Vorwürfe. Der Aufsatz ist in der Hamburger »Zeit« erschienen. Er ist gut, er ist
richtig, er ist wahr, wir billigen ihn von der ersten bis zu
letzten Zeile. H. bezieht sich auf Kolakowski, der hier nicht
gelesen werden darf.

Was jetzt tun? Schuldbewußtsein, Gefühl von Ohnmacht:
unser Protest würde ohnehin nicht veröffentlicht. Das ist
unerträglich. Ich bin jetzt zu zornig, um »vernünftig« zu
sein. Immer schweigen, zusehen, tatenlos dulden? Und

wann wird man uns fragen – wie wir unsere Eltern gefragt
haben: Warum habt ihr nichts getan? Und wir können nicht
sagen, daß wir es nicht gewußt hätten. Unrecht dulden ist
soviel wie Unrecht tun.

Das alles habe ich heute auch Henselmann geschrieben
und – ich gestehe es beschämt – mit einem unbehaglichen
Gefühl, »unvorsichtig« zu sein. Soweit sind wir schon wieder, so hat das Mißtrauen, die Feigheit in uns Platz. Trotzdem – man muß etwas tun, man muß es.

Hoy, 15. 5.

Gestern ist das Sibirienbuch gekommen. Im Druck sieht es
gleich nach etwas aus, ich habe es nochmal gelesen, es ist
ganz ulkig, manchmal mußte ich lachen. Ich wußte gar
nicht, daß ich Humor habe.

Heute mit Jon in Bautzen, große Einkaufstour (hierzulande einkaufen ist eine Strafe), und weil er dabei war und
unermüdlich alle Läden frequentierte, war's lustig und beinahe ein Ferientag. Morgen fahren wir nach Weimar, zum
Internationalen Schriftstellertreffen.

Weimar, 17. 5.

Gestern mittag waren wir schon hier – ganz allein, – kein
Komitee, keine Organisation. Das kam erst gegen Abend,
Riesentrubel, Busse und Autos aus Berlin, aufgeregtes Hin
und Her (wir saßen im Auto auf dem Parkplatz und sahen
amüsiert zu). Nachmittags die obligate »Vergatterung«
durch Koch (keine ästhetisch-politische Diskussionen,
alles unkonventionell, keine Panik). Schreyer getroffen, den
Bruyn noch nicht gesehen. Im Parkhotel. Ich finde alles
ziemlich chaotisch, man hat keine bestimmte Aufgabe, soll
sich selbst Gesprächspartner suchen. [...]

Gestern abend, nach dem Regen, waren wir im Park, die
Wiesen dampften, wir gingen einsame Wege, um uns küssen
zu können. Vor Goethes Gartenhaus.

[...]

Weimar, 20. 5.

Die Busse sind eben abgefahren, die Aufregung wie am An-
kunftstag. Eben habe ich mich von Franz Kain verabschiedet. Diese Tage waren eine anhaltende Euphorie, voller
Lärm und Wirrnis [...] nach einer langen Zeit der Ruhe, des
gelassenen und sicheren Dahinlebens.

Damals, als Jon abfuhr, weinte ich, wollte fort – und zwei
Stunden [später] stürzte ich mich in einen Strudel. [...] Ich
muß davon schreiben, weil ich die Mitteilung brauche – obgleich das alles verrückt und leichtfertig ist. Ich war dreimal
verliebt und bin es noch; und das [...] unterscheidet nicht
mehr zwischen Spiel und Ernst, und so ist es mir lieb. Morgen bin ich wieder zuhaus und brav und eine fleißige und ar-
tige Frau – jetzt habe ich mich ausgetobt, mich bestätigt,
Küsse und Erklärungen und Komplimente genossen – das alles wäre unerträglich und aufreibend, geschähe es Tag für Tag.

Es war eine böse Lust, mit jedem der drei Ritter in den
Park zu gehen, an dieselbe Stelle, [...] und dabei war es doch
jedesmal aufrichtig [...].

Am ersten Tag [...] ein Blick, ein unvergeßlicher Blick von
Dr. Eckert, halt der »Blitzschlag«. Ich stand mit Sch[reyer]
in der Halle vom »Elephanten«, als Dr. E. auf mich zukam
und mir die Hand gab, er sah mich an, das war alles – und
nachts sagte er mir, daß er in eben diesem Augenblick gewünscht hatte, mich zu küssen, mitten in dieser trubeligen
Halle [...]. Irgendwann später trafen wir uns noch einmal,
er sagte, er werde im Parkhotel auf mich warten, und ich
nahm es nicht ernst. Aber [...] als ich endlich kam, mit dem
Bananenkrieg-Poppe, und als er mir entgegenblickte, wußte
ich alles, und ließ den anderen stehen [...].

Hoy, 21. 5.

Als ich gestern abend heimkam (auf dem Tisch standen rote
Rosen), habe ich Jon alles erzählt. Es war unklug. Er zeigte
die nachdenkliche Ruhe und Geduld, die ich fürchte. [...]
ach, er weiß, was es mir bedeutet, auszureißen, er hat den Verdacht, daß ich das Leben in der Provinz hasse [...], und daß

ich diese Stadt, ihre Tristesse identifiziere mit seiner Person. Aber kann man denn immer in diesem Rausch leben, mit dieser Intensität? Manchmal – Gott, ja, ich gestehe es, manchmal wünsche ich, alles wäre anders verlaufen, heftiger, viele Menschen, Reisen, Frankreich, Italien, Amerika, eine ständige Hetze und Unruhe ... Aber was wäre dann mit meiner Arbeit? Könnte ich schreiben ohne [...] die strenge Selbstisolierung von allem, was nicht das Buch angeht? Wer weiß ... Er hat wieder Angst vor meinen dunklen Sehnsüchten, Angst, mich nicht halten zu können. Er mag mich jetzt nicht küssen, und das verstehe ich, obgleich ich mit Selbstverständlichkeit ihm zumute, daß er seine ramponierte Frau aufnimmt, die kein schlechtes Gewissen hat und sich für nichts entschuldigt. Übrigens: ich habe ihn an keinen verraten.

Heute lag ich den ganzen Tag herum und las die traurige Geschichte von Aureliens Liebe zu Berenice. Und die ganze Zeit denke ich den Satz, den P. mir in der letzten Stunde sagte, als wir noch ein Glas Wein tranken: »A notre amour sans chance.«

... Eben wieder geschlafen. Nachholen: Wir haben jede Nacht gesumpft, ich bin nie vor drei ins Bett gekommen – das war ein bißchen stark nach der langen Zeit soliden Lebens. [...] Merkwürdig, in Gedanken bin ich am meisten bei P., den ich abscheulich behandelt [...] habe, dessen sklavische Ergebenheit mich zu Wutausbrüchen reizte. Der Mann, der damals, am ersten Abend, bei E. am Tisch saß: untersetzt, muskulös, runder Kopf, Augen wie Pellegrin, dunkel unter schweren Lidern; unser Pressechef Pioch, ungeheuer agil, weltläufig, saloppe Manieren, überarbeitet bis zur Erschöpfung, aber nicht totzukriegen. (Einmal nahm er mich mit ins Pressezentrum, ich sah, wie die Leute hinter den Kulissen schufteten, achtzehn Stunden am Tag, übernervös, begraben unter Manuskripten, bestürmt von ADN und Redaktionen.)

Nach einer Stunde war er mein Diener. Ich hatte nichts beabsichtigt, ich war von E. bezaubert. [...] Sagte ich, daß er einen langen, gewölbten Mund hat, üppige Lippen, ein hinreißendes Lächeln? Bei alledem nicht der Typ des »schönen Mannes«. Braune Augen wie ich (in Siegmundshof hielt man uns für Geschwister), nur mittelgroß, zierlich, mit einem

schlanken Knabenrücken. Als meine Hand diese zarten und
kräftigen Schultern entdeckte ... […]

Ein paar Stunden mit E., wir küßten uns am Ufer, auf der
Brücke […]. Nichts Kostbareres als dieser einzige, unwie-
derholbare Augenblick, wenn ein fremder Mund auf dich
zukommt, der erste Kuß, schüchtern, eine Etüde ... […]

Am nächsten Morgen Frühstück mit P., der mir rundher-
aus erklärte, er habe sich in mich verliebt und sei entschlossen, mich mitzunehmen nach Berlin. Ich lachte, ich wußte
noch zuwenig von ihm. Der zäheste Mensch, der mir über
den Weg gelaufen ist ... Inzwischen kenne ich ein wenig
seine Geschichte. Er ist vor nicht langer Zeit aus Frankreich
zurückgekommen. Vor Jahren war er – offiziell – republik-
flüchtig geworden, arbeitete in geheimem Auftrag in Paris
und Nordfrankreich, als »unser Mann in Havanna«. Ein
Kommunist. […] Ich glaube, ich bin einer tollen Geschichte
auf der Spur […] er will mir alles genau erzählen, sich ausbeuten lassen, wenn ich Lust habe, diese abenteuerliche Story
zu schreiben. Er glaubt, ich sei fähig dazu […]. Ich träume:
mit ihm nach Paris fahren, die Schauplätze besuchen, ein paar
Monate sich umtun unter den Leuten, bei denen er für die
Partei gearbeitet hat, illegal, immer gefährdet, – schon formt
sich die Fabel in meinem Kopf, ja mir fallen ganze Szenen ein,
kurz: ich habe Feuer gefangen. Kann schon jetzt meine Anteilnahme für P. nicht mehr mit dem wachsenden Interesse
an einem möglichen neuen Buch […] trennen […]. Letzte
Nacht, als ich mit Kain davonlief, charterte er sich einen Wagen und suchte mich bis morgens um vier, in allen Lokalen
der Stadt, in Tiefurt, in Bad Berka. Die anderen hielten ihn
für irre, sie lachten ihn aus für seine Leidenschaft, »Brigittes
Mantelträger«, sagten sie. Er blieb unerschütterlich, zäh, entschlossen, er kümmerte sich […] um Gerede […].

Annemarie war mit Zak da; er schneeweiß, aber von unver-
sieglichem Wiener Charme und blendender Erziehung, meine
A. wieder tiefschwarz mit kurzgeschnittenen Haaren, fröhlich und flirtend und unerlaubt jung aussehend. […] Sie ist
endlich über den Berg, sie hat Fuß gefaßt in der NDL, Zak
verdient auch, sie will nun doch ihr Buch schreiben, von dem
sie seit so vielen Jahren träumt. […] Ich hoffe für sie von

ganzem Herzen – noch ist Zeit, ein paar Jahre weiter wäre für sie zu spät gewesen. Sie gab sich mit Vergnügen dem Geschäft hin, mich ein bißchen zu verkuppeln, an den Franz Kain ...

Montag vormittag machte mich Ruth Werner, die überaus liebenswerte Frau, mit Alvah Bessie bekannt. Ich hatte sein Buch »Die Gezeichneten« mit. Merkwürdig, dieser Mann, der ein so kluges scharfes Buch geschrieben hat, sieht wie ein Hinterwäldler aus Tennessee aus. Wir redeten ein bißchen englisch, ein bißchen deutsch durcheinander, er freute sich, daß ich so begeistert bin von seinem Roman (ich bekam dann auch ein Autogramm), überhaupt staunt er über den Kontakt zwischen Lesenden und Schreibenden hierzulande.

Am Abend, beim Cocktail des Aufbau-Verlages, wurde ich auch Asturias vorgestellt. Ein überwältigender Eindruck: der große, schöne, alte Aztekenkopf [...]. Ein herrlicher Dichter! Er schrieb in das Buch »mit meinen beiden Freundeshänden« ... Auf diese beiden Widmungen – von Bessie und von Asturias – bin ich irrsinnig stolz.

Bei diesem Empfang lernte ich soviele Leute kennen, daß ich immer noch Wirbel von Gesichtern in Erinnerung habe, Kubaner, Syrer, O Killens (er ist Mischling), Franzosen, Engländer ... Mir fiel wieder mein Schulenglisch ein, und so ging es ganz gut mit den Gesprächen, zumal sie kurz waren, weil ich so schnell wieder von jemandem geholt und anderen zugeschleppt wurde, die mich kennenzulernen wünschten. Übrigens habe ich das nur meinem Gesicht zu verdanken, sie hielten mich für eine Spanierin oder Kubanerin und sagten mir die reizendsten Dinge, erstaunt, daß es auch schöne Schriftstellerinnen gäbe. Aber all diese Komplimente hatten nichts von der platten Zudringlichkeit, mit der deutsche Männer einem auf die Nerven gehen. Die meisten ausländischen Männer sind von zarter Höflichkeit und respektvoll, sie küssen einem die Hand, und obgleich das – vor allem bei den Orientalen – ein bißchen nach Harem schmeckt, ist es angenehm. Das ist nicht nur mein Eindruck; Annemarie sagt dasselbe, sie ärgert sich tot über die Unhöflichkeit unserer Männer; wenn sie zehn Jahre älter ist, sagt sie, werde sie sich die Freiheit nehmen, die Herren auf ihre schlechten Manieren aufmerksam zu machen.

Nach zwei Stunden war ich in Schweiß gebadet, von der
Hitze, dem Wein, dem Gewühl in dem kleinen Raum, und
ließ mich von P. heimbringen. Für die Nacht war ich mit den
braunen Augen verabredet ... Tausend Leute in der winzigen,
getäfelten Elephanten-Bar, man konnte vor Zigarettenrauch
kaum zwei Schritte weit sehen. Alles ziemlich besoffen (am
unangenehmsten einige Westberliner). Bekanntschaft mit
Kunert. Gleich dazu: unsere Renitenten, die Elemente Heym,
Kunert und so haben sich, wie sich zeigte, am wackersten für
uns geschlagen, während der Renommiernachwuchs, die prominenten jungen Genossen, dem Treffen ihre Mißachtung
bezeugten: Noll und Nachbar erschienen gar nicht, sie fuhren
auf ihre Datsche; Neutsch reiste schon am Montag wieder ab,
weil er sich langweilte. Die Partei ist darob denn doch endlich
stutzig geworden [...]

P. erkämpfte eine Flasche Sekt, wir saßen draußen auf den
Stufen und tranken mit den Küchenmeisters (die Frau, Vera,
hat mir sehr gut gefallen), bis E. auftauchte, ziemlich
angeschlagen. Er hatte bis Mitternacht mit dem Minister gearbeitet. Wir rückten aus, es regnete, wir gingen durch die
Straßen, unter den nassen Bäumen, wir küßten uns unter
einem Torbogen. Ich hatte sehr auf ihn gewartet ... P. vergaß
ich einfach. Am nächsten Morgen sagte er mir: »Die zehn
Minuten waren sehr lang.«

Zum Wartburg-Treffen bin ich nicht mitgefahren, Gott sei
Dank: es war stinklangweilig und wagnerös, mit feierlichem
Geblase vom Turm und einem in Minuten leergefressenen
Buffett im Rittersaal, der den Russen vorzüglich gefiel. [...]
die anderen waren entsetzt, als sie hörten, ich hätte meine
kostbare Karte einfach weggegeben. Um diese Karten gab es
viel Streit und eifersüchtigen Zank; ulkig, wie sich manche
Leute nach solchen feierlichen Empfängen drängen. Sie hielten mich für einen Snob ...

Montag und Dienstag Diskussionen, die ziemlich flau waren. DDR-Literatur, Leitung Kant (diesmal nicht sehr geschickt), schließlich nur boshafter Dialog zwischen Rein-
frank und [?]. Die zweite – »unverlorene Generation« leitete
Max Walter mit einem weisen, weise klingenden und in
Wahrheit sehr flachen Referat ein. Wieder kam kein geschei-

tes Gespräch zustande, mir scheint manchmal, wir haben
das Streiten verlernt. Dafür traf ich an diesem Nachmittag
Steshenski, unseren Engel von Moskau, der mich mit Granin bekannt machte. Er sieht in der Tat so aus, wie ich mir
den »Gewitter«-Autor vorgestellt habe, mit dem breiten eigensinnigen Gesicht, dichten schwarzen Brauen und einem
Wust von eisengrauem Haar. Leider platzte die blöde Gene-
rationsrede in unser beginnendes Gespräch.

Dienstag vormittag fuhren wir nach Buchenwald. Ich
habe nicht viel davon gesehen (die Erinnerung an Theresienstadt ...), ich zitterte schon vor dem Krematorium, und in
dem Keller mit den Fleischerhaken und vor der Meßlatte
wurde mir schlecht. Ich mußte mir vorstellen, was ich empfunden hätte, wäre ich in diesen Keller geführt worden ...
Ich glaube, ich hätte versagt, ich bin kein Held, schon der
Anblick dieser Haken in der düsteren Kellerwand ... Draußen traf ich Caspar, der es auch nicht mehr ertragen hatte.
Wir saßen auf einem Stein, auf dem Platz, wo früher die Baracken gestanden haben. Die Sonne schien, Wind ging,
blauer Himmel, und zu unseren Füßen das liebliche Tal, die
hold hingebreitete Landschaft. Das hat uns am heftigsten
erschüttert: der ausgeklügelte Sadismus, ein KZ auf dem
Ettersberg zu errichten ... Wir versuchten uns vorzustellen,
was die Häftlinge empfanden, wenn sie Stunde um Stunde
auf dem schrecklichen Appellplatz standen – vielleicht im
Mai – und immer den Blick auf das Bild süßen Friedens, auf
die blühenden Bäume jenseits des Stacheldrahts ...

C. nahm mich mit in die Stadt (er trank dann rasch hintereinander ein paar Kognac, aber die hätte er vielleicht auch
so getrunken, ohne Buchenwald), unterwegs trafen wir
noch Anna Seghers und Jeanne Stern, die mir Mut zuspra-
chen und mich baten, mit unseren Gästen zu reden ... Auch
dies ein Bild, das ich nicht vergessen werde: die beiden wunderbaren Frauen, klug, gütig, weltläufig, schön, Arm in Arm
am Eingang zur Gedenkstätte, ihr Lächeln, ihre weißen
Haare – ach, ich fühle mich vor ihnen so klein so blöd – und
doch wunderbar ermutigt: ein anständiger Mensch sein zu
können ...

Hoy, 22. 5.

Gestern abend sah ich mit Jon »Die Kunst, geliebt zu werden«. Ein trauriges Gespräch. Oh, er hat mir nicht verziehen
... Er ahnt die Wahrheit: daß meine Ausreden – ich brauche
Selbstbestätigung und dergleichen – nur Oberfläche sind.
Aber wie kann ich ihm die Wahrheit sagen? Ich werde sie
nicht einmal hier schreiben, jetzt für mich allein, ich werde
mich hüten, die teuflische Lust zu analysieren, die mich
treibt, Bestehendes zu zerstören [...]. »Falschspiel«, sagt
Jon, und damit ist er dicht dran. Ich erklärte ihm nichts –
ich dachte viel zu tief an Frankreich und an »partir c'est
mourir un peut«. Er sagte, eines Tages werde er um sein Leben kämpfen müssen, mit allen Mitteln. Plötzlich stand er
auf. »Es ist schade um uns, Kind, es ist schade um uns«,
sagte er und ging. Ich hörte die Tür zufallen, mir war ganz
schwach. Warum habe ich nicht lieber gelogen?
    Heute morgen gingen wir Hand in Hand durch die Stadt.
Aber das bedeutet noch nichts. Er vergräbt seinen Schmerz,
seine Enttäuschung, seine zornige Angst vor meiner Unbe-
ständigkeit, vielleicht wird er nicht wieder davon sprechen,
aber ich weiß, worüber er schweigt, das macht alles schlimmer, Schweigen ist schrecklich, wie eine heimliche Krankheit.
    Mittwoch, zum Frühstück, trank mein armer P. eine Fla-
sche Sekt mit mir, eine Nizza-Manier, die Annemarie und
Kain mächtig aufregte. P. hatte keine Stunde geschlafen, er
hatte die Nacht teils mit Pressearbeit, teils mit der Suche
nach mir verbracht. Seine Zähigkeit begann mir zu imponieren. Er tut, was er sagt. Also immerzu Grund, mit ihm zu
zanken, weil ich genau so stur bin.
    Den ganzen Vormittag im Nationaltheater bei der Manife-
station [...] Mittags, auf der Hoteltreppe fiel ich um. Das
Herz, wie üblich. Widerlich. P. brachte mich in mein Zimmer,
in mein Bett. Er war behutsam wie ein großer Bruder. Ich
schlief eine Stunde völlig erschöpft. Dann kam er wieder und
brachte mir Äpfel und Apfelsinen. Ich war noch ganz schlaftrunken, er küßte mich, zum erstenmal, jetzt konnte ich ihm
nicht davonlaufen. »Petit noise«, sagte er, »mon amour.« [...]
was für eine Sprache, die dich wehrlos macht, Worte wie lauter

streichelnde Berührungen. Ich schlief wieder ein. [...]
Abends begleitete er mich zum Regierungsempfang im »Elephanten«. Abusch und Benzien standen an der Tür und
drückten jedem die Hand. Sie strahlten übers ganze Gesicht
– dieser letzte Tag hatte über den Erfolg des Treffens entschieden – ein großer Erfolg, den wir selbst (jetzt konnten wir
es – entre nous – eingestehen) nicht erwartet hatten.

23. 5.

Immer noch in einem Fieber-Zustand, weil ich an die story
denken muß und an eine Frankreich-Reise. Das wird zur fi-
xen Idee ... Phantastereien. Wie komme ich über die Grenze?
Und was wird aus meinem Buch? Und wenn ich es erst zuende schriebe – wird P. solange warten? Alle Pläne gründen
sich auch auf seine Neigung, also auf einen unsicheren Faktor.
[...] Wenn ich in Berlin, in seiner Nähe wäre, traute ich mir
schon zu, daß meine Skrupellosigkeit ausreicht, ihn festzuhalten, auszubeuten. Aber das ist eine Rechnung ohne Jon –
er wird nie verstehen, daß man für ein Buch solche Umwege
gehen kann. Außerdem müssen Frauen immer in natura bezahlen. Freundschaft? Daß ich nicht lache!

Hoy, 24. 5.

Das Fieber ist durchaus real, ich habe eine tüchtige Erkältung. Und das ein paar Tage vor der Ferienreise! [...]
    Heute bekam ich zwei Briefe von dem Franz, die er noch
in Berlin geschrieben hat, traurige und sehnsüchtige Briefe:
[...] er sei ganz verwirrt, und jeder merke ihm an, daß er
»einen Faustschlag des Glücks versetzt bekommen« habe.
Ich muß lächeln über diesen Ausdruck, er paßt zu dem
Holzfäller mit den mächtigen Schultern und breiten Hand-
gelenken, und mir war, als hörte ich wieder seine Stimme
und den liebenswürdigen Linzer Dialekt. Hätte ich nur
schon ein paar Tage eher mit ihm gesprochen! Jetzt tut's mir
leid, und ich bin bekümmert (in dem Grad, wo Kummer
noch freundlich ist) – und eitel, weil ich dem unbehilflichen
Menschen ein so tiefes Gefühl eingeflößt habe.

Der Jon hat mir mal gesagt – im Ton des Vorwurfs –, daß
gerade immer die Anständigen auf mich reinfielen. Da muß
wohl was dran sein, in mich hat sich kaum jemals ein
homme la femme verliebt, sondern fast jedesmal war es
einer von den Schüchternen, Verletzlichen. [...]

Beim Regierungsempfang also nahm mich die A. beiseite.
Sie hatten einen richtigen Komplott geschmiedet, und sobald sie Kain und mich an einem Tisch hatten, verschwan-
den Annemarie und ihr Eduard, und wir kamen auch langsam ins Gespräch, sehr verlegen – ich bin ja genau so
schüchtern wie der Franz, [...] niemand sieht, wie ich vor
Befangenheit die Zehen zusammenkrampfe und die Finger
unterm Tisch flechte. Zum Glück gab es viel Wein und Sekt
[...]. Aber dann tauchte mein »Mantelträger« P. wieder auf
und zerrte mich weg – er wollte mich partout managen und
mit Gott und aller Welt bekanntmachen [...]. Der arme
Franz saß traurig in einer Ecke, während P. mich zu John
Wexley schleppte und zu der Hewett und zum Prinzen Ung-
Mung aus Kambodscha, einem zierlichen kleinen Herrn, der
nur aus blauschwarzem Haar und schneeweißen Zahnbögen
besteht, wenn er lacht; er ist Politiker, Schriftsteller und Professor für Rechtswissenschaften. [...] Mit Wexley hatte P.
sich schon befreundet, sie wollen zusammen einen Film über
die DDR machen. Die meisten Interviewpartner hielten
mich für P.s Frau, und er, mit eherner Stimme: »Noch nicht,
aber ich bin entschlossen.« [...] W., der nicht wußte, daß ich
Englisch verstehe, sagte ihm, seine künftige Frau habe die
Stirn und die wundervollen Brauen einer Dichterin. Ich
sagte »beg your pardon« und riß aus. Ich hätte P. ohrfeigen
mögen – ich will nicht gemanagt werden, ich hasse es, wenn
man [...] mich mit »wichtigen Leuten« zusammenbringt.

Ich hatte den Eindruck, daß die meisten schon wahnsinnig besoffen seien. Mein Dr. E. wankte völlig geschafft
durch die Gegend, und alles was ich noch für ihn tun
konnte, war, ihm den Schlips zurechtzurücken. Eduard
brachte mich zu Kain. Wir gingen durch ein Zimmer, wo ein
Haufen Schriftsteller Spanienlieder sangen, Sektgläser in der
Hand. »Wir kämpfen und sterben für dich« ... Nein! Das
war zuviel. Revolution auf einer Party ... Wir nahmen uns an

der Hand, der Franz und ich, [...] und flohen ins Freie, in
den herzoglichen Park. [...] Was mich immer wieder in Erstaunen setzt: daß Männer [...] sich für Tölpel und Narren
halten, wenn sie die Frau nicht verführen, ja daß sie fürchten, sie seien Tölpel in den Augen der Frau, von der sie nicht
mehr bekommen haben als Küsse ... Aber ich habe nun mal
meine Prinzipien, es sind zwar bloß zwei, ein Prinzip fürs
Privatleben, eins für den Beruf, und an denen halte ich fest.

Ich fand den ganzen Abend freundlich und schön und romantisch, nicht mehr. Erst im Korridor, vor meinem Zimmer, veränderte sich plötzlich etwas. Ich sah ihn da stehen
und, weiß der Teufel warum, kehrte um und umarmte ihn.
Am nächsten Morgen, nach dem Frühstück mußte er abreisen. Die Zaks ließen uns wieder allein am Tisch. Der Morgen hatte nichts ernüchtert. [...] Am Bus küßte ich ihn –
und dann war es auch noch der falsche Bus, mit dem er abfuhr, aber das war eh' alles egal. Ach, das ist bös – hinterher,
die Abschiedsstimmung, das halbleere Hotel, ich saß mit
den Zaks zusammen, und die Annemarie und ich [...]
lächelten uns immerfort zu, und dabei war mir ein bißchen
zum Heulen, und dann kam P., und Annemarie piesackte
ihn, aber er nahm es so nobel auf, daß sie sich besiegt gab
und einen Kognac mit ihm trank.

Gegen Mittag überredete er mich, mit ihm an die Ilm zu
gehen [...]. Die Sonne schien, und auf dem Parkweg wollte
er meine Hand nehmen. Ich hätte ihn beinahe geschlagen,
ich merkte selbst, wie sich mein Gesicht vor Wut verzerrte,
er erschrak, und nun tat er mir wieder leid. Wir saßen dann
noch eine Stunde auf den Stufen vorm Schloß, und er malte
mir aus, was für ein Leben wir haben könnten, wenn ich
mich entschlösse, mit ihm zu gehen. [...] Plötzlich liefen
ihm Tränen übers Gesicht. Oh mein Gott, unser cleverer,
immer heiterer Pressechef ... warum muß er sich ausgerechnet an mich hängen? [...] Ja, wenn ich allein wäre – ich
glaube, ich hätte es riskiert, ein paar Jahre Wirbel und Reisen
und Glitzerleben ...

Schluß. Mir reicht's. Meine Versäumnisse sind doch nicht
mehr aufzuholen. Ich bin so gierig nach Leben, ich will hier
raus.

Hoy, 27. 5.

Gestern ein Brief von P. [...] Er hat ein paarmal versucht, mich telefonisch zu erreichen. Nachts ... Du lieber Himmel. Ich schlafe so fest, daß ich den nächsten Krieg einfach verschlafen werde (macht nichts, da wir ihn ohnehin gewinnen werden: Jon war gestern auf einem militärpolitischen Forum und brachte die stolze Gewißheit mit, daß wir den Aggressor im eigenen Nest schlagen werden. Der General erklärte aber nicht, wie er's machen will, einen Verteidigungskrieg jenseits unserer Grenzen zu führen. Jedenfalls können wir unbesorgt sein: er holt alle ballistischen Raketen rechtzeitig runter, und die Amerikaner haben mächtige Angst vor uns und sind viel schlechter bewaffnet. Jon brauchte dringend einen Schnaps).

Ich muß noch von der Manifestation im Weimarer Nationaltheater erzählen. Auf der Bühnenrückwand sah man ein aufgeschlagenes Buch, aus dem sich ein Schwarm Tauben erhob. Ein ganzer Saal voller Schriftsteller – früher war das für mich eine beklemmende Vorstellung; jetzt erfüllte es mich mit Stolz – ja, ich war wieder stolz auf unseren Beruf und überzeugt von der Macht des geschriebenen Wortes (obgleich eine Woche später die Boxweltmeisterschaften unser Treffen in den Schatten stellten und tausendmal mehr Leute interessierten). Ich weiß nicht, ob unser Kongreß dem Pariser Kongreß 35 in seiner Bedeutung gleichkommt – das wird die Zukunft lehren. Aber eins ist sicher: ein hoher Prestigegewinn für die DDR. Wir hatten nicht erwartet, daß die ausländischen Schriftsteller (auch solche, die Repressalien in ihren Ländern zu befürchten haben) so entschieden ihre Sympathie für uns bekunden würden, z. B. Peter Weiß, über den inzwischen eine Flut von Beschimpfungen hereingebrochen ist, und James Aldridge, der sagte, daß er erst hier wieder, bei uns, die Deutschen lieben gelernt habe. (Er hatte gleich nach dem Krieg das KZ Maidanek gesehen.)

Natürlich gibt es unter all diesen Schriftstellern aus 52 Ländern zahllose Meinungsverschiedenheiten, wie anders, aber in ihrem Aufruf zu Frieden und Menschlichkeit waren sie sich alle einig. Ach, wenn die Welt auf ihre Dichter hören würde ... Zuerst sprach Anna Seghers, eine schöne, ergreifende

Rede, die mich wieder zu ihr zurückführte (ihre Geschichten
in den letzten Jahren fand ich kalt und klassisch), dann Fedin, in tadellosem Deutsch. Ein Satz vor allem ist mir im Gedächtnis geblieben – ich weiß nicht, ob ihn Yuri Suhl oder
Alan Marshall sagte: »Bevor die Nazis Menschen zu verbrennen begannen, verbrannten sie Bücher.«

Marcos Ana, der 23 Jahre im Kerker in Spanien gesessen
hat, überreichte A. S. eine aus dem Gefängnis geschmuggelte
Zeichnung von dem Maler Agustin Ibanola. Sie umarmten
sich, das war einer der bewegendsten Augenblicke dieses Tages. Und diese zwei [...] – Tibor Dery und Dembele ... D. ist
ein baumlanger, wunderschöner Neger aus Mali; er trug eine
schneeweiße Toga und bewegte sich mit vollkommener Gra-
zie und Würde. Einmal während seiner Rede – »mein Herz
gehört Ihnen« – legte er den dunkelbraunen Arm über die
Brust, mit einer Bewegung ... oh, ich sah die Gesichter meiner Nachbarn, ich wage also zu gestehen, daß mir die Tränen
kamen vor Erschütterung: daß die Erde einen solchen Menschen hervorgebracht hat ... [...] soviel Schönheit, Anmut
und natürliche Hoheit ... die Welt ist es doch wert, erhalten
zu bleiben. (A. erzählte mir, die A. S. sei in einem Laden in
Weimar auf Dembele zugegangen und habe ganz überwältigt
gesagt: »Gott, was sind Sie für ein schöner Mann.«)

Dery wurde mit wildem Beifall begrüßt; mir scheint, es war
eine politische Demonstration, die unseren Radikalen gar
nicht paßte. Es kann noch nicht allzu lange her sein, seit D.
aus dem Zuchthaus entlassen ist. Hier war er verfemt, natürlich; jetzt endlich erscheint wieder ein Buch von ihm. Nach
seinen Worten, es sei die Aufgabe des Schriftstellers, immer
und unter allen Umständen die Wahrheit zu sagen, brach wieder der Beifall los. Nun, die Unseren haben verstanden. Ich
saß neben Kuba [...] (»dem unappetitlichen Wirrkopf«, wie
K. sagte), er schimpfte wie ein Fischweib, in ordinären Ausdrücken – ein Ausbruch von krankhaftem Haß, er hätte am
liebsten Dery gleich wieder eingesperrt oder sofort erschossen. Ein Schauspiel, bei dem mir übel wurde. Dieses [...]
lächerliche, gefährliche Überbleibsel ... »Ich wünsche Ihnen
ein gutes Gewissen«, sagte Dery zum Schluß. Kuba schäumte,
und erst recht tobten meine Nachbarn und ich – ja, das hieß:

für Dery, für unser Gewissen, für die Wahrheit – gegen dich,
Kuba, und deine verdammten Dogmatiker! In diesem Moment verstand ich, wie es zu politischen Morden kommen
kann. Ich bin mir bewußt, daß ich etwas Ungeheuerliches
schreibe, aber bei Gott, ich verstand es.

Über die kurze Rede von Saroyan (die eigentlich mehr ein
Witz war und als »Mißachtung des Kongresses« hätte ausgelegt werden können, wenn man die Interviews mit S.,
seine Geschichten nicht gelesen hätte) erregte sich Kuba so,
daß es beinahe zu einem Skandal kam. [...]

Hoy, 29. 5.

Da habe ich greulich geschimpft und keine Toleranz bezeigt
... [...] Im Foyer des Deutschen Theaters hängt ein Plakat:
»Hände weg von Kuba!« Derys Rede ist natürlich nur in
Auszügen veröffentlicht worden. – Am letzten Tag saß ich
noch mit Heym zusammen; er hat Redeverbot, alle seine geplanten Veranstaltungen sind abgesagt worden, er ist von
einer Mauer des Schweigens umgeben, eine Situation, die
mich irrsinnig machen würde. Diese Taktik des Totschwei-
gens wird erfolgreich auch an anderen erprobt; über den
Prozeß, den Havemann angestrengt hat, verlautet noch immer kein Wort.
[...]

Ahrenshoop, 4. 6.

Den zweiten Tag hier. Themen wie Wetter und Essen werden wieder interessant. Die Herfahrt hat mir großen Spaß
gemacht, obgleich die Reise ein bißchen strapaziös ist, über
400 Kilometer, stundenlang durch Mecklenburg, dessen
Straßen freilich besser sind als ihr Ruf. Auch die Landschaft
ist ganz reizvoll, einfältig und nicht von der Ödnis, wie wir
sie uns vorgestellt hatten. In Neubrandenburg sind wir
herumgebummelt, um das Hochhaus von Iris Dullin anzusehen, Läden und Ladenstraße zu inspizieren und alles gelungener zu finden als im langweiligen Hoyerswerda.

Das Hochhaus ist dem Henselmannschen »nachempfunden«, der eigentliche Hochkörper scheint geglückter (aber

nicht so heiter – für meinen Geschmack – wie von H.), aber
das Gebilde, das der H.schen Kuppel entspräche, ist graus-
lich – eine Art Karusselldach, das aus dem Stil des Ganzen
rausfällt. Im Kosmetik-Exquisit gibt es Haarspangen, die in
der ganzen Republik als unmodern gelten und verschwunden
sind; zufällig mag ich gerade die und habe mich eingedeckt.

Ein paar Stunden in Hohen-Luckow, bei D-Schwester und
Uwe (der sich schon wie ein perfekter Landwirt und – posi-
tiver – Gutsinspektor bewegt) … Sie haben sich in der deprimierenden Verwalterhöhle eine hübsche kleine Puppen-
wohnung eingerichtet. Das Schloß des berühmten Freiherrn
Langen (»… reitet für Deutschland«) ist jetzt leider unge-
pflegt und verfällt, aber den Park richten sich die Gutsarbei-
ter wieder her. Im Park hat uns Uwe seine Wünschelruten-
künste gezeigt, die er erst neulich entdeckt hat und auf die er
sehr stolz ist. Wir haben es alle versucht – ohne Effekt – mit
dem gegabelten Zweig, von irgendeinem beliebigen Strauch
gebrochen – nach einer Wasserader zu fahnden. Bei Uwe begann die Wünschelrute, sobald er sich einem unterirdischen
Wasserlauf näherte, auszuschlagen. Er kann seine merkwürdige Kraft sogar auf andere übertragen; als er mich an der
Hand führte, merkte ich, wie sich auch in meiner Hand die
Rute mit einer unwiderstehlichen Gewalt zu drehen begann.
Die Wissenschaft lehnt dieses Phänomen als Humbug ab, erklären kann sie es aber nicht.

Wir fuhren erst im Dunkeln wieder ab, weil Uwe mir noch
die Pferdeställe zeigen mußte. In der einen Box lag ein Wal-
lach im Sterben, und ich bildete mir ein, die anderen Tiere
müßten es merken. Aber sicher ist es immer so unruhig in
einem Stall. Ich hatte Angst, mir war unheimlich zwischen
all den großen warmen Tieren, die mit den Schnauzen im
Stroh raschelten, mit den Hufen auf den Boden klopften,
mit ihren Ketten rasselten, und dazu der schwere, warme
Geruch – und ich mußte mir immerzu vorstellen, wie es ist,
wenn in solch einem Stall Feuer ausbricht und die Pferde
verrückt werden. (Meine Beziehung zum Landleben ver-
danke ich leider nur Büchern mit dramatischen Szenen.) Zuletzt zeigte mir der freundlich gelassene blonde Hengst-
kutscher seine zwei Zuchthengste […]. Uwe hat ein paarmal

beim Decken zuge[sehen], er sagt, es sei ein grandioses Schauspiel: da werden Urkräfte entfesselt.

Sagte ich schon, daß D-Schwester noch schöner geworden ist? Und Spätzchen war dickschädelig und unzugänglich wie immer. Zu Pfingsten wollen sie nach A. kommen; wenn wir kein Zimmer mehr für sie bekommen, müssen sie halt im Auto schlafen. Ich glaube, ich würde nicht gern auf dem Lande leben; die Tiere machen mir Furcht, und der ländliche Frieden (abends – um neun liegt alles in den Betten, und das Gut ist wie ausgestorben) würde mir auf die Nerven gehen. Aber wahrscheinlich sieht man das alles falsch, wenn man nur für ein paar Stunden auf Besuch ist. [...]

Den ersten Tag in A. haben wir mit langen Spaziergängen verbracht (der Himmel war bedeckt, kalter Wind) und leider auch mit der ersten Verstimmung, wegen Pioch. Er hat ein Telegramm geschickt, daß er Sonnabend mit dem Flugzeug kommt (bis Mittwoch wollte er bleiben), und daß ich Quartier besorgen möchte, von Heuboden bis First Class. [...] Damit hatte ich nicht gerechnet. Wäre ich allein hier, hätte ich es amüsant gefunden. Jon war außer sich. So zornig habe ich ihn seit langem nicht gesehen. »Ich werde ihn ins Meer schmeißen«, sagte er, und das war gar nicht spaßig gemeint. Der Mann sei sein Feind, und so werde er ihn behandeln. [...] Nun, [...] ich hatte ein schlechtes Gewissen, Jon schlechte Laune – schließlich telegrafierte ich ab. Und nun bange ich um meine Geschichte ...

[...] aber früher oder später hätte es ohnehin Komplikationen gegeben, mit einem verliebten Mann kann man ja doch nicht zusammenarbeiten. Illusion, wie so oft. Ich mag nicht darüber nachdenken, nicht jetzt, da ich schon halbwegs in Ferienstimmung bin, mich ans Faulenzen gewöhne und fast zwei Tage lang keinen Gedanken auf meine Arbeit verschwendet habe. (Am Tag vor der Abreise rief Turba an: ich sollte über Pfingsten zum Arbeiterjugendkongreß fahren und darüber schreiben. Erstaunlich, daß ich es fertiggebracht habe, nein zu sagen. [...] vielleicht sollte ich öfter meine Ohren den Appellen ans Pflichtgefühl verschließen.)

Heute schien den ganzen Tag die Sonne, aber man fröstelte unter dem scharfen Wind, und wir haben erst ab mor-

gen einen Strandkorb. Diese kleine Kalamität hat uns eine
häßliche Szene eingetragen. Es ist albern, darüber zu schreiben, aber mich hat es schrecklich aufgeregt, ja schockiert.
Wir setzten uns in einen leeren Strandkorb, den wir für her-
renlos hielten, und dann kam doch ein Besitzer, ein dicker
grober Mann, der sich nicht damit begnügte, uns rauszu-
schmeißen und unsere höfliche Entschuldigung nicht an-
zuhören, sondern uns aufs ordinärste beschimpfte [...] Ich
bin solchen Situationen nicht gewachsen, ich starb fast vor
Scham. Wir gingen vom Strand weg, und ich konnte mich
nicht beruhigen. Nicht bloß, weil er uns für Penner und
arme Schlucker hält – sondern, weil er uns eben deshalb beschimpfte. Jon fand, mir täte eine solche Begegnung mit der
rauhen Wirklichkeit ganz gut – und in der Tat bewege ich
mich ja immer in einem Kreis, der mir Achtung oder sogar –
um meiner Bücher willen – Zuneigung entgegenbringt, und
unter Leuten mit guten Manieren.

Wir versuchen, den Mann beruflich einzustufen. Ich tippe
auf Neureich, ein Handwerksmeister oder VEB-Wirtschafts-
mann, und kann Jons Ansicht nicht teilen, er sei Arzt oder
so. Arbeiter fällt schon sowieso weg, nicht nur wegen der
Fettleibigkeit; die Arbeiter, die ich bis jetzt kennengelernt
habe, hätten, vermute ich, nichts einzuwenden gehabt, wenn
sich jemand in ihren unbenutzten Strandkorb setzt [...]. Mir
stinkt diese Gesellschaft hier. A. nennt sich »Bad der schaf-
fenden Intelligenz«. Na ... Gestern abend beobachtete ich,
wie diese raffende Intelligenz den armen Kellner behandelte,
der ohnehin schon abgehetzt war und seit Stunden auf den
Beinen; er hatte versehentlich ein Glas Bier zu wenig gebracht. [...]

Wir brüten Rachepläne gegen den Dicken. Falls er einen
Trabant hat, will Jon ihm eine tüchtige Beule reinfahren.
Vielleicht legen wir ihm auch tote stinkende Fische ins
Strandkorb-Schubfach. Ich bin seit undenklichen Zeiten
nicht so behandelt worden. Ich kann verstehen, daß jemand
jemanden abschießt, weil er gekränkt, in seiner Ehre verletzt
worden ist. Schade, daß wir in einem gesitteten Land leben
und uns auf tote Fische beschränken müssen.

Und weil ich gerade in schlechter Laune bin, möchte ich

dazusagen, daß das DER eine Nepp-Organisation ist. Das Essen ist ziemlich mies, das Kurhaus (angeblich das beste Haus am Platze) ohne Komfort. Kein Bad. Das Zimmer ist klein, zwei Betten, ein schlechtschließender Schrank, Tisch, Nachtkästchen, aus. Und das für einen horriblen Preis. [...] Man bezahlt halt das Meer und den Strand.

Ahrenshoop, 7. 6.

Eben sind die »Kleinen« abgefahren, Uwe und Dorli, die mit ihrem Tierarzt und seiner blonden, langbeinigen Frau über Pfingsten hier waren. Endlich mal fröhliche junge Leute in diesem steifen Nest! Jede Äußerung von Übermut wird mißfällig aufgenommen, Ballspiel ist schon eine Unverschämtheit, die man den ramponierten Intelligenz-Nerven nicht zumuten darf. Es ist schon schlimm, daß man sich andauernd umziehen und auf diese Art mitspielen muß, aber viel schlimmer sind die schlechten Manieren dieser privilegierten Schicht. Jeden Tag hatten wir einen Zusammenstoß mit irgendwelchen Leuten, weil unsere lieben Gäste (die so jung und heiter sind, daß man ihnen die Wissenschaftler nicht ansieht) Ball spielten, weil sie lachten, weil – weil ... Man reagiert auch nicht auf höfliche Entschuldigungen, man will schimpfen, nörgeln, will sich aufregen. Sehen sie denn nicht, wie hübsch und anmutig die beiden Mädchen sind, wie charmant die Kindereien dieser jungen Männer, die wochenlang hart arbeiten und sich mal austoben möchten?

Auf der Straße im Dorf steht eine Waage, und natürlich mußten sie sich alle wiegen, mit Studententricks. Ein Herr kam dazu, der seine Tochter wiegen wollte, der empörte sich, weil wir ihm nicht sofort Platz machten, und als einer von uns eine Bemerkung machte, er warte ja noch keineswegs »eine Viertelstunde«, sagte er pikiert: »Und ich dachte, Sie gehören zur besseren Gesellschaft.« No komment. Ich finde das alles zum Kotzen. Übrigens wurde der säuerliche Tadel für die Sünden der anderen immer an mich gerichtet. Jon muß darüber lachen, er sagt, ich sähe mit meinem Zopf wie eine Rotzgöre aus. Aber mich deprimiert es. [...] Was hat der Sozialismus nun eigentlich verändert? Auto und

Konto sind die Götzen wie »drüben«, und ein Titel zählt
mehr als ein Charakter. Die Schömanns, mögen sie auch weniger gebildet sein oder nicht genau wissen, wer zuerst
durch eine Tür geht, haben bessere Manieren und sichereren
Takt als diese Intelligenz-Spießer.

Es ist schade, daß die vier wieder fort sind. Am ersten
Abend haben wir bis weit nach Mitternacht zusammen-
gesessen und Wein getrunken und geredet und Witze erzählt,
aber das Gespräch kehrte immer wieder zur Arbeit zurück,
zu der Sphäre, in der wir uns am glücklichsten fühlen. [...]

Das nächste Mal fahren wir ins Schriftstellerheim, zu
freundlicheren, anständigeren Leuten, mit denen wir uns einig wissen, trotz Eifersüchteleien und Klatsch, auch politisch einig, trotz unserer Schimpfereien und giftigen Witze
und aller scharfen Kritik.

Gestern abend haben wir, leider bloß über Fernsehen, ein
großes Erlebnis nachgeholt: Satchmos Gastspiel in Berlin.
Der große alte Neger mit den aufgerissenen Lippen ... er ist
unglaublich häßlich – nur manchmal, wenn er singt, wird sein
Gesicht ergreifend schön, und seine Augen sind so traurig,
daß man weinen könnte. Er benahm sich, trotz Show und
Clownerieen, nicht als der Star des Abends, sondern schob
immer wieder seine Leute, alles phantastische Könner, in den
Vordergrund. Er schwitzte und betupfte sich immer wieder
mit seinem weißen Tuch die Lippen (ich habe einmal gelesen,
er spielte nur unter großem Schmerz), aber wenn er singt,
singt das schwarze Amerika, und seine Trompete ist unver-
wechselbar und einmalig unter tausend anderen. Er ist immer
noch King of Jazz (und er macht auch aus dem Musical-
Schlager »Darling« handfesten Jazz) ist nicht nur die Legende
seiner selbst.

Ahrenshoop, 17. 6.

Nun, wir haben uns gewöhnt. Seit zwei Tagen Regen, man
gammelt so herum. Nähter, Chefarchitekt von Berlin, getroffen; natürlich langes Architektur-Gespräch. Gestern
zum erstenmal bei Schreyer, wo wir bei Kuba-Rum boshaft
den Verband durchhechelten.

Mit Jon geht alles gut, ich meine: wir sind uns keinen Moment lästig, das Zusammenwohnen bringt keine Peinlichkeiten mit sich. Und er ist so gut und gutgelaunt, wir sind sehr verliebt, und jeden Abend schlafe ich auf seinem Arm ein. Wir sind unsagbar faul, es ist schon eine Tat, wenn man sich zu einem Brief aufrafft. [...] Natürlich essen wir zuviel – es gibt hier einen verführerischen Bäckerladen – und schleppen unsere dicken Bäuche mühsam an den Strand. Die Leute, die wir nicht leiden können, haben wir mit Namen belegt, die wir endlos variieren – es gibt den Friseurmeister, den Abdecker (das ist der Unverschämte vom Strandkorb), die Dame Schmollmündchen; ein kindisches Vergnügen, aber wir reagieren uns ab.

Ich habe wieder Lust auf meine Arbeit.

Hoy, 26. 6.

Gestern abend kamen wir heim. Heute habe ich den ganzen Tag geputzt und gewaschen, und morgen werde ich mich wieder, endlich, an die Arbeit stürzen.

Die olle Stadt steht noch und ist bei Sonnenschein sogar ganz nett anzusehen. [...]

Wir haben in A. noch ein paar Abende mit Wolfgang verbracht; er findet, Jon sei der sympathischste und interessanteste meiner Männer, und Jon sagt mir, W. sei der sympathischste meiner Freunde, einer, der sich und anderen nichts vormacht, und eine geschlossene Persönlichkeit. [...]

Hoy, 2. 7.

2. Kapitel fertig, 3. in Arbeit. Heute ruft C[aspar] an: er ist dahintergekommen, daß Lewerenz mit mir »flirtet«. Peinlich. Ich wagte ihm trotzdem noch nicht zu sagen, daß ich sogar schon einen Vertrag habe. C. wird schrecklich böse sein, und sicher habe ich dann beim »Aufbau« verspielt. [...]

Rostock ist nicht ganz die Wunderstadt, die ich erwartete (keine Bananen), aber die Lange Straße gefiel uns, ganz

Backsteingotik, hanseatisch, schöne Giebel, ein Türmchen mit Glockenspiel (statt der Sirene wie in Hoy), viele Läden, Torwölbungen, durch die man die winkligen alten Gassen des ehemaligen Hafenviertels sieht. Auch D[orli]s neue Wohnung ist dort neben der Langen Straße, eine ulkige Bude, das Haus hat gerade Zimmerbreite; eine verwahrloste Küche, hinter dem Größeren ein winziges Zimmer zum Hof, ohne Ofen. Aber sie werden es sich schon zurechtmachen, und nachmittags scheint die Sonne rein. […]

Bei Uli im Studentenheim (moderne Blöcke mit Drei-Mann-Zimmern), wir gingen mit ihm essen; am nächsten Tag hatte er seine letzte Prüfung vor den Ferien. Welche Zärtlichkeit ich für die »Kleinen« empfinde! Beim Essen möchte ich sie vollstopfen, als seien sie noch die ewig hungrigen Studenten wie früher, ihnen tausend schöne Sachen schenken – und ein dolles Buch schreiben, damit sie mit mir angeben können (obgleich sie das jetzt schon tun, die kleinen Affen). Auch Uwe ist wie ein Bruder für mich. Vielleicht suche ich in dieser Geschwisterliebe Ersatz für ein Kind, das ich wohl nicht mehr haben werde.

In Hohen-Luckow waren wir bei Uwes Chef, Pfennigschmidt, dem Direktor des Gutes, eingeladen. Ein kleiner dicker Mann, sehr selbstbewußt, witzig (auch auf eigene Kosten bereit zu lachen), der mit Strittmatter und seinem intimen Feind Kuba befreundet ist, selbst schreibt und ein bißchen eine legendäre Figur ist wegen seiner Streiche und Eigenwilligkeiten, die ihm schon eine Parteistrafe und eine Menge Ärger eingebracht haben. Übrigens zeigt er Inspektor-Allüren, hat Pferd und Kutsche und Schlitten, die andere nicht benutzen dürfen, soll aber phantastisch tüchtig sein. Schade […] daß Uwe jetzt wieder ans Institut geht; ich hätte Pf. gern besser kennengelernt, er steckt voller Geschichten. Er hatte uns im Gästezimmer untergebracht, im Turm des Schlosses, in dem man freundlicher und behaglicher wohnt als im stinkfeinen Kurhaus in A.

Den Vormittag haben wir dann zu viert – nein, zu fünft, mit Spätzchen – vergammelt, bei ausgedehntem Frühstück; das Fenster stand offen, ein ländlicher Teich, Weiden, Gänse, Kuhgebrumm … es erinnerte an Verlorenes (vielleicht

damals, als wir Kinder waren, die Besuche auf dem Gut einer
verschollenen Schulfreundin Lisa). Wir besahen uns den
Rittersaal, der an Ketten aufgehängt ist – sie sind aber nicht
zu sehen, und ich habe das Bauprinzip nicht verstanden –, er
wird als Abstellraum genutzt und verfällt und verschmutzt.
Schade drum. Er ist in Weiß und Gold gehalten, das Paneel
ringsum ist mit den Wappen der Ahnen des Freiherrn von
Langen bemalt, groteske Wappentiere […], der halbe deutsche Landadel versammelt; goldene Initialen über der Tür,
eine reiche Stuckdecke, italienische Arbeit mit Amorett und
mythologischen Figuren, ein üppiger Kamin – jetzt zu-
gemauert, ein Ofen davor, flankiert von kitschigen Statuen
römischer Legionäre.

Hoy, 6. 7.

Um nun endlich den Bericht zu beenden: Zu Daniel habe
ich mich nicht gewagt, obgleich ich – in der Südstadt – ganz
in der Nähe seiner Wohnung war. Das Fädchen ist gerissen,
Gott weiß warum. Um die Wahrheit zu sagen: ich bedaure
es. Rückfahrt über Nauen […]. Wir bestaunten die sommerlich reifen Felder, die satteren Farben; an der Küste war
noch Frühling, mit Flieder und Maiglöckchen.

Ärgerliches Erlebnis auf einer Landstraße, wir mußten
stundenlang, manchmal im Schrittempo, hinter einer Mi-
litärkolonne herfahren, die von bärbeißigen Rangern auf
Motorrädern eskortiert wurde (Feldwebel-Fressen unterm
Stahlhelm), sie ließen niemanden vorbei, obgleich das leicht
möglich gewesen wäre. Straße frei für die ruhmreiche Armee. Nein, wir brauchen keine Notstandsgesetze. Allmählich sammelte sich hinter uns eine lange Autoschlange, auch
viele Westwagen (es ist die Straße Hamburg-Berlin), ab und
zu unternahm einer einen Durchbruchsversuch und wurde
unter wildem Gekläff von den Rangern zurückgejagt. […]
Wir tobten vor Wut. Aber die blöden armen Hunde hatten
ja »auch bloß ihre Befehle«. Einmal, als wir wieder anhalten
mußten, erhob sich ein wildes, minutenlanges Hupkonzert,
ohnmächtige Empörung. Da war Lynchstimmung. Wir haß-
ten diese Gewehrträger und stumpfsinnigen Befehlsempfän-

ger, gegen [...] deren Willkür wir – Dutzende von Bürgern,
die heimwollten – machtlos waren.

Die Verherrlichung des Soldatentums nimmt unerträgliche
Formen an. Dieser Tage las ich im ND einen Aufsatz über
Wehrmoral, derart im »Völkischen« hätte stehen können:
über die »gesunde jugendliche Freude am Waffenhandwerk«,
»das soziale Wesen dieser Freude«, Lobpreisung der militärischen Ausbildung, die »zum Mann und sogar zum Menschen
qualifiziert« – widerliches, mörderisches Geschmier. So weit
sind wir wieder. Wie verträgt sich das mit der lautstark verkündeten Friedensliebe? Aber diese Marxisten Sorte beweist
einem auch, daß Töten–Wohltun ist, Gehorchen–Denken
und Kriegführen eine Form des Friedenskampfes.

Sonntag war Bergmannstag, mit dem üblichen Rummel
auf dem Platz gegenüber Jons Haus, (auch die Cumberland-
Schau ist wieder da, deren Ausschreier, halb Cowboy, halb
zotenreißender Clown, mich entsetzt und anzieht wie eine
ekle Natter). Nach einer halben Stunde hatten wir genug
von dem Anblick so vieler kretinhafter Gesichter, schlampiger Weiber und Angetrunkener – diesmal schien sich der
ganze Abschaum von Hoy versammelt zu haben; freilich ist
es auch eine ordinäre Vergnügungsstätte, die Bude kitschig
und gruselig, Gestank von Bier, Staub und Fisch. [...]

Pumpe rüstet sich zum 10. Jahrestag, d. h. also zu Heldengesang und zu Hosianna für die Partei und zum freundlichen
Vergessen aller Fehler, Irrtümer und Schwierigkeiten. So
schildert es auch ein Fernsehfilm, den wir Freitag im Funkstudio sahen, in einer »internen« Aufführung. Die Schöpfer
dieses Machwerks wurden hinterher mit einem Orden behängt. Der Film ist schön färberisch und verlogen und zu
allem Unglück in einer bald schwülstigen, bald »humorigen«
Sprache kommentiert, die einem die Schuhe auszieht. Der
miese Winkeljournalist, dem wir einiges Kritisches sagten,
[...] war natürlich eingeschnappt [...]. »Das verstehen die
Kumpel, so wollen es die Kumpel haben ...« na, hoffentlich
haut ihm ein Kumpel mal eins in die Fresse für das, was der
Kerl über das nicht-funktionierende Druckgaswerk Rühmendes zusammengefaselt hat.

In der allgemeinen Feststimmung zog die Partei auch uns

Sünder wieder an ihren Busen. Langer lud uns so dringlich
ein, an der Begießung des Filmkunstwerks teilzunehmen,
daß wir schließlich zusagten, vor allem aus Verblüffung und
Neugier.

Unter dem Vorwand, die zwei Filmhasen zu feiern, hatten
sich die Spitzen von Partei und Gewerkschaft versammelt,
mit ihren Gattinnen, »ihre Chauffeure« kamen später, um die
sektbeschwipsten Herrschaften die fünf Kilometer von
Spremberg nach Pumpe zurückzufahren. Wir kamen uns vor
wie im Panoptikum zwischen diesen Parteispießern und
ihren betulichen, netten und dümmlichen Frauen, die sich da
durch die Empfänge neppen. Es gibt Spezialisten unter
ihnen, die drei Abende in der Woche auf einem Empfang sind
(dafür muß jeder Delegierte herhalten), bei dem das Beste
aus Küche und Keller aufgefahren und auf Betriebskosten
gefressen wird. Lauter Raffkes und Neureiche; ihre Frauen
haben sie auf Pöstchen untergebracht (bis auf die Gattinnen
von denen ganz oben – die arbeiten nicht). Und dabei sind
sie alle so nett, und sie meinen es so gut ... Wir wurden mit
Respekt und mit einer gewissen Vorsicht behandelt, die aber
schwand, als die zehnte Flasche Sekt auf den Tisch kam –
jetzt wurden sie vertraulich, rückten mit Interna heraus. Vergessen unsere Kräche, alle empörten Beleidigungen, die ich
ihnen an den Kopf geworfen habe (damals bei der Cremer-
Diskussion; freilich ist ja auch Cremer wieder in hoher
Gunst). Langer setzte sich zu uns, bot Hilfe an, Fürsorge,
versicherte, wie er sich freue, daß wir wieder den Weg ins
Kombinat – d. h. also zur Mutter Partei – gefunden hätten ...
Wir tranken nichts und hielten die Ohren offen. Das Merk-
würdigste: sie freuten sich wirklich, sie entfalteten Familienleben und waren bereit, alles Vergangene ruhen zu lassen.
Dieselbe Politik wie im Großen, bis W[alter] U[lbricht]:
»Keine Reminiszenzen.« Eine Haltung, die mich beinahe
hilflos macht: man faßt in Gallert.

Dreßler kommt jetzt öfter vorbei, er ist niedergeschlagen,
braucht jemanden, bei dem er reden kann, schimpfen, sich
beklagen. Grund hat er, in seinem intriganten Verband, unzufrieden mit seiner Arbeit, immer mehr entfremdet dem
Staat, der uns früher soviel bedeutete. Heute ist seine Auto-

rität dahin, und unsere Hoffnungen. Wir haben uns früher mal Freiheit, Gleichheit und Brüderlichkeit versprochen. Schmonzes. Man verdient Geld, je mehr desto besser, und sieht zu, daß man ein angenehmes Leben hat und mit dem Rücken an die Wand kommt.

Hoy, 17. 7.

Mürrisch, weil ich mit der Arbeit wieder stehengeblieben bin. Dazu Herzschlag-Wetter: nach Wochen Kälte plötzliche Treibhausluft, schwül, feucht, Hitze wie eine Wand, aber ohne Sonne. Haufen Besucher, die einen bloß von der Arbeit ablenken, und Haufen Briefe. Henselmann schickt mir durch Wagner Bücher. Wir kommen jetzt wieder öfter mit W. zusammen [...]. W.s Zimmer ist ein gelungener psychologischer Trick, roter Spannteppich, moderne Möbel, verrückte Sessel, ein Modell der Stadt, strenge Sekretärin – unsere Dorfregierung ist schockiert, soll sie auch.

[...]
Am Tag darauf Ebeling vom Fernsehstudio Halle, dick geworden [...], er brachte eine Fernsehfassung vom »Geständnis«, sie war schauderhaft. [...] endlich hatte ich mal Mut, »nein« zu sagen [...]. Nun ja, [...] es wird sie nicht zu hart treffen. Ganovenwirtschaft. Sie haben das Ding in einer Woche zusammengehauen, jede Wette, und mindestens 4000 Mark kassiert.

[...]

Hoy, 19. 7.

Gestern war Sonntag, wieder einer unserer köstlichen Sonntage. Jon hatte uns ein Hähnchen gebraten. Eigentlich wollten wir Lesenachmittag machen, bevor wir ins Kino gingen (großer Spaß bei »Bocaccio 70«), aber dann haben wir doch bloß zwei Seiten gelesen ... Gott, diese Hüften! Manchmal bleibe ich auf der Straße ein paar Schritte zurück, um ihn gehen zu sehen [...].

Heute allerlei ärgerliche Anrufe. DSV Cottbus wollte meine Zustimmung für den Vorschlag, Hans Schneider mit dem Blechen-Preis auszuzeichnen. Der Schmierfink! Ich habe mir einen Feind gemacht, weil ich nein sagte und auch die Gründe für das nein. Nun, er wird doch durchkommen, jetzt reicht halt die Parteigruppe den Vorschlag ein (ohne Zustimmung der parteilosen Mitglieder), und Sch. ist ja in der Bezirksleitung der Partei.

Ein paar Zeitungen, die Stellungnahmen wollten, gegen Erhard, für die »Pinscher« beschimpften westdeutschen Schriftsteller. Ich schreibe keine. Mir ist jene Dezember-»Beratung«, als Ulbricht unsere Schriftsteller in die Pfanne haute, noch zu gut in Erinnerung. Außerdem kenne ich – als nichtprivilegierter Zeitungsleser – nur die paar Auszüge aus der Rede, jene Zitate, die mir das ND hinschmiß, kenne nicht einmal die westdeutschen Verhältnisse, weil man mich nicht rüberfahren läßt. Leider machte ich mir die Mühe, der Redaktion meine Absage zu begründen. Befremden, Beleidigtsein, plötzlich Mißtrauen: merkwürdig, Sie als Mann-Preisträgerin … Statt zu lügen, Arbeit vorzuschieben! Idiotin.

Hoy, 21. 7.

Heute werde ich 32. Die Stunde der Kontemplation, die wehmütigen Betrachtungen über […] die verlorene Jugend habe ich schon hinter mir: heute morgen, als Jon zum Kaffeetrinken kam. Er sagte, ich sähe aus wie eine Rotzgöre, und damit war die Diskussion zuende.

Die Geburtstagspakete von Eltern und Geschwister sind gestern schon gekommen, und gestern abend [sind] wir auch mit der Küche fertig geworden, neue Vorhänge, die ich ganz allein angezweckt habe; Jon hat den Fußboden mit Stragula ausgelegt, so ein Zeug, das ich nicht bohnern muß – ein ganz neues Küchengefühl. Einen Globus hat er mir auch geschenkt, damit ich sehe, wie groß der Stille Ozean und wie klein die DDR ist. Heute früh rief Vati an, […] er erzählte, daß Lutz sich entschlossen hat, nach Südafrika zu gehen. […]nun hat er doch den Mut, seine alten Träume zu verwirklichen, und ich freue mich für ihn; die Entfernung, nun ja, aber ich komme ja auch nach Hamburg nicht.
[…]

Hoy, 24. 7.

Wir hatten eine wunderschöne Geburtstagsfeier. Abends
war ich so müde von Sekt und Liebe, daß ich bei Jon blieb.
Unter seinem Fenster ist ein Zirkus, gegen Morgen brüllten
die Löwen, die Hochhauswand warf das Gebrüll zurück, und
ich dachte, die Löwen seien ausgerissen und spazierten auf
der Straße herum. [...] Und morgens Rose und Nelken und
ein Buch »Im Alter der Unschuld«, das mich sehr aufgeregt
hat; wir sprechen immer wieder darüber – vielleicht das auf-
richtigste Buch, das bei uns erschienen ist, – aber nicht von
einem unserer Schriftsteller. Unsere kriegen immer wieder
die Kurve, die nehmen zurück, verfälschen, sagen nur eine
halbe Wahrheit.

Gespräch mit jungen Architekten in Wagners Büro. Sie
haben in Weimar ihr Diplom gemacht, werden auch in Weimar arbeiten, Hoy ist ihnen zu trist. Sie haben keine Illusionen, keine Ideale. Der eine ist Architekt geworden, weil halt
gerade ein Studienplatz frei war, der andere, weil er gut
zeichnen kann. [...] Sie sind kritisch, glauben aber von vorn-
herein, daß man doch nichts ändern könne. Die Alten ... die
industrielle Bauweise ... unsere Entwürfe verschwinden in
der Schublade ... man gibt uns doch keine Verantwortung.
Fünf Leute, und keiner von ihnen besessen von Ehrgeiz,
dreiundzwanzigjährig – und sie haben sich schon abgeschrieben und aufgegeben. Irgendwas muß man halt arbeiten.

Arme Franziska.

Hoy. 28. 7.

Gestern, an unserem Hochzeitstag, waren wir in Dresden.
Wir fuhren ganz früh, mit langen Umwegen durch allerlei
liebliche Landschaft und kleine Dörfer mit verwahrlosten
Herrenhäusern und vorbei an der Moritzburg, die sich auf
Postkarten so schön im Wasser des Sees spiegelt. Den ganzen
Vormittag machten wir Ladenbummel, wir armen Provinzler
(in diesem Land darf [man] nicht etwas Bestimmtes kaufen
wollen, sonst stirbt man vor Ärger – Einkaufen ist ein Jagd-
abenteuer), und dann aßen wir im überfüllten, von Touristen

wimmelnden »Szeged«. [...] Die Paläste an der Elbe, obgleich sie schwer zerstört sind, haben immer noch einen unwiderstehlichen Zauber, man ahnt noch die vollendete Harmonie ihrer Architektur, die Anmut der Gärten. Auf den
Dachtrümmern, über einem herrlichen Bogengang, schwebt
noch eine Nixe [?] mit erhobenem Lorbeerkranz. Wir waren
sehr glücklich.

Im Grünen Gewölbe gingen mir die Augen über [...] –
wir bekamen Kopfschmerzen und waren benommen von
dem Gefunkel, von der Vorstellung dieses Reichtums, und
schleppten uns von Vitrine zu Vitrine, immer ungläubiger,
daß dies alles echt sein sollte. Die weißgroßen Diamanten
ließen mich schon kalt – es war einfach zuviel.

Der übliche Wolkenbruch, der Tagesregen dieses beschis-
sensten aller Sommer, erwischte uns erst auf der Heimfahrt.

                                            Hoy, 4. 8.

Zwei Tage in Burg. Onkel Robert ist gestorben, wir fuhren
zur Beerdigung. Vor allem wollte ich Vati und Mutti wiedersehen. So ein plötzlicher Tod erschreckt mich, ich denke
an schreckliche Versäumnisse. Das Begräbnis – also, um die
Wahrheit zu sagen, die meiste Zeit verbrachte ich damit, genau aufzupassen, auf jede Einzelheit (auch im Benehmen der
Trauernden) zu achten. Ich will in den nächsten Wochen die
Beerdigung der »großen alten Dame« schreiben. Aber so ab-
gebrüht bin ich doch nicht, daß mir Ursels und Tante T.s
Weinen nicht ans Herz ging, [...] und Onkel R. war wirklich
ein guter Mensch und hat mich lieb gehabt. Die Leute wein-
ten, aber daran war sicher auch die barbarische Zeremonie
schuld, mit Pfarrer und Orgel und dem Knarren des Wagens,
auf dem der Sarg gefahren wurde und das Hinabsenken in
die Grube – und vielleicht die Angst vor dem eigenen Tod.

Gestern früh fuhren wir von Burg nach Berlin: Manus bei
Lewerenz abgeliefert (die ersten 3 Kapitel). Abendessen mit
Caspar, Streit wegen Verlagswechsel. Er ist ernstlich ge-
kränkt – Jon sagte nachher, es gehe auch um seine eigene
Haut, seine Stellung ist gefährdet, jeder abgesprungene

Autor wird ihm angelastet. Ich muß da nach irgendeinem
Kompromiß suchen, C.s wegen.

Heute Anruf von Turba. Die Zeitungen, denen ich eine
Stellungnahme zum Erhard-Schriftsteller-Konflikt verweigerte, haben sich beim ZK über mich beschwert. Ich wußte
ja, daß es Ärger gibt, gehe aber von meiner Meinung nicht
ab. [...]

Hoy, 18. 8. 65

Endlich wieder blauer Himmel, und mein liebster Mann
bringt mir früh am Morgen einen Armvoll Blumen.

Warte auf Turba und Vergatterung wegen der verweigerten Stellungnahme. Namokel hat mich gemeldet, von der
ideologischen Kommission. Gott, muß der froh gewesen
sein, mir endlich eins versetzen zu können. Letzte Woche
Sitzung in C. (Wahlvorbereitung), dummes Herumgerede.
Wir sind ihnen suspekt, verdammte Künstler. Einer verriet
sich: »Frau Reimann ist geschickt, sie ist nie zu fassen.«
Dreßler und ich konspirierten am Tischende, das machte
unsere Funktionäre nervös – »ihr«, sagten sie, »ihr seid immer so ironisch.« Lachen können sie halt nicht vertragen.
Immerhin brauchen sie uns jetzt zur Wahl, da lassen sie sich
mal wieder einfallen, daß es diese Künstler im Bezirk gibt.

Lewerenz kommt heute auch. Ich habe in aller Eile das
dritte Kapitel abgeschlossen. 3 Tage nicht zur Arbeit gekommen, weil die K[...]-Eltern zu Besuch waren [...]. Jon
wohnte bei mir, wir spielten richtige Ehe und fanden es
schön, abends zusammen schlafen zu gehen, morgens
zusammen aufzuwachen, zärtlich und gutgelaunt, in aller
Ruhe zu frühstücken und Träume zu erzählen. [...]

Hoy, 20. 8.

Die Vergatterung ist friedlich abgegangen, Kurt war heiter
und durchaus zugänglich, grinste sich eins, als ich wild wurde,
schreiend Protest erhob gegen Willkür, Bevormundung, murmelte einiges Versöhnliches über das »Alter«, borgte sich bei

mir Bücher, die auf dem Index stehen und versprach, bald wiederzukommen auf einen langen Schwatz. [...]

Die Besprechung mit Lewerenz und Frankie-Boy lief, wie zu erwarten, auf ein Gelage hinaus. L. sagte, er sei »des Lobes voll« über die vorliegenden Kapitel [...].

Autoren-Almanach vom Aufbau bekommen (20. Jahrestag des Verlages), mit Fotos, Karikaturen, Faksimiles. Ich bin auf einer Seite mit Pitschmann, das liegt halt am Alphabet, trotzdem wirkt es so zusammengehörig. Wie, immer noch ein heimlicher Stachel? Merkwürdig auch, seine kleine gestochene Schrift wiederzusehen. Und Franz Kain ist auch dabei, mit der unheroischen kleinen Narbe am Mund. Er schreibt mir noch immer [...].

Hoy, 30. 8.

Eine Woche nicht zum Arbeiten gekommen, Porträt von Wagner geschrieben (Wahlvorbereitung), Verbandstagung geleitet, wie üblich Zank mit selbstzufriedenen Dummköpfen. Ach, das ist alles widerlich. Der Abend mit Wagner, als er aus seinem Leben erzählte, war interessant: er ist Schüler von Selmanagic, dem letzten Bauhaus-Mann bei uns.

Georgi Kawdaradse (jener aus Moskau) ist in der DDR und will mich sehen. Unangenehm. Ich trau mich nicht hin, und wenn Jon mitkommt, bin ich gleich noch befangener.

Heute kommt Kurt Maetzig.

Werde mit Briefen überschüttet [...]. Nervös. Zwei Tage beschäftige ich mich schon damit, Platten auf Tonband umzuschneiden, Beethoven, Schubert, Dvorak. Das beruhigt. Warum können einen alle diese Leute nicht in Ruhe lassen, verdammt? [...]

Hoy, 31. 8.

Ein freundlicher Nachmittag und Abend mit Maetzig, der – was mich immer wieder verwundert – so gar kein professorales oder Prominenten-Gehabe zeigt. Wir mögen uns sehr leiden, vielleicht weil wir uns ein bißchen ähnlich sind in Gefühlsunbedachtheit, Egoismus und dem Anspruch an andere,

sie mögen rückhaltlos unsere Begeisterung und unseren
Kummer teilen. Das »Kaninchen« ist fertig, es hat auch
schon eine Vorführung gegeben, die S. Wagner und sein Ad-
latus Kimmel von der ZK-Kulturabteilung schweigend verließen: sie könnten sich nicht äußern (W[alter] U[lbricht]
muß erst seine Zustimmung geben, und die Benjamin, und
die Volksbildung – und denen allen wird der Film nicht
schmecken). Der strenge Knietzsch vom ND war begeistert,
er sagt, es sei M.s bester Film seit der »Ehe im Schatten«.
M. ist sehr glücklich, daß er endlich wieder den Anschluß gefunden hat, er empfindet wieder Selbstvertrauen, und nun
bangt er um die Zulassung und ist entschlossen, bis zum
letzten zu kämpfen. Übrigens hatten sie die ganze Zeit Re-
klamesperre, und der Generalstaatsanwalt sagte schon, bevor
die Produktion begann, »wenn die den Stoff drehen, wird er
alle diese Burschen festsetzen«. [...]

Hoy, 5. 9.

Johannes Bobrowski ist gestorben. Ein schrecklicher Verlust.
Mir wurde ganz schlecht, als ich die Zeitung aufschlug und
den schwarzen Rahmen um das freundliche, verschmitzte
Fernandel-Gesicht sah. Ich konnte nicht mehr arbeiten, weil
mir zumute war, als sei ein Freund gestorben. Und wie gern
hätte ich mich mit ihm befreundet! Henselmann hatte ein
Treffen mit ihm vorbereitet, da hätten wir uns richtig kennenlernen können (mein sehnlicher Wunsch, seit ich B. das
erstemal sah, damals in der Akademie), aber da war er schon
krank. Einen Tag vor B.s Tod erzählte mir Daniel in Berlin,
daß er seit drei Wochen ohne Bewußtsein sei [...] (er hatte
einen perforierten Blinddarm). Daß man an so einer idiotischen Krankheit heutzutage noch stirbt! Und wie gemein
und ungerecht, daß ein so großer Dichter stirbt, während
Millionen dummer und böser Menschen uralt werden und zu
nichts nütze sind. Nach »Lewins Mühle« haben wir Wunderbares von B. erwartet. Er war erst 48.) Es gab dann übrigens
eine Menge Gerüchte um seinen Tod, Vorwürfe, die aus
Westdeutschland kamen, von unseren Ärzten scharf zurückgewiesen wurden – [...] lauter schmutziges Zeug.

Den Daniel habe ich beim Empfang zum 20. Jahrestag des Aufbau-Verlages gesehen, wir haben ganz freundlich miteinander gesprochen […]. Obgleich er nun so weit weggerückt ist, kann ich immer noch verstehen, […] warum ich ihn geliebt habe (an G[ünter] denke ich immer mit Ekel und Grauen zurück) – aber wenn ich noch einmal zu wählen hätte – ich würde den Jon wählen, selbst um den Preis, noch einmal diese vier schrecklichen Jahre durchstehen zu müssen. […]

Hoy, 19. 9.

Die ganze Zeit keine Lust: hänge immer noch am 4. Kapitel fest, an ein paar teuflischen Zeilen. Übrigens komme ich jetzt endlich dahinter: wenn es von innen her nicht stimmt (wenn es nicht *wahr* ist), kann ich es nicht schreiben, selbst wenn ich mir hundert originelle Formulierungen einfallen lasse, sie sind hübsch unverständlich und klingen gut. Alles Schwindel.

Also nichts mehr vom Empfang außer daß ich mit der Konkurrenz zusammensaß und mit Frankenberg flirtete […]. Caspar war ziemlich hinüber und schielte mir ins Dekolleté, das Beste an diesem Abend sei mein Busen, sagte er, und soweit war ja noch alles lustig. […] Aber dann wurde es doch noch schlimm: er will mein Buch haben […]. Ich sitze ganz schön in der Zwickmühle, beim Neuen Leben kann ich auch nicht zurück.

Hoy, 8. 10.

Gestern war nun wohl der letzte sonnige Spätsommertag, und wir sind im Tiergarten gewesen und haben eine halbe Stunde den Bären zugesehen. Heute ist es den ganzen Tag dunkel und neblig, und man hat Vorgeschmack auf den Winter mit seinen endlosen Abenden.

Am 6. habe ich in Cottbus den Blechen-Preis bekommen, an dem nicht nur die pfundschwere Medaille, sondern auch eine hübsche Summe hängt. […]

Vormittags hatten wir bei Wagner eine Konferenz mit der Bau-Akademie. Nichts von Belang – sie können auch nichts

dafür. Fingerzeig auf die ganz oben. Zuletzt bleibt es wohl
bei den Alten hängen.

Endlich Thomas Manns Gesammelte Werke bekommen.
Ich lese schon den ganzen Tag. [...]

Hoy, 18. 10.

Am Freitag abend ist Erwin Hanke bei einem Autounfall
tödlich verunglückt. Er kam von einer seiner listigen Be-
schaffungsfahrten. Sie sind gegen einen Baum gefahren (der
Fahrer liegt noch besinnungslos und schwer verletzt). Erwin
war sofort tot. Die Nachricht hat sich gleich im Kombinat
und in der Stadt verbreitet, [...] man konnte sich »nicht vorstellen«, daß der dicke lustige unerschütterliche Mann nicht
mehr am Leben sei. Die Kombinatsleitung, die ihm zu Leb-
zeiten alle erdenklichen Schwierigkeiten gemacht hat,
»schätzt ein, daß das Kombinat mit Hanke Millionen verliert«. Sie rechnen ihre Toten gleich in Geldwert um. Ich war
den ganzen Abend niedergeschlagen, weil es meinen Hamann nicht mehr gibt.

Hoy, 31. 10.

Daniel hat mir einen erschütterten Brief geschrieben zu H.s
Tod. Er bat aber, ich möge ihm nicht antworten, er schreibe
heimlich, seine Frau ist eifersüchtig auf mich.

Ein paar schwierige Wochen. Ich hatte einen Zahnabszeß,
das ist schon arg, aber schlimmer ist, daß ich mein neues Kapitel nicht bewältige. Ich hab's fünfmal geschrieben, eine
Qual, manchmal heule ich vor Verzweiflung. Darüber ist
mir die Lust zu allem vergangen, auch zum Erzählen, dabei
gab es einiges Interessantes: zwei Tage Verbandssitzung,
vielleicht die letzte, denn der Verband, die »ideologische
Heimat«, ist in Auflösung begriffen. Wachsende Unzufriedenheit der Mitglieder mit dem Versagen jeglicher Gewerk-
schaftsarbeit, mit dem Sekretariat, diesem Puffer zwischen
ZK und Schriftstellern, mit der schlechten Information.
Beschwerden nützten doch nichts. Wie Schreyer schrieb:
Du kannst heute alles sagen, wenn du sachlich bleibst – du

änderst aber nichts. Kuba rülpste Stalinismen. Kant sah aus, als brüte er über Sottisen, sagte aber nichts. Nur Wiens hielt eine flammende Rede voll leidenschaftlicher Empörung. Wozu? Eckert und Koch schwiegen. Tendenz lustlos.

Ich bin wieder viel zu viel rumgeschleppt worden, allerlei Lesungen und Veranstaltungen. [...] hinterher falle ich zusammen. [...] Zu wenig Ruhe zur Arbeit. Sogar [in] unserer Ehe zeigten sich Krisenerscheinungen. [...] Zum Glück waren wir aber diesmal so gescheit, darüber zu sprechen, und ich will nun wirklich versuchen, mich nicht gehenzulassen, will heißen: ohne Rücksicht auf J.s Gefühle mich zu verkriechen und nur an meine Arbeit zu denken. Gestern, auf einmal, war es wieder gut und schön [...] zuhaus in der Küche, küßten wir uns und küßten uns bis ins Zimmer hinüber und auf den sibirischen Teppich, [...] und nun habe ich auch mehr Mut zu meinem Kapitel. [...]

Hoy, 6. 11.

Lesungsreise beendet. In Berlin Diskussion mit ein paar Dogmatikern, ging laut her, war aber interessant. Vormittags trafen wir Strittmatter, der wieder halbwegs gesund ist. Er war so nett und herzlich wie immer [...]. Im Dezember will er mit Eva uns besuchen kommen.

Mittagessen mit Caspar. Er fragte nicht nach dem Buch, Gott sei Dank. Abends, vor der Lesung, war ich noch mit Lewerenz verabredet. Er kam, ein gebrochener Mann: Frankenberg ist abgelöst worden. Cheflektor L. wurde vor vollendete Tatsachen gestellt, bei der Konferenz am Nachmittag war F. schon nicht mehr anwesend. Der Grund: er hat eine Liebesgeschichte mit einer verheirateten Frau. Ich wollte es nicht glauben [...]. Die Zeiten, dachten wir, seien vorbei. [...] Ausgerechnet einen so anständigen Menschen trifft es, für den die Geschichte wirklich ein »Konflikt« ist, die ihn quält – andere huren herum und hüten ihre Posten. Wir waren außer uns vor Empörung. Der Zentralrat versicherte zwar, daß sich an der Linie des Verlages nichts ändern werde, aber darum geht es nicht. L. hat vorgeschlagen, daß der Z[entral] R[at] die Autoren zusammenruft, um ihnen die

Gründe für F.s Ablösung darzulegen; er rechnet natürlich auf Protest, hat auch schon mit Jakobs und Görlich gesprochen [...]. Wir sind entschlossen, uns gegen diese idiotische und engherzige Maßnahme zur Wehr zu setzen, wobei wir freilich nichts in die Waagschale zu werfen haben als unsere Namen – und ich meinen Vertrag, so leid es mir um L. tut.

Inzwischen bekam ich die Einladung zur Aussprache über »die künftige Arbeit im Verlag«. Ich war geladen, hätte alles in Stücke schlagen mögen. Was wird herauskommen? Denken und vorwärtsschreiten und keinen Blick zurück auf die Leichen am Weg. Aber da spiele ich nicht mit. [...] Man muß doch mal etwas tun [...].

Die Zügel werden wieder straffer gezogen ... Mein Land gefällt mir immer weniger. Manöver »Oktobersturm« war schon arg, mit Siegesgeschrei, Atomexplosion (»die schwarzen Pilze der Vergeltung«), Aggressor-im eigenen-Landschlagen, Frontberichterstattung zwischen Heldenphrasen und Kasernenhofhumor, und Einbeziehung westdeutscher Patrioten (es fiel niemandem auf, daß sie unbekümmert im strahlenverseuchten Raum operierten). Jetzt macht die Jugend Scherereien, Illusionen verfliegen, und den Gammlern geht's an die langen Haare. Bis vor zwei Monaten sprach niemand über die paar Gammler, die am Bahnhof Lichtenberg herumstehen – jetzt sind sie eine Seuche, eine Gefahr, westlicher Dekadenz, Staatsanwälte drohen, man greift unerbittlich durch, den Jungs werden die Haare gewaltsam geschoren (das hatten wir doch schon mal?), die Jugendkommission steht Kopf. Ich war im ZK und erfuhr schreckliche Dinge. Es hat Demonstrationen gegeben, die Polizei setzte Wasserwerfer ein, verhaftete, es gibt Gefängnis und Arbeitslager. Das Lachen ist uns vergangen. Diese Art aufzuräumen ist uns tief zuwider, verdächtig und gefährlich. Weiß der Teufel, wie ich mich in der Kommission verhalten soll. Meinetwegen können die Knaben doch lange Pagenlocken tragen und Beat-Musik hören.

Vorgestern war Billi hier, mit einem Regisseur. Sie haben schon zwei Sendungen über die Gammler gemacht, beide sind aber nicht gebracht worden, sie waren zu attraktiv, die bösen Buben zu sympathisch. Billi natürlich ist ganz hin von ihnen, verteidigt sie feurig; der Regisseur […] murmelte etwas von »faschistisch«, als wir über Krieg gegen die Gammler sprachen. Es bleibt ja nicht bei Drohungen, man wirft sie aus den Arbeitsstellen, macht geradezu Jagd auf sie; es war auch die Rede von gezielten Provokationen. […] Vielleicht brauchen wir sie als Beweismittel für den »verdeckten Krieg«. Vielleicht steigt hier wirklich der Westen ein – jedenfalls wird die Sache so hochgespielt, daß der gewitzte Beobachter auf die Katz wartet, die da noch im Sack steckt.

Hoy, 20. 11. 65

Letzten Freitag in Berlin beim Zentralrat, wegen Frankenberg. Der beklemmend humoristische Müller bestätigte: Absetzung wegen der Liebesgeschichte mit einer verheirateten Frau. Dabei haben sie einen ganzen Monat lang »mit ihm gerungen«, klare Entscheidungen verlangt, Vertrauen gefordert … Gott, wie ich das alles noch kenne! F. hat einen Selbstmordversuch gemacht, mit einer scheußlichen Sorte von Gift: Krankenhaus, Skandal … Er ging wieder in den Verlag, wollte weiterarbeiten, wurde immer wieder vorgeladen, verhört (im ZR nennt sich das »helfende Aussprache«), er behauptete, die Vergiftung sei nur ein Unglücksfall, man wollte ihn aber zu dem Geständnis zwingen, daß es Selbstmord war – sie haben kein Gefühl dafür, in welcher peinlichen Lage sich ein Mann nach einem mißglückten Attentat auf sich selbst befindet, sprachen von Selbstmord wie der Katholik vom Teufel und waren dann beleidigt, als ich sagte, daß uns ihre katholischen Dogmen nichts angingen […]. Das war schon auf dem Höhepunkt des Streits, denn wir hatten uns sofort für F. engagiert und die Maßnahme des Zentralrats verurteilt – alle, auch die frommen Genossen unter uns. Lewerenz hatte seine Freude an uns. Drei Nächte hatte ich Alpträume gehabt, ich hätte F. verraten, im Stich gelassen, in unendlich langen Korridoren herumirrend das Beratungszimmer nicht gefunden … Ich weiß, woher solche Träume kommen, und auf der Fahrt nach Berlin sprachen wir, der Jon und ich, die ganze Zeit über Mut und Feigheit und Vorsicht. Aber als ich dann vor diesen selbstgerechten Funktionären saß, wußte ich, daß ich [mich] bis auf's Messer für F. einsetzen würde, ich war mir Jakobs sicher, wir tauschten Blicke, verständigten uns. [...]

M. versuchte uns mit dreckigen Details zu schocken – vergeblich, und schließlich schrie er auf: »Ihr habt ja für alles Verständnis!« Die Atmosphäre war gespannt bis zur Feindseligkeit. Schumann hatte es nicht für nötig befunden, zu erscheinen – und dabei ist F. drei Jahre lang sein persönlicher Referent gewesen. Die Funktionäre, die anwesend waren, hatten natürlich keine Befugnisse. Eine Zeitlang gerieten wir so scharf aneinander, daß Eduard Klein, ruhig und vernünftig, vermitteln mußte, aber nach drei Stunden machte sich Müdigkeit bemerkbar, Einlenken von beiden Seiten [...]. Man kennt das ja: nach dem spontanen Protest, den schönen Gesten kommt das Schweigen, die Bürokratie, die Vertröstung, alles verläuft im Sande. Deshalb stellte ich den Antrag, eine konkrete Forderung – im Namen aller Autoren – vor das Sekretariat zu bringen: Beurlaubung F.s, bis er sich erholt habe, dann Wiedereinsetzung als Verlagsleiter ... Jetzt kommt es auch darauf an, daß F. durchhält und sich nicht [...] in irgendeine Funktion schubsen läßt, und darauf, daß irgendjemand im Zentralrat gescheit genug ist, aus der Affäre keine Prestigefrage zu machen. Sekretariatsbeschlüsse sind ja was Sakrales. F. ist übrigens auch aus der FDJ ausgestoßen worden, nachdem er 20 Jahre für den Verband gearbeitet hat [...].

Nachher waren wir noch im Presseclub, mit Lewerenz, Sarah Kirsch und Jakobs. J. war immer mißtrauisch gegen mich gewesen, er konnte mich nicht leiden, obgleich wir nur gelegentlich mal ein paar Worte gewechselt hatten – jetzt [...] war er ganz verwandelt, freundlich, beinahe freundschaftlich. Wir hatten endlich ein langes Gespräch. In gewisser Weise – ich will das jetzt nicht ausschweifend begründen – sind wir nämlich auf eine verwandte Art Außenseiter, auch in unserer Arbeit, meine ich.

Hoy, 25. 11.

Montag in Berlin, im Studentenclub. Diskussion mit Germanisten über mein neues Buch. Da kommt was auf uns zu ... Illusionisten, ausgerichtete Gläubige. Theoretiker, die

nach Symbolen suchen und dergleichen Zeug, über das kein
Schriftsteller Auskunft geben kann. [...]

Schauderhafte Nacht auf der Autobahn. Der Wagen tanzte
auf den gefrorenen Straßen. Obgleich wir uns in eine Decke
gewickelt hatten, waren wir ganz erstarrt. Seit mehr als einer
Woche liegt Schnee. In Berlin blieb man in den Neben-
straßen stecken. Man sagt, es sei der kälteste November seit
70 Jahren.

Heute ist eine »persönliche Aussprache« zwischen W[al-
ter] U[lbricht] und Schriftstellern. Ich bin der Einladung
nicht gefolgt. Keine Lust, mit der Macht zu flirten und anspruchsvolle Plattheiten zu hören.

Hoy, 29. 11.

Am 27. haben wir Jons Geburtstag gefeiert und unseren ersten Hochzeitstag. Ich hatte endlich eine Schreibmaschine
für ihn bekommen und – mit Schömanns Hilfe – eine weiße
Flamingoblume. Bis Mittag haben wir gearbeitet [...], dann
sind wir essen gegangen und saßen ganz allein im eleganten
»Kosmos«. Und dann waren wir bei Jon und haben uns
müde geliebt. [...] Er ist der erste, der mir eine Lust macht,
wie ich sie bisher nur aus Romanen kannte, die mich zerreißt
und auflöst und mit ihm verschmilzt, als seien wir ein
Fleisch und ein Schoß. Früher dachte ich, jede Leidenschaft
müsse schwächer werden, die Umarmungen ruhiger, selte-
ner ... [...] Jon sagt, je länger man zusammen sei, desto
mehr Zärtlichkeiten lerne man. Wir entdecken uns immer
neu [...].

Hoy, 1. 12.

Mein U-Bruder wird Vater. Und ich hatte gedacht, er wenigstens, als einziger unter lauter verkommenen Kindern, würde
gesittet in die Ehe eintreten. Übrigens ist Sigrid Ärztin, also
wird das Baby doch erwünscht sein. Mutti war nicht sehr geschockt, sie ist nun wohl an Überraschungen gewöhnt. Und
vor kurzem war er noch ein Halbstarker ... Weihnachten,
nach dem großen Familientreffen, wollen die beiden heiraten.

Bei dem WU-Gespräch muß allerhand losgewesen sein
(Berichte vorerst nur vom Rias), klingt so, als seien die
Schriftsteller mal wieder schuld an der Jugend-Vergamme-
lung. U. fordert »weniger Erotik«; wahrscheinlich sollen wir
wieder lauter Ostrowski-Helden erfinden. Mein armes
Buch.

Kursschwankung. Man nimmt es nicht mehr recht ernst,
ärgert sich aber doch. Heute im ND »Keine Toleranz in Fragen der ideologischen Koexistenz«. Scharfe Sprache wie vor
ein paar Jahren. Hieb gegen skeptische Studenten, gegen
Walser und Biermann (»niedriges geistiges und ideologisches Niveau«). Pinscher? Die begreifen nichts.

Hoy, 7. 12.

Die Kurve steigt wieder. Auseinandersetzung im Literatur-
Institut, wegen einer provokanten Szene von einem gewissen Mucke Angriff auf Lehrer Bräunig; die Logik ist verblüffend: M. mußte ja B.s sicher sein, wenn er ihm eine
solche Szene vorzulegen wagte. Wenn man die Zusammenhänge kennt, sieht man, wie gut mal wieder die Regie klappt:
Heute ist im ND ein Brief von Wismut-Kumpeln (die inzwischen Funktionäre sind) an Bräunig, wegen eines Kapitels aus seinem – noch unveröffentlichten – Roman. Er hat
historische Wahrheiten verletzt, im Schmutz gewühlt, wüste
Szenen geschrieben über die braven Kumpel, die ein grandioses Werk aufgebaut haben. Die Schreibenden berufen
sich nur auf das Jetzt – die Vergangenheit ignorieren sie einfach. Sie verlangen vom Schriftsteller, daß er alles nur am
heutigen Stand politischer und historischer Einsicht mißt –
Szenen (wie die, die ich damals bei der Wismut gesehen und
erlebt habe) darf es nicht gegeben haben. Das Ganze ver-
brämt mit Vorwürfen gegen den Schriftsteller-Verband, der
mit B. nicht genügend diskutiert, gegen die NDL, die diese
Episode gedruckt hat. Ich fühle mich mitbetroffen, wegen
meines ersten Kapitels, in dem der Einmarsch der Roten
Armee von den Bürgern nicht als Befreiung, sondern als Zusammenbruch der alten Welt empfunden wird.

Weiter: Dr. Apel, unser Wirtschaftsboß, hat sich das Leben genommen. Das ärztliche Bulletin spricht von Kurzschlußreaktion nach Nervenzusammenbruch. Diskretion. Staatsbegräbnis.

Weiter: am Sonntag gab es gleich zwei Artikel wider die Schriftsteller; einen von Axen (»Braucht unsere Zeit Propheten«), in dem von »einigen Schriftstellern« gesprochen wird, die sich einbilden, sie hätten Wahrheiten zu verkünden, dürften über Fehler schreiben, verständen ihre Aufgabe als Kritik an der Gesellschaft. Das denn doch nicht! Natürlich hat es Fehler gegeben, aber … folgt die bekannte Litanei.

Der zweite Artikel ist von Höpcke – denunziatorisch, muß man wohl sagen, gegen Biermann; gegen seinen bei Wagenbach veröffentlichten Gedichtband. Die Gedichte werden freilich nicht zitiert, dafür gibt es fünf Spalten Widerlegung, Beschimpfung (auch der Verband wird angeklagt). Ich kann über B. nicht urteilen, weil ich eben seine Gedichte nicht kenne. Aber wie immer: hier sind die Pinscher, hier tobt das Kommando: »Fertigmachen den Mann!«

Weiter: Prozeß gegen die »Freundschaftskanne«, eine Gruppe junger Rowdys. Berichterstattung ungenau. Zuchthausstrafe bis zu fünf Jahren; für Notzucht, Diebstahl und einige andere Delikte, für die es bis vor kurzem drei Monate mit Bewährung gab. Man hat festgestellt, daß »die Jugendkriminalität zurückgegangen ist, allerdings nicht in dem Maße, wie wir es erwartet haben«.

Immer wieder Berichte über jugendliche Missetäter und Gammler, die in Arbeitslager eingewiesen werden und in der Braunkohle lernen, anständige junge Sozialisten zu werden.

Jugendkommission hat immer noch nicht getagt.

Hoy, 12. 12.

Drei Tage mit einem Antwortbrief verbracht – auf den Brief der Wismut»kumpel« an Bräunig. Der »Sonntag« hatte angefragt, ob ich etwas schreiben wollte, vorsichtig Formuliertes freilich, denn in der jetzigen Situation … Inzwischen soll der Redakteur, der die Protestaktion zum Fall B. bearbeitet, aber schon kalte Füße gekriegt haben. Der Brief hat mich Nerven gekostet; [...] gestern habe ich zur Erholung einen Haushaltstag eingelegt.

Das Gebell gegen die Schriftsteller hält an. Jeden Tag was Neues: Offene Briefe an Biermann, an Manfred Krug, der B.s Lyrik verteidigt hat. Die Junge Welt schlägt einen »Stürmer«-Ton an; das sind rüde Rempeleien, wüste Denunziationen; die Redakteure sind Dreckschleudern geworden, die Biermann alle möglichen Vergehen unterjubeln, von Pornographie bis zur Staatshetze.

Die Lage wird verschärft durch die Affäre Apel. A. hat sich nicht in aller Stille aus dem Leben befördert, sondern mit Aplomb: er hat sich in seinem Büro erschossen. Brand behauptete, der Westen sei im Besitz von Dokumenten und Tagebuchaufzeichnungen A.s, sein Selbstmord Protest gegen das Handelsabkommen mit der SU, bei dem uns das Fell über die Ohren gezogen werde. ND dementiert: das Dokument existiere nicht, werde erst von den Leichenfledderern bei Gehlen gefälscht; A. sei begeistert gewesen von dem Handelsabkommen, das für uns lauter Vorteile ... etc. Seit einer Woche Tauziehen mit Behauptungen und Gegenbehauptungen, jetzt wartet alles gespannt auf Brands Enthüllungen. Dunkle Geschichten, und die Schriftsteller sind Ventile für den Volkszorn, wie immer, wenn was schiefgeht in der Wirtschaft.

Etwas, was mich besonders getroffen hat: »Das Kaninchen« ist von dem Produzenten zurückgezogen worden, freiwillig, versteht sich, und aus Einsicht. Armer Maetzig. Und er wollte kämpfen bis zum letzten Atemzug; er hatte ja alle seine Hoffnungen auf den Film gesetzt. Höpcke und Knietsch vom ND, die damals so begeistert waren vom »Kaninchen«, werden ihr Urteil natürlich vergessen haben.

Der einzige Schriftsteller, der bis jetzt Grußadressen losgelassen hat, ist Noll. Er spricht in einem Artikel zu »Dr. Schlüter« von destruktiven Kunstwerken, von denen man sich abwenden müsse. Er wird immer mehr der perfekte Karrieremacher. Na, dafür durfte er beim Empfang im Staatsrat zur Rechten des Chefs sitzen.

Hoy, 14. 12.

Heute in ND grundsätzlicher Artikel von Abusch – die »Linie« der Wismuter, bloß eleganter. Ignorieren von Lebenstatsachen. Wenn wir nach den Rezepten Bücher schreiben, langweilen sich die Leser zu Tode – falls nicht vorher schon die Literatur gestorben ist. – Bräunig wird im Rias zitiert.

Letzte Nacht war Jon bei mir. Wenigstens mein Leben darf sich noch »sexuellen Ausschweifungen« hingeben ...

Hoy, 16. 12.

B. hat eine Antwort an die Wismuter im ND veröffentlicht. Anmerkung der Redaktion: Nicht genügend. Daneben ein Leserbrief »Früher prüde, heute rüde.« Gespannt, ob mein Brief im Sonntag veröffentlicht wird. Wenn ja, gibt's Ärger. Na, nun kommt's nicht mehr darauf an, ich bin so zornig und deprimiert. Die Lage hat sich so zugespitzt, daß Jon sagt, das beste sei, die Schnauze zu halten. Widerstand welcher Art auch immer ist jetzt ganz sinnlos.

Heute war die Rede Honeckers auf dem ZK-Plenum abgedruckt. Die Katze ist aus dem Sack: die Schriftsteller sind schuld an der sittlichen Verrohung der Jugend. Destruktive Kunstwerke, brutale Darstellungen, westlicher Einfluß, Sexualorgien, weiß der Teufel was – und natürlich die böse Lust am Zweifeln. Die Schriftsteller stehen meckernd abseits, während unsere braven Werktätigen den Sozialismus aufbauen. Der Staat zahlt, und die Schriftsteller – blablabla. Es ist zum Kotzen.

Das ist harter Kurs, wie er im Buch steht. Jetzt sind wir ganz unten. Der Volkszorn wird auf uns gelenkt, uralter Instinkt geweckt – »die Künstler, die sich nicht selbst die Hände schmutzig machen« (Fehlleistung eines Journalisten) werden freigegeben zum Beschuß.

Mein Archiv wächst beängstigend rasch. Die Lesungen, vor zwei Monaten in Berlin, wären heute unmöglich. Nach meinem Material werde ich später einmal eine »Phänomenologie einer Kursschwankung« schreiben.

Namentlich genannte Zersetzer (außer den üblichen):
Heiner Müller wegen »Der Bau«, Gerd Bieker wg »Sternschnuppenwünsche«.

Hoy, 22. 12.

Sonntag waren die Diskussionsreden vom 11. Plenum im
ND. Konzentriertes Feuer, Schmähungen im »Pinscher«-
Stil. Alles wie gehabt, wie 56. Rückfall in den Stalinismus.
Abgrenzung auch gegen andere soz. Staaten und ihre revisionistischen Tendenzen. Kurella ist wieder groß da; Fröhlich beschimpft uns in seiner bewährten rüden Manier. Ich
habe immerzu geheult vor Wut. Mein Anti-Wismutbrief war
natürlich nicht im »Sonntag«. Christa Wolf wagte wenigstens Bräunig zu verteidigen. Sakowski fiel uns glatt in den
Rücken; er hat wohl inzwischen vergessen, daß er uns den
ersten Bildschirm-Nackedei beschert hat, und wetterte gegen Pornographie in der Kunst.

Witt übte Selbstkritik wegen des »Kaninchens« und bat
flehentlich um Vergebung für seine Irrung. Zwischenrufe:
»Du wußtest doch, daß es sich um ein verbotenes Buch handelte.« Verboten – mit solcher brutalen Deutlichkeit haben
die (nicht wir) nie von der Tätigkeit des Mifkult gesprochen.
Keine Einzelheiten mehr; ich habe das Zeug gesammelt.
Durch die Hager-Rede erfuhr man wenigstens, daß Böll und
unser Lieblingskind Peter Weiss protestiert haben; sie wurden zurückgewiesen. Wir gehen einer Eiszeit entgegen.
Überall herrscht Konfusion, die Stücke und Bücher werden
jetzt en masse sterben. Wer will noch Verantwortung übernehmen? […]

Burg, 26. 12.

Am Tag, bevor wir abfuhren, hörten wir noch die letzte
Nachricht: Joho ist von seinem Posten als Chef der NDL ab-
gesetzt worden (unter Berufung auf den Bräunig-Abdruck);
einige andere Redakteure haben daraufhin, als Protest, ihre
Ämter niedergelegt; die Namen von Henryk Keisch und
Helmut Hauptmann wurden genannt. H. erstaunt uns; er ist

ein frommer Genosse. Bis jetzt hat sich auch noch kein
Schriftsteller gefunden, der sich öffentlich von Biermann distanziert hat.

Unser Geschwistertreffen ist ziemlich anstrengend. Es
hat schon Krach gegeben; sachliche Diskussion ist nicht
mehr möglich.

Hoy, 28. 12.

Bei dem Lärm zuhaus konnte ich nicht mehr schreiben.
Zwölf Leute in einer Wohnung, und zehn von ihnen mit
Temperament gesegnet ... Gestern abend sind wir heimge-
fahren, und jetzt tut es mir schon leid, daß ich nicht einen
Tag länger geblieben bin. Meine Wohnung ist so still.

Natürlich hatten wir dort Krach wegen Politik. Lutz hat
einen ganz starren Standpunkt (dasselbe, vice versa wirft er
uns vor); er würde die DDR auflösen und in die Bundesrepublik eingliedern – wir könnten nicht wirtschaften, seien
bloß ein SU-Anhängsel und so fort. Das am Heiligabend!
Vorher waren wir friedlich gewesen, Jon spielte den Weih-
nachtsmann für die verschüchterten Kleinen, und es gab zwei
Waschkörbe voller Geschenke (ich habe von Lutz die Reverand-Kelsey-Platte bekommen; Jackson und Bessie Smith
wagte er nicht durch die Kontrolle zu bringen). Irgendwann
nach dem traditionellen Karpfen, in der Küche, ging der
Streit los, pflanzte sich fort durch alle Zimmer, Uli ergriff
Lutz' Partei, Dorli, Uwe, Jon und ich diskutierten gegen die
beiden, Gretchen zog sich beleidigt in ihr Zimmer zurück,
Vater und Mutter versuchten vergebens zu beschwichtigen.
Freiheit ... na, das ist ein weites Feld. Übrigens war es wie
meist bei Ost-West-Streit: die Ostpartei blieb viel zu höflich
und sachlich; die Westpartei redete mit dem alleinigen Anspruch darauf, Recht zu haben, die Freiheit zu repräsentie-
ren ... Schließlich drohte Lutz mit Abreise. Am nächsten
Morgen, an seinem Geburtstag, vertrugen wir uns wieder.

Trotzdem ging es munter weiter. Jon ist ganz erschüttert
von meiner Familie, er sagt, wir seien uns alle erschreckend
ähnlich mit unserem Talent, alles zu dramatisieren, künstlich hochzuspielen, beleidigend scharf und dabei selbst viel

zu empfindlich und schnell beleidigt, und rasch versöhnt in einem Moment, wo alles verloren scheint.

[...]

Am letzten Abend, nach dem Krach wegen Uli, als alles schon vorbei war, sprang plötzlich Uwe auf, der die ganze Zeit ruhig und friedlich gewesen war, und tobte schreiend und schimpfend durch die Wohnung. Das war so verblüffend, daß wir alle lachen mußten. Lutz opferte seine Flasche Wodka, wir tranken reihum und waren wieder gut. Jon verstand überhaupt nichts mehr. Uli hatte sich wahnsinnig aufgeregt, weil wir nicht zu seiner Hochzeit kommen können, er brüllte herum, es gab Tränen; schließlich schleppte Jon ihn ins Badezimmer, um vernünftig mit ihm zu reden, da sagte Uli ganz gelassen, es sei ja schon gut und erledigt. Jon [...] findet uns rücksichtslos und unberechenbar, während wir unsere Art zu reagieren für das natürlichste von der Welt halten. Kurz, es war amüsant, und wir hatten unseren Spaß. Manchmal konnte man sein eigenes Wort nicht verstehen.

Jon meint, wir seien eine Horde, ein Stamm mit Instinkt wie Indianer auf niedriger Kulturstufe. [...] Wir hängen alle sehr aneinander, das ist alles. Wenn ich mit Lutz allein sprach, auch über das Tabu-Thema, gab es kein Geschrei; er sagt, er habe auch in der Zeit, als wir uns nicht schrieben und als er schrecklich wütend auf mich war, keinen Augenblick aufgehört, mich zu lieben, und nicht gezweifelt, daß wir uns wieder verständigen würden. Er ist sogar stolz auf meine Schreiberei, obgleich er die Bücher ablehnt. Wir hatten am letzten Tag noch eine Debatte über mein Manuskript, von dem die »Kleinen« mächtig angetan sind (aber natürlich sind sie voreingenommen), und zumal Uli erwartet geniale Werke von mir.

Die Abreise war ein Spektakel, mit Küssen, Umarmungen, Geheul; die Frauen winkten mit Petticoats aus dem Fenster, die Männer standen auf der Straße und schwenkten Servietten und Handtücher, und Uwe rannte schreiend neben dem Wagen her ... Wir beiden Junggesellen waren völlig erschöpft und während der ersten hundert Kilometer kaum fähig, ein Wort zu wechseln.

Am glücklichsten (aber freilich auch am traurigsten über

Gezänk) waren unsere Eltern, die nun endlich – und vielleicht zum letzten Mal – alle ihre Kinder und Schwiegerkinder um sich versammelt hatten. Wer weiß, wann es sich wieder mal so trifft. […] Vati hat jedem von uns eine silberne Weihnachtsglocke geschenkt, zur Erinnerung an das große Familientreffen 1965.

Hoy, 31. 12. 65

Jon hat moralische Anwandlungen und macht kybernetische Pläne für das nächste Jahr, die auf irgendwelche Effektivitäten zielen.

Übrigens hat sich schon ein Distanzierer gefunden, Hasso Mager, »Schlosser, Staatsanwalt und Schriftsteller«. Er hätte diese Karriere besser in umgekehrter Reihenfolge gemacht. Gewäsch: ich bin ja gar nicht gemeint, ich und meine guten Kollegen sind keine Skeptiker; von Biermann und Heym distanzieren wir uns – also ist eigentlich alles in Ordnung, und es gibt keine Meinungsverschiedenheiten zwischen dem Politbüro und den – artigen – Schriftstellern. Es war mager. Na, schön. Von den Autoren der ersten Garnitur hat sich jedenfalls noch keiner gefunden, aber wer weiß, was dann im Januar losgeht, wo nicht mehr jedermann mit Feiern beschäftigt ist. Für den 12. ist eine Vorstandssitzung einberufen worden.

Ich habe den ganzen Tag gearbeitet, gewaschen und gebügelt, was mich der Verpflichtung enthob, ebenfalls über das Jahr nachzudenken und gute Vorsätze fürs nächste zu fassen und Pläne zu machen, an die [ich] mich doch nicht halte.

1966

Wir haben den Silvesterabend ganz brav bei mir in der Wohnung verbracht. Endlich habe ich »Krieg und Frieden« bekommen, und nun kann ich mich nicht davon losreißen. Manchmal malen wir uns aus, wie wir alte Leute sein werden – wir werden Kognac trinken und Zigarren rauchen und vor einem Kamin sitzen und boshafte Geschichten erzählen, zwei kinderlose giftige Alte. Dieses Bild hat aber etwas Amüsantes für uns. Zuhaus erregten sich diese jungen Karotten schon über ihre Altersversorgung. Wir lachten, wir haben nie darüber nachgedacht. Nachher sprachen wir mal darüber und sagten uns: wenn es irgendwann nicht weitergeht, werden wir uns zusammen vergiften. Das war aber nicht scherzhaft gemeint. Für Jon ist, wie für mich, der Selbstmord eine Äußerung der Freiheit, [...] und der Gedanke an einen selbstgewählten Tod hat etwas Beruhigendes.

3. 1.

Wir waren auch bei Wolfgang Schreyer, in seinem Haus am Birkenweg. Sein Arbeitszimmer hat er im Keller eingerichtet, ganz mit Holz verkleidet, Holzläden vor den Fenstern zum Garten: das ist sein »Führerbunker«. Ein sehr schöner Raum, in dem läßt es sich arbeiten. Jon hatte mit Wolfgang eine Diskussion über den Havemann-Aufsatz zur KPD-Neubildung [...].

Bei W. habe ich auch den Aufsatz von Heym gelesen, »Die Langeweile von Minsk«. Bei uns ist er nicht gedruckt worden, dafür aber zerrissen vom Kriegsverlierer v. Kügelgen. Ich finde den Aufsatz sehr klug, sachlich, er enthält interessante Gedanken. Wenn man hierzulande weniger verbieten und mehr drucken würde, hätten wir endlich das Literaturgespräch, nach dem wir seit Jahren [...] ergebnislos schreien.

Am 12. ist Vorstandssitzung. Angst, daß alles wie das Hornberger Schießen ausgehen wird. Mager-Linie ... Der dämliche Fischer sagte heute am Telefon, es seien ja nur »die paar da« gemeint ... In der »für dich« wird Joachim Knappe ins Gebet genommen wegen der derben Sprache seiner Helden. »Unsere Frauen und Mädchen erwarten feinere Gedanken ...«

Hoy, 6. 1. 66

Wischnewski und Maetzig haben Selbstkritik geübt, ihre falschen Positionen aufgegeben, festgestellt, daß es bei uns [keine] Rechtsverletzungen gegeben hat (der Umschwung im Rechtswesen erfolgte am 8. 5. 45), das »Kaninchen« also ein falscher und schädlicher Film ist. Eine ganze Seite im ND. Die Machtfrage. Die erste Frage. [...]
Vorhin rief Lewerenz an und erkundigte sich sehr vorsichtig nach meinem Buch. Ach, mir steht's bis zum Hals, ich bin so down, daß ich nicht mehr arbeiten kann.

Hoy, 14. 1. 66

Die Vorstandssitzung war noch schlimmer, als ich befürchtet hatte. Am Tag vorher wurde das »Kaninchen« gezeigt; leider konnte ich nicht nach Dresden, weil wir eine Aussprache mit Bezirksparteichef Stief hatten. Schriftsteller, Maler, Theaterleute. [...] Ich fuhr dann mit D. nach Cottbus. Wir hatten uns vorgenommen, nicht zu sprechen. Im Präsidium der kleine Zigeuner Stief, der doofe K[...] und der gute alte Papa Schmidt (der später leicht besoffen war und immerzu von Frau Luna schwärmte). Alles lief nach Programm. Meine Kollegen erklärten, daß sie das Plenum richtig verstanden hätten, die Kritik akzeptiert, sich von Heym und Biermann distanzierten blahblah. Und dann habe ich ihnen die Show vermasselt, und während ich sprach, fing auch Dieter an zu sieden – aber wir standen allein. Das war zu erwarten. Ich habe über die »Langeweile von Minsk« gesprochen, über Meinungsfreiheit, über das organisierte Denunziantentum, über Bräunig und die Unterdrückung unserer Proteste – eben alles, was

sich so in den letzten Wochen angestaut hatte. Na, du lieber
Himmel! Ich bin mit beiden Füßen ins Fettnäpfchen gestiegen; übrigens war ich mir dessen bewußt, verzichtete auch auf
»vorsichtige« Formulierungen, hatte also mit einem Schlag
die ganze empörte Ideologiekommission auf dem Hals; sogar
Frau Apel, die sonst immer so freundlich war [...]. Dabei hatten sie aber nichts anderes zu erwidern, als daß man der Partei
eben glauben müsse [...] – wir können doch feindliche Propaganda nicht auch noch veröffentlichen ...
    Wenn ich »glauben« will, kann ich auch in die katholische
Kirche gehen. Nun wollen sie »Gespräche« mit mir führen;
Herr Namokel erinnerte daran, daß ich schon wegen der
Pinscher Unklarheiten hatte. Was für eine zuwidere Gesellschaft mit ihrer Rechthaberei; ihrem blinden Vertrauen, [...]
ihrem frappanten Mangel an Kunstverstand! [...]
    Hinterher, im kleinen Kreis, ging es weiter. K[...] hatte
den Film »Liebe einer Blondine« für den Bezirk abgelehnt.
Dann über die anderen Filme ... Ich kann jetzt verstehen,
warum Leute, die einmal in Isolation gedrängt worden sind,
anfangen, blindwütig um sich zu schlagen. Ich habe schließlich Dinge verteidigt, die ich sonst, im ruhigeren Gespräch
mit Jon, ablehne. Übrigens sind »diese Leute«, wenn man
ihnen Auge in Auge gegenübersteht, freundlicher und gemäßigter als im offiziellen Kreis. Stief entfaltete sogar
Charme, nachdem er mir lange genug auf den Busen gestarrt
hatte; schließlich bot er mir an, meinen Bräunig-Brief zu
lesen und vielleicht in der LR zu veröffentlichen. K[...]
machte rüde Witze über die »Blondine«; »unter uns« läßt er
sich sofort gehen [...]. Dieter und ich kamen erst gegen
11 Uhr nach Hause; wir waren wütend, aber nicht eigentlich deprimiert. Aber freilich, wir genießen eine Art Narren-
freiheit, das habe ich an gewissen Anzeichen gemerkt, weil
wir die »profilierten Künstler« des Bezirks sind. Jemand
nannte mich das enfant terrible des Verbandes, dem man
allerhand nachsieht – und das ist wirklich kein Grund, heiter
zu sein. Noch werden wir gebraucht ...
    Gestern wurde mitgeteilt, daß Bentzien abgesetzt ist, weil
sich das Ministerium seinen Aufgaben nicht gewachsen
zeigt. Der neue Kultur-Minister ist Klaus Gysi. Gespannt,

wie sich der schlaue kleine Faun auf dem Ministersessel aus-
nehmen wird, auf diesem undankbarsten aller Posten. Überall ist eine große Ablösungsaktion im Gange; am meisten ist
der Fernsehfunk betroffen. Man erfährt aber nirgends Ge-
naues; nicht einmal beim Verband, nicht einmal beim Re-
daktionsmitglied Auer konnte ich rauskriegen, was mit Joho
ist [...] alles ist im Gerüchtestadium, die Leitung des Verbandes berät hinter geschlossenen Türen, was die allgemeine
Verwirrung komplett macht. Bei der ersten Parteiversammlung muß es furchtbar hergegangen sein; A. erzählte, daß
Hans Koch in Tränen ausgebrochen sei. Christa Wolf ist
krank geworden und erholt sich in Thüringen.

Niemand von den Alten war bei der Sitzung, niemand,
dessen Name Gewicht hat. Von den Jungen waren nur Kant,
Kohlhaase und Bräunig da; Neutsch sah ich im Vorsaal, er
kam aber nicht ein einziges Mal in den Sitzungsraum. (Wir
tagten in Dresden, im Ardenne-Club, einem prunkvollen
Schloß am Weißen Hirsch; draußen parkten Opel – hier verkehrt sonst nur die Creme von der Gehaltsstufe 5 000,–
monatlich aufwärts.) Dafür war die ganze ZK-Kulturabt.
vertreten, Wagner, Scherner, Dr. Baumgart (mit dem ich's
auch verscherzt habe, weil ich Heym verteidigte), und ein
Haufen Leute, die ich noch nie im Vorstand gesehen habe,
wahrscheinlich Partei- und Verbandsbürokratie, und Presse-
leute vom ND. Ich nehme an, daß die meisten Schriftsteller
deshalb nicht gekommen sind, weil sie wußten, was ich nur
dunkel befürchtet hatte: daß es über eine Erklärung ab-
zustimmen gilt, in der der Verband die Kritik des Plenums
akzeptiert, sich von jenen »Erscheinungen« abgrenzt und
überhaupt verspricht, in Zukunft brav und folgsam zu sein.
Vielleicht, ich hoffe es, war diese Abwesenheit eine Art Demonstration. Sie hat nichts genützt. Als die Vorlage durch-
gepeitscht wurde (das ist genau das richtige Wort: Wagner
drängte, alles geschah überhastet), machte Kuba hämisch
darauf aufmerksam, daß sie hundertprozentig mit ja verabschiedet werden würde: man würde zu jedem einzelnen
Mitglied, das heute nicht erschienen sei, hingehen und seine
Zustimmung eintreiben. Drücken gäbe es nicht – und Wagner fügte hinzu, man werde dafür sorgen, daß die gewissen

Kollegen nicht erst in die Lage kämen, »redaktionelle Änderungen« vorzuschlagen; sogar dieser taktische Weg der Ver-
zögerung war also verbaut. Natürlich hätte ich noch die
Möglichkeit gehabt, eine Gegenstimme abzugeben, die einzige Gegenstimme, da Flucht nicht mehr glückte, aber dazu
gehörte Mut, und den hatte ich nicht mehr nach diesem Tag.
Im Präsidium saßen Koch, Kuba, Zimmering und Sakowski,
und das sagt schon alles: die Antiquierten sind wieder da, die
Fahnenschwenker und Mittelmäßigen. Das Referat hielt Z.:
schlechte Lyrik wie alles, was er absondert. Von den Jungen
hat sich niemand zu Wort gemeldet außer Baierl; sonst traten nur die miesen Typen auf, und immerzu quatschte Kuba
dazwischen [...]; er wollte alles noch schärfer, erinnerte an
längst verjährte Parteistrafen (z. B. bei Kirsch, der einen Artikel in der Schweiz veröffentlicht hat), er rächte sich, er
übte brutal eine wiedergewonnene Macht aus, grölte herum
(Koch wand sich) und gebrauchte solche Redewendungen:
»Wer zuletzt hängt, hängt am besten.« Gnade uns Gott,
wenn Kuba wieder über uns kommt! [...] In seiner Rede
schäumte er gegen alle, die seine »Terra incognita« nicht gewürdigt haben, gegen das Deutsche Theater, das sein Stück
absichtlich totgespielt hat, und verstieg sich zu der Behauptung, er und Gotsche seien »unterdrückt« worden.
Und dann Wagner ... Unter dem Motto »am deutschen
Wesen soll die Welt genesen« gegen jene Gruppe, gegen die
Bruderländer mit ihren revisionistischen Tendenzen. Gegen
die anderen kommunistischen Parteien, denen wir endlich
mit Nachdruck erklären müssen, was in der Welt vor sich
geht, gegen die Kritteler an der Kritik der Partei (damit war
ich auch gemeint: gewisse Schriftsteller wollen, daß wir
Heyms Artikel hier veröffentlichen), gegen – Gott und die
Welt. Nur wir, immer mal wieder, sind allein im Besitz der
Wahrheit. Die »Gruppe« will die DDR aufweichen, »an den
Machtfragen rütteln«, wie er sich ausdrückte. Aufschrei:
»Welch ein Glück für das deutsche Volk, welch ein Glück für
alle Völker der Welt, daß es die DDR gibt!« Ohne die DDR
säßen die westdeutschen Schriftsteller schon in den KZs der
IG-Farben. Er bewies diese ungeheuerliche Behauptung
durch einen Artikel aus dem Industriekurier, in dem es heißt,

die Schriftsteller müßten die Folgen ihrer Entscheidung tragen. Und im selben Atemzug stieß er Drohungen gegen die
»Gruppe« aus: man wird ihnen ihre Wirkungsmöglichkeit
nehmen; keine Passierscheine mehr; wer keine kämpferische
Haltung zeigt, kriegt kein Reisegeld.

Hoy, 17. 1.

Endlich wieder an der Arbeit. Die Szene, die ich nicht bewältigen konnte, habe ich weggeschmissen; jetzt sitze ich an
einer Episode, die mir wieder Spaß macht (ein bitterer Spaß:
die Exß-Familie enteignet Franziska). Ich habe mir vorgenommen, ohne Selbstzensur zu schreiben, ohne an die Folgen zu denken – einfach so, nach meiner Wahrheit. Mir ist
aber doch unbehaglich zumute, die Szene fällt, fürchte ich,
glatter aus als geplant.

Vorige Woche soz. Arbeitsgemeinschaft; den ganzen Tag
beraten über unsere Untersuchung. Wir sind nicht ganz zufrieden: es läuft doch mehr auf statistische Erhebung und
Befragung hinaus [...]. Natürlich, wir sind noch nicht
geübt, die Vorstellungen von Soziologie sind ziemlich un-
klar, für den Anfang mag es genügen. Wagner hat mich auch
zum Aktiv für bildende Kunst überredet; das ist ein bißchen
störend, aber ich komme mit anderen Leuten zusammen.

Architektur-Vortrag im Schloß. Zwei polnische Magister
[...]; die Häuser in Warschau sind auch nicht das Letzte, und
die neuen Stadtviertel sehen wie Hoyerswerda aus. Bilder
von älteren Straßen, besonders vom Kulturpalast, begleitete
der Magister immer mit der lakonischen Bemerkung (im ab-
fälligsten Ton): »Sozialistischer Realismus.« Muß mich öfter
mit dem Museumsmann Peters unterhalten; er weiß eine
Menge Geschichten. Er erzählt vom Schloßsaal, den er restauriert, dessen schönes Gewölbe er wiederentdeckt hat;
vor zehn Jahren war der Saal noch in Gefängniszellen aufge-
teilt. Die Obergeschosse sind von Preußen verschandelt
worden, verbaut, Jalousien rausgerissen, Treppen zerstört ...
Napoleon, nach der Flucht aus Rußland, hat hier übernachtet, und die deutschen Bürger haben brav auf Wache gestanden. Hoy war schon eh und je hinterm Mond; P. hat eine

Zeitung von 1849 gefunden, in der man berichtet, daß in
Berlin (vor einem Jahr!) »Unruhen« gewesen seien.

Brief von Schreyer; er schickt mir die »Langeweile« und
eine Abschrift seines Briefes an v. Kügelgen, indem er ihn
wegen seines läpschen Kommentars attackiert und ihn einen
»konservativen Soz.« nennt, im Gegensatz zum »linken Sozialisten« Heym, der zu denen gehöre, die sich in den letzten elf Jahren neue Gedanken gemacht haben.

Ich bin einfach außerstande, mir ein Urteil zu bilden.
Schlecht informiert. Zwischen den extremsten Meinungen
hin- und hergezerrt ... Heute rief Henselmann an, zeigte
sich ganz befriedigt vom 11. Plenum, erläuterte die großen
Zusammenhänge (er sieht alles von der Warte des Jahres
1980 – das ist groß gedacht, aber auch bequem, scheint mir,
es enthebt der direkten Stellungnahme heute) und nannte
Heym einen wildgewordenen Kleinbürger, seine Gedanken
uninteressant. Aber hat er ihn nicht mal zu seinen Freunden
gezählt? [...]

Hoy, 27. 1. 66

Heute vor fünf Jahren war der Jon zum erstenmal bei mir,
und zum erstenmal haben wir uns geküßt. Und jetzt
schreibe ich ein Buch, um »Benjamin« zu preisen und unsere Liebe zueinander ...

Gestern hörten wir zusammen eine Sendung von Daniel,
der drei Kurzgeschichten las. Nachher gestand mir Jon, daß
er eigentlich vorher habe gehen wollen, weil er fürchtete mit-
ansehen oder fühlen zu müssen, daß ich [...] bedauerte, einen
phantastischen Dichter von mir getrieben zu haben. Und
vielleicht, wer weiß, hätte ich wirklich eine Art Rivalen-Neid
gespürt – aber Reue, nein [...] Die Geschichten waren aber
nicht gut, [...] alle drei unoriginell, immer unverbindlich anti-
faschistisch, das wiederum immer (wie in der zweiten) eine
Art politischer Verbrämung ist, um die Geschichte, jedenfalls
hierzulande, überhaupt publizierbar zu machen. [...] Ich
denke aber, daß die anderen Geschichten aus dem Band besser sind; wahrscheinlich hat der Rundfunk aus Vorsicht das
Platteste, Allgemeinverständlichste ausgesucht [...].

Apropos Rundfunk: Jon ist böse reingefallen, sein zweites Hörspiel nehmen sie nun doch nicht (nach wochenlangen Versprechungen und Vertröstungen), d. h. es gibt kein Geld […]. Irgendwie werden wir schon durchkommen, aber es kränkt ihn natürlich, von mir Geld zu nehmen, und ich will nicht, daß er jetzt, da er wieder […] an seinem Buch arbeitet, in den Betrieb geht und für einen lächerlichen Lohn Raupe fährt […]. Manchmal wird mir ein bißchen bange, wenn ich unsere Lage betrachte; für das Buch gibt mir der Verlag wahrscheinlich kein Geld, jedenfalls nicht, wenn ich es sie lesen lasse.

Von der Kulturfront: Hacksens »Moritz Tasso« ist abgesetzt. W[alter] U[lbricht] hat an Maetzig einen Offenen Brief geschrieben, väterlich aber prinzipienfest, und mit einer kleinen physikalischen Bedenklichkeit: »Die Schatten, die die Schriftsteller sehen, wirft das Licht des Aufbaus des Sozialismus«, und mit vielen Zitaten nach Becher und Brecht … Jon fand jetzt Dokumente vom 5. Plenum 1951, Rede wider den »Lucullus«, wider Brecht, von dessen »Mutter« es heißt, das Stück sei »eine Mischung von Proletkult und Mayerhold«. Brecht, alles in allem, ein ganz begabter, aber volksfremder Bursche. »Der Lucullus wird nie …« – mit demselben Pathos wie jetzt Wagner: »Der ›Tag X‹ wird nie erscheinen!« Grausig und ridicul auch Reden von Shdanow gegen die Formalisten Schostakowitsch, Kabalewski, Prokofiew, Chatschaturian … Jon las Dieter und mir vor, wir brüllten vor Lachen, es war aber doch eher unheimlich; erschütternd und empörend. Das ist nicht Mißtrauen, das ist erbitterte Feindschaft gegen die Kunst. Der Sprachschatz übrigens, bis in einzelne Wendungen, immer noch der gleiche; manches klang, daß man denken mußte, die Redner vom 11. Plenum hätten's wörtlich abgeschrieben.

Hoy, 2. 2. 66

Das 5. Kapitel angefangen, endlich, mit der Geschichte vom persischen Architekten und Tamerlans Lieblingsfrau.
[…]

Hoy, 6. 2. 66

Die letzte Kosmos-Sensation: Luna 9 ist auf dem Mond gelandet – »weiche« Landung und hat Funkverbindung mit der
Erde. Die ersten Mondfotos sind veröffentlicht, sie sind so
scharf, daß man jeden Stein erkennen kann. Nun wird es wohl
nicht mehr lange dauern, bis der erste Mensch den Mond betritt. Merkwürdig finde ich unsere Reaktion: wir sind nicht
überwältigt, betrachten die Fotos vom Mond mit einer Gelassenheit, als wären es Bilder einer Landschaft von nebenan.
Aber vor zwanzig Jahren hätten wir es nicht für möglich gehalten, daß irgendsoein Maschinchen durch den Weltraum se-
gelt. Wenn man erfahren hat, in wie kurzer Zeit man riesige
Entfernungen überbrücken [...] kann, dann denkt man: Die
paar Kilometer zum Mond ... Zwei Tage war Luna 9 unterwegs. Woher kommt diese Haltung »Uns kann gar nichts
mehr imponieren«? Vielleicht ist es eine Art Abwehr, eine Art
Selbstschutz, weil die Differenzen zu groß werden zwischen
dem, was im Weltall und was auf der Erde geschieht.

8. 2.

Vorige Woche Verlagskonferenz Neues Leben – Agitationsstunde. 2 Stunden Refcrat von Helmut Müller vom Zentralrat. Abends mit Lewerenz im Presseclub. Lewerenz ist in
einer bedenklichen Geistesverfassung. Er mußte das Bieker-
Buch einstampfen lassen, jetzt versucht er, sich vor sich selbst
zu rechtfertigen, bekommt Staatsbürger-Komplexe, pendelt
nach links und trinkt viel zu viel. Er hätte sich auch an dem
Abend besoffen, wenn ich ihm nicht schließlich den Wodka
entrissen hätte, weil mir unheimlich wurde: er hatte auf einmal die Augen, die Stimme von Caspar, der sich auch langsam
zuschanden säuft. [...] Er beklagt sich bitter, weil er mir nicht
»glaubwürdig« sei; und haderte mit mir wegen des Buches.
Schließlich wurde ich wütend und sagte, dann könnten wir
den Vertrag kündigen – ich schreibe mein Buch, wie es mir
paßt [...]. Das Plenum hat ihn schön zugerichtet, übrigens
nicht nur ihn, Unsicherheit und Flucht vor Verantwortung ist
überall zu spüren, eine Menge Leute sind abgesetzt worden,

Vorgesetzte bekommt man – bei Rundfunk und Fernsehen vor allem – überhaupt nicht mehr zu sehen; die meisten scheinen jetzt nach der Devise zu handeln (vielmehr nicht zu handeln): Wer gar nichts tut, kann auch keine Fehler machen.

Ich vertraute ihm dann doch mein Manuskript an, und gestern rief er mich an, quatschte erst rum, er habe es natürlich »mit Plenumsaugen gelesen«, brach dann aber plötzlich in für einen Mecklenburger enthusiastisches Lob aus: sehr schön geschrieben, mächtig dran gearbeitet, am Wort gearbeitet, beinahe Klassik, kann – mit ein paar kleinen Änderungen – ganz und gar Klassik werden. Ich mußte lachen, aber mir war doch ein Stein vom Herzen.

Hoy, 13. 2.

Freitag in Berlin, wegen Franz Kain. Endlich hatte er seinen Vorwand in die DDR zu kommen – zu mir. [...] Für die lange Reise über Wien und Nürnberg ist er schlecht belohnt worden, aber was kann man tun? [...] Immerhin gestattete ich ihm einen Kuß auf die Wange, als wir uns vorm »Praha« trafen. Übrigens war ich aufgeregt (und benahm mich desto selbstsicherer), vor allem weil ich Szenen fürchtete, Erklärungen, alle diese Dinge, die für den nicht verliebten Teil so überaus peinlich sind und etwas Verpflichtendes haben.

Wir saßen ein paar Stunden im Café. [...] Er sagte, diese Geschichte mit mir sei für ihn so etwas wie nachgeholte Jugend und erste Liebe – als er in dem richtigen Alter für romantische Abenteuer war, saß er in einem Nazi-Gefängnis.

[...] Um mich noch einmal sehen zu können, überwand sich Franz, mitzufahren zu Annemarie Auer. Er gab Jon zwar die Hand, richtete aber nicht ein einziges Mal das Wort an ihn und besoff sich systematisch an diesem Abend. Es wurde aber doch noch sehr vergnüglich, weil Eduard und Klemm, der später [...] kam, kräftig mithielten. E. ist auch Linzer, und es war ein herrlicher Spaß, die beiden in ihrem Dialekt, der auf uns so charmant und auch drollig wirkt, Erinnerungen austauschen zu hören über Wirtshäuser, Leichenhallen und Bordelle. [...] Wir wälzten uns vor Lachen.

Nachher wurde es makaber: In Linz ist Hitler zur Schule

gegangen, aus Linz stammen Kaltenbrunner und Adolf
Eichmann. Eduard war ein Schulkamerad von Eichmann,
und er erzählte entrüstet, daß »Adi« Eichmann ihm Brief-
marken aus Togo und Kamerun geklaut habe, und obgleich
wir darüber auch lachen mußten, gruselte es uns bei dem
k.u.k. gemütlichen »Adi«.

Natürlich sprachen wir auch übers 11. Plenum, und Franz
sagte, daß es uns draußen ungemein geschadet habe. Wir
sollten, wie im 1. Weltkrieg, an unsere Waggons schreiben:
»Hier werden Kriegserklärungen entgegengenommen« [...]
und »Viel Feind, viel Ehr«.

Um Mitternacht waren unsere Linzer so hinüber, daß sie
sich wegen Stifters »Nachsommer« beinahe prügelten. Wir
[...] waren glücklich um vier Uhr früh zu Hause; die Autobahn war glatt und verschneit.

Hoy, 15. 2.

Ich habe schon ein paar Seiten vom neuen Kapitel. In einem
nervösen, aber eher angenehm nervösen Zustand [...].

Hoy, 19. 2.

Gestern DSV-Tagung in Cottbus. Wir haben uns nun doch
dazu durchgerungen, gegen einigen Widerstand, uns dem
Bezirk Cottbus anzuschließen.

Hoy, 14. 3.

Ein paar Tage auf Materialbeschaffung – Hochbauprojektie-
rung Cottbus und Hoy. Nächstens gehe ich zu den Architekten hospitieren.

Arbeit am fünften Kapitel. Versuche alle anderen Ver-
pflichtungen abzuwälzen. Es geht voran, freilich langsam.

Katastrophale Finanzlage. [...] Verlag will keinen »Präze-
denzfall« schaffen und lehnt Stipendium ab, trotz Lewerenz'
Fürsprache. Wir warten auf den neuen Verlagsleiter, Hans
Bentzien, vielleicht hat der ein Herz für arme Autoren. Sonst

gute Laune und große Liebe. Gestern, an unserem Sonntag, hörten wir, sündhaft im Bett, Beethovens Neunte. Merkwürdige Vermischung von Liebe zum einen und den vielen.

Wochenlang Thomas Mann gelesen. Nach dem »Faustus«, der mich bis zu Tränen erschütterte, zwei Bände mit Briefen. Ich kann über nichts anderes mehr sprechen, das wird schon manisch.

Hoy, 31. 3.

Letzte Woche in Berlin. Vorstandssitzung. Neuer Sekretär, Dr. Schäfers, [...] zeigte sich sehr bemüht, mit den Schriftstellern Kontakt zu bekommen [...]. Abenteuerliche Übernachtung im Hotel »Berolina«. Das erste Haus am Platz, gibt sich international, das Hotel ist aufregend für Provinzler, bestückt mit Reisenden aller Hautfarben. Aber dahinter eine grauenhafte Schlamperei. Reizende clevere Mädchen an der Rezeption – in den Korridoren eine blasse abgehetzte Reinemachefrau. Nachts um ½ 11 bezogen wir selbst unsere Betten.

Gespräch mit Kurt Stern, ein leiser, liebenswerter Mensch.

Am Freitag dramatischer Auftritt in Cottbus. Dieter hatte mich gebeten, zur Abnahme seines Wandbildes mitzufahren. Er fürchtete organisierten Widerstand. In der Tat war alles zum »Abschießen« vorbereitet: die Abnahme öffentlich, Volkszorn, ein Abteilungsleiter mit der Anweisung, die Ab. zu verhindern um jeden Preis, Presse, Rundfunk mit Ü-Wagen. Gegen D.s Willen nahm der Rundfunk die ganze Diskussion auf Band. Eine erbitterte Schlacht, die vier oder fünf Stunden dauerte. Das Volk mobte, geschickt aufgestachelt vom Parteivertreter und von einem fetten Spießer aus dem Elternbeirat [...]: er nannte die Dargestellten »Neandertaler«, er sprach von »Dreck«. Das Wandbild ist sehr anständig – das sage ich nicht, weil ich mit D. befreundet bin.

Was für eine Kluft zwischen Künstler und Publikum [...] Grotesk falsche Auffassung von Kunst, und wieder die Forderung nach gültigem soz. Menschenbild – unter dem sich aber keiner etwas vorstellen konnte. Sie plapperten einfach Phrasen nach. Und dieser idiotische [?]: Das könnte ich auch. Das macht mein Sohn mit ein paar Strichen. In dieser

Preislage. [...] Wir bildeten eine Fraktion: die Architekten, die Maler und ich [...]. Eines jedenfalls hat unsere Kulturpolitik zustande gebracht: jede Achtung vor dem Künstler, vor seiner Arbeit zu beseitigen. Wo das »Volk« spricht (das zuhause einen Ölschinken überm Bett hat), wo verfettete DFD-Weiber fordern, daß die Figuren schön sein müssen, gefallen müssen, da können die Musen einpacken. Der Parteispießer verstieg sich zu der Forderung, daß die Menschen »so aussehen müssen wie wir«. Das war irrsinnig komisch – man müßte ihn nur sehen ...

Schließlich die alte Taktik: Vertagen wir die Diskussion. In 14 Tagen geht's weiter. Wir wußten, was das bedeutete. Die Abnahmekommission machte sich stark, setzte Abstimmung durch. Wir siegten mit knapper Stimmenmehrheit. Ein Pyrrhus-Sieg. Heute rief Dieter an: der Rat des Bezirkes ist so erbost, daß er insgeheim Auftragssperre über ihn verhängt hat. Auch die Abt.-Leiter Kultur in den Städten sind angewiesen, D. zu schneiden. Das bedeutet Ruin für ihn. Hätten wir bei der Diskussion (nach dem 11. Plenum) doch lieber die Schnauze halten sollen? Wir sind unten durch, wie man sagt. Mir kann man finanziell nichts anhaben, kann keine Aufträge entziehen. Dafür fängt wieder das Theater wegen der Wohnung an. (»Die Bevölkerung fordert«) Macht nichts. Wir ziehen sowieso nach Neubrandenburg. Sprach in Berlin mit Wohlgemuth. Wir sind willkommen, denke jetzt also endlich an Umzug.

Hoy, 12. 4.

Über Ostern waren wir in Burg. [...] Ein paar friedliche Tage – obgleich der Lärm, den die paar Familienmitglieder veranstalteten, kaum dem Krach zu Weihnachten nachstand. Meine Eltern sind so explosiv und wild wie ihre Kinder – am meisten bewundere ich Mutti, die noch so jung aussieht, [...] und immer [...] ihre rheinische Heiterkeit behält. Sie klagt nie, obgleich sie jetzt zuckerkrank ist [...] (immerhin ist sie über 60), und sicher hat sie am meisten Verdienst daran, daß Vati und sie eine märchenhaft glückliche Ehe führen.

Uli arbeitet an seinem »großen Beleg«, und Sigrid ist Ärztin in Kühlungsborn. Sie haben keine Wohnung, nicht einmal Aussicht auf anderes als ein kleines Zimmer mit Küchenbenutzung. [...] Jetzt weiß er auch nicht, ob er in die Partei eintreten soll, um »weiterzukommen«, sagt aber frei heraus, daß er [es] eben aus Karrierismus tun würde, also ein schlechtes Gewissen erkaufen würde, also keine Lust dazu hat. [...]

Einen Nachmittag und Abend bei Schreyer. Natürlich Debatte über den »Propheten«, der partout nicht zu Kreuze kriechen und Selbstkritik üben will. [...] Warum sucht er keine Verbündeten? Warum stößt er potentielle Verbündete vor den Kopf? Vernunft, Anstand, sagt Wolfgang. Na, ich weiß nicht ... Mir erscheint er wie ein bissiger alter Einzelwolf. Will er den Alleingang?

Hoy, 17. 4.

Donnerstag in Berlin, bei Lewerenz und Bentzien. B. kann nur flüstern, er leidet immer noch an einer Stimmbänder-Erkrankung. Auf dem 11. Plenum konnte er sich nicht mal verteidigen. Er macht noch, wie damals als Minister, den Eindruck eines ruhigen, freundlichen, fairen Mannes. Wir sprachen zwei Stunden über das Buch, [...] als Minister hat er [...] fremde Länder bereist, sich mit allen Künsten beschäftigt, natürlich auch mit Architektur. [...]

Übrigens hat er [...] ministerielle Maßstäbe für Aufwand und Repräsentation mitgebracht und schockte den knickrigen Verlag durch Großzügigkeit, ausschweifende Diners für Mitarbeiter am »schönsten Buch« – ein Stipendium für mich. Er bot mir auch drei Monate Aufenthalt in Wiepersdorf an, aber dazu konnte ich mich nicht entschließen (drei Monate ohne Jon – ich würde ja umkommen!). Das Stipendium wird bis Oktober gezahlt. Dann muß ich 250 Seiten abgeliefert haben. Debatte darüber, was nach dem Oktober wird, lehnte ich ab. [...] Offenbar erwartet er allerhand von meinem Buch und verspricht jetzt schon eine hohe Auflage. Harte Bedingung: Ablieferung im Mai 1967. Ich weiß nicht, ob ich es bis dahin schaffe, bin jetzt erstmal in Panik und arbeite wie verrückt. Angst um Qualität. Gebe Gott, daß ich nicht krank werde.

1. 5. 66

Gearbeitet, statt mir die machtvolle Demonstration anzusehen. Ich [...] habe jetzt eine tägliche Norm und eine Lei-
stungstabelle überm Schreibtisch – ein bißchen Spielerei mit
allerlei geheimnisvollen Zahlen und Buchstaben, aber doch
magisch: sie spornt an. Wenn es so weiter geht wie jetzt,
kann ich die 250 S. bis Oktober glatt schaffen.

Gestern fast den ganzen Tag bei Dreßlers. Die gastlichsten
Leute, die man sich denken kann – und Frau D. ist eine rundherum reizende Person, naiv und schlau, verschwenderisch
und unbekümmert, Bohémemädchen und tüchtige Hausfrau,
nachdenklich und lachlustig, sie kocht ausgezeichnet (ohne
jemals abzuschmecken), zertöppert alles Geschirr und macht
ein erstauntes Gesicht dazu, und sie sieht niemals [...] wie ein
stummer Vorwurf aus, wenn kein Geld im Haus ist, wenn
Dieter miese Laune hat oder die drei Kinder einen Haufen
Arbeit machen. Sie wird auf gute Art mit allem fertig – »die
richtige Frau für einen Mann«, sagt Jon. Ich habe sie sehr gern
und wünsche mir, ich könnte es ihr zeigen und wär nicht so
gehemmt – gerade gegen Leute, die ich mag.

2. 5.

[...]
Seit einer Woche arbeitet Jon wieder im Kombinat, er
fährt eine Raupe, man bloß eine kleine, aber er sagt, er sei
nicht mehr beherrscht von dem jugendlichen Wunsch, ein
großes Tier zu reiten. Die Arbeit macht ihm Spaß, aber für
Schreiben bleibt nicht viel Zeit, und wir sehen uns zu wenig,
bloß ein oder zwei Stunden am Abend. [...]
Montag vergangener Woche waren wir in Berlin, zum Arbeitskreis Kultursoziologie (zu dem uns Henselmann eingeladen hatte). Der Tag fing gut an: Jon war beim Aufbau, ich
bei der NDL. Im Verlag erfuhr J., daß der Reportagenband
nicht erscheint – er hat also monatelang umsonst gearbeitet.
[...] Soviele Fehlschläge in so kurzer Zeit müssen einen Menschen ja kleinkriegen. Und ich, statt ihm Mut zu machen,
habe ihn noch angeschnauzt, weil er den Caspar nicht in die
Zange genommen, sondern schweigend kapituliert hat. [...]

Übrigens hatte ich auch eine Niederlage. In der NDL empfing mich der neue Chefredakteur, Dr. Neubert, forscher junger Mann (für den abgesetzten Joho). Sie hatten um mein Manuskript gebeten, um ein paar Kapitel zu veröffentlichen. N. war höflich und liebenswürdig: Leider, leider, aber das ist aus einem Guß, da kann man nichts rausreißen und außer dem Zusammenhang abdrucken. Das klang ganz schmeichelhaft, aber […] ich […] ahnte schon Böses […]. Na schön, dann kam's raus: in dem Manus sind problematische Stellen, und Sie wissen ja, damals mit Bräunig – also lieber abwarten, vorsichtig sein, keine Mißverständnisse, blahblahblah. Ich sollte aber etwas über meine Schaffensprobleme schreiben. Hab keine, sagte ich, ich schreibe ein Buch. Nach einigem Hin und Her: doch, eines – die Tabus, hier kann man nicht unbefangen schreiben, kurzum, der Finger auf der Linse. Er, etwas süßsauer: Dann schreiben Sie doch darüber, zur internen Auswertung. Wozu? sagte ich. Stefan Heym hat es auch versucht – bekannt, mit welchem Erfolg … Der Abschied fiel also sehr kühl aus.

Diese feigen Idioten. »Problematisch.« Wofür ist die Literatur denn zuständig, wenn nicht für Probleme? Ein widerliches Land.

Kultursoziologie (ein Arbeitskreis am Institut für Gewi, ZK). Interessanter Kreis: ein Psychiater, Chefarchitekten (einige kannte ich durch ihre Selbstkritiken auf dem 7. Plenum), ein Soziologe, Prof. Krüger aus Rostock, der scharfe junge Manager Dr. Staufenbiel, Vorsitz: Henselmann. K. gefiel uns ausnehmend gut, er ist noch ziemlich jung, heiter, energisch und ein Raufbold. Früher Jurist, dann aus Neigung und tausend Widerstände zur Soziologie übergewechselt (Spezialgebiet Familienbeziehungen). Er hat nur zwei Mitarbeiter, die Soz. wird immer noch scheel angesehen. Er erledigt ein ungeheures Arbeitspensum, versessen auf seine Aufgabe. Ein Honorar für einen umfänglichen Forschungsauftrag vom Institut lehnte er ab: er habe ein auskömmliches Gehalt. […] Solche Leute gibt es noch, im Zeitalter der ökonomischen Hebel und der Massenkorrumpierung durch Geld, Auto, Landhaus. […]

[…]

Hoy, 19. 5.

Heute bloß ein paar Zeilen. Heiligabend und verschneite
Straßen beschreiben, – und draußen ist Hochsommerhitze.
 Zwei Tage geschwänzt: Sonnabend fuhren wir zur Moritzburg und spazierten im Park herum und beschauten uns die
fürstlichen Gemächer mit Ledertapeten und Dutzenden
Boule-Uhren, eine immer schöner und prächtiger als die andere. Eiskalte Säle bei 30 Grad Außentemperatur – was müssen die im Winter gefroren haben! Wir kauften die knallbun-
testen Ansichtskarten und schickten sie unseren Eltern,
damit sie sehen, was für ein ausschweifendes Leben ihre Kinder führen. […]
 Einen Tag suchte mich […] Namokel heim und agitierte
mich, ich sollte […] nicht wegziehen und nicht dafür stimmen, daß unser Bezirksverband nicht nach Dresden über-
wechselt. […] auf einmal entfalten sie einen wilden Eifer,
Schriftsteller in den Bezirk zu bekommen […]. Auf keinen
Fall wollen sie zugeben, daß ihre Kulturpolitik falsch war
(soweit man dabei noch von Politik, erst recht von Kultur
sprechen kann) […]. Die Partei arbeitet hier nach bewährter
Methode: man hat alle Genossen aufgesucht, ihnen die Linie
klargemacht – und sie haben als brave Untertanen zurückge-
nommen, wofür sie seit einem halben Jahr zustimmen […].
Bloß Schneider und Reimann wollten nicht Selbstkritik
üben, also sollen sie auf der nächsten Sitzung überstimmt
werden. So einfach ist das. Die Bezirksleitung hat eine
blütenweiße Weste und trieft vor Zuneigung zu ihren Künstlern. Widerlicher Verein. Diese letzte Erfahrung hat uns in
dem Gedanken an Neubrandenburg bestärkt. […] Trotz vieler Meinungsverschiedenheiten, trotz mancher häßlicher
Szenen ist Sch. mir immer noch der nächste unter den Be-
zirkskollegen; wir beide sind auch die einzigen, die es gewagt
haben, die Bezirksleitung und Sankt Stief zu kritisieren.
 Zwei Briefe aus Neustrelitz: Einladung zur Schriftstellertagung am 5. Juni; Schreiben der Abt. Kultur: Willkommen
in N., wärmstens begrüßt, Wohnraum bereit etc. Nun, erstmal werden wir uns alles ansehen, gewappnet mit Skepsis.
Solange man nicht verrät, daß man einen eigenen Kopf hat

und mit demselben auch Eigenes zu denken wünscht, ist man willkommen [...].

Soziolog. Arbeitsgemeinschaft: Professor Krüger war da [...]. Man muß sehen, wie er mit seinem Fahrer umgeht – eben nicht anders als mit uns [...]. Wenn es so etwas wie einen »neuen Typ« von sozialistischen Professoren gibt, dann gehört er dazu. Wie anders der arme Henselmann! [...] Seine Eitelkeit, seine Strohfeuer-Begeisterung wirkte dort, unter den jungen Managern, diesen kühlen Denkern, ziemlich antiquiert. Die haben die Ausdauer, eine jahrelange Arbeit auf sich zu nehmen, und eine merkwürdige Art von Zynismus [...] Kurz, sogar Henselmanns Charme [...] kam nicht mehr zur Geltung. Er scheint von Angst besessen. Angst, zu spät zu kommen, beiseite gedrängt zu werden, er horcht gierig auf jedes geflüsterte Wort, er wird unhöflich und unterbricht Leute, die ihm nicht nach dem Munde reden. Wenn man den Kreis von ZK-Wissenschaftlern sieht, ahnt man, was H. so erschreckend verwandelt. Um es roh zu sagen: er ist passé. Er erlaubte sich sogar Taktlosigkeiten gegen Iris Dullin: Bemerkung coram publico, mit denen er zu verstehen gab, daß eigentlich er der geistige Vater ihres vielberedt und gelobten Kulturhauses in N. ist.

All das heißt nicht, daß ich nicht die alte Schwäche für ihn hätte, für sein schillerndes Wesen – aber es ist nicht mehr der Enthusiasmus wie früher.

Hoy, 3. 6. 66

Morgen fahren wir nach Neubrandenburg.

[...]

Langes Gespräch mit Dr. Mayer über Selbstmorde, speziell Gasvergiftung. [...] Zwei Jahre lang hat er in Hoy pro Woche ein bis zwei Gastote aus den Küchen geholt, an einem Sonntag gleich zwei aus derselben Küche – einen morgens, den anderen abends. Meist junge Männer zwischen 18 und 21, aber auch »ältere« Frauen (30–35). Hauptmotiv (jedenfalls das auslösende) ist Liebeskummer. Zeit: meist an Sonn- und Feiertagen. Hochkonjunktur im Mai. Ich mußte mich genau unterrichten über den Vorgang des Sterbens durch Gas (übrigens eine leichte und angenehme Todesart – man sieht nur friedliche Gesichter) und das Aussehen der Leichen; ich brauche das für meine Gertrud.

Verbandssitzung in C[ottbus] Die Partei hat erfolgreich eingegriffen: Wir werden nicht nach Dresden gehen. Die Genossen haben aus Parteidisziplin zugestimmt, und ich stand allein. [...] Frau Apel befragte mich über unsere Gründe für N., sie ging so weit, uns ein Haus in Boxberg zu offerieren. Merkwürdige Leute, die denken, man sei durch Lebensstandard zu kaufen.

Hoy, 8. 6.

Zurück aus N. Sonnabend zuerst in Neustrelitz, bei Sakowski, der ein aufwendiges Haus bewohnt. [...] S. ist bald lebhaft und lachlustig (auch klatschlustig), bald finster und in sich gekehrt. Ich glaube, er kommt mit seiner Arbeit nicht zurecht, sucht nach neuer Ausdrucksform, möchte Prosa schreiben und schafft es nicht. Inzwischen verdient er Geld ... muß er auch: er hat jetzt fünf Kinder. Margarete Neumann ist originell, [...] dick, mit fettigen Haarsträhnen; sie wohnt im Wald, veranstaltet Weihestunden und Sonnwendfeiern bei »enthemmendem« Feuer. Eine begabte Frau, aber ziemlich verrückt, und zu alledem zeigt sie Kleinmädchen-Koketterie, die peinlich zu sehen ist. Jochen Wohlgemuth war nett, laut und unbefangen wie immer. Ein Abend in Weisdin im Gästehaus des Bezirks, herrlich gelegen an See und Tümpel, in dem tausend Frösche quarrten; zum erstenmal hörte ich auch Unkenrufe, tief und dunkel (aber »Glockenruf« ist eine poetische Übertreibung; es klingt eher wie das Geräusch von Pumpenschwengeln).

Lubos, der Abt.-Leiter Kultur, machte einen sehr guten Eindruck auf mich, ein ruhiger liebenswürdiger Mann mit Liebe zur Kunst und zu den Künstlern, nicht so ein Kulturbeamter, der sowieso alles besser weiß. Sein Willkommen war unverstellt: N. legt viel Wert darauf, daß wir übersiedeln; Wohnung steht zur Verfügung. Anscheinend hat unser Bezirk schon interveniert, das war herauszuhören [...]. Wir haben uns vorsichtig geäußert, sind aber schon so gut wie entschlossen, umzuziehen. [...]

Am Sonntag in Neubrandenburg las ich aus meinem Roman-Manus, mit verblüffendem Erfolg: alle die großen Diskutierer schwiegen, schwiegen, bis mir unbehaglich wurde, und schließlich sagte Wohlgemut: So möchte ich auch mal schreiben können. Er und Sakowski waren begeistert [...], und Lubos küßte vor Entzücken seine Fingerspitzen, und die anderen waren einfach verstummt. Hinterher kam M[argarete] N[eumann] zu mir und sagte mit süßsaurem Lächeln, sie habe sich nicht äußern können, die Franziska sei ihr wildfremd, überhaupt eine fremde Welt. S. lachte sich eins und sagte, sie sei eifersüchtig und neidisch zum Platzen, und nun begänne also im Bezirk der Streit der Königinnen. Am meisten bewegt hat mich aber die Reaktion von Jon; er kannte das Kapitel noch nicht und war ganz erschüttert [...] – wenn Jon mich mal lobt, dann muß wirklich was dran sein.

Hoy, 12. 6.

Gestern mit Dreßler und Friedrich, über Neubrandenburg. D. ist anspruchsvoll: Eigenheim oder Bauernhaus [...]. Manchmal hat er Anfälle von Größenwahn [...]. Na, das gibt sich wieder, vielleicht sind diese Ausbrüche von Selbstüberschätzung eine Art Notwehr gegen unangenehme Gedanken. Mir scheint eine Gefahr für ihn, daß er sich einen zu hohen Lebensstandard aufgebaut und ihn halten will: er übernimmt zu viele Aufträge, die ihm nicht genug abfordern (meist ist die »Kunst am Bau« ja bloß geschickte Dekoration), und seine künstlerischen Ideen geraten darüber in Vergessenheit – oder nicht in Vergessenheit: er [...] vertröstet sich selbst auf später, auf die Zeit, wenn er so viel Geld haben wird, daß er zwei Jahre nur seiner Kunst leben kann. An dieser Vertröstung ist schon so mancher Künstler eingegangen.

Friedrich ist bescheidener, nachdenklicher, natürlich möchte er eine anständige Wohnung, [...] vor allem aber einen Arbeitsraum [...]. Er ist der wißbegierigste unter unseren Malern, und sehr gründlich [...]

Hoy, 6. 7.

Das Gerücht hat sich bestätigt: »Die Spur der Steine« – ohnehin mehrmals angekündigt, wieder abgesetzt, umgearbeitet und gekürzt – ist abgesetzt worden. Verzerrte Wirklichkeit, Rolle der Partei entstellt, mit Recht empörte Zuschauer. Wieder einmal müssen die Volksmassen herhalten. Berichte aus Potsdam, wo der Film zuerst gelaufen ist, lauten anders: Begeisterung über Balla-Krug. Wann schreit dieser Klotz Neutsch auf? Vielleicht hat er schon – hierzulande erfährt man ja nichts […].

Der Film von Christa Wolf ist auch gestorben; »Sundevit« verstümmelt. Zu Filmfestivals reist die Defa mit dem unsäglichen Schlagerschinken »Reise ins Ehebett«; zum Fernsehfestival mit Tschesnow-Hells »Mutter und das Schweigen«: Empörte Verwunderung, daß wir nirgends Preise abbekommen.

»Messer im Wasser« ist den Augen der Zensoren entgangen. Ein ausgezeichneter psychologischer Film von Polanski (P. hat jetzt auf der Berlinale den Hauptpreis bekommen). Großes Lob für »Liebe einer Blondine«, den wir hier auch nicht zu sehen bekommen. In unserem Bezirk hat ihn der Schwachkopf K[…] höchstpersönlich abgelehnt – dieses verklemmte Ferkel, das den Film unanständig findet (»die reden im Bett über Picasso«, sagte er ganz entrüstet zu mir).

[…] Schrieb ich schon, daß sich die Staatssicherheit über uns – Dieter und mich – informiert hat? Sie haben Kollegen befragt. Wir gelten als das Haupt einer »Untergrundbewegung« bei den Künstlern. Das ist so absurd, man sollte darüber lachen, mein Gott, aber ich finde es schrecklich, schrecklich. Weil wir fragen. Es gibt Augenblicke, in denen ich das Gefühl habe, der Hals werde mir zugedrückt.

Was kann man tun? Ich schreibe von Menschen, vom Menschlichwerden. Manchmal bin ich schwächer als meine Helden (ach, »Helden«!) – Empfinden von Ohnmacht.

Der Dialog SED-SPD ist geplatzt. Offizieller Grund – oder Vorwand – ist das Gesetz über freies Geleit. Das ist wirklich diskriminierend. […]

Hoy, 7. 7. 66

Unser U-Bruder hat eine Tochter. Tüchtiger Junge, der es
fertiggebracht hat, am selben Tag eine Eins in Strömungs-
lehre zu machen […], statt vor Aufregung zu vergehen.

Ich erzählte noch nicht, daß wir damals auch in Rostock
waren und bei der Uwe-und-D-Schwester-Familie wohnten.
[…] sie schmückten ihre »Terrasse«, einen winzigen Hof
mit einem jämmerlichen Bäumchen und drei Blumentöpfen
inmitten uralter Häuschen mit krummen Giebeln und im
Schatten der Kirche. […] Die armen Kinder. Sie lachen noch
darüber, aber die scheußliche Bude geht ihnen doch auf die
Nerven (im Winter ist es vor Kälte nicht auszuhalten), darüber trösten auch nicht die Kirchenglocken und das hübsche Glockenspiel in der Langen Straße gleich nebenan. Oh,
das sieht alles sehr romantisch aus – aber man muß sich in
der Küche überm Ausguß waschen, und der Korridor geht
bergauf.
[…]

Hoy, 11. 8. 66

Hat das Tagebuchführen seinen Reiz verloren? Oder bin ich
einfach zu müde? Unökonomische Arbeit, bis zur Erschöpfung, an einer Seite, die nicht gelingt – statt alles fortzuwer-
fen, spazierenzugehen oder zu lesen (aber neue Bücher gibt
es auch nur selten, von DDR-Literatur zu schweigen).
Manchmal euphorische Aufschwünge, meist Depression,
Zweifel an der Fähigkeit, den Roman zuende zu schreiben,
Charaktere darzustellen, einen Handlungsfaden zu verfol-
gen, – und niemals Ausgeglichenheit, eine anhaltende heitere
Stimmung. […] Früher habe ich mich vor den Sonntagen gefürchtet, jetzt sehne ich mich die ganze Woche danach, nach
diesem Gefühl, sorgenlos und beschützt zu sein, in einem
Kreis von Wärme und Liebe.

Seit zwei Tagen Hundstagehitze nach einem kalten und
verregneten Sommer. Und wir können nicht mal zum Baden
fahren, denn Jon plagt sich mit seiner Raupe draußen im
Kombinat, und die übrigen Stunden klebt und flickt er am
Auto, das nun doch seine Altersschwäche zeigt. Übrigens

sind auch Ersatzteile bei der letzten »Preisregulierung« teurer geworden. (Preise: Hoy liquidiert seine Errungenschaft,
die Miete. In den neuen Komplexen ist die Miete beträchtlich erhöht worden, die älteren ziehen nach, zunächst nur
mit den Preisen für Wasser und Heizung. Empörung unter
den Arbeitern, es hat Arbeitsniederlegungen gegeben, viele
haben aus Protest ihre Gewerkschafts-, sogar die Partei-
beiträge nicht bezahlt. Die Löhne jedenfalls bleiben stabil …
Jene »Regulierung« übrigens ist die erste Auswirkung der
Industriepreisreform; unsere Obrigkeit hat schon vergessen,
daß sie damals verkündete, die Reform werde sich natürlich
gar nicht auf den Verbraucher auswirken. Man kann sich aus-
rechnen, was folgt: Strom, Gas, Erzeugnisse aus Holz werden nächstens teurer, sicher auch Kohle, vielleicht sogar
Lebensmittel.
[…]

Hoy, 16. 11.

Heute Rekord: 80 Zeilen. Die ganze Zeit nicht zum Tage-
buchschreiben gekommen (vielleicht Unlust?). Dabei eine
Menge Erlebnisse: Buchwoche, Jahreskonferenz, neue Menschen, aufregende Bücher, und immer wieder Jon, eine unruhige, eine endlose Reihe von Vorstößen in unbekanntes
Land. Neulich – wir hatten zusammen ein bißchen getrunken, aus reinem Spaß am Manhattan-Mixen – gestand er,
daß er noch immer nicht an eine Dauer unserer Beziehung
zu glauben wagt; er denkt, ich gäbe mich nur seinetwegen
und nur vorübergehend mit der Einsamkeit unseres Lebens,
wie wir es jetzt führen, zufrieden … in Wahrheit, auch un-
eingestanden, sehne ich mich nach der Welt, Trubel, Männern, Gott weiß was für Dingen, die er mir »nicht bieten«
kann. Ich war bestürzt und fragte mich, ob er recht damit
hat, daß ich anpassungsfähig sei, bei nächster Gelegenheit
aber ausbrechen werde. In der Tat hat es mir Spaß gemacht,
ein, zwei Wochen im Wirbel zu sein, umworben zu werden
(auf einem Kongreß finden sich immer Courschneider), in
einer Hotelhalle zu sitzen und Fremde zu begaffen – aber
jetzt, da es vorbei ist, vermisse ich es nicht; meine Gedanken
sind wieder fast ausschließlich auf den Roman gerichtet –

und auf unseren Sonntag, diesen einzigen Tag in der Woche, an dem ich einen ganzen Nachmittag bei ihm liege, nichts anderes denke und empfinde als ihn. Ich habe auch, solange ich schreibe, nicht das Gefühl, nichts zu erleben: ich teile Franziskas Leben, indem ich es ihr gebe – das ist abenteuerlich genug. Trotzdem will mich Jon nach Petzow schicken (das er haßt), gewissermaßen auf Bewährung ... Na, ich weiß nicht. Die Petzowschen Gefahren sind nicht irgendwelche Männer, sondern die Zauberberg-Atmosphäre, das Gefühl, auf einer Insel zu leben, auf merkwürdige Weise jeder Verantwortung enthoben.

1967

Vorige Woche der schwerste Orkan seit zwanzig Jahren. Die Straßen übersät mit Ziegeln, unser Dach wurde zum Teil abgedeckt. Todesangst, allein mit zwei Frauen im Haus, das zu schwanken schien.

Jon hat Spätschicht; einsame Abende. Schachspielen gelernt, ein unerwartet hohes Vergnügen, stundenlange Konzentration auf das Feld. – Seit einigen Tagen wieder mit Lust am Buch, nach Wochen voll Verzweiflung; fühlte mich unfähig und voller Angst vor der endlosen Schreiberei. Solche Zusammenbrüche werden noch öfter kommen, das kenne ich von der Arbeit an den anderen Büchern.

Letzte Woche in Neubrandenburg. Gespräch mit dem Ersten Sekretär (dank Sakowskis kräftiger Hilfe). Umzug für Mai oder Juni geplant. Vorweggenommenes Heimweh, wenn ich jetzt durch die Straßen gehe. Ein Glück, daß ich darüber in meinem Buch schreiben, es mir also von der Seele schaffen kann.

In Bautzen habe ich mir – in einem Anfall von Wahnsinn – ein wunderschönes altes Pastellbild gekauft (in der Manier von A. Graff). Die Hälfte eines Monatsstipendiums. Egal. Dafür versage ich mir soviele andere Dinge. Verkaufe neuerdings Schuhe und Pullover.

Ostersonntag bei Kleines auf der Datsche. Eine Art Freundschaft, unkomplizierter als die mit Dieter (mit dem wir öfter streiten, über Malerei, sein künstlerisches Programm und – ich gereizt – über Lebensstandard). Dorothea bemuttert mich […]. K. ist Polizeichef des Bezirks, viel älter als D., intellektueller, schweigsam, aber von hintergründigem, oft boshaftem Witz.

Hoy, 24. 4.

Sonntag früh Start von »Sojus 1« mit Oberst Komarow.
Weltraumflug zu Ehren des 50. Jahrestages der Oktober-
revolution. Heute früh war die Zeitung voll großer Ankün-
digungen und geheimnisvoller Andeutungen, die darauf
schließen ließen, daß ein zweites Schiff folgen soll (vielleicht
wieder Kopplungs-Manöver). Eben kommt die Nachricht,
daß Komarow abgestürzt ist – bei der Landung, heißt es. Ein
schreckliches Unglück, auch politisch. Es war höchste Zeit
für einen neuen Weltraum-Erfolg der SU. Morgens berichtete die Zeitung noch von der Sicherheit der sowj. Schiffe,
der Zuverlässigkeit sowj. Wissenschaft, die ohne Hektik arbeitet, anders als die USA (vor ein paar Monaten sind zwei
amerikanische Astronauten in ihrer Kapsel verglüht, noch
vorm Start – ein Unglück, das mit einer Art Triumph ausgeschlachtet wurde). Und wir hatten so gewünscht, daß etwas
Großartiges geschieht, sogar im Stillen auf Mondlandung
gehofft, auf den ungeheuren Vorsprung und seine unaus-
bleiblichen politischen Folgen.

Hoy, 2. 5.

Vor zwei Wochen in Burg und Magdeburg (Lesungen),
abends bei Schreyer [...]
  Am 23. ist der VII. Parteitag zuende gegangen. Viel Ver-
nünftiges betreffs Wirtschaft und Wissenschaft; wenig über
Kultur, Gottlob. Keine Kritiken – woran auch? Es erscheinen
ja kaum Bücher und Filme (außer Musicals und Maetzigs ro-
tem Märchen vom »Mädchen auf dem Brett«. Ein Glück, daß
M. soviel Anstand besitzt, sich hier nicht mehr blicken zu lassen. Also doch bloß ein Karrieremacher – glaubte damals
wohl, mit seinem »Kaninchen« im richtigen Strom zu
schwimmen). Nur eingängiges und bequemes Zeug. Vorwort: Neutschs neues Buch, Loest, Kirschs SU-Reportage ...
[...] Bieler, Bräunig etc. weiter in beschuß. Forderung auf
dem VII.: »Würde und Schönheit unserer Menschen gestalten.« Seeger [...] war ganz groß da. Quatschte denselben
Mist, sogar wörtlich, wie auf der Bezirksdelegiertenkonfe-

renz – also von sich und seinen Meisterwerken. Er wird er-
müdend. Über sein letztes Stück haben wir viel gelacht. [...]
S. ist jetzt im ZK. Christa Wolf ist nicht im ZK, nicht mal als
Kandidatin. Womit so ziemlich alles gesagt wäre.

Nachtrag zu M[agdeburg]. Der Gegensatz zwischen zwei
Welten: Lesung bei Lagerarbeiterinnen (die kaum jemals
Bücher gelesen haben), im Keller einer Schwermaschinen-
Fabrik. Ältere Frauen, alle verarbeitet, die Tag für Tag in die-
sem Keller schuften, nur bei künstlichem Licht, Schrauben
sortieren und 75 Kilo schwere Kisten transportieren.

Danach Wolfgangs Villengegend, eine Menge neuer Häuser, Bungalows und Sandstein-Bunker, die der Straße nur
Wände und vergitterte Fenster zeigen (kunstgeschmiedete
Gitter, versteht sich), Stille, frühlingshafte Gärten, Autos,
auch Westwagen, vor der Tür; elegante Frauen, die im eigenen Wagen ihre Einkäufe erledigen.

Militärputsch in Griechenland; Manolis Glezos verhaftet;
Popandreou unter Hausarrest.

Hoy, 29. 5.

Besuch von Dr. Baumgart.

Tauziehen um Förderungsvertrag scheint zuende. Bentzien hatte ein Gespräch mit Frau Apel, daraufhin klappte es.
Dreitausend Mark. [...] Vorher Haufen Theater. Erst wollten sie mir den Vertrag förmlich aufdrängen, dann, nach einer
Lesung, kamen ihnen Bedenken (ein Glück, daß ich [...] den
angebotenen Vertrag sogar mehrmals und schroff abgelehnt
hatte – obgleich ich Geld dringend brauche), die Partei sagte,
das Buch sei zu intellektuell, der Rat, es sei »grau in grau«,
schließlich schwatzte man von einem »zweiten Kaninchen«.
Das alles habe ich natürlich nur hintenherum erfahren, durch
die rührige Dorothea [...]. Direkte Gespräche über das Buch
(soweit bekannt) waren grotesk, sogar ein »voller Aschenbecher« erregte Anstoß. Offenbar ist nichts weniger erwünscht als Schilderung von Alltag und normalem Leben.
Mit Frau Apel kann man sich allerdings verständigen, obgleich sie sich zuweilen auf einen fernen Stern zurückzieht.

Zweimal nach Berlin gefahren, per Zug und Bus und allein,
weil das Auto nur noch kaputt ist. Erschien mir erst lästig,

war dann aber ein spannendes Abenteuer: Bummel durch die Hauptstraßen, Menschen begucken, merkwürdigerweise das Gefühl, mehr Zeit zu haben als sonst (als ob ein Auto einem Tempo aufzwingt). Irma Weinhofen besucht, die für ein paar Tage aus Amsterdam kam. [...] Und beide Male bei Günter de Bruyn.

Petzow, 4. 6. 67

Zwei Tage im Schriftstellerheim [...] P. hat wieder etwas von seinem alten Zauber. Dutzende von Segelbooten auf dem See. Manchmal fliegt eine Karavelle oder eine Boeing vorüber, ziemlich tief, weil hier die Einflugschneise für Tempelhof ist. Aber schreckliche Leute, alt und arrogant und reich, siebzigjährige Gerippe in leichten Badeanzügen. Am ersten Abend war Reiner Kunze noch da, mein intimer Freund von vor zehn Jahren; jetzt hatten wir schon nach den ersten Sätzen Sympathie und Verständnis füreinander.
[...]

Hoy, 5. 6.

Kriegsausbruch im Nahen Osten. Israel gilt als Aggressor, weil es die Kriegshandlungen begonnen hat (nachdem Nasser großschnäuzig seit langer Zeit gedroht hatte).

7. 6.

Am ersten Tag spricht Radio Kairo – mit orientalischer Phantasie – davon, daß die Streitkräfte der VAR 100 Flugzeuge der Israelis abgeschossen haben, Tel Aviv in Flammen steht ... In Wahrheit kämpfte Israel auf arabischem Boden. Inzwischen sind Jordanien, Syrien, Kuweit der VAR zu Hilfe geeilt, eine brüderliche, »antiimperialistische« Koalition. Da wir schon lange um Nassers Gunst buhlen (aber er versagt uns immer noch die Anerkennung als souveräner Staat), entdeckt unsere Obrigkeit, daß diese Erdöl-Scheichs eigentlich glühende Sozialisten sind, und das ND berichtet von flammendem Protest, von der leidenschaftlichen Empörung unserer Werktätigen [...].

Neulich Lesung in der Bezirksparteischule. Scheußliche
Auseinandersetzung, weil »alles negativ« sei, zynisch und
unsozialistisch.

Nach vier Tagen Krieg (»Blitzkrieg« schreiben Westzei-
tungen) Waffenstillstand in Nahost. Perfekte Niederlage der
VAR – in gewisser Weise auch eine militärische Niederlage
der SU, die Waffen geliefert hat. ND beeilt sich zu erklären,
daß die Waffen ausgezeichnet seien und die arabischen
Truppen mutig und kampfesfroh, und die Israelis nur durch
ihre feige Aggression gesiegt hätten. Nasser, der seinen
Rücktritt erklärt hatte (aber wieder im Amt ist), versteigt
sich zu der Entschuldigung, man habe den Feind aus einer
anderen Richtung erwartet. Seit die Uno sich eingemischt
hat, wird er wieder großmäulig [...]. Syrien und Jordanien
sind ebenfalls schleunigst auf das Uno-Waffenstillstands-
angebot eingegangen, sonst hätten die Israelis wahrscheinlich noch diese Woche ihre Länder überrollt. ND bringt
Nachrichten, wenn überhaupt, um zwei Tage verspätet.

Bei Demonstration (Schah-Besuch in Westberlin) hat die
Polizei Studenten niedergeknüppelt; einen, Benno Ohnesorg, erschossen. Trauer-Konvoi über Kontrollpunkt Dre-
witz, Autobahn nach Hannover. Spalier von FDJlern, Studenten. Westpresse hetzt gegen die radikalen Studenten, gegen
die Asta und die Professoren an der Freien Universität.

                                                    9. 7. 67

Mitte Juni eine Woche in Ahrenshoop, in Schreyers Gästehaus. Dann Neubrandenburg (Aussicht auf Wohnung im
Oktober). [...] am Buch, viel zu langsam.

Besuch von Henselmann. Brief von Reiner Kunze.

                                                    28. 7.

Jon hat mir zum Geburtstag eine prächtige alte Uhr geschenkt (bezahlt mit ungedecktem Scheck [...]). Einen Tag
in Dresden, in der Gemäldegalerie, auf den Terrassen überm
Zwingerhof. Wir waren sehr glücklich. [...] Jetzt sind wir mal

wieder so weit, daß wir alle Hosentaschen und Handtaschen nach ein paar vergessenen Geldstücken durchwühlen. Das Stipendium vom Schriftstellerverband ist genehmigt, die erste Rate aber gleich draufgegangen für die unbezahlten Rechnungen.

2. 8.

Seit Wochen sengende Hitze, kein Gewitter, jeden Tag über 30 Grad (im Schatten). Die Zimmer werden auch nachts nicht mehr kühl. Kaum noch möglich zu arbeiten, man läßt sich gehen, öfter im Wittichenauer Strandbad. Dieser Tage wollte Jon in Boxberg anfangen, und ich wollte auch für einige Zeit hin, um eine Reportage fürs ND zu schreiben. Der Plan ist geplatzt, nach Beratung der Wirtschaftsexperten im ND: wegen unserer Energie-Lage (Reserven ausschöpfen statt neue Objekte errichten). [...] Inzwischen reden sie über Prognosen und warten auf die alleinseligmachende Atomkraft.

Hoy, 9. 8.

Jon arbeitet seit einer Woche in Boxberg, in der Technologie. Es macht ihm Spaß [...]. Aber er kommt nur zweimal in der Woche nach Hause [...].

Hoy, 12. 9.

Kolloquium »Städtebau und Soziologie« mit Prof. Scheuch, Köln. Abends in der »Libelle«.

Dieter kommt oft; er hat drei Wandbilder gemalt und schwimmt wieder im Geld, spinnt also. Jon sehe ich nur Sonnabend und Sonntag [...] die Woche über fühle ich mich manchmal zum Sterben einsam, trotz Arbeit.

Einmal war ich in Burg, zu Besuch bei Vati und Mutti. Die Armen – sie geben sich verzweifelt Mühe, die Familie zusammenzuhalten, die dennoch auseinanderfällt, fast unmerklich. Beleidigende Briefe von Lutz, an seine »verirrten Verwandten in der Zone«. Der ist mal wieder politisch durchgedreht. Und

Dorli schweigt (freilich hat sie viel Arbeit; sie ist jetzt im Institut bei Uwe); nur Uli ist ein liebevoller Sohn und Bruder.
Mir tun die Eltern so leid […]. Ich schreibe jede Woche einen
langen Brief, um sie zu trösten.

7. 10.

Vorigen Sonntag 1. 10., zur Eröffnung der VI. Deutschen in
Dresden. Ein sehr starkes Bild, Sittes »Höllensturz in Vietnam«.

Petzow, 4. 11.

Werkstattgespräch mit Annemarie Auer. Früher Morgen, der
See liegt in einem wundervollen Licht. […] A. geht es sehr
schlecht, seit sie bei der NDL gekündigt hat (zum unglück-
lichsten Zeitpunkt, nach dem 11. Plenum), findet sie kaum
noch eine Arbeit, geschweige eine Anstellung. Sie ist jetzt
über 50, ihr Zak noch älter, sie haben Angst vor einem Alter
in Armut, bei jämmerlichster Rente (Zak bekommt keine
OdF-Rente, trotz Haft und Exil, weil er gewissermaßen
nicht »im Auftrag der Partei« gesessen hat). Trotz ihrer Begabung kommt die A. einfach nicht mehr auf die Beine. […]
   Für mich (das kam erwartet) Beunruhigendes über das
Buch. Die Geschichte, meint A., ist noch nicht deutlich, das
Anliegen noch nicht ablesbar. Ich weiß selbst, das Buch besteht aus lauter Abschweifungen, kann aber nicht erklären,
warum ich's gerade so schreiben will: einfach Leben ballen,
Alltäglichkeit mit Zufälligem, Nicht-notwendigem.
   Protest gegen die Fabel, die Roman-Konstruktion, die
mir zu kristallen, zu rein erscheint, zu künstlich, zu klar in
einer unklaren Gesellschaft.
   In den letzten Wochen mehrere Lesungen, eigentlich um
Geld zu verdienen, aber dann werden es manchmal Erlebnisse, die auch anders lohnen. […] Ein Werk in Pirna. Lebien,
ein Dorf; der Vorsitzende ist mit seiner Frau, die noch nachträglich Landwirtschaft studiert hat, aus der Stadt gekommen. […] nachts stapften wir mit ihnen über die stille Dorf-
straße, weil sie uns den neuesten sowjetischen Traktor zeigen

wollten, einen Riesenpanzer; ein Rad ist noch ein Stück
größer als ich, die Fahrerkabine nur über eine Treppe zu
erreichen. [...] Der Vors. schwärmte: wenn drei dieser Un-
geheuer im Verband über die Felder fahren, mit 12 m breiter
Pflugschar – das ist das beste Argument für Kooperation.
Auf dem Land beginnen interessante Prozesse, Übergang zur
Industrialisierung, Massen-Viehzucht; für die Bauern ein
schwerer[er] Konflikt als damals der Zusammenschluß zu
Genossenschaften. Heimfahrt gegen Mitternacht [...]; am
Dorfausgang mußten wir eine Weile halten; ein Bulle ließ uns
nicht über den Weg. Die Lichtenburg, unheimlich die tiefe
Toreinfahrt, nur von ein paar Lampen erhellt.

Hoy, 14. 11.

Die Annemarie hat mich ziemlich gequält. Ihre Ressentiments: sie wird eine alte Frau, ich bin noch jung und im Begriff, meinen Weg zu machen. Ihre merkwürdige Haßliebe,
wie eine Mutter, die ihre Tochter künstlich im Backfischalter
zu halten versucht, Erwachsenwerden verhindert, gleichzeitig ihre Backfischhaltung verurteilt. Das Interview ist völlig
danebengegangen und muß noch einmal geschrieben werden.
    Eine Tragödie im Haus: Tsch[...]s weißer Spitz, der Assi,
ist an Herzasthma gestorben. Sie haben ihn wie ein Kind geliebt. Feierliche Beerdigung. Herr Tsch. sagte: »Ich habe
keine Tränen mehr.«
    Großer Krieg [...] zwischen den M[...]s und Fr. B[...] –
wie immer wegen der Kinder. M. schlagen die Kinder, vor
allem die Frau wird geradezu sadistisch. [...] Sie wollen der
Frau B. ihre mißratenen Kinder wegnehmen lassen, aber die
kämpft wie eine Löwin. Sie tobt und wird unglaublich
ordinär (sie denkt, man hielte sie für hilflos, weil sie keinen
Mann hat).

Hoy, 20. 11.

Eben sind meine Companeros wiedergekommen. Noch einmal eine harte Arbeitswoche. Vorige Woche Arbeit am Exposé, vom Morgen bis in die Nacht. Hinterher fiel ich zu-

sammen […]. Ich bin nun also doch bei der Defa eingestie-
gen, hätt's aber nicht getan (nicht mal, um meinen Roman
zu finanzieren), wenn mir unser Teamwork nicht so gefiele.
Arbeit mit zwei jungen Regisseuren (ihr erster Spielfilm,
Abschlußarbeit – nach Kähnes Buch »Martin Jalitschka heiratet nicht«), Roland Oehme und Lothar Warneke.

Ein gutes Gespann, vielleicht weil sie so konträr sind.
Oehme ist ein gutaussehender, cleverer junger Mann, Warneke – obgleich er eher komisch aussieht mit seinem schiefen
Gesicht und dem Schnauzbart – hat, scheint mir, mehr Substanz, Phantasie, Tiefe, wie immer man das nennen will. Er ist
sehr gebildet, bibelfest, Freud-Leser, liebt Bach und Mozart
[…]. Kurzum, O. ist ein Mann, mit dem [man] flirten, W. ein
Mann, mit dem man sprechen kann. Beide sind […] voller
verrückter Einfälle, […] meine Uhrengöttinnen tragen plötzlich Hütchen, die Porzellandamen überreichen ihrem Herrn
Pfennige oder spielen Flöte auf einer Zigarette – wo ich hin-
sehe, begeben sich in meiner Wohnung groteske Dinge.

[…] Sie […] decken den Tisch; nachts machen sie die Ab-
wäsche und singen dabei, Volkslieder oder Opernarien. […]
Selbst Lewerenz hat seinen Segen gegeben, sogar zu Verbes-
serungen gegenüber der Buchfassung geraten (er hat damals
den Kähne betreut und das Buch in Kurzfassung zuende geschrieben, nachdem Kähne verunglückt war – ertrunken unter merkwürdigen Umständen).

Hoy, 27. 11.

Jons Geburtstag; unser Hochzeitstag – und J. ist in Boxberg. Wir haben uns schon die ganze vorige Woche kaum gesehen, weil ich mit W. und O. arbeitete. Gestern sind sie abgereist; das Exposé ist fertig.

Hoy, 28. 11.

Gestern war ich sehr niedergeschlagen: weil ich die beiden
vermißte. Wieder die Einsamkeit im Zimmer, die einsame
Arbeit, die einsamen Zweifel. Keine Gespräche, kein Lachen, kein Streit […]. Ich wußte nicht, daß ich so begierig

auf Leute war ... [...] Sie wirtschafteten in der Wohnung
herum, als lebten wir schon ein halbes Jahr zusammen, nahmen auch gleich meine Arbeitsgewohnheiten an (ich bin seit
ein paar Monaten mit der Maschine, Manuskript, Kaffee-
tasse etc. auf den Fußboden übergesiedelt) [...]; in den Pausen spielten sie Schallplatten ab, tranken – gegen Abend ein
bißchen viel, fürchte ich. [...]

Hoy, 3. 12. 67

Wieder in der Romanarbeit (die Ballszene, als F. zum erstenmal mit Ben tanzt). Nachricht von Gebrüder O u. W: diese
Woche ist Gruppendiskussion über unser Exposé. Wär schön,
wenn wir's bis zum Drehbuch und zum Film schafften. Den
Flirt mit O. habe ich gestoppt, als ich merkte, daß es Herrn
Lolli weh tat, unsere Spielereien mitanzusehen. In Wirklichkeit mag ich Lolli viel lieber, O. läuft ihm bloß den Rang ab
(zu Anfang), weil er attraktiver und leichtblütiger ist. W. hat
fünf Jahre Theologie studiert, ehe er zum Marxismus über-
lief. O. war früher Erzieher in einer Kadettenanstalt. Hoffentlich hat die Freundschaft zwischen ihnen Bestand – ich jedenfalls würde W. mehr vertrauen als O. Am letzten Abend sind
wir noch durch die Kneipen der Altstadt gezogen und haben
unser Exposé gefeiert. Nach Mitternacht tanzten wir auf der
eiskalten Straße herum. [...]

Heute früh Telefonanruf [...]; meine Wohnung wird
morgen frei. Blödes Gefühl, zwischen Roman und Film,
Neubrandenburg, Hoy und Petzow zu sitzen. Jetzt warte
ich erstmal auf Reiner Kunze, der zu Lesungen nach Hoy
kommt und bei uns wohnt [...].

Neustrelitz, 17. 12. 67

Im Café am Markt, das Jon so entzückt, wegen des riesigen
Kuchen-Buffetts. Seit zwei Tagen im Bezirk, um die Wohnung zu besichtigen und auszumessen [...]. Erdgeschoß-
Wohnung in einem Einfamilienhaus, ziemlich geräumig,
wenn auch verbaut, allerdings kein Bad und eine miese Küche,
nur ein Zimmer heizbar. Dafür habe ich einen Garten, Rasen

und eine Terrasse (»Terrasse« ist ein bißchen geprahlt). Marquardt vom Wohnungsamt [...] war so offensichtlich scharf darauf, sie selbst zu bekommen, daß es mir schon peinlich war. Vor allem seine Frau machte taktlose Anspielungen, daß »unser[eins] sowas ja nicht bekommt«. Ein Stück von meinem Garten haben sie mir gleich abgehandelt. Na, macht nichts, ich will ja nicht einen Morgen Kartoffeln anbauen. Wir müssen nochmal mit Müller verhandeln, wegen der nötigen Umbauten, Bad. Öfen, etc. Jetzt ein paar tausend Mark ... Aber die habe ich nun mal nicht, und unser Film ist so gut wie gestorben, jedenfalls ist das Exposé erledigt, von der Gruppe »Berlin« abgelehnt worden. [...] Meine Companeros waren zertrümmert nach dieser massiven Kritik. Ausgerechnet Maetzig (»Kaninchen«!) findet unseren Film zu grau; auch die anderen möchten lieber das sozialistische Menschenbild und eine fröhliche Wunschwelt.

Hoy, 31. 12.

In Berlin mit Herrn Lolli getroffen. Er möchte, daß wir weiter zusammenarbeiten, [...] aber Bentzien hält das Unternehmen für aussichtslos. Wir sollen besser zum Fernsehfunk gehen. Beim Verlag, um Geld rauszuschinden. Aber Verleger sind zäh; wenn man die hört, machen sie immerzu bloß Verlustgeschäfte. Keine Ahnung, wie's weitergehen soll.

Ein Tag mit Irmchen und Freddy, die aus Amsterdam zu Besuch nach Berlin gekommen waren.

Weihnachten waren wir allein (zum erstenmal in meinem Leben ohne die Eltern und Geschwister), wir hatten nur so einen Tannenstrauß geschmückt. Heiligabend für Hagestolze, mit polnischem Wodka und Beethoven. Muß arg sein, später, wenn man alt ist, keine Kinder hat ... Am nächsten Morgen kam Dieter – mit dem Stilleben, auf das ich schon lange scharf bin und das ich ihm irgendwann mal abkaufen wollte (aber diese arrivierten Burschen haben Preise!) Nun hat er es mir geschenkt, und ich war sehr glücklich, schon deshalb, weil ich nicht erwartet hatte, er würde es sich vom Herzen reißen. In N. werde ich jede Woche einmal vor Heimweh heulen, am Freitag, unserem Dreßler-Tag.

1968

Gestern [...] ein Renoir-Film. Ich war bis zu Tränen erschüttert von den Bildern, den Bäumen wie auf Bildern von
Courbet, von den Szenen: der alte Mann mit dem Ziegen-
bock, mythologische Figur in einer realen, zugleich utopi-
schen Welt, der Sturm, die Panflöte, süß, wild, heidnisch; die
Bilder, in die ein Liebesakt umgesetzt wird: Wasser, Strudel,
sturmbewegte Büsche und Bäume, das gewellte Bockshaar,
Fell wie Mädchenhaar. Unvergeßlich, wie der Zauber-Mistral
das »Frühstück im Grünen« wegreißt, darüber immer die
Musik des Großen Pan (Debussy?).

12. 4.

Vor zwei Wochen Berlin. Vorstandssitzung (Nachwuchs-
fragen), kaum Schriftsteller anwesend. Kein Interesse mehr
am Verband, der in Bürokratie, Langweile und Obrigkeits-
gehorsam erstickt. Wenn man vergleicht, was die Schriftsteller in der CSSR dazu beigetragen haben, daß man jetzt
dort versucht, die Idee einer sozialistischen Demokratie zu
verwirklichen. (Über alle politischen Ereignisse, Informa-
tionen usw. führe ich eine Chronik – vielleicht schreibe ich
auch deshalb so selten mehr Tagebuch). Gestern hörten wir
im Radio ein Gespräch – eine Konferenzschaltung zwischen
Westberlin und Rom –: Goldstücker und Mnacko. M. will
in die CSSR zurückkehren, aber nicht als Bittender, sondern
auf Recht bestehender (er hat seine Ausbürgerung nie anerkannt). Das Gespräch ein bißchen unheimlich, weil gemütlich klingend (der wienerische Tonfall, das »Hallo,
Edo«, und »Hallo, Laszlo«), undenkbar, daß Gleiches möglich wäre zwischen DDR-Leuten, undenkbar Goldstückers
Versicherung, daß er dem Beschluß über M. nicht zugestimmt hat (bei uns wär's einstimmig gewesen – und mit

welchen Beschimpfungen!). Ich habe geweint: unseretwe-
gen, über uns, aus Zorn. Zornig auch gegen mich selbst –
Mitmacher, Schweiger.

Hoy, 5. 5.

Besuch bei Strittmatters.

Gestern abend Rede Ernst Blochs (in Trier) gehört, »Marxismus heute«. Großartiger Rhetoriker (dabei muß er jetzt
über achtzig sein), aggressiv, unbestechlich. Der hätte mich
für Philosophie gewinnen können, wenn ich damals Vorlesungen bei ihm gehört hätte. [...] Ein Satz, der mich immer
noch beschäftigt: »Wenn ein Interesse und eine Idee zusam-
menstoßen, ist es immer die Idee, die sich blamiert.« (Marx,
Schopenhauer, Freud)

Heute wieder ins Krankenhaus. Seit zwei Wochen krank-
geschrieben wegen endogener Depression. Scheußlicher
Zustand: Angst, über die Straße zu gehen, unter Leute, etwa
gar eine dichte Menschenmenge; Niedergeschlagenheit. Das
Buch bleibt liegen. Jeder Brief wird zur Qual. J. behauptet,
ich sei von einem Trieb zur Selbstzerstörung besessen.
Warum? Die Arbeit ohne ausreichendes Talent? [...]

Was auch an den Nerven zerrt: der Umzug, auf den wir so
lange warten. Meine Wohnung ist besetzt: ein Musiker, ehemals beim Musikkorps der Stasi. Er weicht nicht, sollte
zwangsexmittiert werden [...], ist aber nach Berlin gefahren, um seine »Hebel« in Bewegung zu setzen, also das MfS,
Gotsche, Ulbricht, »vor dem er gespielt hat«, etc. Hoffentlich spricht Gen. Müller bald ein Machtwort [...].

[...] Diskussion im Verband mit einem Lektor der Par-
teihochschule. Sein Anspruch auf Allwissenheit provozierte
mich. Andere griffen ein, wir trieben ihn in die Enge mit unbequemen Fragen, unbequemen Beweisen (Informations-
mangel z. B.) [...].

Schwarze Pumpe, 9. 8. 68

Komme eben von Dr. M. (Fädenziehen), hatte Dienstag OP,
spannend, weil bei lokaler Betäubung, konnte also hören und
sehen, was vorging. In der Universitätsklinik hatte Prof. S.

diagnostiziert: verkapselter Fadenrest. Gott, war ich glücklich! Monatelang diese tagsüber verdrängte Angst, ich hätte
vielleicht Krebs … Beim Operieren ergab sich leider, daß
noch mehr Knoten im Gewebe steckten, widerliche rosa Kugeln, die müssen noch ans Path. Institut geschickt werden.
Soll die Angstpartie wieder beginnen?

Ich warte hier auf Jon […], vielleicht zum letzten Mal im
Hotel »Glück auf«, wo wir früher so oft gefeiert oder konferiert haben, und wo wir beide unser Hochzeitsmahl eingenommen haben, als wir aus der Baracke nebenan, vom Standesamt, kamen. Ich denke jetzt oft an früher, an die Zeit vor
fünf oder zehn Jahren […]. Alles schmeckt nach Abschied.
Heute ist Freitag, unser »Dreßler-Tag«, an dem wir sonst immer nach Spremberg gefahren sind, zum Plachandern und
zum West-Krimi, mit Simon Templer oder dem »Baron« […].
Aber heute ist Dieter nach Rumänien gefahren, […] und vielleicht werden wir ihn vor der Abreise (nach N.) nicht mehr
sehen. Wie werde ich diese Freitagabende vermissen! In den
letzten Jahren sind die Gruben abgesoffen, die Tagebaue,
zwischen denen die Betonbahn verläuft. Das Becken mit der
Kohlentrübe ist vollgelaufen, ein fettig schwarzer See; damals
(wann? vor drei oder vor fünf Jahren?) sah man noch den Boden, die Birken und Sträucher, die nun längst ertrunken sind.
Merkwürdig, wie man sein Herz an diese öde Landschaft
gehängt hat, an diese unmögliche Stadt, an die Leute […].
Unser Centrum-Kaufhaus sieht elegant aus, ist aber schon
ziemlich runtergewirtschaftet, schlampig wie alle Läden und
Restaurants hier, die nach wer weiß welchem teuflischen
Prinzip träge und lotterig werden, kaum bestehen sie ein paar
Wochen. Trotzdem – wenn ich denke, daß nur ein paar
Blöcke in einer Sandwüste standen, als wir hierher kamen,
und jetzt ist es eine Stadt von fast 60 000 Einwohnern, und
das Kombinat ist ein riesiger Komplex geworden (in dem so
gut wie nichts ordentlich funktioniert). Die Kohle geht zuende, vielleicht ist Hoy in zwanzig Jahren eine Geisterstadt
wie die verlassenen Goldgräber-Siedlungen.

Trotzdem (das sage ich schon wieder) haben wir für ein
Theater gekämpft; das war mein letzter Streich hier, und die
Leute vom Bezirk werden mich jedenfalls in übler Erinne-

rung behalten. Der Theaterbau war, nachdem Siegfried ihn durchgesetzt hatte (nach jahrelangen Kämpfen) wieder gestrichen worden. Cottbus will ein repräsentatives Zentrum bauen, auch auf unsere Kosten. Wir beschwerten uns beim Staatsrat, ich schrieb an Gotsche – [...] jedenfalls soll das Theater nun doch gebaut werden. Aber der Bezirk ist sauer; die Dreistigkeit, zum Staatsrat zu gehen, wird mir als angeblicher Initiatorin angelastet (»organisierte Aktion«), und da man hier immer noch mit den alten Methoden arbeitet, ist sogar das Gerücht in die Welt gesetzt worden, ich sei Wagners Geliebte. Widerliches Pack! [...]

Wir trafen H[enselmann] in Weisdin, und trotz seines Charmes, seines Witzes, seiner Neigung zum Dramatischen, der ich immer wieder erliege, war ich diesmal enttäuscht von ihm [...]. Verständlich, wenn er bei jungen Architekten verhaßt ist. Er [...] reißt sich alle attraktiven Projekte (in Rostock, in Leipzig: Universität) unter den Nagel, macht geniale Entwürfe und überläßt den anderen [...] die Kleinarbeit, die Umsetzung [...]. Zu schweigen davon, daß seine Entwürfe verrückt sind, und auf Wirkung berechnet, aufgehängte Schalen, verschrobene Pyramiden [...]: der Aufwand und die Form stehen in keinem Verhältnis zur Funktion des Gebäudes. Zwecklos, ihm das zu sagen, er duldet keine Kritik. [...] An solchen popeligen Kram wie Wohnungsbau verschwendet er sich natürlich nicht (jetzt rede und denke ich schon wie meine Dame Franziska!) Aber seine Briefe finde ich immer wieder bezaubernd.

Hoy, 10. 8. 68

Heute große Schubladen-Ausräumungs-Aktion. [...] Man darf nicht anfangen, in all diesen alten Briefen, Zeitungsausschnitten etc. zu lesen, sonst verschieben sich die Zeiten auf eine höchst verwirrende Weise, die Gegenwart wird unwirklich. Endlich habe ich auch Daniels Briefe (und hin und wieder wagte ich eine Zeile zu lesen) in die Truhe gesperrt, zu den Liebesbriefen von anderen Männern. Nur die Briefe von Jon, das versteht sich, haben noch einen besonderen Platz. Es findet sich auch allerlei kompromittierendes Zeug, Fotos und alte Arbeiten und blöde Briefe, aber da ich hier nichts verbrennen kann, muß ich dies alles in winzige Fetzen reißen und in den Mülleimer werfen.

Hoy, 21. August 68

Truppen der SU und von 5 Pakt-Staaten haben die CSSR besetzt. Ein Schock. Den ganzen Vormittag klingelte das Telefon [...]. Habe den ganzen Tag am Radio gesessen und die Nachrichten gehört. DDR-Sender berichteten nichts, verlasen nur immer wieder die TASS-Erklärung und den SED-Aufruf an die Bürger – verlogenes Geschwätz von Freundschaft und Bruderhand und Liebe zum tschechischen Volk – während in Prag und Pilsen und allen Städten der CSSR die Panzer rollen. Wieder mal deutsche Uniformen in Prag. Dubcek und die führenden Leute sind verhaftet oder verschleppt, wer weiß, man erfährt nichts über ihr Schicksal. Und welche Hoffnungen haben wir auf das »Modell« CSSR gesetzt! Unfaßbar, daß immer noch, immer wieder mit diesen Methoden des Stalinismus gearbeitet wird. Angeblich gibt es in der DDR eine »Flut von Zustimmungserklärungen«. Wir sind so erbittert – kein Vertrauen mehr (falls wir jemals diese Sorte »Vertrauen« hatten. Geplante Reise nach N. aufgeschoben, bin wie gelähmt.

22. 8.

Wieder den ganzen Tag verwartet, unfähig, etwas zu tun. Nur über Westsender erfährt man von Tagungen der Nationalversammlung und der Partei und angekündigtem Aufruf zum Generalstreik. Es soll Tote gegeben haben. (Und während der ganzen Zeit der »Konterrevolution« hat niemand, der anderer Meinung war als die Dubcek-Anhänger, auch nur Prügel bezogen.) [...] Die anderen kommunistischen Parteien verurteilen die Intervention. Einen schlimmeren politischen Rückschlag hätte man sich nicht einhandeln können. In aller Welt ergreift man Partei für die Tschechen. Was immer geschieht: eine Rückkehr zur Nowotny-Zeit wird es, kann es nicht geben.

11. 9. 68

Am Montag sind wir aus Neubrandenburg zurückgekommen. Die Wohnung ist endlich erkämpft, umgebaut, herge-
richtet, wenn auch noch in chaotischem Zustand. Am 23.
wollen wir umziehen, der Möbelwagen war bestellt. Heute
habe ich von Dr. Marquardt erfahren, daß ich Krebs habe. Die
rechte Brust muß abgenommen werden. Es war ein fuchtba-
rer Schock. Ich dachte immer: Warum muß das gerade mir
zustoßen? Nun habe ich den ganzen Tag gearbeitet – das beruhigt. Tränen wird's bestimmt noch geben, aber jetzt bin ich
ziemlich gefaßt. Man muß eben durch.
     Jon ist wunderbar.

15. 9.

[…] Jon ist jetzt [jeden] Abend bei mir. Einmal waren wir
[…] einen ganzen Tag, in Dresden. Ich habe Giorgiones Venus besucht; mein anderes Lieblingsbild, den Evangelischen
Johannes, konnten wir nicht finden. Dafür ergötzten wir uns
an Cignanis »Frau Potiphar« (die ich irgendwann aus dem
Gedächtnis – aber merkwürdig verwandelt – im Buch beschrieben habe. […] Auf einer Terrasse langhaarige Gammler,
einer sehr schön, die anderen blöd, mit dummen herausfor-
dernden Gesichtern Gummi kauend. Sowas fotografiert man
fürs ND, um die Schrecken der Konterrevolution zu zeigen.
     Die »Erklärung« des Deutschen Schriftsteller-Verbandes
habe ich nicht unterschrieben. Diesmal kein – wenn auch
nur formaler – Gehorsam. Einige andere haben sich auch geweigert, wenige, ach, zu wenige.

Hoy, 18. 9. 68

Übermorgen muß ich ins Krankenhaus – in was für eins!
Häßlich, schmutzig, verludert. Ich habe geheult, als ich bloß
den Gang sah. Aber was hilft's? Sterben mag ich nun nicht.
Schreckliche Sorgen wegen Vati und Mutti. Sie nehmen sich
alles, was ihren Kindern widerfährt, so zu Herzen. Ich habe
solche Angst, aber mehr vor der Umgebung als vor der
Operation und der ganzen Schweinerei.

Hoy, 20. 9.

In letzter Minute gerettet – jedenfalls vor dem abscheulichen Krankenhaus. Jon hat Hilfsaktion eingeleitet. Sakowski auch, wie ich gestern abend erfuhr, als er anrief, um mir zu sagen, daß die Neubrandenburger nach wie vor »mit offenen Armen« auf mich warten. Mir fiel ein Stein vom Herzen. Hatte die verrückte Vorstellung, sie wollen einen Menschen nicht haben, der so einen Knacks hat. Hellmut hatte aber nur »aus Verlegenheit«, wie er's nannte, nicht gleich angerufen. Hat vermutlich erwartet, ein heulendes Bündel Frau am Telefon quieken zu hören.

Inzwischen hat Henselmann mit Buch die beste Variante geliefert. [...] Mittwoch abend rief er noch Prof. Gummel an, Donnerstag konnte ich mich ihm schon vorstellen. Eine wunderbare Klinik, vor den Fenstern hohe alte Bäume. In G.s Zimmer hängt ein herrlicher Grundig (Original, versteht sich), ein weiblicher Akt, Leas Züge, im Hintergrund die weißlichen Geisterpferde. G. untersuchte mich mit seinen berühmten Händen, fand, es fühle sich nicht bösartig an, sagte aber, ich solle mir keine Hoffnung machen; er muß erst die Gewebeprobe untersuchen. Natürlich hoffe ich doch auf ein Wunder, wenigstens ein ganz kleines. [...] Mache mich trotzdem gefaßt auf OP. Wenigstens die Umgebung ist ein Trost; man weiß sich in guten Händen. Die Rössle-Klinik ist ja auch Forschungsstätte. Inzwischen bin ich nochmal mit dem Jon nach Hause gefahren und arbeite am Umzug weiter. Dienstag bekomme ich Bescheid über die Probe und so. Dazwischen liegt also noch ein Sonntag mit Jon. Ich bin glücklich über jeden Tag, der mir noch bleibt.

Vati und Mutti haben geschrieben. Sie versuchen's halt nicht so schwer zu nehmen, und in meinen Briefen explodiere ich geradezu vor Munterkeit und Optimismus.

Offener Brief von Max Walter Schulz an Martin Walser. Joe von damals ist mausetot. Armer Hund! Er wird einen Herzinfarkt kriegen oder Kulturminister werden. Zum Schreiben langt es offenbar micht mehr – außer zum Schreiben von parteiamtlichen Briefen und Essays über die Kunst des Schreibens und die Erlernbarkeit von Meisterschaft.

Berlin-Buch, 1. oder 2. Okt. 68

Das Ärgste überstanden. Prof. G. versichert, wenn ich entlassen werde, bin ich gesund, also keine verdächtige Zelle
mehr. Alles weggeschnitten. Achselhöhle völlig verstümmelt, muß erst wieder lernen, den Arm zu gebrauchen. Immerhin, ich kann schon schreiben – so unleserlich wie immer. […] habe bloß Angst vor dem Augenblick, wenn der
Verband entfernt wird. Muß ein scheußlicher Anblick sein.
Jon war am Sonnabend und Sonntag hier, er macht sogar fri-
vole Scherze über meinen Amazonen-Zustand und über gewisse Spiele. Ich hoffe, doch, ich glaube, es macht ihm wirklich nichts aus. Aber er hat es ja noch nicht gesehen. Und
das soll er auch nicht.

Hoy, 1. 11. 68

Seit ein paar Wochen zu Hause. Ich arbeite wieder: zunächst
Korrekturen (L. will die »Frau«, »Geständnis«, »Geschwister« in einem Band herausbringen). Finde schrecklich, was
ich da früher geschrieben habe, sprachlich und politisch. Ich
war ein gutgläubiger Narr. Seit der CSSR-Affäre hat sich
mein Verhältnis zu diesem Land, zu seiner Regierung sehr
geändert. Verzweiflung, manchmal Anfälle von Haß. Daß
ich mich geweigert habe, die Erklärung zu unterschreiben,
hat einige Folgen (vielleicht ist das erst der Anfang), läppi-
sche – mein Antrag, daß die Kronen, die ich für die in Prag
erschienenen »Geschwister« bekommen habe, nicht hierher
transferiert werden, ist abgelehnt, damit indirekt eine Prag-
Reise –, und sehr ärgerliche: die Stasi weiß schon Bescheid,
neulich war einer der Herren mit den abstehenden Ohren
bei Jon […], um ihn zu befragen; ferner hat jemand […] die
Bezirksleitung unterrichtet, und diese erstens die hiesige
Kreisleitung (Warnung vor hierorts beheimateten Staats-
feind) und zweitens die Bezirksleitung Neubr. Dort hat man
kalte Füße bekommen und dem Bezirksverband nahegelegt,
das verdächtige Element besser nicht in N. anzusiedeln. Sakowski und Ebert hatten Krach mit der Bezirksleitung (das
habe ich jetzt erst durch Jobst erfahren), sie haben sich

offenbar für mich verbürgt und bei der Gelegenheit den Genossen sehr deutlich gesagt, daß die Schriftsteller ihre »innerverbandlichen« Angelegenheiten selber regeln können. Solche Auseinandersetzung war längst fällig, sagt Jobst – trotzdem ist es mir fatal, daß ich ungewollt den Anstoß gegeben habe.

Jedenfalls habe ich diesen Bezirk hier satt bis obenhin. Zu den – von oben gelenkten – Verleumdungen [...] – kommen jetzt politische Diffamierungen.

In einer Parteigruppe wurde mitgeteilt, B. R. habe mit ihrem Buch bei der Bezirksleitung erscheinen müssen; das Manuskript sei diskutiert und für schädlich, wenn nicht feindlich erklärt worden, und man werde dafür sorgen, daß das Buch nicht erscheinen darf. Lügen. Die Leute kennen keine Zeile; ich wäre auch um keinen Preis solcher Vorladung gefolgt. Nun gut. Ich wußte, was ich riskiere, also beklage ich mich jetzt nicht, nachdem ich mir den »sensiblen Luxus« (M. W. Schulz) geleistet habe, einmal meinem Gewissen zu gehorchen. Die Studenten, die sich nicht mit Schweigen begnügt haben, sondern demonstriert und Flugblätter gedruckt haben, sind verurteilt und für ein paar Jahre eingesperrt worden. Übrigens lauter Prominenten-Kinder: die Hunziger, die Berthold (Tochter des Prof. B. vom ZK-Institut), die Havemann-Söhne, der Sohn von Brasch, stellv. Minister für Kultur. Aber es gibt kein Generationsproblem in unserem Sozialismus.

Hoy, 13. 11.

Kleiner Nachtrag: eben war der Reiner K. da (Lesungen in Hoy; woanders wird er nicht eingeladen). Er ist am 21. 8. aus der Partei ausgetreten. Als er das Parteibuch abgab, machte niemand den Versuch, mit ihm zu diskutieren. R. hat die tschechischen Zeitungen immer gelesen, daher jetzt die Möglichkeit, zu vergleichen. Fälschung über Fälschung in unseren Zeitungen, Sätze willkürlich aus dem Zusammenhang gerissen, Lügen.

Erfuhr auch, daß ich eine Einladung vom Kulturzentrum der tschechischen Botschaft hatte (vermutlich, weil ich nicht unterzeichnet habe). Reiner hat meinen Namen auf der Liste gesehen; es waren etwa 40 Personen. Die Einladung ist nie in meinen Briefkasten gelangt.

Hoy, 18. 11. 68

Der letzte Tag in Hoyerswerda. 6 Uhr früh; gleich kommt der Möbelwagen. Die allmorgendlichen Geräusche, Schritte auf der Treppe, M.s überlautes Radio, B.s Husten (deutlich zu hören durch den Luftschacht), der Lärm der Baumann-Kinder. Ilse hat geweint. Gestern abend, mitten im Chaos, noch einmal Schmidts zu Besuch.

Neubrandenburg, 20. 12.

Schon vier Wochen in N. Merkwürdig, kein Heimweh nach Hoyerswerda; freilich vermisse ich ein paar Leute, Dreßlers, Schömanns, die Schmidts. Zu Anfang, als Jon wieder abgereist war, fühlte ich mich abends manchmal sehr einsam, ich hatte auch ein bißchen Angst: die Wohnung zu ebener Erde, Schlafzimmerfenster zur Terrasse, die Erkerfenster. Einmal spät abends klopften ein paar Männer ans Fenster. Todesschreck (ich lese gerade »Kaltblütig«!), aber es waren unsere netten Möbelpacker, die wieder einen Umzug nach N. hatten, und wir tranken eine Runde, und von dem stärksten Mann ließ ich ein Fenster aufreißen. Die Fenster waren alle nach dem Lackieren geschlossen worden und nun wie zugenagelt. Überhaupt die Wohnung ... Die Wände schon gerissen, das Badezimmer unter Wasser (ein Rohr war gebrochen), überall feuchte Kälte. Als es dann auch draußen kalt wurde, bin ich beinahe erfroren. Die Elektro-Öfen waren ab Mittag bloß noch lauwarm, am Nachmittag und Abend eiskalt.

21. 12.

Saß gestern in der Halle vom Interhotel, wo mir die nette Frau in der Zentrale die Gespräche mit Boxberg vermittelt; diesmal ging es so schnell, daß ich bloß die paar Zeilen schreiben konnte.

Neubrandenbg, 24. 12.

Jon ist da, seit gestern. Wir genießen – wissend, daß wir dies
allenfalls ein paar Tage aushalten könnten – Familienleben,
gehen zusammen einkaufen, schlafen in einem Bett, richten
die Mahlzeiten (für die feineren Dinge, den Wildbraten
z. B., ist der Jon allein zuständig), und jetzt – während
drüben schon der Geschenketisch aufgebaut ist – sitzen wir
in meinem Arbeitszimmer, der Jon ganz vergraben in dem
riesigen Ledersessel, den ich seinetwegen angeschafft habe,
lesend, bei Kaffee, Zigaretten, Pralinen, [...] und ich in
meiner Arbeitsecke, also im Erker, in dem ich auf winzigstem
Raum zusammengeschleppt und aufgebaut habe, was ich so
zum Arbeiten brauche: Tonbandgerät und die Bänder dazu,
Plattenspieler und die Schallplatten, den Schreibmaschinen-
tisch, mein »Archiv« (all das Zeug über Architektur und
Städtebau) und meine Lieblings- oder Lehrbücher, die Bibel,
ein paar Bücher von Freud, den Kolakowski, »Gantenbein«,
Baldwin, Braines »Weg nach oben«, Sartre, Mitscherlich,
Ehrenburg (»Die französischen Hefte«), Leduc's »Bastardin«. Eine gemischte Gesellschaft, das schon ... Sogar meinen – leicht lädierten – Lieblingssessel habe ich noch untergebracht; in dem sitze ich abends und lese, manchmal
übergruselt, wenn mir einfällt: im Rücken das Fenster, keine
Vorhänge, die gegen einen Blick von draußen schützen – aber
gegenüber, im Nachbarhaus, kann ich das ebenfalls er
leuchtete Fenster von Müller sehen, stehe also unterm
Feuerschutz der Partei, notfalls.
    Mir gefällt's jetzt. Verschneit ist der Garten zauberhaft;
hinterm Garten sind hohe Bäume, Tannen, Birken, Erlen,
was weiß ich (und darin Hunderte von Krähennestern, und
manchmal kriegen die Krähen einen Rappel und stürzen sich
schwarz und schreiend über den Garten). Die Weinranken
hängen über die Fenster und bis auf die kleine Terrasse
hinab, und im Sommer – ich erinnere mich – ist das Zimmer
in ein grünes Licht getaucht. Zwischen den Terrassensteinen
wächst Moos und Gras, und am liebsten würde ich es so lassen, auch den verwilderten Steingarten. Hoffentlich sehen
meine Nachbarn – ruhige, nette Leute – nicht allzu streng

auf Garten-Ordnung; ich mag keine gezirkelten Wege und pingeligen Beete. Aber das Unkraut wird wohl dran glauben müssen [...].

25. 12.

Wieder so ein Junggesellen-Heiligabend wie im letzten Jahr, Kerzenlicht, Kognac, wir hörten uns das Violinkonzert von Brahms an, das Mutti uns geschenkt hat, dann Chopin, die Sonate b-moll, ausgerechnet, dann Theodorakis (die »Zorbas«-Musik, irgendwas Macedonisches, Kollo, in der letzten Woche war es meine Lieblingsmusik).

Heute ein bißchen Melancholie. Nun ja, Feiertage ... Draußen Schneeregen. Verstimmt und beängstigt, weil mein Arm weh tut. Sieht aus, als wäre ein Stich von der Naht aufgeplatzt. An das andere habe ich mich gewöhnt, wenn man's so nennen will. Die Schwäche im Arm, gelegentliche Beschwerden; wieso hatte ich nicht damit gerechnet? Ein halber Mensch. Eine halbierte Frau. Das Entsetzen morgens beim Aufwachen (ich träume jede Nacht von der Zerstückelung), und abends, wenn ich mich ausziehe, dieses Gefühl von Fremdheit: ich sehe ohne Schrecken die Narbe. Das bin ich nicht, das kann nicht gerade mir zugestoßen sein. [...] Jon bleibt dabei: ihm macht es nichts aus [...] – es hat sich nichts geändert. Ja, ja, ich weiß von Prof. Gummel, daß die meisten Männer ihre Frauen noch lieber haben nach so einem Unglück. (G. verstieg sich sogar zu Frivolitäten: daß nur ein richtiger Mann eine Amazone zu schätzen weiß). Ja, die Männer, und ich will's auch glauben. Aber als Frau, als die Betroffene ... Habe ich mich wirklich gewöhnt, oder ist es mir noch nicht ins Bewußtsein gedrungen, sperre ich mich, es mir bewußt zu machen? Ach, genug davon.

Vor drei Tagen zum erstenmal wieder am Buch gearbeitet. Die letzten Seiten [...] waren in der Klinik gekritzelt, auf einem Briefblock. Nicht mal schlechte Seiten [...]. Eine Seite geschafft, weil ich noch, in der Szene« war, aber nun ist der Faden doch gerissen [...]. Muß die letzten Kapitel nochmal lesen. Am liebsten würde ich was Neues anfangen, aber diese Franziska-Geschichte muß durchgestanden werden.

Ab Sonnabend, also auch über Silvester, bin ich wieder allein, da werde ich eben arbeiten und versuchen, nicht an diesen sentimental-feierlichen letzten Tag eines beschissenen Jahres zu denken.

Im Januar oder Februar zieht Jon hierher, – eine Einzimmerwohnung, die Müller beschafft hat, mit allerlei Kniffen (Es soll wohl nicht bekannt werden, daß wir getrennt wohnen; das scheint hier wie in Hoy auf die Leute schockierend zu wirken). J. wird wahrscheinlich im Atomkraftwerk, in Lubmin arbeiten, er wird Programmierer werden; in seinem Betrieb – wo er vor einem Jahr als Hilfstechnologe angefangen hat – wird er jetzt als »Kennziffern-Ingenieur« geführt. […] Wenn die Baustellen-Zeit in L. vorbei ist, will er wieder woanders hin.

Gestern früh ein Brief von Christa Wolf. (Gerd war bei mir, kurz vorm Umzug aus Hoy.) Ein guter, ein unerwartet offener Brief – nicht die herbe Zurückhaltung, die man sonst bei Ch. kennt. Sie will mit mir reden, in Briefen, wenn möglich ohne diesen Umweg. Habe ich das meiner Haltung in der CSSR-Frage zu verdanken? Wohl auch. Und wer weiß, was Gerd ihr von unserem Gespräch erzählt hat ... Ich bin – wie soll's ich nennen? – ja, ich glaube, ich bin stolz auf diesen Brief. Die beneidete, bewunderte Christa nimmt mich ernst. Merkwürdig: Dabei »liegt« mir ihre Art zu schreiben nicht, ich respektiere sie, gewiß, finde sie aber essayistisch, ich meine: sie erzählt nicht. Auch ihr Wesen ist dem meinen ganz entgegengesetzt. Vielleicht gerade deshalb diese Anziehung, die sie gleich anfangs – als wir zusammen nach Moskau fuhren – auf mich ausübte, eine immer bekämpfte und unterdrückte Anziehung, wer weiß warum. (Wahrscheinlich eine Art Konkurrenzneid, weil sie mir überlegen ist, klüger, nachdenklicher, ihre Prosa klarer, geschliffener. Trotzdem würde ich nicht versuchen, sie nachzuahmen. Ich bin, wie ich bin.) Jedenfalls werde ich antworten – und wie gerne, mit Hoffnung, aber auch bange, weil ich mir so unreif vorkomme.

Die Besuche in der letzten Woche: Sakowski mit schrecklichen Zahnschmerzen, komisch und bedauernswert, dieser Riese, doppelt so hoch und dreimal so breit wie ich, dabei

jammervoll wie ein Kind. Ein Gespräch war nicht möglich
(er sehnt sich nach einem Gespräch, hat er mir einmal gesagt, er hat darauf gewartet, daß ich komme – er fühlt sich
allein, für die anderen Schriftsteller hier hat er eine gewisse
Geringschätzung, sie sind ihm zu laut oder zu oberflächlich
oder zu aufdringlich), auch deshalb nicht, weil seine Drama-
turgin dabei war, die Dame Korff-Edel, die ich nicht ausstehen kann. […] Nicht, daß die beiden »etwas miteinander haben«, jedenfalls unwahrscheinlich, die blondierte Dame
dürfte nicht sein Typ sein, dann eher die dicke Wünscher,
bei der [er] eine Zeitlang ein und aus ging […] S. ist keineswegs glücklich, trotz zwei Nationalpreisen, Geld, Haus, Wagen, Anerkennung, Lob, ZK-Kandidatur etc. Er kann nicht
zuhause arbeiten, alles geht ihm auf die Nerven, er fährt
nach Berlin oder in ein ZK-Heim. Dazu eine ewige Angst
zu versagen, das nächste Stück nicht zu schaffen, […] man
intrigiert im Verband und im Fernsehfunk gegen ihn, Strittmatter beschuldigt ihn des Plagiats (S. habe bei seinem
»Wege übers Land« von der »Holländerbraut« abgeguckt).
Eine schlimme Geschichte. Ein verwundbarer Riese. Mal ein
schlauer Taktiker, mal weltfremd und geradezu naiv. Mal
zerstreut, daß man denkt, er bemerke seinen Gesprächspartner nicht; mal aufmerksam, großherzig (als ich hier am
Erfrieren war, genügte ein Anruf, hilf mir, – und am Abend
schickte er mir, durch den Kulturboß vom Bezirk, einen
Warmluftwerfer; auf die Schachtel war ein liebevoller, beinahe zärtlicher Gruß geschrieben. Als wir uns anderntags
bei der Diskussion in Weisdin sahen, wollte er sich das teure
Ding nicht bezahlen lassen: statt Blumen, sagte er.) Und
dann dieses entschiedene Sicheinsetzen anläßlich jener Geschichte mit der hiesigen Bezirksleitung … Ich glaube, wir
werden noch erstaunliche Dinge miteinander erleben. Ich
mag ihn sehr, frage mich aber manchmal, wieweit dieses Gefühl von nur beruflichem Interesse stimuliert wird: er ist
eine Romanfigur.

Neubrandenbg, 27. 12.

Mittags ist Jon abgereist. Wieder eine Woche warten, vielleicht sogar zwei Wochen ... Es schneit und schneit. Letzte Nacht wieder ein gräßlicher Traum: im Gefängnis, in einem Keller, eine Gefängnisärztin, die mir sagt, ich sei vom Krebs zerfressen, Operation nötig, aber Operation ohne Narkose; Gefühl hoffnungslosen Ausgeliefertseins. Ich wagte nicht wieder einzuschlafen, aus Angst vor Träumereien.

Neubr, 28. 12.

Die köstliche Stille, nach der ich mich so gesehnt habe ... Jetzt verlangt es mich nach meinem lauten Jon und der Lilo-Hermann-Straße [...]. Mein Garten, so romantisch verschneit, stimmt mich melancholisch statt froh. Ich brauche Leute, ich brauche – dies vor allem – die Nähe von Jon. Wenigstens wissen, daß er erreichbar ist ... Vorhin sah ich, wie sich ein Vogel auf einen Zweig des Kirschbaums setzte, und wie der Schnee von dem Zweig stiebte, und mir fiel ein, daß ich dies – einen Vogel auf einem verschneiten Kirschbaumzweig – seit vielen Jahren nicht mehr gesehen hatte, nicht so nah und unmittelbar, schon gar nicht mit dem Gefühl, daß es mein Kirschbaum ist, von dem ich im Sommer ernten werde. Da sollte ich nun glücklich und zufrieden sein – aber ich denke an ein großes häßliches Mietshaus! Ach, es war nicht mal häßlich.

Zuerst habe ich viele Briefe geschrieben, ziemlich schwärmerisch, nehme ich an. Der Enthusiasmus der Ankunft. Außerdem war meine Wohnung endlich warm, das versetzte mich in Hochstimmung nach den bitterkalten Wochen, als meine schönen, modernen, idiotischen, völlig unzulänglichen Elektro-Öfen bloß morgens ein bißchen laue Wärme spendeten [...]. Plötzlich und viel zu früh hatte es scharfen Frost gegeben. Ich hockte in meinem Erker, in eine Wolldecke gewickelt, die Höhensonne im Rücken, überhaupt alle elektrischen Geräte angeschaltet (der Zähler raste wie verrückt), die Finger waren so klamm, daß ich nicht mehr Maschine schreiben konnte; ich zitterte noch unter der Bettdecke und habe mir sogar die Zehen erfroren, die so geschwollen waren, daß ich keinen Schuh mehr anziehen konnte. Schließlich konnte ich es nicht mehr aushalten und klagte meinem Nachbarn Müller mein Leid. […]er hatte sich immer Zeit genommen, mir Auskunft zu geben über alles mögliche: die Entwicklung Neubrbgs, die Bauvorhaben – aber auch über den nettesten Weg in die Stadt, über den Wall, durchs Stargarder Tor, das er am schönsten von allen Toren findet, und über Läden, Fleischer, Bäcker, Brot und Schinken. Diese Gegend zeichnet sich durch Lust am Essen und Trinken aus. In jeder Gasse drei Schnapsläden. In jedem Geschäft Berge von Lebensmitteln, eine Fülle von Dingen, denen man in Hoy nachjagen mußte: Schlagsahne, Sahnequark, delikate Würste, warmes Brot. Hier habe ich auch zum ersten Mal Wildgänse im Fleischerladen gesehen, ziemlich bedrohlich – obgleich natürlich tot – mit ihren grauen Federn und dunkelgrauen Fittichen. Und was ich hier schon an Schnaps ausgeschenkt habe! Mein Vorrat an Bergmannsschnaps ist alle, und dabci hat sich jetzt herumgesprochen, wie gut der Bergmannsschnaps bei der Reimann schmeckt. Ein Lob, das man nur zu würdigen versteht, wenn man weiß, wie stolz sie hier sind auf ihre Neubrandenburger Schnäpse, vor allem den Kognac »Stammarke extra«. […] Überhaupt sind die Leute mächtig stolz auf ihre Stadt, auf die Wallanlagen (die unter Denkmalschutz stehen, gleichrangig dem Dresdener Zwinger, und sorgsam restauriert werden, jedes Stück der Mauer, und die Tore und die putzigen kleinen Wiekhäuscr in der Mauer), auf die künftige Oststadt, auf ihren ganzen Bezirk, der einmal alle anderen Bezirke überflügeln wird, jungfräuliches Land sozusagen. Ein Königreich. Auch Gotsche findet, es sei eine unverdorbene Gegend, wo noch »alles drin ist«, und die Stadt voll der reichsten Möglichkeiten – wogegen Hoy eine »vertane Chance« sei, eine verpfuschte Stadt, ein mißglücktes Experiment. Das aus Gotsches Mund! Als ich es, sogar gemäßigter, im Bezirk Cottbus zu sagen wagte, haben sie mich bald zerrissen und verübeln es mir heute noch, […] verübeln es so sehr, daß sogar die Ratsvorsitzende (die mir ein Häuschen angeboten hatte, damit ich in C. bleibe) Gerede der Art verbreitet: ich

habe hier schon Ärger mit der Obrigkeit – oder diese mit
mir –, ein Beweis dafür, daß ich ein zersetzendes Element bin,
an dem der Bezirk Cottbus nichts verloren hat. Ich weiß
wirklich nichts von Ärger, es sei denn, es handelt sich um
diese Bedenken wegen der Unterschriftsverweigerung. Na,
und diese Geschichte hat mir schließlich meine unfreund-
liche Wahlheimat eingebrockt. Anruf genügt.

Bis jetzt ist alles friedlich und freundlich. Und jene Bedenken, falls sie noch bei einigen bestanden, sind – vielleicht, hoffentlich – durch Otto Gotsche beiseite geräumt
worden […]. An dem Tag, als N. kreisfreie Stadt wurde.
Abends gab es einen Empfang; wir waren eingeladen und
gingen auch, aber lustlos (man kennt diese Empfänge: steif-
leinen oder, wenn man »entre nous« ist, eine Sauferei mit
oder ohne Gattinnen – und zum Kotzen, wenn prüde Funktionäre einem unterm Tisch das Knie streicheln); immerhin
entkamen wir für einen Abend unserem Eiskeller … Wir
hatten uns verspätet, alle waren versammelt und feierlich um
den Ehrengast Gotsche geschart. Er rief mich. Ich war froh,
ihn zu sehen, ich mag ihn sehr (unsere Freundschaft hat vor
zehn Jahren im Schriftstellerheim begonnen, mit einem heftigen Streit, und hat eine Menge Meinungsverschiedenheiten überdauert), ich war aber auch verlegen, weil ich wußte,
daß Otto damals bei der Vorstandssitzung war, wo D. K.
verkündete, daß ich die Erklärung nicht unterschreiben
werde. Aber er strahlte (und auch später kein Vorwurf, nicht
mal eine Anspielung), er schloß mich in die Arme und
küßte mich – nicht gerade väterlich, schon gar nicht staats-
männisch – auf den Mund. Beifall. (Immer wieder verwun-
derlich, wie Leute sich in Gegenwart eines »Höheren« benehmen; sie lachen sich tot über den magersten Scherz, den
er macht.) Also ein politischer Kuß, sagte Jon. Aber so war
er nicht gemeint von Otto, nehme ich an, nicht als Demonstration. Es wurde ein gemütlicher Abend, und wir hatten
einen Mordsspaß. Nach den offiziellen und sehr kurzen Reden gab es ein ausführliches Essen; Kognacflaschen und
kleine Weinfässer standen parat. Gattinnen waren nicht da,
auch keine sonstigen Verwandten. Nach den ersten Gläsern
tauten unsere Mecklenburger auf. Otto spielte Skat mit den

Schriftstellern und verlor jede Runde; er sagte, sie spielen wie die Pferdehändler. Um Mitternacht war die ganze Truppe besoffen [...]. Ich war ziemlich nüchtern, auch aus Beobachter-Gründen. Was mir auffiel: es gab keine Anstößigkeiten, niemand erzählte dreckige Witze, niemand wurde schwermütig und offenbarte ein verkorkstes Innenleben, Verklemmung, verdrängte Wünsche, Unzufriedenheit oder dergleichen. Handfeste Fröhlichkeit. Allmählich vergaßen wir unser Mißtrauen (dieses schreckliche, in C. gezüchtete Mißtrauen gegen Funktionäre, ihre Hinterhältigkeit, ihre Doppelzüngigkeit, ihre schmutzige Art, andere zu bekämpfen: durch Gerüchte, Verleumdungen, Klatsch, partei-internes Gerede und, wie es in der Diplomatensprache heißt, »gezielte Indiskretionen«). Eine unverdorbene Landschaft, fanden wir. Sie haben auch eine nette Art, unauffällig die Leichen beiseitezuräumen. Kurzum, wir fühlten uns wohl, auch der Jon, der nicht zur Euphorie neigt, während ich nur allzu gern jedes freundliche Wort mit Begeisterung aufnehme und als Zeichen werte (oder zu werten wünsche), daß uns hier eine freundliche Heimat erwartet.

Nur der Stadtarchitekt mißfiel mir, Berliner, der opferfreudig in die Provinz geht, Bubigesicht über weißer Fliege, allzu beflissen, als Otto sich zu uns setzte. Erst machte er mir den Hof (er hat ja nicht mitgekriegt, daß Jon mein Mann ist) und wollte noch in irgendeine Bar mit mir gehen, tat überhaupt, als habe er meine Ankunft in N. gar nicht erwarten können, sondern schon seit Jahren zu einer bekannten Unbekannten gebetet; später, als er betrunken war, belästigte er mich mit politischen Anspielungen (offenbar wieder diese Prager-Affäre), deutete sein und anderer Leute – u. a. Wolf Biermanns – Interesse an, plötzlich erwachtes Interesse an mir, einer Person, die Biermann und Verwandte bis jetzt nicht zur Kenntnis genommen haben. Danke für solche Gefolgschaft. Fatal, was da mitmarschiert, wenn einer eine Fahne trägt – d. h. von Fahne kann nicht mal die Rede sein. Zum Glück schlief er nachher ein [...] Wenn er herkommt und diesen politischen Kohl wieder aufwärmt, schmeiße ich ihn raus.

An diesem Abend hat Müller, der schon eine Kommission

in meine Wohnung geschickt hatte, dem Kulturchef diktiert: »Bis zum 20. hat die Schriftstellerin R. eine warme Wohnung!« Dies in seiner Zarenmanier. Ein Regierungsfehler, sagte Jon, der sowas aus Boxberg kennt. Der Termin ist so knapp, daß ihn kein Mensch ernstnimmt; also wird man gar nicht erst anfangen. Aber hier hat man Respekt vor Müllers Terminen. Am 20. hatte ich einen Gasofen und wunderbare Wärme in der Wohnung. Übrigens waren alle Leute, die sich mit dieser Angelegenheit beschäftigten – der Mann von der Woh.-Verw., die Elektriker, die Installateure – nett und hilfsbereit und arbeiteten schnell und sauber. Der Klempner-Meister (er ist einer meiner Nachbarn, hat sich ein tolles Haus gebaut) kam am nächsten Tag nochmal vorbei, nur um zu fragen, ob ich zufrieden bin, und um ein paar Tips zu geben. Er arbeitet mit zwei Leuten (alle drei sprechen ein Platt, von dem ich kein Wort verstehe), die kein Trinkgeld, keine Zigaretten oder dergleichen nehmen, und der Meister ist stolz darauf: sie haben das nicht nötig, sie werden von ihrem Meister anständig bezahlt. Die ersten Handwerker in meinem Leben, die um Besen und Kehrschaufel baten und den Dreck selber wegräumten. Meine Elektro-Jungs, die schon mehrmals hier waren, lassen einfach alles aus der Hand fallen, Kabelenden und Zigarettenstummel. Davon abgesehen, sind sie liebenswerte Burschen und richtige Plaudertaschen – wie die meisten Mecklenburger, die ich bis jetzt kennengelernt habe. Diese sprichwörtliche »Sturheit« – die habe ich noch nicht entdeckt. Hier läßt man sich noch Zeit, des langen und breiten zu schwatzen, man ist neugierig und zeigt es auch – ein dutzendmal ist mir passiert, daß ich nach einer Straße fragte und in ein Gespräch verwickelt wurde: Sie sind neu hier? […] Folgen betuliche Beschreibungen, wie man wohin gelangen kann, wo der nächste und übernächste Bäcker ist, und welcher von beiden den besten Kuchen bäckt. Wirklich lustig.

Inzwischen kenne ich eine ganze Anzahl Straßen und Gassen und natürlich die alten Tore. Und eine Menge Leute. Und mehr Funktionäre von Kreis und Bezirk, als ich in C. in all den Jahren kennengelernt habe. Sie sind mich besuchen gekommen, haben einen getrunken, mit meinen Uhren gespielt [...]. Ach, ich wünschte, es bliebe so wie in diesen ersten Wochen. Allmählich diesen Argwohn abbauen ... Was in C. auch nicht möglich gewesen wäre: daß ein führender Funktionär – der Wirtschaftsboß des Bezirks – in diesem Fall sich selbst korrigiert, seine Theorien und Thesen überprüft, weil ihn ein Gespräch mit Schriftstellern dazu angeregt hat. Das war bei einer Diskussion in Weisdin. [...] Es gefiel mir, daß er sagte, er würde gern öfter zu uns kommen, gewissermaßen, um auch mit unseren Augen sehen zu lernen; er sei so gewöhnt, in großen Zahlen, in großer Perspektive zu denken, daß er darüber das Alltägliche, die – scheinbar – kleinen Dinge im Leben übersähe, das habe er erst an diesem Nachmittag gemerkt. Ein großer, etwas unbeholfen wirkender Mann, kein gewandter Redner; was er da sagte, war aufrichtig gemeint.

Neubr, 31. 12. 68

Vorhin hat Jon angerufen (bei Müller; ich habe noch kein Telefon [...]). Er arbeitet noch, nachher fährt er nach Hoyerswerda zurück. Sein Herz »klappert«. Er macht sich noch tot in seinem verdammten Boxberg, obgleich – ich bin schon froh, daß er eine Arbeit hat, die ihm Spaß macht, in der er ganz aufgeht. Ich glaube, er ist sehr – wie sagt man? – erfolgreich. [...]

Ich war glücklich, für eine Weile wenigstens seine Stimme zu haben. Heute allein sein, das ist nicht gerade spaßig. Aber ohne ihn mag ich nichts unternehmen, werde also arbeiten, endlich die Szene zuende oder wenigstens weiterschreiben, in der mich damals die Krebserei unterbrochen hat. Es war kein gutes Jahr. Fürs nächste wünsche ich mir – wie immer – Frieden und – wie seit vielen Jahren – ein abgeschlossenes Buch, und – wie seit ich weiß nicht wie vielen Jahren – die Liebe und Treue von Jon. Und daß ich noch lebe, nächstes Jahr um diese Zeit.

Die Glocken. Wieder, endlich wieder in einer Stadt, in der die Glocken läuten.

1969

Berlin, d. 28. 2. 69

[...] Eben hatten wir Vorstandssitzung – Probleme des Romans –, wie üblich Gequassel. Interessant bloß durch einen Verzweiflungsausbruch von Bastian (dem ein Drehbuch gestorben ist), und eine flammende Rede von Eva Strittmatter, leider erst am Schluß, als alles schon aufbrechen wollte, so daß es nicht mehr zur – endlichen, nötigen, und so sehr nötigen – Diskussion über Fragen kam, die uns wirklich angehen.

Neubrandbg, 24. 3.

Merkwürdige Überwachheit. Letzte Nacht nicht geschlafen. Seit ewigen Zeiten mal wieder getrunken, aber nicht aus Angst, nur so, aus Spaß am Wodka, und mit hundert Zigaretten (nachdem ich mich wochenlang schinde, mir das Rauchen abzugewöhnen) und mit Musik, mal trauriger, mal scharfer, und der »Nachmittag eines Fauns« und Mahalia. Wie oft in einer einzigen Nacht die Stimmung wechseln kann [...], ich hatte es vergessen. Küsse und Diskussionen. Törichtes süßes Gestammel und Streit [...]. Morgens um sechs hatten T. und ich zwei Flaschen Wodka ausgetrunken, dann ging T. zum Dienst im Sender (der Dienst hatte aber schon um vier angefangen) und ich an die Arbeit. Na, Arbeit. Viel ist nicht dabei herausgekommen, obgleich ich mich in den letzten Tagen ganz gut in das neue Kapitel gefunden hatte; mir scheint sogar, ich schaffe es, wieder zum Sprachstil der ersten Kapitel zurückzukehren. Ich lese, blättere während der Arbeit nur noch in französischen Büchern; Sartre, Beauvoir, die Leduc, das liegt mir, da fühle ich mich als – wenn auch kleine, geringe, sehnsüchtig bewundernde – Verwandte. Keine Beziehung zur deutschen Literatur[...]. Vielleicht die Blutmischung, diese Familie an der westlichen Grenze, mit ihrer

starken Bindung ans Französische. (Sprache, Lebensart, Mentalität) Die große alte Dame im Buch hat ihr Vor-Bild. [...]
Übrigens kann das alles Gefasel sein. Nach so einer verrückten Nacht. Ich habe einen fremden Mann geküßt. [...]
Verliebt? Ach nein, [...] aber angeregt [...]. Der Reiz besteht im Suchen, im Beginn, den ersten Küssen – noch mehr in dem Augenblick vorm ersten Kuß. Danach kommt nur in Frage: Liebe oder Abschied. Und Liebe? Aber nein. Sogar räumlich weit entfernt und abwesend ist mein lieber Herr stärker als ein gegenwärtiger und erreichbarer Anderer.

Nbg, 1. 4. 69

Wieder zwei Nächte, von denen ich Jon nicht erzählen darf (oder nicht sollte – oder, wenn schon, ironisiert). Vom Sonntag auf Montag in der Bar gesumpft – N. hat eine Nachtbar! Sehr ulkig, ich muß unbedingt den Jon hinschleppen, fürchte bloß, er hat keinen Nerv für sowas. Schummrig, na, sagen wir schon: schwul. Über der Tanzfläche ein bißchen rotes Licht. Rot! An der Bar ist es fast dunkel. Haufen Männer auf Jagd, zu wenige Frauen. (Die Ausländer, die im Hotel wohnen – Polen, Franzosen, Schweden, und etliche Soldaten auf Landgang.) Am Eingang strenge Sitten – ohne Schlips gibt's nicht, aber drinnen – du lieber Gott! Babel. Daß ich überhaupt dorthin geraten bin, daran war natürlich die Margarete [Neumann] schuld, die mit ihren fünfzig Jahren dreimal so unternehmungslustig ist wie ich, übrigens ganz N. kennt und betreffs Männer und Liebe nicht kleinlich ist. Eine originelle Person. Sie kommt mich oft besuchen, manchmal finde ich: zu oft. Sie redet so viel und so schnell wie die Schömannsche und steckt voller Klatschgeschichten und ist selbst Gegenstand lebhaftesten Klatsches. [...] Jedenfalls eine vitale Frau und in ihrer Art tapfer, schlägt sich so durchs Leben mit ihren Kindern (jedes von einem anderen Mann), ist begabt und hat nicht den gebührenden Erfolg, haust da draußen im Wald und marschiert jeden Tag zehn Kilometer, um in der Stadt einzukaufen oder zum Bus zu gehen (sie macht jetzt einen Lehrgang und wird – so stundenhalber – Mähdrescherfahrer). [...] Aber ich mag sie jetzt gut leiden, höre allerdings

lieber zu, statt selbst allzu viel von mir zu reden (also doch
etwas wie Vorsicht, Abwarten). Sie erzählt arge Geschichten
von unserem Verband, der mir zuletzt so vorbildlich erschien. Reiner, dem ich ein bißchen darüber geschrieben
habe – soweit es Fairness zuläßt – sagt, ich sei und bleibe ein
Kind [...]. Soviel Vertrauensseligkeit! Soviel »Glauben an das
Gute im Menschen«! [...] zwischen Anschein und Wirklichkeit des Verbandslebens besteht ungefähr der Unterschied
wie zwischen Familie und Clan. Und Jon drückt es noch här-
ter aus, behauptet, die seien vor allem verbunden (und mit
Partei und Rat verbunden) durch ökonomische Interessen.

Nbg., 2. 4. 69

[...] Gestern abend beim Schreiben unterbrochen durch
meinen kleinen Beatnik – er versucht einer erwachsenen
Person zu imponieren, indem er ein Rendezvous geradezu
forderte, statt erbat. Trotzdem ging ich hin – war gespannt,
wie er sich nach dieser Bar-Nacht benimmt. Außerdem
brauche ich ihn, um der Romanze mit T. schnell ein Ende zu
machen. Nicht, daß T. mich schon sehr langweilt (er ist ein
kluger Mann, ehemals Jurist, jetzt Redakteur am Sender
N.), aber irgendetwas stört mich, wahrscheinlich seine Tendenz zum Besitzergreifen. Er bewegt sich in meiner Wohnung schon mit einer Selbstverständlichkeit ... nein, das
kann ich nicht vertragen. Außerdem will er mit mir nur
schlafen. Und es gefällt ihm, daß er mit einer »bekannten
Frau« zusammen ist. Und das ganze männliche Getue – als
ob ich ihn nötig hätte. Hab ich aber nicht. Drei Tage lang
war ich sehr fröhlich und aufgekratzt wegen Verliebtheit,
was will man mehr? [...] Er ist ja nicht der erste hier in N.,
der mir den Hof macht, oder von der jeweiligen Ehefrau
verdächtigt wird, er sei mein Liebhaber. [...]
   Ach, ich glaube, ich bin ungerecht, was T. betrifft, und die
erste Nacht war wirklich romantisch [...]. Ja, und miteinander reden können wir auch, und in der Öffentlichkeit ist er
nicht allzu feige [...]. Übrigens hat er schon zweimal hier geschlafen – natürlich nicht mit mir – und morgens zwischen

6 und 7 das Haus verlassen. Wenn man den Leuten hier glau-
ben will, ist N. ein Städtchen, in dem jeder über den anderen
Bescheid weiß. Aber das gilt wohl bloß für eine bestimmte
Schicht, nehme ich an, vor allem für die Schriftsteller, Maler,
Journalisten, die ohnehin stärker beobachtet werden und –
das ist einfach vorausgesetzt – unmoralische Menschen sind.

Und in der Tat, wenn man allmählich diese Gruppe näher
kennenlernt, kann man verstehen, daß wir (jetzt muß ich
mich ja auch dazurechnen) als absonderlich gelten und nicht
gerade sittliche Vorbilder sind. Die Maggy mit ihren merkwürdigen Liebschaften, Jochen [Wohlgemuth] mit seinen
[…] kleinen Mädchen und der roten Lampe über der Couch,
Sakowski mit […] den Berliner Lieben […] Und nun werde
ich auch noch so eine Sumpfhuhn, nach monatelangem vor-
bildlichen, geradezu nonnenhaften Lebenswandel.

[…] Am liebsten würde ich mich jede Nacht herumtrei-
ben, und auch tagsüber halt ich es nicht mehr in der Wohnung aus und gehe öfter ins Café […]. Die Arbeit leidet
schon darunter – also höchste Zeit, damit Schluß zu machen.
Wenn der Jon erst hier ist … Wenn ich vergleiche, finde ich
immer wieder, er ist der einzige Mann von Format, und alle
anderen können es mit ihm nicht aufnehmen. Die Monate
vorher waren so entsetzlich. Dieser lange Winter, bis vor
einer Woche Schnee und Frost, und dann die einsamen
Abende und die Todesangst, wieder Krebs zu bekommen,
und die Schinderei, als ich versuchte, mir das Rauchen abzugewöhnen (und ich habe es nicht geschafft, trotz Angst
und gräßlichen Vorhersagen der Ärzte). […] Soviel wie in
diesem Winter habe ich in drei Jahren nicht geheult. Aber
jetzt, endlich, meldet sich wieder Lebenslust und so etwas
wie Trotz, ein wütendes Verlangen, […] mich nicht kleinkriegen zu lassen.

Nbg. 3. 4.

Heute Diskussion mit Kurella. Zum Teufel mit Philosophie!
Wenn es konkret wird, wenn man am Leben mißt, bleibt dazu
bloß der Trost »Perspektive«. Die schöpferische Arbeit am
Fließband – na, danke. Jedenfalls waren doch ein paar ge-

scheite Leute da, Sakowski, der wieder im Lande weilt, und
mein Freund T., und Spaß hat es mir doch gemacht, weil mir
jetzt alles Spaß macht. Bloß daß mein lieber Herr nicht gekommen ist ... Wieder mal ein Computer kaputt. Scheißtech-
nik. Und jetzt sitze ich hier [...] und werde immer unruhiger,
denn der Jon ist seit zwei Stunden »überfällig«, und ich bin so
abergläubisch und denke schon an Strafe und Schicksalsrache,
weil ich es die letzte Zeit so arg getrieben habe.

Heute rief Christa Wolf an: Sie wird morgen mit dem Gerd
vorbeikommen. Darauf freue ich mich sehr.

                                            Nbg. 4. 4.

Abends um 8 ist der Jon dann endlich gekommen – mit Ge-
schenken beladen. Zigaretten, Wermut, ein Paar indische
Hausschuhchen, grün und gold, mehr so zum Anschauen
wie diese Pantoffel bei der Leduc (Herrgott, ich komme von
der »Bastardin« nicht los; das Buch liegt immer in meiner
Arbeitsecke, griffbereit neben der Maschine).

Mein Lieber und Guter. Und ich habe ihm viel zu lange
von Wolfgang erzählt: W. als Generationsproblem. [...]
Übrigens habe ich mir die Haare abgeschnitten, das ist gar
nicht so »übrigens«, sondern von Bedeutung, ich weiß nicht
genau welcher. Es war am Tag nach der Ausschweifung in der
Bar. Alle diese Männer, die mir ins Haar griffen ... Es war
wirklich zu lang, bis auf den Hintern, [...] in meinem Alter.
Jetzt reicht es bloß noch über die Schulterblätter. Einmal
habe ich in der »Franziska« davon geschrieben, die schneidet
sich aus Protest die Haare ab. Manchmal tue ich Dinge, weil
die Leute in meinem Buch sie getan haben – oder lasse ich sie
etwas tun, was ich (vorläufig) nicht wage? Der Ebert liest
jetzt das Buch und ist ganz hin, er »beölt« sich, wie Sakowski
sagt. Merkwürdig. Es müßte ihm doch gegen den Strich gehen! Und Pitschmann, dem es sehr entsprechen müßte, ist
schon von ein paar Seiten empört, schockiert, beunruhigt,
und findet, die Leute seien alle krank an der Seele. [...]

Wir haben heute zum erstenmal im Garten gearbeitet,
und mein neuer Nachbar Blank hat mir allerlei Blumen aus
seinem Garten ausgegraben. War schön, draußen in der

Sonne zu sein, in der Erde zu buddeln, das streng riechende
Laub vom Vorjahr wegzuharken und darunter allerlei grüne
Dingerchen zu entdecken, irgendwelche Spitzen, aus denen
Gottweiß was sprießen wird. Oh, alles soll blühen und
blühen, und ich will guter Dinge sein.

Ich wollte von meinem Beatnik erzählen. […] Der wird,
wer weiß, mal eine Geschichte. Ich habe ihn durch Marg.
kennengelernt, wir sind in die Bar gegangen, dort hat die M.
mit dem Totengräber von N. getanzt. Der wollte nicht an
unseren Tisch kommen, der fühlte sich etwa so wie der Hen-
ker im Mittelalter – »unrein« oder sowas in der Art. Wenn
man mit M. ausgeht, scheint die Welt bloß aus skurrilen Typen zu bestehen. Zuerst hat Wolfgang auch wie ein Verrückter gewirkt, ganz hart und böse und verdorben – ich meine
im Sinne von unserem saloppen »verkorkst«. Und in dieser
Bar, die nach Unterwelt und westlichen Filmen schmeckt.
Das Halbdunkel, zuviel Männer, zuviel hungrige Blicke, die
Polen mit ihren schwarzen Brillen, irgendwelche dunkel-
äugigen Burschen, die aussehen, als ob sie koksen und mit
Blondinen handeln. Einfach unglaubhaft für so ein freundliches Städtchen. Natürlich wollte ich nicht mitgehen, […]
bin eben immer noch schrecklich bürgerlich, zudem nicht
mehr gewöhnt an städtisches Leben […]; zuerst war es mir
sogar peinlich bis zur Angst, mit M. oder gar allein ins harm-
lose Galeriecafé zu gehen. […]

Nbg., 7. 4.

Der Montag nach Ostern. Gestern waren wir in Rostock
und haben die D-Schwester besucht. Die kleine Martina ist
ein wahnsinnig komisches und wildes Kind, das der Jon am
liebsten mitgenommen hätte. Hat er Sehnsucht nach einem
Kind? […] er spricht nicht darüber, und wenn, dann immer
wie im Scherz, vielleicht, weil wir ja keins haben könnten.

W. sagte, ich soll ein Kind annehmen, in den Waisen-
häusern sind genug, die sich nach einem Elternhaus sehnen.
Es muß schlimm aussehen in diesen Kinderheimen. W. ist
Waise. Ich habe Jon von ihm erzählt, er ist nicht begeistert
von dem Unterfangen, eine Seele zu retten, immerhin haben

wir ein paar Stunden darüber diskutiert, was für eine merkwürdige Generation da herangewachsen ist. Wo wir unsere
Ideale hatten (vielleicht falsche, vielleicht mißbrauchte), ist
bei denen ein Vakuum, das manche ausfüllen mit Hilfe von
Familie, Frau, Kindern, Häuslichkeit. Die sind groß geworden in den Jahren, als wir (wieso denn »wir«?) ihnen nichts
geboten haben an Zielen als Wohlstand, das Schlagwort »den
Westen überholen«, Pragmatismus statt Ideen. Mein Uli-
Bruder gehört auch zu denen, eine Spielart: tüchtig im Beruf, strebsam, liebevoller Familienvater, Trabant-Sparer. Das
genügt. Keine Empörung, schon gar nicht über Vergange-
nes. Wo ich mich errege, redet W. gelassen von Notwendig-
keiten. Ändern kann man sowieso nichts. [...] W. ist 26, Ingenieur, hat an einem Fachbuch mitgearbeitet, im Beruf eine
Perspektive (»in zehn Jahren könnte ich Technischer Direktor sein«, sagte er. »Na und? Mehr Geld.«) Ein Job. Schreiben ist ein Job, mit dem man viel Geld verdienen kann.
Manchmal möchte ich ihn ohrfeigen, ich kann es schon
nicht mehr hören: Geld, mit Geld kann man alles kaufen, für
Geld alles tun, ich verdiene, ich bezahle, ich kann dies und
das und dich bezahlen. Zum Kotzen. Und unter dem
großfressigen Getue der Jammer [...] Soll das alles sein, was
das Leben zu bieten hat?

Neubrandenbg. 21. 5.

Gestern wieder ein herzzerreißender Abschied von Jon
[...]. Diese Trennung macht uns ganz krank. Ich bin eifersüchtig auf seine Arbeit – jedenfalls liefert sie mir den Vorwand, meinen Kummer und Zorn abzuladen. Zwei Tage sehen wir uns, – im Abstand von zwei Wochen. Die Ankunft
schließt immer schon den Abschied ein, wir sind gereizt,
Jon ist müde von der langen Reise, wir sprechen, erzählen,
aber wir haben keine gemeinsamen Erlebnisse mehr, [...]
unsere Umarmungen sind wild wie aus Angst. Nachholen,
vorwegnehmen.
   Das verdammte Haus, in dem Jon wohnen soll, wird und
wird nicht fertig – und wenn's endlich soweit ist, hat man
wahrscheinlich (zum drittenmal) die versprochene Einwei-

sung vergessen. Ich bin wütend auf alle Welt. Ein paarmal
wollten wir – Ebert, Wohlgemuth, Sakowski und ich – mit
Müller zusammenkommen, um diese und andere Fragen zu
klären, aber immer kommt was dazwischen, Parteiarbeit,
Sitzungen, und meist liegt es an S., ohne den, scheint's, nicht
mal so eine Klein-Versammlung stattfinden kann.

Burg, 3. Juni

Vorige Woche VI. Schriftsteller-Kongreß. J. holte mich von
Berlin ab, zwei Tage in N., wieder schreckliche Szenen; ich
war hysterisch nach all den Erlebnissen in Berlin [...]. Wir
sprachen sogar über Scheidung, wenn auch ungläubig [...].
Gestern, als er mich in Berlin an den Zug brachte, brachen
wir beinahe in Tränen aus, konnten uns eben noch zurufen:
Aber ich liebe dich doch, es wird wieder gut werden, es wäre
schade um unsere Ehe.

Ach, ich kenne ihn zu wenig, noch nach acht Jahren, halte
ihn für unerschütterlich [...]. Aber in Wahrheit, wer weiß,
ist Jon der sensiblere von uns beiden, und ich bin im Kern,
bei aller Angst und Unsicherheit, eine zähe, notfalls brutale
Person, jedenfalls von stahlhartem Egoismus, brauche und
verbrauche andere Menschen, kann niemanden länger als für
ein paar Stunden in meiner Nähe ertragen, gelte dabei als
fraulich, charmant, anteilnehmend, zerfließe auch wirklich
vor Mitgefühl – aber jetzt verdichtet sich immer mehr der
Verdacht, daß mich im Innersten nichts berührt, oder nur
soweit, wie es meiner Arbeit dienlich ist. Ich möchte schreiben, nur so kann ich existieren, nur, mein Gott, was ich
schreiben möchte ... Ich werde es tun, Arbeit für die Schublade. Das Buch allerdings muß fertig werden, das enthält wenigstens eine Spur dessen, was ich zu sagen habe, ist andeu-
tungsweise Selbstanalyse (Befreiung?) – aber das genügt
nicht, es bleibt im Ansatz stecken, zuviel Rücksichtnahme
(auf mich, auf andere, auf Ämter, die Zensur), nicht genug
Mut, die Existenz aufs Spiel zu setzen oder als Schriftsteller
für die Öffentlichkeit zu schweigen, totgeschwiegen zu
sein. Wenn ich nicht irgendwann dahin komme, für die

Schublade zu schreiben, wenn's denn anders nicht geht hierzulande, dann gebe ich mich auf und werde dafür büßen
müssen – oder mich einrichten und zufrieden geben. Fragen, Fragen – [...] seit der Nacht mit M. W. sind sie nicht
mehr wegzuschieben [...].

[...] M. W.s Referat (das Grund- oder Staatsreferat des
Kongresses) habe ich im Koffer – auch, um die Rede
nochmal zu lesen, denn in der Halle habe ich nicht zugehört;
vor allem, um gelegentlich einen Blick auf sein Bild zu werfen. Der Große Alte Mann. Joe, meine Sacrower Liebe. [...]

N. wird jetzt Heimat oder ist es schon. In meinem Garten
blühen die ersten Blumen. Aufregend, wenn ich von einer
Reise zurückkomme und die Stauden inspiziere, Blätter,
dann Knospen, dann Blüten entdecke. Eine Hyazinthe, die
endlich ihre grüne Spitze aus der Erde bohrt, ist ein Triumph,
eine Bestätigung. Der Jasminstrauch ist dicht belaubt, und
nächstens wird die Drossel einziehen, die bisher jedes Jahr
im Strauch genistet hat. Ach, und der herrliche Wall! Die
Krähen sind weggezogen, dafür gibt es jetzt eine Menge wilder Tauben, die frühmorgens, schon vor dem Sonnenaufgang
zu gurren anfangen. Eine Lust, zwischen den hohen Bäumen
entlangzugehen; im Dickicht blühen Maiglöckchen, und
manchmal sieht man ganz zutraulich Eichhörnchen.

Einmal bin ich nachts stundenlang mit dem B[ruyn] über
den Wall spaziert. Er hatte den Nachmittag bei mir verbracht, abends eine Lesung [...]. Über den Wiesen am Wall
war ein starker Geruch nach Heu und irgendwas, was ich –
nach der Beschreibung in einem Gedicht von Bobrowski –
Kalmus nenne. Kalmus kenne ich gar nicht. Wir gingen an
der Stadtmauer, an die die Wiekhäuschen kleben. Und setzten uns auf eine Bank und rauchten, Käuzchen schrien, das
klingt mir immer noch wie »komm mit«. Die Totenvögel.
Der B. drehte wie scherzhaft meinen Kopf zu sich herum.
Sie sind schön, sagte er. Wir zittern und stottern, wenn wir
uns begegnen. Er ist ganz grau geworden, noch magerer als
früher, krank, jammert aber nicht. Er ist so schüchtern (aber
mutig, davon erzähle ich noch). Wir wären am liebsten die
ganze Nacht herumgewandert, redend, Hand in Hand. Sein
Erfolg mit dem »Buridan« hat ihn nicht glücklich gemacht

[…]: er denkt über Erfolg nach, zieht den Sinn des Schreibens in Zweifel, fragt sich, ob nicht Ehrgeiz und Freude am Erfolg ein ganz starker Anreiz zum Schreiben seien. Er ist in der Verwirrung eines Mannes, der zum erstenmal besondere (verdiente) Ehrungen für ein Buch erfährt – das erschreckt ihn geradezu, als schriebe er aus unlauteren Motiven. Unlauterkeit, ach Gott, das wußte ich schon lange; ich meine: daß man nicht schreibt, um andere klüger oder glücklicher zu machen, also selbstlos, manche sagen: zu pädagogischen Zwecken. In einem Streitgespräch mit Kurella nannte ich unsere Arbeit und unsere Art zu leben amoralisch. Das fanden nun alle zu stark. […] So ein zweifelnder de B. ist mir lieber als die Wissenden, die seine und meine Skrupel belächeln und in einem Forum, auf Kongressen bedeutende Gesichter machen und sich wieder sicher fühlen im Image ihrer erhabenen Aufgabe.

Über Freundschaften: darin sind wir uns ähnlich (aber bin ich nicht jedem ähnlich, dem ich zu gleichen wünsche?), wir haben nur ganz wenige Freunde, suchen auch nicht danach, geben uns nicht die geringste Mühe, Freundschaften zu pflegen, die womöglich eine »Beziehung« bedeuten. Allerdings ist de B. noch kontaktärmer als ich, noch mehr auf Isolierung oder besser: Alleingang bedacht. Ein Grund mehr für mich, auf seine Zuneigung stolz zu sein. Er haßt auch alle diese konventionellen […] Einladungen […] und zieht sich sofort von einem Menschen zurück, der Rechte auf ihn geltend macht […]. Scheu vor Intimität. Ja, das verstehe ich, diese Scheu, geradezu Abneigung empfinde ich auch. Was Gastlichkeit betrifft: die Leute, auf die ich Wert lege, haben gelernt, daß ich nicht für sie die gute Hausfrau zu spielen wünsche; wer Hunger hat, geht in die Küche und macht sich Brote und holt sich was zu trinken. Das klappte sofort mit de B., als wir nachts in meine Wohnung zurückkamen, bediente er sich genau auf die Art, die ich schätze: unbefangen, ohne etwa hausherrliches Benehmen – […] wie es bei Freunden möglich ist, die […] auch den häuslichen Umkreis respektieren.

Was uns noch freute: daß wir gemeinsame Freunde haben, überhaupt einig sind im Urteil über diese und jene Leute […].

Die Freunde (die zählen, auf die man zählen kann): Die Wolfs
z. B., Christa und Gerd, und Reiner Kunze. Die Möglichen:
Sterns, Fühmann. Eine gute Gesellschaft. Mit den Sterns, vor
allem Kurt St., den ich häufiger bei unseren Sitzungen treffe,
verstehe ich mich, so das möglich ist bei dem Unterschied an
Alter, Welterfahrenheit, Leistung. Er ist immer sehr freundlich, manchmal trinken wir einen Kaffee zusammen, erzählen
(ich bin immer noch gehemmt: seine französische Kultur,
seine Erlebnisse, Spanien, Emigration – und daneben mein
Provinzialismus, ein durchschnittliches Leben, du guter
Gott!); seit wir neulich einen Abend bei Ch. verbracht haben,
sind noch andere Fäden geknüpft, ich erfahre Interna […].
    Allerdings gehört de B. keiner »Gruppe« an, hat auch
nicht das Bedürfnis, hält sich zurück in politischen Angelegenheiten […]. Ein Einzelgänger, integer, und auf seine stille
Art sehr fest in Meinung und Haltung. Übrigens ist es leichtfertig von »Gruppierungen« zu schreiben. Zwar zeichnen
sich verschiedene Lager ab – im Verband, im Vorstand –, man
weiß, wem man vertrauen kann, zu wem man reden darf, aber
natürlich hat das nichts mit irgendeiner »Plattform« zu tun.
Der Traum von einem Bündnis der Schriftsteller ist längst
ausgeträumt. Das ist gut oder schlimm. Das Beispiel CSSR
ermutigt nicht zu Versuchen. Aber das ist ein ganz anderes
Thema. Jedenfalls ist es tröstlich zu wissen, daß es verbin-
dende Ansichten gibt zwischen diesen und jenen […].
    Aus irgendeinem Grund bin ich in den letzten Jahren in
diesen Kreis geraten, an Leute, die ich immer geschätzt, bewundert, deren Freundschaft und Vertrauen ich mir gewünscht habe. Sie finden mich verändert. Wieso, durch was
verändert? […] Habe ich denn irgendwas dazu getan? Unbehagen, ein stiller Widerstand – das ist doch noch keine
Haltung. Warum erzählt mir der Reiner Dinge, die er sogar
den Wolfs verschweigt? Woher nimmt er […] die Sicherheit,
daß ich zuverlässig bin, daß ich den Mund halten kann, daß
wir der gleichen Meinung sind? Und warum werde ich auf
dem Kongreß von manchen so herzlich (nicht verschwöre-
risch, das wäre idiotisch ausgedrückt) begrüßt, von anderen
geschnitten? Die alten Herren der Partei-Prominenz sind
sauer, Umarmungen (diese väterlichen Tatscheleien und lau-

ten Liebenswürdigkeiten für »unsere« B.) entfallen, Rodenberg sieht mich überhaupt nicht, Gotsche ist merklich kühl, Selbmann bringt nicht mal ein »Guten Tag« über die Lippen; von all den ZK-Leuten ist nur Baumgart unverändert freundlich – und der ists aus persönlicher Sympathie. Auch die Verbandssekretäre gehen mir aus dem Weg [...]. Nun ja, was soll's? Herrn Rodenbergs hängende Flappe soll mich nicht bekümmern, auf seine Protektion kann ich gern verzichten. Nein, ich sehe nicht Gespenster. (Daniel behauptet von [...] allen möglichen Schriftstellern, daß sie unter Verfolgungswahn leiden oder gar, daß sie einen »Stasi-Komplex« haben.) [...] Wen sehen sie in mir? Und bin ich, kann ich die werden, die sie sehen? Ich möchte nicht täuschen, enttäuschen. Ich halte nicht viel von mir, und wenn andere mich benennen – sensibel, kompliziert, mutig, zäh –, dann fallen mir dafür ganz andere Worte ein, böse und herabsetzende Worte. Mein Gott, ich muß wieder an dem Buch schreiben. Das ist besser als diese Sorte von Selbstanalyse. Sich ins Gesicht sehen, sich Wahrheiten mitteilen – nein, dazu habe ich zuviel Freud gelesen. Man durchschaut sich, seine Träume, seine Vorstellungen – das ist lästig und anstrengend.

Burg, 5. Juni

Zwei Tage Ruhe verführen zur Faulheit und zur Weitschweifigkeit. Und diese Fütterungen ... Vati und Mutti versuchen mich zu mästen [...]. Ich wiege 90 Pfund und mag nicht mehr in den Spiegel sehen. Vati ist entsetzlich nervös, von einer panischen Geschäftigkeit – jetzt, wo er sich Ruhe gönnen könnte. Aber er vermißt seine Arbeit und versucht zu kompensieren. Mutti wird im Juni auch aufhören zu arbeiten – nicht gern, aber sie muß einfach bei ihrem Mann bleiben, der sie keine Stunde entbehren kann, ohne in Angstzustände zu verfallen. Wenn Mutti nicht ihr prächtiges rheinisches Gemüt hätte [...] Sie ist eine großartige Frau, selbstlos und weitherzig, eben eine Mutter wie aus dem Lesebuch. Und früher, als ich in der Pubertät war, habe ich sie gehaßt! Wirklich, ich erinnere mich genau. Damals hatte sie noch sowas Katholisches – oder kam es mir bloß so vor? Schade, daß ich alle meine alten Tagebücher verbrannt habe. Zweimal habe ich sie gezeichnet: in den »Geschwistern« und jetzt in der »Franziska«; im zweiten Buch als »die große Menschenfresserin im Kinderzimmer«, als die Feindin Mutter, deren Schatten über Kindheit und Jugend Franziskas liegt. Aus zwei oder drei Jungen habe ich eine arge Gestalt aufgebaut, Möglichkeiten zu einem Charakter verdichtet. Merkwürdig, daß dieses gräßliche Weib, diese Dame Linkerhand, ihren Ursprung in meiner guten Mutter haben soll. Ich denke oft mit Erstaunen, auch Erschrecken über das Buch nach: Flucht in die Kindheit, Flucht in Erinnerung, Flucht aus dieser Welt, mit der ich in Wahrheit uneins bin. Das ist mir nun klar geworden, und irgendwann werden es auch die anderen – oder manche – merken, die es lesen. Das kann man doch nicht überlesen. Und die Aktivität, die »schöpferische Unzufriedenheit« F.s wird vielleicht nur Ausdruck einer Unzufriedenheit und Unrast, die aus tieferen Schichten kommt: nicht auf, sondern gegen diese Gesellschaft gerichtet. Ich weiß nicht. Oder? Ich will es jetzt nicht so genau wissen.

Christa hat ein paar Kapitel gelesen und fand sie interessant; ich soll mir nicht den Mut nehmen lassen, unbedingt weiterschreiben, mir Zeit lassen – je später ein Buch wie dieses fertig wird, desto besser. Heute, in »unserer heutigen Situation«, wie es immerfort heißt (seit zwanzig Jahren!) hat das Buch kaum eine Chance. Um den Wellm-Wanzka hat es bösen Streit gegeben, das Buch sollte nicht gedruckt werden; glückliche Umstände, nicht die Linie der Kulturpolitik, haben dazu geführt, daß es schließlich doch erschien, von vielen allerdings scharf bekrittelt und bekämpft wurde. […] Die Lyriker stehen wieder im Kreuzfeuer. »Saison für Lyrik«. Nun erst recht Reiners Gedichtband, den keiner kennt, weil er bei Rowohlt erschienen ist. Öffentliche Aburteilung durch M. W. Kritisiert (mit dem Unterton, als handele es sich um nahezu feindliche Bücher): Bartsch, Claudius' »Ruhelose Jahre«, Kunert. Über den »Buridan« wird kaum gesprochen. »Christa T.« ist gerade noch so durchgeschlüpft. 3 000 Exemplare ausgeliefert, nachdem das Buch zwei Jahre auf Eis gelegen hat, von allen möglichen Gremien zerquatscht wurde. Jetzt hat man sich höheren Orts auf Resignation und Skeptizismus geeinigt. [...] Man reißt sich um das Buch. Die Christa hat mir eins geschickt, das habe ich seit sechs Wochen nicht mehr zu sehen bekommen, es geht von Hand zu Hand. Hysterie, vorweggenommene hysterische Reaktion, oft Enttäuschung nach dem Lesen: man hat wunder was Arges erwartet. Dabei ist es [ein] schönes Buch, traurig, das schon, auch zweiflerisch (die Heldin ist, als sie stirbt, 35 Jahre; ihre Biographin 40 – beide haben hier begonnen, haben erfahren, sind enttäuscht worden, Illusionsverlust, auch Verlust von Idealen, was ist natürlicher?) Erschreckte, immerhin gutwillige Leser flüchten sich ins Lob für eine erlesene Prosa, der G. E., zum Beispiel, der als Genosse einerseits, als literaturfreudiger Mensch andererseits urteilt, übrigens in meiner Gegenwart besonders zahm und zögernd. [...] Noch zur »Christa T.«: Den Rest (einen stattlichen Rest) der Auflage hat der Mitteldeutsche Verlag an den Luchterhand-Verlag verscheuert. Tüchtig. »Ihr habt gelernt«, sagt der Konzernherr in »Krupp und Krause«. Wenn's um Devisen geht, schweigen die Ideologen.

Neubrandenbg, 10. 6.

Kaum bin ich wieder zu Hause, erfaßt mich von neuem ein panisches Angstgefühl. Angst, die Arbeit nicht zu schaffen, Angst wegen Zeit, Angst vor jeder kleinen Aufgabe, die mir eben durch diese Angst berghoch und unüberwindbar erscheint. Und der Jon hat erst einmal angerufen ... Natürlich, er hat jetzt wahnsinnig viel Arbeit, aber wahrscheinlich, sicher liegt's auch daran, daß unser Verhältnis gestört ist. [...]

Aber Margarete hat sich natürlich gleich gemeldet; bis heute habe [ich] ihren Verführungskünsten widerstanden und mich nicht wie in den Wochen und Monaten vorm Kongreß (»vor dem Kongreß« – das klingt wie »vor der Zeitenwende«) in irgendwelche Lokale oder Cafés schleppen lassen. Das endete jedesmal mit [...] mehr oder weniger aufdringlichen Männern, die einen dann mit Telefonanrufen belästigen [...] oder, wie dieser Troubadour neulich, in Herrn Blanks Blumenbeet stehen und nicht weichen, obgleich ich mich beharrlich weigere, die Tür aufzuschließen.

Man plaudert halt so – er im Blumenbeet, ich durchs Bade-
zimmerfenster. Blöd – aber lustig war es doch. [...] Auch
den Wolfgang habe ich rausgeschmissen. [...] er nahm sich
entschieden zu viele Freiheiten heraus [...]. Wir waren auch
mal zusammen im Konzert – wegen des »Nachmittags eines
Fauns«, und hinterher bis nach Mitternacht in der Wein-
stube im 11. Stock vom Kulturhaus. Übrigens ein ganz rei-
zendes Restaurant, leise, sehr gepflegt, Kerzen auf den Ti-
schen – es sitzt sich nett so über der Stadt ... Aber wenn Jon
da ist, bin ich zu müde oder zu verstimmt oder zu faul, um
mit ihm auszugehen. Hinterher, wenn er wieder fort ist, reut
es mich: ich verbrauche meinen Vorrat an Elan und Charme
für fremde Männer. Das ist auch eine Form von Betrug.

Der T. hat mir vor einiger Zeit einen sehr netten Jungen
ins Haus gebracht: Jürgen [...], er ist Sprecher [...], hat
auch die Stimme dafür, wirklich schön, dabei ist er ein so
schmächtiger, langaufgeschossener und blasser Bursche.
»Die Königin und ihr Page«, sagt Margarete, aber das trifft
es nicht ganz, obgleich ich mit ihm, zugegeben, nicht so
ernsthaft umgehe wie mit anderen Freunden. Gott, er ist 26.
Überfälle sind von ihm nicht zu befürchten; er ist sehr gut
erzogen, höflich und liebenswürdig und, mag sein, ein bißchen linksrum, wenigstens potentiell. [...] Vorliebe für Spiegel und Kerzenlicht und allerlei Dekoratives, was sonst mehr
die Frauen mögen. M. behauptet geradezu, er sei schwul,
aber das ist Quatsch. Bloß einmal dachte ich auch ... das war
in einer Nacht draußen bei M., in ihrem romantischen Wald-
haus – d. h. es war draußen, denn Jürgen und ich waren ausgerückt, weil wir die Gesellschaft von Verrückten nicht mehr
ertragen konnten, die um den Kamin saßen, versonnen ins
Feuer starrten und mal über Ionesco, mal über Einstein, mal
über Bauden im Riesengebirge träumerisch daherredeten.
Also, wir machten uns davon und liefen im Wald herum, der
ganz unheimlich ist (zumal bei Sturm wie in dieser Nacht),
finster und unwegsam, und manchmal heult der Hund los,
und man glaubt irgendwelche Gestalten zu sehen, und der
See rauscht, die Wellen klatschen ins Schilf. Gruselig. Nun
ja, und plötzlich rutschte der Jürgen aus und versank bis über
die Knöchel im Moor, mit dem Aufschrei: »Meine hellblauen

Strümpfe!« Da wäre ich vor Lachen beinahe ebenfalls ins
Moor gefallen.

[…] Ich fürchte bloß, auch diesen »ständigen Begleiter«
wird der Jon nicht akzeptieren; er hat nicht diese Leichtigkeit, die es einem möglich macht, mit allerlei merkwürdigen,
auch skurrilen Leuten umzugehen […]. Ich bin, trotz meiner Schüchternheit, doch kontaktfreudiger als Jon – bloß
sind meine Neigungen für jemanden meist nicht von Dauer.
T. sagt, ich durchschaute Menschen sehr schnell und habe
schon bald ein treffendes Urteil (übrigens glaube ich nicht,
daß das zutrifft; ich weiß besser, wie oft ich mich geirrt
habe), und ich habe – nach T. – eine Art, das Selbstbewußtsein anderer abzubauen […]

Nbg. 28. 6. 69

[…] ich habe die Gedichte von Reiner bekommen, die »Sensiblen Wege«, für die M. W. Schulz so harte Worte gefunden
hat … der nackte, vergnatzte Individualismus … dabei ak-
tionslüstern … Bündnis mit Antibolschewismus … Die meisten sind sehr schön, sehr bewegend, manche wie Seufzer, die
ich selbst – ach, ich schreibe nicht mal Gedichte. War ein wenig befremdet: zusammen in einem Band wirkten sie denn
doch bedrückend, schlimmer als nur bedrückend. Von einem
DDR-Dichter? […] Warum schreibe ich nicht endlich an R.?
Seit dem Kongreß – Aber was mehr als einen Gruß? Der
braucht keine Solidarität […]. Er weiß, was er tut, und wenn
er alleinsteht, dann, weil er alleinstehen will. (Max Walter, als
ich ihn zornig zur Rede stellte, drückte es anders aus: R. ge-
falle sich in der Rolle des Märtyrers. Gefallen? Das ist nicht
wahr.) Ich habe das Buch an Christa und de Bruyn geschickt.
Christa … Herrgott, ich bastele schon wieder tagelang an
einem Brief; sie fand es verdächtig, daß ich im letzten Brief
nichts Persönliches erwähnte. Aber wie? Die Dummheiten,
die ich in mein Tagebuch kritzeln kann – wem darf ich denn
sowas sagen? Die ewige Angst (immer häufiger Schmerzen in
Hals und Magen); die kindischen Freuden, Spaziergänge auf
dem Wall, meine Affären, die Unlust am Buch, die Leute hier
[…] – das alles ist doch unwichtig für andere. Oder meine pri-

vaten Sensationen: eine Drossel singen zu hören, den Jasmin
zu riechen (der Busch ist über und über mit Blüten bedeckt),
oder zu sehen, wie die Blumen aufblühen, die ich gesät habe,
oder dieses dicke Weinlaub um den Erker und das zauberhaft
grüne Licht, das das Zimmer erfüllt (das habe ich noch in Erinnerung vom vorigen Sommer, als ich zum erstenmal hier
war; die Kirschen werden jetzt reif), oder die Bäume ringsum
... Wie schön, wie wunderbar schön! Es gibt Augenblicke, in
denen ich aufschreien könnte vor Glück – falls das Glück ist,
ich weiß nicht – es tut weh, ja, es ist so schön, daß es mir weh
tut wie ein körperlicher Schmerz. Manchmal sitze ich mit Jürgen nachts auf der Terrasse, es ist ganz still, im Nachbarhaus
brennt kein Licht mehr, wir hören Musik, Jazz oder diesen
melancholischen Beat, und die Bäume stehen wie eine
schwarze Mauer und spielen Wald, und ich fühle mich einsam,
dabei aufgehoben und beschützt. Die Nächte sind eben kühl
– kühler als unten im Süden [...] – und ein bißchen feucht,
auf dem Gras liegt Tau, und es duftet wie in einem russischen
Roman, der irgendwo auf dem Land spielt.

Nbg., 5. 7.

[...] Jon wird heute kommen. Vorige Woche hatte er »Urlaub«, d. h. zwei Tage, an denen er hier gearbeitet hat. Ein
neues Programm für Bauablauf. Er scheint nichts anderes
mehr im Kopf zu haben. Oh doch, ich sollte froh sein – ich
halte es geradezu für eine moralische Verpflichtung, daß ein
Mann seinen Intellekt an der richtigen Stelle einsetzt [...].
Aber da sitzt er vor seinen langen Bögen, die mit Symbolen
und geometrischen Figuren bedeckt sind – und ich verstehe
nichts davon [...] –, und er ist ganz erledigt und eisgrau und
so erbarmungswürdig mager. Er konnte nicht mal mit mir ins
Kino gehen; ich war mit Jürgen im »Privileg« – dort im Kino,
im Dunkeln, hat er zum ersten Mal eine Berührung gewagt;
ein Vorwand war gegeben: ich hatte ihm erzählt, daß ich nicht
weiß, wie ich eine bestimmte Bewegung von Trojanowicz beschreiben [soll] – er soll Franziska – ohne daß andere, beinahe
ohne daß er selbst es merkt –, die Hand auf die Schulter legen.
War schwierig wegen seiner und ihrer Haltung, deshalb fand

ich die Sätze nicht. Da hat es halt der Jürgen probiert [...].
Jetzt wußte ich es und konnte es am nächsten Tag auch
schreiben. Als wir nach Hause kamen, schlichen wir ums
Haus und blickten heimlich durchs Fenster. Der Jon saß über
seiner Arbeit, er hatte einen Moment die Augen geschlossen,
war erschöpft, dabei ganz stark konzentriert. Auf einmal war
mir, als ob es mir das Herz rumdreht. Ich habe mich so von
ihm entfernt. [...] Unsere Sonntage in Hoyerswerda sind wie
[...] die Erinnerung an eine andere Welt. Es war wunderbar
schön. Aber ist Wiederholung möglich?

Vielleicht habe ich nur jetzt trübe Gedanken, weil ich mich
mit dem Jürgen so sehr eingelassen habe. Das war nicht geplant. Der Page, bestenfalls der kleine Freund, ein Spielzeug –
im Falle böser Laune zum Kaputtmachen –, so etwa. Und
jetzt können wir keinen Tag mehr ohne einander auskom-
men. Gott, und er ist fast zehn Jahre jünger und wirklich
noch ein bißchen Hippi und nicht mal so intelligent wie ich
(immerhin, er lernt nachdenken) und schon gar nicht so be-
lesen. So ein Mann wie der Klaus Werner (er ist Kunstwissen-
schaftler, Direktor von den Kunst-Werkstätten), der wäre mir
doch, sollte man annehmen, viel näher. Er kommt manchmal
und holt sich Bücher, letztens alles, was ich von Gide besitze,
und wir sprechen, vorerst sehr schüchtern, weil wir beide
einen langen Anlauf brauchen, um mit einem »warm« zu werden, an dem einem ernsthaft liegt – ich meine: könnte. Die
Möglichkeit: mein Lieblingsthema im Buch. Er sagt, ich sei
der einzige Schriftsteller im Bezirk, ich brauchte eine Weile,
ehe ich ihn verstand, dann ging mir erst auf, daß er was gesagt
hat [...], worüber man rot werden kann vor Stolz. [...] Die
Maler hier sind so – wie soll man's nennen? – seriös oder artig
oder sonstwas, nette Leute, sicher, aber eben nicht mit dem
gewissen Etwas. Wir begrüßen uns immer sehr freundlich
und reden miteinander, aber so eine richtige Freundschaft ist,
glaube ich, nicht drin. Irgendetwas hindert mich, mich da zu
engagieren. Nicht, daß ich auf Verrückte oder Bohemiens aus
bin – mein Bedarf an Verrückten ist gedeckt, und ich ziehe
mich vorsichtig, aber entschieden immer weiter zurück. Gibt
einfach ein schiefes Bild vom Leben, wenn man zu oft mit
solchen Leuten zusammen ist.

Von Jürgen will ich lieber nicht mehr schreiben [...]. Es
ist zauberhaft, so einen Jungen zu küssen, er hat noch ganz
weiche Haut [...] und zarte Lippen. Manchmal küßt er mich
auf den Hals oder streift nur so mit den Lippen mir übers
Gesicht – das können, so können das erwachsene Männer
nicht. Ich find's immer noch lustig, ihn in Hippi-Uniform
zu sehen, mit weißen Hosen und einem unglaublich orange-
farbenen Manchesterhemd [...].

Nbg. 10. 7.

Gestern in Berlin, beim Fernsehen. Besprechung eines Film-
projekts (fürs 2. Programm) Vertrag ist perfekt. Soll mit
einem jungen Regisseur, Schariot, eine Art Dok.-Film machen (mehr Feuilleton oder sowas Freundliches). Palaver
mit dem Chef von der Innenpolitik. Aus meiner ursprüng-
lichen Idee (Bürgersteig als Kontaktzone: Geborgenheit,
Tröstlichkeit, Schaulust etc.) ist etwas dieser Art geworden:
eine Straße – wir werden wahrscheinlich in der Turmstraße
hier in N. drehen – beobachten, vom frühen Morgen bis in
die Nacht, also die Leute: zur Arbeit gehen, einkaufen,
bummeln ... Ohne [...] große Worte (Menschengemeinschaft und so) [...]. Dem Schariot schwebt so ein Super vor
wie Ivens »Paris trifft die Seine«. Text: Prevert. Da bekam
ich gleich einen Schreck. Soviel Anspruch! Dabei möchte
ich wirklich ein charmantes Filmchen machen ... Bloß, jetzt
haben wir geradezu Angst bekommen. Und dazu ein irr-
sinniger Termin. Nächste Woche Exposé; Rohdrehbuch
muß am 11. August vorliegen; beim Drehen kann dann
noch am Text gearbeitet werden (es werden sich ohnehin
Änderungen ergeben, weil mit verdeckter Kamera gearbeitet
wird [...]). Ich [...] sage mir auch, daß es meinem Buch gut
tun wird, wenn ich mal eine Pause einlege. Es eilt ja auch
nicht, leider. Jetzt ein Buch veröffentlichen, das einigermaßen problematisch ist [...] Gott, das würde ja nicht mal
das Kulturministerium, die erste Zensurstelle (falls man den
Verlag nicht schon als erste Zensur rechnet) passieren. Die
Republik hat Geburtstag, da darf bloß gelacht und gesungen
werden (möglichst Hymnen). [...]

Beim Fernsehen werde ich auch Geld verdienen. Wird lustig sein, mal wieder mit vollem Portemonnaie durch die Läden zu streifen. Nach unserem Gespräch im Funk (bei dem ich mich ziemlich erhitzt und gestritten hatte, wegen Städtebau natürlich) kam die Rede aufs Honorar, etwa so: Wieviel wollen Sie denn haben? Eine Frage, die mich sofort mattsetzte. Der Chef rief seinem Mitarbeiter eine Summe zu, die mir allerdings ziemlich hoch vorkam; daß jener Mitarbeiter mir später hinter der Hand zuraunte: »Das Doppelte von dem, was wir sonst für ein Dok.-Drehbuch zahlen« [...]. Sakowski erzählt manchmal so Geschichten, die nicht immer zum Totlachen sind. Preise z. B.: B. S[...] hat für ein Gedicht 10.000,– bekommen. Das ist verbürgt. Skandalös, das findet S. auch – weil er ganz so hoch nun doch noch nicht bezahlt wird. Na, dafür hat er jetzt den fünften Preis für die »Wege übers Land« bekommen, ungerechnet sonstige Ehrungen, Pokale oder was weiß ich. Schade, es scheint ihm nicht zu bekommen, er ist nicht mehr von dieser Welt. Aber das wird sich wohl geben, wenn er die nächste Arbeit anfängt, falls er Mut dazu hat. Mit dieser Hypothek an Lob und Ehren und großen Erwartungen beladen, wird einem das Arbeiten wahrscheinlich verdammt sauer.

Den fünften Preis (FDGB) haben wir vorige Woche in Feldberg gefeiert, auf mecklenburgisch. [...] Zum Glück war ich groß in Form, habe den Saufabend ohne Kater überstanden und hatte dann noch genug Pep, den Jon in N.s Nachtleben zu schleppen. Schon wegen der Gerechtigkeit, [...] diesmal sollte der Jon [...] mich auch mal lustig sehen. Nun, und das hat er dann auch. Erst waren wir bei meinen geliebten Polen im »Kosmos«, und ich habe ihm meinen Schwarm gezeigt, den grauhaarigen, charmanten Herrn, der Klarinette, Saxophon und Baß spielt. [...] Sonst, wenn ich mit Jürgen dort bin, flirte ich ganz unverschämt mit dem Grauen (übrigens ist er nicht etwa alt), diesmal haben wir uns bloß zugewinkt und gegrinst. Das merkt man wohl, wenn der begleitende Herr der Ehemann ist. [...] Diesmal habe ich mir eine Musik bei ihnen gewünscht, die Schiwago-Melodie. Sowas können sie sich halt leisten, Schiwago, der bisher streng verpönt ist. Der H[...] hat die Melodie mal in seinem Morgen-

Programm abgespielt; das hätte ihm beinahe ein Parteiverfahren eingebracht. – Und dann sind wir noch in die Nachtbar
gegangen, und ich habe mit meinem lieben Mann getanzt –
ich weiß nicht, nach wie langer Zeit zum erstenmal wieder.
[...]
In Feldberg, wie gesagt, gings hoch her. Menge Kognac
und Sekt und ein Buffet, leckerer (und hübsch zurechtgemacht) als beim Staatsempfang, und übrigens von einem
überaus galanten jungen Küchenmeister, der mich mit Hand-
kuß begrüßte [...]. Die Feier war im neuerbauten FDGB-
Heim. Tolles Haus, wie ein Interhotel aufgemacht, und das
vor der Kulisse einer reizenden Landschaft mit viel Wäldern
und Seen. Die wurden uns auch vorgeführt bei einer Motor-
boot-Fahrt über die Seen (mit Proviant, also Kognac, an
Bord). Ist das ein überraschendes Land! Clevere FDGB-
Funktionäre und sogar galant, mit roten Nelken für die neue
Schriftstellerdame und Handküssen (später verlangte es die
Herren mehr nach Küssen auf den Mund). Anstrengender
Flirt mit dem Ideologie-Chef vom Bezirk, der als eisenharter
Mann und überaus strenger Genosse bekannt ist. Na, an dem
Abend war er reif für ein Parteiverfahren. [...] Er will mich
mit zur Jagd nehmen, du lieber Gott, als ob ich imstande
wäre, auf so ein armes Reh zu schießen.
     Übrigens würde ich sowieso nicht treffen, oder etwas, was
nicht gemeint war, womöglich den Chef selber.

Nbg. 15. 7.

Papa Bue's Wiking-Jazzband war eine große Klasse. Der Papa
ein bärtiger Zwerg, sehr ulkig, von wegen Wikinger, spielt
aber fabelhaft Posaune. Am meisten Spaß machte mir der
Banjospieler, so ein Pilzkopf [...], ein schmächtiges Bürsch-
chen, aber eine Röhre! Er machte – vermutlich absichtlich,
aus Bewunderung für sein Vorbild, oder um es bewundernd
zu parodieren – auf Louis Armstrong, und bei manchen
Titeln konnte man, wenn man die Augen zumachte, beinahe
glauben, daß der Armstrong singt. Was mich störte, war die
Atmosphäre, der feine Saal, ein viel zu elegantes Publikum.
Sonst finde ich das sehr nett, aber Jazz ist nicht Beethoven,

und zuviel Brokat setzt die Stimmung herab. Alle waren sehr
artig und seriös. In einem anderen Schuppen unter anderen
Leuten wär's kochendheiß hergegangen. Und ich wäre beinahe in Niethosen – unausdenkbar! Ein bißchen legerer
könnten sie schon sein hierzulande. Offenbar liegt es nicht
immer am Temperament, sondern auch an der sozialen Struk-
tur, beispielsweise fehlen Studenten. [...]

Nachmittags.
[...] ich vermisse den Jon, auf eine heftige, gerade körperlich schmerzhafte Art. Endlich scheint wieder die Sonne,
und dann wünsche ich immer, er soll hier sein und auf der
Terrasse herumliegen, während der Schatten des Ahorns
weiterrückt. An Sonntagen liegt er dort herum, wo jetzt
mein Arbeitstisch steht, [...] und manchmal gehe ich leise
zu ihm und küsse ihn auf seine nackte Brust oder auf die
Schultern [...]. Meine Liebeserklärungen, die er verschläft
... Nun kann ich [...] ihm nicht mal schreiben – dieses Ungeheuer ist so mit seinen Computern beschäftigt, daß es
seine Leipziger Adresse vergessen hat.

Der Kongreßbericht, um den ich mich immer noch herum-
drücke ... Christa sagt, ich sollte diese beschämende Angelegenheit lieber so rasch wie möglich vergessen, und das werde
ich ja auch, aber vorläufig macht er mir noch Magenbeschwerden (und das im Wortsinn). Die Reden habe ich gesammelt, ausgeschnitten und aufgehoben und frage mich,
wozu. Übrigens dasselbe, was vorher im ND stand, von denselben Leuten, also den Artikelschreibern, vorgetragen. In der
Woche vorm Kongreß war ich bei Wolfs in K[leinmachnow],
einen Abend kamen Kurt und Jeanne Stern zu Besuch; bei der
Gelegenheit hat er uns die – im internen Kreis aufgestellte
und streng geheim gehaltene – Rednerliste gezeigt. Unglaubhaft, aber tatsächlich – nicht einer mehr, nicht ein einziger anderer als vorgemerkt hat seine (sicher vorher kontrollierte
und zensierte) Rede gehalten; nur Noll, der auch auf der Liste
stand, sprach dann doch nicht. Aus Klugheit? Aus Unlust?
Ich weiß nicht.

Alles war vorzüglich organisiert. Die Presse – außer ND –
war nicht zugelassen, also schon gar nicht Westpresse; nicht
einmal die Dame von der brüderlichen »Literaturnaja Ga-

seta« durfte in die Kongreßhalle. Aber wir haben unsere Oberen nicht enttäuscht, wir waren alle artig und wohlerzogen (oder dressiert); trotzdem muß man die ganze Zeit noch einen Skandal erwartet haben. Als ich einen der Sekretäre am ersten Abend fragte, ob für den zweiten Kongreßtag ein Zwischenruf eingeplant sei, war der arme Mensch so verschreckt, als habe er den potentiellen Attentäter vor sich. Aus irgendeinem Grund zähle ich jetzt zu den schwarzen Schafen (es klingt ganz unwahrscheinlich, aber alles deutet darauf hin, daß man mir meine Haltung zur CSSR-Frage noch nicht verziehen hat) […]. Dafür waren andere (zum Glück solche, auf die ich Wert lege) von betonter Freundlichkeit und Höflichkeit. War überhaupt interessant, die Gruppierungen zu beobachten …

Diesmal hatten wir zwei Haupt-Schlachttiere: die Christa und den Reiner (und noch ein paar Neben-Opfer: die Lyriker aus dem »Saison«-Band, Claudius, Bartsch); Wellm ist ja noch in letzter Minute gerettet worden, allerdings hatte sein Buch auch nahezu zwei Jahre auf Eis gelegen. Die Redner? Gott, ich weiß nicht, habe kaum zugehört; auch die anderen pennten oder lasen Zeitung oder unterhielten sich. Alle waren froh, daß sie wenigstens mal laut lachen konnten, wenn auch auf Kosten einer Dame: als die Ruth Kraft von einem neuen Schwiegermutter-Gefühl oder sowas schwätzte. Ja, und Max Walter … der hatte also die Aufgabe übernommen, die Schlachtung vorzuführen, d. h. er hielt das Hauptreferat, allerlei Goethisches, Hölderlinsches und Staatserhaltendes, und dann machte er Reiner fertig, unterstellte sogar »Aktionslüsternheit« (in Richtung Antisowjetismus und so), das hörte ich mir noch an, weil ich Reiners Gedichte […] noch nicht kannte), aber als er dann von der Christa T. anfing und von Resignation, wurde ich verrückt, schrie irgendwas wie »jetzt reicht es mir aber« und verließ türenschlagend das Lokal. Eine völlig überflüssige Demonstration, aber ich war wirklich geschafft, und draußen hatte ich einen Herzanfall. Nichts ist schlimmer als hilfloser Zorn, die Unfähigkeit zur Aktion. Totgeschwiegen werden – aber darüber habe ich im Roman geschrieben (auch so eine Stelle, die mit Sicherheit gestrichen wird).

Nbg. 17. 7.

Arbeit fängt gut an ... Wir finden keinen Aufhänger. Saßen
in einem Café und probierten Bilder durch. Zwei, drei hübsche Einfälle, aber noch keine Linie. Und abends haben wir
gesumpft, statt zu arbeiten. Bis heute früh in der Nachtbar
[...]. Jetzt hängen wir durch. Und bloß noch zwei Tage
Zeit! Sehen heute Ivens-Film.

Nbg. 21. 7.

Geburtstag. Ich bin allein. Jon ist gestern nacht wieder nach
Leipzig gefahren. Ein fremder Mann ... Ja, eine Menge Geschenke (Wünsche, die ich irgendwann mal geäußert und
dann selbst vergessen hatte, erfüllt er), aber was hilft das?
Ich bin verzweifelt. Lag gestern den ganzen Tag im Bett und
heulte, und Jon saß daneben und starrte an die Decke. Zehn
Stunden Schweigen, das ist die Hölle. Wenn ich nur wüßte,
was uns zugestoßen ist [...].
   Die verfluchte Wohnungsgeschichte. Wenn er nur erst
hier wohnte und würde, N. kennenlernen und die Leute, die
meine Bekannten oder Fast-Freunde sind. Aber die liegen
ihm ja nicht, das weiß ich auch so schon. Ach, der steinerne
Gast. Er spricht nicht, er spricht einfach nicht.
   Die Versprechungen der Partei, der Stadt – alles für die
Katz. Von Woche zu Woche, von Monat zu Monat werden
wir vertröstet (oder hingehalten), dabei zählen jetzt Tage.
Rief heute beim Wohnungsamt an, das angeblich informiert
ist, nun ja, und das ist der Gen. M. ja auch (derselbe, der
meine Wohnung haben wollte – der wird sich ein Bein aus-
reißen!), der freche Kerl, der lacht mich noch aus für meine
Gutgläubigkeit, und dann macht er mir Vorwürfe, weil er
immer mit mir andauernd Scherereien habe. Der Termin
nunmehr: ev. Oktober wird eine Wohnung im Hochhaus
frei. Oktober – das wäre dann ein Jahr Trennung. Erst habe
ich geheult (natürlich nicht am Telefon, vor seinen Ohren),
und jetzt habe ich einen Zorn, daß ich alles kaputtschlagen
könnte.
   [...]

Nbg. 24. 7.

Am 21. sind zum erstenmal Menschen auf dem Mond gelandet. Der erste, der seinen Fuß auf den fremden Planeten setzte: der amerikanische Astronaut Armstrong. War interessant, während der letzten Woche die Zeitung zu lesen. Start von Luna 15 war als Sensation aufgemacht, allerhand Andeutungen – bloß die Sensation blieb aus. Alle Rundfunkleute hatten Alarmbereitschaft und Nachtdienst, und wieder Alarm am folgenden Nachmittag. Umsonst. Luna umkreist den Mond wie alle Lunas zuvor, und das ND beweist, wieviel wichtiger, streng wissenschaftlich genommen, solche Art der Erforschung [...] ist als die Landungs-Show. Ferner: die Rassenfrage, Hunger in den USA ... Erinnert mich an den uralten Witz: »Und was macht ihr mit den Negern?«

Dennoch und trotz aller Bemühungen: die psychologische Wirkung der Mondlandung ist stärker. Ferner ist interessant, festzustellen, daß die meisten Leute eine Art Schadenfreude empfinden, weil diesmal nicht die SU ihr Banner aufgepflanzt hat. Diese Schadenfreude haben wir ebenfalls unserer fabelhaften Geschicklichkeit zu verdanken, mit der die Zeitungen etc. eigene Leistungen hochjubeln und die Leistungen im anderen »Lager« nach Kräften (und manchmal auf geradezu alberne Weise) herabsetzen.

25. 7.

Endlich meinen »Solidaritätsgruß« an Reiner geschrieben, das wollte ich schon gleich nach dem Kongreß tun.

30. 7.

[...] Habe vorige Woche mein Exposé geschrieben und pünktlich abgeliefert. Dann langes Schweigen von TV (Vertrag ist auch noch nicht da). Am nächsten Tag wenigstens nachmittags sowas wie Ferien, mit Jürgen Motorboot gefahren, ein großer Spaß. Ich durfte ans Steuer und habe – wie man's im Film sieht, immerzu Kreise gefahren (leider nicht so enge Kreise – das Boot war halt nicht so super-

schnell wie ein Film-Boot), und Jürgen ist in voller Montur
dabei ins Wasser gefallen. [...]

An meinem Geburtstag war nur Jürgen da. »Nur« ist
falsch ausgedrückt. Ich mag ihn [...]. Er kommt fast jeden
Tag, und wenn er mal nicht kommen kann [...], dann fehle
ich ihm, und er fehlt mir. [...] Vielleicht treibt mich die Leidenschaft, Geschöpfe zu machen, Menschen zu formen
(was freilich im Leben ungeheuer viel komplizierter ist als
im Buch: dort kann man, wenn auch in bestimmten Grenzen, seine Leute nach dem Autorenwillen regieren). Wir haben ein großes Palaver beschlossen, zwecks Klärung unseres
Verhältnisses zueinander. [...] All die Wochen und Monate,
seit wir uns kennen, sind wir in einer Art Kampfstimmung.
Immerzu Kraftproben, das geht einem auf die Nerven. Am
Ende bleibe ich doch der Sieger, weil ich mich, wie immer,
weniger engagiere (aber dieses Wenige nimmt auch schon
ganz hübsche Ausmaße an). [...]

Natürlich kann J. den Jon nicht leiden, findet ihn eiskalt,
und jetzt ist er auch noch eifersüchtig auf den polnischen
Musiker, und da hat er ja nun freilich guten Grund. Wie heißt
er eigentlich? Ich weiß nicht. [...] inzwischen haben wir ihn
Tadeusz getauft, oder Taddy, wenn wir unsere Witze machen.
Zuerst war's wirklich witzig, einmal hatte Jürgen mich mit
ins »Kosmos« genommen, wo die Polen spielen, und nun gehen wir jeden Sonnabend und Sonntag, und der Graue Herr
und ich werfen uns Blicke zu, die von Mal zu Mal feuriger
werden. Himmel, und wie er lächelt, wenn er mich grüßt!
Ich schmelze. Einmal hat's Schariot beobachtet, als wir den
Polen auf der Straße trafen, und er war einfach hingerissen,
weil seine Arbeitspartnerin, eine (so scheint es zunächst)
ganz sichere, etwas maskuline Person, sich sofort in einen
hilflosen Teenager verwandelte. Feuerrot, mindestens zwanzig Hände und Füße zuviel, Gestolper, Gestotter, wohin mit
Blicken – muß idiotisch ausgesehen haben. Von diesem
Moment an verbündete er sich mit Jürgen; die beiden dachten sich die exquisitesten Beschimpfungen und Spötteleien
über meinen Grauen Herrn aus. Am tollsten war's in einer
Nacht, als wir vorm Hotel standen und mit unserem besseren Ich rangen, das für Schlaf und Kräfte-Reproduktion war,

während das schlechtere, wenigstens leichtfertigere Ich für die Nachtbar stimmte. Da fiel J. ein, mein Schwarm habe Schweinsaugen (in Wirklichkeit sind sie zwar schmal, aber starkblau, oh ja, und sie sprechen perfekt die Sprache, die ich hören oder sehen will; leider kann er nämlich kein Wort Deutsch), [...] die beiden steigerten sich, und saßen mitten in der Nacht auf den Stufen vom Hotel, [wir] krümmten uns und schrien vor Lachen, und ich mußte auch immerzu mitlachen, trotz Schwärmerei. Inzwischen haben mich aber gerade der Spott und – beinahe bösartige – Eifersucht der beiden erst recht dem charmanten Polen zugetrieben, in einem Maße, daß ich jetzt wirklich verliebt bin, Begegnungen suche – die sich in dieser Stadt, im Hotel ganz zwanglos, wie zufällig ergeben –, sein Lächeln, seine heißen Blicke genieße, jedesmal rot werde bis über die Ohren und sogar Anfälle von Liebeskummer habe. Blödsinn.

Übrigens müßte ich jetzt, Sch.s Anweisen befolgend

31. 7.

Gestern unterbrochen, weil Hinz (Stadtarchitekt) ins Hotel kam. Gelegenheit, über Städtebau zu reden, speziell N., ferner über den Film, Straße, Bürgersteig etc. Treffen uns Dienstag zu ausführlichem Palaver über Straße als Kontaktzone. Hätte nämlich (s. oben) wenigstens den ganzen Nachmittag auf der Straße stehen und Notizen machen müssen, Leute und Szene beobachten. Bei 35 Grad im Schatten! Ich bin doch nicht verrückt. TV findet unser Exposé vorerst zu theoretisch. Natürlich, sollte es ja auch sein [...].

1. 8. 69

Gestern wieder Arbeit mit Sch. Pirschen uns langsam an unser Thema heran. Abends wieder »Kosmos« [...] und dann Nachtbar. Nun ja, eben eine harte Arbeit mit diesem Menschen. Muß mich innerlich erstmal mit ihm auseinandersetzen. [...] In manchem haben wir eine nahezu erschreckende Ähnlichkeit miteinander.

5. 8.

Sch. [...] wird mir immer interessanter – leider auf Kosten
unserer Arbeit. Wir reden zuviel, über tausend Dinge [...].
Außerdem herrscht seit Wochen tropische Hitze, wir lagen
wie tote Fliegen auf dem Teppich herum, mitten in einem
Wust von Zetteln und Konzepten, und dann spielen wir
Schach, und dann tobten wir auf dem Rasen herum und be-
gossen uns mit kaltem Wasser, aus einer Gießkanne, aber das
half auch nicht viel.

[...] Jürgen platzt vor Eifersucht, aber dabei bewundert er
Sch. und singt Lobeslieder auf ihn. [...] Er sträubt sich heftig
gegen mich, trotzdem kommt er immer wieder; ich sei »ein
Zwang« für ihn, [...] und er habe mir nur deshalb noch keine
Liebeserklärung gemacht, weil er fürchtet, er würde mich
langweilen, wenn er verliebt ist. Aber das war ja schon eine
Erklärung, sagte ich, und er war ganz verblüfft. [...]
Nun bin ich wieder allein und denke jammervoll an den
letzten Abend zurück, als wir im Dunkeln auf der Terrasse
saßen, voller Arbeitswut, die freilich nicht lange anhielt, weil
wir wieder Analysen anderer und Selbstanalyse betreiben
mußten, und dann Wodka, und die Motten, die in der Ar-
beitslampe schwirrten, und überhaupt so ein Abend wie auf
einer Insel. Dann haben wir Nachtfalter in den Wodka getaucht und uns totgelacht, als sie besoffen herumtorkelten ...
Wirklich, am meisten Schuld hat die irre Hitze. Jedenfalls
schufte ich jetzt wie ein Plantagenneger, heute bin ich um ½3
aufgestanden, weil ich plötzlich mit dem Schreckensgedan-
ken an den Termin aufwachte und nicht mehr einschlafen
konnte. Manchmal fange ich an zu heulen vor lauter Angst,
denn ganz bestimmt schaffe ich das Drehbuch nicht. Heute
in einer Woche muß es schon in Berlin vorliegen, das ist doch
einfach Wahnsinn. Und heute nachmittag lasse ich Idiotin
mich von J. verführen, mit ihm an den See zu fahren. Aber es
wär ja doch nichts Gescheites mehr rausgekommen, noch
dazu in dieser miserablen Stimmung. Jon hatte angerufen, er
wäre zum Wochenende gekommen – aber wie soll das werden, wenn ich dasitze und arbeite und stöhne? Ich würde ihn
anschreien, ich möchte jeden anschreien und beschimpfen,

der mich nur ansieht, erst recht anspricht. War heute gerade richtig in Wut und hätte auch meine teuren Parteigenossen angebrüllt, weil es immer noch nichts wird mit Jons Wohnung [...] – aber gerade heute war natürlich niemand zu erreichen. Machen wahrscheinlich Urlaub, die Bosse. Auch Nähtig hat Urlaub, der stellv. Ideologie-Chef, und er kam ausgerechnet heute zu Maggy, als wir draußen im Gras saßen und Tee tranken. Der blöde Hund, jetzt denkt er wahrscheinlich, die Schriftsteller verbringen ihre Zeit mit dolce far niente. [...] Bei mir klappte gleich das Visier runter. Hellmut natürlich, er darf, und wenn er das ganze Jahr mit Baden und Nichtstun und Vom-Ruhm-Zehren verbringt, und auch der liebe Jochen. Aber die Weiber – unerhört, wenn die sich zweimal in einem Sommer einen freien Nachmittag gönnen. Und dann schwärmte er von Jochens Scheune, in der allmählich immer mehr Zimmer ausgebaut werden (aber für meinen Herrn K. gibt es nicht mal so eine Zelle im Hochhaus), und was ihm am meisten imponiert: J. hat auch in der Scheune – wie in seiner Wohnung am K.-M.-Platz –, Fernsehapparat, Kühlschrank und (dies in ehrfürchtigem Ton vorgebracht) einen Ventilator. [...] Ich hätte kotzen können.

6. 8. 69

Lese eben in der Zeitung, daß seit 23. kein Regen hierzulande gefallen ist.

Ferner: daß in Bratislava eine »Festsitzung« stattgefunden hat (Jahrestag). Was für ein Fest wird das erst am 21. August geben!

Ferner: daß »Hiroshima mon amour« jetzt in der DDR gezeigt. Zehn Jahre, nachdem Alain Resnais den Film gedreht hat! Komme mir vor wie in einem Dorf in Zentralafrika.

8. 8. 69

Immer noch die schreckliche Dürre (mein schöner Garten, der mich soviel Arbeit gekostet hat, ist ganz vertrocknet), und dabei arbeiten, arbeiten ... Meinem armen Jon geht's

nicht besser [...] Heute, als ich seine Stimme am Telefon
hörte, hatte ich ihn wieder lieb wie früher (so bewußt lieb,
meine ich), als ob unsere Arbeit und Erschöpfung etwas sei,
was uns neuerlich verbindet.

Habe inzwischen wieder alle möglichen Angriffe gestartet
(in seiner Wohnungsangelegenheit, wie üblich) [...]. Nichts
als Versprechungen ... Und der Großfürst brauchte nur ein
Wort zu sagen, irgendwo, d. h. an der richtigen Adresse.
Ach, zum Teufel mit dieser »Familie« unserer Schriftsteller!
Trotzdem schreibe ich weiter an meiner Liebeserklärung für
N. – eigentlich ist es ja eine Liebeserklärung an die Straße.
Die Straße, irgendeine, und ihre Trottoirs, die mag ich wirklich, sie hat in der Tat – wie ich in dem Buch behaupte –
etwas Tröstendes. Ich bin auch heute wieder, als ich es in der
Wohnung einfach nicht mehr aushalten konnte, in die Stadt
geflüchtet, und jetzt bin ich in den »Vier Toren« [...]. Habe
erst den 2. Komplex abgeschlossen und nur noch drei Tage
bis zur Ablieferung. [...]

Blätterte vorhin im Tagebuch und stellte mißvergnügt
fest, daß ich zuviel (und mit permanenter Wiederholung)
von Jürgen schreibe [...], statt von Leuten, die Hintergrund, einen komplizierten Charakter und Bildung haben.
Über den Klaus Werner z. B., oder Scharioth, oder – na, so
ganz gehört der nicht in diese Reihe – über Hinz, unseren
Stadtarchitekten. Er war gestern abend bei mir, eigentlich
wollten wir über die Straße sprechen, sprangen dann aber
von einem Thema zum anderen, viel zu lebhaft, nämlich aus
Nervosität.

[...] jetzt muß ich mein Urteil korrigieren. Er ist dem
Siegfried Wagner ein bißchen ähnlich (nicht äußerlich: H.
ist noch kleiner als ich, und er hat nicht die masurische Gelassenheit wie Wagner), er kämpft gegen das Phlegma seiner
Mitarbeiter, gegen Phantasielosigkeit [...], womöglich gerissen (das hat er von seinem Lehrer Henselmann), offenbar
oft unter Verleugnung seiner politischen Meinung (was
seine wahre Meinung angeht – vorausgesetzt, er war nicht
als agent provocateur bei mir – so sind wir uns freilich auf
gefährliche Weise einig, will heißen: die Stasi hätte nicht
zuhören dürfen). [...] manchmal ist er ganz mutlos, sagt er,

manchmal sogar verzweifelt in einem Maße, daß es Augenblicke gab, in denen er sich, wenn er auf dem Turme vom
HKB stand, am liebsten hinabgestürzt hätte. Zweifel an seinem Beruf, an sich selbst, verzweifelter Zorn auf eine starre
Bau-Industrie – ich glaubte meine kleine Dame Franziska zu
hören, wenn sie so ihre Anfälle hat. Henselmann freilich,
der hat gut reden und kann schwärmen, der pickt sich die
Rosinen raus und entwirft für die Zukunft, fürs goldene
Jahr 2000, der schwimmt auf der jeweils aktuellen Woge –
jetzt z. B. der Monumentalität, der Prunksucht (auf etwas
anderer Ebene als damals bei der Stalinallee), der Renom-
miersucht einer Regierung, die überall um Anerkennung
buhlt.

Weiß nicht, ob ich schon erzählt habe, daß die kleine D-
Schwester drei Tage bei mir war. [...] Sie fand, bei mir ginge
es lustig und verrückt zu – ach, wenn's so wäre! Aber die
verrückten Tage sind Ausnahmen, oder die mit Scharioth
verbummelten Nächte; sonst ist es ein Arbeitsleben, eine
Art der Existenz – mit Drogen und Schlafmitteln und Disziplin und wieder Drogen –, die einen ziemlich früh umbringen wird.

[...]

Oh, und vom Kongreß habe ich immer noch nicht geschrieben, und von Max Walter, und von dem Tag bei Christa. Später, später, wenn das Drehbuch fertig ist.

Vom Geburtstagsmorgen (ach, ich schreibe bloß noch,
um einen Vorwand zu haben, daß ich nicht in die Wohnung
zurückgehen muß): ich habe geweint vor Freude, richtig geweint, weil die Leute vom Freundeskreis mir auf so liebe Art
gratuliert haben, jeder mit ein paar Zeilen, im Ganzen ein
langer Brief.

Und heute morgen kamen zwei Pakete, wieder zwei Freuden: von Irmchen [Weinhofen] aus Amsterdam Bluesplat-
ten, und von Mutti und Vati, die aus Hamburg zurückgekommen sind, eine fabelhafte Niethose (von der Firma Lee
– das hatte mir Jürgen extra eingepaukt), richtige amerikanische Niethosen, knalleng und steif wie ein Brett, und einen
Kuchen, den Mutti für mich gebacken hat – und nun muß
ich wohl doch gehen.

Nbg., 17. 8.

Eben habe ich die letzten Seiten vom Rohdrehbuch zur Post
gebracht. [...] Feintext wird geschrieben während der Dreharbeiten. Nächste Woche kommt Scharioth mit Kameramann, diesem Spezialisten für verdeckte Kamera. Soll ein
patenter Mensch sein, und trinkfest. Das werden strapaziöse
Tage. Sch. hat ein paarmal angerufen und allerlei freundliche
Dinge gesagt, aber das war auch das einzig Erfreuliche in
den beiden letzten Wochen. [...] die letzten Seiten habe ich
gestern und heute früh höchst schluderig heruntergehauen.
Poesie, na gut, aber doch nicht mit so einem Termin im
Nacken. Außerdem hatte die ganze Konzeption ihre Män-
gel. Ein wackliges Skelett, das unsereins mit hübschem
Fleisch umkleiden soll.
   [...]
   Einmal war ich ganz down, auch körperlich, einfach überarbeitet. Zusammenbruch an der ganzen Front. Kein Wunder nach diesen Arbeitstagen und den Nächten, in denen ich
nicht oder nur schlecht, ganz flach geschlafen habe. Alle im
Haus waren krank: mein Nachbar Blank hatte andauernd
Nierenkoliken, und dann mußte nachts der Rettungsdienst
gerufen werden, und an einem Abend, als ich schon voll-
gestopft war mit Schlaftabletten, holte er mich rauf, völlig
aufgelöst, weil seine Frau Herzanfälle hatte. [...] Also wieder Rettungswagen. [...] Das und alles mögliche andere hat
mich geschafft, und eines Tages, als ich in Boxberg anrief
und Frau Sch.s Frage hörte: »Ich denke, er ist bei Ihnen?«, da
war es eben zuende. Jon verschwunden, ich habe alle, auch
die phantastischsten Möglichkeiten gesehen und durch-
probiert (durch»gespielt« kann man wohl nicht mehr sagen).
Ich dachte, ich sterbe. Meine Nachbarn kamen zu Hilfe,
auch Frau Müller, die dann bis zum Abend bei mir blieb,
Dr. Staak holte und einen Genossen der Bezirksleitung, der
auf dem heißen Draht die Fahndung nach Jon einleitete, und
der mir sagte, just an diesem Tage sei die Wohnungseinwei-
sung für Jon gekommen. [...]
   Am nächsten Morgen meldete sich Jon (aus Boxberg?,
Ich weiß nicht), er sagte bloß, er habe sich eben mal für ein

paar Tage ins Privatleben zurückgezogen. Keine weiteren Erklärungen. [...] Gestern abend rief er nochmal an. Kein beruhigendes Wort. Ich komme, wir werden über alles sprechen. Worüber? Und werden wir sprechen, wirklich, statt uns anzuschweigen wie sonst? Und was erwartet mich? Die Eröffnung, daß unsere Ehe nicht mehr rettbar ist, oder daß die Liebe dahin ist, oder daß eine andere Frau – Ich weiß nichts, nur, daß es schwer sein wird, unsere getrennten Welten wieder zusammenzufügen, zwei Welten, die jetzt nichts, aber auch gar nichts mehr miteinander gemein haben.

[...] Bin jetzt im Wiener Café. Immerhin, so mutig und selbständig bin ich schon geworden, daß ich allein! am Sonnabendnachmittag! in ein Café gehe. Muß scheußlich sein, immer allein zu leben, aber es übt, das schon, und vielleicht lernt man sogar, sich seiner Haut zu wehren, statt sich, wenn's schwierig wird, an einen Mann zu klammern ... Sieh mal an, ich bereite mich schon auf eine neue Rolle – die der alleinstehenden, schlimmstenfalls der alleingelassenen Frau – vor. Und gestern abend, als ich Jons Stimme am Telefon hörte, bin ich beinahe wieder zusammengebrochen. Muß wohl doch Liebe vorliegen, oder wenigstens ein unzerstörter, vielleicht unzerstörbarer Rest von Liebe. Ich [...] sehe immerzu auf die Uhr und weiß nicht, soll ich wünschen, daß die Zeit langsam oder daß sie schnell vergeht.

Nein, über den Besuch bei Christa kann ich doch nicht schreiben, schon gerade jetzt nicht. Wenn ich nur daran denke, welche Atmosphäre freundlicher Gelassenheit in diesem Haus herrscht, welche Harmonie zwischen Christa und Gerd und ihren Töchtern. Da kann man ja gar nicht aus den Schuhen kippen, trotz der Schweinereien mit dem Buch [...]. Allerdings, gegen Selbstbezweiflung hilft auch diese Art innerer Statik nichts. Neulich schrieb Christa, daß ihr eine Geschichte, an der ihr viel lag, völlig mißlungen ist [...]. Und ich dachte, sie könnte alles schreiben, was sie sich vornimmt (ohne Gedanken an Veröffentlichung), weil sie es eben kann. Also anders als ich, die an eigenem Unvermögen scheitert ...

Ab und zu Kartengrüße von Reiner und de Bruyn.

Wenn mir Reiner einfällt, denke ich an Prag. Jeden Tag Nachrichten im ND, beunruhigender, je näher der Jahrestag dieses unseligen 21. August, rückt. Offenbar rechnet man mit Aufständen und setzt sie rechtzeitig vorher aufs Konto des Westens. Jetzt schon Flugblatt-Aktionen, Aufrufe an die Bevölkerung, Alarmbereitschaft für Armee und Miliz. Und fette Überschriften, betreffend die unverbrüchliche Freundschaft zwischen CSSR und UdSSR, die getreue Brüderlichkeit zwischen CSSR und DDR.

Was wird, was kann schon geschehen in einem – wenn auch von Brüdern – besetzten Land? Schwarze Fahnen im Fenster.

Nächste Woche sehe ich mir mal wieder meine »Franziska« an – falls nichts mit Jon geschieht, was mich vollends aus dem Geleis wirft, und widme mich den vertrockneten Blumen im Garten. Ach, und die Sonnenblumen hatte ich extra für ihn angepflanzt ...

Nbg. 23. 8.

Meine Ahnungen, meine Angst ... Die Wirklichkeit war schlimmer. Alles ist zusammengebrochen: Die ungeklärten, unausgesprochenen Widersprüche, die sich in einem Jahr angehäuft haben – alles mit einem Mal. [...] Er kam abends, nachts lief ich weg – um der Wahrheit nicht ins Gesicht sehen zu müssen? –, irrte in der Stadt herum, wurde von einem Streifenwagen aufgegriffen, zum Arzt gebracht, rückte aus und lief Jochen in die Arme. Jon war abgereist. Wir suchten die Stadt nach ihm ab. Morgens, nach einer schlaflosen Nacht, reiste ich nach Hoy. Der Abend, die Nacht in seinem Zimmer, in dem wir früher so glücklich waren – Nein! Es war die Hölle, es ist höllisch, ich sitze nun in N., Jon hat mich hergebracht, er wollte, er wollte nicht abreisen, er hatte Angst, ich bringe mich um, und ich hatte Angst, daß eines Tages, wenn er nicht nach B., zu seiner Arbeit zurückkehrt, der verpfuschte Beruf, eine zerschlagene Existenz auf mein Konto kommt. Irgendwann bin ich mit dem Messer auf ihn losgegangen, ich war entschlossen, ihn zu töten, aber der Bruchteil einer Sekunde, seine Augen – Ich weiß nicht. Ich war wahnsinnig. [...] Drei Tage lang habe ich geweint und geschrien, ja, vor Schmerz. [...] Ich bin zu anstrengend, [...]

er versteht mich nicht mehr, er kann nicht mit mir leben. Mit
einer Verrückten. Ich bin verrückt, das ist wahr. Jetzt lebe ich
nur unter Medikamenten, warte auf seine Anrufe, seine
Stimme, die mich nicht tröstet. Am Rande der Existenz. Was
soll ich tun? In den Stunden, in denen ich halbwegs zurech-
nungsfähig war, haben wir uns gesagt, daß wir es noch einmal
versuchen wollen, daß wir eine winzige Chance haben […].
Aber ich kann nicht an die Chance glauben. Und ich kann
nicht existieren, so, ohne Jon, mit einer zerschlagenen Seele,
kaputtem Körper, zerstörtem Selbstbewußtsein. […] Soll ich
um Erbarmen wimmern? Dann lieber ein anständiger Ab-
gang, ein Rest von Würde, indem man sich still schweigend
aus dem Weg räumt. Ich habe Tabletten, genug, um ein Pferd
damit umzubringen.

Und jetzt kommen alle, die Bezirksleitung, nette Leute,
die helfen wollen. Jetzt, wo es zu spät ist, vielleicht, wahrscheinlich zu spät. Ich bin untauglich. Der Satz hat sich in
meinem Kopf festgesetzt. Untauglich. Ich war es schon immer. Ich habe soviel falsch gemacht. Mein brutaler Egoismus, wie Pitschmann damals sagte. Warum habe ich nicht
scharf gesehen, was sich vorbereitete? […] Er hat Angst vor
mir, er ist schwächer, als ich all die Jahre dachte oder mir
einredete. Du lebst in der Welt deiner Vorstellungen … Ja,
ja, ja. Aber wie soll ich diese Welt verlassen, ohne dabei auch
die reale Welt zu verlassen? Ich […] wage mich nicht auf die
Straße, manchmal kann ich nicht mehr sprechen, nur unarti-
kuliert stammeln. Und das alles habe ich in mein Buch geschrieben, übergenau, ohne es zu kennen – so zu kennen
[…]. Ach, meine stolze Selbständigkeit! Aber wußte, spürte
ich nicht immer, daß tief in mir ein zweites Ich sitzt, das verzweifelt um Hilfe schreit? Ich will nicht allein sein. […]
Mein Herz ist in Fetzen. Wenn er wiederkäme, wenn wir
sprechen könnten!

3. 9.

Jetzt weiß ich alles – oder doch das meiste. Was ich inzwischen schon erfahren hatte: Jon hat ein Verhältnis mit seiner
Sekretärin begonnen (»begonnen« klingt wie neuerdings –

es muß aber schon ein Vierteljahr gehen), er dachte, es gäbe keine Voraussetzungen mehr für uns beide. [...]

Diesen Treuebruch hätte ich noch überstanden, obgleich ich entsetzlich unter der Vorstellung leide, daß Jon mit einer anderen zusammen war. (Aber es gab auch diese Nacht, von der ich immer noch nicht zu schreiben gewagt habe, mit M. W. – Gott, und in dieser Nacht waren wirklich Dämonen über uns).

J. versprach, seine Kündigung einzureichen und mit dem Mädchen Schluß zu machen [...].

Am Sonntag abend kam er wieder. Ich hatte noch einmal alle Reserven (Reserven? Das war die Substanz) zusammengerafft, und wir konnten uns eine halbe Stunde ganz munter und vernünftig unterhalten, lachten sogar. Wir lachten. Und dann kam der Schlag. Jon wollte – wollte er wirklich sein Wort halten? ich kann nichts mehr glauben – mit A. sprechen, da sagte sie ihm, daß sie ein Kind von ihm erwartet. Ein Kind von Jon. [...] Er hat mir doch gesagt, daß er keine Kinder haben kann, [...] ich [...] war nicht ernstlich unglücklich (bis auf ein paar Mal, Gott, so Anwandlungen, wenn man in einen Kinderwagen blickt) [...]. Nein, ich konnte es nicht fassen, ich habe gelacht, und dann bin ich ohnmächtig hingefallen, und nachher konnte ich nicht mehr sprechen. Ich weiß nicht, wie lange das gedauert hat: ich habe verzweifelt gekämpft, wieder menschliche Laute zu formen. Wir mußten doch reden, lieber Himmel. Worüber noch? Und worüber noch schreiben? [...] Hoffen. Worauf? Diese Nacht und der folgende Tag werden mir von der mir zugedachten Zeit in der Hölle abgezogen.

Ja, er will wieder zu mir kommen. Die sieben Jahre zählen, sagt er, und meine Person, meine Begabung und – ich weiß nicht was. Aber wird er sich nicht wie in der Falle fühlen? [...]

Nbg. 8. 9.

Ich [...] will nicht mehr. [...] Eines Tages bin ich aufgestanden und habe »nein« gesagt. Oh nein, ich bin mir durchaus noch nicht so sicher, wie ich vor anderen und vor mir selbst

tue. Eine Art Trotz vermutlich, oder sowas wie Stolz –
jedenfalls keine Träne in Gegenwart anderer; ich lasse mir
nichts anmerken, bin geradezu munter, tagsüber also, unter
Menschen. Nachts ist es noch arg, ich kann nicht schlafen,
obgleich ich [mich] mit Schlaftabletten vollstopfe. Nachts
rede ich mit ihm und mit mir und mit allen möglichen Leuten, mache Pläne und verwerfe sie, weil ich nicht weiß, ob
meine Kraft ausreichen wird, sie durchzuführen.

Den Zeitpunkt, an dem die Verzweiflung aufgehört hat,
weiß ich aber genau. Das war an dem Tag, als die D-Schwester zu mir kam. Irgendjemandem mußte ich die Geschichte
erzählen, aber es durfte nur ein ganz vertrauter Mensch
[sein] [...]. Seit ich hier in N. wohne, sind wir Schwestern
uns auch in anderer Weise als nur räumlich näher gekommen; sie ist verständiger und verständnisvoller als früher,
natürlich, sie ist älter geworden, sie hat einiges erlebt, was
meinen Erlebnissen gleicht [...]. Und außerdem sind wir
uns – ungeachtet der äußeren Verschiedenheit – sehr ähnlich, ich meine, gerade in diesen Charakterzügen, die der
ganze Reimann-Clan hat. (Ja, und dieses Clan-Bewußtsein
spielt auch mit; ich bin sicher, meine Brüder würden auf
irgendeine Art ihre Schwester rächen; ich sage absichtlich
»Rache«, das ist es, etwas Archaisches, mag sein, aber so
sind wir nun mal – und alle vier potentielle Mörder aus
Eifersucht –, und Jon hatte schon recht, als er uns entsetzt
als einen Indianerstamm oder dergleichen bezeichnete).

Jedenfalls, die D. kam gleich, nachdem ich im Institut angerufen hatte. Zuerst war ich noch ganz aufgelöst – übrigens
auch in Tränen aufgelöst –, aber dann, während ich von den
letzten Wochen erzählte, stellte sich dieses neue Gefühl ein,
für das ich noch keinen Namen habe. Ein Gefühlsgemisch
zunächst, Haß ist dabei, Empörung, auch Trauer, ja, um eine
verlorene Liebe, und ein bißchen Hoffnung (Gott, immer
noch, aber wozu soll ich mir's verhehlen?), und so etwas wie
langsame Vereisung. Wie immer, aus meiner Betäubung bin
ich aufgewacht, auch aus dieser künstlichen Narkose mittels
Medikamenten (seit jenem Tag nehme ich nichts mehr von
dem Zeug ein [...]), man kann sagen: ich bin mir dessen bewußt geworden, was geschehen ist. Kein Gedanke mehr an

Selbstmord: es lohnt nicht, deswegen sein Leben wegzuwer-
fen. Nun, ich bin noch nicht ausgezählt, obgleich ich diesmal
zu Boden gegangen bin wie noch nie […].

                                           Nbg. 11. 9. 69
[…]
    Wir sprachen […] noch einmal und sehr ausführlich am
Telefon. Ich war ziemlich down, aber dabei erschreckt von
der Veränderung, die mit meinem Jon vor sich gegangen ist.
Eine sichere Stellung, Existenz, Ansehen im Betrieb … Hier
müßte er neu anfangen […], das scheint ihn zu schrecken.
Aber warum? Wo ist sein fröhlicher Anarchismus von
früher, sein Mut zum Beginnen, […] alles das, was mir imponiert hat? Ich habe einen Abenteurer geheiratet und finde
einen Mann wieder, der sich nach Häuslichkeit, Kindern, einer fröhlichen, nicht anstrengenden Frau sehnt. Wie ist das
möglich? Habe ich wirklich nur meine Vorstellung von ihm
geliebt? Mit mir zu leben, sagt er, dazu gehörte mehr Kraft,
als er besitzt; er kann meinen Stimmungsumschwüngen
nicht folgen – ach ja, und immer wieder dieses: »deine Dämonen«. Und er hat Angst vor mir, seit ich mit dem Messer
auf ihn losgegangen bin. Merkwürdig.
    Übrigens sitze ich mal wieder im Hotel, nach langer Zeit
mal wieder. Was ich gleich zu Anfang hatte schreiben sollen:
heute, vorhin, vor knapp zwei Stunden, haben wir uns getrennt. Für immer und unwiderruflich. Am Telefon. Das ist
beinahe zum Lachen.
    So gehen moderne Katastrophen vor sich: man sagt sich,
nicht mal [un]freundlich, am Telefon adieu. Nicht zu ändern.
Ich war heute zum Glück nicht in Heulstimmung und
konnte ruhig sprechen. Ich bin jetzt auch ruhig, aber ich
fürchte, es ist eher die Ruhe des Schocks, eine Betäubung,
und der Schmerz kommt später. […] Die Große Liebe ist kaputt, ich sitze in einer fremden Stadt, ziemlich allein. Gut, ein
paar Freunde, aber eben nicht der eine, zu dem man gehört.
Und ich bin nicht mehr jung, ich bin eine Amazone … es ist
schon arg, und besser stellt man sich die Zukunft nicht deutlich vor, sonst kommt das große Elend und das Selbstmitleid.
Herrgott, und dieses Buch! Ich darf nicht drin blättern.

Immer Jon (oder vielmehr: Ben), immer die Liebeserklärungen für ihn, für ihn, den Geliebten – oder das Bild von ihm. Das wird ein hartes Stück Arbeit, über soviel Persönliches hinwegzukommen und eben ein Buch zu schreiben. Immerhin habe ich in dieser Woche aus meiner Verzweiflung zwei Seiten anständiger Prosa gemacht. Unglaubhaft, wie man sowas zustande bringt.

Jetzt bin ich unter Menschen, in diesem Hotel also, und die Männer drehen sich nach mir um, und ich weiß (und lese es aus Blicken), ich bin eine attraktive Frau, merkwürdigerweise allein (der Ober kennt mich und war so nett, auf meinen Tisch ein Schild »Reserviert« zu stellen, so daß ich unbehelligt schreiben kann) und niemand ahnt, daß die Dame heute abend ihren Mann verloren hat, mit dem sie alt werden wollte. Ja, das habe ich gedacht, gehofft, darauf habe ich vertraut, und jetzt ist alles zertrampelt. Oh Gott, und irgendwann werde ich nach Hause gehen müssen, in meine Wohnung, in der nie wieder jemand auf mich warten wird. Mir graut vor den Nächten, ich kann nicht schlafen, Tabletten helfen nicht mehr.

Was ich damals schreiben wollte, als ich von Dorlis Besuch erzählte: an diesem Tag habe ich die ganze Geschichte wie eine Romanfabel erzählen können – ich meine: es war so, als ob ich einen Schritt daneben trete und selbst zum Zuschauer oder Zuhörer werde. Und siehe, es war ein miserabler Roman … Von diesem Tag an konnte ich wieder arbeiten, obgleich oft abgelenkt, bis eben wieder so ein Zusammenbruch kam. Aber mit diesen Rückfällen muß Schluß sein (klingt gut, aber wird nicht, ich kenne mich doch). Ich begreife selbst noch nicht, wieso dieser Abschied so rasch vonstatten ging. Ich habe ihm gesagt, ich will nicht mehr dasitzen und abwarten und von Telefongesprächen abhängig sein, ohne Möglichkeit, selbst zu handeln. Also eine schnelle Entscheidung. Als er zögerte, nahm ich allen Mut zusammen und sagte, er brauche mich nicht zu schonen […]. Und so geschah's. Bloß keine Hoffnungen fürs Ungefähre und Eventuelle. Mag er also Vater werden und einen Hausstand gründen. Ich konnte sogar noch allerhand Sachliches mit ihm besprechen, meine Manuskripte (er hat die Duplikate

zuhaus) und das Auto und dergleichen betreffend, und dann
legte ich auf, und erst in diesem Augenblick streifte mich
eine Ahnung von dem, was eben geschehen war. Der Augenblick der möglichen, der nahenden Panik ... Da habe ich
mich schnell umgezogen und bin hierher gegangen. Zuhause
hätte ich Gottweißwas angestellt. Oder auch nicht. Vielleicht wäre ich bloß ins Bett gegangen und hätte im Tagebuch von Mr. Dodd weitergelesen. Wirklich, ich weiß nicht.
Diese Ruhe kommt mir unnatürlich vor. Oder ist es Befreiung, nicht Schock? Das wird sich zeigen.

Inzwischen muß ich mir immer wieder sagen, vorsagen:
Ich war mit Benjamin Trojanowicz verheiratet. Ich habe eine
literarische Figur geliebt. (Übrigens hat mir Jon das schon
vor einem Jahr gesagt, nur, damals wollte ich es nicht glauben, das heißt: er sollte meinem Bild von ihm gleichen. Ich
erinnere mich, daß ich nach einer Auseinandersetzung über
dieses Thema seine Worte aufgeschrieben habe, um sie später in meinem Buch zu verwenden. Der unschuldige

Berlin, 16. 9.

Ich wollte sagen: der unschuldige Zynismus der Schriftsteller. An dem Abend im Hotel (jetzt sitze ich im Linden-
Corso und warte auf Christa Wolf), haben mich ein paar
Männer angequatscht, und einer war interessant genug, um
ein Gespräch mit ihm anzufangen – er gehört zur Gruppe
der Thorndikes, die gerade an diesem Abend ihre Premiere
und ein Diskussionsforum in N. hatten. Also ein Fachge-
spräch, bei dem ich dazugelernt hatte, nicht bloß was Tech-
nisches betrifft (z. B. diese Kamera-Installierung an einem
Hubschrauber, die erstaunliche Aufnahmen erlaubt.) Wir
haben auch ein paar Wodka getrunken, und ich kam, Gottlob, spät ins Bett.

Am nächsten Tat kamen Scharioth und der Kameramann,
Hildebrandt, der teils wie ein Landsknecht aussieht (finde
ich), teils wie eine Reklame für Steinhäger (findet Scharioth).

Nbg., 19. 9.

Wurde in Berlin [...] wieder unterbrochen [...].

Dann kam Christa, und ihr konnte ich die ganze Geschichte mit Jon erzählen mit allem, was so dazugehört. Sie
bringt es fertig, auf eine Art zuzuhören und Zwischenfragen
zu stellen, daß man kaum in die Lage kommt, in Tränen aus-
zubrechen. Sie meint, hinter all dem müßte ein starker An-
trieb stecken, [...] eine echte Angst vorm Risiko, eine endlich
erreichte Sicherheit, Existenz, Stellung aufzugeben und woanders neu anzufangen. Sie hat mich auch bestärkt in dem
Gedanken, daß die Ehe sowieso nicht mehr zu retten gewesen
wäre, nicht nach einem Ehebruch, mag der Mann ihn auch als
Bagatellfall bezeichnen. Ich sei so ein Typ, der den anderen
mit Haut und Haaren haben will, haben muß – eine Art Leidenschaft, die heute leider aus der Mode komme. Merkwürdig, daß die gelassene und scheinbar kühle Christa ein so ge-
naues Mitempfinden für die heftigen Gefühle anderer hat, für
eine Liebe z. B., die Jon unheimlich und bedrohlich nennt ...
Sie meint auch – wie die wenigen anderen, die von der Affäre
wissen oder etwas ahnen –, daß dies alles, einmal überwunden, für meine Arbeit von Gewinn sein wird. Nur glücklich
werde ich nie sein – was man so unter »glücklich« versteht.
[...] Gestern abend – bis tief in die Nacht – war ich mit Scharioth bei Sakowski, um über den Film zu beraten, und später
fingen sie an, über mich zu reden, in meiner Gegenwart. Das
war mir wirklich ein bißchen unheimlich. Zwei Männer, die
einen analysieren (und sie kennen mich beide ganz gut); sie
sagten, ich sei eine fabelhafte Schriftstellerin, und vielleicht,
wahrscheinlich würde ich mal sehr gute Bücher schreiben,
aber glücklich würde ich nie sein, schon gar nicht mit einem
Mann oder durch ihn, und das sei gut so: genau diese Sorte
Einsamkeit und Bitterkeit, die ich jetzt erfahre, werde meiner
Arbeit zugute kommen. Was für ein Beruf! Aus dem ganzen
Jammer macht man ein paar Seiten anständigen Textes. Wir
haben nämlich die ganze Film-Konzeption umgeschmissen
und sind mit Hellmuts Hilfe (der hat so ein Gespür für das,
was einer kann oder nicht zu leisten vermag) auf die Idee gekommen, daß die »Klammer« für den Film der Brief einer

Frau sein soll, an ihren Geliebten, der weit weg ist, vielleicht
nie zurückkommt (das lassen wir offen, diese Rahmenge-
schichte darf sich nicht verselbständigen). Wir haben dann
ungeheuer viel gesoffen und dabei unsere Idee ausgesponnen,
und ich habe mitgesponnen, natürlich ... Das ist doch verrückt, da [...] arbeitet [man] mit daran, aus seinem Unglück
eine Filmfabel zu machen. Aber vielleicht ist es nicht verrückt, vielleicht fängt gerade da die Schriftstellerei an: gewissermaßen neben dieser Frau B. R. zu sitzen und zu schreiben
und noch zu lachen, wenn man sieht, wie ihre Tränen auf die
Schreibmaschine tropfen. Und so ist es gut und richtig, und
zum Teufel mit allem anderen.

Seit einer Woche wird gedreht, und wir sind alle schon
ziemlich nervös. Jeder Tag kostet einen Haufen Geld, und es
gibt Streitereien, und dann immer die Angst, daß keine
Sonne scheint – na, und dergleichen Tag für Tag. Dann muß
eine Lokomotive gechartert werden, und dann rennen wir
rum, weil wir einen Hubschrauber brauchen [...], aber Hubschrauber gibt es nicht für Zivilpersonen, und außerdem
wird zuviel getrunken, teils aus Überzeugung, teils aus Katzenjammer. So pessimistisch wie am ersten Drehtag im Ga-
leriehof, wo die jungen Leute Beat tanzen, habe ich Sch.
noch nie gesehen. Zuviel Rot und Orange, und überhaupt,
und alles wird schiefgehen [...]. Kurz und gut, Sch. ist völlig
down, und an diesem Abend haben wir uns auch zum erstenmal angeblafft, denn natürlich war ich auch aufgeregt
(ich will gar nicht von meiner seelischen Verfassung reden),
und Sch. war beleidigt, weil ich sagte, ich käme mir vor wie
ein gemieteter Schreiber, und Gregor mußte vermitteln, und
fünf Minuten später fing ich an zu heulen, weil Sch. – er
dachte nichts Böses dabei – eine Bemerkung machte über
den zweiten Teil des Films, der viel besser sei – nun ja, und in
diesem Zusammenhang fiel der Name K[...] (und es ist ja
wahr, diesen Teil habe ich ahnungsvoll für ihn geschrieben,
obgleich ich noch nicht wußte ...), und da war es mit meiner
Fassung vorbei [...], und Sch. war ganz verzweifelt über seinen faux pas, und draußen fielen wir uns in die Arme und
versöhnten uns unter Küssen und Schluchzen.

[...]

Nbg. 29. 9.

Mein kleiner Jürgen [...] will »alle anderen Beziehungen« abbrechen und seine Freizeit in der Gartenstraße verbringen,
[...] während ich in einer Ecke sitze und lese [...], zum Lachen, ich sehe uns schon, intim wie ein altes Ehepaar, geruh-
sam in der Bude hocken (ein Ehepaar allerdings, das die
Etappe der erotischen Beziehungen übersprungen hat).
Irgendwann muß ich mal mein Verhältnis zu dem »Pagen«
klären. [...] Übrigens kompliziert der Altersunterschied die
ganze Beziehung. Unmöglich. Er findet Leute von Vierzig
»alt«, aber mich nimmt er aus (immerhin bin ich jetzt 36) und
wehrt sich entschieden gegen Attribute wie »mütterlich«,
durch die ich unsere Umarmung zu ironisieren versuche.
Und zu Silvester will er mit mir nach Warschau fahren. [...]
Na, abwarten. Inzwischen versuche ich auch Winterpläne zu
machen [...]. Jedenfalls möchte ich, wenn er im Januar wieder nach Leipzig geht, diesen Monat eine Wohnung im Appartementhaus Unter den Linden mieten. Stell ich mir ganz
lustig vor. Lustig? Dabei spukt hinter diesem Plan die Erinnerung an die Nacht mit M. W., dort im Appartementhaus.
Die Dämonen-Nacht, die ich beinahe aus meinem Gedächtnis gelöscht habe. Nur diesen einen Augenblick halte ich fest
(warum hat er mich so ergriffen, geradezu erschüttert?), als
M. W. über die dunkle Straße und zum Parkplatz kam, und
ich stand bei seinem Wagen, ohne zu wissen, daß es seiner
war, und sah ihn kommen, meine verspielte große Liebe, nach
dreizehn Jahren, er kam auf mich zu wie damals, ein bißchen gebückt, und fünf Minuten vorher hatten wir noch im
Bankettsaal gestanden, unter den lauten Schriftstellern, und
uns mit zwei Worten verständigt, und waren vor aller Augen
gegangen. Eine Art Verzweiflung? Am Morgen sagte er, er sei
am Rande seiner Existenz gewesen, und vielleicht hätte er
sich in dieser Nacht umgebracht, wäre ich nicht bei ihm gewesen. Und dieser Augenblick, irgendwann in der Nacht, als
wir uns erkannten und dreizehn Jahre jünger waren und den
Tränen nahe, und er sagte: Du bist so schön wie damals, und
ich fand sein Gesicht wieder, das Gesicht von Joe, damals in
Sacrow ... Der massig gewordene Karrierist, der Redner, der

Reiner und Christa auslieferte – der war tot und vergessen. Und morgens, ach ja, dieser Moment ist auch nicht auszulöschen – ich hatte nicht geschlafen, ich sagte: ich wage nicht in den Spiegel zu sehen, bestimmt sehe ich ganz vergammelt aus. Nein, sagte er und hielt mir seine Handflächen entgegen: hier ist dein Spiegel, sieh hinein, du bist schön. Ich drückte das Gesicht in seine Handflächen und küßte sie.

Das wollte ich nicht schreiben. Doch, das wollte ich für mich aufschreiben. Weil es sich nicht wiederholen wird. Soviel, zuviel wiederholt sich, man erkennt die Szenen wieder, mit einer Art Ekel, manchmal Belustigung darüber, daß das Leben so wenig Neues zu bieten hat. Aber das nicht mehr. Ich glaube nicht – obgleich ich es glauben wollte – an seine Wandlung, die er beschworen hat, und daran, daß er das Märchen schreiben wird, das er mir in der Nacht erzählte, mit einer Prinzessin, die an Lea und Lea-Brigitte erinnert. Er wird wieder der Karrierist sein, der Präsident des Verbandes, und er wird die Erinnerung an Schwäche und eine Nacht voller Verzweiflung austilgen. Christa spricht in sehr harten Worten von ihm, sie sagt, er sei auch als Schriftsteller erledigt. Ein Mann mit gebrochenem Rückgrat.

Ich muß an Christa schreiben. Sie sorgt sich. Es war gut, mit ihr zu sprechen, an dem Tag in Berlin. Aber was schreiben? Ich weiß nicht Bescheid über mich. Habe ich mich »gefangen«, wie man so sagt? Nach außen sieht es so aus. [...] tagsüber arbeite ich, wenn auch langsamer als sonst [...]. Aber nachts ... Immer noch Schlaflosigkeit, dann Betäubung durch Unmengen von Schlaftabletten, dann Träume, in denen Jon die Hauptrolle spielt. Jede Nacht diese Träume ... Morgens wache ich auf wie nach einer Sauferei. [...] Was mir nicht gelingt: Wut auf ihn, womöglich Haß zu empfinden. Das täte gut, und Grund hätte ich [...]. Allenfalls eine Spur von Verachtung. [...]

Er ist verblüfft, daß ich diesen Text – den Brief an einen fernen Geliebten – schreiben kann. Ich sagte: der Schriftsteller ist stärker als die traurige Frau. Ja, sagte er, bei dir siegt immer der Schriftsteller. Er hat nicht mehr die Stirn, mir »Hilfe« anzubieten. Übrigens wird diese Entwicklung sein Gewissen beschwichtigen. [...]

Es gab Rückfälle (und ich fürchte, es wird auch in Zukunft welche geben: schon das Gefühl, abends in eine Wohnung zurückzukommen, in der niemand wartet und niemals jemand warten wird). Ein Sonntagnachmittag [...], mir war zum Sterben elend. Da hat mich Scharioth mit Gewalt rausgerissen, ich mußte mich anziehen, eine dunkle Brille aufsetzen, damit man meine verheulten Augen nicht sieht, und mitkommen zu Dreharbeiten – ausgerechnet im Rechenzentrum! Für solche Maschinen arbeitet also Jon. Ich sah's zum erstenmal, wie das alles funktioniert [...]. Wir haben bis zum späten Abend dort gedreht, im ehemaligen Kloster, nachher waren wir todmüde. Stundenlang stehen, warten, Beleuchter anweisen, Kamera-Einstellungen durchproben ... Und das wird später ein paar Sekunden Film.

Ein paar Tage später habe ich mich schon ohne Scharioths Hilfe aus dem Sumpf gezogen. Eigentlich wollte ich einen beschaulichen Lese-Abend einlegen, [...] aber dann rief Jon an, wir sprachen über den Wagen und einen Treff in Berlin und über die Scheidung (die weder er noch ich schleunigst betreiben wollen, die aber immerhin irgendwann erfolgen muß), und danach habe ich, ehe die Schwermut über mich herfallen konnte, rasch ein Kleid angezogen, mich ein bißchen geputzt und bin ins Theater-Café gegangen, wo an diesem Abend eine Brigade-Feier gefilmt wurde. Im Café war Tanz, und ich wurde zu jedem Tanz geholt, und ohne einen Schluck Schnaps im Leibe war mir heiß, ich lachte viel und flirtete mit allen möglichen Männern – Routine. Jedenfalls, dieser Abend war glücklich überstanden, und Scharioth war froh, er kann keine Tränen sehen, und er will mich so, wie ich früher war, und vor allem will er natürlich, daß ich arbeite. Er beklagt sich immer, daß man mit mir besser sprechen [...] als arbeiten könnte, aber inzwischen hat [er] eingesehen, daß ich meine richtige Arbeit allein absolvieren muß. Er war schon in schwerer Sorge, weil immerzu drauflos gefilmt wird, ohne daß mein Text vorliegt, aber Sonntag brachte ich ihm die ersten Seiten der neuen Fassung (ich glaube, er hatte kaum noch damit gerechnet, daß ich dieses Stück Arbeit bewältige: meinen Kummer in Literatur umzusetzen), und er war überrascht, dann geradezu begeistert von dem Text.

Ich habe es geschafft. Das Schlimmste ist überstanden.
Wenn man so einen Brief schreiben kann ... »Wieder ein
Sonntag ohne Dich, mein Lieber ...«

Nbg. 7. 10. 69

Der Große Tag ist angebrochen. 20 Jahre DDR (die zwei
Unbekannten sagen wir, weil einem von jedem Dach und
Giebel die beiden X entgegenleuchten, entgegenschreien).
Auch in der stillen Gartenstraße sammeln sich die Leute
zum Demonstrationszug, Autokräne fahren auf, Lastwagen
mit Transparenten, vorm Haus steht eine Beatgruppe, Jungs
mit Panamahüten und spielt probeweis verjazzte Volkslieder,
»wetscherni swon« und so, und vorhin war mir beinahe
wehmütig, und ich sollte mich anschließen und mitmar-
schieren, eben dabeisein –, aber dann ging das Fanfarenge-
schmetter los, dieses militante Getön, das mich immer noch
an Jungvolk und HJ erinnert, und da war die Anwandlung
vorbei. Ich werde also lieber arbeiten. Bei aller Liebe zur
DDR – in den letzten Wochen ist mir (und allen meinen
Freunden) das Gebrüll auf die Nerven gegangen. Die größte
DDR der Welt. Unsere Errungenschaften. Die mörderische
Parole: »Wir sind richtig programmiert«. (Das zitierte M. W.
in jener Nacht auch, mit einer Art Ekel und Entsetzen, und
bei dem Wort »Staatsvolk«, sagt er, habe er die Vorstellung
von 17 Millionen Ameisen, die eine monströse Krone auf
ihrem Rücken schleppen.)
   Für die »Sichtwerbung« sind Unsummen ausgegeben
worden. Man sieht nur noch Fahnen, Fahnen, Fahnen, und
Transparente und die Pappköpfe. Wie gehabt. Die Fernseh-
Truppe ist vorgestern abgereist; man konnte nicht mehr drehen in diesen roten und roten Straßen. Scharioth ist sauer
und schimpft auf den Jubeltag und das Fernsehen und die
ganze Welt. Und grade jetzt ist strahlend schönes Wetter,
Sonnenschein, tagsüber nahezu sommerliche Wärme, kurz,
ideales Dreh-Wetter.
   Eben ist die Demonstration eröffnet worden, mit Böller-
schüssen, unter denen das Haus zitterte. [...]

Nbg., 9. 10.

Es dämmert, ich kann schon die weiße Dahlie im Garten sehen. Es ist noch nicht sechs Uhr. Zum erstenmal seit langer
Zeit sitze ich wieder in aller Herrgottsfrühe am Schreibtisch, zum erstenmal wieder an meinem Buch. Sieg und
Triumph. Ich habe die letzten zwanzig Seiten gelesen, tief
erstaunt: ich habe, bevor es geschah, aufgeschrieben, was geschehen wird.

Unser ganzes Unglück ist vorgezeichnet: da steht, was
ich [...] in der Realität nicht wahrgenommen habe. Ich weiß
schon, daß der Schluß des Buches anders sein wird, als ich
geplant oder gehofft habe (gehofft, weil ich Franziska bin).

Aber es läuft ja schon seit dem Erscheinen Benjamins auf
Abschied hinaus. Das letzte Wort des Romans wird »adieu«
heißen. Ich bin befreit, beinahe glücklich. Ich werde wieder
arbeiten.

Und ich wollte mich umbringen! Die Welt ist lustig. Jürgen schwört, er wird mich nicht heiraten, weil er sicher ist,
daß ich ihn nach einem halben Jahr satt habe, und eine Viertelstunde später grübelt er laut vor sich hin, wie er es seiner
Mutter beibringen kann, daß er eine neun oder zehn Jahre
ältere Frau heiraten will. Er bereitete das Abendbrot, ganz
hübsch und zierlich angerichtet, und ich stand daneben und
sah zu und lachte und lachte [...]. Er war irritiert, er sagte,
ich sei sein Ruin. Ich umarme und küsse ihn, vergnügt, geradezu überschwenglich – weil ich am Abend vorher einen anderen geküßt habe, ah, und wie heftig geküßt, und stundenlang. Der anstrengende Abschied wie immer, wenn P. hier
ist – Abschied von sechs bis elf Uhr abends.

Heute nacht hat er angerufen, von der Ostsee-Küste, aus
einem Fischerdorf, wo er für ein paar Tage mit seiner Brigade arbeitet. Wir waren für Montag verabredet, wenn ich
aus Leipzig zurück bin (Sonntag fahren die Schriftsteller zu
Hellmuts Theater-Premiere von »Wege übers Land«), aber
Montag muß er schon wieder fort. Schade, sagte ich. Da versprach [er], trotzdem zu kommen, irgendwann, irgendwie,
sei es nur auf Minuten, bevor er abreist. Der harte Mann, der
Held aus einem Western – er konnte sich auch am Telefon

nicht trennen [...] Ich taumelte ins Bett wie betrunken. Er
liebt das Meer, er wird mir Muscheln und eine Handvoll
Seesand mitbringen.

                                                    nachmittags
Als die Sonne aufging, sah ich, daß ein Blatt im Weinlaub
schon purpurrot wird.

Am Sonnabend habe ich Äpfel und Weintrauben gepflückt. Es machte Spaß, da oben im Apfelbaum zu sitzen,
und ich wußte, daß P[...] gleich kommt, und das alles – Laub
und Blumen und die Sonne und die langen Schatten im Garten – bedeutete mir wieder etwas, es war wichtig, und nicht
nur wegen dieses Mannes, der [...] sein Rad ans Haus lehnte,
so selbstverständlich, als käme er schon seit Jahr und Tag zu
mir nach Hause. Kurz und gut, ich habe mich verliebt [...].
Natürlich bin ich auch in meinen kleinen Jürgen verliebt,
aber auf andere Art, und ich muß lachen, weil er beunruhigt
ist über die Kirk-Douglas-Brust, die sich da unvermutet zwischen uns geschoben hat. Wir machen auch weiterhin unsere
Winterpläne, essen zusammen und überlegen ernsthaft, ob
wir nicht ins Bett gehen sollten, und dann küssen wir uns ein
bißchen und brechen in schallendes Lachen aus, d. h. mei-
stens fange ich an, und er ist dann verwirrt und schreit: mein
Gott, dieses Weib bringt mich um! [...] Wir wollen zusammen den Wagen behalten – also, das sind so Pläne, die wirklich nach Zusammensein klingen [...]. Merkwürdig, wie intim wir sind, ohne jemals intime Beziehungen gehabt zu
haben. Herr K[...] hat sich noch nicht gemeldet [...]. Macht
nichts. Hoffentlich hat er den Wagen nicht verkauft, das
würde mich ernstlich aufbringen. [...] Vielleicht hat der Herr
K. vorige Woche angerufen; ich war aber jeden Tag unterwegs und bin immer erst spät in der Nacht nach Hause gekommen. All die Bankette und Empfänge zum Jubeltag ...
Es war ehrenvoll und lustig. Beim Empfang vom Rat der
Stadt, d. h. beim festlichen Konzert, wo Stöckigt spielte,
hatte ich einen weichen, um nicht zu sagen weinerlichen Moment. Das Klavierkonzert Nr. 5 ... Das haben wir, ein gewisser Jon und ich, oft zusammen gehört, zuletzt an unserem
Junggesellen-Heiligabend. Beim zweiten Satz kamen mir
wahrhaftig die Tränen, aber die wollen wir in Gottesnamen

der Musik zuschreiben, denn in der Tat [hat] mich dieser
2. Satz auch früher immer erschüttert und gerührt.

Dafür war es nachher desto vergnügter. Mecklenburg besoffen, und ein Haufen Bauleute, und Scharioth und Hilde-
brand[t] waren auch eingeladen. Bei der Gelegenheit haben
wir mit Kadgin über Scharioths Neubrandenburger Jahr gesprochen; er kann hier arbeiten – ev. im VEB Hochbau –,
einen Filmzirkel leiten, und K. will auch dafür sorgen, daß er
die K[...] zugedachte Wohnung bekommt. Die Einweisung,
die teure, allzu teure, habe ich ja behalten, und wenn mir
mein Freund vom Wohnungsamt nicht einen Streich spielt
– was er sicher mit Begeisterung tun würde –, dann kann
Sch. einziehen und später mit Jürgen tauschen, dem seine
Bude [...] längst über ist.

Nbg. 11. 10. 69

Sonnabend früh. Nebel. Die Birken vorm Haus werden gelb.
Heute soll der letzte Drehtag sein, aber wenn die Sonne
nicht bald herauskommt, sind die Aufnahmen geschmissen.

Mein kleiner Jürgen ist hier und macht Schularbeiten. Gestern hatten wir endlich mal ein langes, ernsthaftes Gespräch
[...]. Alle Empfindungen, die wir füreinander haben, werden
auf irgendeine Weise beeinflußt und entstellt durch diesen
unseligen Altersunterschied, und ich kann es nicht lassen, ihn
immer wieder zu betonen – das wird schon ein Komplex.
[...] Er hat Angst vor mir, weil er mich für wunder wie erfahren hält, und ich – ach, ich bin einfach schüchtern und verschreckt und versuche meine Angst unter Frivolität zu ver-
stecken. [...] ich kann bloß sagen, daß ich an ihm hänge und
ihn vermissen würde (warum? keine Ahnung), und er spricht
immer wieder von der Macht, die ich über ihn habe, geradezu
ein Zauber: er wolle manchmal nicht kommen, um sich zu
behaupten, aber dann sei es, als ob er an einer Schnur herge-
zogen werde, die ich hier aufspule. Dieses halbe Jahr, seit wir
zusammen sind, habe ihn ganz verändert, und ich habe ihn
seiner Lieblingsrolle beraubt: der Charmeur, der nette Junge
der Gesellschaft, beliebt bei tausend Bekannten, die er immer
nach und nach aufgegeben hat oder vernachlässigt; in dieser

Zeit, vor allem in den letzten Wochen, habe ich ihn aber auch
furchtbar angestrengt, er sei manchmal wie ausgelaugt […].
Und nun noch dieser P[…], der plötzlich aufgetaucht ist
[…] Merkwürdig, daß ich mich Jürgen gegenüber – den ich
übrigens immer noch mit »Sie« anrede, während P. und ich
uns schon duzen –, irgendwie verpflichtet fühle, ich meine: es
käme mir beinahe wie ein Ehebruch vor, wenn ich mit P.
schlafen würde. Habe ich das Bedürfnis, jemandem treu zu
sein?

Und da ich Herrn K. nicht mehr zur Treue verpflichtet
bin –

Leipzig, 13. 10.

Im »Astoria«. Eine Marmorgruft. Gestern abend war Premiere von Hellmuts »Wege übers Land« (also der Theater-
fassung). Fand ich ziemlich schwach, verglichen mit der
Fernsehfassung; zuviel Kunstgriffe waren nötig, Kommentare der Handelnden, vielmehr nicht Handelnden, manchmal
sogar trockene Berichte. Die Premierenfeier war entschieden
amüsanter. Ich habe ein paar Schauspieler kennengelernt.
Die Errungenschaft des Abends: Günter Grabbert, den ich
hoch schätze seit seiner Rolle des Jonkers-Mephisto in
»Dr. Schlüter«. Seinetwegen habe ich mir sogar die ziemlich
anspruchslose Fernseh-Serie »Drei von der K« angesehen.
Hellmut hat uns miteinander bekanntgemacht. Wir hatten
gleich ein beachtliches Tempo drauf, von Blick bis Hand-
kuß und so. Ich weiß nicht warum, jedenfalls war ich in über-
mütiger Laune, geradezu ausgelassen (wie oft in letzter Zeit)
und flirtete mit Bravour. Leider setzte sich dann Maggy
neben mich, und ich konnte mit Grabbert, der inzwischen schon beim »süßen und tollen Mädchen« war, bloß im
Bühnen-Flüsterton verhandeln. Wir wollen uns Mittwoch in
Johannistal treffen. […] Scharioth arbeitet seit heute in J. am
Rohschnitt unseres Films – aber natürlich werde ich nicht
hinfahren. Bloß keine neuen Geschichten […]. Es war halt
ein hübscher Abend, und damit genug. Bis morgens um fünf
haben wir gefeiert, und jetzt fühle ich mich ziemlich vergammelt. Nachher fahren wir mit Jochen nach Hause, und heute

nachmittag will P[...] vorbeikommen, wenigstens auf ein paar Minuten (auf zwei Küsse, sagt er) [...].

Man müßte viel mehr reisen und mit neuen Leuten zusammenkommen, das ist das beste Heilmittel gegen Liebeskummer. Manchmal kann ich den gewissen Herrn K. völlig vergessen. Allerdings, diese wilde Lustigkeit beunruhigt mich zuweilen; ich habe den Verdacht, daß so etwas wie Hysterie unter dem Lachen schrillt. Immerhin, andere bemerken es nicht, dessen bin ich sicher, und niemand kann mir vorhalten, daß ich meinen Schmerz spazierentrage. Aber empfinde ich denn überhaupt noch Schmerz? [...] Gestern früh, Sonntag, bevor wir abreisten ... die Glocken läuteten, der Garten lag in der Sonne, die Blumen – Gott ja, die hatte ich angepflanzt auch für Jon ... Da bin ich einfach weggelaufen, zu Jürgen, der ja gleich in der Nebenstraße wohnt, und wir haben zusammen gefrühstückt, und er hat mir stolz einen Haufen Geld gezeigt, das er in letzter Zeit mit seinen »Mucken« verdient hat. »Für das Auto«, sagte er. Er will wahrhaftig noch ein paar Reparaturen am Wagen bezahlen [...]

Übrigens ist der Wagen noch in der Werkstatt, soviel habe ich von Frau Sch. erfahren, als ich neulich in Boxberg anrief, ziemlich bös, weil der Jon sich nicht meldet, obgleich er weiß, daß ich hier noch seine unbezahlten Rechnungen am Halse habe. Auch die Reparatur dort in B. ist nicht bezahlt. [...] ich hätte nicht gedacht, daß es Streit und Ärger wegen solcher Dinge gibt, und es widert mich einfach an. Und gerade jetzt, in diesem prächtigen Herbst, hätte ich so gern den Wagen da und wär noch ein bißchen mit dem Jürgen herumgereist. Nun, man wird sehen; notfalls schalte ich einen Rechtsanwalt ein. Und das nach sieben Jahren großer Liebe. [...] Eben sehe ich, daß im Tagebuch, zwischen den letzten Seiten, ein Foto von Jon liegt und der Abschnitt von einer Paketkarte, auf den er gekritzelt hat, – damals, long, long ago –: »Ich küsse Dich hier und da und überall ...« Höchste Zeit, auch diese papiernen Erinnerungen in eine Mappe zu sperren oder in die Truhe, in der ich die Briefe meiner ehemaligen Lieben verwahre. Um die Wahrheit zu sagen: es gibt mir doch wieder einen Stich ins Herz, wenn ich plötzlich, unvorbereitet, so ein Foto sehe.

Von Scharioth habe ich gestern morgen gerührt Abschied
genommen [...]. Ich mag ihn sehr, und es scheint, daß sich
sowas wie Freundschaft zwischen uns entwickelt. Mit dem
würde es sich lohnen.

Nbg. 18. 10.

Bin ins Bett verbannt worden – irgendeine Verletzung an der
Wirbelsäule, es tut schauerlich weh, trotzdem möchte ich
aufstehen, etwas tun – ich hasse es, tagsüber im Bett zu liegen (falls ich nicht mich selbst, also freiwillig zurückziehe,
von der Welt flüchte, vor meinem Kummer und der eigenen
Feigheit), und ich hasse diesen Körper, der mir soviel Un-
gemach bereitet, diesen schwächlichen Körper, den meine
ahnungslosen Verehrer eine »schöne Figur« nennen – ja,
eine Figur, eine Porzellanfigur, und zwar eine lädierte, mit
hundert Sprüngen und immer wieder mühsam gekittet.
   [...] Unter der Woche rief Jon an, und das hat mich gleich
wieder umgeworfen. Dabei ging es bloß um sachliche
Dinge, so eine Art Gütertrennung. Am Telefon sprach ich
ganz ruhig, sogar kühl, leistete mir auch einige spöttische
Bemerkungen, sein »normales Leben« betreffend, das ihm
schon ein bißchen sauer wird. Gott, und dabei werde ich
eines Tages noch Mitgefühl für den Hausvater mit Frau und
drei Kindern und den Sorgen um Miete und Kinderschuhe
haben! Mein kleiner Jürgen war da, dem konnte ich mich in
die Arme werfen, als das Gespräch überstanden war. Wie er
sich bemüht, ein Mann zu sein und meine Stimmungen zu
ertragen, das ist rührend und schön, aber es belastet mich
auch, weil ich sehe, wie es ihn belastet

Nbg. 19. 10.
[...]
   Nachmittags war Sakowski hier, er brachte eine Flasche
Kognac mit, wir haben getrunken und erzählt, und er war
sehr lieb. Endlich hat er gemerkt, daß sein Sohn Frank – der
Älteste, der auf einer Offiziersschule ist – bedrückt und von
seiner Berufswahl nicht überzeugt ist. Herrje, was für ein
Vater! Und wie schwierig für so einen Jungen, Sohn eines

Prominenten zu sein. [...] Was H. liebenswert macht (und
ich will gar nicht über seine Fähigkeit, sein Talent eines Dra-
matikers reden), seinen hinreißenden Charme spüren
Frauen, spüre ich, aber der ist nicht für einen Sohn gedacht.
Und: dieser Junge hat Ideale oder versucht sie zu haben,
d. h. zu behalten. Ideale im Haus eines ZK-Mitglieds [...]

Mein lieber Adoptiv-Papa H[enselmann] hat eine große
Glanzzeit und reist in der DDR und »drüben« herum und
projektiert alle möglichen Stadtzentren und hat überall die
Finger drin, [...] hebt seine Jungs in den Himmel und tritt
sie einen Tag später in den Staub – kurz, er ist unausstehlich
und unwiderstehlich wie immer. Von Zeit zu Zeit telefoniert
er eine Stunde lang mit mir, hält mir Vorträge über die
Perspektiven des Städtebaus, beschimpft mich wegen Be-
scheidenheit (die eine Form von Feigheit ist, was immerhin
stimmen mag) und hält mich immer noch für ein Genie.
Überhaupt, er hält mich, das ist erstaunlich bei seinem Ehrgeiz und seiner Liebe zum Erfolg – und ich bin doch seit
Jahren eine erfolglose Person, habe nichts veröffentlicht
und kein Lob geerntet. Jetzt jubelt er, weil es mit dem Jon
vorbei ist, diesem Subjekt, das er von Anfang an durchschaut und verabscheut hat, diesem Intellektuellen ohne
Intelligenz, der jedes Risiko scheut ... etc. Ich mußte Jon in
Schutz nehmen, freilich halbherzig, weil H., ohnehin scharf-
sichtig und noch scharfsichtiger durch seine heftige Antipa-
thie, einiges gesehen und immer ausgesprochen hat, was leider zutrifft und trifft, nämlich mich trifft, die es nicht sehen
wollte oder sich zurechtbog – ins Positive, Bewunderns-
werte. Ah, mein Geschöpf, mein Benjamin ... Bleiben wir
den literarischen Figuren treu; die Lebendigen, die Vorbilder sind's nicht wert.

Christa ruft an, die Liebe und Kluge; sie sorgt sich, sie erzählt mir die Streiche von Kater Max und – mit Zurückhaltung – von ihrer Arbeit am »Eulenspiegel«-Film. Sie ist
selbst verblüfft, daß die Defa, vorerst, das Projekt genehmigt hat, aber ich fürchte, es wird in Zukunft doch noch
Huddeleien geben; nach allem, was ich von ihrem Eulenspiegel [weiß], faßt sie den jungen Mann (und seine Haltung in seiner Zeit) in einer Art auf, die bestimmt wieder

mißdeutet und böswillig ausgedeutet wird. Ich habe ihr
nicht geschrieben seit Berlin, aber dabei ist mir, als ob ich
ihr hundert Briefe geschrieben hätte, so oft spreche ich in
Gedanken mit ihr. Und dann ihre ruhige dunkle Stimme am
Telefon zu hören ... Wie sollte man diese Frau nicht lieben!
   Karten, manchmal ein Brief von de Bruyn. Ich lese sie mit
einem Seufzer, der etwa »schade« oder »leider zu spät« sagen
will.
   Vati und Mutti – und Mutti vor allem, natürlich – sind
rührend. Es hat sich so ergeben, daß ich ihnen doch endlich
von der Affäre K. erzählen mußte. Weiß nicht, ob ich's
schon aufgeschrieben habe: Mu's Reaktion, nachdem sie die
Tränen runtergeschluckt hatte: »Mein armes Kind, ich backe
Dir einen Kuchen.« Das tat sie auch, und gleich in der nächsten Woche schickte sie wieder einen Kuchen. Und ihre
Briefe! Sie ist die zauberhafteste Mutter der Welt. Übrigens
nehme ich wieder zu, der Kummer bekommt mir, ich esse
mehr als früher, und manchmal finde ich selber mich nahezu
hübsch. Nein, hübsch war ich nie und werde es nie sein. [...]
Eine Zeitlang sah ich richtig verhärmt aus (und war es ja
auch), katzendürr, mit hohlen Wangen. Jetzt könnte ich
mich getrost wieder für dreißig oder achtundzwanzig aus-
geben. Kein graues Haar, merkwürdig, ich hatte immer erwartet – in der schlimmen Zeit – weißhaarig aufzuwachen.
Und keine Fältchen um die Augenlider, ich hab's geprüft.
Ohne die Zigaretten und den Schnaps hätte ich eine Pfir-
sichhaut. [...] Wozu schreibe ich sowas? [...] Trotzdem: ich
empfinde mit Genugtuung, ich werde wieder eine Frau, und
es gefällt mir, wenn die Männer mich anstarren und mir
nachgehen und die Jungen durch die Zähne pfeifen, und
wenn Jürgen sagt, ich werde noch mit fünfzig Nietenhosen
tragen können und überhaupt nie alt werden. Ach nun, alt
werde ich wohl sowieso nicht; dieser lästige Körper, dies
Gefäß wird mir einen Streich spielen. Wenn ich nur Gefühl
und Gehirn wäre – ohne den Ballast von Muskeln, Nerven,
Knochen, all das Zeug, das Schmerzen haben, sich verändern, bösartig werden kann ...
   [...]

Nbg. 19. 10.

Schon wieder Tagebuch. In Zeiten psychischen Wohlbe-
findens habe ich es immer vernachlässigt. »Wieder ein Sonntag ohne Dich, mein Lieber …« Wär ein Plagiat, wenn mit
dem »Lieben« derselbe gemeint wäre wie damals, als ich den
Satz schrieb (und wer weiß, ob ich ihn überhaupt noch
gemeint hatte: ich konnte ja schon nach einem treffen-
den Wort suchen …) Jedenfalls ein Sonntag, […] und P.
auf dem Bau oder schon zu Haus, bei seiner Familie. Wenn
man das nicht kennte, das übliche Schicksal der Geliebten
und Nebenfrauen – aber ich kenne es, zumindest aus der
Literatur und bin ruhig, beinahe heiter. Außerdem ist
Scharioth in der Stadt; heute war wieder herrlicher Sonnenschein, und ein Fernsehtrupp ist aus Berlin gekommen
und dreht noch ein paar Straßenszenen. Nachher kommen sie nochmal her, den Rest »Lafitte« austrinken. Inzwischen höre ich zum hundertsten Mal Kenny Ball, schreibe
Briefe, bastele ein bißchen am Buch und fahnde vergebens in
meinem Gemüt nach einer Spur von schlechtem Gewissen.
    Eben waren Sch. und Hildebrand[t] und Axel da und
schwärmten von einer gelungenen Einstellung (ein däni-
scher Reisebus, in dessen Scheiben sich das HKB spiegelt).
Überhaupt soll es – das zeigt sich jetzt am Schneidetisch –
eine ganze Menge hübscher Bilder geben, und die Schöpfer
prophezeien einen sehenswerten Film. Ich ging mit Sch. in
den Garten, Chrysanthemen pflücken. Er suchte ein Gespräch unter vier Augen: er fragte, ob es wahr ist, daß Jürgen – nun ja, also ein Homo ist. Man hat es ihm erzählt, d. h.
aufs bestimmteste versichert, als eine Tatsache, die in ganz
N. bekannt sei. (Übrigens würde es Sch. nicht im geringsten
stören, wenn das Gerücht stimmte.) Ich wußte nicht mehr
zu sagen, als daß ich es bezweifle. Küsse sind kein Gegenbe-
weis. Und daß er nicht längst über mich hergefallen ist wie
die starken Idioten, die hier auftauchen und ihre Liebe[…]
handgreiflich zu beweisen versuchen, – diese Zurückhaltung
also habe ich bis jetzt als angenehm empfunden. Nun, wenn
schon, meinetwegen mag er linksrum sein, das würde manches vereinfachen. Immerhin macht es mich nachdenklich,

ich meine, es ist bedenkenswert, daß irgendetwas – Instinkt, was weiß ich – mich davon zurückgehalten hat, auch nur spaßeshalber mal die Frau Potiphar zu spielen.

Was also mein Gewissen angeht (oder das Vakuum dort, wo sonst das Gewissen sitzt): Ich habe mit P. geschlafen. Merkwürdig, jetzt, in diesem Augenblick, da ich es hinschreibe, kriege ich eine Anwandlung von Katzenjammer – aber ich bin sicher, das liegt am Sonntag und am Abend und den erleuchteten Fenstern im Nebenhaus, hinter denen sich Familienleben abspielt. Vorhin stand ich am Fenster und sah einen Radfahrer kommen; der Mann stieg vorm Haus ab, ich konnte ihn in der Dunkelheit nicht [er]kennen und vermutete einen Augenblick, es sei P., und ich ging ins Zimmer zurück, verwundert und ein bißchen erschreckt, weil mein Herz nicht schneller klopfte. Was ist denn mit mir geschehen? Früher hat mir das doch was bedeutet, ach ja, Miteinanderschlafen als Liebesbeweis ... und wenn ich an den Mann dachte (sieben Jahre lang war's immer derselbe Mann, Herr K.), Gott, wenn ich an so eine Nacht zurückdachte ... Jetzt wünschte ich mir eine Empfindung, meinetwegen sogar eine schmerzliche, aber doch irgendein Gefühl, nicht diesen Gleichmut wie nach einer guten Mahlzeit. Und gestern noch habe ich ihn gebissen und zerkratzt vor Zorn und gesagt: Ich hasse dich, – und ich kam mir besiegt vor. Der Haß wie gegen Jon in der ersten Zeit, wenn er mich »besessen« hatte, so nennt man es ja wohl, eine Frau besitzen, abscheulich. Ich will niemandes Besitz sein.

Spätestens am dritten Abend habe ich gewußt, daß er der Mann ist, der mich von Herrn K. befreien könnte, jedenfalls in dieser Beziehung. [...] Nicht, daß ich es kalt berechnet oder geplant hätte; immerhin, ich habe es durchdacht, ich konnte es mir *vorstellen*. Einmal habe ich es schon versucht, aber das war zu früh, ein Fiasko, ich weinte und weinte ... Gut, jetzt ist es also geschehen. Schade, ich empfinde nicht mal Genugtuung, stelle nur fest, ich kann auch mit einem anderen Mann als Jon ins Bett gehen. Und weiter? Übrigens war es nicht mal sehr enttäuschend, ich hatte sogar Vergnügen, höchstens störte mich ein bißchen die unbändige Kraft dieses Mannes; ich liebe mehr die Sanftheit, das Spielerische, das Leidenschaft nicht ausschließt – Kraft hat für mich etwas Animalisches. Die süße Dekadenz der Zärtlichkeiten von Daniel …

Wie immer, ich hoffe, ich habe Jon überwunden. Leider, scheint's, habe ich auch P[…] überwunden. Das Vorher ist doch am schönsten. Wenn ich jemals in ihn verliebt war – jetzt bin ich es nicht mehr. Schade. […] mein Entzücken (fast hätte ich »Rührung« gesagt), diesen harten Mann allerlei Zartes und Liebliches stammeln zu hören, und zu sehen, wie sich sein Gesicht verändert … Denn das ist er, ein MANN, und ritterlich, wenn […] mich nicht alles täuscht, und intelligent, manchmal sogar bestürzend scharfsinnig […] – kurz, ich finde ihn immer noch großartig. Außerdem hat er prachtvolle Schultern – Gott, […] die ich mit Überzeugung geküßt und zerbissen habe. Er ist so dunkelhäutig wie ich […].

Zum Teufel, es war ein Fehler, es war gut, aber ein Fehler […]. Ich gehe jetzt schlafen, auf einmal ist mir übel zumute – ich bin ja gar nicht kalt, ich bin böse, eben habe ich mich dabei ertappt, wie ich mir mit boshaftem Vergnügen ausmalte, was für ein Gesicht der Jürgen machen wird, wenn ich ihm die gewissen Prachtschultern schildere. Ich finde mich zum Kotzen.

Nbg., 28. 10.

Die Geschichte könnte so weitergehen: »Aber als er wiederkam …« Manchmal habe ich ihn sogar sehr gern – wenn ich an die allabendlichen Anrufe von der Küste denke, oder an den ersten Tag, bei der Feier […], als er ausgezeichnet wurde, unter lauter schwarzen Anzügen der einzige Mann im weißen Segelpullover, mit dem verwegenen Profil … da dachte ich sofort: das ist bestimmt dieser P[…], […] aus dem der Direktor W. »seinen Balla« machen möchte (W. empfindet sich als F.s Horrath; da müßte ich natürlich fragen: »Und mir haben Sie die Rolle von Kathi zugedacht?«) […]

Ich habe doch ein schlechtes Gewissen.

Heute rief Jon an. Unpersönlicher Austausch von Nachrichten.

Ich quäle Jürgen. Manchmal denke ich wie von einer anderen: Ihre kranke und böse Seele. Immer wieder dies: krank und böse. [...] Armer Junge, er muß sich von mir trennen; das kann nicht gut ausgehen. Ich habe zu niemandem mehr Vertrauen, und manchmal überfällt mich eine wütende Lust, alle zu zerstören, alle Bindungen und Freundschaften und vor allem mich selbst.

Aber ich arbeite wieder. Heute morgen war der Himmel blau, von einem tiefen, unbeschreiblich schönen Blau. Da konnte ich mich auf einmal in eine Verliebte versetzen, die lachend aufwacht – lacht und weiß nicht, warum. Aber später? Wenn die Liebesgeschichte mit Ben – nein, da muß ich ja immerzu den Jon sehen, all die Szenen sind schon vorausgedacht, und immer sind's Szenen zwischen ihm und mir. Wie soll ich über diese Hürde hinwegkommen? Daß die Geschichte jetzt eine Wendung nimmt, ist sicher. Lewerenz war hier (und hat frohlockt, er sagt: Du mußtest diesen Mann loswerden, um das Buch schreiben zu können.), ich habe ihm die neue Fassung erzählt, er war begeistert. Wieso »neu«? Seit ich weiß nicht wievielen Seiten steuert es ja schon auf einen bitteren Schluß zu ... Ich lese staunend von der Erschaffung eines Geschöpfes, erdacht, weil man es brauchte – als Bruder, als Bild, vielleicht Vorbild, und den Schrecken darüber, daß das Geschöpf der Vorstellung sich selbständig macht, eine unbeeinflußbare Vergangenheit hat und »eine unerwünschte dritte Person ins Spiel bringt«. Ahnung? Oder bloß Zufall?

Herrliche Überraschung: die Sonja Marchlewska war hier, die alte Freundin, die am Vorabend unserer Hochzeit (mit Pitschmann, meine ich) eine Brandrede wider die Ehe gehalten hat.

Sie hat mich gleich nach Warschau eingeladen [...]. Diese unverwüstliche Sonitschka! Keine Ahnung, wie alt sie ist – jedenfalls immer noch schön, lebenssprühend, lachlustig, heftig. Eine Fackel. Nach so vielen schweren Jahren, Emigration, Kriege, wieder Emigration, die Zeit in der SU, als sie im Kreml wohnten (was hat sie gesehen, erfahren, erlebt?) – die darf, gelassen sich einbeziehend, von den alten Revolutionären sprechen, und man möchte sich vor ihr verbeugen, nun, ich umarme sie lieber.

Nbg., [1]2. 11. 69

Jürn und Jürgen sitzen nebenan, im Schlafzimmer, und sehen sich das – on dit – sensationelle Fußballspiel Italien –
Hansa Rostock an. Merkwürdig, wofür sich Männer – lautstark – begeistern können. Immerhin, es ist nett, jemanden
in der Nähe zu haben – heute ist Sonnabend, auch so ein kritischer Tag, an dem es sonst viel zu still in diesem Haus ist.
Die verdammten Krähen kommen wieder und spazieren in
meinem verwilderten Garten herum. In den letzten Wochen
war es wieder arg mit meiner Seele bestellt, vielleicht auch
wegen der ewigen Schmerzen. Jetzt habe ich es satt – mich
und diese ganze Umgebung, in der ich nicht aus eigener
Kraft gesund werden kann. Heute rief Christa an; sie hat
mich überredet, in eine Klinik zu gehen, in der Nähe von
Kleinmachnow; wir können uns öfter sehen und sprechen,
und vielleicht wird Herr de Bruyn zur selben Zeit dort sein.
Das wäre wunderbar. Ich bin so ausgehungert nach Gesprächen mit Leuten, die mir nahestehen. Hier – ach, du lieber Gott! Diese Art von Abstinenz macht mir mehr zu
schaffen als etwa sexuelle Enthaltsamkeit, die ich übrigens
nicht zu üben brauchte.[...]

Nbg. 26. 11.

Morgen hat Jon Geburtstag. Der 27. ist auch unser Hochzeitstag. Es tut mir nicht mehr weh – jedenfalls jetzt in diesem Augenblick nicht – daran zu denken, und an die Sonntage in seinem Zimmer. Vielleicht werde ich allmählich doch
zornig auf ihn. Hoffentlich. Oder einfach gleichgültig.
Trotzdem male ich mir nachts aus, wie ich nach H. reise und
Jon in seinem Zimmer erschieße. Ich kann es sehen – ohne
so etwas wie Rachegefühl oder Haß ... mit nicht mehr Anteilnahme, als ob ich eine notwendige Arbeit erledige. Ich
könnte mir denken, daß ich ein Gefühl von Befreiung hätte.
Ja, das ist es, glaube ich – immer wieder kehre ich zu dem
Gedanken und dem Wort »befreien« zurück.
   Eben kam P., um zu sagen, daß er morgen kommt. Ich
hatte gerade einen Schnaps getrunken ... Es ist kalt (dies der

Vorwand für den Schnaps), es ist schon dunkel, ich habe
Schmerzen, die mich langsam mürbe machen. Ich bin so
gott verflucht allein. Wie der P. plötzlich vor der Tür stand,
mit Helm und mit Gummistiefeln, da ist mir beinahe das
Herz stehen geblieben. Das fehlte noch, daß ich mich in ihn
verliebe. Immerhin, er beunruhigt mich … Jedenfalls war
ich in den zwei oder drei Wochen, als wir uns nicht sahen,
zwar nicht glücklicher, aber – nun, eben nicht beunruhigt.
Ich habe ihn wie ein Versuchstier benutzt, so kommt es mir
jetzt vor. Dann hatten wir uns ein paarmal verfehlt, d. h. er
kam her und traf mich nicht an, und er kam sogar mit dem
Wagen, um mich mit an die See zu nehmen, aber an dem Tag
war ich nach Rostock gefahren. Aber dann mußte er dienst-
lich zu mir kommen, und wir waren ziemlich steif und
förmlich und nahmen übel, und P. fühlte sich abgeschoben,
und – ach, ich weiß nicht, außerdem bin ich jetzt ein
bißchen betrunken (es war nicht bloß ein Schnaps, das
heißt, inzwischen habe ich noch mehr getrunken, aber nicht
wegen Traurigkeit), also, ich wollte sagen, auf einmal haben
wir uns wieder geküßt, und Gott weiß, daß dieser Mensch
einer von den drei oder vier Männern in meinem Leben ist,
die ich stundenlang mit allen Variationen küssen kann. Und
am nächsten Abend und am nächsten … nun, geschlafen
habe ich mit ihm noch nicht wieder, aber unsere Art von
Küssen ist inniger und aufregender als Miteinanderschlafen.
Vielleicht wollte [ich] ihn auf die Probe stellen? Oder einfach ein bißchen quälen? Na egal. Er fängt an, über mich,
über uns nachzudenken. Ich meine: nicht bloß zu begehren.
Ein oder zwei Abende, an denen ich mich aufgehoben
fühlte: neben ihm sitzend, sein Arm um meine Schultern …
Wir sprechen miteinander, das bedeutet mir wirklich was,
sprechen … er erzählt von seiner Kindheit, vom Meer, er
hält mich fest und sagt erstaunt, manchmal käme ich ihm
vor wie ein Kind. Vielleicht ist es das, was ich mir wünsche:
zurückkehren zum Kind-sein, an seiner Schulter geborgen
sein, wenigstens für eine Stunde enthoben aller Sorgen und
Verantwortung und der Verpflichtung, die intelligente,
selbständige Frau B. R. zu sein, die Schriftstellerin … Mein
Gott, ich bin wirklich leicht glücklich zu machen. Es ist zum

Lachen. Wie meine Franziska (oder schlüpfe ich, schreibend, in ihre Haut?), die beharrlich immer wieder, sich erinnernd, in ihre Kindheit zurückkehrt. Manchmal, wenn ich mein Manuskript lese, erkenne ich mit einer Art Erschrecken, wie tief diese Sehnsucht nach Schutz in mir ist – beinahe Sucht … Die Augen zumachen vor dieser Welt, in der ich mich nicht zurechtfinde.

Gestern war P[…] an der See, und ich konnte nicht mitfahren. Mehr aus Spaß sagte ich, er sollte mir ein paar Muscheln mitbringen. Und abends – die Maggy war gerade bei mir, und wir räumten mein Schlafzimmer um –, abends klingelte es, und als ich an die Tür ging, lag auf der Fußmatte ein Beutelchen mit Meeressand und Muscheln und Algenhalmen und wunderlich geformten Steinen. Sogar ein Stück Bernstein hat er für mich gesucht, es hat die Farbe von dunklem Honig und ist vom Wasser glattgeschliffen. Draußen hielt ein Lastwagen, der erst abfuhr, als ich das Licht in der Diele anknipste. Eine Botschaft. Ich hoffe, mein Lächeln hat mich nicht verraten, als ich wieder ins Zimmer kam. Dabei weiß ich, ich lächelte – dieses idiotische, unkontrollierte Lächeln, das ich jetzt auf meinem Gesicht fühle wie die Berührung einer fremden Hand.

Ich glaube, ich bin jetzt völlig betrunken, sonst würde ich mir das alles nicht erzählen. Und dabei kommt heute abend noch der Dr. Gugisch vom Rundfunk, der mich wieder fürs Hörspiel anheuern will. Er war vorige Woche schon hier, wir haben aber über tausend andere Dinge gesprochen, am meisten über die Christa T. Dr. G. war ganz begeistert von meiner Bude. Nett, sein Zimmer mal mit anderer Leute Augen zu sehen. Auf einmal fand ich auch, daß ich allerhand Hübsches zusammengeschleppt habe. Wie immer, es hat ihm hier gefallen, und er sagte, er würde gern öfter mal kommen, keine Schwierigkeit, da er noch in Greifswald wohnt und in Berlin arbeitet. Hoffentlich kann ich meinen Zustand auf seine freundliche Art überspielen. Dr. G. ist mehr der Typ des stillen Gelehrten […], und vielleicht kriegt er einen Schreck, wenn er eine besoffene Autorin sieht.

Ich höre meine Lieblingsplatte, Blues natürlich, ein Mitschnitt aus einem Chicagoer Blues-Keller, und ich jetzt

würde ich bestimmt mit P[...] schlafen mögen, am liebsten
bei dieser Musik. Er hat ein wunderbares Gefühl für Jazz-
Rhythmus (das sage ich nicht im alkoholischen Über-
schwang, und es macht mir Freude, ihm meine Blues-Platten vorzuspielen).

Eben blicke ich das leere Schnapsglas an; auf einmal
streift mich der Gedanke, wie schnell und leicht der Alkohol
über Einsamkeit und Kummer hinweghilft. Das hatten wir
schon mal ...

Gestern abend rief Daniel an. Eine lange Unterhaltung,
ein bißchen spöttisch, mit Unterton von Sentimentalität.
Wenn ... Schade um uns. [...] Irgendwas über Pasternak
(wieso kam ich auf Pasternak? Vielleicht, weil ein Foto jetzt
auf meinem Schreibtisch steht, dort, wo früher Jons Bild
stand). Wir wollen uns nächstens zu einem ausführlichen
speech treffen.

Versuchte heute, J. in Boxberg zu erreichen. Seit Wochen,
sogar Monaten dieses Theater wegen des Wagens. Vermutlich
hat er kein Geld, ihn auszulösen. Wenigstens meine Manuskripte könnte er schicken, aber das verschlampt er auch. Dabei habe ich bloß diesen einen Durchschlag von meinem
Buch-Manus. Heute war er in Dresden. Wenn ich nicht irre,
war meine Nachfolgerin am Telefon. Ich habe schon öfter
mit ihr gesprochen [...]. Bin jedesmal erstaunt über meine
Höflichkeit und Kühle. [...] Keine Spur von Eifersucht.
Merkwürdig. Weil ich kein sicheres Bild von ihr habe? [...]
Aber morgen wieder anrufen, wieder mahnen, ausgerechnet
morgen, und womöglich gratulieren? Gott, und dieser 27. hat
uns mal was bedeutet. [...] Ach, das ist ein verkorkstes Leben. Wenn ich bloß nicht wieder zu saufen anfange; ich weiß
doch, daß es Selbstbetrug ist.

Nbg., 27. 11. 69

Habe gestern vermutlich fatales Zeug geschrieben. Heute
trinke ich schon seit dem frühen Nachmittag – hatte auf einmal so einen scharfen Appetit auf Schnaps und die Erinnerung an Wärme und Augenblicke heiterer Gelassenheit.
Heute früh mit Jon gesprochen. Seine Stimme war sanft und

ein bißchen traurig. Letzte Nacht habe ich wieder von ihm geträumt. Nachts überfällt mich, was ich tagsüber beiseiteschiebe. Ich träume Liebe und Hoffnung und Heimkehr, und zuletzt rase ich Treppen hinab, rüttele an einer verschlossenen Tür und schreie vor Angst. Vorhin habe ich zum erstenmal seit langer Zeit gewagt, sein Bild anzusehen. Oh mein Gott, warum, warum ist mir das zugestoßen? Ich liebe immer noch. Natürlich sage ich ihm nichts davon; keine kleinste Andeutung. Er will den Wagen selbst herbringen, und ich sage »nein«. In Wahrheit … Aber wenn er käme, wenn ich ihn wiedersähe, finge alles von vorn an. Schon so ein Telefongespräch ist eine Folter für mich.

Ich habe die diplomatischen Beziehungen zu Jürgen abgebrochen. Sieht nicht aus, als ob sie wieder aufgenommen werden. Mein lustiger Spielkamerad … Weiß nicht, warum, jedenfalls ging er mir in der letzten Zeit auf die Nerven. […]

Nbg., 30. 11. 69

Heute ist der erste Adventssonntag. Über Nacht ist Schnee gefallen. Weihnachtsstimmung wie bestellt.

In diesen Minuten ruft Scharioth an. Er war zwei Tage hier, ergötzliche Tage, weil ich endlich mal wieder einen Diskutanten hatte; aber am zweiten Tag gab es eine hysterische Szene – irgendein Scherz, der mir auf einmal gespenstisch vorkam. Ich wurde verrückt. Herrgott, ich bin so mürbe … Nun, eben haben wir uns mit drei Sätzen versöhnt; außerdem verbindet uns der Umstand, daß unser Film in Gefahr ist. Der Abt.-Leiter findet ihn zu sehr »in Moll« gehalten (d. h. den Text) und verlangt blödsinnige Änderungen, die blödeste: ein Wort wie »Niethose« streichen. Und wo bleiben die großen Veränderungen in der Landwirtschaft? Und wieso steht nicht in jeder dritten Zeile was vom Sozialismus und seinen Errungenschaften? Und nicht zu erwähnen: Beatmusik, Kofferradios etc. Und bedenklich ist, daß Krug singen wird – Scat, worunter der H. sich vermutlich irgendwas Verderbtes vorstellt. Überhaupt Krug. Und und und. Wenn wir jetzt bei der Abnahme noch ein paar miese Köppe haben, ist der Film gestorben. Also muß ich geneigte (und einflußreiche) Leute für die Abnahme gewinnen, also muß ich Männchen machen vor meinen Kollegen und den Größen des Bezirks. Und das gerade jetzt, wo ich es mit aller Welt verdorben habe und immer mehr in eine Isolation gerate, die mir selbst schon auf die Nerven geht. Nein, diesmal sehe ich nicht Gespenster. Ich habe mich mal wieder politisch engagiert, und natürlich nach der falschen Seite – ich meine, falsch finden sie die Leute im Verband. Und lauter Anzeichen, die ich schon kenne: keine Erwähnung im Lenin-Aufgebot des Bezirksverbandes; keine Erwähnung der R. im Programm meines Verlages; das verlegene Herumgerede Eberts, nachdem er mein Manus gelesen hat, und Andeutung, daß ich ideologische Hilfe brauche; das Zurückziehen eines Stipendium-Angebots fürs nächste Jahr; ein Anruf, daß die letzte Stip-Rate für Dezember nicht angewiesen [werden] kann, und vages Geschwätz über die strenge Abt. Ökonomie, über ein fehlendes, oder doch vorhandenes, aber noch nachzuprüfendes Gutachten ... etc. Die Stockschläge auf den Magen. Selbst Lewerenz, der mir für nächstes Jahr eine neue Auflage verschaffen wollte, meldet sich nicht mehr. Wenn ich nicht den Wagen hätte, den ich verkaufen werde, sähe es düster aus. Ich kann ja nicht mal arbeiten gehen, jedenfalls nicht in diesem miserablen köperlichen Zustand.

Vielleicht hat es damit angefangen, daß ich auf den Kaiser gezeigt und gesagt habe: er ist nackt. Will heißen: daß ich die Neubrandenburger Verbandslegende vom schönen Kollektiv, von der großen Familie etc. angezweifelt, später laut als Legende benannt habe. Das vertragen sie nicht, obgleich sie – einer dem anderen – übel gesonnen sind, oder neidisch auf Erfolg, am meisten auf Finanz-Erfolge, oder aus sonst einem Grund verärgert [...] nach außen bleibt's dabei: wir sind das »sozialistische Weimar« und weisen immer wieder darauf hin; und Sakowski tut's sogar mit Würde, dabei ist er derjenige, der am wenigsten dazugehört. Sie leben vom Selbstbetrug – und gar nicht schlecht. [...] und jeder findet, daß die anderen nicht schreiben können und nur durch Glück oder Intrigen hochgekommen sind.

1970

Die letzte Eintragung, bevor ich nach Mahlow fahre. Bekam gestern ein Telegramm, daß ich ins Krankenhaus aufgenommen werde. Beinahe hat es mich gestört – ich war gerade wieder in der Arbeit am Buch, und es ging auch ganz gut voran, trotz Rückenschmerzen und k[...]schen Anrufen und gelegentlichen traurigen Träumen, in denen Jon die Hauptrolle spielt.
[...]

Nbg., 9. 1.

[...]
Vor ein paar Tagen, nach Silvester, habe ich mir die Haare abgeschnitten, sie sind jetzt bloß noch etwas über schulterlang. Immer diese blöden symbolischen Handlungen ... Aber Franziska schneidet sich auch ihre langen Haare ab, als sie sich von ihrem Wolfgang getrennt hat.

Silvester haben wir (der Dieter Jürn war mit mir) in Neustrelitz bei den Schriftstellern gefeiert, gutbürgerlich. Hellmut hat eine exquisite Feuerzangenbowle geschaffen, und alle waren lieb zueinander und haben sich um Mitternacht geküßt, und wahrscheinlich hatte jeder die üblichen guten Vorsätze. Nach 12 riefen eine Menge Leute an; worüber ich mich auch am meisten gefreut habe [...].

Eigentlich hatte ich mit Jürgen nach Warschau fahren wollen. Die Marchlewska hatte mich eingeladen. Aber dann war diese idiotische Sache mit meiner verknacksten Wirbelsäule [...].

Mahlow, 11. 1. 70

Seit zwei Tagen im Krankenhaus M. Den ersten Tag mit Heulen verbracht [...] Und wieder die Träume um Jon ... es war für ein paar Stunden so schmerzhaft und noch wie damals im

August, als wir uns trennten. Ich bekam eine Spritze und schlief wieder ein. Später konnte ich Briefe schreiben. Schon die Frage bei der Aufnahme – wer im Notfall zu benachrichtigen sei – hatte mich getroffen. Ich kam mir wie eine Witwe vor. Aber ich habe ja noch meine sehr lieben und guten Eltern, und die Geschwister, und Freunde, und meine Kollegen. Trotzdem. Damals, als ich in Prof. G.s Klinik kam – oh, ich hätte nie gedacht, auch nur geahnt, daß ich ein Jahr später nicht mehr die Adresse »meines Mannes« angeben darf.

Die Hausordnung ist sehr streng (wahrscheinlich verstoße ich jetzt gerade gegen sie; bestimmt darf man während der Mittagsruhe nicht schreiben), Arbeiten, leider, ist nicht erwünscht, wie ich annehme, und Rauchen ist strikt verboten. Ich mußte meinen ganzen Charme und alle Hartnäckigkeit aufbieten, um dem einen Arzt, der jetzt übers Wochenende Bereitschaftsdienst hat, die Erlaubnis für 3 Zigaretten täglich abzuringen. Dr. L., der mir vielleicht nur deshalb gefällt, weil er ein kleiner, etwas verwachsener und hinkender Mann ist. (P. und ich nannten uns damals »Krüppelliebhaber«, aber das Wort hatten wir auch bloß von Hemingway). Er wirkt so sanft und schwächlich. aber ich stelle mir vor, daß er – bei dieser körperlichen Konstitution, diesem ungerechten Handicap – böse sein kann, oder tückisch oder rachsüchtig. Stelle ich mir das vor, weil ich solche Eigenschaften in mir selbst entdecke? Warum sollte jemand nicht wirklich und bis auf den Herzensgrund sanft und freundlich sein – ohne Schlangengrube?

Mahlow, 14. 1. 70

[...]
Jetzt versuche ich mitzumachen, artig zu sein, d. h.: Vitamine essen, baden, duschen, nicht rauchen, kurz, schrecklich gesund leben. Nachmittags einsame Spaziergänge im Park. Schöne hohe Kiefernbäume. Vor Langeweile (oder Vergnügen an dieser reinen Winterluft?) mache ich, aber allein, Schneeballschlachten und Zielwerfen nach den Kiefernstämmen, die in der Nachmittagssonne dunkelrot sind.

Ich spreche oft mit J., d. h. ich entwerfe Gespräche, die stattfinden werden oder nicht (aber wahrscheinlich nicht:

ich werde nicht den Mut haben, ihn wiederzusehen und
seine Stimme unmittelbar, nicht durch ein Telefon, zu
hören). Ich weiß, daß ich immer noch eine verrückte Hoffnung habe. Weiß ich, daß diese Hoffnung verrückt ist? Ich
versuche es mir einzureden. Eine Übung, auf die ich schon
seit nahezu einem halben Jahr zuviel Kraft und Zeit ver-
schwende. Ich habe keine Chance gegen das Kind und die
Mutter – nicht jetzt [...]. Vielleicht später, wenn [...] die
ganze romantische Epoche vorbei ist und der Alltag, das be-
sungene »normale Leben« sich vordrängt. Aber dann bin ich
nur noch eine Erinnerung, bestenfalls eine verdrängte Sehnsucht; etwas [...], was er damals mit einem Schulterzucken
nannte: »So wie mit dir ist es nicht.« [...] Dabei, wenn ich
die andere Möglichkeit bedenke (also Rückkehr) – ich weiß
nicht, ob die Konsequenzen mir gefielen. [...] Die paar
Freunde verlieren, weil dieser intellektuelle Eisklotz sie [...]
vergrault? [...] Mich wieder verantwortlich fühlen für einen
anderen, für ihn einspringen [...]. Das Alleinsein kommt
meinem Egoismus entgegen; mit einigem Aufwand an
Selbstanalyse, Selbstkritik und der nötigen Intelligenz kann
ich mich davor bewahren, ein schrulliger Hagestolz zu werden, der wie ein Drache seine »Freiheit« bewacht [...].
    Manchmal kehrt dieser Junggesellenrausch wieder, den
ich damals, ganz plötzlich und trotz meines Jammers, im
Kaufhaus empfand. Einkaufen, wählen, ohne dem anderen
Rechenschaft ablegen zu müssen ... eine Rechenschaft, die
J. nie von mir erwartet hat, zu der [ich] mich aber trotzdem
verpflichtet fühlte (wahrscheinlich ein uraltes Mysterium,
das sich mit dem Ehe-Vertrag verknüpft).
    Aber manchmal, selten, in meinen aufrichtigen Augen-
blicken, ahne ich, daß ich ihn nur aus Starrsinn wiederhaben
will, weil ich Niederlagen nicht mit Anstand ertragen kann;
aus Trotz wie ein Kind, das sich genau auf das Spielzeug ver-
steift, das man ihm weggenommen hat (und was habe ich –
vor dem Debakel – in mein Tagebuch geschrieben? Etwa »Ich
weiß nicht, ob ich Jon hier haben möchte.« Damals dachte
ich mit Unbehagen an seine Übersiedlung, oh, ich weiß auch,
warum. Die neuen Menschen (von denen er nichts wissen
wollte), Jürgen, unsere schönen Abende auf der Terrasse, die

nicht wiederholbar gewesen wären in J.s Gegenwart, hundert andere Dinge, Kleinigkeiten, aber zusammen hatten sie Gewicht. Aber ich spielte mit dem Gedanken an eine dauernde Trennung nur solange, wie sie eben Spiel und Vorstellung war, vor dem Hintergrund einer [...] gesicherten Ehe ... Und warum ich ihn – drittens – zurückhaben will: aus Rachsucht, um ihn zu erniedrigen und zu beleidigen, sobald ich wieder Macht über ihn hätte. Abscheulich, ja, aber das sage ich nur so hin: in Wahrheit finde ich es ganz natürlich, nicht sehr moralisch, aber natürlich.

18. 1. 70

»Die Liebe in unseren Büchern ist die Trauer über ihre Abwesenheit.« (Alfred Andersch)
»Eros ist die Liebe zu etwas, und zwar zu dem, was ihnen fehlt, nicht wahr?« (Platon, Das Gastmahl)
»Liebe nennen wir das, was uns an bestimmte Wesen bindet, nur in bezug auf eine kollektive Sehweise, für die die Bücher und die Märchen verantwortlich sind.« (Albert Camus)

20. 1. 70

Gestern habe ich mit Jon gesprochen, nur am Telefon, nur ein paar Sätze, trotzdem war ich hinterher wie gerädert. Wieder zuviel Tränen. Hier bin ich so haltlos, alles ist wie eben erst passiert. Seine Stimme, wenn er »auf Wiederhören« sagt ... Früher sagten wir »auf Wiedersehen« auch am Telefon. Warum bin ich nur so verzweifelt? Es ist doch nichts mehr zu retten, da könnte (oder sollte) ich ebenso gut wieder auf »Leben« umschalten. Aber wenn ich im Bett liege und die Augen schließe, sehe ich ihn vor mir, als hätte ich sein Gesicht auswendig gelernt, jedes Härchen seiner Augenbrauen, jede Pore, die Lippen ... Oh Gott, ich kann seine Haut unter meinen Fingerspitzen fühlen, und das besondere, trockene Gefühl seiner Haare wiederholen. Die letzten Male, als ich ihn sah, war er ganz grau geworden.
Aber diese Erinnerung vermischt sich schon manchmal

mit der an Jürgens Haar. Er hat eine lange und üppige Mähne, und es macht mir Spaß, eine Hand darin zu verkrallen, vor allem, wenn er sich eben frisiert hat, ungeheuer ernsthaft und mit viel Zeitaufwand. Habe ich erzählt, wie er aus Warschau wiederkam? Ich habe auf ihn gewartet, ich weiß, richtig gewartet, mit Hoffnung und Zorn und Besorgnis und wieder Zorn, und am Sonntag abend kam er, als ich schon aufgegeben hatte zu warten, kam geradewegs vom Bahnhof, hatte natürlich wieder schreckliche Abenteuer erlebt, war aber nicht begeistert wie damals, im Sommer. Das Leben in Warschau ist noch teurer geworden und also noch ärmlicher, und sogar Silvester war er bedrückt – »es sind eben doch Fremde«, sagte er. Aber das habe ich erzählt, glaube ich: daß er um 12 mit seinem Glas ans Fenster gegangen ist und mit der Fensterscheibe angestoßen hat, zuerst seiner Mutter, dann seiner Lady B. zugetrunken hat. Ich weiß nicht, warum sich dieses Bild so eingeprägt hat, das Glas und die Fensterscheibe ... Ist er selbst darauf gekommen, oder hat er unbewußt etwas wiederholt, was er in einem Film gesehen hat? Jedenfalls finde ich es filmisch oder sonstwie verwertbar. [...] In seiner Abwesenheit trage ich immer eine Menge Argumente gegen ihn zusammen, aber sobald er auftaucht, vergesse ich sie, wenigstens für eine Weile. [...] Und seit wir Schach spielen ... warum habe ich, ungeachtet unserer Vorsätze, kaum jemals mit Jon Schach gespielt? Das Brett stand immer griffbereit, aber bloß noch wie eine nutzlose Zimmerzierde. Warum hatten wir denn keine Muße für eine Partie? Was haben wir gemacht, wenn er bei mir war? Gut, wir haben miteinander geschlafen, aber doch nicht immer. Haben wir soviel Zeit mit Szenen verbracht? Ach, weiß der Teufel, jedenfalls haben wir nicht Schach gespielt. Ich wäre froh, wenn ich den Jürgen noch eine Weile für mich hätte, er bekommt mir.

Gestern abend besuchte mich Dr. L[...]. Wir haben uns lange unterhalten: wie man über eine Krankheit hinwegkommt, und über das normale Leben und die Möglichkeit, es auszuschließen (und ob diese Möglichkeit wünschenswert ist), und dann haben wir ausführliche Selbstanalyse betrieben – scheint ein Lieblingssport lädierter Leute zu sein. L. versucht, den Medizinmann herzuzeigen, dabei hat er seine

Sicherheit (übrigens eine übertriebene Selbstsicherheit, scheint mir) schon verloren, errötet, bewegt sich ungeschickt und sagt unmedizinmännische Sachen, also Komplimente [...]. Es ist ein aufregendes kleines Spiel, und ich hoffe nur, er wird seine Vorliebe nicht soweit treiben, daß er mir meinen Perspektivplan vermasselt; gestern verkündete er plötzlich, ich müßte unbedingt länger bleiben, um ganz auskuriert zu werden, und nach vier Wochen, wie ausgemacht, ließe er mich nicht gehen. Na, dann reiße ich eben aus, oder ich setze mich auf den Korridor mit Schnapsflasche und brennender Zigarette.

Warum schreibe ich all dieses überflüssige Zeug? Eine unglaublich dusselige Schwatzsucht. Statt von Begegnungen zu sprechen, von Ereignissen, die in eine Art Tagebuch gehören, wie Reiner K. es sich vorstellt. Allerdings setzt er voraus, ich erlebte sehr viel, sähe und hörte mehr als er (nämlich politische, tagespolitische Dinge), was aber nicht zutrifft. Oder kommt mir manches, was ich erfahre, so unbedeutend, wenn nicht albern vor, weil ich es im Kostüm von Klatsch erfahre, oder als boshafte Anekdote oder so halblaut hinter der vorgehaltenen Hand? Sakowski ist doch eine Fundgrube. Reiner hat sich erboten, so ein Tagebuch – z. B. von diesem Jahr – aufzubewahren und keinesfalls ohne meine Zustimmung zu lesen. Erwartet er ein Zeitdokument? Ich müßte mir noch ein drittes Tagebuch anlegen (nachdem ich nun schon diese offizielle Chronik pol. Ereignisse führe), denn irgendwo muß ich doch so etwas wie Selbstverständigung betreiben, sei's auch durch Aufschreiben von Nichtigkeiten. Warum finde ich, was zur Privatsphäre gehört, »nichtig«? Wieder so ein Unsinn, ganz unüberlegt hingeschrieben. Das ist eingedrillt: Scham über Nabelschau, Unbehagen wegen Privatgefühlen (»Gefühlchen« heißt es in einschlägigen Aufsätzen oder Ansprachen, und »Wehwehchen«, jedenfalls wenn es ein Intellektueller ist, dem etwas weh tut).

Ich habe jetzt wieder die Beauvoir gelesen, »Lauf der Dinge«, der dritte Band ihrer Memoiren. Welche politische Engagiertheit! Und wieviel stärker sind Arbeit, Beschäftigung mit Politik, Vaterland, Literatur als die Intimsphäre, wieviel teilnehmender geschrieben! Allerdings, wer für die

Öffentlichkeit schreibt, wählt aus und drängt zurück, was für die Öffentlichkeit weniger interessant ist (in so einem Memoirenbuch; im Roman ist das eine ganz andere Sache). Und gegen Schluß des Buches übermannt sie doch das Persönliche, das erschreckend Persönliche der Tatsache, daß sie altert. Dieser halberstickte Schrei, das Entsetzen über ihr Alter, noch mehr die sanfte, widerstrebende Resignation, hat mich aber genauso erschüttert wie ihr Leiden an Frankreich zur Zeit des Algerienkriegs.

Mahlow, 26. 1. 70

Eine Menge Ärger mit Herrn K., immer noch wegen des blöden Autos; seine Ausreden werden zunehmend schlechter – vielleicht hat er den Wagen verkauft, was weiß ich, und ich hätte die ganze Angelegenheit schon längst aufgegeben, wenn ich nicht das bißchen Kapital brauchte, meine letzte Sicherheit (nicht für lange Zeit), während ich an dem Roman schreibe. Wenn ich manchmal meine finanzielle Situation überdenke, befällt mich eine Art Panik. [...] Und was das Buch angeht: ich drehe mich im Kreis, rede und rede und male Bilder, und meine Leute kommen nicht von der Stelle, und alles, weil ich mich vorm Schluß fürchte – ich weiß nicht: ob vor einem folgerichtigen (und also bitteren) Schluß oder einfach davor, ein Buch zu beenden, in dem ich gewissermaßen zu Hause bin; Personen aufzugeben, mit denen ich seit Jahren lebe wie mit Bekannten oder Freunden – nein, noch intensiver, denn sie sind ja immer gegenwärtig, dauernder und heftiger sogar als ein Ehepartner. Oder ich fürchte mich, weil ich noch nicht weiß, was ich danach schreiben werde, und ein Buch beenden ist schlimm, wenn man nicht am nächsten Tag ein anderes anfangen kann. Vielleicht bin ich kein Schriftsteller, bloß ein mäßig begabter Egoist. Doch, ich glaube, das kommt [der] Wahrheit sehr nahe.

[...] Es ist merkwürdig, von einem über Jahre geliebten und vertrauten Menschen plötzlich nicht mehr zu wissen, was er denkt, was er tut, wie sein Leben verläuft, wann er mit dieser und anderen Frauen zusammen ist (ja, das möchte ich auch wissen), wann er zu Abend ißt und – alles.

Er muß doch die meisten seiner Gewohnheiten geändert haben, denke ich mir, mehr als ich. Mein Leben hat sich, was die äußeren Umstände, Tagesrhythmus etc. betrifft, kaum verändert. Der Sonntag – nun ja, der schöne Sonntag und die Vorfreude fehlt mir. Das und ein bißchen mehr.

Ich kann hier nicht richtig arbeiten. Zuviel Unruhe. Vielleicht fehlt auch die vertraute Umgebung. Überhaupt fällt mir das Schreiben immer schwerer, ich habe mit der Sprache, mit dem »Handwerklichen« übermäßig zu kämpfen [...].

Jürgen war hier, brachte Kaffee und Schokolade, also Konterbande. [...] Ich war ordentlich gerührt, als der lange Lulatsch ins Zimmer kam. Hier sind keine großen Männer, und ich mußte lachen, wenn ich zu J. hochsah. Er schwärmt schon von unseren Erdbeeren. Oh Gott, ja, und ich sehne mich nach Frühling, der Winter war gar zu lang, und man hat es über, andauernd nur Schnee und fröstelnde Leute zu sehen.

Mahlow, 8. 2. 70

Muß bis zum 18. bleiben. Wozu? Die Rückenschmerzen haben sich eher verschlimmert. H. erzählt von einer Mitarbeiterin, die ein Jahr lang wegen Bandscheibenschadens behandelt wurde, dann brachte H. sie zu Gummel. Es war Krebs, im Finalstadium. Manchmal lebt die Krebsangst wieder in mir auf. Überflüssig, so oder so: wenn diese Schmerzen tatsächlich ein Signal wären, dann wäre das Todesurteil schon ausgesprochen, Jammern also sinnlos. Übrigens gefällt sich Henselmann zuweilen in grausigen Geschichten, aber aus Fürsorge, um zu warnen.

Martin Walser in seiner Vorbemerkung zu »Ehen in Philippsburg«:

Der Roman enthält nicht ein einziges Porträt eines bestimmten Zeitgenossen, aber es ist die Hoffnung des Verfassers, er sei Zeitgenosse genug, daß seine von der Wirklichkeit ermöglichten Erfindungen den oder jenen wie eigene Erfahrungen anmuten.

Mahlow, 13. 2. 70

M. hat mir doch ganz gut getan, Herr de B. hat recht, am
Ende möchte man gar nicht wieder weg. Die Verlängerung
um zwei Wochen [...] habe ich mit Gelassenheit hingenom-
men, reagiere überhaupt weniger heftig als früher. Keine Tränen mehr bei der Visite dieses Reptils M. Er hat riesige, un-
geschlachte Hände, die brutal wirken, auf eine Art, daß sich
sofort die Assoziation »Lagerarzt« einstellt (dabei habe ich
nie Lagerärzte gesehen; womöglich gibt es unter ihnen genug
Leute mit zarten und schmalen Händen.) – dazu das Gesicht
eines alternden Lebemannes (oder »Badearzt« oder dergl.),
die Zähne so falsch wie das Lächeln. Er hat eine sadistische
Neigung, von einem »gewissen Verdacht« zu sprechen [...].
Andere Patientinnen beleidigt er durch Zweideutigkeiten,
wieder andere ängstigt er durch Collaps-Prognosen. Manchmal kommt der Chef abends zu mir, und wir unterhalten uns
über Literatur. Ein launischer Mensch, aber das fällt – jedenfalls für mich – nicht ins Gewicht; seine Liebe zur Literatur
wiegt schwerer. Neulich habe ich mich über M. beschwert,
und Dr. K., der wohl auch ein ungutes Gefühl hat, schlug mir
komplicenhaft vor, die Visiten zu schwänzen, und lieferte
auch gleich ein paar Ausreden mit.

[...] Meine Neugier auf andere ist wieder erwacht, und
ich sammele Leute und speichere Bilder, Charaktere, Geschichten, Gespräche. [...]

Mahlow, 15. 2.

In drei Tagen werde ich entlassen. Herzklopfen wie vor einer
Premiere. Eine Menge guter Vorsätze: Fleiß, Arbeit am
Buch, nicht mehr rauchen, mehr Ruhe und Toleranz im Umgang mit anderen etc. Ich habe ein paar Pfund zugenommen,
habe glatte Haut, keine Krähenfüßchen, keine Andeutung
einer Falte, runde Hüften (die Figur, die Jon mag – so sah
ich aus, als ich aus Sibirien zurückkam). Ich höre mit Genugtuung, daß mich jedermann auf Mitte, schlimmstenfalls
Ende Zwanzig schätzt, und wenn der Bademeister von meiner »schönen und ebenmäßigen Figur« schwärmt, vergesse

ich beinahe, daß ich eine Amazone bin. Aber vor allem dieses
glatte Gesicht [...] Jeden Abend denke ich an ihn, und
manchmal habe ich das Gefühl, als ob mein Herz von einer
Faust zusammengepreßt wird, aber das vergeht schnell, und
ich denke wie an jemanden, der sich hinter einer Glasscheibe
oder auf einer Filmleinwand bewegt. Aber es gibt Szenen, die
ich mir nicht vorstellen darf. Oder Räume, sein Zimmer ...
dann fühle ich mich am ganzen Körper wund oder wie frisch
vernarbt und fürchte mich davor, irgendwo anzustoßen und
mir wieder weh zu tun. [...]

Neulich waren die Schmidts aus H[oyerswerda] hier. Ich
mußte gegen die Versuchung kämpfen, sie über Jon auszu-
fragen, wie er aussieht, ob er noch grauer geworden ist, ob er
noch den grauen Mantel trägt. Nebenbei hörte ich, daß er
mit Frau D. zusammenwohnt [...] – in unserem Zimmer in
der Magistrale, in meinem geliebten Sonntagszimmer.
Abends sah ich immer diesen Lichtstreifen an der Decke,
den Lampenschein – oh Gott! Hätte ich diesen Mann ersto-
chen, damals im Sommer, als ich zum letzten Mal in seinem
Zimmer war. Jetzt wär ich nicht mehr imstande, ich
wünschte nur, ich hätte es getan.

M., 16. 2. 70

Warum bin ich bloß so schrecklich aufgeregt? Als erwarte
mich wunder was Neues, als müßte sich plötzlich alles wenden. Eine Euphorie, die bald in sich zusammenfallen wird.

17. 2. 70

Meine Ahnungen ... Gestern abend war ich beim Chefarzt,
er hat sich die Röntgenaufnahme vom Becken angesehen
und festgestellt, daß ich eine Geschwulst im Bauch (also vermutlich in der Gebärmutter) habe. Er versuchte es mir scho-
nend und mit allen Trostgründen und Abschwächungen zu
sagen, aber was gibt es denn schon zu trösten? Und Scho-
nung hilft weder gegen die Schmerzen noch die Angst –
denn Angst habe ich, weiß Gott, und könnte andauernd

heulen, tu's aber nicht, und die Schmerzen finde ich eher beruhigend, weil ich annehme, daß sie entweder ein Mycom
oder sonstwas »Gutartiges« signalisieren (und das läßt sich
herausschneiden) oder Krebs im letzten Stadium – und in
diesem Fall ist es sowieso zu spät und Jammern und Bangen
ganz sinnlos.

Mahlow, 18. 2. 70

[...] Heute morgen bin ich wieder munter; das mag auch
daran liegen, daß mir Dr. M. – der mir heute früh geradezu
wie ein Erzengel erschien – mitteilte, daß die Spezialisten
vom Oberlinhaus keine Anzeichen von Metastasen entdeckt
haben, jedenfalls nicht an der Wirbelsäule oder anderem Kno-
chenzeug (und das hatte man wohl befürchtet, soviel ich verstanden habe: Knochenkrebs, du lieber Gott). Was mit dem
Bauch los wird, wird sich zeigen, und ich werde versuchen,
ohne Panik auf die Untersuchungsergebnisse zu warten. Ach,
wieder arbeiten zu können! Und zum Teufel mit der Liebe
(ich meine Jon, immer noch, wenn ich Liebe sage [...]).

Gestern war ich in Berlin, beim Fernsehfunk; wir hatten
Vorabnahme unseres Films (das ist unüblich, so eine Vorabnahme, und geschah auf Wunsch des Chefs, der seine Zweifel hatte – so ein Film »in moll«, schwermütig, während unser sozialistisches Leben ringsum so überaus heiter und
optimistisch ist). Es ist belustigend zu sehen, wieviele ex-
zentrisch aufgemachte Leute auf dem Adlershofer Gelände
herumlaufen, ungeheuer geschäftig, dabei lässig: man weiß
nicht, sind es Regisseure oder Beleuchter oder Schauspieler
oder Komparsen. Bart muß sein, und Schnurrbart und Kote-
letten bis zum Mundwinkel, auch bei diesen grünen Jungs
und den hoffnungslos Semmelblonden, und die Mädchen
sehen aus wie startbereit für Probeaufnahmen. Je näher ich
diese Institutionen – auch Funk, erst recht Defa – kennenlerne, desto mehr ödet mich das Getue ihrer Angestellten
an. Jeder ein künftiger Star, oder bemüht, sich ein Image
aufzubauen, sei's mit Hilfe einer Sonnenbrille, oder auf irgendeine Weise, wenigstens was den äußeren Status betrifft,
über die graue Masse der Film-Konsumenten erhoben. Es ist

richtig, was Scharioth sagt; es gibt sogar einen ganz besonderen und unverwechselbaren »Fernsehgang«. Und diese
Leute im Casino! Früher habe ich sie neugierig gemustert,
jetzt empfinde ich nicht mal mehr diese Neugier auf Exo-
ten. Sie sind einander zu ähnlich, und das zur Schau (besser:
Show) getragene Selbstbewußtsein ist zum Kotzen langweilig. Was mich interessiert, ist nur: woher beziehen sie es?
Empfinden sie sich im Unterbewußtsein als Mittäter an einer großen Manipulation? Warum haben im allgemeinen die
Schriftsteller, mögen sie noch so erfolgreich sein, nicht diesen Seht-her-wir-sind-es Gang, diese Verachtung für die
Provinz und ihre Mädchen (die natürlich auf jeden Schein-
werferhalter fliegen) und diese genialistisch geworfenen
Schals und dieses freche Metropole-und-Weltmann-Getue
wie die TV-Menschen oder irgendein Schmock von der NBI
und vom Berliner Rundfunk (und, wenn auch in abge-
schwächter Form, sogar vom Neubrandenburger Sender)?
    Wir haben den Film im Schneideraum gesehen, auf einer
kleinen Mattscheibe: trotz der unzulänglichen Wiedergabe
war ich von einigen Stellen nahezu gefesselt, ein paarmal sogar ergriffen, aber das ist persönliche Erinnerung und gewissen Assoziationen zuzuschreiben (diese Gedenktafel für
den im Kampf gegen Tilly gefallenen Cornett oder vielmehr
Kapitän – die hat Jon damals entdeckt). Die Farbe ist allerdings bestechend, vor allem in den Herbst-Passagen. Eine
wunderschöne, traurige Allee in Kupfertönen... Die Musik
hat Asriel geschrieben. Über den Allee- und den Bahnhofs-
bildern liegt Krugs Scatgesang. Sogar der Text gefällt mir
immer noch, manchmal finde ich ihn geradezu poetisch.
[...] Am Ende war sogar der stupide (und übervorsichtige)
Chef überzeugt und hat uns mit Lob bedacht.
    Noch mehr habe ich mich über das Wiedersehen mit Scha-
rioth und seiner Frau gefreut. Sie ist Ungarin, ein entzücken-
des Mädchen, beinahe noch kindlich, und auf eine Art zer-
brechlich, daß man um alles in der Welt nicht fertigbrächte,
sie zu verletzen. Ganz zart und dünn (und mit schönen langen Beinen), ein süßes Gesichtchen, lange Augen, die drolli-
gen Sprachschnitzer, eine rührende Arglosigkeit... Ich habe
sie gleich ins Herz geschlossen, als ich sie – damals im Presse-

café, – zum erstenmal sah, und [...] sie hat mir gestern leise und unter Erröten die reizendsten Freundlichkeiten gesagt, ich meine: ein Freundschaftsangebot gemacht, und ich bin ebenfalls rot geworden und war sehr glücklich und dabei erstaunt, daß sie mich liebenswert findet. Und mein kritischer (und zuweilen sogar unerträglich strenger und nörglerischer) Herr Scharioth war so bewegt, daß er mich duzte, was wir bisher streng vermieden haben. Doch, diese Stunde am Casinotisch hat mir tiefere und anhaltendere Freude beschert als ein gelungener Film. Daß ich mich in M. wirklich gut erholt habe, merke ich erst so richtig an der Reaktion anderer. Sch. und unser Kameramann finden, ich [...] sei gelassen wie noch nie, seit wir uns kennen, und imponierend durch die Festigkeit, mit der ich Karo von mir weise. (Na, erstmal eine Woche in freier Wildbahn abwarten; wer weiß, wie lange diese Nichtraucherphase anhält.) [...]

Berlin, 18. 2.

Im Café, von Henselmanns Lehrer-Haus; warte auf Frau H. Hübsch, mal wieder in einem hauptstädtischen Café, zu sitzen – einem mit Wolkenstores und gehäkelten Lampenschirmen. Die kleinen Mädchen tragen Miniröcke, die knapp den Po bedecken, aber martialische Stiefel und ein beängstigendes Geschling von Schals und Halsketten.

Der Abschied von M. war nahezu rührend. Jetzt kann ich verstehen, warum de Bruyn sagte, er habe sich – nach der üblichen ersten Woche der Anpassungsschwierigkeiten – gar nicht mehr von M. trennen mögen. Was wenigstens genau so wichtig ist

Neubrandenburg, 20. 2. 70

Ich glaube, ich wollte fortfahren; ... daß ich ein paar gute Menschen kennen gelernt habe.

Vermutlich ist es einfältig, dieses Wort »gut« zu gebrauchen, oder altmodisch oder sowas, aber ein anderes weiß ich nicht für die Leute, die ich meine. Natürlich haben sie noch eine Menge anderer Eigenschaften, und ich wüßte hundert

weitere Adjektive für jeden, aber ich sage »gut«, weil ich
mich eine Weile geborgen gefühlt habe bei ihnen, oder weil
sie mich nicht getäuscht haben. Ich wünschte so sehr, vertrauen zu dürfen. Ich bin 36 und immer noch nicht erwachsen und bin mir peinlich dessen bewußt, aber nicht imstande, gewisse Torheiten zu überwinden.

Nbg., 5. 3. 70

Ein Winter ohne Ende. Zwei Tage Tauwetter, Frühlings-
sonne, die das ganze Leben zu verändern scheint (gute
Laune, das Lächeln auf der Straße, Blickwechsel voller Einverständnis), dann wieder Schnee, Schneemassen, Schneesturm. Katastrophale Wirtschaftslage, natürlich, Schwierigkeiten in den Tagebauen, auf Straßen, bei der Reichsbahn, die
Energieversorgung ist ohnehin kurz vor dem Zusammenbruch, erstaunlich, daß es noch keine Stromsperren gibt.
Dieser harte Winter, und so viele Leute ohne Kohlen und
Holz. Nicht feststellbar (jedenfalls wird es nicht öffentlich
festgestellt), wer verantwortlich für diese miserable Situation
in der Wirtschaft ist. ZK, Plankommission? Die SU, die ihre
Verträge nicht erfüllt und Erdöl, Erdgas an Devisen-Kunden
abgibt statt an uns? Vermutungen und Gerüchte. Wie immer,
in der Lausitz und in Mitteldeutschland sind eine große Anzahl Tagebaue geschlossen worden, ungeachtet der Warnungen von Ingenieuren und Planern in den Kombinaten, in
Pumpe z. B., wo jetzt die Kohlenbunker leer sind und die Arbeit in den Tagebauen in aller Eile (und unter verzehnfachten
Schwierigkeiten) wieder aufgenommen wurde. Ängstliche,
schadenfrohe und sehr vorsichtige Leute (keine »kleinen«
Leute) deuten an, daß man mit Verschärfung der Lage – vor
allem im Energiebereich – rechnen muß und mit der Möglichkeit, daß es zu Unruhen kommt. Letzteres ist zu bezweifeln: Geduld ist die hervorstechendste Eigenschaft »unserer«
Menschen. Es wird geschimpft, es kursieren Witze, im übrigen gibt es keine Anzeichen für eine Stimmung, die mit
einem stärkeren Wort als Unzufriedenheit zu bezeichnen
wäre. Das heißt, ich sehe keine Anzeichen – was überhaupt
nichts zu besagen hat, da ich schon lange nicht mehr mit

Leuten aus der Industrie zusammenkomme. Meine Nachbarn sind immer nörglerisch, wenn's um Politik geht, und meine Kollegen Schriftsteller in N. sind immer optimistisch, linientreu bis verbissen – und Augenzwinkerer sind die einen wie die anderen, und die Eingeweihten, die Auguren sind die schlimmere Sorte.

Also: ich weiß nichts von meinem Volk, meinen Zeitgenossen und möglichen Lesern. Kenne Kleinbürger und Funktionäre und korrumpierte Schreiber und verbitterte Schreiber und bin selbst von allem etwas. Ich weiß nicht, was ich will, und wenn ich etwas will, weiß ich nicht, mit welchen Mitteln es zu erreichen ist. Und was Politik angeht – also diesen Staat, diesen Sozialismus – bin ich bald hochmütig (abseits, allein, kritisch, krittelnd, skeptisch), bald fühle ich mich jämmerlich, unentschlossen, tief im Unrecht. Ein kleinbürgerlicher Schriftsteller.

Wer sind die Leute um mich herum? Wie fühlen sie sich, wo stehen sie, machen sie es sich bewußt? Henselmann nennt sich einen Revolutionär, und ich sehe sein Leben ...

Nbg., 7. 3. 70

Gestern abend rief Irmchen aus Amsterdam an. Sie brach in Tränen aus und stammelte vor Freude, als ich ihr sagte, daß ich nicht krank bin (am Tag vorher war ich in Buch; nach der Untersuchung versicherte Prof. E., daß keine Anzeichen von Krebs zu finden sind). Meine liebe und liebste Freundin. Daß man über Telefon nicht umarmen und küssen kann! Sie ist ein wunderbares Mädchen, mit dem besten Herzen der Welt. »Ich bin ganz Gefühl«, sagte sie lachend unter Schluchzen. [...]

Nbg., 19. 3.

Am Radio. Heute ist das Treffen zwischen Brandt und Stoph in Erfurt. Hunderte Journalisten, europäische und US-Fernsehgesellschaften, Dutzende Rundfunkstationen berichten und senden aus Erfurt. Wir sind heftig aufgeregt und rufen uns gegenseitig an. Brandt ist mit Jubel begrüßt worden. Eine schwierige Situation für uns. Unsere Kommentatoren reden von Provokationen. Was geschieht wirklich? Jetzt sollen Demonstrationen auf dem Bahnhofsplatz in Erfurt stattfinden, dazu Sprechchöre (»Anerkennung«), Gesang der Internationale. Ob das die beste Geräuschkulisse für das Gespräch ist? Jedenfalls eine äußerst gespannte Atmosphäre. Die Rundfunkleute sind in Bereitschaft – wofür? Hoffentlich wächst uns das nicht über den Kopf; immerhin haben wir das Ausland im Haus, jeder Vorfall wird registriert und ausgeschlachtet. Heute müßte man in E. sein. Wenn von historischen Tagen die Rede sein kann (und wie gern verwenden wir das Wort »historisch«), dann heute: das erste Treffen zwischen Staatsmännern aus den beiden deutschen Staaten.

Nbg. 22. 3.

Wahltag.

Endlich wieder in der Arbeit. Kinoszene (die zweite auf zwanzig Seiten; schwer, sich nicht zu wiederholen). Das Problem: Jon zu überwinden, ohne Benjamin aus den Augen zu verlieren. Trotzdem kriegt das Buch eine Wendung zur Bitterkeit, oder Skepsis – das richtige Wort stellt sich nicht ein –: eine Liebe kann zuende gehen. Zwei Charaktere, die nicht übereinstimmen, bei aller Leidenschaft nicht. Von beiden der Versuch zur Selbstaufgabe – ein untauglicher Versuch.

Die Gespräche mit Jon (am Telefon) werden immer schärfer. Er zerschlägt die Vergangenheit, und wie gern hätte ich wenigstens Erinnerung gerettet. »Ich habe ja nie Einfluß auf dich gehabt.« Ferner dieser blöde Streit um den Wagen. Die ewigen Schmerzen machen mich wütend und aufsässig. [...] Was mich kränkt, ist seine Unfairness. Ich bin krank, kann nicht aus dem Haus, muß immer andere bitten, mir etwas einzukaufen, mich zum Arzt zu bringen etc. Lauter Demütigungen [...]. Der Wagen wär mir wirklich eine Hilfe. Nicht mehr bitten zu müssen. Wer sehr nett und verständnisvoll ist: der Günter Ebert. Wenn er in N. ist, fährt er mit mir zum Einkaufen, und nicht bloß, weil er unser Parteisekretär ist und sich moralisch verpflichtet fühlt, seine

Schäflein über Wasser zu halten. Bei ihm hat solche Hilfelei-
stung etwas mit Herz zu tun, und deshalb geniere ich mich
auch nicht bei ihm. Und Jürgen, natürlich [...].

Was ich immer noch nicht fassen kann: daß meine Ehe so
zuende gegangen ist. Dieser Abschied am Telefon. Keine
Aussprache, keine Erklärung. Hinhaltendes Gerede, Lügen.
[...] Verhandlungen (auch über die Scheidung) entzieht er
sich durch Schweigen und Abwesenheit. Ferner: er habe
keine Zeit (und ich habe keine Ahnung vom normalen Arbeitsleben – dies immer wieder). Nicht diesen einen Tag für
eine Frau, mit der er sieben Jahre gelebt hat. Nicht einen Tag?
Zum Glück werde ich zornig, wie gesagt. Die schlimmen Reden meiner Freunde und Kollegen, die jetzt endlich ihrer auf-
gestauten Abneigung gegen J. freien Lauf lassen... Was
kommt da alles zu Tage! Und wieviel Übereinstimmung (bis
ins Wörtliche) zwischen ganz verschiedenen Leuten, Henselmann und Dieter Dreßler, Margarete N. und Ebert und meine
Mutter und Lutz und Christa Wolf. War ich denn blind? Das
ist doch nicht möglich, daß ich nicht gesehen habe, was für so
viele andere offen zutage lag. Nein, bei mir war er anders, ich
bin sicher, oder ich habe ihn – für mich, für die Dauer unseres
jeweiligen Zusammenseins – verändert, weil er versuchte, der
Mann zu sein, den ich sah... Aber ich wage nicht, meine Tagebücher aus jenen Jahren zu lesen. Dabei brauchte ich die Aufzeichnungen, als Material gewissermaßen ... trotzdem, ich
wage es nicht. Ich war so glücklich, damals.

(Eben blättere ich zurück, finde auf jeder Seite einmal
oder mehrmals den Satz: Ich weiß nicht. – Das ist zu über-
denken.)

[...]

                                                Nbg., 9. 4. 70

[...]

Ich bin schon wieder im Krankenhaus, seit zwei Wochen.
Ein Bandscheibenvorfall, mörderische Schmerzen. Zuerst
war ich friedlich, immer durch Spritzen eingeschläfert, und
es schneite und der Himmel war grau. Dann, als die Schmerzen nachließen, war ich ein paar Tage zu lustig (dachte, ich
komme bald wieder nach Hause), machte den Stationsclown
und brachte alle zum Lachen. Dann ging die Heulerei los, als

sich herausstellte, daß ich noch zwei Wochen bleiben muß
und nächstens nach Berlin-Buch gebracht werde. Der Chef
läßt mich [nicht] nach Hause, ungeachtet meiner Schwüre,
daß ich mich nicht aus dem Bett rühren werde: bei Ihrem
Temperament?, nein, sagt er. Man müsse mich an die Kandare
nehmen – das klingt sehr drollig bei so einem korrekten
Mann, der mich ein bißchen an meinen Schwager H. erinnert.
Ich habe ein paarmal getobt und meine Nachbarinnen mit
dem Bazillus der Rebellion infiziert, und E., mein Anwalt,
brachte mir einen Kasten Pralinen als »Antiwutan«. Im übrigen hält man mich für ein liebes Mädchen, und ich genieße
allerlei Bevorzugungen (wegen dieser blöden Bücher). Aber
ich möchte am liebsten aus dem Fenster springen. Dieser
Scheißrücken! Mein Kopf ist gesund und will arbeiten, und
mit Herrn K. bin ich auch so ziemlich fertig (mal Träume, na
schön), und ich könnte arbeiten, wenn ich bloß meine
Schreibmaschine hätte, und zum Teufel mit Schmerzen, aber
hier bin ich nicht allein im Zimmer, da kann ich nicht dichten,
wenn andere über ihre Verdauung palavern. Zwei Tage
Sonnenschein, und endlich riecht es nach Frühling, und ich
bin wie elektrisch aufgeladen.

Nbg., 10. 4.

Eben habe ich »Wem die Stunde schlägt« noch einmal gelesen,
zuende gelesen, und mit unerwarteter Bewegung, und jetzt
möchte ich gern mit jemanden darüber sprechen, oder ihn
bloß anstoßen und sagen: Er war ein großer Mann, er ist doch
ein großer Mann, der alte Papa Hemingway. Aber hier ist niemand, dem man das sagen kann. Meine Zimmernachbarinnen
sind ganz umgängliche Frauen, eine Alte, die ziemlich komische Oma, die es in jedem Krankenzimmer zu geben scheint,
und eine nette, weichherzige Frau L., die freundliche Klein-
bürgerin par excellence, und sie hat wahrscheinlich nicht mal
den Namen Hemingway gehört, trotz ihrer studierten Kinder, die aber mit Mutti über den Haushalt und die Hinterlas-
senschaft des verstorbenen Großvaters und über allerlei Fa-
miliäres reden. Es ist ganz interessant, diese merkwürdige
Intimität in einem Krankenzimmer, bloß manchmal geht's

mir auf die Nerven, oder vielmehr, es fehlt was – eben so ein
Wort über Hemingway und über ein Buch, das ich zum zweiten oder dritten Mal lese, und wieder mit Tränen, zum
Schluß, wenn Robert auf dem Hügel allein bleibt, nur wegen
dem Vorsatz, mal zu sehen, wie der große Alte das »gemacht«
hat und ihn womöglich zu erwischen, mit all seinem Herois-
mus und Stierkämpfer-Getue und Liebe im Schlafsack. Aber
nun hat sich die Erde bewegt, sie hat mich doch wieder bewegt, und nichts mehr vom Zusehen.

[...]

Nbg. 12. 4.

Am Dienstag komme ich nach Berlin-Buch. Weiß nicht, auf
wie lange Zeit. Der Oberarzt hat mir ein Einzelzimmer in der
Infektionsabt. gegeben, damit ich arbeiten kann. In den zwei
Tagen habe ich viel mehr geschafft als sonst zu Hause; vielleicht weil sich hier keine schlauen Ablenkungsmanöver aus-
tüfteln lassen. Jetzt ist Besuchszeit, und auf dem Balkon, der
an der ganzen Ostseite des Hauses verläuft, gehen immerzu
Leute vorbei, und sie starren ins Fenster. Es ist Sonntag. Am
ersten Sonntag hier habe ich sehr geweint, weil niemand zu
mir kam, aber am nächsten Sonntag kamen eine Menge
Leute, und ich war aufgeregt und glücklich. Die Schmidts aus
Hoyerswerda, die unveränderlich treuen Freunde (und wie
gut, die sanfte Stimme dieser Frau zu hören, und wenigstens
diese Menschen sind eine gute Erinnerung, wenn ich an Hoy
zurückdenke). Meine lieben Eltern, die Uli mit seinem neuen
Wagen hergebracht hat, den weiten Weg. Gott weiß, daß es
niemals bessere Eltern gegeben hat. Solange sie da sind,
werde ich mich niemals ganz verlassen fühlen. – Die Margarete, die in gewissen Situationen einfach ein Prachtstück ist. –
Die Christa, die so ein Talent hat, mit ihrem Lächeln und
ihrer Christa-T.-Stimme und ihrem heiteren Ernst immer gerade dann zu erscheinen, wenn unsereiner ganz down ist.
Und vorgestern, just als ich das Heulen hatte (wegen Berlin
und Schmerz und Arbeit und so), rief sie an und sagte, ich
solle die Ohren steif halten und nicht vergessen, daß es Leute
gibt, die sich Sorgen um mich machen und die wünschen, daß
ich wieder gesund werde und arbeiten kann.

Nbg., 14. 4. 70

Hatte eine Stunde Heimaturlaub. Meine Wohnung sieht wie ein Schlachtfeld aus. Am Abend, bevor ich ins Krankenhaus kam, hatte ich mit einem jungen Arzt getrunken. Eine völlig verkorkste Type von abstoßendem Zynismus; aber manchmal flackerte sowas auf, was mich veranlaßte, ihm zuzuhören:[...] er sucht noch – also schön, ich will es mal Ethos nennen, und nach Sinn in seinem Beruf, einem Sinn, der doch zutage liegen müßte. Aber er findet die Leute, bei denen er Hausbesuche macht, schmutzig und stupide, und trägt seinen Arztkoffer zu ihnen hin wie ein Vertreter, der selbst nichts von seiner Ware hält. Bei mir ist er geblieben, weil er einen moralischen Katzenjammer hatte [...] und weil ich eine Frau bin, auf die er Lust hatte, und später wollte er mit mir schlafen, aber er war nicht mal eine Versuchung: ich habe was gegen Vivisektionen. Trotzdem erinnere ich mich mit einer Art schmerzlichen Mitgefühls an ihn – außer diesem Abscheu oder Schrecken, den mir solche Leute einflößen. Arzt zu werden, weil einem kein anderer Beruf einfällt! Er erzählte, daß es in Berlin und Leipzig eine ganze Menge junger Ärzte gibt, die keine Praxis und überhaupt keine feste Anstellung haben oder bekommen; trotzdem sind sie nicht zu veranlassen, in Kleinstädte und Dörfer zu ziehen, wo es so an Ärzten fehlt; sie fahren gelegentlich eine Nachtschicht mit dem Rettungswagen und verdienen damit gerade genug Geld, um sich über Wasser zu halten – Hauptsache sie können in der Großstadt bleiben. Aber Ethos ist ja nicht lehrbar. [...]

Habe ich schon geschrieben, daß Jon einen Sohn hat? Seit Mitte März etwa. [...] Merkwürdig, es traf mich gar nicht, davon zu hören; eher war's, als ob ich in einem Buch davon läse. Eine fremde Wirklichkeit. Ich träume jetzt auch nicht mehr von ihm. Er ist nicht mehr Gegenwart.

Berlin, 18. 4.

Zu früh triumphiert: wieder diese deprimierenden Träume, seit ich hier in der Rössle-Klinik liege (vorerst in einem Dreibettzimmer). Mein schönes Infektionszimmer! Es war

herrlich, dort zu arbeiten, und ich habe viel geschafft. Jetzt
bin ich wieder ganz unten. Links eine unaufhörlich jammernde Frau, rechts eine Diakonisse, die andauernd ihr Kofferradio laufen läßt – diese widerliche Schlagermusik, die für
mich eine psychische Folter ist, und morgens die Gottes-
dienste, bei denen ein Priesterschwein mit seiner fetten
Stimme für die Brüder und Schwestern hinterm eisernen
Vorhang, in den Zuchthäusern und Konzentrationslagern,
betet. Aber kann ich diese arme Schwester G. anbrüllen?
Schon wegen ihrer Vergangenheit nicht. Eine alte Schwester,
die ins Mutterhaus zurückgekehrt ist, nach einem langen
Leben im Dienste anderer Menschen, fromm, bedürfnislos,
schlecht bezahlt, in Verehrung für die Frau Oberin [...].
    Am ersten Abend hat mein Jürgen angerufen. Jetzt darf
ich nicht mehr ans Telefon, bin ins Bett verbannt, um diesen
blöden Wirbel zu schonen. Die Schmerzen werden immer
schlimmer, und ich weine viel. Die Aussicht, Wochen und
Wochen im Krankenhaus bleiben zu müssen, bringt mich
bald um den Verstand. Es wird endlich Frühling, im Jalou-
sie-Kasten nisten Spatzen, der Rasen hat sich mit jungem
Gras bedeckt. Nach diesem endlosen Winter verlangt es
mich mit aller Macht nach draußen, ins Freie, in meinen
Garten, an die laue Luft.
    [...] Ach, nur arbeiten können! Und wieder laufen kön-
nen und zu den anderen gehören wie früher...
    Ein schöner Brief von Reiner. Tuschebildchen von den
Schmidt-Kindern. [...] Ein Anruf von »F[...]«, unserer Ro-
stocker Freundin, der guten, unglaublich dicken, unglaubhaft großzügigen Freundin. Wir sind: der Jürgen, [...] K.
und ich. K. war Jürgens erster Liebhaber, vermutlich der
Mann, der ihn – ein für allemal, nehme ich an – auf diesen
linken Weg gebracht hat. F. [...] versorgt ihre schwulen
Jungs mit West-Leckereien. Sie liebt den K. – wie einen
Sohn und gleichzeitig wie einen exzentrischen Gatten, und
die ganze Bruderschaft hat sie ins Herz geschlossen. Nun
gehöre ich auch zu diesem Kreis, in dem es bloß uns zwei
Frauen gibt – wir sind akzeptiert und aufgenommen.
    Eine Welt für sich, mit merkwürdigen Bräuchen und Ri-
tualen. Jürgen hat sich lange bemüht, mir zu verheimlichen,

was mit ihm los ist, und ich hatte auch nicht nachgeforscht; schließlich war ich auch so an seine kleinen Eigenheiten, Koketterien, seinen femininen Geschmack gewöhnt, daß ich dies alles nicht als ungewöhnlich empfand.

Er hatte einfach Angst, mich zu verlieren – wen zu verlieren? Freundin, Schwester, Liebste, was weiß ich. Einen Namen haben wir dafür noch nicht gefunden. [...]

Himmel, ich kann keinen Satz mehr zuende bringen: schon wieder Gottesdienst per Kofferradio und salbungsvolles Gequassel über Hirten und deine und meine Schafe. Lieber Schwule als Pastoren. Aber »schwul« darf ich nicht sagen, sonst ist Jürgen gekränkt; Schwule sind Strichjungen und dergleichen zwitscherndes Volk, und die kultivierten Homos betrachten sie ungefähr so wie eine anständige Bürgersfrau die Nutten. [...] In gewisser Weise ist es mir ganz recht, daß wir so miteinander sind, so geschwisterlich – dann tut's nicht so gemein weh, wenn die Beziehung zerreißt. [...] (Meine Nachbarin zur Linken redet ununterbrochen, eine Berlinerin mit sagenhafter Schnauze; sie war Sekretärin hier in Buch und kennt die ganze chronique scandaleuse, sämtliche Ärzte und ihre Ehen und Liebschaften und Kinder etc.)

Inzwischen habe ich ein paar Freunde von Jürgen kennengelernt; am besten gefällt mir der schöne Fred. [...] Schade, daß dieser hübsche Knabe für die Frauenwelt verloren ist. Wir hatten viel Spaß miteinander, und Jürgen war aufgebracht, weil F. ihm am Telefon von mir vorschwärmte, und natürlich will er auf keinen Fall, daß ich jemals die Mokkabar im »Sofia« besuche, aber ich tu's doch. Ich möchte tausend verrückte Sachen machen, wenn ich hier wieder raus bin, und tausend Kneipen abklappern und auf der Theke tanzen, und Blumen säen und an meinem Buch schreiben, und eine Menge Männer abküssen und rasend schnell Auto fahren. [...]

Abends singt Schwester Gertrud mit ihrer dünnen und sanften Altfrauenstimme fromme Lieder, sehr schöne Lieder, und dann sagt sie »Amen«, und dann löschen wir das Licht aus. Gestern abend war mir für ein paar Minuten zumute, als ob etwas von dem Frieden, der sie erfüllt, auch in mein Herz einzöge, und ich wünschte, glauben zu können.

Berlin-Buch, 6. 5. 70

Gestern gab es das erste Gewitter in diesem Jahr. Ein paar Tage lang war es sehr warm, und ich saß in meinem Rollstuhl draußen auf der Terrasse. Die Birken sind hellgrün, und die Primeln blühen, und die Tulpen haben schon Knospen. Schade, die ganze köstliche Aufbruchszeit, den Vorfrühling, habe ich versäumt.

Bei Prof. Gummel habe ich ein Einzelzimmer [...]. Bin endlich an der Küchen-Szene, über die ich schon seit langem nachgedacht habe (eine erlebte Szene, mein erster Abend mit Jon, ich weiß sogar noch den Tag: 27. Januar 1961), aber es will mir nicht gelingen, weil mir der Herr K. von heute im Weg ist. Die Poesie, der Schwung (wenn nicht Überschwang) der ersten Liebesszenen im Buch ist zum Teufel, ich schreibe trocken und gleichsam stammelnd. Der Zauber beginnender Liebe vergißt sich wie ein Schmerz [...] – und leider muß ich empfinden, wenn ich schreibe.

Berlin, 9. 5.

Mittags, nach der Bestrahlung, sitze ich in der Sonne. Die Hunde toben und kläffen in ihrem Zwinger (diese Pawlow-Hunde, mit denen die Institutsleute arbeiten).

Einmal sah ich ein Mädchen mit langen Haaren und Niethosen. Sie war noch sehr jung und so angezogen, daß man sich gut vorstellen kann, sie hat vor ein paar Monaten noch mit den Halbstarken an einer Berliner Straßenecke gestanden und ein Kofferradio im Arm gehalten. Sie stand mit ihren Krücken im Foyer, beinahe lässig aufgestützt. Ich glaube, am meisten hat es mich mitgenommen wegen dieser lustigen Nietenhosen; das linke Hosenbein war um den Stumpf hochgeschlagen. Sie hatte Knochenkrebs.

Gestern bekam ich die Vorladung vom Kreisgericht Hoyerswerda. [...] Für ein paar Minuten habe ich den Kopf verloren. Jetzt wird es endgültig.

Mit Hilfe von beträchtlichen Mengen Kognac überstehe ich ziemlich gut die Bestrahlungen. Die ersten Male hatte ich gräßliche Angst unter dieser Kobald-Kanone. Es war gemüt-

lich wie in einem Inquisitionskeller, lauter fremde und bedrohlich summende Maschinen, und Ärztin und Physiker mit
Bleischürzen, während ich nackt und bloß dem Beschuß aus-
gesetzt war ... manchmal denke ich, daß ich in Wirklichkeit
Krebs habe oder so eine ähnliche Scheußlichkeit, das läßt sich
aus allen möglichen Andeutungen oder den »ich darf Ihnen
nicht sagen« und aus der sehr hohen R-Dosis erraten. Wenigstens zwei Jahre lang soll ich meinen Beruf nicht mehr aus-
üben. Das ist lächerlich und völlig unmöglich. Womit soll ich
mein Dasein rechtfertigen? Und all diese Fürsorge hier? Vielleicht ist es inhuman, ein Menschenleben weniger wert als ein
anderes zu finden. Aber wenn ich diesen Aufwand an Arbeit
und Geldmitteln sehe ... für jemanden, der, roh gesagt, zu
nichts nütze ist, der eben einfach bloß lebt, existiert ... Wenn
ich Arzt wäre, würde ich zugrunde gehen an meinen Zweifeln und Gewissensskrupeln. Wir sprechen oft über Eutha-
nasie und ärztliches Ethos. Die Ärzte und Schwestern lehnen
die schmerzlose Tötung entschieden ab, sogar Tötung auf
eigenen Wunsch eines Menschen, der unter Qualen dahin-
siecht. Wieviel wiegt dies Art von Humanität in einer Welt,
wo Tag für Tag Hunderte und Tausende gesunder und glücklicher und unschuldiger Menschen unter Bomben sterben?
[...]
Meine lieben Eltern waren hier; sie haben mir den Vorschlag gemacht, wieder zu ihnen zu ziehen. (Die Armen,
Guten, sie haben soviel Kummer mit mir!) Das Haus in der
Neuendorfer Straße gehört jetzt ihnen, ich kann ein Zimmer
bekommen, werde umsorgt, habe die verordnete Ruhe. Plötzlich empfand ich etwas wie lähmendes Entsetzen, in das Haus
meiner Kindheit zurückzukehren, an den Ausgangspunkt ...
Es käme einer Kapitulation gleich. Eine zerstörte Ehe, ein un-
fertiger Roman, die Flucht zurück (Effi Briest 1970). Es wäre
das Eingeständnis, daß ich im Leben versagt habe.
Ich glaube, Mutti hat mich verstanden (natürlich habe ich
es im Gespräch mit ihnen anders ausgedrückt), aber Vati,
der sehr nervös ist und sich um seine Gesundheit mehr sorgt
als meine heitere Mutter um die ihre, hat eine ängstlichere
Einstellung zu Leben und Tod. Später haben sie die Sache
– aber schon nicht mehr auf mich bezogen – mit Lewerenz

diskutiert, und wir haben, wer weiß, mein nächstes Buch ausgeheckt. Ein Thema, das ich auch mit Christa viel berede (sie kommt öfter her und versorgt mich mütterlich mit Hühnerbeinchen und »kaltem Hund« und Kognac und Büchern): eine Gesellschaft entläßt junge Leute ins Leben mit der hochgezüchteten Vorstellung, »draußen« sei alles aufs beste bestellt; es besteht die Gefahr – Beispiele häufen sich –, daß diese jungen Leute beim ersten ernsten Konflikt (im Privatleben; mit dieser Gesellschaft) aus den Schuhen kippen. (Wofern wir nicht schon eine Gesellschaft von Zynikern erzogen haben.)

On dit, ein Ideologie-Plenum steht ins Haus. Wider das Wohlstandsdenken etwa. Aber woher jetzt eine Idee nehmen? Immerhin ist schon eine Parole geboren: »Überholen, aber nicht einholen.« Wer im Politbüro hatte diesen kabarettistischen Einfall?

Berlin, 5. 6.

Am Montag sind wir geschieden worden. F. war zur Verhandlung und erzählte, daß Jon still bis niedergeschlagen war und sich bedauert – warum? Jetzt kann er doch, nach seinem Wunsch, »wie die einfachen Menschen« leben (so formulierte er es vor Gericht). Gestern sprachen wir noch einmal am Telefon miteinander. Keine Spur von Schärfe. Er war leise, zugänglich und besorgt. F. hat ihm meinen Zustand in den schwärzesten Farben geschildert. Seine Stimme ... Nachher war mir wieder ziemlich elend.

6. 6.

Alles Schwindel, was seine Versprechungen betrifft. [...] Dieses Auto wird zum Alptraum. Jetzt mit irgendeinem Krankentransport fahren, und dann fängt wieder die Zeit an, wo ich zu Hause liege, nicht einkaufen, nicht unter Menschen gehen kann. Mir ist zum Kotzen elend bei dieser Vorstellung.
[...]
Morgen darf ich nach Hause, zunächst auf vier Wochen. Dann wird die Behandlung fortgesetzt. Die ganze Rücken-

sache ist doch ärger als vermutet. In der letzten Woche bin
ich nochmal tüchtig gequält worden, mit irgendwelchen
Spritzen, die die Abwehrkräfte im Körper mobilisieren sollen. Muß sich um injizierte Beulenpest gehandelt haben, der
Wirkung nach zu urteilen.

Gestern war die Christa wieder da und erzählte von ihrer
Reise in Westdeutschland (Materialsammeln über Hölderlin
und die Günderode).

Neubrandenburg, 22. 6.

Ein wundervoller Juni. Jeden Tag Sonne, Hitze, blauer Himmel. Die Blumen im Garten. Die ersten Erdbeeren. Eine
Tigerlilie. Die Terrasse, die nachmittags im Schatten der
Ahornbäume liegt (der Schatten, den ich voriges Jahr liebte,
um Jons willen – ich schrieb meinem Liebsten einen Brief
über den Ahornbaum).

Ein Juni wie in der Kindheit, als immer die Sonne schien,
an jedem gesegneten Sommertag.

Nbg., 28. 6. 70

Ein sanfter Regen nach drei Wochen Hitze und Dürre.
Sonntag. Ich bin müde und glücklich und ein bißchen traurig. Drei Stunden Schlaf über Mittag. Gestern nachmittag
sind wir zur Geburtstagsfeier nach D. gefahren, in Jochens
legendäre Scheune. Aber die Scheune ist ein Kapitel für sich,
und der Jochen auch. Er ist 38 geworden, aber ein Kind,
voller Minderwertigkeitskomplexe, schrecklich einsam trotz
hundert Liebesgeschichten, anrüchige Abenteuer mit kleinen Mädchen, und mit einem Mephisto-Freund behaftet,
der ihm nicht guttut [...]. Aber die Landschaft, und der See,
und der Duft nach Heu, und der große Scheunenraum mit
den nackten Dachsparren – und dort, gegen Morgen, bei einem häßlichen Licht, dieser herrliche, einmalige, wer weiß
wie oft erlebte Augenblick, als E. mich küßte. Die anderen
waren schon fort, bis auf zwei oder drei, die im ausgebauten
Zimmer tranken. E. war abends ziemlich betrunken gewesen, er hatte Streit mit zwei Leuten von der Partei. Er ist

Diplom-Landwirt, geschieden, etwa in meinem Alter. Soweit die Personalien. Er wirkte verbittert, beinahe zynisch.
[...] Ein Zweifler, aber einer mit einem festen Standpunkt.
[...] manchmal ist das ganze Gesicht schön, sehr männlich
und streng, und manchmal, im Profil, viel zu jung und weich
und ein bißchen töricht, wenn er Blödsinn redet, über sich
und die Welt und – in einer Sprache voll biblischer Gleich-
nisse – über die Alleinseligmachende, die Mutter Partei
(natürlich, ich fliege ja immer auf diese Typen, die nicht mit
sich zurande kommen). Um Mitternacht hörte er auf zu
trinken, weil er mich mit dem Wagen nach Hause bringen
wollte. Vermutlich haben wir uns unmöglich benommen
(und die M. saß dabei!), wir waren ganz versunken, hörten
nicht mehr, was die anderen sagten ... Das alte Spiel mit
Glasrand und Lippe – Gott, ich kenne das ja alles, trotzdem
ist es wunderbar und aufregend. Wir fuhren nach Hause und
gingen im Garten herum, bei der ersten Sonne. Über Nacht
war der Jasmin aufgeblüht (auf einmal gewinnt alles Bedeutung, wird zum Zeichen)

Er blieb bis gegen Mittag, dabei waren wir todmüde, aber
überwach. All die Wochen habe ich mich mit einer Liebesszene geplagt, weil ich einfach nicht mehr wußte, wie das ist:
Anfang. Jetzt weiß ich es wieder. Rede über Möglichkeiten,
viel zu viele Zigaretten, Kindheit, Erwägung von Dauer,
Küsse, spielerisch und zärtlich und wild, und Begehren, und
Angst, und Freude und Lachen vor Freude, und Sentimentalität und Küssen und Streicheln. Ich weiß es wieder, das ist
eine Sensation. Der verlängerte Abschied. Wir sind sehr ver-
schieden in Charakter und Gefühl, es wird nicht gut gehen,
ich habe auch keinen Mut mehr, etwas zu hoffen oder dafür
zu kämpfen (wie denn?), daß es gut geht. Wir haben einen
Berg von Schwierigkeiten zwischen uns ausgeschüttet, absichtlich. Wir sind keine jungen Leute mehr. Wie lange hält
Verzauberung an? Ich konnte ihm nicht nachsehen, ihn nicht
abfahren sehen. Das erinnerte mich zu heftig an Jon, wenn er
abreiste. [...] morgen sieht alles anders aus, ich bin wieder
im Beruf und ziehe aus einer Zwölf-Stunden-Romanze Gewinn für mein Buch. Vielleicht.

Berlin, 29. 6. 70

In der Vorstandssitzung. Bin zu spät gekommen und sitze
vorerst am Katzentisch bei der Tür. Aber die Christa habe
ich schon von weitem gegrüßt, und Herrn de Bruyn und
Paul Wiens, die bei ihr am Tisch sind. Neulich hat mir Christa gesagt, daß de B. traurig ist; seine Rosemarie hat ihn verlassen. Er ist so ein Einzelwolf, vielleicht kann das eine Frau
auf die Dauer nicht ertragen; dabei ist die R. eine außerge-
wöhnliche Frau: Fräulein Broder etwa. Eine fremde Welt.
Ich finde sie sehr schön. In einem fast kleinen Gesicht auf
harmonische Art untergebracht großer Mund, große Augen,
große Nase, alles exquisit geformt. Also fremd eben in
ihrem tiefen Ernst, ihrer Art, langsam und dringlich und unglaublich genau artikuliert zu sprechen. Eben Broder. Ich
habe das Buch nochmal gelesen und sie auf jeder Seite wie-
dergefunden. Armer de Bruyn. Es geht ihm sehr nahe. Mir
nicht (oder bloß aus Mitgefühl), er ist eben immer noch
meine stille Liebe, die Möglichkeit, die sich nie verwirklicht,
aber als Möglichkeit schön und voller Reiz ist.
Irgendein Germanistik-Mensch mit einem Schnurrbart
wie Günter Grass redet Parteiliches über Lyrik und verdon-
nert Selbstverwirklichung, den Anspruchshelden und Verin-
nerlichung als spätbürgerlich und revisionistisch und sowas.
Arme Franziska. An so einem Burschen wird sie sterben.
Wie üblich tiefes Schweigen im Saal, keine Zwischenrufe.
Habe Max Walter im Blickfeld, er schreibt – doch wohl
nicht diesen Quatsch mit?
Hoffentlich vergesse ich heute den E[...] und seinen verdammten schönen Mund. Vielleicht stottere ich nachher mit
meinem Herrn de B. herum, das wird mich trösten über den
Abschied von einer Es-könnte-sein-Liebe. [...]
Was habe ich eigentlich in den drei Wochen getan, seit ich
– vorläufig – aus der Klinik entlassen worden bin? Für zwei
Wochen waren Vati und Mutti bei mir und haben mir gehol-
fen, den Haushalt in Ordnung zu bringen und die tausend
fälligen Wege zu erledigen. Zuerst fiel es mir sehr schwer,
mit zwei Leuten in einer Wohnung zu leben, aber dann war
ich doch sehr froh [...]. Ich hätte mich scheußlich gefühlt,

wenn ich allein gewesen wäre – es ist eben doch anstrengend (nicht bloß physisch – aus einer Klinik wieder in den Alltag zu kommen. Eine Menge Leute waren zu Gast (und natürlich jeden Tag der Jürgen), Sakowski kam mit Blumen und Westzeitschriften (die bloß noch vom Sex in allen Varianten leben), und zwei Partys gab es, bis morgens um sechs, und S. ging in dem Langen See baden, betrunken und splitternackt, und er wirkte merkwürdig klein und etwas komisch da draußen in der Natur, ist halt ein Raum-Mensch, in Zimmern und Autos stellt er was dar, ich meine von seinen Dimensionen.

Nbg., 4. 7. 70

Sonntag. Heute ist es eine Woche her, seit dieser E. hier war. Ich habe die ganze Zeit schwer gearbeitet, bis zur Erschöpfung, und abends manchmal getrunken, aber es hilft nichts. Ich wünschte so sehr, daß ich ihn noch einmal sähe – sei's nur, um enttäuscht zu sein. Ein Irrtum, ja, das wäre eine angenehme Lösung. [...] Jürgen [...] spricht immer öfter vom Heiraten. Was für eine verrückte Idee! Manchmal bin ich den Tränen nahe, so bewegt mich seine Zärtlichkeit. Ach Gott, warum können wir nicht ein normales Liebespaar sein?

Heute bin ich schrecklich deprimiert. Ich ertappe mich immer wieder dabei, daß ich warte. Warum habe ich mich so blöd benommen, so viele Vorbehalte aufgebaut? Aber jetzt ist es zu spät, und übrigens bin ich vor allem deshalb so angeschlagen, weil wir gestern abend (oder vielmehr: heute früh) ziemlich besoffen waren. Zuerst waren wir (die zweite Hälfte von Wir ist natürlich Jürgen) in der Hotelbar, aber da war's blöd, und wir hatten viel zu ernste Themen, Vietnam und Folterung und Buchenwald, das war erst recht grausig – in so einer Bar, bei Tanzmusik, mit Wodka, in Sicherheit. Dann kam der Chef vom Theatercafé [...] und lud uns zu sich ein, und wir [...] hockten bis morgens um 3 bei ihm an der Bar. Er ist Barmixer, dieser Herr T., ein netter Mensch, soweit man das bis jetzt sagen kann, und er war sehr angetan von J. neuer Freundin (denn dafür hielt er mich) und trak-

tierte uns mit einem teuflischen Gesöff, Sekt mit Bols und
Angostura, und unsere Gläser wurden nie leer. Das Zeug
hätte mich beinahe vom Barhocker geschmissen. Irgendwann wurde es dann ziemlich gemischt: auf einmal saßen
lauter Linke bei uns, und ich tanzte mit diesen schwulen
Jungs, und T. ließ für mich den »Schiwago« spielen, und
dann tanzte ich mit Jürgen, aber wie – die Leute müssen
denken, wir wären in der Phantasie schon miteinander im
Bett. Was soll das bloß? Diese schwule Tanzerei, und küssen
und was weiß ich, und das alles ist wie La Valse, diese
schreckliche Musik, die immerzu steigt und steigt und keine
Erlösung hat […]. Ich bin da in eine feine Gesellschaft geraten, kommt mir alles ein bißchen anrüchig vor. Der T. sagt,
ich könnte jederzeit kommen und bei ihm an der Bar sitzen,
kriege so eine Sonderstellung, einen Dauer-Propusk gewissermaßen (das Theatercafé, ist nämlich immer ausverkauft,
und man müßte einen Platz vorher bestellen), aber ich soll
eben kommen, wenn mir die Decke auf den Kopf fällt, und
das wird mit Sicherheit so ziemlich jeden Abend passieren
[…] mit einem Barmixer wollte ich immer schon befreundet
sein, jedenfalls seit ich Hemingway lese. Heute denke ich
den ganzen Tag darüber nach, nein, ich frage mich, ob ich
nicht das Leben im wesentlichen bloß aus Romanen kenne.
Oder mache ich aus der Wirklichkeit Romane? Was ist überhaupt mit mir los? Vielleicht schreibe ich mein Buch nie zuende. Wie meine Franziska: immer nur geträumt von dem,
was man sein und tun soll, und die Zeit vergeht, die kostbare Zeit. Aber gestern abend war ich sehr ausgelassen und
glücklich, und ich kann wieder tanzen und habe nicht mal
Schmerzen dabei. Auf dem Heimweg haben wir Rosen geklaut.

Nbg., 9. 7.

Fortsetzung der Liebeswirren. Vor zwei Tagen war Maggy im
Hotel; am Tisch ein schmächtiger Blonder, vor Wochen erst
nach N. gezogen (aus Dresden, man hört's, und der Jürgen
wird Stoff genug zum Spotten haben) […].

Nbg. 10. 7.

Wieder ein vergammelter Tag, wieder diese schreckliche
Stimmung wie all die Zeit vorher (und die Süße der Episode
mit Christoph ist darüber verlorengegangen [...]). Die Sauferei jeden Tag, [...] die Quälerei mit dem Manuskript (tagelang über ein paar Sätzen) – jetzt bin ich doch erschöpft.
Diese Woche keine zwölf Stunden Schlaf gehabt. Zuviel Zigaretten, zuviel Schnaps, zuviel Männer. Aber ich habe mit
keinem geschlafen, ich weiß nicht warum – aus Angst oder
Scham, oder weil mir Herr K. immer noch im Weg ist, [...]
oder weil ich sehe, wie unglücklich mein Jürgen daneben
steht [...], wenn ich daran denke, wie er gestern abend still
im Sessel saß, nur aufstand, um eine Platte aufzulegen, Musik für T. und mich, und wir tanzten (und wie, fast unbe-
wegt, ineinander, verrückt und gierig), und mir war zum
Heulen zumute, mein armer Jürgen, mein Junge, der zu-
sieht, wie ein anderer mir die Füße küßt, während ich halb-
betrunken auf der Couch liege [...].

Nbg., 11. 7. 70

Gestern abend hat Jürgen eine schreckliche Szene gemacht
wegen des Barkeepers [...]. Nachher hat mich Christoph
noch getröstet und Entschuldigungen gefunden – ach, der
würde ja alles entschuldigen, was ich tue, ich komme mir
schon vor wie ein Altarbild. Ich hielt mich für eine ziemlich
erfahrene Frau, wie man so sagt, und ich dachte, mich
könnte nichts mehr überraschen, jedenfalls nicht sehr. Männer. Nun ja, das Übliche. Und [...] das blöde Vokabular, Variationen, je nach Bildungsgrad. Und jetzt einer, der mich
ganz hilflos macht. Ein Kind, ein Mystiker, ein Mann mit
zuviel Verständnis, ein Anbetender, ein zärtlicher Liebhaber.
Überhaupt nicht mein Typ: zu klein, zu zart, nahezu rothaa-
rig. Etwas gelbbraune Augen, die sind allerdings bemerkenswert. Ich bin nicht verliebt, nur verwirrt und gerührt.
[...]. Ein netter Junge, 30, Goldschmied, zwei Ehen; letztens zog er mit so einem Jugendwerkhof-Mädchen rum:
wollte sie retten oder sowas. Typisch.

Ich dachte nicht, daß wir uns wiedersehen würden, aber nach einer halben Stunde kam er ins Hotel zurück [...]; er verriet auch gleich [...] glückstrahlend, warum er zurückgekommen war. Ich weiß noch, daß ich in einer gräßlichen Stimmung war, kam mit dem Buch nicht weiter, hing an irgendeinem Satz, außerdem dachte ich an den E. und fand die ganze Welt beschissen. Und dann saß da dieser komische Junge und erzählte mit einem Kinder-Vertrauen, das einen einfach umschmeißt, und gab viel zu viel von sich preis, und nachher gingen wir alle auf den großen Platz vorm Kulturhaus und ließen so einen albernen roten Propeller steigen [...]. Wir waren ein bißchen betrunken, es war am späten Nachmittag, die Sonne schien, alle Leute hatten Zeit und gute Laune, schien's, [...] und sahen uns zu und lachten, und auf einmal war die ganze Welt sehr nett und bunt. [...]

[...] Und dann den ganzen Abend und die Nacht hindurch reden und entdecken, wie man sich gleicht in Anschauung und Wesen (ich gleiche ihm überhaupt nicht, zum Teufel, der Christoph ist ja wie hautlos, viel zu gut für diese Welt) und trinken und Blues hören, und dann die gestammelten Liebeserklärungen und Schwärmen und Exstase. Ich habe ihn gewarnt, ich habe ihm alle abschreckenden Geschichten erzählt und mich noch übler dargestellt, als ich bin – es nützt nichts. Ich werde zum Wunder erklärt, zur Göttin erhoben, zur Frau über alle anderen, und Haut wie Jade, von der Farbe japanischer Bronzen [...]. Das muß ja schlimm ausgehen, so darf man nicht einen anderen zum herrlichsten Bild machen, soviel Erwartung darf man nicht einsetzen, ohne furchtbar enttäuscht zu werden. [...] Die meiste Zeit bin ich eher bedrückt, fühle mich verantwortlich, aber in einer belastenden Art: so einem darf man doch nicht weh tun.

Nbg., 17. 7.

Am Wochenanfang hatten wir zwei nahezu glückliche Tage und Nächte. Chris war immerzu hier, aber er hat eine angenehme Art, einen unbehelligt zu lassen, manchmal jedenfalls. Ich konnte sogar arbeiten, und er sorgte für mich, kochte und wusch ab und brachte mir Kaffee und war überhaupt so schrecklich, schrecklich fürsorglich. Merkwürdigerweise hatte ich am Sonntag sehr auf ihn gewartet (und nahm es mir übel), ich war aber sternhagelvoll, der arme Junge kriegt mich immer im Zustand der Volltrunkenheit zu sehen. Ausgerechnet an diesem Tag rief die Christa an, war aber mild und voller Verständnis für das lallende Wesen, das aus einer Verwirrung in die andere taumelt, Gott weiß warum. Doch, ich weiß eine Menge Gründe – aber wann hätte man jemals keinen Grund gefunden, wenn man trinken will? Mit Henselmann habe ich auch eine Stunde telefoniert; manchmal ist dieses Mistvieh einfach phantastisch. Ein großes Herz und ein weiter Blick – nach vorn, immer nach vorn. Die zwei großen Probleme der Zukunft (auch schon der Gegenwart, natürlich): Die Menschheit ernähren und behausen. Städtebau in hundert Jahren. Er gibt mir immer wieder die Linie, die richtige Marschroute [...]. Private Schwierigkeiten verlieren an Gewicht. Das Einfache, das schwer zu machen ist – etwas in der Art. Jedenfalls war ich wieder für eine Weile aufgerichtet. Überhaupt treten jetzt meine privaten, also diese albernen Liebesdinge, in den Hintergrund. Genesung und Befreiung. Befreiung von Schmerzen, das ist schon wichtig; noch besser: von meiner unglückseligen Liebe zu K. (erstaunlich, daß diese innere Bemühung unterstützt wird durch eine Amtshandlung, die endlich erfolgte Scheidung). Vor ein paar Tagen hatte ich nochmal einen Rückfall: als Dieter mir von K. erzählte, wie er ihn in seiner Wohnung antraf, im Kreis seiner Kinder, philosophierend über Familienfreude und das Glück eines durchschnittlichen Lebens. [...] ich [...] fühlte mich plötzlich wieder ganz kaputt, untauglich für Liebe und neue Bindung. Na, nach einer Flasche Schnaps und Gerds Küssen war das auch vergessen (ich betrüge Chris schon, und das mit Genugtuung: wie man eben die Sanften, die alles Verzeihenden betrügt).

[...] obgleich die Wirren keinesfalls vorbei sind, werde ich wieder neugierig, gierig, anderes und Neues aufzunehmen, heftig interessiert am Leben, literarischen Problemen, der Arbeit anderer, (also auch Rundfunkarbeit, Goldschmiedarbeit), an politischen Ereignissen. Manchmal verspüre ich ein wildes Hochgefühl, als wär ich imstande, wunder was zu schaffen. Oder ist das das Übliche – Depression und Aufschwung in raschem Wechsel? Traurigkeit und Begeisterung, und immer maßlos und ausschließlich, als wär ich noch mitten in der Pubertät.

Chris war so ziemlich jede Nacht hier, aber ich bin immer allein in mein Bett gegangen, und er kam, Gute Nacht sagen, und setzte sich dann in mein Arbeitszimmer bis zum Morgen. Schläft er? Liest er? Ich weiß nicht. Morgens, wenn ich noch im Halbschlaf bin, mich jedenfalls schlafend stelle (aus Auflehnung oder dergleichen), schleicht er ins Zimmer und streichelt mein Haar, und dann ist er fort, hinterläßt Blumen und Briefe … ich habe ihm gesagt, daß ich es hasse, beim Aufwachen einen Mann in meiner Wohnung vorzufinden, und daß ich es nicht leiden kann, wenn mir Frühstück serviert wird – was nicht stimmt, oder nur zur Hälfte, denn tatsächlich bin ich morgens lieber allein, aber vor allem empört mich seine Fürsorge, die ich als Besitznahme empfinde.

Nur in der Nacht vom Sonntag zum Montag waren wir zusammen, und vielleicht habe ich ihn in dieser Nacht geliebt. Wir haben miteinander geschlafen und Fiasko gemacht, wie Stendhal sagt […], aber wahrscheinlich war gerade das so süß und bezaubernd, und wir waren schüchtern wie Fünfzehnjährige, und ich konnte bis zum Morgen bei ihm liegen und schon halb schlafend mit ihm reden.

Nbg., 20. 7. 70

Gestern aus Rostock zurück. Eine schauderhafte Fahrt, Zug überfüllt, schwerer Koffer, stundenlanges Warten auf Taxi, mit Jürgen verkracht, Auto kaputt, kein Geld mehr (Fahrgeld hat mir Dorli gegeben). Völlig bankrott, manchmal find ich es zum Lachen, manchmal zum Heulen. Uwe hatte am Freitag den Wagen aus Weißwasser geholt […].

War merkwürdig, nach einem Jahr mal wieder in unseren Wagen zu steigen. Unvergeßlich die letzte Fahrt, von Hoyerswerda hierher. Die Erinnerung an einen wahnsinnigen wie körperlichen Schmerz. Unterwegs erzählte mir Uwe von seiner Doktorarbeit, von Eiweißen und Aminosäuren. Er hat eine Art, dergleichen Exotisches zu erklären, daß ich denke, er würde einen guten Lehrer abgeben. […]

Nbg., 23. 7.

Frühmorgens. Endlich scheint mal wieder die Sonne, hoffentlich wird es warm nach all den grauen Tagen. Ich höre
Chopin. Eine wunderbare Wieder-Entdeckung. Gestern den
ganzen Abend die Etüden und Preludes. Enthusiastisches
Entzücken und tiefe Niedergeschlagenheit. Oder habe ich
mich so sehr in meine Franziska versetzt? Ich hatte den
Chopin wieder hervorgesucht, weil ich seine Musik für den
Kapitelschluß brauche, an dem ich schon so lange herum-
arbeite, immerzu unterbrochen durch Leute, Liebe und dergleichen. Aber ich bin ja immer noch und trotz zehn Jahren
Altersunterschied in der Lage der Franziska. Bei McCullers
las ich von einem Schriftsteller, der etwa sagt, der Abstieg
beginne, wenn man – nachdem man in der Jugend überzeugt
war, ein Genie zu sein – sich vornimmt, ein guter Durch-
schnittsschriftsteller zu werden. Zweifel an meinem Beruf,
meiner Tauglichkeit.

Am Geburtstag lange Diskussion mit Lewerenz. Er kennt
mich ganz gut, er sagte, das Buch sei keine Aufgabe mehr
für mich, sondern bloß noch ein moralischer Halt, und ich
schriebe ohne Gedanken an Veröffentlichung, eher Tagebuch als Roman. Hat mich schrecklich deprimiert, weil es
im wesentlichen stimmt.

Mit Jürgen habe ich mich wieder vertragen. Zu blöd, dieser Streit in Rostock. Die ganze Fahrt war mißglückt, vor
Ahrenshoop ging der Wagen zum Teufel, aber das fand ich
eher zum Lachen, Tränen nützen sowieso nichts. […] Wir
kamen wie die Tramps bei Wolfgang Schreyer an, der etwas
indigniert aussah. Das war alles ganz anders geplant gewesen, er wollte mit mir sprechen, und plötzlich sah er sich vor
Leuten, die ihm anrüchig oder etwas verrückt vorkommen
müssen. Er ist ein ordentlicher und sehr zurückhaltender
Mensch, […] solche Huddeleien wie mit einer verwahrlosten Karre am Straßenrand können ihm schon aus Finanz-
gründen nicht passieren –, und er hat anständige Freunde,
und seine Ausschreitungen spielen sich auf anderem, nämlich politischem Gebiet ab. Wahrscheinlich hat er gemerkt,
daß mein Liebhaber schwul ist, und daß ich anders rede als

früher und anders lache, das höre ich ja selbst, ein rauhes, manchmal nahezu rohes Lachen. Trotz meiner bürgerlichen Schlacken wirke ich in seinem gepflegten Haushalt wie ein Bohemien (der ich nicht bin, glaube ich), und wir kamen erst spät wieder ins Gespräch, als wir allein in seinem Wagen saßen, während die übrige Truppe meinen armen alten Skoda auf einen Sommerweg schob.

Wir waren aber alle ein bißchen gereizt auf der Heimfahrt im Bus, und Jürgen unterhielt die Leute im Bus mit einer Analyse meines Charakters, meiner Liebschaften und Ehemänner, er benahm sich selbst wie ein eifersüchtiger Ehemann [...], und da wir uns lauthals zankten und dabei »Sie« zueinander sagten, war das Publikum ziemlich verwirrt. Nur ein schöner junger Mann, der hinter Uwe saß, schien wirklich amüsiert und zunehmend interessiert, nämlich an der Lady, die gelassen (und vermutlich in Gedanken dichtend) dasitzt und ganze Völkerstämme für sich arbeiten läßt (verkündete Jürgen). Merkwürdiger Zufall, daß sich die beiden nachts in einer gottverlassenen Weinschänke wiedertrafen und ins Gespräch kamen, das mit einer Liebeserklärung für die Lady endete, die Jürgen erst recht ins Herz traf, weil er sich aus Kummer über unsere Trennung betrank. Der junge Mann hatte auch Kummer (jedenfalls haben wir ihn aber für eine Stunde Busfahrt aufgeheitert); er ist von der Philosophischen geext worden, hat als Transportarbeiter gearbeitet und studiert jetzt wieder – Landwirtschaft, die ihn nicht interessiert. Das ist schon wieder eine Geschichte für sich. [...] Dienstag war mein Geburtstag, ein Tag, der mich sowieso nicht überglücklich macht. Wieder ein Jahr, und wieder nichts geschafft. Schon das Übliche. Chris und Lewerenz. Chris war aus Dresden zurückgekommen und brachte Wodka und eine Emaillearbeit, ein Bild von meinem Lieblingsheiligen, dem St. Georg (sowas merkt er sich) und ein spanisches Wurfmesser von 1860, ein Prachtstück aus Toledo, gute Arbeit, ein scharfer und so schwerer Dolch, daß man im Zimmer keine Wurfübungen machen kann, er schlägt glatt den Türstock durch.

Manchmal nehme ich ihn in die Hand und stelle mir vor, was passiert wäre, wenn ich ihn damals bei mir gehabt hätte, als ich zum letztenmal bei Jon war. »A new man's face in the hell«, wie es in der Ballade von Frankie und Jonny heißt. Dabei fällt mir immer ein, daß unsere Talisman-Türchen von den Bücherregalen weggeräumt waren, auch mein Foto war schon verschwunden. Wenn ich damals alles mit der Schärfe wahrgenommen hätte wie jetzt, in der Erinnerung, und gewußt hätte, daß er auch auf diesem Bett mit einer anderen Frau geschlafen hat – bei Gott, ich hätte ihn umgebracht. Diese Fahrt zurück! Nein, das vergesse ich mein Leben lang nicht. Keine Liebe wieder, nie wieder dieser Schmerz. [...]

Wir verbrachten den Abend mit Maggy [...]. Chris brachte mich nach Haus, und er lag auf den Knien und weinte – vor Glück? Um Himmelswillen, wie kann einer meinetwegen glücklich sein? Merkt er denn nicht, daß ich schon auf ihm herumtrete? »Cohn hatte eine fabelhafte Gabe, alle schlechten Eigenschaften in einem zu wecken.« So in der Art. Aber ich habe mit ihm geschlafen, und es war sogar freudlich und gut, und wahrscheinlich würde ich es wieder tun, obgleich ich Angst habe, er macht mir absichtlich ein Baby, um mich sicher zu haben. Warum brauchen Männer immer Sicherheit? Und diese Fragen! Er fragt zuviel, er will alles wissen und sofort [...]. Am meisten erstaunt mich, daß mein Körper reagiert, gewissermaßen unabhängig von mir selbst. Vielleicht bloß eine physische Erscheinung. Oder es kommt daher, weil die Barriere nicht mehr da ist, diese Hemmung, weil ich eine Amazone bin. Vielleicht hat mein Körper ein besseres und dankbareres Gedächtnis als ich: an einen Augenblick, als ich vor Chris weinte. An jenem Abend, als er zum erstenmal bei mir blieb, habe ich ihm gesagt, daß ich eine halbierte Frau bin. Es fiel mir unglaublich schwer, aber die Scham und der Schrecken, den ich vor mir empfinde, war plötzlich verschwunden, als er sagte, im Orient werden in besonders schöne Teppiche absichtlich Fehler eingewebt, damit sie nicht durch Vollkommenheit die Menschen einschüchtern, und diese Narbe sei eben mein »Webfehler«. Ein verrückter Vergleich, aber er findet mich schön und vollkommen [...], ohne einen Augenblick zu erschrecken oder abgestoßen zu sein oder Mitleid zu empfinden. Kein Mitleid, das war groß, das hat mich wirklich geschafft. Ein Webfehler... Trotzdem lebe ich die ganze Zeit in Auflehnung gegen

[...] diese Überheblichkeit der Sanften, wie die kluge Frau Henselmann das nennt, die mörderische Geduld, die ich noch von Pitschmann kenne. [...]

(Inzwischen ist es elf Uhr geworden, Ch. wollte heute früh kommen, und jetzt mache ich mir wahrhaftig Sorgen. Ich habe ihn gestern abend so schroff weggeschickt [...]! Aber ich konnte diesen Einbruch in mein Territorium nicht ertragen. Wenn er gelegentlich mal in meinem Arbeitszimmer schläft, ist das ganz hübsch, aber es darf nicht zur Gewohnheit werden, [...] denn ich muß morgens allein sein, wenn ich mich mit dem neuen Tag anfreunde oder verfeinde, und ich will kein Männergesicht zwischen mir und dem blauen oder grauen Himmel sehen).

[...]

Nbg., 29. 7. 70

Ein Sonnabend wie aus dem Bilderbuch. Wolken, aber Abendsonne auf Apfelbaum und Blumen. Die Phlox-Büsche im schreienden Rosarot. Die Luft ist feucht und scheint zu wabern wie manchmal bei übergroßer Hitze.

Ein merkwürdiger Brief von Christa: Sie stellt ihre Arbeit, Schreiben als ihre Aufgabe in Frage. »Vielleicht haben diese jungen Leute recht, und wir sollten abtreten.« (Nein, sie haben nicht recht, finde ich – jedenfalls würde ich ihnen das Recht nicht zusprechen, solange sie keine Alternative zu bieten haben.) Aber, wer weiß, der Brief ist in einer bedrückten Stimmung geschrieben worden. Eine Augenblicks-Stimmung, die inzwischen verflogen ist. Sicher. Christa sitzt dort in einem Schriftstellerheim bei Leningrad, in einer Umgebung, scheint's, die auch ein Monster an Unsensibilität deprimieren kann. Sie schildert genau die Zimmer, die Treppen, die Läufer, die beleibten und gehbehinderten älteren Schriftsteller, die Vorortbahn nach Leningrad – und ich sehe wieder Peredelkino und kehre in jenen einsamen Abend zurück, als ich allein im Komsomol-Haus saß und arbeitete ... die hohen alten Bäume, Wind, die Pfiffe der Bahn nach Moskau, viel zu viel Land ringsherum ... damals kannte ich die Steppe noch nicht, die schreckliche, herrliche Steppe unter einem maßlosen Himmel, die Weite, in der man atmen,

atmen kann und die Arme recken, ohne irgendwo anzustoßen, und diese wunderbare Ruhe, die man erst erlernen
muß.

Heute trinke ich wieder, aber ohne diese Verzweiflung
wie in den vergangenen Wochen. Es schmeckt mir einfach,
und ich fühle mich ein bißchen leichter, wenn auch nicht
sehr fröhlich, obgleich ich endlich wieder geschrieben habe
(Jons Liebesbriefe ausbeutend). [...]

Nbg., 1. 8. 70

Stinklaune. Den ganzen Tag keine Sonne. [...] Sonnabend.
Warum ziehe ich nicht einfach durch ein paar Kneipen? Blödes Bourgeoisweib. Übrigens kann ich Christoph nicht ausstehen, jetzt im Moment jedenfalls nicht. Seine Sanftheit
macht mich hysterisch. Ich möchte ihn kaputtmachen wie
ein Spielzeug, das man satt hat. Seit seinem Heiratsantrag
geht er mir furchtbar auf die Nerven.

Nbg., 4. 8.

Ch. ist wieder da, der sanfte Erpresser. Er hat mir Bieder-
meier-Gläser mitgebracht, und nächste Woche bekomme ich
ein Meißener Service, Weinblatt-Muster, so eine Pracht aus
dem vorigen Jahrhundert, und natürlich freue ich mich darüber, aber dann gibt es Streit, weil ich mir nichts schenken
lassen will. Ich will mich nicht bestechen lassen. Dieser Irre
plant ganz im Ernst einen Einbruch ins Grüne Gewölbe; er
hat einen Komplicen, sie haben beide dort gearbeitet und
wissen, wie man die Alarmanlagen ausschaltet und die
Wächter täuscht (alte Männer, die notfalls geschockt werden müssen durch vorgehaltene Pistole – Herrje, und Pisto-
len werden ebenfalls beschafft). Und nächstes Jahr trage ich
ein Kollier aus (ungeschliffenen) Brillanten von August dem
Starken ... Zwar finde ich diesen detailliert ausgearbeiteten
Plan auch ganz reizvoll – Kunstraub hat für meinen Begriff
immer etwas mit Liebe oder Liebhaberei oder sogar Fanatis-
mus zu tun –, aber mein sozialistisches Bewußtsein ist dann
doch stärker. Dieses ganze Museumszeug sollte allen

gehören; ich finde es schon eine Schweinerei, daß Möbel und Bilder aus unseren Schlössern gegen harte Währung ins westliche Ausland verhökert werden. Jedenfalls habe ich Chris gesagt, daß ich ihn und seinen Mit-Gangster hochgehen lasse, falls sie ihren Coup starten, und falls er glückt.

Nbg., 9. 8.

Mittwoch habe ich Ch. rausgeworfen. Kam mit einer Arbeit nicht voran, war verzweifelt – und er saß hier herum, strahlend und glücklich, wollte mir Essen machen, Herrgott, als ob mir in dieser Höllenstimmung nach Essen zumute wäre! Explosion. War schon lange fällig. [...]

Herrliche Freiheit. Seit er in Dresden ist, kann ich wieder arbeiten. Ein paar hübsche Stellen (die mir nächste Woche nicht mehr gefallen werden). Gestern abend mit Jürgen im Theatercafé. Kein Erfolg. Wir waren beide müde und abgearbeitet. Jürgen präsentiert mich als seine Frau, küßt mich an der Bar, und Neubrandenburg sieht indigniert zu. Freitag wollten wir heiraten. Wär ein netter Gag gewesen. (Aber ich habe nicht mal eine Geburtsurkunde, und meine Heiratsurkunde habe ich als Merkzettel für Telefonnummern benutzt.) Habe mich mit dem Barkeeper verabredet, keine Ahnung, warum. Interessiert er mich überhaupt? [...]

Scheißsonntag. Noch down von gestern abend. Werde mich im Haushalt schaffen. Seit drei Tagen bin ich eine vorzügliche Hausfrau, zum erstenmal in meinem Leben wecke ich Obst ein und bin ordentlich stolz auf die Batterien von Gläsern. Scheint auch eine Form von Existenzangst zu sein – seit der ersten Ehe (ich weiß noch, daß ich damals öfter gehungert habe) habe ich eine Schwäche für Vorräte, Hamstern, beruhigende Reihe von Konservenbüchsen. Bekomme erst im Oktober wieder Stipendium, weil ich noch krank geschrieben bin (in diesem Fall darf der Kulturfonds nicht zahlen), bloß, die Krankschreibung nützt mir nichts, finanziell, weil ich schon seit Juni ausgesteuert bin. Und ans nächste Jahr darf ich schon gar nicht denken.

Unterwegs hat Jürgen Sonnenblumen geklaut, und dann

haben wir Ladenschilder abmontiert und an anderen Läden angebracht. Das ist auch so ein Grund, meinen dummen Jungen zu lieben.

[...]

Nbg., 17. 8.

[...]

Einmal, vor zwei Wochen, hatten Jürgen und ich einen guten Nachmittag. Wir waren im »Kosmos«, um den grauen Polen Saxophon spielen zu hören (Gott, ein Jahr vorher habe ich mit ihm geflirtet, und ich war noch glücklich und unbeschwert [...] – damals gab es den Jon noch, und ich war so ahnungslos, und dabei schlief er schon mit einer anderen. Am 16., gestern, vor einem Jahr, war er zum letztenmal hier.) Jedenfalls, dort unter all den Leuten habe ich Jürgen, der diesem Thema sonst mit Anflug von Hysterie ausweicht, dazu gebracht, von sich und seinem Freund [...] zu erzählen (auf den ich eifersüchtig bin, natürlich). Er war ganz rot und stotterte, obgleich er sonst so ein gottloses Maul hat, und dann schüttete er sein Herz aus – es war wie ein Dammbruch, und ich habe nichts gesagt, nur zugehört.

[...]

Ach ja, manchmal ist er schon gut, trotz schwul und Macken und so. Ich möchte auch mal wieder mit ihm ausgehen [...]. Mit Jürgen macht es schon deshalb Spaß, weil er gewandt und heiter und elegant ist. [...] ich brauche einen ganz sicheren Mann neben mir, das hilft ein bißchen gegen Minderwertigkeitskomplexe und Schüchternheit – übrigens auch meine peinlich korrekte, teils elegante, teils auffallende Kleidung, über die sich Maggy immer lustig macht, aber ich brauche das eben – dabei trage ich viel lieber Niethosen und alte Männerhemden, und zu Hause lebe ich diese Neigung zur Schlamperei aus. Na, das ist alles Quatsch, und ich schwatze bloß so vor mich hin wie immer, wenn ich ins Hotel umgezogen bin. War eine Flucht vor der Bude, vor den tausend Telefonanrufen, vor den Leuten, die mich dort heimsuchen. Meine Arbeit wird andauernd behindert in einem Maße, daß ich manchmal hysterisch werde. Mein Klinik-Kapitel (also das, was ich zum großen Teil in Buch geschrieben habe) ist immer noch nicht fertig. Zwei, drei Seiten, zwei, drei Tage

absoluter Ruhe, dann wär's geschafft. Gestern hatten wir eine
Lesung: Publikum Jürgen und Christoph, Jürgen hat gelesen;
Verfremdung, ich kann dann genauer urteilen, Falsches und
Ungeschicktes heraushören. Fand's aber ganz ordentlich,
völlig wider Erwarten (akzeptabel, nicht mehr, nicht weniger
für meine eigenen Ansprüche an mich), Jürgen war ganz
glücklich, Christoph einfach erschlagen. Jetzt hält er mich
auch noch für ein Genie, du lieber Himmel, nachdem er mich
schon zur schönsten, klügsten, interessantesten aller Frauen
ernannt hat. Wirklich ein Fall von Behexung […]. Er würde
sich unters nächste Auto werfen oder mit dem spanischen
Messer den Bauch aufschlitzen, wenn ich in einer bösen
Laune sagte: »Na los, tu's doch.«
    […]
    Durchblätterte eben das Tagebuch und fand immerzu, so-
bald der Name Christoph auftaucht, Bemerkungen der Art:
»geht mir auf die Nerven« […] etc. Warum dulde ich ihn
dann überhaupt neben mir? Aus Sadismus, unter anderem,
weil ich meine Launen an ihm abreagieren kann; weil er form-
bar ist, sich unterwirft, bereit, mein Geschöpf zu werden
(diese Sucht, Geschöpfe zu machen!, als ob einem die Buch-
Figuren nicht genug zu schaffen machen); weil er – vielleicht
– begabt ist. In der Tat begann ich mich erst […] für ihn zu
interessieren, als er mir seine Aquarelle und Graphiken und
die Entwürfe für Schmiedestücke zeigte. Ein naiver Abstrakter (falls es sowas gibt). Ein paar Arbeiten erinnern an Wols
(den er aber nicht kennt). Städte, die Idee einer Stadt, manches bedrohlich (»die rote Stadt«), manches flirrend phantastisch (»Abflug aus New York«), oft faszinierende Farben,
immer eine unbewältigte Stelle […]. Gewaltige Ringe, die ich
um keinen Preis tragen würde. Und dann ein Halsband, bei
dem man geradezu erschrickt, das man überhaupt nicht mit
diesem sanften, gutgläubigen Trottel in Verbindung bringen
würde: ein Schmuck wie für die böse Fee Malefiz in Disneys
»Dornröschen«, märchenhaft, hexerisch, an Drachenflügel
erinnernd. Sowas kann doch nur – sollte man denken – aus
einer schwarzen Seele kommen. Ich war wirklich sehr befremdet. […] Alle, denen ich diese Entwürfe zeigte, waren
geradezu begeistert, dabei leicht übergruselt: sehr schön, aber

das kann man nicht tragen. Eben etwas für die Malefiz. Trotzdem lasse ich mir gerade dieses Halsband machen, ich riskiere es eben. [...]

Ich habe noch mehr Sorgenkinder, die meine Zeit und Kraft über Gebühr beanspruchen. Der Jürgen muß getröstet und beschimpft und aufgerichtet und getadelt werden: Er ist zu Hause rausgeflogen oder jedenfalls im Zorn abgereist. Mutter Elsa hat endlich gemerkt, daß er ein Linker ist, aber das ist – obzwar ein Schock und für eine Mutter sicher schlimm – nicht der einzige Grund. [...]

Sorgenkind Nummer drei hat sich inzwischen davongemacht. Na, Kind... diese Burschen sind dreißig Jahre und werden mit tausend Dingen nicht fertig und müssen sich ausgerechnet auf meine schwachen Schultern stützen. Der Gerd ist vergammelt, und ich weiß nicht, ob er noch jemals zurechtkommt. Sein Versuch, hier in der Nähe sich anzusiedeln, als Traktorist bei der LPG zu arbeiten, ist gescheitert; das war nicht bloß seine Schuld, man hat ihm sein Vorleben angelastet. Eine gute LPG, also leistet man sich moralische Überheblichkeit [...].

Nbg. 28. 8. 70

[...] M. las aus ihrem neuen Buch vor, eine sehr poetische Stelle (das kann sie: Bäuerliches so beschreiben, daß man Herd, Garten, Himbeeren, Waschlauge riechen, sehen, schmecken kann) und eine von ihr als »strittig« angekündigte: 45, Vergewaltigung, Selbstmord der Frau. Ausgezeichnet geschrieben, finde ich, psychologisch glaubhaft – über die Sache selbst, als eine tausendmal geschehene, belegbare, jedermann bekannte, braucht man gar nicht zu reden. Es wurde aber geredet: über die politische Notwendigkeit, dergleichen nicht mehr zu erwähnen (selbst wenn es Einzelfälle gegeben hat, sagte die nette Kulturdame von der Bezirksleitung): weil Stoph und Brandt ihr Gespräch in Kassel hatten; weil Brandt mit Kossygin konferiert und dieser Gewaltverzichts-Vertrag paraphiert worden ist, weil der Westen gegen diesen Vertrag schießt; weil die westlichen Verlage sich wegen dieser Szene auf das Buch stürzen und es für ihre antikommunistische

Propaganda mißbrauchen werden; weil wir eine bewährte
Freundschaft zur SU haben; weil nicht sein kann, was nicht
sein darf. Ebert, der so unvorsichtig gewesen war, zuerst zu
sprechen und die schlimme Szene gutzuheißen, fiel natürlich
um und korrigierte sich, wie er's nannte, und M. und ich
standen mal wieder allein. Umsonst meine Berufung auf sowjet. Bücher und Filme (den großartigen Film »Befreiung«),
umsonst das Argument, daß hier gelassen und ohne Hysterie
eine unter hundert Geschichten erzählt wird [...]. Glätten,
verschweigen, verdrängen. So nannte ich es, »Verdrängung«,
und Jochen (der sich allerdings schon lange ernstlich aufregt
über meine Neigung für Freud) schickte mir einen Zettel mit
dem gekritzelten Aufschrei: »Wenn Du wüßtest, was wir alles
verdrängen müssen!« Später habe ich ein Gespräch mit ihm
vereinbart, das kann spannend werden, der J. ist doch nicht
bloß tumb und jungenhaft naiv.

Was Gerd betrifft: ich hatte ihm Arbeit beschafft, als
Kipperfahrer, ferner Behausung, ferner einen freundlichen
Empfang beim Direktor vom VEB Hochbau. Er sagte sogar
»danke« (sonst ein Fremdwort für ihn). Am nächsten Morgen, als er seine Arbeit antreten sollte, stahl er sich davon,
ohne Abschied von M., und fuhr zurück nach Leipzig. Später
fand Jochen einen Zettel in seinem Briefkasten: G. schrieb,
man habe ihm hier nicht helfen wollen. Wahrscheinlich war
es anders formuliert, aber das spielt keine Rolle. Er haßt das
Wort »helfen«, das ihm zu sehr nach Bekehrung und Seelen-
Errettung klingt (und so empfinde ich es freilich auch).
Schade drum. Die Straße, die wir wählen – nun ja, die muß
jeder allein gehen.

Nbg., 30. 8.

Eben im »Kosmos« gelandet. Schreckliches Herzklopfen.
Das erstemal, daß ich allein hierher gehe – mehr eine Mut-
probe; es muß doch erlernbar sein, wenigsten mit einem
Anschein von Sicherheit ein Café zu betreten, auch wenn
man ohne Herrenbegleitung ist. [...] Immerhin habe ich ein
Lächeln an die Adresse meines schönen Polen riskiert, den
ich längst nicht mehr schön finde wie voriges Jahr (aber da

war alles der reine Übermut [...]), er spielt aber wirklich ganz hervorragend Saxophon, und es gibt ganz ordentlichen Jazz zu hören. [...] Zum Teufel, jetzt spielen sie »Stars fell on Alabama«, das Lied ist mir unvergeßlich, weil die Platte lief – Ella und Louis –, als Chr. seinen großen Augenblick hatte, anläßlich meiner Amazonen-Beichte.

Jetzt schreibe ich erstmal an Christa, sonst werde ich noch vollends sentimental.

Ins Hotel übergewechselt, nachdem der liebe Wladimir die Schiwago-Melodie gespielt hat. Herrgott, ich bin doch noch angeschlagen, – wie sehr, das merkte ich, als Dieter Dreßler hier war. Wieder so eine Begegnung mit der Vergangenheit. Wir sprachen in den ersten Tagen wenig oder gar nicht von K[...], trotzdem tauchte ich bis an den Hals in die Hoyerswerdasche Atmosphäre. Die Träume, natürlich ... Und als ich jemandem meine Telefonnummer gab, schrieb ich die – längst vergessene Nummer aus H. auf, als eine Zahl, die mir gar nichts sagte, bis Dieter mich erinnerte. Die Neubrandenburger Nummer mußte er mir dann vorsagen, die war mir völlig entfallen.

[...]

Nbg. 3. 9.

Wurde unterbrochen durch einen Musiker – Pole, glaube ich, der mich im Hotel ansprach, übrigens nicht zum erstenmal. Wie meist bei solchen Gelegenheiten, war ich erschrocken und aufgeregt, sagte einer Verabredung zu und flüchtete. Zu blöd. Dabei war mir an diesem Sonntag so nach Abenteuern zumute ... Ich zog stundenlang in der Stadt herum, ein schöner warmer Abend, Luft wie im Frühling; ich hatte die ganze Zeit das Gefühl, ein Wunder zu versäumen. In meiner Straße fing ich laut an zu singen. I can't give you anything but love. Ich hatte wieder mal tiefe Lust an meiner Freiheit (nun ja, »Freiheit« ist ein dubioses Wort, und ich benutze [es] hier nur im allerschlichtesten Sinne). An einer Straßenecke traf ich Horst B., der nun auch geschieden ist [...]. Mit H. B. verbindet sich zwar eine böse Erinnerung an Magdeburg, Schriftstellerkreis, Revolte, Staatssicherheit [...], aber das soll vergessen oder doch ver-

geben sein. Jetzt ist er einsam, eben ein Hagestolz, man
fühlt sich solidarisch. Wir tranken noch ein paar Schnäpse
bei mir und hörten Jazz (den er damals bestimmt als impe-
rialistische Unkultur verdammt hat) [...].

Nbg., 7. 9.

Ebert wegen Manuskript. Wieder des langen und breiten über
Herrn K[...], mit dem ich tags zuvor eine Stunde telefoniert
hatte. Er rief an, um Beschwerde zu führen, weiß nicht mehr,
worüber, jedenfalls entwickelte sich eine Diskussion über die
Schuldfrage. Prinzgemahl, der »über seine Verhältnisse gelebt
hat«. Das muß er mir schon mal (vor der Trennung) gesagt
haben, denn das steht wörtlich in meinem Buch, von Trojanowicz geäußert, vielmehr vorgeworfen über Franziska.
»Seine Verhältnisse«, damit sind nicht nur die finanziellen gemeint, desto besser, so habe ich wenigstens den Trost (wenn
man das Trost nennen will), daß ich ihn überfordert habe.
[...] Ferner hat er immer unter dem Besitz eines Autos gelitten, ferner unter meinen Freunden, ferner unter meinen
Launen – aber das hatten wir schon mehrmals. Auch sein
Junggesellenleben habe ich ihm aufgezwungen; folgt Lob des
Familienlebens, Philosophie des kleinen Mannes, ein bißchen
rührselig: das Leben an sich ist schon eine Art Glück, unser
liebes bißchen Leben ... Da er ein paarmal etwas hysterisch
wurde und ins Telefon fauchte, hatte ich Gelegenheit, ihn
spöttisch zurechtzuweisen, Gelassenheit zu demonstrieren –
natürlich tat ich's mit Genuß. Er hat eine schreiende, ver-
zweifelte Frauensperson in Erinnerung ...
    Forschte er nicht nach einer Spur von Gefühl? [...] Im-
merhin war er betroffen, von dem Anderen zu hören, dem
Nachfolger, den es in Wirklichkeit gar nicht gibt [...]. Vielleicht haben Frauen den Ehrgeiz, ihrem treulosen Mann
möglichst bald einen treuen und viel netteren Nachfolge-
Mann zu servieren. Wie dumm das alles ist! Genug, jetzt
wird systematisch verdrängt.
    P[...] ist wieder aufgetaucht. Er wurde eine Weile strafver-
setzt, weil er seinem Direktor in die Fresse hauen wollte (das
ist seine Version). Er trägt jetzt einen Bart und sieht mehr

denn je wie ein Flibustier aus. Er versuchte mich sofort wieder zu okkupieren, als ob »mein kleines Mädchen« bloß auf ihn gewartet hätte. Das Gehabe, als sei er gestern abend erst weggegangen, ging mir furchtbar auf die Nerven. Hier liegt niemand bereit und wartet auf den sieghaften Seeräuber. [...] Er blieb optimistisch, scheint's für selbstverständlich und ausgemacht zu halten, daß er beim nächsten Besuch mit mir ins Bett gehen wird. Dabei graut mir wirklich vor körperlicher Berührung; mir graut auch vor Chr., ich möchte ihm ins Gesicht schlagen, wenn er an mir herumstreichelt, auf den Knien liegt und meine Arme abküßt. Ich halte die Hände vors Gesicht, teils um mich zu schützen, den Mund vor einem Kuß zu bewahren; teils um die Grimassen des Ekels und Zorns zu verbergen. Alles, alles ist mir widerlich [...]. Vielleicht könnte ich mit Jürgen ... oder ich werde schwul oder beschäftige mich selbst mit mir, jedenfalls hasse ich Männer und Männerfleisch und Männergeruch. Ich lese jetzt den Kinsey-Report (über das sexuelle Verhalten der Frau); vielleicht finde ich für mich eine brauchbare Erklärung heraus. Nein, ich habe sie schon, auch ohne Kinsey.

Nbg., 14. 9.

Letztesmal muß ich einen tüchtigen Zorn gehabt haben. Jetzt find ich's zum Lachen.

16. 9.

Noch früh am Morgen. Dr. B. schläft drüben, und ich kann endlich mal wieder schreiben. Zwar hätte ich in den letzten Tagen auch schon hin und wieder Zeit gehabt, aber ich brachte es nicht über mich. Irgendeine Hemmung, nahezu Furcht vor Gefühlen und Gefühlsäußerungen, vor dem Geständnis an mich selbst, daß ich – jetzt zum Beispiel – glücklich bin: glücklich, weil B. in meinem Bett schläft, bis ich ihn nachher wecken werde (heute ist sein erster Urlaubstag), und weil ich heute nacht ein paar Stunden an seiner Schulter geschlafen habe und manchmal aufwachte und ihn zudecken und im Halbschlaf ihm die Namen geben und die Worte sagen konnte, die ich ihm am Tag nicht sage (denn das schönste Wort habe ich einmal zu oft gesagt, einem anderen, das vergesse ich nicht: einmal zu oft, an diesem letzten Tag, draußen im Hausflur), und glücklich, weil er nachts noch gekommen ist – nicht, um mit mir zu schlafen (ich bin krank von diesen Kobaltstrahlen), sondern um bei mir zu schlafen und mit mir zu sprechen, bis uns die Augen zufielen: die erste Frau, mit der er sprechen kann, sagt er, und der er gern von sich […], von Kindheit, Eltern, dem Haus im Wald, seinem komischen geliebten Hund und dergleichen erzählt.

Eben war ich bei ihm im Zimmer, er ist halbwach geworden und hat mich eine Weile festgehalten: auch er gestattet sich nur auf der Grenze zwischen Traum und Wachsein die Worte, die er bei Tage nicht über die Lippen bringt, dieser große, dicke, dickschädelige, schwerfällige, sture Mecklenburger, der zudem noch die Skepsis seiner Berufskollegen hat, Anflug von Zynismus (aber das ist nicht das richtige Wort), viel Fatalismus, Nüchternheit, die unsereinen zuweilen schockiert … Ärzte sind merkwürdige Leute: gestern abend hat er mit Kollegen, die im Krankenhaus Dienst hatten, Skat gespielt; sie bekommen einen Patienten mit enorm hohem Blutzucker-Gehalt und mußten ihr Spiel abbrechen, und fanden es geradezu taktlos, daß der Mann sich ausgerechnet an diesem Abend anschickte, zu sterben. Daß sie sich bis zuletzt nach Kräften bemühen, ihn am Leben zu halten, ist die andere Seite. Manchmal sprechen wir über den Tod, und ich habe immer noch Schwierigkeiten, zu verstehen,

Neubrandenburg, 22. 9. 70

Heute nachmittag ist er endlich – viel zu spät, viel zu früh – nach Plau gefahren, wo seine Mutter schon seit Tagen wartet, seit fünf oder sechs Tagen, ich weiß nicht, ich weiß nichts mehr von Zeit, wir waren immer zusammen, als gäbe es keine Außenwelt – jedenfalls haben wir ihr nur Besuche abgestattet; zweimal waren wir bei Tiedtke an der Bar im Theatercafé, wo eine neue Band spielt, mit einem kleinen, scharfen, schwarzen Drummer, der »je t'aime« ins Mikrofon stöhnt, wir haben bis morgens um 4 getrunken, aber tanzen mußte ich mit andern, B. läßt sich allenfalls einmal am Abend aufs Parkett schleppen, sonst sitzt er halt an der Bar und säuft und diskutiert mit tausend Leuten, denn jeder, der irgendwie über Gastronomie oder Handel oder Schulen mit der Hygiene zu tun hat, kennt ihn und hat Anfragen und Beschwerden; zum Glück hat B. ein fabelhaftes Stehvermögen und redet unverändert bedächtig und vernünftig, notfalls mit seiner Chefstimme, und er fährt uns auch, wenn wir stockbesoffen sind, sicher mit dem Motorrad nach Hause, aber seit wenigstens drei Tagen haben wir keinen Schnaps mehr angerührt, auch kein Verlangen danach gehabt, wir lagen bloß immer herum und redeten und küßten uns stundenlang, und einmal sind wir in den Wald gefahren, am Tollenser-See, und haben Pilze gesucht, aber keine gefunden, weil wir Hand in Hand durchs Gehölz zogen und die blöden Pilze vergaßen. Ein paarmal trennten wir uns, aber nur so weit, daß wir uns noch durch die Bäume sehen konnten, er trug einen roten Pullover, und ich erinnere mich – ich meine, es gab einen dieser Augenblicke, die man sein Leben lang nicht vergißt: der Wald, Hügel, der mit leichtem Dunst verhangene See, Frühherbst, nachmittags, der See war sehr schön im blassen Licht, ich sah den roten Pullover und wußte, daß B. gleich bei mir sein wird, daß wir uns umarmen werden, und mein Herz tat so weh, daß ich dachte, ich würde sterben, und als er kam, machte ich einen Spaß draus und ließ mir den Puls fühlen, um seine rundliche, erfahrene, kindliche, geliebte Hand zu spüren.

23. 9.

Merkwürdig, vor seinen Händen habe ich mich zuerst gefürchtet, weil ich sie für wissend, wenn nicht sehend hielt. Aber sie sind nicht »wissend« in diesem Sinn (erfahren, das schon – er hat auch gleich gemerkt, daß ich eine Amazone bin, aber er war bloß belustigt, weil ich es gräßlich fand), überhaupt weiß er nicht viel von Frauen, glaube ich. Sie haben 200 g Gehirn weniger als die Männer, das kriege ich immer wieder zu hören.

24. 9.

Ich bin so durcheinander, daß ich gar nicht richtig schreiben kann: schwachsinnig vor Glück. Bin ich noch glücklich? Ich weiß nicht. Auf einmal meldet sich wieder die Angst und die Skepsis, und die Sätze tauchen auf: Das wiederholt sich nicht. Alles hat seinen Preis. Keine Euphorie ist von Dauer. Ach nein, natürlich nicht. Diese Woche, in der wir hier zusammengelebt haben, wiederholt sich nicht. Aber wie immer, es war süß, neben ihm zu schlafen, an seiner Brust, und er lag die ganze Nacht still und hielt mich fest, und wenn ich morgens aufstehen wollte, sagte er: Geh nicht weg von mir. Du bist so warm. Du hast freche Augen und einen weichen Mund. Mit dir kann man so schön faul küssen ... Für einen Mecklenburger sind solche Erklärungen geradezu vulkanische Gefühlsausbrüche. Er malt sich aus, wie schön es wäre, wenn er mich in seinem Bauch mit sich herumtragen könnte, und wir lachen wie verrückt, wir sind überhaupt verrückt, und der strenge Chef lacht so auf seine mecklenburgische Art und albert herum und hat schon die einzige Rippe herausgefunden, an der ich kitzlig bin, und benutzt seine Kenntnis zu Erpressungen. Er schwärmt für die Wikinger und den Norden und alles Nordische (einschließlich dieser dusseligen Nibelungen) und ist stolz auf seinen Namen, B[...], den es in dieser Landschaft nur einmal gibt, und ist ungeheuer verwundert darüber, daß er sich in eine »Welsche« verliebt hat und daß es so schwarze Haare gibt (ich soll meine Haare wachsen lassen, bis zu den Kniekehlen, ach, und gerade an dem Tag, als wir uns kennenlernten, hatte ich sie wieder bis auf Schulterlänge abgeschnitten), und er ist einfach hinreißend, wenn er die Spitzen an meinem Nachthemdchen bestaunt, und das rote Band, mit dem ich mir abends die Haare zusammenbinde ... am zweiten Abend fragte er schon vorher: Machst du heute wieder dein Schlafbändchen um?, – nein, er kann wirklich noch nicht viel mit Frauen zu tun gehabt haben. Er war zuerst auch ziemlich ungeschickt im Küssen, aber jetzt ist es sehr aufregend, und ich versuche, nicht daran zu denken. Gott, wenn der Jürgen heute nacht nicht gekommen wäre! Ich war so froh, meine

magere Heuschrecke wieder zu umarmen, [...] aber dann
hat er mir die halbe Nacht hindurch von seinem Urlaub erzählt, d. h. also von seinem Freund K[...], und ich wurde
traurig, denn es ist eine traurige Geschichte, Abschied schon
im Anfang, und nächstens wird dieser Abschied vollzogen,
und dieser K[...] ist meinem dicken, dickschädeligen Doktor so ähnlich, und Jürgen und ich sind einander so ähnlich ... viel zu viel Gefühl, heftig, fiebrig, auf Worte gierig,
mit Worten verschwenderisch ... Mein armer Jürgen, – und
hinter dem, was ihm geschieht, sehe ich schon, was mir geschehen wird.

25. 9.

Heute – so war es abgemacht – will B. kommen und mich
holen, und auf einmal fürchte ich, er wird nicht kommen,
Gott weiß warum. »Das Wagnis der Dauer«, wie Henselmann sagt, aber ich wage nicht mal die Dauer von sieben Tagen. Als wär jeder Tag der letzte. Diese verdammten Mecklenburger kriegen die Zähne nicht auseinander [...] Ich
sammele B.s Erklärungen und prüfe sie auf der Goldwaage.
Das ist dumm. Immer derselbe Fehler: hören wollen. Am
dritten Abend, glaube ich, sagte er – und wahrscheinlich hat
es mich erst recht deshalb bewegt, weil ich diesen Satz am
Tag in meinem Kapitel geschrieben hatte, die Erklärung von
Trojanowicz (auch so ein Langsamer, Abwägender, ein
Mann aus Masuren) an Franziska –: »Ich glaube, ich habe
mich in dich verliebt.« (Was noch an Troj. erinnert: B. sagt
»nüscht« statt »nichts«.) Und einmal, als ich heulte, weil ich
einen so traurigen Brief von Jürgen hatte und gleich ange-
steckt war und melancholisch und wütend, nannte er mich
lachend »eine kleine Furie« (Gott, wenn der mich tatsächlich mal als Furie erleben würde!) und fügte hinzu: »Trotzdem kann man sich in dich verlieben.« Und an einem Abend
in der Bar: »Wenn ich dich mit anderen Frauen zusammen
sehe, merke ich erst richtig, wie gut du bist.«
    Übrigens glich unser Anfang sehr der Geschichte von T.
und Franziska. Man ist verabredet, wartet, aber nicht sehr,
verfehlt sich, beginnt nun wirklich und schmerzhaft zu war-

ten ... Wir hatten uns im Hotel kennengelernt, eigentlich wollte ich Christoph treffen, der sich aber verspätet (er ahnt noch nicht, wie sehr er sich verspätet hat), ich setzte mich, aus purer Schüchternheit, im überfüllten Restaurant an einen Tisch, an dem zwei harmlos und behäbig aussehende Herren saßen, und wollte ein bißchen schreiben, da kam der dritte hinzu, der junge, freche Dr. F[...], der mir damals, am Abend, bevor ich ins Krankenhaus kam, eine Spritze gegeben und ein paar Stunden mit mir gesoffen hatte; er war sofort wieder frech und charmant und tat, als kennten wir uns tausend Jahre [...], und er machte mich mit den beiden anderen bekannt, Dr. B., Kreisarzt für Hygiene, und Dr. V., ehemaliger Kommilitone [...]; wir redeten und tranken, gegen Mitternacht rekapitulierten wir den Verlauf des Kampfes um Troja (und B. wußte in der Ilias so gut Bescheid wie ich, das fand ich beachtlich, ich treffe selten jemanden, der sich in der Bibel und in der Griechischen Mythologie auskennt, – bei mir war's die erste Lektüre). [...]

　　　　　　　　　　　　　　　　　　　　　nachmittags.
Gegen fünf wollte B. kommen. Ich warte, ich warte mit dem ganzen Körper, schlimmer als damals am zweiten Tag, als alles noch unverbindlich war, so unter dem Namen »wär schön, aber wenn nicht, auch gut«. Dabei hatte er mir schon am ersten Abend sehr gefallen, ich glaube, von dem Augenblick an, als ich vorm Hotel von einem Betrunkenen angepöbelt wurde und B. seinen Arm um meine Schulter legte und mich festhielt wie selbstverständlich, ohne Getue und Streicheln, einfach festhielt, und so ruhig und selbstverständlich hat er die Hand auf mein Leben gelegt. Er kam noch mit zu mir, und wir redeten bis zum frühen Morgen, und die ganze Zeit mußte ich neben ihm sitzen, an seiner Schulter (vielleicht hat er ein starkes Bedürfnis, jemanden zu beschützen), und wir verabredeten uns für den Abend, er wollte nach Dienstschluß kommen, und ich wartete, und wartete vergebens; auch am nächsten Tag. Sonntag ging ich mit H. in die Bar und betrank mich; an der Bar saßen lauter komische Leute, Junggesellen und Einsame [...], und ich hatte eine fürchterliche Laune. Und Montag abend kam B. und schloß mich gleich an der Tür in seine Arme [...]. Er

war wirklich an den beiden Tagen hier gewesen und hatte geklopft und gedacht, ich wollte ihn nicht sehen, aber ich saß draußen auf der Terrasse und hörte sein Klopfen nicht … nun, und so begann es. Wie in meinem Buch, und es war sehr verwirrend, eine dreifache Ebene, die damals und die heute wieder erlebte Wirklichkeit und die umgesetzte (womöglich bewältigte) Wirklichkeit im Buch. Und dann kam er jeden Tag, immer so gelassen, als käme er nach Hause.

Es ist gleich fünf. Ich habe Fieber, ich warte sehr auf ihn. Was alles passiert sein kann! Tausend schreckliche Möglichkeiten. Ich weiß nicht, was mich mehr aufregt und erschöpft: der Gedanke, ihn nicht wiederzusehen, oder die Vorstellung, daß er gleich, in der nächsten halben Stunde, leibhaftig vor mir stehen und mich küssen wird.

Plau am See, etwa 28. 9.

Heute bin ich der glücklichste Mensch der Welt.

Plau am See, 29. 9.

Wir sind seit zwei Tagen bei Rudis Eltern. Ein rohrgedecktes Haus mitten im Wald, verwilderte Wiesen, gestern waren wir am Plauer See, der weißgefleckt von Lachmöwen war. Vorhin dachte ich über die Anpassungsfähigkeit der Frauen nach. Mit einem Snob bin ich versnobt, mit einem Dekadent traurig, mit einem Physiker hätte ich vermutlich die Feldtheorie für das größte geistige Abenteuer gehalten, – mit meinem geliebten dicken Doktor fahre ich Motorrad und wandere durch die Wälder und lerne wieder Pilze kennen und begeistere mich an der mecklenburgischen Landschaft, weil sie die Landschaft seiner Kindheit ist. Aber vielleicht ist dies alles, was ich hier tue, ein Ausflug zurück, in Kindheit – ein versuchter Ausflug, der ewig wiederholte Versuch, den mich die Sehnsucht nach Geborgenheit unternehmen läßt. Und jetzt fühle ich mich zum erstenmal nach langer Zeit geborgen,

aufgehoben, beschützt an der breiten Brust meines Geliebten. Gestern habe ich ihn mit einem russischen Ofen verglichen, und irgendwas in der Art ist er auch, breit und warm
und sehr russisch, aber russisch ohne Dostojewski. Keine
Dämonen, keine Finsternis, keine zerrissene Seele. Ach was,
wozu analysieren, über Unkompliziertheit und die möglichen Schwierigkeiten im Umgang mit einem unkomplizier-
ten Menschen nachdenken? Er ist, wie er ist, und so ist er
gut, und für mich ist es gut, und ich bin zu Hause. Wie lange?
Ich fürchte mich sehr davor, ihn wieder zu verlieren, aber ich
weiß, daß es geschehen wird.

Plau, 30. also Sept. 70

Ich habe mich an dem Abend unterbrochen und bin zu Rudi
gegangen; in seinen Armen vergesse ich solche Zweifel und
vorweggenommenen Kummer. Er hat so eine Art, wenn wir
zusammen liegen, mich halb unter seine Brust, unter seinen
Arm zu nehmen, und ich fühle mich wie in einer warmen
Höhle und bin aufgehoben und denke, mir kann nun nichts
mehr zustoßen. Es regnet, aber die Tage vorher hatten wir
prachtvollen Sonnenschein und lagen draußen auf der
Wiese, im Wald, und lasen und küßten uns, und ich mußte
immer dicht bei ihm sein. Wir sind glücklich, wir sind glücklich, wir sind benommen von Glück und gehen wie Traum-
wandler durch die kleine Stadt, und hier draußen sitzen wir
auf der Schwelle oder liegen auf unserem Bett oder waschen
ab oder kochen in der Küche und können uns keine fünf
Minuten trennen, ohne daß einer den anderen sucht. Die
[...] Eltern schen beiseite; sie haben mich wie eine Tochter
aufgenommen [...].
   Mit R. kann man nicht zanken, er ist immer so ruhig und
ausgeglichen, und er sagt, er wolle mich davor behüten, traurig oder böse zu sein, aber wenn mir nach Tränen zumute sei,
dann sollte ich getrost bei ihm weinen. Einmal, an einem
Morgen, habe ich geweint, aber vor Freude. Wir saßen in der
Sonne, wir hatten rote Beeren gepflückt, und ich fädelte sie
für eine Kette auf, und R. saß neben mir und las und hielt
dabei meinen Arm umfaßt, und manchmal beugte er sich

herüber und küßte mich, und es war sehr still, wir hatten das Haus für uns allein, bloß der Schäferhund tanzte eifersüchtig um uns herum, und ich war so voller Frieden und Glück und wünschte – ich weiß nicht, was ... auf der Stelle zu sterben oder den Augenblick festzuhalten in alle Ewigkeit ... Oh Gott, daß ich das nochmal erlebe! [...]

Plau, 2. 10. 70

Das Glück bekommt mir nicht. Ich fange schon an, den Rudi zu quälen mit meinem welschen Gerede, mit Selbstzerfleischung und Zweifeln und meinem tiefen Nicht-Glauben an ein friedliches Zusammenleben. Noch kann er es aushalten ... Im Grunde fürchte ich, scheint mir, ich könnte irgendwas für meinen Beruf sehr Wichtiges verlieren. Satt werden, befriedigt sein, einen guten Mann haben, der abends zu mir nach Hause kommt und sich ausruhen will ...

Aber wenn ich sein Lächeln sehe, sein liebes, halb verschmitztes, halb verschämtes Jungslächeln, und wenn er mich hält und meine Haare und mein ganzes Gesicht küßt, nicht bloß den Mund, das Gesicht mit Küssen bedeckt ... Er sagt, [...] eine Frau wie ich könne einem Mann nie über werden ... Aber K. bin ich über geworden, und jeder, mit dem ich zu tun hatte, hat auf seine Art unter mir gelitten. Nein, es kann nicht gut gehen. Ich bin sehr verwirrt. R. ist zu gut und zu gradlinig für mich. Die Verrückten und Angeschlagenen kann ich besser verstehen. Trotzdem planen wir Zukunft, wenigstens nahe Zukunft, denn weiter mag ich nicht denken.

Der Sakowski hat an dem Abend, als R. aus Plau kam und als wir zusammen an der Premierenfeier unseres Verbandes im Klub teilnahmen (Premiere von drei Büchern: Margaretes, Jochens und Lindemanns), – der S. also hat, als R. einen Augenblick den Raum verließ, zu mir gesagt: »Der ist gut, Brigitte, der ist gut für dich, und den halt fest.« Aber ich habe kein Talent, jemanden festzuhalten, taktisch klug zu sein, einen Pflock zurückzustecken, wie man so sagt.

Neubrandenburg, 10. Oktober 70

Gestern abend hatten wir das erste Drama. R. ist völlig verwandelt, seit wir zusammen sind. Sonntag kamen wir aus
Ganzlin zurück; seitdem wohnt er bei mir und wir leben zusammen wie Mann und Frau. Morgens holt er Milch und
Brötchen, und ich koche Kaffee, und dann sitzen wir
draußen und frühstücken (meist erst gegen Mittag), und
nachmittags bummeln wir durch die Stadt oder liegen auf
der Couch und lesen oder bosseln im Garten herum, und die
ganze Zeit können wir nicht dicht genug beieinander sein.
Nun ist es also doch Liebe geworden, und wir sind von
glücklichem Erstaunen erfüllt, als wären wir die ersten, denen so etwas zustößt. »So war es noch nie« – das kann man
also noch in meinem Alter und mit meinen Erfahrungen
und nach drei Ehen sagen ... So war es noch nie: jeden Tag
mit einem Mann verbringen, ohne jemals gelangweilt oder
gereizt zu sein; jede Nacht mit einem Mann schlafen und
aufwachen und keine Angst haben, auch nach schlimmen
Träumen nicht, weil diese starken und verläßlichen Arme
mich festhalten; fröhlich den ganzen Alltagskram zusammen erledigen; keine wütende Verteidigung meines Territo-
riums, kein Zorn, weil ich in Besitz genommen werde [...]
Vielleicht wird vieles in unserer Beziehung so leicht und
natürlich, weil er Arzt ist. Man kann ohne Beklommenheit
und Verlogenheit über alles reden; wir schlafen unbesorgt
miteinander – aber manchmal sprechen wir von einem Kind,
und – ach, ich glaube, ich würde ein Kind von ihm haben
wollen. Wir haben schon einen Namen für unseren Sohn,
Eric – nach diesem Wikinger Eric Ericson, von dem er
schwärmt, und Eric soll blond sein, aber meine welschen
schwarzen Augen haben, und R. sagt, er wäre wahnsinnig
stolz, mit mir durch die Stadt zu gehen, wenn ich einen
dicken Babybauch habe.

Wir waren ziemlich sicher, ein Kind zu bekommen. R. hat
seine ganze Wissenschaft vergessen, jedenfalls war sie uns
egal. Aber die Strahlen, vielmehr die Folgeerscheinungen
der Bestrahlung waren stärker. Ich finde es rührend von R.,
daß er bei mir schläft, obgleich ich krank bin. Manchmal

habe ich Angst, daß es überhaupt zu spät für ein Kind ist. Irgendwas ist in meinem Bauch kaputt gegangen, und außerdem bin ich beträchtlich alt – zehn Jahre älter als Rudi, und
wenn es ihm auch nichts ausmacht, mir macht es was aus.
Heute ist es noch kein Problem, ich sehe wie dreißig aus
und habe immer noch die Figur eines Mädchens [...],
während Rudi älter wirkt, weil er so massig ist. Aber ein paar
Jahre später ... Ja, ich denke schon an Dauer, wir denken
daran, meine ich; ich bin eher skeptischer als er. [...]

Nbg., 11. 10. 70

Das Drama ist schon vergessen. Nein, nicht von mir: ich
fühle, daß ein Widerspruch, ein möglicher Konflikt für eine
Stunde sichtbar geworden ist, irgendetwas, was wir sonst
nicht zur Kenntnis nehmen.

Nbg., 13. 10. 70

Gott, ich habe ein Talent, mir und anderen das Leben schwer
zu machen! Gestern nacht lange Auseinandersetzung über
K[...], also über Ehe, Glücksmöglichkeit, Dauer – ich
glaube nicht an Dauer, mißtraue unserem Glück, quäle R.
mit meinen Zweifeln, möchte ihm davonlaufen, ehe ich
mich allzu tief verstrickt habe, möchte mir ein Appartement
in Berlin mieten, herumtoben, die Existenz eines geliebten
Menschen vergessen, der mich vielleicht – ach, gewiß eines
Tages verlassen wird. Ich bin zu alt für ihn und zu bitter und
zu wenig interessiert an Familie und Häuslichkeit und fried-
fertigem Leben, obgleich ich mich so sehr danach sehne.
Übrigens weiß ich nicht, ob das stimmt. Wenn ich Frieden
habe, suche ich Unruhe; wenn ich Unruhe habe, möchte ich
Frieden an einer guten, starken Schulter. Der Dicke fühlt
sich wunderbar zu Hause, er arbeitet jetzt wieder und
kommt abends nach dem Dienst zu mir, und ich warte auf
ihn, wie eben eine Frau auf ihren Mann wartet, und das alles
würde mich wahrscheinlich

Nbg., 19. 10.

Vermutlich wollte ich schreiben, daß mich das alles bald langweilen oder reizen würde, wenn nicht – was? Vergessen. Ich bin glücklich [...]

Diese Szene an jenem Abend nach der Preis-Feier bei Lindemann war gar nicht so arg. Ich war zum erstenmal mit dem Siegfried W. von der Bezirksleitung richtig ins Gespräch gekommen; auch R. fand Gefallen an ihm, und als wir nachts aus Neustrelitz zurückkamen – schon ein bißchen angetrunken und guter Dinge – gingen wir noch zusammen ins Theatercafé, und tranken Tiedtkes Feuerwässerchen (ein höllisches Zeug, seine eigene Erfindung), wahrscheinlich ein paar zuviel [...]. Zwar nahm er keinen Anstoß daran, daß ich mit W. tanzte, aber zuhaus verstummte er. Übrigens ist W. ein gutaussehender Mann, sehr blond, sehr Siegfried, obgleich auch schon etwas korpulent. Was besser ist [...] als gutes Aussehen: er ist klug, er hat viel gelesen, er hat einen Nerv für Literatur und ist nicht bloß einer dieser üblichen, meist geradezu amusischen Literaten-Betreuer. Wir redeten über Filme, die R. nicht gesehen hat, und gegen Morgen begeistert über diesen schönen sowjetischen Erzählungsband »Abends nach dem Regen«, und plötzlich stand R. auf und sagte, er werde jetzt nach Hause, d. h. in seine Wohnung fahren. Zwecklos, ihm das Motorradfahren auszureden; wenn er getrunken hat [...]. Also ließ ich ihn gehen [...]; dabei stand ich furchtbare Angst aus. (Wir sind schon öfter im Zustand maßloser Besoffenheit gefahren, aber dann hatte ich nie Angst – einfach, weil ich eben dabei war.) Eine Stunde später war er wieder da und sagte, er habe [...] wiederkommen müssen; er sei eifersüchtig [...] auf unsere Welt, aus der er sich ausgeschlossen fühlt, eine für ihn fremde Welt ... Aber mir ergeht es ja nicht anders, wenn wir mit Ärzten zusammen sind [...] und wenn sie über Krankheiten und Patienten und irgendjemandes Karzinome sprechen, natürlich immer mit den ihnen geläufigen lateinischen Namen, die ich mir erst übersetzen lassen muß, und in dieser mir ganz fremden Art, eben sachlich und mit Distanz, nicht zynisch oder nur kaltschnäuzig, nein, aber ohne eine Spur von dem Schrecken, der mich erfaßt, wenn beispielsweise von Krebs die Rede ist. [...] dann bin ich eben ausgeschlossen oder fühle mich jedenfalls so.

Mit Bobby ist es noch am leichtesten, diesem frechen und charmanten Burschen, der über seiner Fachsimpelei nie vergißt, daß er neben einer Frau sitzt, und der sich mehr als die meisten seiner Kollegen für die Dinge außerhalb des Faches interessiert, für Musik und Bücher. Die anderen scheinen doch sehr auf ihr Spezialgebiet beschränkt zu sein; allerdings muß man ihnen zugute halten, daß sie von ihrer Arbeit derart beansprucht oder überbeansprucht werden, daß keine Zeit für »Nebendinge« bleibt, ausgenommen Tennis oder Skatspiel oder Trinken. Wieder eine Einschränkung, bis jetzt habe ich fast nur Junggesellen kennengelernt, und die verbringen allerdings einen beträchtlichen Teil ihrer Freizeit in Restaurants.

Auch der Dicke hat bisher so gelebt, und manchmal fürchte ich, daß die Neigung zum Alkohol, wenn nicht zu alkoholischen Exzessen wirklich mal unsere Beziehung belasten wird. Jetzt freilich ist die Liebe noch jung und unverbraucht, und er kommt jeden Nachmittag sofort zu mir, und wir sind, die Woche über, nahezu solide, und reden und küssen uns und machen Ferienpläne und wollen Zimmer umräumen und – na, was man halt so in den ersten Wochen tut und denkt und plant. Manchmal trinken wir im Bett noch ein paar Gläser Wermut mit Wodka, und das ist sehr lustig, und wir finden, daß es uns prächtig geht. Aber wenn ich an das letzte Wochenende denke! Die beiden Doktoren waren von Freitag bis Sonntag blau, sie merken nicht, wann sie genug haben, und ich muß mithalten und notfalls mit Tricks arbeiten, um den halben Dutzend Drinks zu entgehen, die mir den Rest geben würden. Freitag waren wir in der Bar bei T., bis zum Morgen; ein paar Stunden Schlaf, dann tranken sie bei mir weiter, dann bei Rudi, während ich wieder drei Stunden schlief, dann holten sie mich ab und wir zogen wieder in die Bar und blieben wieder bis zum Morgen, und erst Sonntag mittag waren die Herren, Gottlob, endlich groggy. Ein anstrengendes Vergnügen. T. bleibt ihretwegen noch eine Stunde länger an der Bar; wer setzt schon Gäste vor die Tür,

die in zwei oder drei Tagen soviel Geld versaufen, wie eine
ganze Menge Leute brauchen, um zwei Wochen lang ihre Fa-
milien zu ernähren?

Neubrandenburg, 30. 10.

Wir räumen um, in der Wohnung ist ein entnervendes
Gemöhle. Der Dicke streicht gerade eine Wand, die wir gestern abend mit einem fürchterlichen Grellgelb versaut haben. Das Schlafzimmer wird Rudis Zimmer, aber richtig, so,
daß er dort auch mal allein sein und Gäste empfangen kann.
Irgendwann einmal, nachdem wir den Plan entworfen hatten, wurde mir ein bißchen bange und bedenklich, als ob wir
wunder was für einen bedeutsamen Schritt täten, wenn Rudi
nun hierher zieht, seine Bücher aufstellt, seine Hemden in
die Kommode legt, – als ob sich Wesentliches änderte … aber
das ist Unsinn, er wohnt ja schon all die Zeit hier, und wir
sind wie Eheleute. Trotzdem … manchmal habe ich meine
Zusammenbrüche und trauere meiner Junggesellenzeit nach,
oder meinen liebgewordenen Gewohnheiten, Frühstück im
Bett, Leseabende – das alles entfällt jetzt. Aber natürlich ist
es schön, morgens miteinander zu frühstücken und sich mit
Küssen zu verabschieden und mittags angerufen zu werden,
wegen Einkauf oder bloß so, um ein bißchen zu sprechen,
und abends um halb fünf (ich sage abends, weil es um diese
Zeit nun schon nahezu dunkel ist) auf ihn zu warten – und er
kommt auf die Minute, und steht strahlend in der Tür und
freut sich, nach Hause zu kommen. So nennt er's, zuhause,
und sagt auch immer »wir« und »bei uns«. Aber die Abende
vergehen plötzlich rasend schnell, wir kochen und essen ausgiebig Abendbrot und schwatzen und gehen zeitig ins Bett
und lieben uns stundenlang … ich komme längst nicht mehr
dazu, an einem Abend noch zu schreiben, sei es nur einen
Brief, und ich habe kein Buch mehr gelesen, jedenfalls nicht
zuende gelesen, kann mich auch nicht auf anspruchsvolle
Bücher konzentrieren. Ich fange an, diese Art Bücher und
überhaupt Lesen zu vermissen – früher habe ich drei, fünf
Bücher in einer Woche lesen können, und ich brauche das.
Brauche ich es wirklich? Was versäume ich? Warum muß ich

unbedingt die Gegenwartsliteratur kennen, womöglich sehr
gut kennen, und einen Haufen Bücher aus Pflichtgefühl
lesen, obgleich ich ohne sie genau so gut leben könnte? Für
die zwei oder drei Seiten in einem mittelmäßigen Buch, die
Neues oder Schönes enthalten ... Warum läßt mein Interesse
nach? Irgendein Prozeß geht vor sich, ich weiß nicht, ob
diese beginnende Änderung in Lebensanschauung (und
Lebensweise) nur damit zusammenhängt, daß ich mit einem
Mann lebe, der nicht einfach zu Besuch hier ist, wie es sogar
mein letzter Ehemann war [...]. Doch, sicher, das ist eine
tiefgreifende und ganz unerwartete Umstellung.

Nbg., 3. 11.

[...] Seit Sonntag ist Rudi in Egsdorf zu seinem Hygiene-
Lehrgang, und ich vermisse ihn sehr [...], seine Schulter und
seine Art aufzuwachen, wenn er mich umklammert und an
sich drückt und murmelt: Bleib noch fünf Minuten, du bist
so schön warm. Ich wärme einen anderen ... sogar das ist
neu.

Und neu ist – nach diesem letzten Jahr jedenfalls nach
dem schrecklichen Wort »untauglich«, das K. gesagt hat –,
daß einer mich braucht, daß ihm die Arbeit mehr Freude
macht, seit wir zusammen sind, und daß er mehr schafft.
Und neu ist – für ihn –, daß man einen Körper lieben kann.
Er berührt meine Arme und Schultern und bewegt sie vorsichtig in den Gelenken und sagt: Ich wundere mich, daß ich
zum erstenmal sehe, wie schön Schultern sein können, und
rund und warm und lebendig; bis jetzt habe ich nur Mecha-
nismen und Muskelpartien gesehen.

Hagebutten. Bobby. Ferment. Krebsfürsorge.

Nbg., 4. 11.

In einer halben Stunde fahre ich nach Berlin, zur Untersuchung nach Buch. Auf dem Rückweg werde ich Rudi abho-
len. Gottlob, daß er dann wieder bei mir ist. Ich komme um

vor Schmerzen, aber in seiner Gegenwart wird es bestimmt
nicht mehr so arg sein, oder jedenfalls werde ich weniger
Angst haben.

Nbg., 7. 11.

Freitag zur Untersuchung bei Prof. Gummel. Wirbelkom-
pression. Kann man nichts machen, außer Spritzen, wenn's
gar zu schlimm wird. Muß gelegentlich wieder nach Buch
zur Hormon-Umstellung. Die reizende Dr. Matthes hält ihr
Einzelzimmer auf der Internen bereit. Wir hatten wieder ein
langes Gespräch über Literatur, über Kunzes »Sensible
Wege« und über Christa. Ich habe die beiden miteinander bekannt gemacht, nächstens werden sie sich treffen. Denk ich
mir sehr schön, die beiden Frauen beisammen. Die M. ist
eine sanfte, empfindsame, liebenswerte Frau, überdies sehr
hübsch für meinen Geschmack, mit den starken schwarzen
Augenbrauen über ihren Taubenaugen.
    Prof. Gummel war wieder wie ein Vater. Verwunderung,
wenn ich ihn mit unseren Bekannten, diesen jungen Ärzten
vergleiche: ein großer Chirurg, der sich soviel Güte und
Mitgefühl bewahrt hat – oder hat er sie gewonnen im Lauf
der Jahre? Kann ein Mensch sich diesen Zuwachs an Anteilnahme leisten, je mehr andere er leiden und sterben sieht?

Nbg., 19. 11.

Schrecklich müde. Fast die ganze Nacht mit Bobby und
Heidrun verbracht, die bei uns ihre Ehe-Aussprache machten. Na, Aussprache … mit diesem charmanten Lügner
Bobby, mit einer völlig zertrümmerten, betrogenen, immer
noch wahnsinnig verliebten Frau.

Nbg., 23. 11.

Die Eindrücke aus dieser Nacht haben sich ein bißchen ver-
wischt, Gottlob. Die übliche, die einmalige Geschichte: ein
Mann zwischen zwei Frauen. Noch banaler: der Arzt und

die attraktive Krankenschwester. Trotzdem. Es war eine schlimme Nacht, auch für uns, Rudi und mich, die nur als Zeugen fungierten und Klagen und Anklagen hörten. Die Hilflosigkeit, mit der man neben so einer Geschichte steht. Diese idiotischen guten Ratschläge, die alle vernünftig sind und richtig, aber nicht für den Augenblick. Der Versuch, unparteiisch zu sein (als wär man Schiedsrichter bei einem Tennismatch!). Rudi ist konsequent für Heidrun (also auch für Treue, Ehe, Familie) [...]. Ich bin ehefeindlich, aber für Treue, und ich mag die Heidrun, und ich mag den Bobby, aber noch mehr als sie, weil er mir ähnlich ist in seiner Art, zu dramatisieren und zu übertreiben und verzweifelt einer Katastrophe zuzusehen, die er – in aller Unschuld natürlich – heraufbeschworen hat, und seine Verzweiflung zu genießen. Wir fühlen uns immer schrecklich unverstanden und fühlten uns auch an diesem Abend (als Bobby längst schlau vom Thema abgelenkt, einen Hasen gebraten und über tausend abwegige Dinge geschwatzt hatte) unverstanden von diesen beiden wackeren und gradlinigen Mecklenburgern, und nachts standen wir in der Diele und küßten uns brüderlich auf die Wangen und seufzten: Ach, wir Welschen ...

Nbg, 30. 11.

Bobby ist wieder bei seiner Frau. [...] Er kommt uns besuchen, zu unmöglicher Zeit (am Sonntagvormittag!, wenn wir natürlich noch faul zu Bett liegen), klagt und macht sich über uns lustig, weil wir turteln. Ekelhaft, nicht mitanzusehen, sagt er (nämlich das, was der Rudi früher sagte, wenn er anderer Leute Geschnäbel sah). Außerdem findet er, daß wir jeden Tag jünger werden, und ich finde es auch, jedenfalls was den Dicken betrifft. Er ist so rundherum glücklich, und das solide Leben, die Häuslichkeit – die er mehr sucht und genießt als ich – bekommen ihm blendend, er verjüngt sich zusehends, leider, denn mir ist so schon bange wegen der zehn Jahre Altersunterschied, und ich bin skeptischer als Rudi, der ein kleines Mädchen sieht, und eines Tages, ich ahne es, wird es Konflikte geben,

Nbg., 11. 12. 70

Im nächsten Heft werde ich vom Glück erzählen (wem erzählen?): das habe ich, glaube ich, all die Zeit nicht getan – immer nur Bedenken vorgebracht, Zweifel an Glücksmöglichkeiten, meinetwegen Tauglichkeit zum Glücklichsein. Heute bin ich einfach wütend und habe mir eine Flasche Büffelgrasschnaps vorgenommen. R. feiert im Hotel mit den Hygieneleuten den Tag des Gesundheitswesens. Blöd von mir, mich zu ärgern, weil er mit seinen Mitarbeiten den üblichen Umtrunk macht, blöd, aber ich kann nicht dagegen an. Dabei ist er rührend, hat sich hundertmal entschuldigt, ihm ist bange vor meiner Ungnade, und ich komme mir selber vor wie eine Zicke. Aber […] ihre ewige und endlose Trinkerei geht mir auf die Nerven. Die dritte oder vierte Feierei in dieser Woche, und sonst habe ich mitgemacht, weil ich halt dabei sein muß, weiß der Teufel, warum; sie schwatzen und nörgeln solange herum, bis ich mitgehe, und am nächsten Tag hänge ich durch, kann nicht ordentlich arbeiten, und wir betreiben Haushaltsmathematik, kommen mit unserem Geld nicht aus (eine Summe, von der eine Familie mit vier Kindern zwei Monate gut leben kann), beschließen Sparsamkeit und haben an einem Abend einen Arbeiter-Wochenlohn versoffen. Diese Scheißmediziner, die mit ihrer Freizeit nichts Gescheites anzufangen wissen. Borniere Affen, die über Fußball mehr wissen als von Literatur (und Künstler allenfalls tolerieren, eigentlich aber überflüssig finden), Fachidioten, die anderen Leuten – den Laienbrüdern also – gesunde Lebensweise predigen und selbst mit sich Schindluder treiben, denn sie wissen ja, was sie tun. Bobby nach so einer Nacht anderntags im OP, mit zitternden Händen …

Neulich haben wir angefangen zu pokern, vorerst um Streichhölzer, später geht's um Geld, das kann lustig werden. Oh Gott, habe ich das alles satt! Am schlimmsten ist, daß meine Arbeit nicht vorangeht. Ich habe viel mehr als früher im Haushalt zu tun, der Tag ist kürzer geworden einfach dadurch, daß da ein Mann ist, der zu einer bestimmten Zeit (zu der ich sonst schon am Schreibtisch saß) aus dem Haus geht und zu einer bestimmten Zeit heimkommt (um ½5 – dann habe ich mich gerade richtig warm gearbeitet); er kommt auch mittags aus der Dienststelle herüber, statt ins Krankenhaus zum Essen zu gehen, trinkt Kaffee und küßt mich, und ich finde es süß, ja, und ich sollte von Herzen froh sein, daß es so einen Mann für mich gibt, der seinen Arbeitstag nicht durchstehen zu können glaubt, wenn er nicht zwischendurch sein Weib gesehen und geküßt hat – aber es ist eine Unterbrechung in der Arbeit. (Aber wenn er nicht käme, würde er mir fehlen, oder ich wär gekränkt oder nähme es als Zeichen abflauenden Gefühls.)

Ich bin tief unzufrieden mit mir. Gestern haben wir Ringe angepaßt: im Februar wollen wir heiraten. Will ich wirklich?

Nbg., 14. 12.

Eben als ich das Fragezeichen setzte, kam der Bär nach Hause, und nach einer Weile war ich nicht mehr wütend (weil es ihn betrübt: er kriegt traurige Kinderaugen und sagt »schreckliches Weib« oder »liebes Scheusal«, und dann bin ich besiegt), und wir sind noch ins Theatercafé, gegangen, um mit der Hygiene-Inspektion zu feiern.

Sonntag sind wir den ganzen Tag im Bett geblieben und haben uns geliebt und geschlafen und wieder geliebt und über unsere Hochzeit geschwatzt und Pläne gemacht, die dann aber bestimmt nicht verwirklicht werden. Wir sind furchtbare Schlampen, und die Trägheit des Dicken provoziert meine eigene potentielle Trägheit, die ich all die Jahre, die ich für mich allein sorgen mußte, nicht heraufkommen ließ. Jetzt fühle ich mich zum erstenmal in Sicherheit, und das ist schön und gefährlich. Ich lasse mich gehen. Irgendetwas muß geschehen, damit ich wieder aktiv werde und nicht mehr so schlaftrunken bin vor Glück und Geborgenheit.

Chronik 1967–[1970]

[1967]

Juni 1967

Nahost-Konflikt. Israel-Aggression (4.–8. 6.)
Protest UNO (s. Archiv) Moshe Dayan
Ulbricht: »keine Schönwetterfreundschaft mit VAR«
Wahlvorbereitungen.

Juli 67

Wahl (Volkskammer-Abgeordnete)
Tiefflug-Übungen der Übschalljäger; Fliegen im Verband
(*April:* 7. Parteitag SED A)
Bei Langenweddingen Kollision Eilzug mit Tankwagen, 15000 l.
  Leichtbenzin; die sich über die Waggons ergießen und in Brand
  geraten. 79 Todesopfer.
Bestseller in WD: *Ruark* »Honigsauger«, Filmmusik aus »Dr. Schi-
  wago«.
Schlager in DDR »Für die Liebe ist es nie zu spät«
Hootenanny-Club umbenannt in »Oktober-Club« (hit: Hartmut
  König, »Sag mir, wo du stehst«).
Mode: Minirock, Hosenanzüge, helle Strümpfe.
(*Juni:* Studenten-Demonstration in Westberlin, anläßlich des Schah-
  Besuchs. Mord an dem Studenten Ohnesorg. A)
Unruhen im Kongo. Tschombe in Algerien.
Prof. Otto Nagel gestorben.
Konstituierung der Volkskammer; neuer Ministerrat (Verabschie-
  dung Dr. Hilde Benjamin); Staatsrat
Weitere Solidaritätsaktionen (»Strom für Vietnam«)
Melina Mercury aus Griechenland ausgewiesen, expatriiert; spielt
  jetzt an Broadway-Theatern.
Negerunruhen in USA. Robert Kennedy: »Die ernsteste Krise in
  den USA seit dem Bürgerkrieg«.
William L. Patterson (KP der USA): »Revolte der Verzweiflung«.
  72 Tote, 3000 Verletzte. Einsatz von Polizei, Fallschirmjägern,
  Panzereinheiten, Nationalgardisten. General John Throckmorton.
Newark/New Jersey; Rochester/New York; Harlem; Toledo/Ohio;
  Englewood/New Jersey; Tucson/Arizona; Portsmouth/Virginia;
  Detroit.
Tropisch heißer Sommer, kein Regen, tägl. 25–30 Grad.

August 67

Vietnam-Vokabel: »napalmisieren«

Tito-Besuch bei Nasser

Ladislav Mnacko ausgebürgert und aus der KPC ausgeschlossen (»Wie die Macht schmeckt«); richtete Angriffe gegen Nahostpolitik der CSSR, unternahm Reise nach Israel. Berief sich auf Pressekonferenz mit dem ägyptischen Botschafter, der gesagt hat: »In den Zeitungen (der CSSR) sitzen noch zu viele Juden.« SU legt in Genf Entwurf für Atomwaffen-Sperrvertrag vor.

Zwischenfälle an der Grenze zur brit. Kronkolonie Hongkong. Immer mehr Ausschreitungen der Mao-Truppler. Sowj. Schiff wird im Hafen Dy festgehalten. Überfälle auf die Botschaft Kenia. Britische Botschaft in Brand gesteckt, Mißhandlung der B.-Angehörigen. Ein Journalist und sein Auto mit Benzin übergossen und angezündet.

In Shanghai öffentliche Hinrichtung, durch Erschießen, von zwei führenden Mao-Gegnern, Tscheng Tschung-ming und Li Jungtschin.

Griechenland: Komponist Mikis Theodorakis eingekerkert und gefoltert.

September 67

2. Sep. Ilja Ehrenburg gestorben (76); Deputierter des Obersten Sowjets, Lenin-Preisträger.

Gipfeltreffen der Araberstaaten in Khartum. Verschärfte Unstimmigkeit mit Jemen. Erdöl-Embargo aufgehoben; wieder Lieferungen an die boykottierten imperialistischen Länder. (Erdöl als »positive Waffe« im Kampf um Unabhängigkeit und gegen die Folgen des Krieges). Strenge Sparmaßnahmen in der VAR, von denen die Armen mehr betroffen werden als die Reichen und die Beamten und Offiziere (hohe Repräsentationsgelder)

Schweden: Umstellung auf Rechtsverkehr. h-Aktion (höger – rechts) unter Riesenaufwand; Straßenbahnen in Stockholm abgeschafft, O-Busse umgebaut. Schweden ist das verkehrsreichste Land von Europa: auf 4 Personen 1 Auto.

Skandal um Arnold Zweig. Westmeldung: Brief Z. an israelische Freunde. Dementi, Erklärung Z.s im ND (s. A.)

Staatsbesuch de Gaulles in Polen.

Neue Gammler-Mode im Westen, Hippys, schenken Blumen jedem Vorübergehenden, machen sanften Beat.

Verschwörung in der VAR aufgedeckt (Generäle, »die für den militärischen Rückschlag verantwortlich sind«) Haupt der Verschw. Marschall Ahmer, der von Nasser abgesetzt wurde. A. hat Selbstmord begangen.

Westberlin: Rücktritt des Albertz-Senats.

CSSR: Kritik am Schriftsteller-Verband. Prochazka wegen ideolog.
Fehler die Funktion als Kandidat des ZK aberkannt.

Aus der Partei ausgeschlossen: *Klima, Liehm, Vaculik.*

Wieder Kämpfe in der Suez-Kanalzone

Oktober 67

1. / Eröffnung der VI. Deutschen Kunstausstellung. Bemerkenswert: Willy Sitte, »Höllensturz in Vietnam«, Neutsch-Porträt.

Antwortschreiben Kiesingers auf Stoph-Brief (bisher in der DDR
nicht im Wortlaut veröffentlicht, nur kommentiert »keine Ver-
handlungsbereitschaft«)

Günter Grass entschuldigt sich über Fernsehen bei A. Zweig wegen
der Verleumdungskampagne.

Kosmosvertrag (über Nutzung des Weltraums) abgeschlossen und
ratifiziert; Urkunde hinterlegt in Moskau, Washington, London.

Uraufführung von Hochhuths »Soldaten«

Prozeß gegen Agenten (CIA und BND), Hüttenrauch und La-
tinsky. Spionage und Wirtschaftssabotage (15 Jahre, bezw. lebens-
länglich Zuchthaus)

VENUS 4 nach einem Weg von 350 Millionen Kilometern weich gelandet.

November 67

50. Jahrestag der Oktober-Revolution.

Arnold Zweigs 80. Geburtstag.

Kuba (Kurt Barthel) in Frankfurt/Main gestorben. Herzinfarkt.

Todesanzeige im ND: eine (deutsche) Frau in Bolivien gefallen; Par-
tisan gefallen: Che Guevara aus Kuba

Wieder Unruhen auf Zypern.

Wilson-Regierung wertet Pfund Sterling ab, von 2,80 auf 2,40 Dollar

Ohnesorg-Mörder Kurras freigesprochen.

de Gaulle auf Pressekonferenz: verurteilt Vietnam-Krieg und die
Aggression Israels, bezeichnet I. als einen machthungrigen Staat.

Volkskammertagung: 1. Neues Banksystem (Staatsbank, Mark der
D. D. Republik), 2. Bestätigung einer Kommission, die eine neue
Verfassung ausarbeiten soll. 3. Kunst (»die die Größe unserer Zeit
widerspiegelt«)

Russel-Tribunal in Ruskilde fällt Schuldspruch gegen USA (1 Million Kinder sind Opfer des Vietnam-Krieges). Präsident des internationalen Gerichtshofes: Jean Paul Sartre.

Dezember 67

Erfolgloser König-Putsch in Griechenland. König Konstantin nach
Rom geflüchtet.

Brücke über den Ohio eingestürzt, 100 Autos und Lastwagen in die
Tiefe gerissen.

Erste Herzverpflanzung der Welt, im Groote-Schuur-Krankenhaus
in Kapstadt; ein 50jähriger, Louis Washkansky, lebt noch drei Wochen mit dem Herzen einer (tödlich verunglückten) jungen Frau.

1968

Januar

Parteitag der KPC. Trennung der Ämter: Novotny bleibt Staats-Prä-
sident; 1. Sekretär des Zentralkomitees der KPC wird Alexander
Dubcek (Jahrgang 21)

Durch Erlaß der Regierung Südjemen ist die Sklaverei auf der Insel
Sokotra aufgehoben worden; 1 000 Sklaven erhielten die Freiheit.

Ungewöhnlich starke Schneefälle und Schneestürme. Schienenwege
und Straßen im Norden nicht mehr passierbar. Hunderte Ortschaften in den Nordbezirken von der Außenwelt abgeschnitten.
Einsatz von Armee mit Panzern; Insel Usedom wird aus der Luft
versorgt. Ärzte mit Kettenfahrzeugen unterwegs. Hunderte in
Schneewehen steckengebliebene Autos müssen ausgegraben werden. In Rostock fällt jeder Verkehr aus, Schulen sind geschlossen.

Schwere Erdbeben in Sizilien. Hunderttausende obdachlos (Messina
1908)

Herztransplantation: Kapstadt. Prof. Barnard überpflanzt das Herz
des Negers Clive Haupt; Empfänger ist der Zahnarzt Blaiberg.
Prawda-Artikel sowj. Ärzte, die Bedenken haben wegen der
Spender (klinischer Tod).

Leopold Infeld (theoretische Physik) gestorben.

USA: Anklage gegen Dr. Spock, wegen Widerstand gegen Vietnam-
politik

Theodorakis hat sein Berufungsverfahren gewonnen, ist aber noch
nicht auf freiem Fuß oder auch nur amnestiert.

Demonstration in Bremen, gegen Notstandsgesetze; Polizei knüp-
pelt Demonstranten nieder.

US-Schriftexperte J. Howard Haring prüfte Baupläne (KZ; Bau-
gruppe Steepp) mit Lübkes Unterschrift; bestätigt Echtheit der
vom Nationalrat vorgelegten Dokumente. (Haring überführte
1935 durch sein Gutachten den Mörder des Lindbergh-Babies)

US-Spionageschiff »Pueblo« vor Koreas Küste aufgebracht.

Am 27.: Theodorakis frei.

31. Volkskammer berät Entwurf einer neuen Verfassung.

FLN-Kämpfer dringen in Saigon ein. Die als »uneinnehmbar« bezeichnete USA-Botschaft wird gestürmt und 6 Stunden lang gegen
die US-Army verteidigt.

Februar 68

Absturz eines US-Bombers B-32 mit 4 Wasserstoffbomben, bei
Thule (Grönland; Hoheitsgebiet Dänemark); vor zwei Jahren
Vorfall bei Palomares (Bomber kollidierte beim Auftanken in der
Luft mit Tankflugzeug; eine Wasserstoffbombe fiel ins Meer)
Großangriff der FLN. Kaiserstadt Hue eingenommen. Straßen-
kämpfe in Saigon. US-Truppen stecken immer mehr Nieder-
lagen ein; Bombardement der eigenen Städte in Südvietnam. USA
erwägen Einsatz taktischer Atomwaffen. (Anfrage von Sena-
tor Fulbright). Weltproteste mehren sich. Demonstrationen;
Hungerstreik von 400 englischen Studenten; Blutspenden in
Rom.

Aufruhr in den westdeutschen Universitäten. Presse hetzt gegen die
»Krawall«-Studenten. Fast täglich Zusammenstöße, Polizei geht
mit Wasserwerfern und Gummiknüppeln gegen die Demonstranten vor.

X. Olympische Winterspiele in Grenoble (Villard-de-Lans, Autrans).
Disqualifikation der DDR-Damenmannschaft Rennrodeln), wegen angeblichem Verstoß gegen Reglement: angewärmte Schlitten-
kufen.

17. 2. SDS veranstaltet Vietnam-Kongreß in Westberlin, 3000 Teilnehmer. Schütz-Senat verbietet die für Sonntag geplante Demonstration, hält 3000 Polizisten in Bereitschaft. Intervention von
Grass und Bischof Scharf. Republikanischer Club beteiligt.

17. abends. Spruch des Verwaltungsgerichts: Demonstration genehmigt.

Sonntag: 20000 Demonstranten mit FLN-Fahnen. Sprechchöre:
»USA, SA, SS«, »Johnson – wie viele Kinder hast du heute getötet?«

Ende Februar FNL belagert Saigon. Raketenangriffe auf Tan Son
Nhut, Sitz des amerik. Oberkommandos. Festung Khe Sanh von
FLN eingeschlossen. Chef des Generalstabes, General Wheeler,
fordert Verstärkung aus USA. Appell U Thants, Bombenangriffe
einzustellen, von Washington abgelehnt.

Konsultativtreffen von über 60 Kommunistischen Parteien in Buda-
pest.

VAR. Milde Urteile im Prozeß gegen ehemalige Luftwaffenoffiziere.
Darauf Demonstration von Studenten und (laut erstem Bericht)
Arbeitern. Sitzung mit Nasser und Generalstäblern: Urteile werden aufgehoben, sollen verschärft werden. Aber: die Universitäten von Kairo werden geschlossen. Meldung am nächsten Tag:
»Volksmanifestation begrüßt«. Aber: »El Ahran« warnt vor Spon-
taneität (weil sich »opportunistische Elemente« einschleichen
können) Demonstrationsverbot. Trotzdem versammelten sich

Studenten der Ingenieurschule und der Mediz. Fakultät; Zusammenstöße mit Polizei. Laut Kairoer Bericht 52 Polizisten, 21 Studenten verletzt.

März 68

Konsultativtreff: Eröffnungsrede von Janos Kadar s. A.

Streit zwischen syrischer und rumänischer KP. Abreise der Rumänen. Mangelnde Einigkeit aller Komm. und Arbeiterparteien; kein Zentrum mehr.

Teilgeständnis Lübckes im westd. Fernsehen.

CSSR: Generalmajor Sejna geflüchtet. CSSR verlangt von Washington Auslieferung. Westpresse: Sejna war bereit, Novotny mit einer Panzerdivision zu Hilfe zu kommen, als N. seinen Posten als 1. Sekr. der Partei abgeben mußte. Offene Angriffe auf N. in der tschechischen Presse. ND-Version: Sejna ist geflohen, weil die Militärstaatsanwaltschaft aufgedeckt hat, daß er Grassaatgut unterschlagen und verschoben hat. s. A!

Unruhen an der Warschauer Universität. Studenten-Demonstrationen (»Es lebe die CSSR!«) ND: Eingreifen der Staatsorgane, »angebliches« Todesopfer eine Erfindung; Demonstration wegen 2 Studenten, die geext wurden. s. A!

Mitte März: Warschau; Anstifter der Unruhe Schriftsteller A

ND informiert über Dubcek-Rede, Januarplenum der KPC. Innenminister und Generalstaatsanwalt abgesetzt. s. A.

Robert Kennedy wird sich am nächsten Wahlkampf beteiligen; als Gegenkandidat Johnsons.

Gomulka-Rede zu Unruhen an pol. Universitäten s. A!

Antonin Novotny »aus Gesundheitsgründen« von seinem Amt als Präsident der Nationalversammlung der CSSR zurückgetreten.

Jurij Gagarin bei einem Trainingsflug tödlich verunglückt; Beisetzung an der Kremlmauer.

Ludvic Svoboda neuer Präsident der Nationalvers. der CSSR

Schauspieler Wolfgang Kieling in die DDR gekommen (aus Westberlin). Sein Bundesfilmpreis wurde im Republikanischen Club versteigert.

Lew Landau gestorben (Nobelpreis; »Diamagnetismus der Metalle«)

Am 6. 4. Volksentscheidung über die neue Verfassung.

In der Nacht vom *4. zum 5. 4.: Dr. Martin Luther King wird* in Memphis (Tennessee) ermordet. A Unruhen in Washington, Chicago. Polizeieinsatz. 26 Tote. Beisetzung von King in Atlanta. Täter noch unbekannt. (Anm. Kennedy: November 63)

11. 4. Mordanschlag auf Rudi Dutschke, führendes Mitglied des SDS in Westberlin. Täter verhaftet; D. lebensgefährlich verletzt.

Gespräch (Konferenzschaltung) zwischen Goldstücker und Mnacko. M. (ausgebürgert) will in die CSSR zurück.

Polen: Staatsratsvorsitzender Ochrab aus Gesundheitsrücksichten vom Amt zurückgetreten. Der Sejm wählte Marschall Marian Spychalski (Studium: Ingenieur-Architekt; 1906 geb. Widerstandsbewegung. Mitglied des Oberkommandos der Volksarmee, »Armija Ludowa«. 44 1. Oberbürgermeister von Warschau. 49 verhaftet, »auf Grund falscher Anschuldigungen«. 56 Rehabilitierung und Rückkehr ins ZK. Seit 63 Marschall Polens).
SPANIEN s. A.
Ostern: Unruhen in Westberlin. s. A.

Mai 68

Waffenparade in Jerusalem (trotz Einspruch des Weltsicherheitsrates; Nasser: Kriegsdrohungen)
»Marsch der Armen« auf Washington. Gedenktafel am Balkon des Zimmers 306 im Loraine Hotel enthüllt (durch Coretta King und Kings Nachfolger in der »Konferenz der christlichen Führer des Südens«, Ralph Abernathy)
CSSR: Slansky-Prozeß. Rehabilitierung. Masaryks Fenstersturz (Mord durch GPU-Agenten)
Verhandlungsort für Gespräche Vietnam – USA endlich festgelegt: Paris.
Rede Ernst Blochs in Trier »Marxismus heute«. 150. Wiederkehr des Geburtstags von Karl Marx.
K. E. v. Schnitzler (anläßlich eines »Kommentars« zu einem Ernst-Fischer-Interview): »Mit der Opposition sprechen wir nur vor Gericht«.
Dokumentarfilm von Scheumann Heynowski: »Piloten im Pyjama«.
13. 5. Generalstreik in Paris (nach einer Woche Studenten-Unruhen; Polizei besetzt Sorbonne).
Baierl-Artikel gegen liberale CSSR-Schriftsteller (»Prüfet die Rechnung«) s. A.
In allen Großstädten Westd. Protestkundgebungen vor der dritten Lesung der Notstandsgesetze im Bundestag. Dritte Lesung: Ende Mai
(Herbelt-Artikel zur CSSR: A!)
Frankreich: 10 Millionen Arbeiter im Streik. de Gaulle will Nationalversammlung auflösen.
ZK-Plenum der KPC. A. Novotny aus dem ZK ausgeschlossen.

Juni 68

3. Streikwoche in Frankreich. (Keine Postbeförderung, kein Eisenbahn- und Metroverkehr. Streikbrecher unter Polizeischutz in Mulhouse wollte einen Zug fahren: die Arbeiter legten sich auf die Schienen. Die Streikenden halten Betriebe und Universitäten besetzt)

5. Juni. Attentat auf *Robert Kennedy* (Präsidentschaftskandidaten), nach einer Wahlrede in Los Angeles. Mordanschlag im Korridor des »Ambassador«-Hotels; Kugeln in Nacken und Kopf. Mörder noch nicht identifiziert. Westmeldung (nach amerik. Darstellung): der Täter spricht fließend Englisch, aber mit einem Akzent, der auf einen Kubaner hindeutet. (Anm. John F. K.: 22. Nov. 63) Mc Carthy, Gegenkandidat der demokr. Partei, hat vorerst auf Wahlkundgebungen verzichtet.

6. 6. Kennedy gestorben, 1 Uhr 44 im Samariter-Krankenhaus in Los Angeles. Der Täter: angeblich Jordanier Sirhan.

Beisetzung K.s auf dem Arlington-Nationalfriedhof in Washington.

Studentenunruhen in Belgrad und Wien.

16. 6. Sorbonne von Polizei geräumt, auch die letzte Bastion der Studenten, Odeon-Theater; statt der roten und schwarzen Fahnen wird wieder dir Trikolore gehißt. Hochschulreform angekündigt. Arbeiter haben Mitbestimmungsrecht in Betrieben erzwungen.

Volkskammer beschließt Ergänzung zum Paßgesetz: Visazwang für Einreisende, höhere Gebühren (auch bei Umtausch an der Grenze von Westberlin und Westdtschld.), Transportgebühren auf der Autobahn. s. A.

Diskussion über Monumentalkunst. Lew Kerbel legt Entwurf für Marx-Denkmal vor: vier M. hoher Sockel, sechs M. hoher Porträtkopf. / Halle: monumentale Arbeiterfaust.

Leitartikel »Liebe – politisch« – siehe A.

Wahlen in Frankreich: 40% für gaullistische Partei, nur 20% für KPF (Wahlterror!)

Resolutionsentwurf über Sicherheitsgarantien für nichtatomare Unterzeichnerstaaten des Kernwaffensperrvertrags der UNO vorgelegt. (von den drei Atommächten). *Kernwaffensperrvertrag* s. Juli

6. Plenum der SED (Schlußwort Ulbricht s. A.!)

Besuch von Dr. Hajek in DDR A.

30. 6. 75. Geburtstag von W. Ulbricht. (Aufforderung des Verbandes an Vorstand, persönl. Glückwünsche zu schicken – im Brief war ein Büttenbogen beigelegt; etwa zehn Vorstandsmitglieder kamen der Aufforderung nach. Geburtstagsbriefe etc. A.)

Juli 68

2. 7. Unterzeichnung des Kernwaffensperrvertrags in Moskau, London und Washington.

Wortlaut des Vertrags s. A.

Vorschläge der SU für weitere Abrüstung und Kernwaffen-Verbot.

CSSR: »Manifest der 2000 Worte«. Kommentare s. A.

25. Jahrestag der Schlacht bei Kursk.

Explosion in der PVC-Abteilung des Elektrochemischen Kombinats Bitterfeld. (Ursachen noch nicht geklärt, laut ND.) 32 Tote, viele Verletzte. Wogatzkis Fernsehspiel »Zeit des Glücks« (spielt in einem Chemiebetrieb) vorläufig vom Spielplan abgesetzt.

18. 7. Gemeinsamer Brief an das ZK der Tschechoslowak. Komm. Partei, unterzeichnet von den Vorsitzenden der Zks der UdSSR, Bulgarien, Ungarn, DDR, Polen. (Rumänien und Jugoslawien nahmen an der Warschauer Beratung nicht teil). Brief s. *Archiv.* Stellungnahmen der DDR und anderer soz. Länder. Jeden Tag im ND: Stellungnahmen unserer Bürger, in »echter Besorgnis«, »brüderlicher Teilnahme« etc. A.

Einladung des ZK der KPdSU zu zweiseitiger kameradschaftlicher Beratung *(mit dem gesamten Präsidium des ZK der KPC)* in Moskau oder Kiew. Von KPC mehrmals abgelehnt; Ende Juli angenommen unter der Bedingung, daß die Beratung auf dem Territorium der CSSR stattfindet.

Prawda-Artikel zur Stellungnahme des ZK der KPC.

Geheimes Waffenlager bei Karlovy Vary entdeckt (Waffen »zur Ausrüstung kleiner aufständischer Gruppen«.) Innenminister der CSSR dementiert sowj. Meldung von weiteren Waffenlagern; deutet an, daß es sich bei dem Lager von K. V. um eine Provokation handelt.

Verzögerter Abzug sowj. Truppen nach Manöver im Böhmerwald. A

28. 7. Otto Hahn (89) gestorben.

August 68

Papst Paul der VI. spricht sich in seiner Enzyklika »Vitae humanae« gegen Antibaby-Pille aus.

Gemeinsame Beratung der KPdSU und der KPC in der Tschechosl. Kommunique.

Delegation der Bruderp. in Bratislawa empfangen.

Gemeinsame Entschließung der Kommunist. und Arbeiterparteien A

Erdbeben in Manila (Philippinen), 255 Tote

ZK-Delegation der SED in Karlovy Vary. Pressekonferenz A.

2 000 Tote über Überschwemmungskatastrophe in Indien

Biafra: Aufruf an die Welt, Lebensmittel und Medikamente zu schicken.

In der Nacht vom 20. zum 21. 8. wird die CSSR von den Truppen der Warschauer-Pakt-Staaten besetzt.

TASS-Erklärung A. (ebenfalls ADN-Meldung)

Morgens: über Svoboda nichts bekannt; Dubcek ruft zur Ruhe auf. (D. soll Bratisl. sabotiert haben) Radio Prag und Fernsehen stellen Sendungen ein. Beratungen in allen Hauptstädten der Welt. Proteste der KPF und KPI gegen militärische Intervention. Jugoslawien und Rumänien verurteilen ebenfalls die Besetzung.

DDR meldet nachmittags »Flut von Zustimmungserklärungen der DDR-Bürger«.

22. morgens. Svoboda im Hradschin unter Arrest. Von Dubcek und Smrkowski nichts bekannt, wahrscheinlich verhaftet. Vormittag tagt Nationalversammlung, fordert Freilassung der Verhafteten und Abzug der Besatzungstruppen. Tagung des Außerordentlichen Parteitags, droht mit Generalstreik. Protestdemonstrationen. Hajek, Außenminister, befindet sich in Belgrad, will nach New York fliegen, zur Sitzung des UNO-Sicherheitsrates.

ND veröffentlicht den Brief einer »Gruppe« (ZK, Nationalvers.), die sich zur SU bekennt, D. verurteilt und eine neue Regierung bilden will.

24. 8. Präsident Svoboda in Moskau zu offiziellen Verhandlungen mit Breshnew (Bilder zeigen Empfang auf dem Flugplatz – Brüderküsse, Ehrengarde, winkende Jungpioniere).

In Prag angeblich Unruhen. Sender aus Ost und West widersprechen einander und sich selbst alle paar Stunden (Streiks, Demonstrationen, freundschaftl. Diskussionen mit Sowjetsoldaten, Anschläge auf Sowjetsoldaten, 4 getötet, angebl. 80 Tote bei Tschechen). Außenminister Jiri Hajek nach New York. Illegale Sender in allen Ecken des Landes. TASS berichtet von Provokationen. Vom Verbleiben Dubceks noch immer nichts bekannt.

25. 8. Hajek spricht (Nachricht hat sich als falsch erwiesen.) Sicherheitsrat in New York. (angeblich Telegramm von Svoboda, *nicht* zu sprechen, angebl. hat D. an Besprechungen in Moskau teilgenommen: unbestätigte Meldungen). Besatzungstruppen offenbar verwirrt, weil erwarteter Aufstand und Kampfhandlungen ausbleiben.

DDR gibt zum erstenmal zu, daß Rumänien und Jugoslawien die Besetzung verurteilen und mit den Konterrevolutionären und »Abenteurern« in Prag fraternisiert.

26. 8. Von Dubcek und anderen Präsidiumsmitgliedern noch immer nichts bekannt: wo Aufenthalt etc. Westsender verbreiten unbestätigte Meldungen, daß sie an den Verhandlungen in Moskau teilnehmen. TASS und ADN äußern sich nicht. ND meldet Provokationen aus Prag, Aufdeckung illegaler Waffenlager und Druckereien.

Radio »Freies Prag« sendet illegal auf Kurzwelle im 49. K-Band.

In Prag werden Straßenschilder entfernt oder unkenntlich gemacht und durch Schilder ersetzt: NACH MOSKAU; NACH BERLIN. In der ganzen CSSR werden Wegweiser entfernt oder in die falsche Richtung gedreht, um die Truppen irrezuführen. Jugendliche demonstrieren mit Losungen: »Lenin erwache! Breshnew ist verrückt geworden«.

Unruhe, weil Svoboda noch immer in Moskau.

27. 8. Svoboda hat Heimreise angetreten. Kommunique von Moskauer Verhandlungen. Jetzt erst wird bekannt, daß Dubcek, Cernik, Bilak u. a. teilgenommen haben. Legale Regierung bestätigt.

»Verständnis für Maßnahmen des Januar-Plenums«. Truppen verbleiben im Land, bis Normalisierung eingetreten ist.

Am 26. 8. hat der DSV – ohne seinen Vorstand – eine Zustimmungserklärung abgegeben.

DDR-Sender melden weiterhin konterrevolutionäre Umtriebe und Provokationen. (nach Erscheinen des Kommuniques).

29. Parteitag (P.T. des »illegalen ZK« nicht anerkannt). Husak zum 1. Sekretär gewählt (des slowakischen ZK).

USA: Nationalkonvent der Demokr. Partei stellt in Detroit Humphrey als Präsidentschaftskandidaten auf.

Immer wieder Feuerüberfälle Israels auf jordanisches Gebiet, trotz Warnungen des Weltsicherheitsrates.

Erklärung des Schriftstellerverbandes.

Nach Westmeldungen sollen etwa hundert Jugendliche (DDR) wegen Demonstrationen verhaftet worden sein, unter ihnen die Söhne von Prof. Havemann.

Erdbeben in Teheran (Irak): 20000 Tote

September 68

CSSR: Beratung der Regierung (Ansprache von Svoboda) Parteitag. Referat Dubcek. Personelle Veränderungen s. A.

Svilak in Washington; Hajek in Bern; Sik in Belgrad; Goldstücker in der Schweiz; über Schriftsteller nichts Sicheres bekannt (Kohout angeblich in Wstdtschl., Mnacko in Israel – unbestätigt).

Absolute Freiheit der Massenmedien soll eingeschränkt werden.

»Normalisierungsprozeß« verläuft (laut ND) immer noch zu langsam. (»Politik mit Augenzwinkern«.) A

14. 9. Regierungserklärung Cerniks vor CSSR-Nationalversammlung. Manöver »Schwarzer Löwe« in anderes Gebiet verlegt.

18. Sept. Offener Brief an Martin Walser – von Max Walter Schulz (CSSR-Problem) s. A.

Oktober 68

SU startet Mondsonde (Umkreisung, weiche Landung im Ozean) Salazar (Portugal) schwer erkrankt; vom Amt abgelöst.

12. 10. Eröffnung der Olympischen Spiele in Mexiko

Amerikanisches Apollo-Raumschiff (3 Mann Besatzung, Kommandant Schirra) überträgt bei der 45. Erdumkreisung Fernsehaufnahmen in Direktsendung zur Erde.

UdSSR und CSSR unterzeichnen Vertrag über die Bedingungen für den zeitweiligen Aufenthalt sowjetischer Truppen in der CSSR. (Alexeij Kossygin und Oldrich Cernik signieren).

Zyklon über Kuba. Notstand für die Isla de Pinos ausgerufen.

Todesurteil für Politbüro-Mitglieder der KP Indonesiens, Njono und Sudisman. (Seit Okt 65 zwischen 100- und 300000 Menschen ermordet (Kommunisten), gegenwärtig etwa 150000 eingekerkert).

Olympiade: Negersprinter (200 m) Tommie Smith und John Carlos demonstrieren bei Siegerehrung (»Black-Power-Salut«); schwarze Handschuhe, schwarze Halstücher. Werden vom USA-Olympiakomitee aus der Mannschaft verstoßen und sollen olym. Dorf verlassen.

13. Staatsratstagung über Kultur (bestätigt Beschluß des 11. Plenums). Rede von Wogatzki (NP 1. Klasse für »Zeit ist Glück«) A 9. Tagung des ZK (siehe Archiv!) Kulturfragen.

Gründung einer neuen Kommunistischen Partei in Westdeutschland, DKP. Bundeskonferenz in Offenbach.

Start des sowjetischen Raumschiffs Sojus 3. An Bord Oberst Beregowoi.

DDR: Prozeß gegen Studenten (die Söhne v. Havemann, Brasch, Hunziger u. a.) wegen Staatsverleumdung und Hetze. Gefängnisstrafen bis zu 2 Jahren, 3 Monate. »Prozeßbericht« s. A.

November 68

Weiche Landung v. Sojus 2. Landung (in Kasachstan) von Sojus 3 mit Beregowoi.

ehem. Ministerpräsident v. Griechenland, Papandreu, gestorben. Familie verzichtet auf das P. zustehende Staatsbegräbnis.

Angriffe auf E. Günthers Film »Abschied«.

Jacqueline Kennedy heiratet den Reeder Onassis.

Naher Osten: Unruhen an jordanischer Grenze. Israel verdoppelt Rüstung. Nasser organisiert Volksverteidigungsarmee; Meldestellen für Freiwillige eröffnet.

Erster Erfolg der Pariser Vietnam-USA-Verhandlungen: Johnson ordnet an, Bombenangriffe auf Vietnam sofort einzustellen.

CSSR: Demonstrationen am Nationalfeiertag (50. Jahrestag der Republik-Gründung). Prawda-Artikel über antisozialistische Umtriebe (s. A.). Literarny Listy erscheint wieder – jetzt als »Listy«, mit denselben Redakteuren, darunter Liehm und Vaculik.

BRD: Beate Klarsfeld ohrfeigt Kiesinger in der Deutschlandhalle, um Prozeß zu erzwingen und K.s Nazivergangenheit anzuprangern. Schnellgericht verurteilt B. K. zu einem Jahr Gefängnis

USA: Neuer Präsident ist Nixon (37. Präsident der Staaten)

ND: Angriff auf Belgrader Zeitschrift »Politika«

CSSR: Ausreiseverbot für Privatreisende.

Ausweisung von westdt. Journalisten und Kameraleuten.

Upton Sinclair gestorben.

26. 11. Arnold Zweig (81) gestorben.

UNO beschließt Nichtverjährbarkeit von Kriegsverbrechen und Verbrechen gegen die Menschlichkeit.

Dezember 68

Sondersitzung des Nationalkongreß der Ägypt. Sozial. Union (ASU) wegen Studentenunruhen. Protest privater Oberschulen gegen neues Schulgesetz, dann Demonstration von Studenten des Religionsinstituts in Mansura; später Universität Alexandria. Zusammenstöße mit der Polizei; Tote. Universitäten sind im ganzen Land geschlossen worden.

Paris: Warnstreik in Renault-Werken.

Rom: 24stündiger Generalstreik von 1,5 Millionen Arbeitern; größter Ausstand seit Kriegsende.

Berlin: Prozeß gegen SD-Mann Wachholz (Theresienstadt)

Dr. Petras, Mikrobiologe, ehem. leitend am Institut für Aerobiologie in Grafschaft (Sauerland), kommt in die DDR. Enthüllungen über Vorbereitung und Produktion von B- und C-Waffen. A!

Frankfurt/Main: Neue westdeutsche Partei gegründet: »Aktion für demokratischen Fortschritt«

ZK-Tagung der KPC (s. A. Cernik-Rede)

Mexiko-Stadt: Siqueros Gemälde im Nationaltheater, »Theater und Mensch« teilweise zerstört (chem. Substanz)

Neue Bücher: Wellm, »Wanzka«; de Bruyn, »Buridans Esel«, Pitschmann, »Kontrapunkte«.

SPD schlägt Gesetz über »Vorbeugehaft« vor, laut ND auch gültig für »Überzeugungstäter«.

Kammergerichtsrat Dr. Rehse, ehemals Beisitzer von Freisler, wird freigesprochen, trotz Mitwirkung bei Todesurteilen.

Pahute Mesa (Nevada): bisher stärkste A-Bombe (60fache Stärke der Hiroshima-Bombe) mit Sprengkraft von 1,4 Mill. Tonnen TNT, unterirdisch gezündet im Atomversuchsgelände von Nevada.

John Steinbeck (66) gestorben.

USA startet Raumschiff (3 Mann Besatzung) Apollo 8 in Richtung Mond. Laut UPI Umkreisung des Mondes vorgesehen.

Am 23. 12. Apollo 8 im Mondschwerefeld. Bordsysteme funktionieren einwandfrei. Die Piloten (Botmann, Lovel und Anders, von denen zwei – wie man befürchtete – an Hongkong-Grippe erkrankt seien) sind wohlauf. Raumschiff bewegt sich mit Geschwindigkeit von 4407 Km/h.

Physiker Prof. Dr. Möbius – Übertritt in die DDR, aus Gewissensgründen.

CSSR vollzieht Übergang zum föderativen Staat.

27. 12. Apollo 8 gelandet (Bericht s. A.)

UdSSR: Experiment dreier Wissenschaftler, die 12 Monate unter kosmosnahen Bedingungen gelebt haben (Archiv)

Verbrechensbilanz 1968 in den USA: 14 200 Morde, 31 300 Vergewaltigungen, 261 500 Raubüberfälle, 290 000 Körperverletzungen,

188 5000 Einbrüche. Etwa 100 Millionen Schußwaffen befinden sich in Privatbesitz.

Israel: Überfall und Luftangriff auf Flughafen von Beirut. 13 libanesische Passagiermaschinen zerstört. Internationale Proteste.

30. 12.: 50. Jahrestag der Gründung der KPD.

1969

Januar 69

1. 1. Zehnter Jahrestag der Befreiung Kubas: Fidel Castro marschierte mit seiner Truppe in Habana ein und stürzte das Batista-Regime.

UdSSR testet erstes Überschall-Passagierflugzeug der Welt, die TU 144 (4 Triebwerke am Heck, Raum für 120 Passagiere; Flug Moskau – Paris z. B. würde anderthalb Stunden dauern).

CSSR: Streitigkeiten (mit Kampagnen, Streiks, Flugschriften) wegen der Föderativen Regierung. Angeblich soll Smrkowski kaltgestellt werden. Aufruf der Regierung und Partei an das Volk, die Lage nicht zu verschärfen. s. A.

10. 1. Präsident Svoboda empfängt den Vorsitzenden der tschechischen Regierung, Stanislav Raze, und den Vors. der Slowakischen Regierung, Stefan Sadovsky.

1. Januar: 10 Jahre Weltraumflug der SU (s. A.)

Frankreich distanziert sich von den aggressiven Handlungen Israels und beschließt, anläßlich der Bombardierung des Beiruter Flughafens, ein Waffenembargo.

BRD: Böll wird von Grass gerügt, weil er B. Klarsfeld Blumen geschickt hat. In seiner Erwiderung bezeichnet Böll die westdeutschen Schriftsteller als »Vorzeigeidioten für die Welt«.

14. 1. SU startet Raumschiff Sojus 4 (Versuchslabor); Kommandant Wladimir Schalotow. Einen Tag später Start von Sojus 5, mit drei Mann Besatzung.

USA Morton Sobell (April 51 Mitangeklagter im Rosenberg-Prozeß), nach 19 Jahren Haft auf der Gefängnisinsel Alcatraz entlassen.

Sojus 4 und 5: Zum erstenmal steigen Kosmonauten im Weltraum um in ein anderes Raumschiff, nach Überprüfung der Außenanlagen, Koppelungsgeräte etc. Über Orbitalstation, Umsteigemanöver, weiche Landung der Schiffe s. A.

Weiterhin Studentenunruhen in Westdt. Universität Heidelberg soll geschlossen werden. Prozesse gegen Studenten.

15. 1. Vor 50 Jahren Ermordung von Liebknecht und Luxembg.

19. 1. Viererkonferenz in Paris eröffnet: Gespräch am runden Tisch zwischen FNL, Demokr. Republik Vietnam, Südvietnam und USA.

Bundesrepublik: Dr. Gerstenmeier, Präsident des Bundestags, vom Amt zurückgetreten. Finanzaffäre; empfing Wiedergutmachungsgelder, etwa 280000 DM.

USA: Amtseinführung des neuen Präsidenten. 12000 Bewaffnete zum Schutz aufgeboten. – Kennedy-Bruder Edward steht unter Polizeischutz (anonyme Morddrohungen.)

UdSSR: Empfang für Kosmonauten von Sojus 4 und 5. Bei der feierlichen Parade Attentat auf ein Kosmonautenauto; mehrere Schüsse auf Tereschkowa, Beregowoi u. a. abgegeben.

CSSR: Unruhen, Demonstrationen der Studenten. Ein Student, Jan Palach, erliegt seinen Verletzungen nach einem Selbstverbrennungsversuch auf dem Wenzelsplatz. Aufbahrung in der Karls-Universität. Mehrere Selbstmorde (Verbrennungen – auch in Ungarn) folgten. Eine Studentin, die sich vergiftet hat, hinterläßt einen Brief, der auf Selbstmord-Befehl durch eine Organisation hindeutet. *A*

Februar 69

Seit Ende Jan. dreimonatiger Ausnahmezustand über Spanien verhängt. Unruhen an den Universitäten, Streiks (vor allem in asturischen Bergwerken), Verbannung von Intellektuellen.

Mocambique: Dr. Eduardo Mondlane, Präsident der Befreiungsbewegung von M., fällt einem Attentat zum Opfer (die Bombe soll sich in aus der BRD geschicktem Paket befunden haben).

Sibirien: härtester Winter seit Menschengedenken. Schwarzer Orkan. Auch Südrepubliken – Taschkent – verschneit. Mitte Februar in allen Ländern ungewöhnliche Kälte, heftige Schneefälle, Verwehungen, die den Verkehr lahmlegen und die Industrieproduktion gefährden.

Bundestag soll nach Westberlin einberufen werden (Wahl des neuen Kanzlers). Proteste der DDR, der SU, der soz. Staaten. Auch die Schutzmächte äußern sich besorgt oder mit Zurückhaltung. DDR beschließt Durchreise-Verbot für Bundestagsabgeordnete.

Volkskammerpräsident Prof. Dr. Dieckmann gestorben. Staatstrauer

Gestorben: Karl Jaspers

DDR-Regierung bietet BRD als Gegenleistung für Verzicht auf Präsidentenwahl in Westberlin »Entgegenkommen« in der Passagierscheinfrage. (Ostern – Verwandtenbesuche möglich, wenn Wahl in westdt. Stadt stattfindet.)

März 69

Am 5. 3.: Trotz Protesten und Warnungen der DDR und UdSSR (»für Sicherheit der Flüge kann nicht garantiert werden«, Manöver in Berlin; faktisch Ausnahmezustand in W.-Berlin) Wahl des

Bundespräsidenten in Westberlin. *Dr. Heinemann* vor Dr. Schröder mit 6 Stimmen Mehrheit gewählt.

Grenzzwischenfall am Ussuri (im Gebiet der Insel Damanski). Feuergefecht zwischen chinesischen und sowjetischen Truppen.

Israelische Provokation am Suezkanal. General Riad (VAR) gefallen. Verluste der Aggressoren an Menschen und Material werden von der VAR-Presse so hoch angegeben, daß man diese Angaben wohl zu den Märchen aus 1 001 Nacht rechnen muß.

ND erbringt neuerdings täglich neue Beweise dafür, daß in Westberlin Rüstungsmaterial hergestellt wird, bezw. Einzelteile, die z. B. zur Produktion panzerknackender Geschosse dienen. Verstoß gegen Potsdamer Abkommen. Beweise dienen vermutlich der Vorbereitung neuer Gesetze oder Erschwerungen im Verkehr.

Am 14. und 15. 3. wieder Kämpfe auf der Insel Damanski. Starke chinesische Einheiten. China erhebt Anspruch auf die Insel und andere sowj. Territorien. Laut TASS: wachsende Widerstandsbewegung in Ch., besonders in den südlichen Provinzen, wo Revolutionskomitees überfallen werden, Zwangsumgesiedelte protestieren und Arbeiter, Bauern und Studenten als Partisanen ins Gebirge gehen.

17. 3. Appell der Teilnehmerstaaten des Warschauer Vertrages an europäische Staaten, für Entspannung und Frieden. Vorschlag für Konferenz aller europäischer Staaten.

Mitte März: Kälte, starke Schneefälle, Orkane. Ortschaften abgeschnitten, Straßen unpassierbar durch Verwehungen bis zu 5 m. In Häfen ruht die Arbeit. Wetterwarte Potsdam meldet die tiefsten März-Temperaturen in diesem Jahrhundert.

26. 3. *Günter Weisenborn* (66) in Westberlin gestorben.

B. Traven (79) gestorben. Nach letzten Meldungen soll Traven am 3. Mai 1890 in Chicago als Traven Torsvan geboren worden sein.

Erklärung der SU zum Grenzkonflikt am Ussuri *s. A.*

Wieder Unruhen in der CSSR. Anläßlich Eishockey-Meisterschaft antisowjetische Kundgebungen.

Erklärung des Präsidiums des ZK der KPC. *s. A.*

13. 4. Husak-Rede zu aktuellen politischen Problemen. *A.*

Schriftsteller-Forum in der Kongreßhalle (Reden – Archivmappe)

Im Archiv: Mitteilung über Parteitag China.

Prozeß Kiesinger – Klarsfeld. K. als Zeuge geladen, nicht erschienen. Beate K. legt beim Berufungsverfahren eine Broschüre vor: »K. oder der subtile Faschismus«.

Arbeitslosigkeit in Jugoslawien.

Frankreich: Referendum. Mehrheit stimmt mit »nein«. Rücktritt de Gaulles

CSSR: Plenum des ZK. Dubcek tritt zurück. Dr. Husak wird als 1. Sekretär gewählt. Zeitschriften »Listy« und »Reportr« verboten, »Plamen« und andere Zeitungen müssen vorerst auf 3 Monate Erscheinen einstellen.

»Nachdenken über Christa T.« erscheint in 3 000 Exemplaren.

Mai 69

10. Plenum des ZK der SED. Hager-Rede. Vorbereitung des Schriftsteller-Kongresses. *A.*

Sowjetische Raumstationen Venus 5 und 6.

6. Deutscher Schriftsteller-Kongreß in Berlin *(s. A.)*

Anerkennung der DDR durch Ministerrat der Demokrat. Republik *Sudan.*

Paul Merker verstorben (Nachruf s. A., Lebenslauf nicht 1950)

Juni 69

Georges Pompidou hat im Elysée-Palast sein Amt als neuer französischer Staatspräsident übernommen.

Anerkennung der DDR durch Kambodscha. Besuch des kam. Ministers f. Auswärt. Ang., Prinz Norodan Phurissara.

Unruhen in der CSSR. Husak-Rede s. A.

TU-144 (Überschall-Passagiermaschine) erprobt.

Am 11. 6. Republik Südvietnam ausgerufen (Bildung einer provisor. Revolutions-Regierung)

Irak – Anerkennung der DDR.

Walter Gropius gestorben.

Juli 69

Sowjetische Mondsonde Luna 15 gestartet.

Amerikanisches Raumschiff »Apollo« startet zum Mond. Erste Mondlandung am *21. 7.* Armstrong betritt als erster Mensch den Mond.

Moise Tschombe (ehem. kongolesischer Ministerpräsident) in Algerien gestorben.

Mordanschlag auf Chef der jugoslawischen Militärmission in Westberlin (Attentäter ein ehem. Ustasha-Mann)

VR Südjemen nimmt diplomatische Beziehungen zur DDR auf.

Diplomat. Bez. zwischen DDR und VAR aufgenommen.

Krieg zwischen El Salvador und Honduras ausgebrochen.

Nixon besucht Rumänien (Stellungnahme von Gus Hall – im ND; 6. 8. *s. A.*)

Otto Dix gestorben (hinterläßt Dresden das Triptychon »Der Krieg«)

August 69

Mies van der Rohe gestorben.

Unruhen in der CSSR. (s. A)

Ausschreitungen am 21. August, Jahrestag der Intervention.

Weltpremiere in Prag: Scheumann-Heynowski-Film »Der Präsident im Exil« (über Dr. Walter Becher, Sprecher der Sudetendeutschen Landsmannschaften)

Mordserie in Hollywood. Fünffacher Mord in der Villa des Regisseurs Polanski (»Messer im Wasser«), u. a. an seiner Frau Sharon Tate.

Bis Mitte August *Dürre*. Wassermangel. Trockenster Sommer seit über 100 Jahren. Grundwasserspiegel beängstigend gesunken.

Beschluß des Ministerrats über Eröffnung des 2. Fernsehprogramms (Farbfernsehen)

September 69

Gipfelkonferenz der arabischen Staaten (»Befreiung der besetzten Gebiete«)

4. 9. Ho Chi Minh nach Herzanfall verstorben.

Neuer Präsident der DRV: Ton Duc Thang.

600 Todesopfer bei Religionsunruhen in Indien – zwischen Hindus und Moslem.

Weitere Unruhen in Irland – Londonderry.

Oktober 1969

Neue Regierungen der CSSR und der CSR gebildet. (alte Regierungen haben Rücktritt erklärt).

Neuer schwedischer Premierminister: *Olof Palme* (nach Tage Erlander, der 23 Jahre das Amt ausgeübt hat)

KP Chiles schlägt Pablo Neruda als Kandidaten für Präsidentschaftswahlen 1970 vor

Bundestagswahlen in der BRD. Stimmenrückgang bei CDU. NP zieht nicht in Bundestag ein. SPD koaliert mit FDP und wird damit zur stärksten und regierenden Partei. Kandidat für Kanzleramt: Willy Brandt.

7. Okt. *20. Jahrestag* der DDR (Zeitungsmaterialien A)

Dubna: Forscher beobachten zum erstenmal eine stabile thermonukleare Reaktion.

Wiedereröffnung des Mahnmals für Opfer des Faschismus (Beisetzung von Urnen: ein unbekannter Soldat, ein unbekannter Antifaschist; Erde aus Auschwitz, Mauthausen … Leningrad, Wolgograd …) s. A.

Raumschiff-Fahrt:

Emil Zatopek aus KPTsch ausgeschlossen (Z. war einer der Unterzeichner der »2 000 Worte«)

Mikis Theodorakis aus seinem Verbannungsort ins KZ Oropos verschleppt.

Sturz der Regierung in Somalia. Revolutionsrat gebildet. Führer: Ziad Sareh.

Bundesrepublik:
Willy Brandt zum Kanzler gewählt (251 der insgesamt 495 abge-
gebenen Stimmen).
Neue Bonner Regierung vereidigt.
Vizekanzler und Außenminister: Walter Scheel (FDP)
Verteidigungsminister: Hellmuth Schmidt (SPD)
Wirtschaft: Prof. Karl Schiller (SPD)
Bildung und Wissenschaft: Prof. Hans Zeussink (parteilos)
Post- und Fernmeldewesen: Georg Leber (SPD)

November 69

Staatskrise in Kenia. Führer der Oppositionspartei Kenya Peoples
Union, Oginga Odinga, und ihre Abgeordneten verhaftet. *s. A.*
USA: »Vietnam-Moratorium« in Washington. Demonstration mit
»Freedom now«-Rufen. In allen Städten der USA »Marsch gegen
den Tod«.
14. November: *Apollo 12* startet zum Mondflug. s. A.
Proteste der VAR: »Grüne Barette« (USA-Sondereinheit) seien den
israelischen Grenztruppen zugeordnet worden.
19. 11. Mondfähre »Intrepid« landet im »Meer der Stürme«.
24. 11. Apollo 12 im Pazifik niedergegangen. Besatzung: Conrad,
Gordon, Bean
Massaker der US-Army in Südvietnam. Exekution der Einwohner des
des Dorfes Sonmy (Weltpresse vergleicht mit Lidice und Oradour)

Dezember 69

Neutsch und Kant im ND (s. A.)
In Brazzaville wird VR Kongo ausgerufen

[1970]

Januar 1970

Prof. Max Born gestorben (Mitbegründer der Quantenmechanik;
»Göttinger 18« 1957; Nobelpreis 54)
Weitere Verschärfung der feindl. Beziehung Israel – Arabien. Israeli-
scher Bombenangriff auf die Fabrik Abu Zaabal; Napalm; zahlreiche Todesopfer. Soz. Staaten erklären Solidarität mit VAR, bereit zu materieller Unterstützung.

Februar 1970

Ende Feb.: Seit 90 Tagen geschlossene Schneedecke über Deutschland.
CSSR: Umtausch der Partei-Dokumente. Überprüfung der Mitglieder (ihr Verhalten während der Zeit vor dem 21. August).

März 70

Zypern: Attentat auf Erzbischof Makarios.

Technische Vorverhandlungen für Gespräch Stoph – Brandt. Verhandlungen gefährdet: DDR protestiert gegen Brandts Absicht, seinen Besuch in Berlin mit einem Westberlin-Besuch (und Landung auf Flugplatz Tempelhof) zu verbinden.

ND meldet am 13. März: Nach Vorbereitung und Verhandlungen soll das Treffen zwischen Brandt und Stoph am 19. 3. in Erfurt stattfinden.

19. 3. Erste Beratung zwischen zwei Staatsmännern aus beiden Teilen Deutschlands. Treffen Stoph – Brandt im »Erfurter Hof«. ½10 Eintreffen des Salonwagens. Empfang nach Protokoll (roter Teppich, Ehrenwache, Begrüßung auf dem Bahnhof. (Hochrufe auf Brandt – von Provokateuren, teilen Kommentatoren der DDR-Sender mit)). 600 akkreditierte Journalisten; ausländ. Fernseh- und Sendestationen. Den ganzen Tag Berichte über Funk. Verlesen der zwei vorbereiteten Erklärungen. Nachmittags Buchenwald, Kranzniederlegung. s. A.

Juni 1970

50 000 Tote, 120 000 Verwundete bei Erdbeben in Nordperu.

SU Sojus 9 (Nikolajew + Sewstjanow) nach Dauerflug – 17 Tage, 16 Stunden, 59 Minuten – gelandet. Medizinisch-biologische Forschungen; Probleme der Lebensgewohnheiten von Menschen unter Bedingungen der Schwerelosigkeit.

England: Wilson verliert Unterhauswahlen.

Ceylon: Anerkennung DDR, Botschafteraustausch.

(Ministerpräsident: Frau Bandaraneike)

Elsa Triolet (73) gestorben.

Entdeckung der KZ-Insel Con Son. Folterungen und Verließe, »Tigerkäfige«. Protest der Weltöffentlichkeit.

Staatsbesuch General Nimeris in Berlin (N. ist Vorsitzender des Revolutionsrates von Sudan). Sudan nimmt diplomatische Beziehungen zur DDR auf.

Juli 70

Rumänische Chirurgen setzen Mensch künstliche Rückenwirbel ein.

DDR Entwicklung der Volkswirtschaft im 1. Halbjahr 70.

Mitteilung des Zentralamts für Statistik *s. A.*

Putschversuch in Syrien niedergeschlagen (CIA-Beteiligung)

26. 7. Nationalfeiertag in Kuba. Jahrestag der Erstürmung der Festung Moncada durch den Castro-Trupp.

Verhandlungen in Moskau (Gromyko – Scheel) über Gewaltverzichtsabkommen zwischen SU und Bundesrepublik.

Indien – DDR: Beschluß über Einrichtung von Generalkonsulaten in Delhi und Berlin.

August 70

Vertragsabschluß UdSSR – BRD (Paragraphen und Wortlaut des Vertrages z. Z. – 9. 8. – noch nicht veröffentlicht
90tägige Feuereinstellung zwischen Israel und VAR vereinbart.
12. August: Willy Brandt in Moskau zur Unterzeichnung des Vertrages (Gegenzeichnung Alexej Kossygin). Vertrag sieht vor: friedliche Regelung aller strittigen Fragen; Anerkennung der gegenwärtig bestehenden Grenzen (einschl. Oder-Neiße-Grenze; Grenze zwischen DDR und BRD.
Vor Abflug in Bonn anonymer Anruf wegen einer im Flugzeug (angeblich) versteckten Bombe.
Pentagon läßt aus dem Militärhafen Sunny Point (North Carolina) einen mit Tausenden Nervengasgranaten beladenen Frachter auslaufen. Versenkung des Frachters (trotz Protesten in USA, von Island (Golfstrom) etc.) im Atlantik, 250 km vor der Küste von Florida.

September 70

Francois Mauriac (84) gestorben.
Jarring (Uno) – Gespräche mit Tel Aviv über Territorialfragen. Dayan droht mit Rücktritt. Geplantes Groß-Jerusalem. Waffenlieferungen weiterhin aus USA.
Thor Heyerdahl überquerte im Papyrusboot den Atlantik (Schiff »Ra II«) 17. Mai 70 von Safi ausgelaufen (nachdem Experiment mit »Ra I« gescheitert war), nach 57 Reisetagen Landung in Bridgetown auf Barbados. Heyerdahls erste Fahrt mit der Kon-Tiki (Floß, Reise von Peru über den Pazifik nach Polynesien. Internationale Besatzung, 6 verschiedene Religionen, zwei Gesellschaftssysteme.
Westberlin: Straßenschlachten zwischen Polizei und Rauschgiftsüchtigen (Rauschgiftlokal »Mister Go« in der Yorkstraße.
Konstanz: 17jähr. Tankstellenarbeiter auf der Straße mit Bolzengerät ermordet. (Zeitungen sprechen von einer »Eskalation des Hasses gegen die jungen Leute«)
Chile: Präsidentschaftswahlen.
Wahlsieg von Dr. Salvador Allende, gemeinsamer Kandidat der in der Unidad Popular (Volkseinheit) zusammengeschlossenen sechs Linksparteien Chiles.
»Fakten der Gewalt« (USA) *s. Archiv* (Ermordung von Luther King, Jablonski, Studenten, Black Panther-Mitgliedern)
ND-Artikel über Wirtschaftspolitik der DDR *s. A* (Steigerung des Nationaleinkommens, Vergleich zu kap. Ländern

Artikel aus »Sowjetskaja Rossija« von Janowski, 1. Sekretär in Nowosibirsk, über ideologische Schwierigkeiten und Arbeit mit Wissenschaftlern in *Akademgorodok s. A.*

Armand Gatti (»V wie Vietnam«) inszeniert beim Deutschen Fernsehfunk sein (in Paris verbotenes) Stück »Die Leidenswege des
Generals Franco«.

Ein neues, gerade entstehendes *Sonnensystem* (5000 Lichtjahre von
der Erde) von Universität Manchester (Leiter: Astronom Kopal)
entdeckt. Der Stern, um den sich der Formierungsprozeß der
Planeten vollzieht, Epsilon Aurigae, ist seit 40 Jahren bekannt.

Element 105 im Vereinigten Kernforschungsinstitut Dubna erzeugt,
beim Beschuß von Amerizum mit einem energiereichen Neon-
ionenstrahl (etwa 117 Millionen Elektronenvolt) Halbwertzeit
des 105. chemischen Elements beträgt 2 Sekunden.

Botschafteraustausch zwischen DDR und Guinea

Palästinensische Befreiungsfront (Araki) entführen drei Passagiermaschinen; Passagiere als Geiseln in Jordanien festgehalten (an
Schweiz, Westdeutschland, USA Angebot des Austauschs gegen
inhaftierte Flugzeugentführer); später Verschleppung der Passagiere, die tagelang in unterminierten Maschinen saßen (Jumbo-
Jet) nach Amman. ZK der Pal. Befr. und VAR (Nasser) distanzieren sich offiziell von diesem Partisanenunternehmen.

Jordanien: Kämpfe zwischen Regierungstruppen und Einheiten der
palästinensischen Befreiungsfront. Drohende USA –Intervention. König Hussein befiehlt Feuereinstellung.

SU Mondflug, Luna 16 *s. A.*

Proben von Mondgestein

Gamal Abdel Nasser (52) an Herzinfarkt gestorben. Beerdigung in
Kairo. 8 Mill. Menschen. Beis. in Nasser-Moschee.

Interimspräsident Anwar el Sadat für das Amt des VAR-Präsidenten
nominiert.

Erich Remarque gestorben.

Aufnahme der DDR in UNESCO abgelehnt.

Nobelpreis f. Literatur an Alexander Solshenizyn (»Krebsstation«
etc.) Protest des sowjet. Schriftstellerverbandes, der S. ausgeschlossen hat.

November

Chile: Attentat auf General René Schneider.

Dr. Allende bildet Regierung in »Chile libre«

Provokation am sowjetischen Ehrenmal in Westberlin (Bez. Tiergarten). Sowj. Soldat Iwan Stscherbak wird durch zwei Schüsse verwundet.

(Kurze Mitteilung, daß die Gespräche zwischen DDR und BRD
wieder aufgenommen werden sollen)

Die farbige Philosophie-Professorin Angela Davis wird unter Mord-
verdacht eingekerkert (Gefangenen-Befreiung der Black-Panther-
Bewegung) Proteste aus aller Welt.

Westdeutschland: Pornographie »für den Frieden« (Akt auf Luxus-
Limousine in Westberliner Straße) Protest gegen Vietnam-Krieg:
ein Schwein wird über einem nackten Mädchen geschlachtet.

Nixon-Besuch in Jugoslawien.

USA: Nixon verliert Zwischenwahlen. (»Die schweigende Mehrheit« der Amerikaner)

General de Gaulle in Colombey-les-Deux-Eglises verstorben.

Sturmflutkatastrophe in Ostpakistan. 200 Inseln im Golf von Ben-
galen verwüstet. Nach vorläufigen Meldungen etwa 100 000 Tote
und Millionen Obdachlose.

In Fort Benning (Georgia) wurde der Prozeß gegen Leutnant Cal-
ley, den Mörder von Son My, eröffnet. C. befand sich bis zu Pro-
zeßbeginn auf freiem Fuß

Weltweite Protestbewegung zur Befreiung der Philosophie-Dozen-
tin Angela Davis (»Kidnapping« und Mord). D. eingekerkert in
Kalifornien; Gouverneur Reagan fordert Todesstrafe (Kalifornien
vollzieht Hinrichtungen in der Gaskammer)

Joe Hill 1915

Sacco und Vanzetti 1927

Ethel und Julius Rosenberg 1953

Vertrag zwischen Polen und BRD paraphiert.

Mondforschung Mondautomobil der SU »Lunochod«

Dezember

Spanien: Prozeß gegen 16 junge Basken in Burgos. 3 x Todesstrafe
und hohe Zuchthausstrafen beantragt. Journalisten werden vom
Prozeß ausgeschlossen, als Folterungen bekannt werden. Proteste
der Weltöffentlichkeit und 100 span. Intellektueller und Künstler
in Montserrat. Faktisch Ausnahmezustand über Spanien verhängt.

UdSSR: Venus 7 landet nach 120 Tagen auf dem Morgenstern (Venus 1: Februar 1961) Flug vom Abend- zum Morgenstern etwa
320 Millionen Kilometer. Zentrum für kosmische Fernverbin-
dung empfing vom Landeapparat noch im Verlauf von 35 Minuten Signale.

DDR: 14. Plenum des ZK. Wirtschaftsfragen. Neuer Volkswirt-
schaftsplan mit einschneidenden Maßnahmen: Lohnerhöhungen
für über 1 Million Werktätige mit bisherigem Mindestlohn von
300 Mark; Steuer-Erhöhungen; Fortfall von Subventionen; Ex-
port-Erhöhung; im Bauwesen: Fertigstellung begonnener Objekte, keine neuen Projekte in Stadtzentren etc. *s. A.*

Tagung des Politischen Beratenden Ausschusses der Warschauer Ver-
tragsstaaten. Annahme von 4 Dokumenten zur Lage in Europa

(Vorschlag: Europäische Sicherheitskonferenz), zur Verschärfung der Situation in Indochina; für Sicherheit im Nahen Osten; gegen Provokationen gegen die unabhängigen Staaten Afrikas.

Guinea: Intervention portugiesischer Truppen. Kämpfe in Conakry (DDR-Diplomat Dr. Krebs ermordet)

25. UNO-Vollversammlung verabschiedet »Vertrag über das Verbot der Stationierung von Kernwaffen und anderen Massenvernichtungswaffen auf dem Grunde der Meere und Ozeane sowie in dessen Inneren«.

Vertrag zwischen VR Polen – BRD unterzeichnet

Bestehende Grenzlinie (laut Potsdamer Beschlüssen von 1945) als westliche Grenze Polens anerkannt.

VRP und BRD werden laut Artikel 1 und 2 der Charta der Vereinten Nationen alle Streitfragen mit friedlichen Mitteln lösen. Erweiterung der Zusammenarbeit auf wirtschaftl., kulturellem Gebiet.

Erklärung, daß sie gegeneinander keine Gebietsansprüche haben und auch in Zukunft keine haben werden. *VR Polen s. A.!*

Am 14. und 15. Streiks und Ausschreitungen in Gdansk, später auch Gdingen, Zopot und anderen Städten. Streiks als Protest gegen erhebliche Preiserhöhungen. Brandstiftung, Plünderung von Warenhäusern. Zusammenstöße mit der Miliz, 6 Tote und viele Verwundete. Regierung verhängt faktisch Ausnahmezustand. Miliz und Sicherheitsorgane werden befugt, von der Schußwaffe Gebrauch zu machen.

20. 12. 7. Plenum des ZK der PVAP. Der schwer erkrankte Gomulka wird von seiner Funktion abgelöst. Plenum wählt zum Ersten Sekretär den Ingenieur Edward Gierek (Lebenslauf *s. A.*) Fernsehansprache Giereks an das polnische Volk. Maßnahmen zur Verbesserung der materiellen Lage eingeleitet.

Anmerkungen

Abkürzungen

B. R.	Brigitte Reimann
S. P.	Siegfried Pitschmann
ND	»Neues Deutschland. Zentralorgan der Sozialistischen Einheitspartei Deutschlands« (Berlin)
NDL/ndl	»Neue Deutsche Literatur« (Berlin)
DAK	Deutsche Akademie der Künste
DSV	Deutscher Schriftstellerverband
VBKD	Verband Bildender Künstler Deutschlands
FDGB	Freier Deutscher Gewerkschaftsbund
FDJ	Freie Deutsche Jugend
AVA	Staatsbibliothek zu Berlin – Preußischer Kulturbesitz, Dep. 38 (Aufbau-Verlag)
BRS	Brigitte-Reimann-Sammlung im Hans-Fallada-Archiv, Feldberg
PMA	Stiftung Archiv der Parteien und Massenorganisationen der DDR im Bundesarchiv
SVA	Stiftung Archiv der Akademie der Künste, Archiv des Schriftstellerverbandes

5 *Jon* – Jon K[...].
Daniel – Siegfried Pitschmann.
in Petzow arbeiten – In Petzow befand sich in der ehemaligen Villa von Marika Rökk das Schriftstellerheim »Friedrich Wolf«.
2. Sitzung der Jugendkommission – Die Jugendkommission beim Politbüro des ZK der SED war im Juli 1963 auf Anregung von Walter Ulbricht gegründet worden, der in der damaligen Phase eine Modernisierung des Systems durch gezielte systemimmanente Reformen anstrebte. Sie sollte Probleme der Jugend ressortübergreifend behandeln, Beschlüsse für das ZK vorbereiten und kontrollieren. Zum Leiter wurde Kurt Turba berufen, der zusammen mit seinem Stellvertreter Heinz Nahke 1963 der Studentenzeitschrift Forum ein neues Profil gegeben hatte, das auf das Problembewußtsein und Mitverantwortungsgefühl der Leser orientierte. Die Kommission setzte sich aus Vertretern von ZK-Abteilungen, aus dem Staatsapparat und engagierten Künstlern zusammen. B. R. gehörte ihr seit Oktober 1963 an. – Auf der zweiten Sitzung am 10. 1. 1964 ging es um: 1. Vorbereitung des Deutschlandtreffens der Jugend; 2. Bericht über Probleme

der westdeutschen Jugend in Verbindung mit der Vorbereitung des Deutschlandtreffens. Dazu gaben die Forum-Mitarbeiter Dr. Klaus Korn und Dr. Kurt Ottersberg einen Bericht über eine Reise in die Bundesrepublik, die sie auf Einladung der »Zeit« unternommen hatten. 3. erste Schlußfolgerungen aus der Entwicklung des geistig-kulturellen Lebens zur Verwirklichung des Jugendkommuniqués; 4. Stand der Maßnahmen zur Verbesserung der Berufsausbildung.

5 *PB* – Politbüro des Zentralkomitees der SED.

Otterberg – Kurt Ottersberg.

Dogmatismus – Begriff innerhalb der marxistisch-leninistischen Theorie. Seine Vertreter berufen sich »in völlig unhistorischer und eklektischer Weise auf einzelne Thesen und Worte von Marx und Lenin [...], ohne Geist und schöpferischen Charakter des Marxismus-Leninismus erfaßt zu haben. Die Dogmatiker treten in Worten als die konsequentesten Marxisten auf [...]. Sie trennen die Theorie von der Praxis und gelangen in ihrer Politik zu einer pseudorevolutionären, sektiererischen Position.« (»Kulturpolitisches Wörterbuch«. Hrsg. Dr. Harald Bühl u. a., Berlin 1970, S. 111.)

20. Parteitag – XX. Parteitag der KPdSU (14.–25. 2. 1956). In einer Geheimrede rechnete Nikita Chruschtschow mit Stalins Herrschaftsmethoden ab und kritisierte den Personenkult. Der Parteitag gilt als Beginn der Entstalinisierung.

6 *»Protoplasma« Mickel* – Spitzname B. R. s für Karl Mickel, weil er so bleich sei »wie Protoplasma«.

8 *das Manus* – »Franziska Linkerhand«.

Gespräch in der Akademie – Am 17. 1. 1964 fand in der Sektion Literatur und Sprachpflege der DAK ein Gespräch statt über die Umsetzung von Betriebserfahrungen in die literarische Praxis. Diskussionsgrundlage war ein Interview mit Alfred Kurella, »Ankunft im Alltag« (in: Sonntag, Berlin, Nr. 21/1963). Hauptthese war, daß der moderne Mensch nicht mehr ohne seine Arbeit zu verstehen sei.

sozialistischer Realismus – Begriff der marxistisch-leninistischen Ästhetik. »1. künstlerische Methode; sich dynamisch entwickelndes und vervollkommnendes System objektiv begründeter, historisch konkreter Prinzipien, Verfahren und Zielsetzungen der künstlerischen Aneignung der Wirklichkeit vom Standpunkt der revolutionären Arbeiterklasse und der sozialistischen Gesellschaft. [...] 2. bezeichnet s. R. die sozialistische Kunst als künstlerische Richtung sowie deren historische und ästhetische Besonderheiten in der Literatur- und Kunstgeschichte. [...] Die Methode des s. R. zielt auf künstlerische Aneignung der Wirklichkeit in ihrer revolutionären Entwicklung, die Beurteilung der einzelnen, besonderen Erscheinungen der Wirklichkeit vom Standpunkt der erkannten Gesetzmäßigkeiten der revolutionären Entwicklung und das Urteil über das Heute vom Blickpunkt des Morgen. [...] Wahrheit und Parteilichkeit bilden in der sozialistisch-realistischen Kunst eine untrennbare Einheit [...].« (»Kulturpolitisches Wörterbuch«, a. a. O., S. 449ff.)

8 *D-Schwester* – Dorothea Herrmann, geb. Reimann.

9 *Hochzeitstag* – B. R. und S. P. hatten am 10. 2. 1959 geheiratet.

11 *M.s miserable Filme* – B. R. meint vermutlich die Filmepen »Ernst Thälmann – Sohn seiner Klasse« (1953/54) und »Ernst Thälmann – Führer seiner Klasse« (1954/55) sowie die Filme »Der schweigende Stern« (1959) und »Preludio 11« (1963).

Seebach-Stift – Das Marie-Seebach-Stift in Weimar, seit 1895 Seniorenheim für Schauspieler und Sänger.

Leiter des Stifts – Wahrscheinlich der Schauspieler Wilhelm Hinrich Holtz, 1919–1971 Ehrenkurator des Stifts.

Granins »Dem Gewitter entgegen« – Daniil Granins Roman (1962, dt. 1963) behandelt Probleme Intellektueller in der sozialistischen Gesellschaft. Im Zentrum stehen zwei junge Wissenschaftler, von denen der eine aus persönlichem Ehrgeiz forscht und der andere, weil er sich in den Dienst des Volkes stellen möchte.

Michel – Michael E[...].

12 *Stalinallee* – Die damalige Stalinallee (seit 1961 Karl-Marx-Allee) wurde 1952–1960 nach Entwürfen verschiedener Kollektive, u. a. dem von Hermann Henselmann, gebaut.

Schweigender Stern – »Der schweigende Stern« (Spielfilm, DDR/Polen 1959, R.: Kurt Maetzig). – Ein internationales Wissenschaftlerteam findet auf der Venus Spuren einer gigantischen atomaren Vernichtungsindustrie, deren Opfer offenbar an ihrer eigenen Erfindung zugrunde gegangen sind.

Havemann (der neue Popanz der Partei) – Im September 1962 hatte Robert Havemann auf einer Tagung in Leipzig über »Die fortschrittlichen Traditionen in der deutschen Naturwissenschaft des 19. und 20. Jahrhunderts« in seinem Vortrag den Nutzen der historisch-dialektischen Philosophie für die Naturwissenschaften in Frage gestellt. Es kam zu einem Eklat, der Vortrag wurde nicht ins Tagungsprotokoll aufgenommen. Auch der Plan, eine öffentliche Debatte zu diesem Thema in der Studentenzeitschrift Forum durchzuführen, scheiterte. Er durfte jedoch seine Vorlesungsreihe »Naturwissenschaftliche Aspekte philosophischer Probleme« im Wintersemester 1962/63 an der Humboldt-Universität fortsetzen, in der er ein Sozialismusmodell entwickelte, das auf Demokratie und Meinungspluralismus beruhte. Daraufhin erschien in der Universitätszeitung eine Artikelserie, die die Vorlesungen als revisionistisch denunzierte (Humboldt-Universität, Berlin, Nr. 26 und 27/1963).

12 *Landwirtschaftsroman, zwei Theaterstücke* ... – Hans Schneider, »Havarie« (3 Erzählungen, 1963), »Seilfahrt« (Schauspiel, U. 1963), »Wind und Spreu« (Roman, 1964), »Tote schweigen nicht« (Kriminalroman, 1965).

13 *Hotel »Newa«* – Um 1910 in klassizierenden Formen erbaut, in der Invalidenstraße nahe dem ehemaligen Stettiner Bahnhof.
»Möwe« – »Die Möwe«: Zentraler Klub der Gewerkschaft Kunst; erbaut um 1840, ehemaliges Bülowsches Palais, Freimaurerloge und Offizierskasino.
Dieter – Dieter Dreßler.

14 *Pumpe* – Schwarze Pumpe: Industriegemeinde im Niederlausitzer Braunkohlen- und Industriegebiet, zwischen Spremberg und Hoyerswerda. – VEB Kombinat Schwarze Pumpe: damals größtes Braunkohlenveredlungswerk Europas (auf 25 km²), bestehend aus 3 Braunkohlentagebauen, 5 Brikettfabriken, 3 Industriekraftwerken, BHT-Kokerei, Druckgaswerk.
Str. hat uns zweimal gerettet – Erwin Strittmatter, damals 1. Sekretär des DSV, hatte sich um S. P. gekümmert, als er im Sommer 1959 nach einer scharfen Kritik am Romanmanuskript »Erziehung eines Helden« einen Selbstmordversuch unternommen hatte. (Vgl. Eintragungen vom 22. 6., 4. 7. und 12. 8. 1959, in: B. R., »Ich bedaure nichts. Tagebücher 1955–1963«. Hrsg. Angela Drescher, Berlin 1997, S. 116–119.) Außerdem hatte er im Juli 1960 Heinrich Ernst Siegrist, der B. R. mehrfach beim Verband und bei Funktionären verleumdet hatte, zu einer Aussprache im Vorstand des DSV zitiert. (Vgl. Eintragungen vom 15. 6., 18. 6., 14. 7. und 4. 11. 1960, ebd., S. 146ff. und 152f.)

15 *Literaturinstitut* – Das »Literaturinstitut Johannes R. Becher« wurde 1955 in Leipzig eröffnet. Es gab kurze und mehrjährige Lehrgänge für Schriftsteller. Max Walter Schulz war dort 1964 bis 1983 Direktor.
die Lea in seinem Roman – Lea ist die Hauptfigur in »Wir sind nicht Staub im Wind« (1962).
Cremer habe recht – Nachdem Fritz Cremer im Oktober 1960 eine Ausstellung junger Berliner Künstler initiiert und mitfinanziert hatte, die nach wenigen Tagen geschlossen wurde, hatte er in der Deutschen Akademie der Künste eine Ausstellung »Junge Künstler« organisiert, die bereits am Eröffnungstag (15. 9. 1961) von Mitgliedern des ZK angegriffen wurde. Nach einer Pressekampagne gab es mehrere Aussprachen mit Verantwortlichen und Künstlern. (Vgl. Kathleen Krenzlin, »Die Akademie-Ausstellung ›Junge Kunst‹ 1961 – Hinter-

gründe und Folgen«, in: »Kahlschlag. Das 11. Plenum des ZK
der SED 1965. Studien und Dokumente«. Hrsg. Günter Agde,
Berlin 1991, S. 71–83.)

15 *5. Plenum* – Die 5. Tagung des ZK der SED beriet über die
Wirtschaft im Jahre 1964, über Probleme der chemischen Industrie und über die Anwendung des neuen ökonomischen Systems der Planung und Leitung der Volkswirtschaft im Bauwesen und im Handel.

16 *Z-K-Ausweis* – Der Ausweis als Mitglied der Jugendkommission des ZK.
»einen Davoswickel« – Anspielung auf Thomas Manns Roman
»Der Zauberberg« (1925).

18 *Karikatur … im »Eulenspiegel«* – In: Eulenspiegel, Berlin, Nr.
13, 4. Märzheft 1964.
Kongreß im Verband Bildender Künstler – V. Kongreß des
VBKD in Berlin (24.–26. 3. 1964).
ND brachte idiotische Berichte – »Die Arbeiterklasse sichert dem
Künstler die Freiheit. Aus der Diskussion auf dem V. Kongreß
des Verbandes Bildender Künstler Deutschlands«: »Prof. Cremer meinte u. a., die Einheit von Politik, Ökonomie und Kultur
negieren zu müssen. Er behauptete weiter, die sozialistische
Kunst brauche kein Schönheitsideal, sondern Wahrheit – so, als
ob im Sozialismus Wahrheit und Schönheit sich nicht immer
mehr näherten. Alles, was dem geistigen Reichtum des Menschen entspringe, sei schön (also auch die Atombombe?). Kunst
solle das Denken anregen, […]wir brauchten keine ›emotionale
Gefühlskunst‹, gleichzeitig wünschte er aber, die sozialistische
Kunst solle Lebensfreude wecken. Prof. Jazdzewski bedauerte,
daß Genosse Cremer Falsches und Richtiges durcheinander wir-
bele. […] Er erinnerte daran, daß die Freiheit, die Fritz Cremer
in sehr abstrakter Weise gefordert hatte, von der Arbeiterklasse
durch die Vernichtung des Faschismus überhaupt erst geschaffen worden ist.« (In: ND vom 26. 3. 1964, S. 4.)
Bitterfelder Weg – Die Bezeichnung ist von der ersten Bitterfelder Konfrerenz abgeleitet, einer Autorenkonferenz des Mittel-
deutschen Verlages Halle (Saale) im Kulturpalast des Elektrochemischen Kombinates Bitterfeld unter der Losung »Greif zur
Feder, Kumpel, die sozialistische deutsche Nationalkultur
braucht dich!« (24. 4. 1959). Walter Ulbricht formulierte dort
die Grundaufgaben der Entwicklung der sozialistischen Kultur:
die Vereinigung von Kunst und Leben, von Künstler und Volk
und sozialistischer Gesellschaft, wobei der sozialistische Realismus die der Entwicklung der Kultur angemessene Methode sei.
Die Hauptforderung war auf die Veränderung der Lebensweise
der Künstler gerichtet, auf ihre Verbindung mit der Arbeit und

dem Leben der Werktätigen, und auf das Heranführen der Werktätigen an Kultur und Kunst.

18 *»Bekenntnis zum soz. Real.«* – In einem Schreiben vom 23. 3. 1964 hatte Hermann Axen über die Herausgabe eines Sammelbandes zum 15. Jahrestag der DDR informiert und B. R. zu einem Beitrag aufgefordert, der »ein ganz knappes, in etwa zehn Schreibmaschinenzeilen formuliertes Bekenntnis zum sozialistischen Realismus als dem Kompaß unserer Schriftsteller sein« sollte. (BRS, Schriftverkehr von 1964–1965, Bl. 16.)

19 *Artikel von Fühmann* – Franz Fühmann, »Vielfalt, Weite, Weltniveau«. – Er plädierte dafür, die Qualität eines Kunstwerks an internationalen Spitzenleistungen zu messen, und forderte »entschiedene Förderung der Qualität in der Literatur und Bekämpfung alles Seichten, Geschluderten und Gehudelten, Kitschigen, Gedankenarmen, Banalen und Abgeschmackten. Es muß aufhören, jede thematisch begrüßenswerte, doch künstlerisch amorphe Arbeit als ›Meisterwerk‹ […] zu feiern. Es muß aufhören, daß einer für Pfusch und Murks noch honoriert wird. Wir müssen uns echte Maßstäbe künstlerischer Leistung erarbeiten.« Dazu sei es nötig, »daß jeder Schriftsteller sich immer wieder besinnen müßte, welche Themen, Stoffe und Genres ihm nach Maßgabe seiner Fähigkeiten, seines Talents, seiner Herkunft […] am gemäßesten sind […]. Dies mag eine Binsenweisheit scheinen, aber die gesamte öffentliche Kritik und wohl auch unsere Kulturinstitutionen drängen den Schriftsteller […] in der Richtung der jeweiligen Tages-, Monats- oder Jahresaktualität.« (In: ND vom 24. 3. 1964, S. 4.)
Interpretation durch die Westsender – Franz Fühmann, »Für die großen Ohren der kleinen Lauscher«: »›Zonenschriftsteller distanziert sich von SED-Forderung‹ – so beeilte sich gestern eine Deutsche Presse-Agentur meinen Aufsatz […] zu kommentieren. […] Nun gut: Wir führen unser Gespräch, um […] mehr leisten und unserer Republik besser dienen zu können. […]und wir lassen uns vom Lauscher, der da vor unserer Wand hockt […], nicht im geringsten stören. […] unser Gespräch [verdankt] seinen freimütigen Charakter gerade jenem Impuls, […] den er deshalb wütend, doch durchaus zutreffend ›SED-Forderung‹ nennt. Es ist die Forderung des fortschreitenden Lebens selbst. Es ist mein größter Stolz, sie zu erfüllen.« (In: ND vom 26. 3. 1964, S. 6.)

21 *Sitzung der Jugendkommission* – In der Sitzung am 7. 4. 1964 ging es um »die Verwirklichung des Jugendkommuniqués« und um »Probleme der Erziehung zu ordentlichen Arbeitern« (in: PMA, DY30/IV 2/2.111/12).
Django – Erste Liebe von Franziska Linkerhand.

22 *Vorstandssitzung* – Vorstandssitzung des DSV am 9./10. 4. 1964.
Tagesordnung: 1. Bericht über die Verbandsarbeit und die Vorbereitung der Bitterfelder Konferenz; 2. Diskussion zum Referat (1. Fragen der politischen Aktivität, 2. Auseinandersetzung
mit Fragen, die von der Parteilinie abweichen); 3. Diskussion
über Förderung der Literatur. (SVA, Mappe 1308, Vorstandssitzung 9./10. April 1964 in Berlin.)
FORUM – »FORUM. Organ des Zentralrats der FDJ. Zeitung
für geistige Probleme der Jugend« (Berlin).
Dr. Wessels Artikel über Havemann – Harald Wessel, »Herostra-
tor oder Prometheus? Unsere Freiheit will nicht beschwatzt,
sondern täglich errungen sein – Aktuelle philosophische Bemerkungen«: »Am Mittwoch [...] veröffentlichte das [...]
›Hamburger Echo‹ [...] ein ›Interview mit Professor Havemann‹, in dem der besagte Professor kein Wort gegen Bonns
Atombegierde, gegen die revanchistische Hallstein-Doktrin,
gegen die Hitler-Generale in der Bundeswehr, [...] oder gegen
den kalten Krieg findet, sondern ungeniert [...] die DDR verleumdet. [...] Kommt das nicht einem Attentat auf das von
Millionen fleißigen Bürgern der DDR errichtete Gebäude unserer Freiheit gleich?« (In: ND vom 15. 3. 1964, S. 5.)
»Stürmer« – »Der Stürmer«: Wochenblatt der antijüdischen
Kampfpresse (1923–1945), hrsg. vom Leiter des Zentralkomitees zur Abwehr der jüdischen Greuel- und Boykotthetze und
Gauleiter von Franken, Julius Streicher.
FORUM tut Havemann als ... »dummen Lügner« ab – »Die
dümmste Lüge. Notwendige redaktionelle Bemerkungen zum
Nachlaß des Herrn Professor Robert Havemann«: »Bereits vor
einem Jahr hatte Prof. Dr. Kosing im FORUM nachgewiesen,
daß Havemanns gefühlvolle Ausflüge in den Bereich der Philosophie und Politik in starkem Maße spekulativen Charakter tragen.
[...] Havemann hat es vorgezogen, auf den Artikel [...] nicht im
FORUM zu antworten [...]. Damit gab Havemann indirekt
selbst zu, daß der Vorwurf, Unwahrheiten verbreitet zu haben,
zu Recht erhoben wurde.« (In: Forum, Berlin, Nr. 6/1964, S. 3.)
Radiogespräche zwischen Kant-Schulz und Richter-Grass – Es
handelte sich um ein Radiogespräch zwischen Heinz von Cra-
mer, Günter Grass, Uwe Johnson, Hans Werner Richter und
Hermann Kant, Max Walter Schulz, Paul Wiens in der Reihe
»Jour fixe. Literarisch-politischer Salon von Hans Werner Richter« (3. Programm des SFB am 17. 3. 1964).
Max Walter – Max Walter Schulz.

23 *Kant verteidigte sich ... gegen Angriffe der »Welt«* – Hermann
Kant, »Wie ich ein Türke wurde« (in: ND vom 22. 4. 1964), Replik auf Angriffe in: Die Welt, Hamburg, vom 3. 3. 1964.

23 *Kantorowicz' Tagebuch* – Alfred Kantorowicz, »Deutsches Tagebuch«, 2 Bde., 1959, 1961.

Stipendien-Angelegenheiten – Zur Problematik der Stipendien war auf der Parteigruppensitzung des DSV-Vorstandes, die der Vorstandssitzung vorausging (9. 4. 1964), gesprochen worden. Dort hatte Hermann Kant gefordert, Stipendien als Rückzahlunsdarlehen zu zahlen, und Dieter Noll, den Kulturfonds zentral zu konrollieren. (SVA, Mappe 1308.)

Liebknecht-Film – »Solange Leben in mir ist« (DDR 1965, R.: Günter Reisch, B.: Michael Tschesno-Hell, Günter Horst, E. Brandt). – Film über Karl Liebknecht in den Jahren 1914–1916.

24 *Aufenthaltsgenehmigung für Lutz* – Nach diesem Gespräch bat B. R. Otto Gotsche in einem offiziellen Brief vom 20. 4. 1964 um eine Aufenthaltserlaubnis für ihren Bruder Lutz anläßlich des 60. Geburtstages ihres Vaters. (BRS, Schriftverkehr von 1964–1965, Bl. 23.)

»Bienkopp« – Erwin Strittmatter, »Ole Bienkopp« (Roman, 1963).

Kunsthandel – Der Antiquitätenladen in der Frankfurter Allee in Berlin.

»Ein Jüngling liebt ein Mädchen ...« – Heinrich Heine, »Buch der Lieder. Lyrisches Intermezzo« (1822–1823), 39. Gedicht.

»Preludio 11« – Spielfilm, DDR/Kuba 1963, R.: Kurt Maetzig, B.: Wolfgang Schreyer nach seinem gleichnamigen Roman. – Exilkubaner einer Söldnergruppe sollen unter US-Kommando eine Invasion auf Kuba vorbereiten und werden trotz eines hochrangigen Verräters von der kubanischen Armee daran gehindert.

25 *II. Bitterfelder Konferenz* – Die 2. Bitterfelder Konferenz wurde am 24. und 25. 4. 1964 von der Ideologischen Kommission beim Politbüro des ZK der SED und dem Ministerium für Kultur im Kulturpalast des Elektrochemischen Kombinates Bitterfeld veranstaltet. Siehe auch vierte Anm. zu S. 18.

26 *Hauptreferate von Bentzien und Ulbricht* – Hans Bentzien, »Die Ergebnisse und weiteren Aufgaben bei der Entwicklung der sozialistischen Nationalkultur in der Deutschen Demokratischen Republik«; Walter Ulbricht, »Über die Entwicklung einer volksverbundenen sozialistischen Nationalkultur« (in: »Zweite Bitterfelder Konferenz 1964. Protokoll der von der Ideologischen Kommission beim Politbüro des ZK der SED und dem Ministerium für Kultur am 24. und 25. April im Kulturpalast des Elektrochemischen Kombinats Bitterfeld abgehaltenen Konferenz«, Berlin 1964, S. 13–70 und S. 71–149).

Ein paar ... Reden – Erik Neutsch führte in seiner Rede aus, daß sein Leben in der DDR das Grunderlebnis für sein literarisches Schaffen sei. Er kritisierte die Störungen des künstleri-

schen Schaffensprozesses, die er in Angriffen »unter dem Män-
telchen des Kampfes gegen den Dogmatismus« (ebd., S. 158)
sah und in den Diskussionen um Werke wie »Ole Bienkopp«
und »Der geteilte Himmel«. Er setzte sich mit dem Verhältnis
zwischen Partei und Kunst auseinander, wobei er größere
Freiräume befürwortete.

Helmut Sakowski mahnte, den Spaß an der Literatur nicht zu
vergessen, der in den Diskussionen negiert werde. »Ich vermisse ihn ein bißchen in der Literatur, diesen Menschen, der
einfach Spaß am Sozialismus hat, der gern lebt und gern lacht,
obwohl er Widersprüche zu lösen hat, [...] für den es aber vielleicht der größte Spaß ist, mit Phantasie und Charme und ein
bißchen Frechheit, [...] den Widersprüchen zuleibe zu gehen,
die uns in unserem Leben noch hindern.« (Ebd., S. 174.)

Erwin Strittmatter erläuterte anhand zweier in seinem Tagebuch festgehaltenen Begebenheiten mögliche Handlungsab-
läufe und die daraus resultierenden Diskussionen. Er fragte angesichts der vorauszusehenden Kritik: »Hat die Novelle nicht
genug geleistet, wenn sie den Leser mitriß [...] und ihm neben
dem Genuß an guter Sprache gewisse Einsichten vermittelte?
Oder muß sie gleichzeitig Geschichtsbuch, soziologisches
Nachschlagewerk, Beschlußillustration und Lehrbuch im direkten Sinne sein?« (Ebd., S. 211.)

Christa Wolf sprach über die Erlebnisse auf einer Reise nach
Westdeutschland und über Erfahrungen aus Diskussionen in
der DDR. »Ich bin der Meinung, daß man zum Beispiel als Tra-
pezkünstler unbedingt mit Seil, Schutzgürtel und Netz arbeiten muß. Aber wenn man schreibt [...], kann man nicht mit
Netz arbeiten; da muß man schon ein kleines Risiko eingehen,
das aber mit Verantwortung verbunden sein soll.« (Ebd.,
S. 233f.)

26 *Kuba war ärgerlich* – Kuba polemisierte zunächst gegen die »ge-
genstandslose« Kunst und die Forderung nach einer »›freien
Welt‹ der Kunst, in welche die Partei nicht hineinzureden, in
welcher also der Sozialismus nicht gesiegt hat« (ebd., S. 261).
Dann wandte er sich – »die Auseinandersetzungen müssen [...]
prinzipiell geführt werden; sonst geraten wir, ob wir wollen
oder nicht, in den revisionistischen Sumpf« (ebd., S. 262) – gegen Erwin Strittmatters Darstellung von Parteifunktionären in
»Ole Bienkopp«.

Revisionismus – »antimarxistische Strömung in der internationalen Arbeiterbewegung. Der R. ist die opportunistische Reaktion bestimmter kleinbürgerlich beeinflußter Schichten in
der Arbeiterbewegung auf die Verschärfung des Klassenkampfes [...]. Der R. fordert eine Korrektur und Überprüfung der

theoretischen und politischen Grundlagen des Marxismus mit dem Ziel, den revolutionären Inhalt des Marxismus zu beseitigen und durch bürgerliche Theorien zu ersetzen. Die Verbreitung des Marxismus in der internationalen Arbeiterbewegung zwang die Gegner des Sozialismus, sich marxistisch zu maskieren, um die marxistischen Ideen zu bekämpfen.« (»Kulturpolitisches Wörterbuch«, a. a. O., S. 457.)

29 *das Caspar zu Pfingsten haben wollte* – Auszug aus »Franziska Linkerhand« für Band 4 der »Neuen Texte. Almanach für deutsche Literatur Herbst 1964« (Aufbau-Verlag Berlin und Weimar).

30 *Deutschlandtreffen* – Von der FDJ organisierte Treffen der Jugend beider deutscher Staaten zu Pfingsten in Berlin (27. bis 30. 5. 1950, 6./7. 6. 1954, 16.–18. 5. 1964).
H. mußte auf die Zinnen seines Hauses – 1964 wurde das »Haus des Lehrers« mit der Kongreßhalle am Berliner Alexanderplatz fertiggestellt.

31 *Er fliegt nun doch aus der »Architektur«* – Bruno Flierl hatte eine Umfrage unter jungen Architekten, wie sie sich die zukünftige Stadt vorstellten, abgedruckt, sowie über eine Gesprächsrunde im Dezember 1963 berichtet, in der u. a. die bürokratischen Hindernisse beim Bauen kritisiert wurden.
mit meinem Artikel in Gang gesetzt – Auf der Tagung des Präsidiums des Nationalrats der Nationalen Front am 4. 2. 1963 hatte B. R. einen Diskussionsbeitrag gehalten, in dem sie die Unwirtlichkeit der neuen Stadt Hoyerswerda kritisierte. Unter dem Titel »Kann man in Hoyerswerda küssen?« eröffnete die Lausitzer Rundschau zu diesem Problem eine Leserdiskussion (in: Lausitzer Rundschau, Cottbus, vom 11. 5. 1963, S. 6). B. R. nahm zu den Angriffen gegen sie Stellung (»Bemerkungen zu einer neuen Stadt«, ebd. am 17. 8. 1963). Vgl. Eintragung vom 27. 8. 1963 (in: B. R., »Ich bedaure nichts«, a. a. O., S. 337).

32 *Höppke* – Klaus Höpcke.
Vorabdruck – Interview von Klaus Höpcke mit B. R., »Brigitte Reimann schreibt ihren ersten Roman«, sowie ein Auszug aus dem Manuskript von »Franziska Linkerhand« (in: ND vom 11. 7. 1964, Beilage »Die gebildete Nation« Nr. 49, S. 1).
West End Blues von Armstrong – Louis Armstrong, »West End Blues« (J. Oliver, 1928).

33 *Operncafé* – Ehemaliges Prinzessinnenpalais von F. W. Dietrichs, erbaut 1733–1737; im 2. Weltkrieg zerstört, 1962/1963 Wiederaufbau; Restaurant, Café, Bar.
bei der ersten Tagung der Jugendkommission – Sitzung am 29. 10. 1963 zu den Erfahrungen in der Jugendarbeit nach Erscheinen des Jugendkommuniqués. Vgl. Eintragung vom 4. 11. 1963 (in: B. R., »Ich bedaure nichts«, a. a. O., S. 359).

33 *Buchbasar in der Karl-Marx-Allee* – Buchbasare der Mitglieder des DSV fanden zum 1. Mai, 7. Oktober oder anläßlich wichtiger Großveranstaltungen statt und waren bei den Lesern sehr beliebt, weil man nicht nur mit Schriftstellern ins Gespräch kommen konnte, sondern weil es oft Bücher aus Sonderkontingenten gab, die im Buchhandel vergriffen waren.

Presseclub – Club des Verbandes der Journalisten in der Friedrichstraße.

34 *Gespräch über Nationalkultur* – Gespräch über »Probleme der Kunst und Literatur« (18. 5. 1964), an dem u. a. Hans Bentzien, Siegfried Wagner, Konrad Wolf, Christa Wolf, Walter Womacka und B. R. teilnahmen. Vgl. Hanns Kießig, »Der untaugliche Ablaßhandel …«, in: Junge Welt. Organ des Zentralrats der FDJ, Berlin, vom 20. 5. 1964, S. 5.

»Und was macht ihr mit den Negern?« – Damals stehende Redewendung, die auf einen Witz anspielte: Ein Amerikaner kommt nach Moskau. Ein Genosse will ihm die Vorzüge des Sozialismus zeigen. Er behauptet, in der Metro würde jede Minute ein Zug fahren. Sie warten auf dem Bahnsteig, aber es kommt und kommt kein Zug. Was ist denn nun mit den Vorzügen des Sozialismus? fragt der Amerikaner. – Und wie behandelt ihr die Neger? kontert der Genosse.

»Ermordung des Marat« – Peter Weiss, »Die Verfolgung und Ermordung Jean Paul Marats, dargestellt durch die Schauspielgruppe des Hospizes zu Charenton unter Anleitung des Herrn de Sade« (Theaterstück, 1964).

»Akzente« – »Akzente. Zeitschrift für Dichtung«, München, Hrsg. Walter Höllerer und Hans Bender.

Krach in der Ideologischen Kommission – Sitzung der Ideologischen Kommission der SED-Industriekreisleitung Schwarze Pumpe am 19. 5. 1964. Thema: Auswertung der 2. Bitterfelder Konferenz. B. R. sollte einen Augenzeugenbericht geben.

35 *Uwe* – Uwe Herrmann.

Ulli – Ulrich Reimann.

37 *Madame Gusseli-Gussela* – Figur aus den Geschichten, die der Vater von B. R. für seine Kinder erfand.

mein Buch – »Die Geschwister« (1963).

40 *Ferien vom Ich* – Redewendung, die Herbert Nachbar oft gebraucht hatte. Anspielung auf den gleichnamigen Film (BRD 1952, R.: Hans Deppe; neuverfilmt: BRD 1963, R.: Hans Grimm) nach dem Roman von Paul Keller (1916).

41 *Tierpark* – Der Tiergarten in Hoyerswerda wurde 1959 eröffnet. Hier gab es auch das erste Freiluftatelier in einem Zoo, und jedes zweite Jahr fand ein internationales Bildhauer-Symposium statt.

42 *die Reportage ... begonnen* – Die Reportage über Hoyerswerda
für die »Freie Welt«, Berlin, sollte bis 15. 6. fertig sein. Zur Auf-
gabenstellung schrieb die Redakteurin: »Es müßte für den Leser nach der Lektüre Ihres Berichtes aus Hoyerswerda die
Frage entstehen, wie soll es denn für diese Einwohner dort die
nächsten Jahre weitergehen? Wie erfüllt denn die Stadt, oder
das Werk seine Aufgabe, hier den Widerspruch zwischen Ar-
beitsbeschäftigung und Freizeitbeschäftigung zu lösen?« (Lily
Leder an B. R. am 8. 6. 1964, in: BRS, Schriftverkehr von 1964
bis 1965, Blatt 35.)

44 *Auftrag ... mein Porträt zu malen* – Nachdem Erika Stürmer-Alex
im September 1963 das Studium an der Hochschule für bildende
und angewandte Kunst in Berlin-Weißensee mit dem Diplom abgeschlossen hatte, war sie Mitglied des VBKD geworden. Die
Bezirksleitung des VBKD Frankfurt/O.hatte ihr einen Entwick-
lungsauftrag mit freier Themenwahl angeboten. Da sie B. R. bei
einer Lesung erlebt hatte, wollte sie sie porträtieren. (Erika Stürmer-Alex an B. R. vom 23. 3. 1964, in: BRS, ebd., Blatt 17f.)
Artikel gegen Sindermann – Uwe Alex hatte wegen eines Wand-
zeitungsartikels eine Auseinandersetzung mit dem FDJ-Sekretär der Kunsthochschule.

46 *von den Arbeiterfestspielen* – Arbeiterfestspiele des Volkskunst-
schaffens, die vom FDGB jedes Jahr in einem anderen Bezirk
veranstaltet wurden.
»Mutter Johanna von den Engeln« – Spielfilm, Polen 1960, R.:
Jerzy Kawalerowicz, nach einer Erzählung von Jaroslaw Iwasz-
kiewicz. – Der Film verlegt historische Vorfälle in Frankreich
um 1730 nach Polen. Ein Pater soll in einem abgelegenen Kloster den Nonnen und speziell der Oberin, der Mutter Johanna
von den Engeln, den Teufel austreiben. Beide verlieben sich ineinander, und weil sie nicht lieben dürfen, zieht er die Sünde
auf sich, indem er zwei unschuldige Menschen umbringt. Damit glaubt er Johanna vor den Boten des Satans gerettet.

47 *die berüchtigten Brustbeutel* – Mitglieder der SED waren in den
fünfziger Jahren verpflichtet, das Parteidokument immer am
Körper zu tragen. Da Genossinnen nicht über Jackettaschen
verfügten, sollten sie es in Brustbeuteln aufbewahren.
die Partei, die Partei, die hat immer recht – Refrain in Louis
Fürnbergs Gedicht »Die Partei« (1949).
1984 – Anspielung auf George Orwells Roman »1984« (1949),
in dem das »Wahrheitsministerium« ständig die Vergangenheit
nach den aktuellen Erfordernissen umdichtet.

48 *einen separaten Friedensvertrag* – Nach dem Scheitern der Gen-
fer Außenministerkonferenz der Vier Mächte über die Deutsch-
land- und Berlin-Frage 1959 hatte die Sowjetunion der DDR

den Abschluß eines separaten Friedensvertrages in Aussicht gestellt. Am 12. 6. 1964 war der »Vertrag über Freundschaft, gegenseitigen Beistand und Zusammenarbeit« zwischen der DDR und der Sowjetunion unterzeichnet worden, der die DDR in das bilaterale Vertragssystem der SU einbezog, aber Westberlin als »selbständige politische Einheit« betrachtete und damit seinen Vier-Mächte-Status festschrieb.

48 *ich sollte auch eine Stellungnahme dazu schreiben* – Anlaß war die Beratung der Ersten Sekretäre der Kommunistischen- und Arbeiterparteien der Warschauer-Pakt-Staaten über den Abschluß eines Friedensvertrages mit Deutschland und die Regelung der West-Berlin-Frage in Moskau (3.–5. 8. 1961). Vgl. Eintragung vom 5. 8. 1961, in: B. R., »Ich bedaure nichts«, a. a. O., S. 201.

8. März – Internationaler Frauentag.

Kochs und W. U.s dumme Kritik – Hans Koch kritisierte die Darstellung der Hauptfiguren und wandte sich in seiner an Erik Neutsch gerichteten Kritik »gegen die Unstimmigkeit in der Position Deines Kampfes und dagegen, daß Waffen Deines Kampfes schartig und stumpf sind.« (»Von der Streitbarkeit des Romans. Prof. Hans Koch schreibt an Erik Neutsch«, in: Sonntag, Berlin, Nr. 17/1964, S. 10/11.)

Balla, ... Horrath – Hannes Balla, ein selbstbewußter, anfangs rowdyhafter Brigadier, und Werner Horrath, ein vorbildlicher Parteisekretär, der aber moralisch versagt, sind die Gegenspieler in Erik Neutschs Roman »Spur der Steine« (1964).

»Fern von Moskau« – Roman von Wassili Ashajew (1948) über den Bau einer Ölleitung im Fernen Osten.

»Hoffnung für die Liebe« – Schauspiel von Helmut Preißler und R. Förster (1963).

49 *Günter-Wolfgang* – Günter D[...] war der erste Ehemann von B. R. – Wolfgang Exß der geschiedene Ehemann von Franziska Linkerhand.

50 *FDJ-Delegation* – Auf Einladung des Komsomol besuchte eine Delegation des Zentralrats der FDJ vom 11.–23. 7. 1964 Sibirien.

»Babette zieht in den Krieg« – Spielfilm, Frankreich 1959, R.: Christian-Jaque, mit Brigitte Bardot.

51 *»Westside-Story«* – Musical von Leonard Bernstein (1957).

52 *Beredelkino* – Peredelkino. Eine Siedlung in der Nähe von Moskau, in der viele Schriftsteller lebten, u. a. Alexander Fadejew, Konstantin Fedin, Boris Pasternak.

53 *in P. sind die Genossenschaften aufgelöst worden* – Unter Władysław Gomułka wurde in Polen die Kollektivierung der Landwirtschaft abgebrochen.

Tscherednowo – Der Flughafen Scheremetjewo.

53 *Komsomol* – Sowjetischer Jugendverband.
   Datsche – (russ.) Landhaus, Sommerwohnung.
54 *Vortrag von Pawlow* – Vgl. B. R., »Das grüne Licht der Steppen.
   Tagebuch einer Sibirienreise«, Berlin 1965, S. 18–21.
   Nachmittags bei den Tamanskern – Gardedivision, die sich bei
   der Befreiung der Halbinsel Taman besonders ausgezeichnet
   hat und deshalb seit 1946 den Beinamen »Tamanskaja« führte.
55 *Billy/Billi* – Thomas Billhardt.
56 *Sowchos* – (russ. Kurzwort) staatlicher landwirtschaftlicher
   Großbetrieb in der UdSSR.
   Tschechow-Geschichte – Anton Tschechow, »Ariadne« (1897).
   Buch voller Notizen – B. R. führte während der Reise ein No-
   tizbuch, in das sie Mitschriften der Referate und technische
   Details eintrug. (BRS.)
59 *daß ich von meinem Ausweis nicht genug Gebrauch mache* – Der
   Ausweis als Mitglied der Jugendkommission des ZK.
61 *»Lawrentjewka«* – »Das ist die Stadt, von der mein Roman-
   mädchen geträumt hat; die Straßen, weiträumig, modern und
   heiter, sind gesäumt von Läden und Cafés im Boutiquestil, die
   Häuser zwischen hohen Kiefern scheinbar launisch verstreut,
   aber so planvoll geordnet, daß es überall freie Durchblicke gibt,
   kein Block einen grünen Platz abriegelt … und Stille, lebendige
   Stille. Hier kann man arbeiten.« (B. R., »Das grüne Licht der
   Steppen«, a. a. O., S. 73f.)
63 *3. Teil des »Russischen Wunders«* – »Das russische Wunder«
   (Dokumentarfilm in zwei Teilen, DDR 1963, R.: Andrew und
   Annelie Thorndike). – Der Versuch einer Bilanz der letzten
   siebzig Jahre russisch-sowjetischer Geschichte.
64 *»9 Tage eines Jahres«* – Spielfilm, UdSSR 1961/62, R.: Michail
   Romm. – Nach dem Strahlentod seines Lehrers setzt ein junger
   Atomphysiker dessen Arbeit, die Erforschung thermonukle-
   arer Reaktionen, fort, ohne auf seine Gesundheit zu achten.
65 *Arthur-Becker-Medaille* – Seit 1960 höchste Auszeichnung der
   FDJ.
67 *die deutschen Physiker, die emigriert sind* – »Beim Abschied erinnerte uns Professor Budker an die großen Naturwissenschaft-
   ler, die Deutschland der Welt gegeben hat, und an jene, die, von
   Hitler vertrieben, in die Emigration gegangen sind. ›Ihr müßt
   diese hohe wissenschaftliche Kultur in ganz Deutschland wieder aufbauen‹ , sagte er, ›nur so werdet ihr die Zukunft mit-
   bestimmen können.‹ Ich glaube, wir alle waren uns in diesem
   Augenblick deutlich und schmerzhaft bewußt, was uns die verfluchten zwölf Jahre gekostet haben.« (B. R., »Das grüne Licht
   der Steppen«, a. a. O., S. 89.)
   Tschelesnogorsk – Shelesnogorsk.

67 *Bandiera Rossa* – Italienisches Arbeiterlied (vor 1920).

68 *Kwaß* – Russisches erfrischendes Gärungsgetränk (aus Brot, Mehl, Zucker, Obst u. a.).
The battle of Jericho – *Joshua Fit The Battle Of Jericho*, Gospel, trad.
Rakete – Tragflächenboot mit Flugzeugmotor.

72 *weil ich selbst ... gehandicapt bin* – B. R. hatte 1947 Kinderlähmung und hinkte seitdem.

74 *beim Travesischen Brunnen* – Die Fontana Trevi in Rom.

75 *GUM* – Größtes Moskauer Kaufhaus.
meine erste Arbeit fürs Forum – *Das grüne Licht der Steppen. I. Darf ich vorstellen: Martschuk* (in: Forum, Berlin, Nr. 14/1964, S. 3–9).

76 *Ärger mit der »Freien Welt«* – Man wollte die Reportage über Hoyerswerda unter dem Titel »Viele Häuser sind noch keine Stadt« oder »Die Stadt ist nicht allein zum Schlafen da ...« veröffentlichen, und B. R.s Artikel sollte der zentrale Beitrag sein. Da er zu lang war, hatte man ihn gekürzt und Teile umgestellt. »Nun fehlt für diesen ersten Teil ein Schluss. Mit den Müllkübeln können wir natürlich nicht enden. Wir würden es schön finden, wenn Sie jetzt selbst Ihre Person ins Spiel bringen würden. Etwa in dem Sinn, daß Sie als Schriftstellerin in Ihren Romanen von der Zukunft H. träumen, daß sich Traum und Wirklichkeit hier mischt. Es muss natürlich optimistisch ausklingen, damit Ihnen das andere nicht zu sehr verübelt wird.« (Lily Leder – Redaktion – an B. R. am 23. 7. 1964, in: BRS, Schriftverkehr von 1964–1965, Blatt 44f.) – Der Artikel ist nicht erschienen. Manuskript nicht auffindbar.

77 *U-Bruder* – Ulrich Reimann.

81 *zwei Reportagen ... von Jacobs und den Kirschs* – Karl-Heinz Jakobs, »Einmal Tschingis-Khan sein. Ein anderer Versuch, Kirgisien zu erobern. Ein Reiseerlebnisbericht« (Verlag Neues Leben, Berlin 1964); Rainer und Sarah Kirsch/Thomas Billhardt (Fotos), »Berlin – Sonnenseite« (Verlag Neues Leben, Berlin 1964; ein Buch über das Deutschlandtreffen 1964, zuerst als Reportage erschienen in: Forum, Berlin, Nr. 13/1964).
Tucholsky ... Pyrenäenbericht – Kurt Tucholsky, »Ein Pyrenäenbuch« (1927).
»Aufbau« – Aufbau-Verlag Berlin und Weimar.
seines Verlages – Verlag Neues Leben Berlin. Dort waren die Erzählungen »Die Frau am Pranger« (1956) und »Ankunft im Alltag« (1961) von B. R. erschienen.

82 *Manuskript abgeliefert* – »Das grüne Licht der Steppen. II. Reisetagebuch« (in: Forum, Berlin, Nr. 15/1964, S. 2–5).
Presto – Pulverkaffeemarke.

82 *Karo* – Starke filterlose Zigarettenmarke.
»*Wär schön gewesen* …« – In »Fiesta« (1926) von Ernest Hemingway heißt es am Ende: »Wir hätten so glücklich sein können.« […] »Ja«, sagte ich. »Wär schön gewesen.« (Übersetzung Annemarie Horschitz, Stuttgart, Hamburg 1947.)

83 *20 Seiten abgeliefert* – »Das grüne Licht der Steppen. III. Teil« (in: Forum, Berlin, Nr. 16/1964, S. 2–7).

84 *Quasimodo* – Titelfigur aus dem Roman »Der Glöckner von Notre Dame« (1831) von Victor Hugo.

85 *Tagebuch IV* – »Das grüne Licht der Steppen. Teil IV« (in: Forum, Berlin, Nr. 18/1964, S. 3f.).
Messe – Buchmesse auf der Leipziger Herbstmesse.
Nationalpreis – Die Nationalpreise für Wissenschaft und Technik sowie für Kunst und Literatur (I., II. und III. Klasse) wurden vom Vorsitzenden des Staatsrats der DDR jährlich zum Tag der Republik (7. 10.) verliehen. – Tatsächlich erhielten Kuba für sein Drama »terra incognita« und Horst Salomon für sein Schauspiel »Katzengold« 1964 einen Nationalpreis (II. und III. Klasse).
in den »Neuen Texten« – »Neue Texte. Almanach für deutsche Literatur« (Aufbau-Verlag Berlin und Weimar). Der Almanach war seit 1962 herausgegeben worden, zunächst zweimal jährlich, 1963 bis 1968 jährlich; Band 8 von 1969 durfte nicht mehr erscheinen. – In »Neue Texte 4« vom Herbst 1964 gab es Beiträge von Irmtraud Morgner, Volker Braun, Jens Gerlach, Heinz Kahlau, Bernd Jentzsch, Herbert Nachbar, Anna Seghers und B. R. (»Franziskas Freunde«, S. 381–401, Vorabdruck aus »Franziska Linkerhand«).

86 *vor Schaufenstern mit Bananenstauden* – Anläßlich der Messe gab es in Leipzig allerlei, an dem es sonst mangelte, z. B. Bananen, die B. R. besonders gern aß.
Daniels Tagebuch – Unter dem Titel »Tagebücher März 1964« befindet sich ein Beitrag von Siegfried Pitschmann, in dem er sich u. a. an seine Hochzeit mit B. R. (im Text »K.«), an ihre Auseinandersetzungen um das Schreiben und ihr letztes Gespräch mit Bodo Uhse erinnert. (Ebd., S. 155–166.)

87 »*Das Kaninchen bin ich*« – Nach dem Roman »Maria Morzek oder Das Kaninchen bin ich« von Manfred Bieler entstand 1964/65 unter der Regie von Kurt Maetzig der Film »Das Kaninchen bin ich«.
der überflüssige Bonifaz – Manfred Bieler, »Bonifaz oder Der Matrose in der Flasche« (Roman, Berlin 1963).
ein Mädchen Maria – Die Heldin, Maria Morzek, hat keine Zulassung zum Studium erhalten, weil ihr Bruder wegen »staatsfeindlicher Hetze« zu drei Jahren Zuchthaus verurteilt ist. Sie verliebt sich in den Richter, der ihren Bruder verurteilt hat,

trennt sich jedoch von ihm, als sie begreift, daß er ein Karrierist ist. Auch ihren Bruder, der sie nach seiner Entlassung wegen ihrer Affäre brutal zusammenschlägt, verläßt sie und bemüht sich wieder um einen Studienplatz.

89 *Artikel für die »Sowjetfrau«* – B. R., »Was wir wünschen« (in: Die Sowjetfrau, Moskau, Heft 12/1964, S. 3).

90 *»Constanze«* – Westdeutsche Frauen- und Modezeitschrift, 1969 mit »Brigitte« vereinigt.

91 *große Lesungsreise* – Alljährlich fand im November die »Woche des Buches« statt, in der es republikweit verstärkt Lesungen und Veranstaltungen in Großbetrieben, Schulen, Buchhandlungen usw. gab. Ende der sechziger Jahre auf Anfang Mai verlegt, um an die Bücherverbrennung (10. 5. 1933) zu erinnern.

92 *Jetzt bin ich in Shelesnogorsk* – Der vorletzte Teil der Sibirienreportage (»Das grüne Licht der Steppen VI«, in: Forum, Berlin, Nr. 20/1964, S. 11–14).

»Haus des Lehrers« – Hochhaus am Berliner Alexanderplatz von Hermann Henselmann, 1961–1964 erbaut, mit 125 m langem Bildfries von Walter Womacka. Das Haus diente als Kultur-, Bildungs- und Informationszentrum für Lehrer und Eltern.

93 *»Klub junger Künstler«* – Der Klub, in dem sich Ende der fünfziger Jahre junge Künstler treffen und diskutieren konnten, hatte verschiedene Domizile in Berlin, zuletzt in der Klosterstraße, im späteren »Haus der jungen Talente«. Zu den Initiatoren gehörten Heinz Kahlau und Jens Gerlach.

Iris Dolin – Iris Dullin.

Reger – Der Architekt Prof. Reger ist der Lehrer Franziska Linkerhands.

95 *»Auf Freiersfüßen«* – Spielfilm, Frankreich 1962, Regie, Buch und Hauptdarsteller: Pierre Etaix.

96 *Akademietagung* – 13. Öffentliche Plenartagung der Deutschen Bauakademie zu »Fragen des Städtebaus und der Architektur in der Periode des umfassenden Aufbaues des Sozialismus in der DDR« (29./30.10.1964).

Kuppelsaal – Die Kongreßhalle am Haus des Lehrers.

Das Referat – Wolfgang Junker, Minister für Bauwesen, »Städtebau, Architektur und Perspektivplanung« (in: Deutsche Architektur, Berlin, Heft 2/1965, S. 68ff.).

bei meiner Malerin – Erika Stürmer-Alex.

97 *Neutschens Buch* – Der Roman »Spur der Steine« (1964) von Erik Neutsch.

98 *Benjamin* – Der Geliebte Franziska Linkerhands.

100 *das Ehegesetz* – Das neue Ehegesetz wurde 1965 in einer breiten Öffentlichkeit diskutiert, schließlich wurde festgelegt, daß sich die Ehepartner für einen gemeinsamen Namen entscheiden

müßten, obwohl der Gesetzentwurf die Möglichkeit einge-
räumt hatte, daß jeder seinen Namen behält und man sich bei
der Eheschließung auf einen Namen für die Kinder einigen
müsse. – B. R. hatte auch nach ihren Heiraten immer unter
ihrem Mädchennamen publiziert.

101 *Strittmatter ... ist nach einer Sitzung zusammengebrochen* – Vgl.
Brief von Christa Wolf an B. R. vom 17. 11. 1964 (in: B. R./
Christa Wolf, »Sei gegrüßt und lebe. Eine Freundschaft in Brie-
fen. 1964–1973«. Hrsg. Angela Drescher, Berlin 1993, S. 5).
Vaillands »Seltsames Spiel« – Roman von Roger Vailland (1945)
über das Schicksal einer kleinen kommunistischen Résistance-
Gruppe.

102 *Sibirien-Bearbeitung* – Die Überarbeitung der Forum-Artikel
für die Buchfassung von »Das grüne Licht der Steppen«.

103 *Bildband – Berlin, am Alex* – Die Diplomarbeit von Thomas
Billhardt, Gestaltung Rudolf Grüttner. Der Band sollte beim
Verlag Neues Leben erscheinen, nach der Neuprofilierung des
DDR-Verlagswesens 1964 wurden jedoch keine Bildbände
mehr in diesem Verlag herausgegeben.

104 *Mendelssohn-Bartholdy* – Hochzeitsmarsch aus »Ein Sommer-
nachtstraum«, Op. 61 (1843) von Felix Mendelssohn Bartholdy.

105 *Autorenkonferenz beim Neuen Leben* – Autorenberatung des
Verlages Neues Leben am 4. 12. 1964. Referate von Horst
Haase (»Geistige Probleme der jungen Generation – geistige
Probleme der sozialistischen Gegenwartsliteratur«) und dem
Leipziger Psychologen Adolf Kossakowski (»Konflikte der
Persönlichkeitsentwicklung des Jugendlichen«).
Im Moskba – Restaurant »Moskau« in der Berliner Karl-Marx-
Allee (erbaut 1961–1964). Mosaikwandbild »Aus dem Leben
der Völker der Sowjetunion« von Bert Heller.

106 *Intershop* – Läden, in denen Ausländer mit westlicher Währung
und später auch DDR-Bürger mit eingetauschten »Forum-
Schecks« vorwiegend westliche Waren einkaufen konnten.
2. Passierschein-Abkommen – Im Dezember 1963 war das erste
Passierscheinabkommen unterzeichnet worden, das den Einwohnern von West-Berlin den Besuch ihrer Verwandten in
Ost-Berlin während der Weihnachts- und Neujahrsfeiertage
1963/1964 gestattete. Das zweite Passierscheinabkommen vom
September 1964 regelte die Einreise nach Ost-Berlin für vier
begrenzte Zeiträume in den Jahren 1964/65.
Angst wegen der Lesung – Studenten der Selbstverwaltung der
Studentenstadt Siegmunds Hof hatten seit Mai 1964 eine Le-
sungsreihe von DDR-Autoren organisiert. Am 11. 12. 1964 las
dort B. R.
Hans-Jürgen – Hans-Jürgen Olschewski.

106 *kaufte mir die* »*Lolita*« – Eine rororo-Ausgabe des Romans »Lolita« (1955) von Vladimir Nabokov (BRS, Bibliothek).

107 *Luftbrückendenkmal* – Der Flughafen Tempelhof war Basis für die Luftbrücke während der Westberliner Blockade (1948/49), mit der die drei westlichen Alliierten die Versorgung der Bevölkerung sicherten. Auf dem Platz vor dem Flughafengebäude wurde nach einem Entwurf von E. Ludwig 1951 das Luftbrückendenkmal errichtet.

Oliver – Oliver Reimann.

Manfred – Manfred Otzen.

108 *RIAS* – Rundfunk im amerikanischen Sektor.

Soldat und Schonauer, die erbitterte Artikel gegen uns schreiben – Hans Georg Soldat berichtete über die Lesung: »Die Autorin war aufgeregt – sie bat das Publikum deswegen um Entschuldigung: eine nicht unsympathische Einführung. Allerdings war die Sympathie weitgehend geschwunden, nachdem die 31jährige [...] ein Kapitel aus ihrem neuen Buch [...] gelesen hatte – dürre Prosa, eine mit Antidogmatismus angereicherte Kolportage, in der das Leben eines Mädchens in einer modernen Satellitenstadt beschrieben wird. Brigitte Reimann rannte mit ihrer Anklage des ›Bürokratismus‹, mit ihrer Kritik an den Zuständen in den Jahren um 1954 offene Türen ein. Abschließendes kann jedoch erst gesagt werden, wenn der Roman fertig konzipiert ist – die Schriftstellerin wußte selbst noch nicht, wie er enden wird. So blieb denn die Diskussion unergiebig. Man stritt sich eine Weile über den Begriff ›Glück‹, stellte fest, daß er mit materiellem Wohlstand nicht identisch ist, erhielt einige recht vage Werkstattinformationen. Man kann nur hoffen, daß die nächsten Veranstaltungen der Reihe [...], die im Januar mit Günter Kunert und Volker Braun fortgesetzt wird, [...] mehr bieten werden.« (sod, »Autoren und Interpreten«, in: Der Tagesspiegel, Berlin, vom 13. 12. 1964.)

wegen des Abends im Staatsrat – Am Nachmittag des 14. 12. 1965 hatte Walter Ulbricht eine weitere Aussprache mit Schriftstellern über die »Gegenwartsthematik unserer Prosaliteratur« im Staatsratsgebäude durchgeführt.

109 *Aufsätze in der BZ* – Feli Eick hatte vor allem für die Berliner Zeitung und die Zeitschrift Sonntag Kunstkritiken geschrieben.

auf widerliche Art »*abgeschossen*« *worden* – Da bekannt war, daß Feli Eick mit Wolfgang Harich befreundet war, setzte nach seiner Verhaftung im November 1956 eine Kampagne gegen sie ein. In mehreren Artikeln wurde gefordert, sie nicht mehr publizieren zu lassen, sie wurde verhört und erhielt schließlich Publikationsverbot. Am 13. 8. 1961 war sie zufällig in Westberlin und blieb dort.

113 *Gestern fing ich das Buch an* – »Ich habe mir endlich ein Herz gefaßt, ein neues Buch weggeworfen und das erste Kapitel angefangen, und jetzt möchte ich alles um mich herum zertrümmern. Zum hundertstenmal diese niederschmetternde Erfahrung, ich will erzählen und erzählen – und ich stottere.« (In: B. R./Hermann Henselmann, »Briefwechsel«. Hrsg. Ingrid Kirschey-Feix, Berlin 1994, S. 31.)
Stendhal, ein Reise-Tagebuch – »Rom, Neapel, Florenz« (1817; Berlin 1964).

114 *Marchwitza gestorben* – Hans Marchwitza starb am 17. 1. 1965 in Potsdam.
Kossygin war bei Mao Tse Tung – Alexej Kossygin war auf einer längeren Asienreise, seine wichtigsten Ziele waren Korea und Vietnam, in China machte er nur kurz Station und traf mit Mao Tse-tung und Liu Schao-Tschi zusammen.
China Konflikt – Seit dem Tod Stalins hatten sich erhebliche Meinungsverschiedenheiten zwischen der sowjetischen Partei- und Staatsführung und China ergeben, die auf unterschiedlichen Auffassungen über die Prinzipien der friedlichen Koexistenz, die Perspektiven der kommunistischen Weltbewegung und die chinesische Kulturrevolution beruhten und Anfang der sechziger Jahre zum Bruch zwischen beiden Staaten führten. Die DDR folgte der sowjetischen Politik.
Mißkult-Mann – Mitarbeiter des Ministeriums für Kultur, das die Druckgenehmigungen erteilte.
»Tag X« – »Der Tag X« war der Titel eines Romans über den 17. Juni 1953, den Stefan Heym 1953 geschrieben hatte und der damals keine Druckgenehmigung erhielt. (Vgl. Stefan Heym, »Nachruf«, München 1988, Kapitel 30.) Er hatte das Manuskript in mehreren Kopien in der DDR und in der BRD kursieren lassen, daraus in Westdeutschland gelesen und war deshalb mehrfach zur Rede gestellt worden. (Ebd., S. 701ff.) Der Roman wurde 1974 überarbeitet (neuer Titel »5 Tage im Juni«) und in der BRD veröffentlicht. (Ebd., Kapitel 36.)

115 *Manns »Gesetz«* – Thomas Mann, »Das Gesetz« (1943). Novelle über Moses und die zehn Gebote.
»Das Leben Adolf Hitlers« aus dem Programm gezogen – Erwin Leiser, »Mein Kampf. Das Leben Adolf Hitlers« (Dokumentarfilm, Schweden 1959). – In der DDR wurde der Film nur in Programmkinos gezeigt. Zur gleichfalls problematischen Rezeption des Films in der BRD vgl. Günter Netzeband, »Gegenbilder. Schwierigkeiten mit den ›blutigen Jahren‹« (in: Film und Fernsehen, Berlin, Heft 11/1989, S. 10–15).

116 *Hochzeitstag* – B. R. und Jon K[…] hatten am 27. 11. 1964 geheiratet. Sie feierten den Tag der Hochzeit in jedem Monat.

116 *Hoy, 4. [3]./10. [3].* – Irrtümlich datiert 2.

Heinrich-Mann-Preis – Der Heinrich-Mann-Preis wurde jährlich zum Geburtstag von Heinrich Mann (27. 3.) von der DAK
für ein herausragendes Anfängerwerk verliehen.

117 *unsere West-Lesungen* – Am 9. 11. 1964 war ein Beschluß des
Sekretariats des DSV zur Fortsetzung der Lesungen in Westberlin gefaßt worden. Außerdem hieß es in einer »Vorlage für
die Ideologische Kommission beim ZK der SED« (o. D.) »Es
ist notwendig, mit den weiteren Lesungen das begonnene offene deutsche Gespräch fortzuführen. Den Besuchern der Veranstaltungen soll die Möglichkeit gegeben werden, ihre oftmals
falschen Vorstellungen von der DDR und ihrer Politik zu korrigieren. [...] Die Vorstellung von Enge und Uniformiertheit
unserer Literatur soll weiter abgebaut [...] werden.« (SVA,
Mappe 1193.) Gleichzeitig legte man fest, daß zukünftig jeweils
zwei Autoren auftreten sollten, man wollte die Lesenden selbst
vorschlagen und sich keine Vorschriften machen lassen (z. B.
im Falle von Peter Hacks), und war empört über die Berichterstattung der Medien. Als Burkhard Wege im September 1965
eine Fortsetzung der Lesungen erreichen wollte, wurde er
zunächst hingehalten, dann erhielt er eine Ablehnung.

118 *»Aula«* – Hermann Kant, »Die Aula« (Roman, 1965).

Jugendkommission – Sitzung der Jugendkommission zu Problemen der Berufswahl, -lenkung und -ausbildung und zur politisch-ideologischen Massenarbeit unter der Jugend in Vorbereitung der 9. Tagung des ZK der SED (22. 3. 1965).

Jugendstunden – Zur Vorbereitung der Jugendweihe, die die
Vierzehnjährigen für die Aufnahme in die Reihen der Erwachsenen vorbereiten sollte, fanden Jugendstunden statt, in denen
die Jugendlichen mit Persönlichkeiten des öffentlichen Lebens
über politische, wirtschaftliche und kulturelle Fragen sprachen.

Vorstandssitzung – Vorstandssitzung des DSV am 16./17. 3. 1965
in Berlin. Tagesordnung: 1. Diskussion des Manuskriptes von
Joachim Knappe »Mein namenloses Land«; 2. Diskussion des
Sekretariatsberichts; 3. Information über das Internationale
Schriftstellertreffen. – Kein Protokoll vorhanden.

von der Grüns Offenen Brief – Max von der Grün hatte dagegen
protestiert, daß er keine Einreise in die DDR erhalten hatte.
(»Warum darf ich nicht in die DDR einreisen? Max von der
Grün möchte wissen, warum er in Erfurt nicht mehr willkom-
men ist«, in: Die Zeit, Hamburg, vom 12. 3. 1965, S. 22.) Der
Offene Brief wurde nicht beantwortet, im darauffolgenden
Jahr erhielt von der Grün jedoch eine Einreiseerlaubnis.

119 *Daniel ... fährt jetzt nach München* – Im Münchner »Komma-
Klub« sollten Lesungen von DDR-Autoren stattfinden (23. bis

404 Anmerkungen

25. 3. 1965). B. R. hatte abgelehnt, an diesen Veranstaltungen
teilzunehmen, weil sie eine ähnlich hämische Reaktion der
Presse wie auf ihre Lesung in Siegmunds Hof befürchtete.
(B. R. an H. Eckert – DSV – vom 11. 2. 1965, in: BRS, Schriftverkehr von 1964–1965, Bl. 92.)

119 *Praha* – »Café Prag« Friedrich- Ecke Französische Straße gegenüber dem Schriftstellerverband und in der Nähe vieler Verlage, daher beliebter Treffpunkt für Schriftsteller.
auf der Messe ausverkauft – Buchmesse auf der Leipziger Früh-
jahrsmesse.
den Heinrich-Mann-Preis bekommen – Der Heinrich-Mann-
Preis war am 28. 3. 1965 auf einer Außerordentlichen und Öffentlichen Plenartagung der DAK, mit der sie ihren 15. Jahrestag beging, verliehen worden.

120 *»Denk bloß nicht, ich heule«* – Spielfilm, DDR 1965, R.: Frank
Vogel. – Der Film, der die Geschichte eines 18jährigen Ober-
schülers erzählt, der von der Schule gewiesen wird, war im Februar 1965 fertiggestellt worden, nach Testvorführungen wurden zahlreiche Änderungen gefordert, er erhielt dennoch keine
Aufführungsgenehmigung.

121 *Walter »Joe«* – Max Walter Schulz. B. R. nannte ihn Joe.
Havemann-Geschichte – Inzwischen waren die Vorlesungen
Robert Havemanns unter dem Titel »Dialektik ohne Dogma?«
im Rowohlt Verlag erschienen (1964), da der Dietz Verlag und
der Deutsche Verlag der Wissenschaften in der DDR die Ver-
öffentlichung abgelehnt hatten, und er stand weiterhin im Zen-
trum der Kritik (siehe dritte u. fünfte Anm. zu S. 22).
Briefe von Christa Wolf und Eva Strittmatter – Vgl. Brief von
Christa Wolf an B. R. vom 2. 4. 1965 (in: B. R./Christa Wolf,
»Sei gegrüßt und lebe«, a. a. O., S. 6).

122 *Diagnose Bienkopp* – Unmittelbar nach Erscheinen des Romans
»Ole Bienkopp« Ende 1963 setzte ein Debatte in Fachzeit-
schriften und Tageszeitungen ein, die weit in die zweite Jahres-
hälfte 1964 reichte. Kritiker, Leser und Funktionäre diskutierten
vor allem den Tod Bienkopps, seinen Anspruch, als »Spur-
macher« zu wirken, und die angeblich überspitzte Zeichnung
der Funktionäre. (Vgl. Reinhard Hillich, »Aufforderung zum
Mitdenken. Erwin Strittmatters Roman ›Ole Bienkopp‹«, in:
»Werke und Wirkungen. DDR-Literatur in der Diskussion«.
Hrsg. Inge Münz-Koenen, Leipzig 1987, S. 61–109.)
»Cocktail« bei Aufbaus – Eines der regelmäßigen Treffen mit
Autoren im Aufbau-Verlag.
Unterschied zwischen Christas und meinem Buch – Christa
Wolf, »Der geteilte Himmel«, und B. R., »Die Geschwister«,
(beide 1963).

124 *Jane Jakobs Buch* – Jane Jacobs, »Tod und Leben großer ameri-
kanischer Städte« (1961, dt. 1963).
damals wenigstens verboten – B. R. spielt darauf an, daß Jazz
während der Nazizeit verboten war.
125 *Gespräch mit Ulbricht* – Die Aussprache vom 14. 12. 1964 war
am 25. 1. 1965 fortgesetzt worden. B. R. hat nur an der ersten
Hälfte teilgenommen »wegen einer Erkrankung« (B. R. an Willi
Lewin vom 19. 2. 1965, in: BRS, Schriftverkehr von 1964 bis
1965). Es ist möglich, daß sie sich ähnlich erregt hatte wie bei
früheren Gesprächen mit Ulbricht und deshalb die Veranstal-
tung früher verließ. (Vgl. Eintragungen vom 2. 12. 1962 und
31. 3. bis 6. 4. 1963, in: B. R., »Ich bedaure nichts«, a. a. O.,
S. 267ff. und S. 308–312.)
126 *in Muskau* – Hermann Fürst von Pückler-Muskau hatte in
Muskau ab 1815 eine bedeutende Landschaftsparkanlage nach
englischem Vorbild geschaffen.
127 *Zeitungen der letzten Woche* – Die Artikel zum 20. Jahrestag der
Befreiung am 8. Mai und den damit verbundenen Feiern. Am
5. 5. hatte die 13. Sitzung der Volkskammer ein »Manifest zum
20. Jahrestag der Befreiung« beschlossen, am 7. und 8. 5. fand
ein Festakt statt, an dem 41 Delegationen von Regierungen,
Parlamenten und Parteien teilnahmen.
Man kann gar nicht so viel essen ... – Einer Anekdote zufolge er-
widerte Max Liebermann wenige Wochen nach Hitlers Macht-
antritt einem befreundeten Brüsseler Kunsthändler auf dessen
Frage nach seinem Ergehen: »Ach, wissen Sie, heutzutage kann
man gar nicht so viel fressen, wie man kotzen möchte.« (Nach:
F. C. Weiskopf, »Das Anekdotenbuch«, Berlin 1965.)
Militärparade – Parade zum Tag der Befreiung vom Faschismus
am 8. Mai 1945 in Berlin.
Schaustellung von »aufdringlichem Militarismus« – Klaus Mann,
Teilnehmer am Ersten Kongreß der Sowjetschriftsteller 1934
in Moskau, schreibt in seinem Lebensbericht »Der Wende-
punkt« (1952): »Was mich am meisten beunruhigte und ab-
stieß, war nicht [...] der aufdringliche Militarismus [...].
Schwerer fiel es mir, mich mit einer amtlich vorgeschriebenen
Philosophie abzufinden, die meinem Gefühl nicht zusagt und
meinen Verstand unbefriedigt läßt.« (Berlin und Weimar 1974,
S. 430f.)
Ehrenspange ... zum Vaterländischen Verdienstorden – Staatliche
Auszeichnung (Orden in Gold, Silber, Bronze) für außerordentliche Verdienste im Kampf um die Einheit Deutschlands,
im Kampf gegen den Faschismus, beim Aufbau, der Festigung
und Stärkung der DDR und für besondere Leistungen in der
Entwicklung der Volkswirtschaft, Wissenschaft und Kunst.

Verleihung vom Vorsitzenden des Staatsrates der DDR. Bestand aus Urkunde und bei Einzelpersonen jährlichem Ehrengeld.

127 *»Banner der Arbeit«* – Vom Vorsitzenden des Ministerrates der DDR seit 1954 jährlich zum 1. Mai und zum Tag der Republik (7. Oktober) für besondere Verdienste um die Steigerung der Produktion und die Festigung der sozialistischen Produktionsverhältnisse verliehene hohe staatliche Auszeichnung mit Orden, Urkunde und Prämie.

Märzberatung – Beratung des Politbüros des ZK der SED und des Präsidiums des Ministerrates mit Schriftstellern und Künstlern am 24./25. 3. 1963. Vgl. Eintragungen vom 31. 3., 2. 4. und 6. 4. 1963 (in: B. R., »Ich bedaure nichts«, a. a. O. S. 308–312).

»Exodus« – Roman von Leon Uris (1958). – Die Geschichte verfolgter europäischer Juden vom 19. Jahrhundert bis zur Entstehung des Staates Israel.

Kolakowskis »Mensch ohne Alternative« – Leszek Kolakowski, »Der Mensch ohne Alternative: Von der Möglichkeit und Unmöglichkeit, Marxist zu sein« (München 1964).

128 *»Internationale«* – »Die Internationale« (Melodie: Pierre Degeyter, 1888, Text: Eugène Pottier, 1871, dt. Fassung: Emil Luckhardt, 1910).

SFB – Sender Freies Berlin.

denunziatorischen Artikel im Forum – Hermann Knappe, »Weder Sklerose noch Osteomalazie« (in: Forum, Berlin, Nr. 2/1965). Der Autor hatte Auszüge aus Artikeln Havemanns von 1950 bis 1952 einem Beitrag aus dem Spiegel vom 16. 12. 1964 und Zitaten aus Havemanns Buch »Dialektik ohne Dogma?« (Reinbek bei Hamburg 1964) gegenübergestellt und u. a. folgendermaßen kommentiert: »Uns scheint, die ideologische ›Osteomalazie‹ des Robert Havemann von 1964 ist eine ebenso schlimme Krankheit wie seine geistige ›Sklerose‹ von 1951.«

bei Wessel beschwert – Harald Wessel, Redakteur beim ND, war wie B. R. Mitglied der Jugendkommission beim ZK der SED.

Kapitalistenknecht Tito – *Freund Tito* – Im Frühjahr 1965 nahm man z. B. die Beschuldigungen gegen Tito, der sich der sowjetischen Politik nicht unterordnete, zurück, da man auf den außenpolitischen Erfolg seines bevorstehenden Besuchs in der DDR (8.–13. 6. 1965) als einer der Führer der Bewegung der Blockfreien hoffte.

trotz wiederholten Anwürfen im Stürmerjargon – B. R. meint den Artikel »Die dümmste Lüge« (siehe fünfte Anm. zu S. 22).

Aufsatz ... in der ... »Zeit« – Robert Havemann, »›Ja, ich hatte unrecht‹. Warum ich Stalinist war und Antistalinist wurde« (in: Die Zeit, Hamburg, Nr. 19/1965, S. 2). – Es heißt: »Leszek Kolakowski [...] hat die Geistesverfassung, in der ich mich damals

befand [...] treffend charakterisiert: ›[...] Das Wort Marxist
bezeichnet nicht einen Menschen, der die eine oder andere in-
haltlich umrissene Auffassung von der Welt besitzt, sondern
einen Menschen mit einer bestimmten Geisteshaltung, die
durch die Bereitschaft gekennzeichnet ist, Auffassungen zu akzeptieren, die behördlich bestätigt worden sind.‹ «

129 *Henselmann geschrieben* – Dort hatte B. R. ihre Skrupel genauer
beschrieben: »Ich sitze zwischen Baum und Borke. Ich gehöre
zur Jugendkommission, als einzige nicht Genosse; meine Freunde dort vertrauen mir, obgleich sie wissen, daß wir in manchen
Fragen verschiedener Meinung sind. Jetzt, wenn ich protestierte,
würde ich in einen unüberbrückbaren Gegensatz zu ihnen geraten, das ist eines, und das andere: ein Protest wäre ganz unwirk-
sam, weil er ohnehin nicht veröffentlicht würde. [...] ich bin
auch ein gebranntes Kind und habe kein Talent zum Märtyrer
[...] Nur – wie kann man denn in Frieden Bücher schreiben,
wenn man Unrecht zwar nicht tut, aber duldet?« (In: B. R./Her-
mann Henselmann, »Briefwechsel«, a. a. O., S. 55.)
Gefühl, »unvorsichtig« zu sein – Wie sich herausgestellt hat,
wurde B. R. seit Mai 1961 von der Staatssicherheit durch verschiedene IM beobachtet, und das Telefon wurde abgehört;
Postüberwachung scheint es jedoch nicht gegeben zu haben.
(Vgl. Withold Bonner, »Brigitte Reimann in den Akten des Ministeriums für Staatssicherheit«, in: »Wer schrieb Franziska Linkerhand?«, Neubrandenburg 1998.)
zum Internationalen Schriftstellertreffen – Das Internationale
Schriftstellertreffen Berlin und Weimar (14.–22. 5. 1965) fand
anläßlich des 20. Jahrestages der Zerschlagung des Nationalso-
zialismus statt und war als Fortsetzung der Schriftstellerkon-
gresse 1935 in Paris und 1937 in Madrid gedacht. »Das Treffen
soll eine große Anzahl von bekannten Schriftstellern aus allen
europäischen Ländern und allen Kontinenten vereinen, die [...]
für die Ideen des Antifaschismus, des Friedens und des Huma-
nismus eintreten, die keine Anhänger des Antikommunismus
sind [...].« Außerdem sollten sich die Schriftsteller davon über-
zeugen können, daß in der DDR die »Wurzeln des Faschismus
ausgerottet, seine Erscheinungsformen und geistigen Folgen
überwunden sind [...] und unsere sozialistische Republik der erste deutsche Friedensstaat ist.« (SVA, Mappe 359, Bd. 4, Bl. 123.)
obligate »Vergatterung« – Die übliche Vorbesprechung, auf der
Verhaltensmaßregeln für die Delegationsteilnehmer erteilt
wurden.

130 *Bananenkrieg-Poppe* – Der westdeutsche Autor Karl Heinz
Poppe, der den Roman »Der Bananenkrieg« (Reinbek bei
Hamburg 1960) geschrieben hatte.

131 *Aureliens Liebe zu Berenice* – Der Roman »Aurélien« (1944) von Louis Aragon.
»*A notre amour sans chance.*« – (franz.) Auf unsere aussichtslose Liebe.

132 »*unser Mann in Havanna*« – Anspielung auf den gleichnamigen Roman von Graham Greene (1958).

133 »*Die Gezeichneten*« – Roman (1957) über die Verfolgung von Kommunisten in den USA durch McCarthy in den fünfziger Jahren. (BRS, Bibliothek.)

134 *unsere Renitenten … haben sich … am wackersten für uns geschlagen* – In der »Einschätzung der Arbeit der DDR-Schriftsteller auf dem Treffen« vom DSV heißt es: »Diese positive Wertung bezieht sich ausdrücklich auch auf die aktive, verantwortungsbewußte Arbeit einer Reihe von Schriftstellern, mit denen es in letzter Zeit schwierige ›innere‹ Auseinandersetzungen gab (z. B. Erich Arendt, Paul Wiens, Manfred Bieler).« (In: SVA, Mappe 359, »Internationales Schriftstellertreffen 14. bis 22. Mai 1965«, Bd. 4, Bl. 147.)
Wartburg-Treffen – Am 17. 5. fand ein »Festlicher Abend auf der Wartburg« für 250 geladene Gäste statt.
DDR-Literatur, Leitung Kant – Der DSV veranstaltete eine Gesprächsrunde »Literatur der Deutschen Demokratischen Republik« (17. 5. 1965).
»*unverlorene Generation*« – Ein Gespräch mit Romanautoren der DDR zum Thema »Roman der unverlorenen Generation« über das Schicksal der Nachkriegsgeneration im Spiegel der Literatur (18. 5. 1965).

135 *Steshenski, unseren Engel von Moskau* – Wladimir Steshenski hatte B. R. und Christa Wolf auf der Reise nach Moskau im Oktober 1963 betreut. (Vgl. B. R., »Ich bedaure nichts«, a. a. O., S. 344, 346, 349.)
»*Gewitter*«-*Autor* – Daniil Granin, »Dem Gewitter entgegen«. (Vgl. vierte Anm. zu S. 11.)
Erinnerung an Theresienstadt – Vgl. Eintragung vom 3. 9. 1961, in: B. R., »Ich bedaure nichts«, a. a. O., S. 206f.

136 »*Die Kunst, geliebt zu werden*« – Spielfilm, Polen 1963, R.: Wojcieck J. Has.
»*partir c'est mourir un peut*« – »Partir c'est mourir un peu« (franz.) Jeder Abschied ist ein kleiner Tod.
im Nationaltheater bei der Manifestation – Die »Manifestation des Internationalen Schriftstellertreffens Berlin und Weimar« am 19. 5. im Deutschen Nationaltheater Weimar.

137 *Benzien* – Hans Bentzien.
Briefe von dem Franz – Franz Kain gab 1984 folgende Erklärung zu seiner Freundschaft mit Brigitte Reimann ab: »Beim

Lesen der Briefe von Brigitte Reimann könnte der Eindruck entstehen, als hätte ich mit ihr ein Verhältnis gehabt, Dies ist nicht der Fall, es handelte sich vielmehr um eine hektische Schriftsteller-Zuneigung, sprunghaft und unausgeglichen. Brigitte Reimann hat anläßlich des Treffens in Weimar 1965 eine ganze Nacht in meinem Hotelzimmer verbracht. Auf meine Annäherungsversuche sagte sie: ›wir können doch nicht ehebrechen!‹ Dieses merkwürdige biblisch-protestantische Wort kam mir so fremd und ernüchternd vor, daß es zu keinem ›Funkenflug‹ mehr gekommen ist, sondern nur noch zu zugespitzten (literarisch-politischen) Diskussionen.«

138 *»Wir kämpfen und sterben für dich«* – »Spaniens Himmel breitet seine Sterne. Die Thälmann-Kolonne«, Lied des Thälmann-Bataillons im Spanischen Bürgerkrieg (Worte: Karl Ernst, Melodie: Paul Dessau). Richtig heißt es: »Die Heimat ist weit, doch wir sind bereit, zu kämpfen und siegen für dich, Freiheit!«

140 *Boxweltmeisterschaften* – Es handelte sich um Europameisterschaften, die in der Berliner Werner-Seelenbinder-Halle ausgetragen wurden (22.–29. 5. 1965).
Peter Weiß, über den ... eine Flut von Beschimpfungen hereingebrochen ist – B. R. gibt hier einen Kommentar wieder (-ck-, »Weiss-Glut«, ND vom 22. 5. 1965, S. 4). Peter Weiss war von mehreren Zeitungen angegriffen worden, am sachlichsten reagierte die FAZ: »Er sagte dort in Weimar, die Verteidigung der Wahrheit sei in der westlichen Welt mit großen Schwierigkeiten verbunden [...]. Über das [...] Verteidigen von Wahrheiten [...] ist [...] so viel bei uns gesagt worden, daß die Sätze [...] objektiv nichts enthalten, was Anlaß zu einer Replik gäbe. Aber [...] könnte Peter Weiss in dem Regime, auf dessen Boden er war, alle Wahrheiten, die er entdeckt, so verteidigen, wie es ihm sein Gewissen eingibt?« (g. r., »Wahrheit«, in: FAZ vom 21. 5. 1965, S. 32).
Aldridge ... hatte ... das KZ Maidanek gesehen – »[...] im Krieg sah ich Majdanek, zwei oder drei Tage nach der Befreiung durch die Rote Armee. [...]damals [...] dachte ich: wann werde ich jemals wieder sagen können, ich habe Deutsche gern. [...] was dieses Land, diese DDR und dieses Treffen für mich bedeuten und mir gegeben haben, ist die Wiederherstellung eines Volkes, einer Kultur und einer Zukunft, die für mich [...] bis jetzt noch nicht existiert hat.« (In: »Internationales Schriftstellertreffen Berlin und Weimar. 14.–22. Mai 1965. Protokoll«, Berlin und Weimar 1965, S. 130f.)
Zuerst sprach Anna Seghers – Ebd., S. 17–28.

141 *dann Fedin* – Ebd., S. 29–34.

141 *»Bevor die Nazis Menschen zu verbrennen begannen ...«* – Yuri
Suhl wird von B. R. nur sinngemäß zitiert. Er sagte: »Der Weg
von der Bücherverbrennung bis zur Verbrennung der Leichen
war angefüllt mit Millionen und Abermillionen Toten aus aller
Welt.« (Ebd., S. 39.) – B. R. assoziiert wahrscheinlich Heine:
»Das war ein Vorspiel nur, dort wo/Man Bücher/ Verbrennt,
verbrennt man auch am/ Ende Menschen« (Heinrich Heine,
»Almansor«, 1823).

endlich erscheint wieder ein Buch von ihm – 1965 erschien der
zweite Teil des Romans »Felelet« (1952), »Die Antwort der Jugend«, im Berliner Verlag Volk und Welt, 1966 »Herr G. A.
in X.« (1964).

die Aufgabe des Schriftstellers ... die Wahrheit zu sagen – Tibor
Déry betonte zunächst, daß er zwar nach seiner Entlassung aus
dem Gefängnis verschiedene Vorlesungen im Westen gehalten
habe, aber er wünsche nicht, »als politisches Subjekt oder Ob-
jekt betrachtet zu werden, sondern nur als Schriftsteller«. Er sei
Sozialist geblieben. »Aber lassen Sie mich auch hinzufügen, daß
ich mich nur mit einem Sozialismus begnügen kann, der auf
Gerechtigkeit fußt und in dem die Wahrheit gesprochen und
gesagt wird [...]. Als Abschied erlauben Sie mir, liebe Freunde,
daß ich Ihnen zu Ihrer weiteren Arbeit ein ruhiges Gewissen
und ein friedfertiges Herz wünsche.« (»Internationales Schriftstellertreffen«, a. a. O., S. 63f.)

142 *»Mißachtung des Kongresses«* – B. R. scheint den ernsten Unterton der Rede, die nicht kürzer war als die anderer, überhört zu
haben, weil Saroyan ironisch begann. »Vielleicht sind niemals
zuvor so viele gute Schriftsteller an einem Ort zusammenge-
kommen – ich meine natürlich Goethe und Schiller. [...] Für
mich selbst sprechend, fühle ich mich verpflichtet, hier das zu
wiederholen, was ich gefühlt und gesagt habe seit der Zeit von
Hiroshima und Nagasaki. Diese schrecklichen Erfindungen
[...] gaben den Schriftstellern der Welt sehr deutliche Lehren
über die neue und tiefere Verantwortung, die sie übernehmen
müssen. [...] trotz aller Anzeichen des Gegenteils, glaube ich,
daß mit der Hilfe von uns [...] die menschliche Familie sich
nicht selbst zerstören [...] wird und weiterhin [...] solche
guten Menschen wie Goethe und Schiller hervorbringen wird.«
(Ebd., S. 124f.)

Interviews mit S. – »Ich glaube an das Leben. ND-Exklusivinter-
view mit William Saroyan (USA)« (in: ND vom 19. 5. 1965, S. 4).

Derys Rede ... nur in Auszügen veröffentlicht – In: ND vom
21. 5. 1965, Beilage »Manifestation des Internationalen Schriftstellertreffens in Weimar am 19. 5. 65«. Es fehlt u. a. der von
B. R. zitierte Schluß der Rede.

142 *Heym ... hat Redeverbot* – Vgl. Stefan Heym, »Nachruf«, a. a. O., S. 682f.

Prozeß, den Havemann angestrengt hat – Robert Havemann hatte dem Forum eine Entgegnung auf den Artikel von Hermann Knappe in Nr. 2/1965 geschickt (siehe dritte Anm. zu S. 128). Da das Forum die Erklärung nicht veröffentlichte, stellte er Strafantrag gegen den Chefredakteur, und der Artikel »Ja, ich hatte unrecht« erschien in der Zeit (vgl. sechste Anm. zu S. 128).

Das Hochhaus ist dem Henselmannschen nachempfunden – Das Haus der Kultur und Bildung (15 Stockwerke, 1965 fertiggestellt, Architektin Iris Dullin) dem Haus des Lehrers und der Kongreßhalle in Berlin.

143 *Exquisit* – Läden für Waren des gehobenen Bedarfs zu höheren Preisen.

»*... reitet für Deutschland*« – Ufa-Film (1941, R.: Arthur Maria Rabenalt, Hauptrolle: Willy Birgel). – Obwohl er in den letzten Kriegstagen schwer verwundet wurde, gelingt es einem ehemaligen Turnierreiter, die Krankheit zu überwinden und als erster deutscher Reiter nach dem Krieg einen Sieg für Deutschland zu erringen. – Von antisemitischen Tendenzen »gereinigt«, wurde der Film nach dem Krieg von den Alliierten zur Aufführung freigegeben. – Die Handlung lehnt sich an das Schicksal des Freiherrn von Langen an.

144 *Arbeiterjugendkongreß* – 6.–8. 6. 1965 in Magdeburg. Hauptthema: Notstandsgesetze und Atomrüstung in der BRD.

145 *VEB* – Volkseigener Betrieb.

146 *DER* – Deutsches Reisebüro.

147 *Satchmos Gastspiel in Berlin* – Louis Armstrong hatte im Rahmen einer Europa-Tournee in der DDR gastiert (15.– 21. 3. 1965).

Musical-Schlager »Darling« – Louis Armstrong, »Hello, Dolly« (Song aus dem gleichnamigen Musical von Jerry Herman, 1964).

148 *Lange Straße* – 1953–1959 unter Verwendung norddeutscher Stilelemente errichteter repräsentativer Straßenzug (Klinkerfassaden, 5–10geschossige Bebauung, Entwürfe mehrerer Kollektive, u. a. dem von J. Nähter).

150 *Südstadt* – Neubaugebiet (1960–1968 errichtet).

Notstandsgesetze – In der Bundesrepublik wurde damals eine Notstandsgesetzgebung sehr kontrovers diskutiert, die DDR-Medien nutzten diese Auseinandersetzungen propagandistisch aus. – Lexikondefinition: »N. dient der Aufrechterhaltung volksfeindlicher [...] imperialistischer Regimes in Situationen zugespitzten Klassenkampfes [...]. N. beseitigt die bürgerl.-dem. Rechte u. Freiheiten der Bürger, schaltet das Parlament aus u. führt zur offenen Diktatur [...]. Zur N. des gegenwärtigen militaristischen-klerikalen Regimes in WD gehören die Regelung über den Ausnahmezustand, das Notdienstpflichtgesetz [...] usw.« (Meyers Taschenlexikon A-Z, Leipzig 1964, S. 712.)

151 *Aufsatz über Wehrmoral* – Dr. Peter-Bernd Schulz, »Was gehört zur Wehrmoral? Achten wir die Wehrmotive?« Der Autor stellt eine »Skala der Wehrmotive« auf: »Diese Skala beginnt bei einer gesunden jugendlichen Freude am Waffenhandwerk. Unter sozialistischen Bedingungen ist dieses Motiv befreit von der Tragik, die ihm durch die Ausbeuterordnung gewöhnlich auferlegt wird. Heftet dort der Freude am Waffenhandwerk das Odium des Mörderischen oder Selbstmörderischen an, so kann sich im Sozialismus das soziale Wesen dieser Freude verwirklichen, das auf den Schutz des gesellschaftlichen Lebens gerichtet ist.« (In: ND vom 4. 6. 1965, S. 3.)

im »Völkischen« – »Völkischer Beobachter«, nationalsozialistische Tageszeitung.

Bergmannstag – 2. Juli, »Tag des Bergmannes und des Energiearbeiters«.

Pumpe rüstet sich zum 10. Jahrestag – Am 31. 8. 1955 war mit dem Aufbau des Kombinats Schwarze Pumpe begonnen worden.

152 *Cremer wieder in hoher Gunst* – Fritz Cremer hatte im Mai den Vaterländischen Verdienstorden erhalten.

153 *Fernsehfassung vom »Geständnis«* – »Das Geständnis« (Erzählung, 1960). Der Fernsehfilm wurde nicht realisiert.

»Boccaccio 70« – »Boccaccio 70« (Episodenfilm, Italien/Frankreich 1961, R.: Mario Monicelli (1), Federico Fellini (2), Ruchinino Visconti (3), Vittorio de Sica (4)).

Blechen-Preis – Carl-Blechen-Preis, gestiftet vom Rat des Bezirkes Cottbus.

154 *die »Pinscher« beschimpften ... Schriftsteller* – Ludwig Erhard hatte auf dem Wirtschaftstag der CDU (9. 6. 1965) eine Rede gehalten, die er fast im gleichen Wortlaut auf der Bundestagung der CDU-Sozialausschüsse wiederholte (11. 6. 1965). Es hieß darin: »Heute ist das Mode, daß die Dichter unter den Sozialpolitikern sind. Wenn sie das tun, [...] dann müssen sie sich aber auch gefallen lassen, so angesprochen zu werden, wie sie es verdienen, nämlich als Banausen und Nichtskönner, die über Dinge urteilen, von denen sie einfach nichts verstehen ... Ich habe keine Lust, mich mit Herrn Hochhuth zu unterhalten über Wirtschafts- und Sozialpolitik [...]. Die begeben sich auf die Ebene eines kleinen Parteipolitikers und wollen mit dem hohen Grad eines Dichters ernstgenommen werden. [...] Da hört der Dichter auf, da fängt der ganz kleine Pinscher an, der in dümmster Weise kläfft.« (Aus: Viktor Hentschel, »Ludwig

Erhard. Ein Politikerleben«, München und Landsberg am Lech
1996, S. 572f.)

154 *jene Dezember-»Beratung«* – Vgl. Eintragung vom 2. 12. 1962
(in: B. R.,»Ich bedaure nichts«, a. a. O., S. 266–269).
Zitate, die mir das ND hinschmiß –»Erhard bezeichnet Hochhuth als ›kleinen Pinscher‹ «:»Der Bonner Kanzler Erhard hat
auf der Bundestagung der CDU-Sozialausschüsse erklärt, daß
die Sozialleistungen abgebaut werden und die Arbeiter sparsa-
mer leben müßten. Gleichzeitig diffamierte er erneut Schriftsteller und Wissenschaftler, die die Notstandspolitik ablehnen.
Maßlos pöbelte er gegen den Autor Rolf Hochhuth: ›Da hört
der Dichter auf, da fängt der ganz kleine Pinscher an.‹ Erst
kürzlich hatte er die Schriftsteller als Banausen bezeichnet.«
(In: ND vom 13. 7. 1965, S. 1.)

155 *»Im Alter der Unschuld«* –»Das Alter der Unschuld«, Roman
von Lajos Mesterházy (1963, dt. 1965) über moralische Probleme in der sozialistischen Gesellschaft.
Moritzburg – Jagdschloß inmitten eines künstlichen Sees, erster
Bau von 1542–1546 durch M. D. Pöppelmann 1723–1726 umgebaut, seit 1947 Barockmuseum.

156 *Im Grünen Gewölbe* – Bezeichnung für die Bestände der ehemals kurfürstlich-sächsischen Schatzkammer (vorwiegend von
der Mitte des 16. bis Mitte des 18. Jahrhunderts), die seit 1721
im Grünen Gewölbe des Residenzschlosses untergebracht waren, nach Auslagerung im zweiten Weltkrieg und Rückgabe
durch die Sowjetunion 1958 im Albertinum.
Onkel Robert – Robert Niemann.
Ursel und Tante T. – Ursel und Trude Niemann.

157 *Zeitungen … haben sich beim ZK … beschwert* – Ein Journalist
der Lausitzer Rundschau hatte sich in einem Brief beim ZK beschwert, daß B. R. die Stellungnahme ablehnte.
Wahlvorbereitung – Am 10. Oktober 1965 sollten Kommunal-
wahlen stattfinden.

158 *Autoren-Almanach* –»56 Autoren. Photos. Karikaturen. Faksimiles. Biographie. Bibliographie« (Berlin und Weimar 1965).
Porträt von Wagner – Nicht auffindbar.
Verbandstagung geleitet – B. R. vertrat seit dem 13. 8. 65 Hans
Schneider, der im Urlaub war, als Vorsitzende des Bezirksverbandes Cottbus des DSV.
Georgi Kawdaradse – Vgl. Eintragungen vom 13.–17. 10. 1963
(in: B. R.,»Ich bedaure nichts«, a. a. O., S. 349–353, dort Georgi
als Giorgi).

159 *die Benjamin, und die Volksbildung* – Da die Heldin des Films
»Das Kaninchen bin ich« einen Bruder hat, der im Zuchthaus
sitzt, und sie mit dem Richter ein Verhältnis hat, mußte zum

einen das Justizministerium, zum anderen da sie Abiturientin ist, die keine Studienzulassung erhält – es also um Bildungspolitik ging –, das Volksbildungsministerium der Darstellung zustimmen.

159 *»Ehe im Schatten«* – DEFA-Spielfilm (1947, R.: Kurt Maetzig) nach der Novelle »Es wird schon nicht so schlimm« von Hans Schweikart.
Johannes Bobrowski ist gestorben – Johannes Bobrowski starb am 2. 9. 1965.
seit ich B. das erstemal sah – Johannes Bobrowski hatte mit B. R. zusammen am 28. 3. 1965 den Heinrich-Mann-Preis der DAK erhalten.
»Lewins Mühle« – Johannes Bobrowski, »Levins Mühle. 34 Sätze über meinen Großvater« (Roman, 1964).

160 *Empfang zum 20. Jahrestag des Aufbau-Verlages* – Am 1. 9. 1965 im Berliner Klub der Kulturschaffenden »Johannes R. Becher«.
G[ünter] – Günter D[...].

161 *Thomas Manns Gesammelte Werke* – Thomas Mann, »Gesammelte Werke in zwölf Bänden« (Berlin und Weimar 1965). (BRS, Bibliothek.)
meinen Hamann – Guter und strenger Meister in der Erzählung »Ankunft im Alltag« von B. R.
Verbandssitzung – Vorstandssitzung des DSV am 13. und 14. 10. 1965 in Berlin. Tagesordnung: 13. 10.: Bericht und Diskussion zur Arbeit nach Westdeutschland; Vorführung und Diskussion des Films »Die besten Jahre« von Günther Rücker. 14. 10.: Auswertung des Internationalen Schriftstellertreffens; Förderung literarischer Diskussionen im Verband. (SVA, Mappe 1310, Vorstandssitzung 13. u. 14. 10. 1965.) – Kein Protokoll der Sitzung vorhanden.

162 *Frankenberg ist abgelöst worden* – Es gab weitere Gründe für die Ablösung: Willy Frankenberg hatte wenig Erfahrung mit Verlagsarbeit, und man warf ihm Führungsschwächen vor. Hinzu kamen Auseinandersetzungen um das Manuskript einer sowjetischen Autorin, das nicht erscheinen durfte, weil sie ähnlich wie Solschenizyn über stalinistische Lager in der Sowjetunion geschrieben hatte.
Z[entral] R[at] – Zentralrat der FDJ. Der Verlag Neues Leben unterstand der FDJ.

163 *Einladung zur Aussprache* – Der Sekretär des Zentralrats der FDJ, Helmut Müller, lud zur Aussprache über Probleme der zukünftigen Tätigkeit des Verlages Neues Leben für den 12. 11. 1965 in den Zentralrat der FDJ.
Manöver »Oktobersturm« – Großes Manöver der Armeen von DDR, UdSSR, ČSSR, VR Polen (19.–24. 10. 1965).

163 *zwei Sendungen über die Gammler* – Thomas Billhardt hatte die
Standbilder für Fernsehreportagen über die »Gammler« vom
Berliner Bahnhof Lichtenberg gemacht (R.: Günter Lippmann).
Die Filme liefen später in einer Bearbeitung von Peter Voigt im
Deutschen Fernsehfunk.

166 *»persönliche Aussprache« zwischen W[alter] U[lbricht] und
Schriftstellern* – An dem Gespräch nahmen u. a. Anna Seghers,
Christa Wolf, Kuba, Hermann Kant, Dieter Noll, Wolfgang
Joho, Wolfgang Kohlhaase, Erik Neutsch, Herbert Nachbar,
Stephan Hermlin, Franz Fühmann teil. Es war als Vorbereitung
auf die Auseinandersetzung mit Künstlern auf dem 11. Plenum
des ZK der SED gedacht. (Vgl. Günter Agde, »Zur Anatomie
eines Tests«, in: »Kahlschlag«, a. a. O., S. 128–147.)

167 *Bei dem WU-Gespräch* – Einen Bericht von diesem Treffen und
dem folgenden 11. Plenum gibt Christa Wolf (»Erinnerungsbericht«, in: ebd., S. 263–272).

»Keine Toleranz in Fragen der ideologischen Koexistenz« – Heinz
Fellenberg, »Keine Toleranz gegenüber ideologischer Koexistenz. Bezirksleitung Leipzig beriet über höhere Qualität der
politisch-ideologischen Arbeit der Parteiorganisationen« (in:
ND vom 1. 12. 1965, S. 3).

Hieb gegen skeptische Studenten – Angegriffen wurden die Stu-
denten der Theaterhochschule Leipzig. »Dort hatte ein Teil der
Studenten unter dem Einfluß idealistischer Auffassungen, be-
sonders des Skeptizismus, [...] Anarchie als Freiheit aufgefaßt.
[...]Sie bezeichneten ihre negative Haltung als lebensbeja-
hende, fördernde, kritische Methode auch im Theaterschaffen.
Das Kuriose ist, daß sie sich auf Marx und Brecht berufen.[...]
Wen wundert es, daß [...] einige Studenten durch ihre negative
Einstellung zu den Beschlüssen der Partei und den Gesetzen
des Staates auffielen.« (Ebd.)

»niedriges geistiges ... Niveau« – »Das Plenum kritisierte einige
Fernsehspiele und Veröffentlichungen, die auch vom Standpunkt unserer Moralauffassung nicht unwidersprochen bleiben
können. (So das Fernsehspiel von Walser ›Eiche und Angora‹,
Gedichte von Biermann, die bezeichnenderweise im westdeutschen ›Spiegel‹ veröffentlicht wurden.) Sie sind ein Ausdruck
für ein niedriges geistiges und ideologisches Niveau [...]. Das
Plenum wies mit Nachdruck darauf hin, daß Tendenzen der
ideologischen Koexistenz und die Kolportage dekadenter Le-
bensformen sich objektiv gegen die nationalen Interessen des
Volkes richten.« (Ebd.)

Brief von Wismut-Kumpeln – »Das Erz des Lebens und der Literatur. Wismut-Kollegen schreiben an Bräunig zum ›Rummelplatz‹« (in: ND vom 7. 12. 1965, S. 4). – Der Brief bezieht sich

auf den Vorabdruck aus dem Roman »Rummelplatz« von Werner Bräunig (in: NDL Heft 10/1965) über die Anfangsjahre der Wismut. Es heißt u. a.: »willst Du weiterhin im Schmutz über unsere Bergarbeiter und deren Frauen schreiben [...]? [...] besonders empört sind wir darüber, wie [...] die Rolle und Bedeutung unserer sowjetischen Freunde und Genossen dargestellt wird.«

167 *Szenen (wie die, die ich ... bei der Wismut ... erlebt habe)* – B. R.s späterer Ehemann Günter D[...] war 1952 zum Erzbergbau nach Johanngeorgenstadt versetzt worden. Um in seiner Nähe sein zu können, bewarb sich B. R. bei der Wismut A.G. als Kulturinstrukteurin. Nach einer Probewoche verließ sie Johanngeorgenstadt jedoch wieder, weil ihr nicht nur das Klima, sondern vor allem die Sitten zu rauh waren. »Ein älterer Kumpel erklärte mir [...] ganz ruhig und ernsthaft, daß ich mit meinen ›schönen Koreaaugen‹ zwar bald Texaskönigin sein werde, daß man mich dann aber auch schnell zur Mutter machen würde. [...] So gab ich denn auf Günters dringende Vorstellungen meinen Plan auf.« (B. R., »Aber wir schaffen es, verlaß dich drauf! Briefe an eine Freundin im Westen«. Hrsg. Ingrid Krüger, Berlin 1995, S. 149.)

mit Vorwürfen gegen den Schriftsteller-Verband, ... gegen die NDL – »Bei uns wird immer mehr zur Regel, daß Kollegen sich gegenseitig beraten. [...] Hattest Du über Deine Arbeit [...] prinzipielle Debatten mit Deinen Berufsgenossen? (Dazu würde uns auch die Antwort des Vorstandes des Schriftstellerverbandes interessieren, denn diese Frage berührt ja seine Leitungstätigkeit.) [...] Ganz unerklärlich ist uns, daß die Redaktion [...] gerade diesen Abschnitt abdruckte – noch dazu in einer Ausgabe zum Geburtstag unserer Republik [...].« (»Das Erz des Lebens ...«, a. a. O.)

168 *Dr. Apel ... hat sich das Leben genommen* – Nach Auseinandersetzungen mit Walter Ulbricht und Günter Mittag über die Fortführung des Neuen ökonomischen Systems der Planung und Leitung, das er durch die Unterzeichnung des Handelsabkommens zwischen der DDR und der Sowjetunion für 1966–1970 gefährdet sah, da es die DDR-Wirtschaft zu stark an sowjetische Strukturen band, beging Erich Apel am 3. 12. 1965 Selbstmord durch Erschießen.

»Braucht unsere Zeit Propheten« – Hermann Axen, »Braucht unsere Zeit Propheten? Wer spricht das wahre Wort?« (in: ND vom 28. 11. 1965, S. 3).

Artikel ... von Höpcke – Klaus Höpcke, »... der nichts so fürchtet wie Verantwortung. Über ›Antrittsrede‹ und ›Selbstporträt‹ eines Sängers« (in: ND vom 5. 12. 1965, S. 6). Anlaß dieses Artikels war das Erscheinen des Lyrikbandes »Die Drahtharfe«

(West-Berlin 1965) von Wolf Biermann. »In dieser Zeit gibt es […]nicht wenige, die zwischen den Fronten stehenbleiben […] möchten. […] Wir meinen, daß es zur Pflicht der sozialistischen Gesellschaft gehört, möglichst viele vor der abschüssigen Bahn, auf die das führt, zu bewahren. Dazu gehört nicht nur Geduld, die staatliche Organe wie das Kulturministerium und gesellschaftliche Organisationen wie der Schriftstellerverband lange Zeit bewahrt haben. […] Wenn die Geduld in Duldsamkeit und Versöhnlertum umschlägt […], wird sie schädlich. Mehr Angriffsgeist gegen Positionen ideologischer Koexistenz ist erforderlich.«

168 *Prozeß gegen die »Freundschaftskanne«* – Eine Gruppierung von etwa 25 Jugendlichen, die ihren Namen nach dem Treffpunkt am Kino »Theater der Freundschaft« in Halle trug. Man warf ihnen vor allem Notzuchtverbrechen an 14- bis 17jährigen Mädchen vor.

daß »die Jugendkriminalität zurückgegangen ist …« – Es gab zumindest eine Stagnation der Jugendkriminalität, außerdem machten sich Tendenzen breit, strafrechtlich gegen Jugendliche vorzugehen, die sich gegen die sozialistischen Verhaltensnormen stellten. (Vgl. Dieter Plath, »Über Kriminalität und innere Sicherheit«, in: »Kahlschlag«, a. a. O., S. 32–38.)

Antwortbrief… auf den Brief der Wismut»kumpel« – Manuskript nicht auffindbar.

»Sonntag« – »Sonntag. Wochenzeitung für Kulturpolitik, Kunst und Wissenschaft«.

169 *Offene Briefe an Biermann …* – »Wir dulden keinen Schmutz, auch nicht Schmutz in Versen – Zu diesem Wolf Biermann und seinen Haßgesängen gegen die DDR und die Partei der Arbeiterklasse« (in: Junge Welt, Berlin, vom 11./12. 12. 1965, du und deine zeit 49, S. 7): »Der Wolf Biermann hat schmutzige Lieder geschrieben, ein Teil davon ist so schmutzig, daß uns schon der sittliche Anstand verbietet, uns bei ihnen überhaupt aufzuhalten. Dieser Schmutz ist sowohl unanständiger politischer als auch pornographischer Herkunft […].« – »Einige Fragen an Manfred Krug. Von Rolf Beetz, Schlosser, Mitglied der Leitung der FDJ-Grundorganisation des Kabelwerks Oberspree, Berlin« (ebd., S. 11). Manfred Krug hatte in einer Sendung des Berliner Rundfunks gesagt, daß er sehr viel von Biermanns Lyrik halte. »Ich denke, daß man nicht tatenlos zusehen kann, wenn Biermann all das beschmutzt, was unserem Leben Sinn und Inhalt gibt. Und wenn Manfred Krug glaubt, sich an Biermanns Seite stellen zu müssen, so muß er wissen, daß damit eine Entscheidung fällig ist. Biermann oder wir.« – Weitere Stellungnahmen gegen Biermann im ND vom 9. 12. und 12. 12. 1965.

169 *Brand* – Willi Brandt.

ND dementiert – K. K., »Erbärmliche Ablenkungsmanöver«: »Die Tatsache, daß die amerikanische Nachrichtenagentur AP [...] die Hetzmeldung verbreitete und mitteilte, daß innerhalb von drei Tagen ein ›Memorandum Erich Apels‹ publiziert würde, verrät die trübe Quelle der Fälschungen. Offensichtlich brauchen die Schmutzfinken diese drei Tage, um ein ›Dokument‹ zu fabrizieren.« (In: ND vom 9. 12. 1965, S. 2.) – Dr. K., »Terminverzug in der Lügenfabrik« (ND vom 10. 12. 1965, S. 2).

Knietsch – Horst Knietzsch.

Noll ... spricht ... von destruktiven Kunstwerken – »Wofür wir sind. Interview mit Dieter Noll zu der Fernsehfilmfolge ›Dr. Schlüter‹« (in: ND vom 9. 12. 1965, S. 4).

»Dr. Schlüter« – Fünfteiliger Fernsehfilm (1965, R.: Achim Hübner, B.: Karl Georg Egel). – Eine Variante des Faust-Motivs: es geht um »Suchen und Erkennen eines Wissenschaftlers in Kapitalismus und Sozialismus«.

Empfang im Staatsrat – Das Gespräch Walter Ulbrichts mit Schriftstellern und Künstlern am 25. 11. 1965 im Staatsrat. Rechts neben Ulbricht saß Anna Seghers, es folgte Erich Honecker, dann Dieter Noll. (Siehe »Kahlschlag«, a. a. O., Foto S. 135.)

170 *grundsätzlicher Artikel von Abusch* – Alexander Abusch, »Grundprobleme unserer sozialistischen Literatur und Filmkunst« (in: ND vom 14. 12. 1965, S. 4).

B. hat eine Antwort ... im ND veröffentlicht – Werner Bräunig, »Nicht die Schwierigkeiten – ihre Überwindung! Antwort auf einen offenen Leserbrief« (in: ND vom 15. 12. 1965, S. 4). Bräunig erklärte die Gesamtkonzeption des Romans und bestand darauf, daß man die Schwierigkeiten darstellen müsse, ehe man ihre Überwindung schildern könne. Er verwies auf die Vielzahl von Zeitzeugen, die er befragt, und das Material, das er studiert habe, um ein wahrheitsgetreues Bild geben zu können, und die Diskussionen, die er schon mit Lesern geführt hatte.

Anmerkung der Redaktion – Da die Antwort Werner Bräunigs der Redaktion »nicht in jeder Beziehung befriedigend klar« schien, rief sie zur Fortsetzung der Diskussion auf. (Ebd.)

ein Leserbrief – Dr. Alfred Kloss, »Früher prüde – jetzt rüde?« (Ebd.) – »Früher war unsere Dichtung oft zu prüde, jetzt ist sie oft zu rüde! Dieser ›trend‹ steht im Widerspruch zur großen Aufgabe unserer Dichtung [...] Dazu brauchen wir ›sozialistischen Realismus‹, aber keinen ›kapitalistischen Naturalismus‹!«

mein Brief im Sonntag – B. R. bekam ihren Brief zurück mit der Bemerkung, daß die Redaktion des ND ihre Kontroverse eingestellt habe und man keinen Grund sehe, sie im Sonntag fortzusetzen. (Irene Böhme – Redaktion – an B. R. vom 14. 1. 1966, in: BRS, Schriftverkehr von 1966–1971, Blatt 1.)

170 *Rede Honeckers auf dem ZK-Plenum* – Erich Honecker, »Aus dem Bericht des Politbüros an die 11. Tagung des ZK« (in: ND vom 16. 12. 1965, S. 3–7). Erich Honecker weitete die Kritik, die bis dahin an Bräunig, Biermann und Maetzig geübt worden war, auf Stefan Heym, »Der Tag X«, Heiner Müller, »Der Bau«, und Gerd Bieker, »Sternschnuppenwünsche«, aus. Er behauptete, daß die gehäuft auftretenden Fälle von Jugendkriminalität und Rowdytum nicht nur auf den negativen Einfluß der Westmedien zurückzuführen, sondern daß »die Ursachen für diese Erscheinungen der Unmoral auch in einigen Filmen, Fernsehsendungen, Theaterstücken, literarischen Arbeiten und in Zeitschriften bei uns« zu suchen seien. (Ebd., S. 6.)

171 *Diskussionsreden vom 11. Plenum* – In: ND vom 19. 12. 1965, S. 7–12.

wie 56 – Wahrscheinlich meint B. R. die Verhaftung von Wolfgang Harich und Walter Janka. Vgl. Eintragung vom 10. 12 1956, in: B. R., »Ich bedaure nichts«, a. a. O., S. 69.

Kurella ist wieder groß da – Alfred Kurella, »Kultur ist keine Sache von Spezialisten« (in: ND vom 19. 12. 1965, S. 9).

Fröhlich beschimpft uns – Paul Fröhlich, »Fester Standpunkt – gute Ergebnisse« (ebd., S. 7). Fröhlich hatte sogar behauptet, im Schriftstellerverband habe sich eine Art Petöfi-Club zusammengefunden, d. h. ein konterrevolutionäres Zentrum. Diese damals sehr schwerwiegende Anschuldigung fehlt jedoch im ND-Abdruck.

Christa Wolf wagte … Bräunig zu verteidigen – »Ich bin nicht einverstanden mit der kritischen Einschätzung des Auszugs aus dem Roman von Werner Bräunig [...], weil ich glaube und weiß, daß Werner Bräunig dieses Buch nicht geschrieben hat, weil er im Westen verkauft werden will – das halte ich für eine haltlose Verdächtigung [...] – und weil er kein Wismut-Roman ist [...]. Meiner Ansicht nach zeugen diese Auszüge in der ›NDL‹ nicht von antisozialistischer Haltung [...]. In diesem Punkt kann ich mich nicht einverstanden erklären. Das kann ich mit meinem Gewissen nicht vereinbaren.« (Christa Wolf, »Gute Bücher – und was weiter?«, in: ebd., S. 12.)

Sakowski fiel uns glatt in den Rücken – Helmut Sakowski, »Klare Konturen für die Kunst« (ebd., S. 9). Helmut Sakowski hatte versucht, Werner Bräunig zu verteidigen, indem er den Roman dem Stück »Moritz Tasso« von Peter Hacks gegenüberstellte, gegen dessen »rüpelhafte Obszönität, die in der ›Volksbühne‹ über die Rampe gelassen wird«, Bräunigs »Pornographie« harmlos sei.

171 *den ersten Bildschirm-Nackedei beschert* – Helmut Sakowski hatte das Buch für den Fernsehfilm »Tiefe Furchen« (1965, R.: Köhlert) nach dem gleichnamigen Roman von Otto Gotsche geschrieben. – Wegen des entblößten Busens der Hauptdarstellerin hieß es damals: »In ›Tiefe Furchen‹ kann man ›freie Spitzen‹ sehen.« (»Freie Spitzen«: Erträge, die die Bauern über das Plansoll produzierten und die sie verkaufen durften.)

Witt übte Selbstkritik – »Den Kern der Kritik sehe ich darin, daß in der DEFA-Spielfilmproduktion eine Tendenz entstand, die geeignet ist, schädliche ideologische Erscheinungen des Skeptizismus und der Entfremdung […] zu fördern. […] Da diese Tendenzen nicht rechtzeitig genug erkannt wurden und kein konsequenter ideologischer Kampf dagegen aufgenommen wurde, […] habe ich meine Verantwortung […] nicht wahrgenommen […]. Wir sind dabei, […] die Parteilinie wiederherzustellen.« (Günter Witt, »Parteilichkeit in der Filmkunst«, in: ebd., S. 11.)

Zwischenrufe – Fast gleichlautende, gleichzeitige Zwischenrufe von Kurt Hager, Walter Ulbricht und Alexander Abusch. (Ebd.)

Tätigkeit des Mifkult – Es wurde offiziell bestritten, daß die notwendige Erteilung der Druckgenehmigung durch die Hauptverwaltung Verlage beim Ministerium für Kultur eine Zensurmaßnahme war.

Hager-Rede – Kurt Hager, »Die Kunst ist immer Waffe im Klassenkampf« (in: ND vom 22. 12. 1965, S. 4). »Nun haben Heinrich Böll und Peter Weiss zu dem Artikel des ›ND‹ über Biermann Stellung genommen. Böll behauptet, mit diesem Artikel werde eine Kampagne eingeleitet, ›die alle Schriftsteller und Künstler in der DDR bedroht‹. Im Gegensatz zur CDU/CSU in Westdeutschland, die tatsächlich die Schriftsteller und Künstler bedroht, und zwar mit Atomkrieg und Notstandsdiktatur, ist die Stellung unserer Partei klar. Wir arbeiten mit allen zusammen, die sich ehrlich für die Stärkung der DDR […] einsetzen. […] Peter Weiss erklärt, wenn er für den Sozialismus einträte, dann […] weil zu seinen Vorstellungen des Sozialismus die freie Meinungsäußerung gehöre. […] Wir kritisieren Biermann, weil er den Sozialismus mit dem Anarchismus verwechselt, weil er […] unseren Staat und unsere Partei mit Schmutz bewirft.«

Joho ist von seinem Posten … abgesetzt – Die Redaktion der NDL war mehrfach kritisiert worden; es ging vor allem um die »tendenziöse Auswahl« von Beiträgen eines internationalen Kolloquiums im Dezember 1964, um das Septemberheft 1965 zur Satire und um den Vorabdruck aus dem Roman »Rummelplatz« von Werner Bräunig im Oktoberheft 1965. Die Forderung, die NDL umzugestalten und die Redaktion zu verändern, wurde vom Verbandsvorstand unterstützt. (Vgl. Wolfgang Joho, »Abberufung. Beginn eines Tagebuchs«, in: ndl Heft 1/1991, S. 128–146.)

171 *Redakteure haben ... ihre Ämter niedergelegt* – Die Redakteure waren nicht einverstanden mit der Ablösung Johos. Helmut Hauptmann hatte den Vorabdruck aus Werner Bräunigs Roman »Rummelplatz« verantwortet, er war gegen eine Distanzierung von dem Text durch die Redaktion.

172 *Reverand-Kelsey-Platte* – »The Reverend Kelsey with the Congregation of the Temple Brunswich«.

174 *ein Distanzierer* – Hasso Mager, »Es geht uns alle an. Gedanken zum 11. Plenum« (in: ND vom 29. 12. 1965, S. 4).

175 *»Krieg und Frieden«* – Romanepos (1863–1869) von Leo Tolstoi.
Havemann-Aufsatz zur KPD-Neubildung – Robert Havemann, »Die Partei ist kein Gespenst. Plädoyer für eine neue KPD« (in: Der Spiegel, Hamburg, Nr. 52/1965, S. 30ff.).
»Die Langeweile von Minsk« – Aufsatz von Stefan Heym (in: Die Zeit, Hamburg, vom 29. 10. 1965). – Heym nimmt Bezug auf den Satz von Bertolt Brecht, Minsk sei eine der langweiligsten Städte der Welt. Brecht fordere Realismus; das bedeute, daß der Autor die Pflicht habe, die Wahrheit auszusprechen, wenn z. B. eine Stadt langweilig sei, und keine Rücksicht auf Tabus nehmen dürfe.
Kriegsverlierer v. Kügelgen – Bernt von Kügelgen war als Offizier im zweiten Weltkrieg in sowjetische Gefangenschaft geraten und dort Mitinitiator des Nationalkomitees Freies Deutschland. – Er polemisierte gegen den Artikel von Stefan Heym, den die Redaktion des Sonntag abgelehnt hatte, »weil diese [...] Arbeit in einem tiefen Widerspruch zu politischen und kulturpolitischen Grundsätzen unserer Republik steht«. (Bernt von Kügelgen, »Stefan Heym und Thomas Benda. Verliert der Autor der ›Kreuzfahrer von heute‹ sein Gesicht?«, in: Sonntag, Berlin, vom 19. 12. 1965, S. 8.)

176 *»für dich«* – Frauenzeitschrift.
Joachim Knappe ins Gebet genommen – »Aus jedem Leserbrief etwas lernen. Gespräch mit Joachim Knappe über seinen Roman ›Mein namenloses Land‹« (in: Für Dich, Berlin, 1. Januarheft 1966, S. 23). – Der Fortsetzungsabdruck seines Romans lief seit 20 Folgen. Das Interview zitiert Leser, die sich über »grobe Ausdrücke« im Roman beschwert hatten. Knappe verteidigt sich, daß er die Verhältnisse auf der Baustelle um 1950 realistisch darstellen müsse.
Wischnewski und Maetzig haben Selbstkritik geübt – Kurt Maetzig, »Der Künstler steht nicht außerhalb des Kampfes. Stellung-

nahme zum 11. Plenum des ZK« (in: ND vom 5. 1. 1966,
S. 4). – »Filmkunst ist ideologische Waffe. Aus der Diskussi-
onsrede des Genossen Klaus Wischnewski von der Abteilungs-
parteiorganisation 1 des DEFA-Studios für Spielfilme« (ebd.).

176 *daß es bei uns [keine] Rechtsverletzungen gegeben hat* – Einer der
Hauptkritikpunkte war die Darstellung der Justiz in der DDR.
»Kurt Hager führte mit mir ein vierstündiges Gespräch, in dem
er mir klarmachte, daß ich von einer falschen Periodisierung der
Geschichte ausgegangen wäre. Nicht um ›vor Stalins Tod‹ und
›nach Stalins Tod‹ ginge es in der Justiz, sondern um ›vor 1945‹
und ›nach 1945‹. [...] Mir wurde nahegelegt, Selbstkritik zu
üben. In der falschen Hoffnung, damit die einsetzende Hexen-
jagd beenden zu helfen, erklärte ich, daß ich bedauerte, einen
Film gemacht zu haben, der als schädlich anzusehen sei.« (Gespräch zwischen Christiane Mückenberger und Kurt Maetzig
zu »Das Kaninchen bin ich«, in: »Prädikat: Besonders schädlich«. Hrsg. Christiane Mückenberger, Berlin 1990, S. 322.)
Vorstandssitzung – Sitzung des Vorstandes des DSV in Dresden
(12./13. 1. 1966). Tagesordnung: 1. Ideologische Probleme in
Auswertung der 11. Tagung des ZK der SED; 2. Aus der Arbeit
des Bezirksverbandes Dresden.
Frau Luna – Operette von Paul Lincke (1899).

177 *»Liebe einer Blondine«* – »Die Liebe einer Blondine« (Spielfilm,
ČSSR 1965, R.: Milos Forman). – Film über die Liebe einer jungen Arbeiterin in einer Textilfabrik zu einem Pianisten aus
Prag.
LR – Lausitzer Rundschau.
Bentzien abgesetzt – »Minister für Kultur abberufen« (in: ND
vom 13. 1. 1966, S. 1). »Da die Leitung des Ministeriums für
Kultur in letzter Zeit ihren Aufgaben nicht gewachsen war und
ernste Fehler zugelassen hat, beschloß der Ministerrat, den Minister für Kultur, Hans Bentzien, von seiner Funktion zu ent-
binden.«

178 *Bei der ersten Parteiversammlung* – Parteigruppensitzung des
Vorstandes des DSV am 22. 12. 1965 zu den auf dem 11. Plenum des ZK der SED behandelten Problemen. – Es gibt nur ein
kurzes Protokoll über die Diskussion. Man entschied, daß
Gruppen zur Untersuchung der Leitungstätigkeit des Verbandes und zur Festlegung der weiteren Arbeit der Partei gebildet
werden sollen. Offenbar wurde Hans Koch vorgeworfen, den
Verband falsch geführt und versagt zu haben. (SVA, Mappe
268, Planung der ideologisch-politischen Arbeit der Parteiorganisation im DSV, Bl. 15f.)
am Weißen Hirsch – Villenvorort von Dresden mit bekannter
Gaststätte.

178 *eine Erklärung* – »Erklärung des Vorstandes des Deutschen Schriftstellerverbandes« (in: SVA, Mappe 150, Protokoll der Vorstandssitzung 11./12. 1. 1966). – Das Protokoll ist fragmentarisch und gibt über den Verlauf der Diskussion keine Auskunft.

179 *Das Referat hielt Z.* – Max Zimmering, »Zu einigen ideologischen Problemen«. Die Schriftsteller hätten diesmal keinen Grund, sich von der Partei übergangen zu fühlen. »Die starke Beachtung, die den kulturellen Fragen gewidmet wurde, war nur ein Ausdruck für die außerordentliche Bedeutung, die in unserer Gesellschaft der Entwicklung des kulturell-geistigen Lebens [...] beigemessen wird.« (Ebd., Bl. 37.)

»Terra incognita« – Das dramatische Poem über die Suche nach Erdöl in Mecklenburg hatte im Januar 1965 am Deutschen Theater in Berlin Premiere (R.: Hans-Dieter Meves), nachdem es in Rostock uraufgeführt worden war.

»am deutschen Wesen soll die Welt genesen« – Ungenau zitiert nach Emanuel Geibels Gedicht »Deutschlands Beruf« (1861): »Und es mag am deutschen Wesen/Einmal noch die Welt genesen«.

180 *soz. Arbeitsgemeinschaft* – Am 3. 12. 1965 war eine soziologische Arbeitsgemeinschaft beim Rat der Stadt Hoyerswerda gegründet worden, die sich mit einer Erhebung zu den »echten Bedürfnissen der Menschen in der Stadt« (u. a. Erwachsenenqualifizierung, Freizeitgestaltung, gesellschaftspolitisches Leben) unter Anleitung der Philosophischen Fakultät der TU Dresden beschäftigen sollte. (Siegfried Wagner – Stadtarchitekt – an B. R. vom 16. 11. 1965, in: BRS, Schriftverkehr von 1964–1965, Blatt 163.) – Die zweite Sitzung, auf der die Zielstellung der Erhebung und der Fragespiegel diskutiert wurden, fand am 7. 1. 1966 statt.

Schloß – Das Hoyerswerdaer Schloß von 1589 hatte August der Starke 1705 seiner ehemaligen Mätresse Katharina von Teschen geschenkt. Nachdem sie es 1737 verkauft hatte, verfiel es und wurde 1782 den kommunalen Behörden zur Nutzung übergeben. Der Speicher wurde Mitte des 19. Jahrhunderts zum Gefängnis umgebaut. Das Museum zog Ende der fünfziger Jahre ins Schloß.

182 *Hacksens »Moritz Tasso« ist abgesetzt* – Das Stück von Peter Hacks war ebenfalls auf dem 11. Plenum kritisiert worden. Siehe sechste Anm. zu S. 171.

W[alter] U[lbricht] hat an Maetzig einen Offenen Brief geschrieben – »Brief des Genossen Walter Ulbricht an Genossen Prof. Dr. Kurt Maetzig« (in: ND vom 23. 1. 1966, S. 3). Es heißt: »Die Schatten, die der Schriftsteller und Künstler sieht, wirft das Licht des umfassenden Aufbaus des Sozialismus.«

182 *5. Plenum 1951* – 5. Tagung des ZK der SED zu Fragen der
Kunst und Literatur (15.–17. 3. 1951).
Rede wider den »Lucullus« – Für eine Opernfassung (Musik:
Paul Dessau) hatte Bertolt Brecht sein Hörspiel »Das Verhör
des Lukullus« (1940) bearbeitet. Auf der 5. Tagung war vor
allem die Musik als formalistisch kritisiert worden; Brecht warf
man vor, daß der Text zu wenig zwischen Angriffs- und Verteidigungskrieg unterscheide. Brecht überzeugte dieser Einwand
– nicht zuletzt wegen des Korea-Krieges –, und er arbeitete das
Libretto um. (Vgl. »Das Verhör in der Oper. Die Debatte um
Brecht/Dessaus ›Lucullus‹ 1951«. Hrsg. Joachim Lucchesi,
Berlin 1993.)
dessen »Mutter« – Bertolt Brecht, »Die Mutter« (Stück nach
dem gleichnamigen Roman von Maxim Gorki, 1931). Die Premiere am Berliner Ensemble fand am 12. 1. 1951 statt. Brecht
hatte der Aufführung das Uraufführungsmodell von 1932 zugrunde gelegt, um unter den Bedingungen der Formalismus-
Diskussion an die linken Kunstexperimente der zwanziger
Jahre anknüpfen zu können. Auf der 5. Tagung war die Aufführung von Fred Oelßner kritisiert worden: »Nach meiner
Meinung ist das kein Theater: das ist irgendwie eine Kreuzung
oder Synthese von Meyerhold und Proletkult.« (In: »Der
Kampf gegen den Formalismus in Kunst und Literatur, für eine
fortschrittliche Kultur. Referat von Hans Lauter, Diskussion
und Entschließung von der 5. Tagung des Zentralkomitees der
Sozialistischen Einheitspartei Deutschlands vom 15.–17. März
1951«, Berlin 1951, S. 51.)
Reden von Shdanow – »Eröffnungsrede auf der Beratung von
Vertretern der sowjetischen Musik im ZK der KPdSU (B), Januar 1948« und »Fragen der sowjetischen Musikkultur. Diskussionsbeitrag« (in: »Shdanow. Über Kunst und Wissenschaft«, Berlin 1951.)
183 *Luna 9 ist auf dem Mond gelandet* – Die Mondsonde landete am
3. 2. 1966 als erster Raumflugkörper weich auf dem Mond.
Verlagskonferenz … – Agitationsstunde – Das Sekretariat des
Zentralrats der FDJ und der Verlag Neues Leben hatten zu einer Aussprache über die Verantwortung des Schriftstellers bei
der Erziehung der jungen sozialistischen Generation ins Haus
des Zentralrats in Berlin gebeten (3. 2. 1966).
das Bieker-Buch einstampfen lassen – Gerd Biekers Roman
»Sternschnuppenwünsche« war Ende 1965 als Fortsetzungsabdruck in der Tageszeitung »Junge Welt« erschienen. Er handelte
von den Bemühungen junger Leute, in einer Druckerei Neue-
rungen durchzusetzen. Man warf dem Autor vor, daß er einen
Generationsgegensatz konstruiere, und das war Anlaß, ihn auf

dem 11. Plenum anzugreifen. (Siehe sechste Anm. zu S. 170.) Das Buch war gedruckt, aber noch nicht ausgeliefert. Das Sekretariat des Zentralrats der FDJ entschied auf der Grundlage eines Gutachtens seiner Kulturabteilung, das Buch nicht erscheinen zu lassen, und der Ökonomische Leiter des Verlages Neues Leben – damals kommisarischer Verlagsleiter – gab die Weisung, die Auflage einstampfen zu lassen. Walter Lewerenz hatte als Cheflektor beim FDJ-Zentralrat dafür plädiert, das Buch erscheinen zu lassen, und war dabei von Hans Koch unterstützt worden. Der Roman erschien in einer überarbeiteten Fassung 1969.

185 *Viel Feind, viel Ehr«* – Nach: »Je mehr Feinde, desto mehr Ehre!« (Friedrich der Große 1756 an Schwerin) oder »Viele Feinde, viele Ehr, /das ist unsres Königs Lehr!« (zeitgenössisches preußisches Soldatenlied).

Stifters »Nachsommer« – Adalbert Stifter, »Der Nachsommer« (Roman, 3 Bd., 1857).

186 *»Faustus«* – Thomas Mann, »Doktor Faustus. Das Leben des deutschen Tonsetzers Adrian Leverkühn, erzählt von einem Freunde« (Roman, 1947).

zwei Bände mit Briefen – Thomas Mann, »Briefe 1889–1936« (2 Bände, Berlin und Weimar 1965).

Vorstandssitzung – Vorstandssitzung des DSV am 22./23. 3. 1966. Tagesordnung: 1. Vorschläge für Umbesetzungen im Sekretariat des DSV; 2. Vorbereitung der Jahreskonferenz des DSV und Aussprache über den Entwurf von Thesen, die zur öffentlichen Diskussion gestellt werden sollen (Diskussionsgrundlage: Hans Koch); 3. Bericht des Sekretariats über die Arbeit seit der letzten Vorstandssitzung.

Hotel »Berolina« – Interhotel »Berolina« (1961–1963), 13geschossiges Gebäude im Neubaugebiet der westlichen Karl-Marx-Allee. Damals neben dem Interhotel »Unter den Linden« das modernste Hotel Ostberlins.

Abnahme seines Wandbildes – Dieter Dreßler hatte im Auftrag der Stadt Cottbus ein Wandbild für die 16. Polytechnische Oberschule Cottbus gestaltet. Da er bereits 1964/1965 einen Prozeß gegen das Kombinat Schwarze Pumpe wegen eines Wandbildes, das man aus ideologischen Gründen nicht abgenommen hatte, angestrengt hatte, war die Abnahmekommission mit hohen Funktionären besetzt (u. a. Albert Stief, 1. Sekretär der Bezirksleitung der SED, und H. Schmidt, Vorsitzender des Rates des Bezirkes Cottbus).

187 *DFD* – Demokratischer Frauenbund Deutschlands.

Theater wegen der Wohnung – Bereits am 1. 10. 1965 hatte B. R. ein Schreiben des Kombinats Schwarze Pumpe bekommen, weil sich seit »einiger Zeit bei uns Anfragen und Eingaben der Bevölkerung aus Hoyerswerda [häufen], in denen gefordert wird, daß Ihr Ehemann [...] seine gegenwärtig von ihm genutzte 1-Zimmerwohnung aufgibt und zu Ihnen zieht.« Man bat um eine Aussprache. (In: BRS, Schriftverkehr von 1966 bis 1971, Bl. 150.)

188 *Debatte über den »Propheten«* – Gemeint ist Stefan Heym.
Auf dem 11. Plenum konnte er sich nicht mal verteidigen – Hans Bentzien war auf dem 11. Plenum nicht anwesend, weil er mit einer Blinddarmentzündung im Krankenhaus lag. (Vgl. Hans Bentzien, »Meine Sekretäre und ich«, Berlin 1995, S. 226–233.)
Aufenthalt in Wiepersdorf – Schloß Wiepersdorf gehörte zum Familienbesitz der Arnims. Das Schloß wurde seit 1958 als Erholungs- und Arbeitsstätte für Kunstschaffende genutzt.

190 *Institut für Gewi* – Institut für Gesellschaftswissenschaften beim ZK der SED. 1951 zur Ausbildung wissenschaftlich qualifizierter Parteifunktionäre gegründet.
7. Plenum – 7. Tagung des ZK der SED (2.–5. 12. 1964) zur politischen Arbeit 1964 und zu den wichtigsten Aufgaben 1965.
Soz. wird immer noch scheel angesehen – Die Soziologie war in der DDR zunächst als bürgerliche Wissenschaft abgelehnt worden.

191 *Einladung zur Schriftstellertagung* – Tagung des Bezirksverbandes Neubrandenburg mit einer Lesung von Helmut Sakowski. Man bot ihr an, ebenfalls zu lesen. (Elisabeth Elten an B. R. vom 16. 5. 1966, in: BRS, Schriftverkehr von 1966–1971, Bl. 14.)
Schreiben der Abt. Kultur – »Unlängst führte ich mit Joachim Wohlgemuth ein Gespräch, in dem er mich wissen ließ, daß Sie interessiert wären, Ihren Wohnsitz in unseren Bezirk zu verlegen. Ihre Absicht würde unseren Wünschen sehr entgegenkommen, nämlich profilierten Schriftstellern die Möglichkeit zu geben, sich hier anzusiedeln.« (H. Lubos an B. R. vom 12. 5. 1966, in: ebd., Bl. 15.)

193 *meine Gertrud* – Figur aus »Franziska Linkerhand«.
Abend in Weisdin – B. R. übernachtete im Gästehaus, um die Tagung des Bezirksverbandes Neubrandenburg besuchen zu können.

195 *»Die Spur der Steine«* – »Spur der Steine«, Spielfilm nach dem gleichnamigen Roman von Erik Neutsch (1966, R.: Frank Beyer, D.: Manfred Krug, Eberhard Esche). Drehbeginn April 1965, ein erster Rohschnitt war im Oktober 1965 fertig. Der Film mußte gekürzt werden, weil er angeblich zu lang war. Die ersten Diskussionen mit Kurt Hager, Alexander Abusch und Klaus Gysi gab es im März 1966, es sollte weiter am Film gearbeitet werden. Die Entscheidung über die Zulassung wurde an

den neuen Filmbeirat, die neue Studioleitung und die neue Hauptverwaltung Film beim Ministerium für Kultur delegiert. Der Filmbeirat begrüßte den Film und kündigte ihn in einer großen landesweiten Werbeaktion an. Er wurde zu den Arbeiterfestspielen in Potsdam aufgeführt (15. 6. 1966) und von der Kritik gelobt. Am 28. 6. tagte das Politbüro, Walter Ulbricht kritisierte den Film; am 29. 6. beriet das Sekretariat Maßnahmen zur kurzfristigen Beendigung des Einsatzes des Films und die Einstellung der Werbung. Bei den wenigen Vorführungen kam es zu gelenkten »Protesten von Zuschauern«, die aus Angehörigen der Kampfgruppen, von Parteischulen usw. bestanden, und der Film wurde abgesetzt. (Vgl. Klaus Wischnewski, »Die zornigen jungen Männer von Babelsberg«, in: »Kahlschlag«, a. a. O., S. 182f.)

195 *Balla-Krug* – Manfred Krug spielte den Balla.

Film von Christa Wolf ist auch gestorben – Der Film »Fräulein Schmetterling« (1966, R.: Kurt Barthel) durfte bis zum Rohschnitt fertiggestellt werden. Nach einer Vorführung im Filmbeirat der Hauptverwaltung Film beim Ministerium für Kultur im Frühsommer 1966 wurde die Weiterarbeit mit der Begründung gestoppt, er »gestalte nicht das sozialistische Menschenbild« und »sei eine grobe Verfälschung des Lebens in der DDR«. (Vgl. Christa Wolf, »Erinnerungsbericht«, in: »Kahlschlag«, a. a. O.)

»Sundevit« verstümmelt – »Die Reise nach Sundevit« (Kinderfilm nach dem gleichnamigen Buch von Benno Pludra, DDR 1965, R.: Heiner Carow).

Zu Filmfestivals – Das Sekretariat hatte z. B. verboten, »Spur der Steine« zum Filmfestival nach Karlovy Vary zu schicken, wie es der Filmbeirat vorgeschlagen hatte. (Klaus Wischnewski, »Die zornigen jungen Männer …«, a. a. O., S. 183.)

Defa – Von B. R. immer so geschrieben. – DEFA: Deutsche Film-AG, 1946 in der SBZ gegründete Filmgesellschaft, seit 1952 volkseigen.

»Reise ins Ehebett« – Musikfilm (DDR 1966, R.: Joachim Hauser).

»Mutter und das Schweigen« – »Die Mutter und das Schweigen« (Spielfilm, 1964, R.: Wolfgang Luderer, B.: Ursula und Michael Tschesno-Hell). – Die authentische Geschichte einer Kommunistin, die 1936 in die Tschechoslowakei flieht und illegale Arbeit als Kurier leistet.

»Messer im Wasser« – »Das Messer im Wasser« (Spielfilm, Polen 1961, R.: Roman Polanski).

Berlinale – Alljährlich in Westberlin stattfindende Filmfestspiele.

195 *Dialog SED-SPD* – Walter Ulbricht hatte in einem offenen Brief am 7. 2. 1966 der SPD die Schaffung eines Gremiums »für die offene Aussprache der Deutschen in Ost und West« vorgeschlagen. Am 16. 3. verabschiedete die SPD eine »Offene Antwort« an das ZK der SED: Wie solle offen diskutiert werden, wenn auf Flüchtlinge an der Mauer geschossen wird? Daraufhin regte die SED gemeinsame Veranstaltungen beider Parteien in Karl-Marx-Stadt und Essen an. Nachdem man sich auf den 14. Juli als Termin geeinigt und Brandt, Erler und Wehner von der SPD als Redner benannt hatte, nahm die SED das am 23. 6. vom Bundestag angenommene Gesetz über freies Geleit für SED-Funktionäre zum Anlaß, die Veranstaltungen abzusagen. Die UdSSR hatte die deutsch-deutschen Gespräche untersagt, und die SED fürchtete die Reaktion der Bevölkerung.

197 *Industriepreisreform* – Die Veränderung der Industriepreise zwischen 1964 und 1967, um die Preise den veränderten Produktionsbedingungen anzupassen und staatliche Stützungen für die Grundstoffindustrie abzubauen.
Jahreskonferenz – 1. Jahreskonferenz des DSV in der Berliner Kongreßhalle (2.–4. 11. 1966). Anna Seghers hielt das Hauptreferat: »Die Aufgaben des Schriftstellers heute. Offene Fragen«; Hans Koch sprach über »Probleme unserer sozialistischen Gegenwartsliteratur«.

199 *Pastellbild* – Porträt einer Dame im Profil. Unbekannter Meister (um 1800, Pastell). (BRS.)
Hälfte eines Monatsstipendiums – B. R. bekam damals 600,– Mark Stipendium.

200 *»Sojus 1«* – »Sojus 1« war ein neuer Raumfahrzeugtyp (Start 23. 4. 1967).
VII. Parteitag – VII. Parteitag der SED in Berlin (17.–22. 4. 1967).
»Mädchen auf dem Brett« – Spielfilm (DDR 1966/67, R.: Kurt Maetzig) über eine junge Kunstspringerin, die beim entscheidenden Sprung versagt und diesen Mißerfolg – auch mit Hilfe der Menschen ihrer Umgebung – verarbeiten muß.
Neutschs neues Buch – Erik Neutsch, »Auf der Suche nach Gatt«.
Seeger ... war ganz groß da – Bernhard Seeger, Diskussionsbeitrag, in: »Protokoll der Verhandlungen des VII. Parteitages der Sozialistischen Einheitspartei Deutschlands. 17. bis 22. April 1967 in der Werner-Seelenbinder-Halle zu Berlin. 1. bis 3. Beratungstag«, Berlin 1967, S. 317–320.

201 *sein letztes Stück* – »Hannes Trostberg« (Fernsehspiel, 1966) oder »Die Erben des Manifests« (mehrteiliges Fernsehspiel anläßlich des VII. Parteitags, 1967).

201 *Christa Wolf ist nicht im ZK* – Christa Wolf war auf dem VI. Parteitag der SED (15.–21. 2. 1963) als Kandidatin ins ZK der SED gewählt worden. (Siehe: Christa Wolf, »Der geteilte Himmel«, Leipzig 1996, Nachwort, S. 288ff.) Nach ihrem Diskussionsbeitrag auf dem 11. Plenum war es klar und ganz in ihrem Sinne, daß man sie nicht mehr nominierte.

Militärputsch in Griechenland – Um die für Mai 1967 geplanten Wahlen zu verhindern, errichtete eine konservative Gruppe von Offizieren unter Oberst Papadopulus ein diktatorisches Regierungssystem (Massendeportationen, Folterungen, Gleichschaltung der Presse, Konzentrationslager).

der Rat – Rat des Bezirkes Cottbus.

202 *Kriegsausbruch im Nahen Osten* – Der Sechstagekrieg zwischen Israel und seinen arabischen Nachbarstaaten, Ägypten, Jordanien, Syrien, war durch die Sperrung des Golfs von Akaba für israelische Schiffe durch Ägypten ausgelöst worden.

Anerkennung als souveräner Staat – Seit Mitte der fünfziger Jahre ging die DDR von der Existenz zweier deutscher Staaten aus, ihr Streben nach internationaler Anerkennung wurde jedoch durch die Hallstein-Doktrin der BRD verhindert. Daher forderte sie von der Bundesrepublik ihre Anerkennung als eigenständiger Staat.

203 *Uno* – UNO, von B. R. immer so geschrieben.

Schah-Besuch in Westberlin – Schah Rezah Pahlewi besuchte vom 27. 5.–4. 6. 1967 die Bundesrepublik, am 2. 6. Westberlin. Auch an anderen Orten hatte es Protestdemonstrationen gegen ihn gegeben, in Westberlin jedoch verprügelten zunächst eigens eingeflogene schahfreundliche Perser die Demonstranten, bis dann die Polizei in einem nichterklärten Notstand so eingesetzt wurde, als bekämpfe sie innere Unruhen. Der Student Benno Ohnesorg wurde am späten Abend von einem – später von der Anklage freigesprochenen – Polizeiobermeister in einem Garagenhof ohne ersichtlichen Grund erschossen. Es folgten ein generelles Demonstrationsverbot, Schnellgerichte und willkürliche Festnahmen. Diese Ereignisse trugen zur Eskalation der Konfrontationen zwischen Studentenbewegung und Staatsmacht bei.

Asta – AStA: der Allgemeine Studentenausschuß, gewählte Vertretung der Studentenschaft einer Hochschule.

204 *Stipendium vom Schriftstellerverband* – Der Kulturfonds bestätigte ein Stipendium von monatlich 600,– MDN für ein halbes Jahr, das vom DSV beantragt worden war.

205 *in Boxberg* – Dort wurde ein Kraftwerk gebaut, ursprünglich sollte auch ein Braunkohlenkombinat mit Brikettfabrik entstehen.

205 *Eröffnung der VI. Deutschen* – VI. Deutsche Kunstausstellung in Dresden (1. 10. 1967–4. 2. 68).

Sittes »Höllensturz in Vietnam« – Willi Sitte, »Höllensturz in Vietnam« (1966/67).

OdF-Rente – OdF: Opfer des Faschismus (später VdN: Verfolgte des Naziregimes). – »Personen, die in organisierter Form versucht haben, das Naziregime zu beseitigen, od. aus rass., religiösen Gründen verfolgt wurden« (in: Meyers Handlexikon, Bd. 2, Leipzig 1977, S. 543). Sie erhielten zusätzliche soziale Leistungen.

206 *Auf dem Land beginnen interessante Prozesse* – Ab 1952 hatte die Bildung von LPG begonnen, ab März 1960 wurde die letzte Phase der Kollektivierung eingeleitet und mit rigorosen Methoden bis 24. 4. 1960 abgeschlossen. Auf dem 10. Deutschen Bauernkongreß (13.–15. 6. 1968) wurde dann über den schrittweisen Übergang zur industriemäßigen Landwirtschaft beraten, d. h. es wurde die Trennung von Tier- und Pflanzenproduktion durchgesetzt und LPG wurden zu Kooperativen zusammengelegt.

Das Interview ist völlig danebengegangen – Später erschienen als: »Wenn die Wirklichkeit sich meldet. Annemarie Auer sprach mit Brigitte Reimann« (in: Sonntag, Berlin, Nr. 7/1968, S. 4f.). Vgl. B. R. an Christa Wolf vom 16. 2. 1969 (in: B. R./Christa Wolf, »Sei gegrüßt und lebe«, a. a. O., S. 29f.).

207 *um meinen Roman zu finanzieren* – Der Vertrag mit der DEFA sieht ein Honorar von 1 500,– MDN für das Exposé vor. (Plötner – Dramaturg – an B. R. vom 23. 10. 1967, in: BRS, Schriftverkehr von 1966–1971, Bl. 63.)

Arbeit mit zwei jungen Regisseuren – Roland Oehme hatte bereits 1962 als Student der Filmhochschule mit B. R. Kontakt, als er ihr Hörspiel »Draußen vor der Tür« (er meinte »Ein Mann steht vor der Tür«) für ein Soldatentheater bearbeitete. (Roland Oehme an B. R. vom 20. 9. 1967, in: ebd., Bl. 61f.)

»Martin Jalitschka heiratet nicht« – Das Exposé »Martin Jalitschka heiratet nicht« entstand nach dem gleichnamigen Roman von Martin Kähne. – Martin, zunächst Möbelträger, lernt die hübsche, aber oberflächliche Verkäuferin Dagmar kennen. Da er ihr mehr bieten will, wird er Stahlwerker, zieht aus dem Vorstadthäuschen seiner Großeltern, für die er sich schämt, in ein eigenes Zimmer. Als Dagmar schwanger wird, dringen ihre Eltern auf eine Heirat. Widerwillig wäre Martin dazu bereit, obwohl er Dagmar längst nicht mehr liebt, aber Dagmar, die ihn ohnehin mit dem Besitzer eines Sportkabrioletts betrogen hat, treibt ab. Martin beginnt ein Fernstudium und findet ein neues, anständiges Mädchen. (In: BRS, Mappe 88.)

207 *Lewerenz hat seinen Segen gegeben* – Zunächst hatte der Verlag protestiert: »Wie wir erfahren, beabsichtigen Sie eine größere Arbeit mit der Defa vertraglich zu binden. Wir machen Sie darauf aufmerksam, daß Sie den Termin für die Ablieferung eines Romans nicht eingehalten haben und wünschen, daß Sie unseren Vertrag baldmöglichst erfüllen. Aus diesem Grund sind wir gegen eine größere Arbeit in anderen Instituten.« (Hans Bentzien an B. R. vom 26. 10. 1967, in: BRS, Schriftverkehr von 1966–1971, Bl. 64.) – Walter Lewerenz war nicht Lektor von Kähne, und die Lektorin hatte die Fassung redaktionell zu einem Abschluß gebracht und keineswegs einen Schluß geschrieben.

209 *Film ist so gut wie gestorben* – »Jetzt ist mir auch klargeworden, warum das Unternehmen schiefgehen mußte: Wir haben eine Stoff gewählt, (von dem Buch haben wir uns übrigens weit entfernt), von dem man hierzulande seit vielen Jahren die Finger läßt – eine alltägliche Geschichte von ganz einfachen Leuten: [...] eine Liebesgeschichte wie tausend andere (ohne Happy-End) zwischen unreifen jungen Leuten [...] Keine Königsebene [...]« (In: »Brigitte Reimann in ihren Briefen und Tagebüchern. Eine Auswahl«. Hrsg. Elisabeth Elten-Krause, Walter Lewerenz, Berlin 1983, S. 247.)

210 *Renoir-Film* – Jean Renoir, »Frühstück im Grünen« (Spielfilm, Frankreich 1959).
Vorstandssitzung – Vorstandssitzung des DSV am 29. 3. 1968 in Berlin zur Förderung des literarischen Nachwuchses mit einer Lesung junger Autoren (u. a. Wulf Kirsten, Hasso Mager, Gerd Neumann, Joachim Nowotny). Diskussionsgrundlage: Max Walter Schulz.
eine Chronik – Siehe »Chronik 1967–[1970]«, S. 359–382.

211 *»Marxismus heute«* – Ernst Bloch, »Marx, aufrechter Gang, konkrete Utopie« (Vortrag zum 150. Geburtstag von Karl Marx in Trier, 1968; in: Ernst Bloch, »Über Karl Marx«, Frankfurt/M. 1968).

212 *Centrum* – Warenhauskette der HO (Handelsorganisation, seit 1948).
das Kombinat – Schwarze Pumpe. Vgl. erste Anm. zu S. 14.
für ein Theater gekämpft – Am 4. 6. 1968 hatte B. R. in einem Brief an Otto Gotsche den Brief des Freundeskreises des Deutschen Kulturbundes Hoyerswerda-Neustadt an Walter Ulbricht wegen eines Theaterbaus angekündigt und um Vermittlung gebeten. (In: BRS, Schriftwechsel von 1966–1971, Bl. 73.) – Im Brief des Freundeskreises wird festgestellt, daß in Hoyerswerda seit 12 Jahren ausschließlich Wohnungen und Folgeeinrichtungen gebaut wurden, jedoch nicht das versprochene Kultur-

zentrum. Daher sei ein intensives kulturelles Leben nicht möglich. Das Ministerium für Kultur habe 32 Mio. Mark für den Bau eines Theaters bewilligt, nun sei aber die Projektierung zurückgestellt worden, um die Baukapazitäten auf den Aufbau des Stadtzentrums von Cottbus zum 20. Jahrestag der Republik konzentrieren zu können. Das bedeute einen Bauverzug von fünf bis zehn Jahren für das Theater. Man sehe darin eine Mißachtung der Festlegungen des Ministeriums für Kultur, einen Verstoß gegen die Verfassung und eine Mißachtung »unserer Arbeitsleistungen und unserer Mitbürger in der Produktion und bei der Erfüllung unserer volkswirtschaftlichen Aufgaben«. (Ebd., Dok. 75, S. 5.)

213 *jedenfalls soll das Theater ... gebaut werden* – In der Antwort an den Vorsitzenden des Freundeskreises heißt es, daß zwar einige der von den Bürgern aufgeführten Behauptungen nicht den Tatsachen entsprächen (z. B. die Bewilligung der 32 Mio. M durch das Kulturministerium), daß man aber die Fertigstellung des Theaters für 1973 gewährleiste und als ein wichtiges Schwerpunktvorhaben unter die Kontrolle des Vorsitzenden des Rates des Bezirkes stellen werde. (Schmidt – Abteilungsleiter – an Martin Schmidt vom 24. 7. 1968, in: ebd., Dok. 76.)
alle attraktiven Projekte – Hermann Henselmann projektierte damals bildhafte Hochhausprojekte für verschiedene Stadtzentren, u. a. 1968–1970 den Neubau der Karl-Marx-Universität Leipzig in Form eines aufgeschlagenen Buches.

214 *Truppen der SU ... haben die ČSSR besetzt* – Am 20. 8. 1968 marschierten Truppen der Warschauer-Pakt-Staaten in die ČSSR ein.
TASS-Erklärung – Die Invasion sei auf ein Hilfeersuchen tschechoslowakischer Partei- und Staatsfunktionäre gegen antisozialistische Kräfte erfolgt.
SED-Aufruf an die Bürger – »Indem die Regierungen unserer Länder dem dringenden Hilfeersuchen der tschechoslowakischen Patrioten und Internationalisten unverzüglich Folge leisten, geben sie ein leuchtendes Beispiel des sozialistischen Internationalismus, verwirklichen sie [...] die feierliche Verpflichtung [...], wonach [...] der Schutz der sozialistischen Errungenschaften der Völker die gemeinsame internationale Pflicht aller sozialistischen Staaten ist.« (ND vom 21. 8. 1968, S. 1.)
Tagungen ... der Partei – Am 22. 8. fand der geheime, außerordentliche Parteitag der KPČ statt, der den Abzug der Besatzungstruppen, die Freilassung der Inhaftierten und die Wiederherstellung der bürgerlichen Freiheiten und Rechte forderte und für den 23. einen unbefristeten Generalstreik ankündigte.
Nowotny – Antonín Novotný.

215 *Giorgiones Venus* – Giorgione und Tizian, »Schlummernde Venus« (um 1508/10).

Cignanis »Frau Potiphar« – Carlo Cignani, »Joseph und Potiphars Weib« (um 1678/80).

»Erklärung« des Deutschen Schriftsteller-Verbandes – Es heißt u. a.: »Auf dem Boden unseres sozialistischen Bruderlandes [...] ist die bestehende sozialistische Ordnung des Sozialismus bedroht, die in 20jährigen Anstrengungen des tschechischen Volkes [...] errungen wurde. Sie mit allen Mitteln gegen die offenen und versteckten Feinde wie gegen die falschen Freunde zu verteidigen, ist eine notwendige Voraussetzung für den Frieden in Europa und den erfolgreichen Kampf der Sozialisten in aller Welt.« (SVA, Mappe 573, Vorstandssitzungen 1968, Bl. 72.)

216 *Hellmut* – Helmut Sakowski, von B. R. oft so geschrieben.

Leas Züge – Lea Grundig.

die weißlichen Geisterpferde – Weiße Pferde symbolisierten für Hans Grundig die von den Nationalsozialisten Verfolgten.

Offener Brief von Max Walter Schulz – Max Walter Schulz hatte Martin Walser angegriffen, weil dieser den Einmarsch der Armeen des Warschauer Paktes in die ČSSR verurteilt hatte. (In: ND vom 19. 9. 1968, S. 4.)

Essays über die Kunst des Schreibens – Max Walter Schulz, »Stegreif und Sattel. Anmerkungen zur Literatur und zum Tage« (Essays, Halle/Sa. 1967).

217 *Antrag, daß die Kronen ... nicht hierher transferiert werden* – B. R., die stark kurzsichtig war, aus Eitelkeit aber selten eine Brille trug, wollte sich in Prag Kontaktlinsen anfertigen lassen, die es damals nicht in der DDR gab. (B. R. an Günter Caspar vom 9. 8. 1968, in: BRS, Schriftverkehr von 1966–1971, Bl. 78.) – Am 4. 11. 1968 wurde ihr vom Büro für Urheberrecht mitgeteilt, daß der Transfer bereits im August erfolgt wäre und nicht rückgängig zu machen sei. (Ebd.)

Bezirksleitung/Kreisleitung – Bezirks- bzw. Kreisleitung der SED.

219 *»Kaltblütig«* – Roman von Truman Capote (1966).

220 *»Gantenbein«* – Max Frisch, »Mein Name sei Gantenbein« (Roman, 1964).

Braines »Weg nach oben« – John Braine, »Der Weg nach oben« (Roman, 1966).

»die französischen Hefte« – Ilja Ehrenburg, »Französische Hefte« (Essays, Dresden 1962).

Leducs »Bastardin« – Violette Leduc, »Die Bastardin. Mit einem Vorwort von Simone de Beauvoir« (Roman 1964; München 1965, BRS, Bibliothek).

221 *Violinkonzert von Brahms* – Johannes Brahms, »Violinkonzert in D-Dur« (1879).
   »*Zorbas*«*-Musik* – Die Musik zu dem Film »Alexis Sorbas« (Griechenland/USA 1964) von Mikis Theodorakis.

222 *Atomkraftwerk, in Lubmin* – Das Kernkraftwerk Nord in der Lubminer Heide, das in Kooperation mit der SU gebaut wurde.
   Brief von Christa Wolf – Christa Wolf an B. R. vom 23. 11. 1968 (in: B. R./Christa Wolf, »Sei gegrüßt und lebe«, a. a. O., S. 9ff.).
   als wir zusammen nach Moskau fuhren – B. R. und Christa Wolf waren zusammen vom 4.–14. 10. 1963, delegiert vom DSV, in Moskau gewesen. (Siehe: B. R., »Ich bedaure nichts«, a. a. O., S. 341–351.)

223 »*Wege übers Land*« – Fünfteiliger Fernsehroman von Helmut Sakowski (1968, R.: Martin Eckermann, D.: Ursula Karusseit, Manfred Krug).
   »*Holländerbraut*« – Erwin Strittmatter, »Die Holländerbraut« (Drama, 1960). – Beide Stücke hatten nur die Gemeinsamkeit, daß die Heldin ein uneheliches Kind bekam.

224 *Lilo-Hermann-Straße* – B. R. wohnte in Hoyerswerda in der Lilo-Hermann-Straße 20.

225 *Wallanlagen* – Die besterhaltene mittelalterliche Stadtbefestigung in Norddeutschland: Stadtmauer (14. Jahrhundert, 2,3 km langer Feldsteinmauerring) mit vier gotischen Backsteintoren (13.–15. Jahrhundert), Wallanlagen und 25 (ursprünglich über 50) in die Stadtmauer eingefügten Wiekhäusern.
   die künftige Oststadt – Im Osten Neubrandenburgs auf einer Hochebene errichtetes Wohngebiet (1970/80, städtebaulicher Entwurf u. a. Iris Grund-Dullin).

230 *Vorstandssitzung* – Vorstandssitzung des DSV am 28. 2. 1969 über »Schaffensprobleme des Romans und der erzählenden Prosa«. Die Sitzung war als Vorbereitung des VI. Schriftstellerkongresses gedacht und sollte Erreichtes resümieren. Die Prosawerke wurden dabei gegen die hochgelobten Fernsehproduktionen der letzten Zeit ausgespielt.
   Bastian (dem ein Drehbuch gestorben ist) – Horst Bastian berichtete über die Schwierigkeiten mit einem Drehbuch, in dem es um familiengelöste Kinder und Jugendliche in Heimen gehen sollte und das den Verantwortlichen nicht optimistisch genug war. Er bestritt, daß es sich bei den Fernsehfilmen um Kunstwerke gehandelt habe, und erregte sich über die bestellten kritischen Leserbriefe zu Alfred Wellms Roman »Pause für Wanzka« im ND.
   flammende Rede von Eva Strittmatter – Auch Eva Strittmatter wies die pauschale negative Einschätzung der Prosaveröffentlichungen zurück und beklagte sich über die beleidigenden Kritiken zu »Pause für Wanzka«. Die Autoren dürften sich eine

solche impertinente Behandlung nicht mehr gefallen lassen, sich nicht lethargisch alles anhören, was auf dem Kongreß gegen sie vorgebracht würde und sich nicht die falschen Fragen stellen lassen. (SVA, Mappe 394, DSV Vorstandssitzungen 1969, Bd. 1, Bl. 126ff.)

230 *»Nachmittag eines Fauns«* – Claude Debussy, »Vorspiel zum Nachmittag eines Fauns« (1892).

diese Familie an der westlichen Grenze – B. R.s Familie kam mütterlicherseits aus dem Rheinland. Die Figur der »Großen Alten Dame« in »Franziska Linkerhand« ist von B. R.s Großmutter Besch angeregt.

232 *Reiner* – Reiner Kunze.

237 *VI. Schriftsteller-Kongreß* – VI. Deutscher Schriftstellerkongreß in Berlin (28.–30. 5. 1969).

238 *M. W.s Referat* – Max Walter Schulz, »Das Neue und das Bleibende in unserer Literatur« (in: »VI. Deutscher Schriftstellerkongreß vom 28. bis 30. Mai 1969 in Berlin. Protokoll«, Berlin und Weimar 1969, S. 23–59).

Beschreibung in einem Gedicht von Bobrowski – »Kalmus« (in: Johannes Bobrowski, »Wetterzeichen«, Gedichte, Berlin 1968).

»Buridan« – Günter de Bruyn, »Buridans Esel« (Roman, 1968).

242 *Um den Wellm-Wanzka hat es bösen Streit gegeben* – In Alfred Wellms Roman »Pause für Wanzka oder Die Reise nach Descansar« (Berlin und Weimar 1968) wird die Geschichte eines Mathematiklehrers erzählt, der seine Schüler zur Selbstverantwortung erziehen und ihre individuellen Anlagen entfalten will und dabei auf Unverständnis und Behinderungen durch seine Kollegen und Vorgesetzten stößt. – Die Volksbildung war einer der Tabubereiche für die Kunst, außerdem wirkte das 11. Plenum im Mai 1967, als Wellm das Manuskript beendet hatte, noch einschüchternd nach. Daher war man sich bereits im Verlag uneins, ob man das Manuskript erscheinen lassen könnte. Margot Honecker, die damalige Volksbildungsministerin, lehnte es vehement ab. Auf einer daraufhin von Walter Ulbricht anberaumten Beratung sprach er sich jedoch für den Roman aus, so daß der Verlag im Januar 1968 die Druckgenehmigung erhielt. Anfang September 1968 wurde das Buch ausgeliefert, aber nach dem Einmarsch der Warschauer-Pakt-Truppen in Prag hatte sich die Kulturpolitik wieder verschärft, und in der Presse, besonders in der »Deutschen Lehrerzeitung«, setzte eine Kampagne gegen den Roman ein. Die geplante Verfilmung durch Fernsehen und DEFA wurde unterbunden, andererseits erhielt Wellm im März 1969 für »Pause für Wanzka« den Heinrich-Mann-Preis. (Vgl. das Nachwort von Carsten Wurm, in: Alfred Wellm, »Pause für Wanzka oder Die Reise nach Descansar«, Leipzig 1995, S.349–365.)

242 »*Saison für Lyrik*« – »Saison für Lyrik. Neue Gedichte von siebzehn Autoren«, Auswahl Joachim Schreck (bb 195, Aufbau-Verlag, Berlin und Weimar 1968).

Reiners Gedichtband – Reiner Kunze, »sensible wege« (Gedichte, Frankfurt/M. 1969).

Bartsch – Kurt Bartsch, »zugluft. gedichte. sprüche. parodien« (Berlin und Weimar 1968).

Claudius' »Ruhelose Jahre« – Eduard Claudius, »Ruhelose Jahre« (Autobiographie, 1968).

»*Christa T.*« *ist gerade ... durchgeschlüpft* – Christa Wolfs Buch »Nachdenken über Christa T.« war im März 1969 nach langwierigen internen Auseinandersetzungen erschienen, von den 15 000 gedruckten Exemplaren wurden zunächst nur 4 000 ausgeliefert, 4 000 Exemplare wurden als Mitdruckauflage für den Luchterhand Verlag gedruckt. (Vgl. »Dokumentation zu Christa Wolf ›Nachdenken über Christa T.‹«. Hrsg. Angela Drescher, Hamburg, Zürich 1991.)

243 »*Krupp und Krause*« – Fünfteiliger Fernsehfilm (1969, Teil 1 nach Motiven des gleichnamigen Romans von Helms, B.: Gerhard Bengsch, R.: Horst E. Brandt/Heinz Thiel).

245 *die »Sensiblen Wege«, für die M. W. Schulz so harte Worte gefunden hat* – »Es ist [...] der nackte, vergnatzte, bei aller Sensibilität aktionslüsterne Individualismus, der aus dieser Innenwelt herausschaut und schon mit dem Antikommunismus, mit der böswilligen Verzerrung des DDR-Bildes kollaboriert [...].« (Max Walter Schulz, »Das Neue und das Bleibende in unserer Literatur«, a. a. O., S. 54.)

ich bastele ... an einem Brief – Vgl. B. R./Christa Wolf, »Sei gegrüßt und lebe«, a. a. O., S. 49–56.

246 »*Privileg*« – Spielfilm, GB 1966, R.: Peter Watkins/Derek Ware, D.: Paul Jones, Jean Shrimpton. – Das fiktive Porträt eines britischen Popstars.

Trojanowicz – Ben Trojanowicz, der Geliebte von Franziska Linkerhand.

248 2. *Programm* – Anläßlich des 20. Jahrestages der DDR nahm der DFF am 3. 10. 1969 den Betrieb des 2. (teilweise in Farbe gesendeten) Programms auf.

Menschengemeinschaft – »Menschengemeinschaft, sozialistische: historisch neue, politisch-moralische und geistig-kulturelle Qualität des Zusammenlebens und -wirkens der Klassen und Schichten sowie der einzelnen Menschen in der sozialistischen Gesellschaft.« (»Kulturpolitisches Wörterbuch«, a. a. O., S. 359f.)

Ivens »Paris trifft die Seine« – Joris Ivens »Die Seine trifft sich mit Paris« (lyrischer Dokumentarfilm, 1957, Text: Jacques Prevert, Musik: Philippe Gérard).

248 *Die Republik hat Geburtstag* – Der zwanzigste Jahrestag der Gründung der DDR am 7. 10. 1949 stand bevor.

249 *Preis (FDGB)* – Der Literaturpreis des FDGB wurde alljährlich am Gründungstag (15. 6.) für Werke der Gegenwartsliteratur verliehen.

Schiwago-Melodie – Titelmelodie aus dem Spielfilm »Doktor Schiwago« (USA 1965, R.: David Lean, Musik: Maurice Jarre). – Der gleichnamige Roman von Boris Pasternak konnte in der DDR wegen angeblich verzerrter Darstellung der sowjetischen Geschichte nicht erscheinen, der Film galt als antisowjetisch, daher durfte auch die Musik nicht gespielt werden.

250 *FDGB-Heim* – Ferienheim des FDGB, der Erholungsaufenthalte für seine Mitglieder anbot.

251 *»Literaturnaja Gaseta«* – (russ.) »Literaturzeitung«, literarische und gesellschaftspolitische Wochenzeitung des sowjetischen Schriftstellerverbandes (seit 1929, Moskau).

252 *Lyriker aus dem »Saison«-Band* – U. a. Kurt Bartsch, Volker Braun, Heinz Czechowski, Adolf Endler, Elke Erb, Bernd Jentzsch, Heinz Kahlau, Rainer Kirsch, Sarah Kirsch, Wulf Kirsten, Günter Kunert, Reiner Kunze, Jürgen Rennert. Der Band »Saison für Lyrik«, als eine unauffällige Publikation neuer Lyrik gedacht, war bereits im ND angegriffen worden. Den Kongreßteilnehmern lagen »Zehn Thesen zur Lyrik« von Horst Haase vor, in denen er eine kritische Bestandsaufnahme unternahm. Auf dem Schriftstellerkongreß führte vor allem Helmut Preißler diese Kritik fort: Man sollte »den vielen sich genial gebärdenden Dichterlingen, die leider nicht nur durch die Unterstützung des Aufbau-Verlages ihre Saison gekommen glauben müssen, sehr sachlich, deutlich und nachdrücklich die Hohlheit und Nichtigkeit ihrer Produkte nachweisen.« (In: »VI. Deutscher Schriftstellerkongreß ...«, a. a. O., S. 97.) – Der Lektor des Bandes, Joachim Schreck, mußte wegen dieser Publikation und seiner kritischen Haltung zum Einmarsch in die ČSSR den Verlag verlassen.

als die Ruth Kraft von einem neuen Schwiegermutter-Gefühl ... schwätzte – Ruth Kraft beklagte, daß zu selten Frauen im Mittelpunkt der Bücher ständen, vor allem keine älteren, dabei habe sich doch das »Großmutterbild« wie das der Schwiegermutter entscheidend gewandelt. (Ebd., S. 163–169.)

als er dann von der Christa T. anfing – Es heißt u. a.: »Wie auch immer parteilich die subjektiv ehrliche Absicht des Buches gemeint sein mag, so wie die Geschichte nun einmal erzählt ist, ist sie angetan, unsere Lebensbewußtheit zu bezweifeln, bewältigte Vergangenheit zu erschüttern, ein gebrochenes Verhältnis zum Hier und Heute und Morgen zu erzeugen.« (Max Walter

Schulz, »Das Neue und das Bleibende in unserer Literatur«, ebd., S. 55.)

258 *eine »Festsitzung«* – »Festsitzung zum Jahrestag der Beratung in Bratislava« (in: ND vom 6. 8. 1969, S. 7). Am 3. 8. 1968 hatten Vertreter der kommunistischen und Arbeiterparteien Bulgariens, der ČSSR, der DDR, Polens, der UdSSR, und Ungarns über die Situation in der ČSSR konferiert.
»Hiroshima mon amour« – Spielfilm von Alain Resnais, Frankreich/Japan 1959, B.: Marguerite Duras.

260 *HKB* – Haus der Kultur und Bildung.
Monumentalität – Damals vieldiskutierte Kategorie der bildenden Kunst und Architektur. »Das Spezifikum des Monumentalen liegt darin, daß es den Menschen auf besondere Weise, auf einer hohen Stufe der Verallgemeinerung, mit geschichtstragenden Prozessen in Beziehung setzt und ihm das, was das Wesen der Epoche ausmacht, vor Augen führt.« (In: Kulturpolitisches Wörterbuch«, a. a. O., S. 378.)
die Leute vom Freundeskreis – Der »Freundeskreis der Künste und Literatur« in Hoyerswerda.

262 *Neulich schrieb Christa* – Christa Wolf an B. R. vom 10. 7. 1969. (In: B. R./Christa Wolf, »Sei gegrüßt und lebe«, a. a. O., S.56ff.)

270 *die ganze Film-Konzeption umgeschmissen* – Im BRS findet sich nur eine erste Fassung des Filmskripts (o. D.).

272 *Gartenstraße* – B. R. wohnte in der Gartenstraße 6.

273 *Lea-Brigitte* – Vgl. zweite Anm. zu S. 15.

275 *»wetscherni swon«* – Russisches Volkslied, dt. »Abendklang« (Text: Kostow).

277 *Klavierkonzert Nr. 5* – Ludwig van Beethoven, »Konzert für Klavier und Orchester Nr. 5 Es-Dur« (1808/09).

279 *»Drei von der K«* – Fernsehfilmserie (13 Folgen, 1969, B.: Waldner, R.: Steinke).
Johannistal – Johannisthal, Stadtteil im Südosten Berlins.

282 *»Eulenspiegel«-Film* – Das Szenarium zu dem späteren Spielfilm »Till Eulenspiegel« (DDR 1974/77, R.: Rainer Simon). Vgl. Christa Wolf an B. R. vom 19. 11. 1969 (in: B. R./Christa Wolf, »Sei gegrüßt und lebe«, a. a. O., S. 65) und Christa und Gerhard Wolfs Erzählung für den Film »Till Eulenspiegel« (Berlin und Weimar 1972).

285 *Potiphar* – Die Frau des ägyptischen Hofbeamten Potifar hatte versucht, Josef zu verführen. Als er sie zurückwies, behauptete sie, er sei zudringlich geworden, und Potifar ließ ihn ins Gefängnis werfen. (Vgl. Die Bibel, Gen. 37, 39.)

287 *Sonja Marchlewska* – Vgl. Eintragungen vom 5. 2. und 22. 2. 1959, 27. 10. und 4. 11. 1960. (In: B. R., »Ich bedaure nichts«, a. a. O., S. 113ff., 151, 153.)

288 *[1]2. 11. 69* – Der Eintrag ist datiert 22. 11. 69.

sensationelle Fußballspiel Italien – Hansa Rostock – Messecup-Spiel Inter Mailand gegen Hansa Rostock (12. 11. 1969). Das Spiel endete 2:1 für Hansa Rostock.

290 *Mitschnitt aus einem Chicagoer Blues-Keller* – »Folk Festival of the Blues Recorded live« (Muddy Waters, Buddy Guy, Howlin Wolf, Sunny Boy Williamson; Funckler). (BRS, Platte 30.)

292 *unser Film in Gefahr* – Das Filmfeuilleton »›Sonntag, den …‹ – Briefe aus einer Stadt« wurde am 20. 3. 1970 im 2. Programm gesendet.

daß Krug singen wird – Nach der Ausreise von Manfred Krug 1977 wurde die Sendung tatsächlich gesperrt. Das Original und alle Kopien wurden 1984 vernichtet.

Scat – Gesangsart, bei der einzelne Silben ohne Text vorgetragen werden.

299 *»Lauf der Dinge«* – Simone de Beauvoir, »Der Lauf der Dinge« (1963), der dritte Band ihrer Lebenserinnerungen.

301 *»Ehen in Philippsburg«* – Es heißt: »irgendeines bestimmten Zeitgenossen«.

304 *Mycom* – Myom: gutartige Geschwulst.

305 *NBI* – Neue Berliner Illustrierte.

Gedenktafel für … Cornett – Vgl. B. R. an Christa Wolf vom 29. 1. 1969 (in: B. R./Christa Wolf, »Sei gegrüßt und lebe«, a. a. O., S. 13).

308 *Treffen zwischen Brandt und Stoph in Erfurt* – Willy Brandt und Willi Stoph trafen sich am 19. 3. 1970 in Erfurt, um über die Herstellung normaler gleichberechtigter Beziehungen zwischen beiden deutschen Staaten zu beraten. Vor dem Hotel »Erfurter Hof«, in dem Brandt logierte, hatten sich Tausende Bürger versammelt, die ihm zujubelten.

309 *Wahltag* – Wahlen zu den örtlichen Volksvertretungen.

311 *»Wem die Stunde schlägt«* – Roman von E. Hemingway (1940).

315 *Mokkabar im »Sofia«* – Ein bekannter Schwulentreff in Berlin.

316 *Pawlow Hunde* – B. R. meint die Versuchshunde der Veterinärmedizinischen Fakultät.

317 *Effi Briest* – Roman von Theodor Fontane (1895).

318 *»Überholen, aber nicht einholen.«* – Auf dem V. Parteitag der SED (10.–16. 7. 1958) hatte Walter Ulbricht den sowjetischen Vorsatz, »in den wichtigsten Zweigen der landwirtschaftlichen und industriellen Produktion die USA in historisch kürzester Frist einzuholen und zu überholen«, erwähnt. (Walter Ulbricht, »Über die Dialektik unseres sozialistischen Aufbaus«, Berlin 1958, S. 94). Daraus wurde dann von ihm die Zielsetzung des »Überholens ohne einzuholen« abgeleitet. (Nach Norbert Podewin, »Walter Ulbricht. Eine neue Biographie«, Berlin 1995.)

319 *Reise in Westdeutschland* – Vgl. Christa Wolf an B. R. vom 10. 5. 1970 (in: B. R./Christa Wolf, »Sei gegrüßt und lebe«, a. a. O., S. 73).

321 *Vorstandssitzung* – Vorstandssitzung des DSV zur »Entwicklungsproblematik der sozialistischen Lyrik«.
Rosemarie – Rosemarie Zeplin.
Fräulein Broder – Die Frau, in die sich der Held des Romans »Buridans Esel« von Günter de Bruyn verliebt.

323 *La Valse* – Maurice Ravel, »La Valse« (1920).
Propusk – (russ.) Passierschein.

324 *Jugendwerkhof* – Spezialheime zur Umerziehung schwererziehbarer und straffälliger Jugendlicher.

326 *Das Einfache, das schwer zu machen ist* – Anspielung auf die Schlußzeilen von Bertolt Brechts Gedicht »Lob des Kommunismus« (1933).
Gerd – Gert Neumann.

329 *Skoda* – Tschechische Automarke.

330 *Ballade von Frankie und Jonny* – »The Ballade of Frankie and Jonny«: Traditional.

331 *Brief von Christa* – Christa Wolf an B. R. vom 16. 7. 1970: »ich denke, ich werde nie mehr schreiben können, alles ist wie unter einer Decke erstickt. […] Die jungen Leute haben ganz recht, wenn sie uns aus dem Sattel heben wollen.« (In: B. R./Christa Wolf, »Sei gegrüßt und lebe«, a. a. O., S. 78.).

333 *daß Möbel und Bilder … verhökert werden* – Bevor 1973 die Kunst & Antiquitäten GmbH als Gesellschaft zum Export von Kunstgegenständen gegründet wurde, exportierten in den fünfziger Jahren der DIA (Deutscher Innen- und Außenhandel) und danach der Außenhandelsbetrieb Buchexport Leipzig und der Staatliche Kunsthandel Kulturgüter ins westliche Ausland.
Kulturfonds – Fonds zur Förderung des kulturellen Lebens (Finanzierung von Aufträgen an bildende Künstler, Stipendien, Zuschüsse an kulturelle Vereinigungen usw.) aus Zuweisungen des Ministeriums der Finanzen.

335 *Disneys »Dornröschen«* – Zeichentrickfilm (USA 1958, R.: Clyde Geronimi) nach dem Märchen von Charles Perrault.

336 *M. las aus ihrem neuen Buch* – »Der grüne Salon« (Roman 1972).
45, Vergewaltigung, Selbstmord der Frau – Obwohl die Vergewaltigung deutscher Frauen durch Soldaten der Roten Armee ein Tabuthema für die DDR-Literatur war, konnte der Roman mit dieser Stelle erscheinen.
Gespräch in Kassel – Zweites Treffen zwischen Willy Brandt und Willi Stoph in Kassel (21. 5. 1970). Wegen rechtsextremistischer

Angriffe auf die Regierungschefs nimmt die DDR-Delegation nicht zum »20-Punkte-Memorandum« der Bundesregierung Stellung, das die Gestaltung innerdeutscher Beziehungen (Austausch Ständiger Vertreter, Mitgliedschaft in internationalen Organisationen) regeln sollte. Stoph bestand auf voller völkerrechtlicher Anerkennung der DDR.

336 *weil Brandt mit Kossygin konferiert* – Bundeskanzler Willy Brandt und Außenminister Walter Scheel unterzeichneten mit Alexej Kossygin und Andrej Gromyko den »Moskauer Vertrag« (12. 8. 1970), der den Gewaltverzicht und die Normalisierung der Beziehungen zwischen der BRD und der UdSSR regelt und Grundlage für eine dauerhafte Entspannung werden soll.

337 *»Befreiung«* – Fünfteiliges Filmepos (UdSSR/DDR/Polen/Italien, R.: Juri Oserow) über Entscheidungsschlachten im 2. Weltkrieg. 1. und 2. Teil (»Der Feuerbogen«/»Der Durchbruch«, 1969) über die Schlacht am Kursker Bogen 1943.

338 *»Stars fell on Alabama«* – Song von Mitchel Parish/Frank Perkins.
Ella und Louis – »Ella & Louis« (Verve Records, New York 1957). Aufnahme einer Session von Ella Fitzgerald und Louis Armstrong am 16. 8. 1956 in Los Angeles.
Jetzt schreibe ich ... an Christa – B. R. an Christa Wolf vom 30. 8. 1970 (in: B. R./Christa Wolf, »Sei gegrüßt und lebe«, a. a. O., S. 79ff.).
I can't give you anything ... – Schlager von Jimmy McHugh/Dorothy Field.

340 *Kinsey-Report* – Alfred C. Kinsey, »Das sexuelle Verhalten der Frau« (1953).

341 *»je t'aime«* – Schlager von Serge Gainsbourg.

342 *Tollenser-See* – Tollensesee.

348 *Premiere von drei Büchern* – Margarete Neumann, »Die Liebenden« (Roman, 1970), Joachim Wohlgemuth, »Verlobung in Hullerbusch« (Roman, 1969), Werner Lindemann, »Stationen« (Gedichte, 1969).

349 *Eric Ericson* – Gemeint ist Leif Eriksson.

351 *Tiedtkes Feuerwässerchen* – Im Tagebuch lag das Rezept bei: »4 cl Wodka, 2 cl Weinbrand, Zitrone, Läuterzucker, Sekt«.
»Abends nach dem Regen« – »Abends nach dem Regen. Moderne sowjetische Erzählungen« (bb 207, Aufbau-Verlag Berlin und Weimar 1969; Autoren u. a. Wassili Below, Irina Grekowa, Wassili Schukschin).

357 *Büffelgrasschnaps* – »Żubrówka« (polnischer Wodka mit einem Halm Büffelgras in der Flasche).

Personenverzeichnis

Lebensdaten Brigitte Reimann

1933 Brigitte Reimann wurde am 21. Juli als Tochter eines Bankkaufmanns in Burg bei Magdeburg als ältestes von vier Geschwistern geboren.

1947 Kinderlähmung.

1951 Abitur, danach Tätigkeit als Lehrerin.

1953 Heirat mit Günter D[...].
Aufnahme in die Arbeitsgemeinschaft Junger Autoren des Deutschen Schriftstellerverbandes in Magdeburg.

1954 Fehlgeburt.
Selbstmordversuch.

1955 »Der Tod der schönen Helena« (Erzählung), Verlag des Ministeriums des Innern.

1956 »Die Frau am Pranger« (Erzählung), Verlag Neues Leben Berlin.
»Kinder von Hellas« (Erzählung), Verlag des Ministeriums für Nationale Verteidigung Berlin.
Aufnahme in den Deutschen Schriftstellerverband.

1958 Scheidung.

1959 Heirat mit Siegfried Pitschmann.

1960 Umzug nach Hoyerswerda.
»Das Geständnis« (Erzählung), Aufbau-Verlag Berlin.
»Ein Mann steht vor der Tür«; »Sieben Scheffel Salz« (Hörspiele, gemeinsam mit Siegfried Pitschmann).

1961 »Ankunft im Alltag« (Erzählung), Verlag Neues Leben Berlin.
Literaturpreis des Freien Deutschen Gewerkschaftsbundes (zusammen mit Siegfried Pitschmann) für die Hörspiele »Ein Mann steht vor der Tür« und »Sieben Scheffel Salz«.

1962 »Die Frau am Pranger« (Fernsehspiel).
Literaturpreis des Freien Deutschen Gewerkschaftsbundes für »Ankunft im Alltag«.

1963 »Die Geschwister« (Erzählung), Aufbau-Verlag Berlin.
Beginnt mit der Arbeit an »Franziska Linkerhand«.
Wahl in den Vorstand des Deutschen Schriftstellerverbandes.

1964 Sibirienreise als Mitglied einer Delegation des Zentralrats der Freien Deutschen Jugend.
Scheidung.
Heirat mit Jon K[...].

1965 »Das grüne Licht der Steppen. Tagebuch einer Sibirienreise«
(Reportage), Verlag Neues Leben Berlin.
Heinrich-Mann-Preis der Deutschen Akademie der Künste
für »Die Geschwister«.
Carl-Blechen-Preis des Rates des Bezirkes Cottbus für Kunst,
Literatur und künstlerisches Volksschaffen.

1968 Krebserkrankung und Operation.
Umzug nach Neubrandenburg.

1970 Scheidung.

1971 Heirat mit Dr. Rudolf B[...].

1973 Brigitte Reimann stirbt am 20. Februar in Berlin.

1974 »Franziska Linkerhand« (Roman, unvollendet), Verlag Neues
Leben Berlin.

Zu dieser Ausgabe

Die vorliegende Ausgabe beruht auf den handschriftlichen Tagebüchern von Brigitte Reimann, die sich in der Brigitte-Reimann-Sammlung im Hans-Fallada-Archiv, Feldberg, befinden. Es handelt sich im einzelnen um

das Tagebuch vom 31. 08. 1955– 9. 11. 1956,
das Tagebuch vom 15. 11. 1956– 6. 04. 1958,
das Tagebuch vom 15. 04. 1958–20. 05. 1960,
das Tagebuch vom 22. 05. 1960–28. 09. 1961,
das Tagebuch vom 4. 10. 1961–18. 01. 1963,
das Tagebuch vom 18. 01. 1963– 4. 10. 1963,
das Tagebuch vom 8. 10. 1963–22. 10. 1964,
das Tagebuch vom 24. 10. 1964– 3. 12. 1967,
das Tagebuch vom 17. 12. 1967– 9. 01. 1970,
das Tagebuch vom 11. 01. 1970–14. 12. 1970 und
das Arbeitstagebuch vom 24. 10. 1955–24. 3. 1956 sowie die »Chronik«, in der sie von Juni 1967 bis Juni 1972 vorwiegend politische Ereignisse, die ihr wichtig waren, notierte.

Die Tagebücher vor dem 31. 8. 1955 hat Brigitte Reimann selbst vernichtet (vgl. den Eintrag vom 11. 11. 1959), weitere Tagebücher befinden sich nicht im Nachlaß.

Das Material umfaßt 1 324 Typoskriptseiten (ohne die »Chronik«).

Für die Tagebuch-Ausgabe war es unumgänglich, eine Zäsur zu setzen und Kürzungen vorzunehmen. Die Tagebücher 1955–1963 wurden unter dem Titel »Ich bedaure nichts« herausgegeben. Der vorliegende Band schließt unmittelbar daran an.

Gekürzt wurden vielfache Wiederholungen und – aus persönlichkeitsrechtlichen Gründen – Details aus der Privatsphäre. Alle Kürzungen der Herausgeberin wurden durch [...] kenntlich gemacht; Hinzufügungen wurden ebenfalls durch [ ] gekennzeichnet. Die Eintragungen in der »Chronik« werden unkommentiert wiedergegeben; der Vermerk »A« bedeutete, daß Brigitte Reimann Artikel zur entsprechenden Notiz aufhob.

Die Wiedergabe der Aufzeichnungen folgt in Orthographie und Interpunktion den Originalen. Offensichtliche Schreibfehler wurden stillschweigend korrigiert; Namensschreibungen, syntaktische und grammatische Fehler wurden nicht berichtigt. Unterstrichene Textstellen sind kursiv wiedergegeben.

Anmerkungen zu Zeitereignissen stützen sich oft auf: Hartwig Bögeholz, »Die Deutschen nach dem Krieg. Eine Chronik«, Reinbek bei Hamburg 1995.

Ich danke allen, die das Zustandekommen dieser Ausgabe unterstützten, besonders Dr. Rudolf Burgartz, Siegfried Pitschmann und der Brigitte-Reimann-Sammlung, hier vor allem Heide Hampel und ihren Mitarbeiterinnen. Für die Möglichkeit, die Archive zu nutzen und Materialien zitieren zu dürfen, danke ich der Stiftung Archiv der Akademie der Künste (besonders Maren Horn und Christina Möller), der Stiftung Archiv der Parteien und Massenorganisationen der DDR im Bundesarchiv und der Staatsbibliothek zu Berlin – Preußischer Kulturbesitz. Zahlreiche Freunde, Bekannte und Zeitgenossen von Brigitte Reimann, Wissenschaftler und Kollegen halfen mir bei der Recherche oder stellten Material zur Verfügung, es seien nur genannt Walter Lewerenz, Dieter Dreßler, Helene und Martin Schmidt, Bernd Scharioth, Wolfgang Schreyer, Margit Kain, Helmut Sakowski, Kurt Turba, Withold Bonner, Margrid Bircken, Bruno Flierl, Walter Nowojski, Günter Netzeband, Annette Simon, Anne Dieckhoff, Julia Enderle, Franziska Höpcke, Maurice Lahde. Von unschätzbarem Wert bei der Entzifferung schwer lesbarer Partien der Tagebücher waren Elisabeth Elten-Krause und Hannelore Hornig. Schließlich könnte diese Edition nicht erscheinen, wenn nicht die darin vorkommenden Familienmitglieder und Personen, die Brigitte Reimann nahestanden, großzügig ihr Einverständnis zum Abdruck der sie betreffenden Passagen gegeben hätten.

A. D.

Inhalt